廣信投資基金

基金部總經理:林金騰

基金部領導研究項目投資計劃

廣東廣信投資基金是由廣東國際信托投資公司發起,經中國人民銀行廣東省分行批準,于 1993 年 12 月 14 日設立。廣信基金按每單位基金面值 1.00 元共發行基金單位 128754000 份,實收人民幣 128754000 元。其中發起人廣東國際信托投資公司持有 10000000 份基金單位,社會公衆持有 118754000 份基金單位。

廣信基金爲契約型、封閉式(封閉期爲 8 年)、綜合性投資基金,投資範圍爲證券、金融票據、期貨、期權、房地產、實業以及主管機關批準的其他項目。經中國人民銀行廣東省分行批準,廣信基金于 1994 年 3 月 3 日在廣州南方證券交易中心上市,同年 3 月 14 日在上海證券交易中心聯網上市,簡稱"廣東廣信",代碼 550553。

主要高級管理人員:

凌偉增:男,42 歲,大學本科,經濟師,現任廣東國際信托投資公司副總經理兼基金部法人代表。曾在廣信公司香港分支機構工作多年,并在日本野村證券公司研修,現分管廣信公司的國際金融、證券、基金、計劃和財務工作。

林金騰:男,37 歲,大學本科,會計師,現任廣東國際信托投資公司副總會計師兼基金部總經理。英國會計師公會學生會員,曾在香港安永會計師事務所工作。

唐壽春:男,33 歲,經濟學博士,高級經濟師,曾任南方誠信資産評估事務所副總經理,現任廣信基金部總經理助理兼廣東廣信投資理財顧問公司副總經理。

蘇祖耀:男,32 歲,國際私法博士,經濟師,律師,曾在香港的 SINCLAIR ROCHE 律師行工作,現任廣信基金部法律顧問。

基金經理人:廣東國際信托投資公司基金部

地址:廣州市環市東路 339 號廣東國際大廈 17 樓

電話:83311888 轉 1701、1702　83311014　83318640

傳真:83311013　郵編:510098

中國國泰證券有限

董事長兼總經理：金建棟

中國國泰證券有限公司由財政部、工商銀行、農銀行、中國銀行和建設銀行、交通銀行及人保公司等位聯合發起設立，并由建設銀行負責具體籌建。公于 1992 年 10 月 5 日在上海成立，注册資本爲 10 億人民幣。

公司是跨系統、跨地區、跨部門，以國家銀行、大國有企業爲持股主體，經營有價證券爲主的股份制融企業。原建設銀行副行長周漢榮先生、原人民銀金管司司長金建棟先生先后出任公司董事長，原人上海分行行長龔浩成先生出任監事長，原建行上海行副行長胡泰利先生、原人民銀行金管司司長金建先生先后出任公司總經理，一批長期從事銀行管理、有投資業務經驗的金融業人士擔任公司高層管理員。

根據服務全國的職能，國泰在國內先后開設了 4多家分支機構，包括北京、天津、深圳等 13 家分公司南京、重慶等 30 家營業部，同時，在香港、美國、日本新加坡等地積極籌建分機構。創建國際聯網的通訊統。國泰擁有專用的衛星通訊系統，國泰衛星將總和各分支機構聯成一個大網，并與全國各交易所和關單位聯網；國泰致力于有關信息收集、分析與傳播務。公司建立由資深專業人士組成的研究和分析伍，定期出版研究報告，提供權威性的投資建議。并托衛星通訊系統與美聯社、路透社聯網，分別向世200 多個城市的外國投資者提供中國證券市場的實動態和行情分析，向國內投資者提供境外證券市場

公司寬敞的辦公室

公司

海日行情等信息。

一級市場國泰身手不凡。公司成立之初,就主動承銷10億多元的石化債券。迄今爲止,國泰已爲30多家企業發行了股票,籌集資金逾150億元。尤爲突出的是,國泰擔任安徽馬鋼A股主承銷,馬鋼總股本達64.6億元,是目前國内證券市場最大的上市公司之一,被國際權威雜志—倫敦《國際金融評論》評爲1993年度全球新興市場發行最成功的上市公司。

二級市場國泰后來居上。在證券交易領域,國泰作爲深滬證券交易所和STAQ、NATE系統會員,在上交所擁有的交易席位達到95個席位;并與上交所合作建立了擁有224個交易席位的"上海證券交易所國泰交易廳"。由此,國泰的證券交易排名逐年遞升,92年在券商中位居第106名,93年位居第72名,94年位居第6名,95年位居第3名。除了證券交易總額大幅增長外,國泰在上海地區數百家券商優質文明服務中,還被評爲"十佳文明證券經營機構"。國泰爲多家H股發行企業—安徽馬鋼、東方航空、熊貓電子、天津鋼管、渤海化工等,提供了出色的服務。國泰并作爲第一家直接進入境外發行市場的中國券商,參與了渤海化工H股和山東華能N股的發行承銷團,以及94年度香港最大規模的初級發行—廖創興銀行新股發行的承銷活動。國泰先后與多家境外證券公司簽訂了B股、H股的代理交易協議,開展了B股和H股及境外多種證券的自營業務。國泰還擁有境外多種外匯資金的清算網絡。

國泰的目標是發展成爲國際一流的投資銀行。爲此,公司將一部分資源投入到一些投資銀行業務的開拓中,如收購兼并、投資基金等。國泰先后擔任山東渤海、楊州環球、王府井百貨、錦州港等公司的收購兼并的財務顧問。早在93年底,國泰就成功策劃并組織實施山東渤海兼并濟南火柴廠。

國泰開展拆借、證券回購、債券代保管、委托購買證券、基金等多種渠道的融資業務,并建立了穩定的融資網絡。國泰以國家或地方重點建設項目爲重點,受三峽總公司委托,國泰擔任其唯一的融資顧問,爲整個三峽工程設計了整體融資方案。公司與國家有關部委和地方政府就設立中國境外投資基金簽署了協議或意向書。其中包括我國第一家完全由中方機構在境外發起設立的"中國鐵路投資基金",已獲國務院批準。

公司辦公大樓外景

上海財政證券公司

總經理：趙葉龍

上海財政證券公司(原名上海振興證券公司)成立于1988年4月21日，是經中國人民銀行批準的全民所有制證券經營機構，實行自主經營、自負盈虧、獨立核算，具有獨立法人資格的經濟實體。公司系上海證券交易所發起會員之一，深圳證券交易所會員、中國國債協會常務理事、中國證券業協會理事單位。1993年經財政部、中國證監會批準為首批中華人民共和國國債一級自營商之一。公司注冊資本5億元人民幣，資產總額為25億元，現有營業部30家，擁有員工560多名，業務幅射面已從上海逐步邁向全國各地。公司現任總經理趙葉龍，副總經理曹福海。

公司的經營範圍：代理證券發行；自營、代理證券買賣；代理證券還本付息和紅利的支付；證券的代保管和證券的鑒證以及證券投資咨詢等業務。

1995年，上海財政證券公司作為社會主義市場經濟

公司承銷國債簽字儀式

公司推薦上市的石家莊勸業場股份有限公司發布會

公司宗旨:開拓　高效　服務

管理,全年創利9100萬元。經中國誠信證券評估公司跟踪評定,證券商信用等級上升為AA+。

上海財政證券公司將努力服務于上海經濟建設,秉承“開拓、高效、服務”的企業精神,穩步發展,規範管理。

地址:上海市九江路41號
電話:86(021)63210068
傳真:86(021)63213448
郵編:200002

組成部分證券市場的機構之一,認真貫徹國家有關金融、證券監管方面的方針、政策,依照“穩步發展、規範管理、提高效益、不失時機”的方針,經濟效益與社會效益同步增長。全年證券交易額達1580億元,較上年增長87%,居上海證券交易所會員公司第九位;其中國債現貨交易額達400億元,名列榜首。在國債一級市場上繼續保持領先地位,共發行國債17億元,此外還參與四川長虹、杭州百大等增配股業務,包銷了406萬股,計市價9000多萬元。公司還狠抓地方債券和企業債券的發行,先后參與發行浦東建設債券、白蓮涇建設債券和奉浦大橋債券共4500萬元。一年來,公司圍繞以效益為中心,抓規範

電腦中心一角

公司營業交易大廳

海通證券有限公司董事長兼總經理 李惠珍

董事長兼總經理致詞

海通，是中國最早成立的證券公司之一，從1988年9月22日成立至今，在中國深入改革開放、經濟持續穩定健康發展的大環境中，海通以務實開拓、不斷進取的精神，以及令世人矚目的發展業績，搏擊于證券市場的激烈競爭，并以一流的形象立足國內，走向世界。

海通，作為全國性的證券公司，改制于94年9月28日。從這一天起，海通開始了第二次創業。體制的轉換，為海通的發展提供了極為有利的契機。海通將以雄厚的資金實力，憑借遍布全國的證券網絡，充分發揮人才雲集的優勢，努力擴大在中國證券市場的份額，并逐步拓展國際業務，與國際市場接軌，實現證券業務國際化。

李惠珍

海通證券

海通總部大樓

海通證券有限公司前身爲上海海通證券公司，創立于 1988 年 9 月，是中華人民共和國證券史上最早成立的證券公司之一，屬于交通銀行上海分行的全資子公司。1994 年 9 月 28 日，上海海通證券公司改制爲由交通銀行總行直接控股的全國性證券公司——海通證券有限公司，注册資本由原來的 3500 萬元人民幣增加至 10 億元人民幣（含 1000 萬美元）。公司在交通銀行全國各證券網點的基礎上建立起龐大的服務網絡，在北京、沈陽、大連、深圳、杭州、哈爾濱、濟南、西安、成都、石家莊等國内重要城市均設有分公司和直屬營業部，從而使國内分支機構達到 70 余家，從業人員達到 1500 多人。目前，海通已擁有一大批博士、碩士以及有着豐富實踐經驗的高級人才，公司總資産額已達到近 70 億元。作爲全國證券交易自動報價系統會員，以及上海證券交易所、深圳證券交易

由海通擔任主承銷商的大連遠洋漁業股份有限公司 A 股上市新聞發布會，左一爲海通董事長兼總經理李惠珍

由海通擔任主承銷商的長春一汽四環股份有限公司 A 股上市新聞發布會會場

由海通擔任主承銷商的上海華源 B 股發行承銷協議簽約儀式，左二爲海通副總經理王開國

由海通擔任主承銷商的天津海運 B 股發行承銷協議簽約儀式，中爲海通董事長兼總經理李惠珍

有限公司

所、天津證券交易中心、武漢證券交易中心的會員，海通已成爲中國最大的證券公司之一。截止95年底，公司業務總量已達2357.37億元，其中發行量74.71億元，交易量2282.66億元，創利1億余元。爲了更好地拓展國際業務，與國際證券業接軌，海通目前已與20余個世界著名的證券公司如摩根建富、大宇證券、怡富證券等建立了業務代理關系，B股的業務範圍已伸延至香港、新加坡、日本、韓國等國家和地區。此外，海通還將積極準備在海外設分公司。服務全國，走向世界，將使海通爲發展中國的證券業作出更大的貢獻。

地址：中國上海北海寧路30號
郵編：200080　電話：(021)63067502

海通上海業務總部大樓

海通國際業務部

海通大連分公司

海通沈陽分公司

海通武漢分公司

中國工商銀行
上海信托投資公司

法定代表人、總經理：梁文石　高級經濟師　　副總經理：阮祖宏　高級經濟師

一、經營範圍

信托存貸款業務；委托存貸款業務；信托投資業務；委托投資業務；證券業務；金融租賃業務；代理業務；外匯信托業務；代理財產保管業務；經濟擔保和信用見證業務；經濟咨詢業務；中國人民銀行批準經營的其他金融業務。

二、組織機構和營業網點

公司總經理室下設有辦公室、計劃財務部、投資證券部、信托業務部、外匯信托部、以及大名路和祥德路證券營業部、各區縣設立的22個信托代理處。

三、公司沿革及經營業績

中國工商銀行上海信托投資公司是上海最大的商業銀行—中國工商銀行上海市分行全資直屬的非銀行金融機構。中國工商銀行上海信托投資公司早在1980年就開拓起了信托投資業務。盡管當時注冊資金僅人民幣1億元，職工不足40人，然而正是中國工商銀行上海信托投資公司屢創新中國證券業的新高峰：

1984年11月，代理發行了新中國第一張人民幣股票—上海飛樂音響股份有限公司股票；

1986年，開設了新中國第一個股票交易櫃臺—中國工商銀行上海信托投資公司靜安證券業務部；

1987年，編制了新中國第一個股價指數—靜安股價指數；

1992年，公司全資直屬子公司上海申銀證券公司代理發行了新中國第一張人民幣特種股票—上海真空電子器件股份有限公司人民幣特種股票。

由于1992年底上海申銀證券公司改制為股份制企業而脫離了信托公司，在公司總經理的直接領導下，恢復證券業務的工作緊鑼密鼓地開展起來了，各項工作齊頭并進，克服了種種困難，終于在1993年8月和12月將三個證券營業部開張運轉起來了。1993年底工商銀行上海信托投資公司恢復了包括發行證券、代理客戶買賣證券等大部分人民幣證券業務，并于1994年底獲準開辦外匯證券業務。

資產負債比例管理、資產風險管理、工作目標考核制度等一系列科學化、規範化的管理制度在公司內全面推行，科學的管理方式和規範的工作要求使公司的工作效率、工作質量得到了很大的提高，此外，將強調人為本的觀念貫穿于整個管理過程中，增強了全體干部員工的凝聚力，為公司健康穩定的高速發展提供了強有力的保證。為實現成為國際化現代金融企業的理想，中國工商銀行上海信托投資公司在金融改革的大道上將走得更好更快更大。

公司所屬大名路證券營業部

公司所屬祥德路證券營業部

法定代表人：梁文石（總經理、高級經濟師）
副總經理：阮祖宏（高級經濟師）
地址：上海市黃浦路17號浦江飯店三樓
電話：63250468　63253168
傳真：（021）63243766　郵編：200080

中國金谷國際信托投資有限公司

上海證券業務部

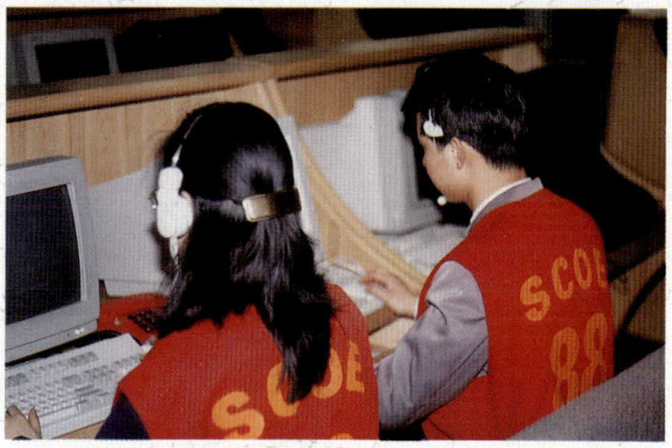

業務部在上證所場内馬夾 / 業務部在上海糧交所場内的馬夾在交易中

中國金谷國際信托投資有限公司是經中國人民銀行和國家外匯管理局批準成立的股份制非銀行金融機構,由全國婦聯、工、農、建、中四大專業銀行信托投資公司及交行、人保、中國海外工程總公司發起創立,注冊資金2.5億元。

中金信上海證券業務部于1995年7月成立,設在上海中山北二路1515號石油大廈11層。上海證券業務部成立一年來,奉行穩健、安全的經營原則,堅持質量第一、信譽第一,為客戶提供規範化、專業化的一流服務,業務發展良好。

上海證券業務部按照國家有關金融方針和政策,為發展中國的證券事業,為促進婦女兒童事業和國民經濟發展服務。本着"誠信、開拓、效益、服務"的精神,廣交朋友,共圖發展。

中金信公司客户室報單員認真操作

中金信公司在上海糧交所的馬夾關注行情

總經理:朱煥

地址:上海中山北二路1515號上海石油大廈11層

電話:65449191-1188　傳真:65440750　郵編:200437

萬國企業服務公司
萬國股市測評咨詢研究中心

●上海中心：
地址：上海浦東東方路裕安大廈 27 樓
電話：58208440　58204984
傳真：58203572　郵編：200122
●北京中心：
通訊：北京 8171 信箱
電話：68420101　68421515
傳真：68429356　郵編：100081

公司董事長張長虹陪同全國人大常委會副委員長王光英在釣魚臺國賓館會見美國摩根財團副總裁 D·Hargreves

萬國股市測評咨詢研究中心是國內最大的證券咨詢機構之一，近 20％的券商、上市公司是中心的客戶。中心擁有高水平的專業人才和著名的經濟學家為中心的專家委員。60 余條直拔電話、20 余臺傳真機、30 余臺高速計算機使中心的信息傳輸通暢。中心設有 7 個分部，30 多個分析室。中心舉行了一系列的國際國內的高級研討活動，國家領導、有關部委領導及摩根財團等著名國際機構負責人，國內大中型企業、證券公司負責人 1000 多人參加討論交流。還參與了中央人民廣播電臺的證券欄目制作和主持，獲得廣泛好評。

在投資分析方面，中心的證券咨詢取得了有目共睹的成績，1995 年 6 月在熊市中發現大盤股革命，個股大漲 100％—400％；1995 年 8 月發掘基金板塊，漲 100％—300％；96 年 3 月發現深市大行情，漲 100％—300％，1996 年 5 月發現深圳 B 股大行情，漲 100％；96 年 6 月發掘滬市優質股長虹、海爾、廈華等，漲 100％以上；96 年 6 月反復推介申能、原水、陸家嘴等漲幅達 100％。

中心的主要業務有企業理財：為上市公司進行行情監測、收購、兼并預警，送配方案設計，股市形象定位及公關策劃，企業股份制改造及股票上市咨詢，撰寫投資價值分析報告。(2)面向投資者提供滬深 A、B 股大市走勢的分析和預測，熱門股潛力股追踪，機構動態，各種消息及背景分析。(3)投資培訓：系統傳授股市分析方法，包括基本面、技術面、資金面、人氣面的考察，傳授看盤及操盤技巧。(4)綜合服務：為投資者、券商提供幫助，提供證券分析軟件及設備。為政府機構、新聞界撰寫調查報告、評論及論文。

萬國企業服務公司等單位主辦中國企業股份制改組國際研討會。圖爲與會代表合影：前排就坐的有全國人大常委會副委員長王光英，原中國證監會主席劉鴻儒、國務院發展研究中心主任孫尚清、原國家體改委副主任高尚全、聯合國專家、美國摩根財團副總裁 Guocang Huan/D·Hargreves、萬國企業服務公司董事長張長虹等。

中國证券业年鑑

1996

〔中文版·總第四期·下〕

中 國 證 券 業 年 鑑 編 輯 委 員 會
山西杏花村汾酒廠股份有限公司協辦

图书在版编目(CIP)数据

中国证券业年鉴　1996/中国证券业年鉴编辑委员会编。—北京:新华出版社，1996.11

ISBN　7—5011—3183—X

Ⅰ.中…　Ⅱ.中…　Ⅲ.证券交易—中国—1996—年鉴　Ⅳ.F832.5—54

中国版本图书馆 CIP 数据核字(96)第 22002 号

中國證券業年鑒

1996

(中文版·总第四期)

中国证券业年鉴编辑委员会编

※

新华出版社出版发行

新华书店经销

中国证券业年鉴激光照排中心植字

海南中证广告有限公司设计制作

天时印刷(深圳)有限公司承印

※

开本:850×1168mm　1/16　印张:38　插页:400　字数:2400 千字

1996 年 10 月第一版　　1996 年 10 月第一次印刷

ISBN　7—5011—3183—X/Z·391

广告许可证:海南中证广告有限公司注册号 1—855

总定价:人民币 280 元　美元 80 元

编辑说明

《中国证券业年鉴》是一部综合的史料性年刊，创刊于 1993 年，每年出版一次，从 1995 年起，同时出版中文版和英文版，国内外公开发行。《年鉴》主要反映上一年中国证券、期货、批发、基金、产权市场及企业制度建设和发展方面的情况和最新动态，供海内外有关机关、社团、学校、研究部门、企事业单位及社会各界人士进一步了解和研究参考使用，为推动中国证券业的规范化和国际化、建设有中国特色的社会主义市场经济服务。

《中国证券业年鉴》(1996·中文版·总第四期)共分 20 编，重点反映 1995 年全国的金融证券市场发展情况，系统介绍证券经营管理机构、社会中介机构的职能及股份制企业的业绩。全书内容设置图片新闻、专论、证券市场、期货市场、批发市场、基金市场、产权市场、证券管理与交易机构、中介机构、证券经营机构、上市股份公司、非上市股份公司、证券业新闻出版、理论研究、科技教育、社会团体、市场统计资料、大事记、政策与法规、企事业单位选介等部分。另有彩色和黑白插页图片 1260 幅。

《中国证券业年鉴》按部类分编，采用编、章、节、目、段五个层次的结构形式，不同层次的标题在字体、字号和版式设计方面都有明显的区别。其中全书出现最多的"目"一级标题统一用黑体字加【 】表示，内容较多的"目"的文内则用楷体表示"段"一级的标题。在编辑过程中尽可能将内容条目化。

《中国证券业年鉴》(1996·中文版)基本上保持了上一期的内容和体例的连续性，新增了基金经理机构、证券业人物、证券基本概念和理论等方面的情况以及香港、台湾证券业动态情况。《年鉴》中的理论研究和政策法规部分收录和反映了截止 1996 年 6 月底最新动态和内容，并增加了证券业理论研究内容的份量。《年鉴》的资料直接来源于公司的公告或报告、国务院及有关省市部门提供的材料，保证了《年鉴》的权威性和准确性，但由于中国证券业和企业股份制改革仍处于试点阶段和发展初期，《年鉴》在内容、数据、标准等方面与客观要求都有一定差距，加上各地区的发展不平衡以及我们的水平有限，难免出现一些疏漏，敬请读者谅解和指正。

《中国证券业年鉴》由新华出版社、中国证券报社、海南开发促进会、海南证券投资培训中心等单位联合主办，并由中国证券业年鉴编辑部编辑。在编辑出版过程中得到了证券界有关领导、专家以及北京、上海、天津、广东、福建、海南、湖北、四川、山东、辽宁、湖南、山西、深圳、武汉等省市的有关部门的指导和支持，在此我们表示最诚挚的感谢。

中国证券业年鉴编辑部

中国证券业年鉴编辑委员会

中国证券业年鉴编辑部

中国证券业年鉴编辑部联系地址

北京：北京市宣武门西大街 57 号新华通讯社 7 号楼 103 室
联系人：胡柳华　邮编：100803

广东：广州市德政北路 431 号 3 楼 303 室
联系人：王才贵　邮编：510055

山东：济南市经十路 239 号期货大厦 4 楼 411 室
联系人：钟焕明　邮编：250021

湖北：武汉市汉口万松园路 18 号
联系人：胡泽锋　邮编：430022

目 录

第四编　中国批发市场

第五编　中国基金市场

第六编　中国产权市场

第七编　证券管理与交易机构

第八编　中介机构

第九编 上市股份公司

第十编　非上市股份公司

第十一编　证券业理论研究

第十二编　证券经营机构

第十三编　证券业新闻出版

第十四编　证券业科技教育

第十五编　证券业社会团体

第十六编　证券业人物

第十七编　证券业大事记

第十八编　市场统计资料

第十九编　政策与法规

第二十编 中国企事业单位选介

插页目录

工商股份制企业

■ **股份制企业**

工商企业

中介机构

会计审计事务机构

律师事务机构

资产评估机构

■ 财务信托投资公司

■ 证券交易机构

■ 登记公司

期货经营机构

经济管理机构

综合类机构

●圖片新聞

中共中央總書記、國家主席江澤民陪同古巴主席卡斯特羅參觀康佳集團深圳總部并簽名留念。

中國不斷深化國有大中型企業改革，穩步推進中國企業境外上市工作。圖爲中共中央政治局常委、國務院總理李鵬視察洛陽玻璃股份有限公司。

中共中央政治局常委、全國人大常委會委員長喬石視察四川天歌集團。

中共中央政治局委員、國務院副總理鄒家華視察深圳能源投資股份有限公司。

●圖片新聞

隨着中國證券市場的發展，各地不斷加强證券市場基礎設施設。圖爲財政部部長劉仲藜考察北京證券交易中心的保障系統建設情况。

中國證監會主席周道炯視察青島證券交易中心。

中國會計行業逐步按國際標準執業，促進了證券市場的規範發展。圖爲京都會計師事務所成爲浩華國際成員所。

上海財政證券公司爲了加强證券業理論研究，組織成立了上海財政學會證券研究會。

中國期貨市場經過幾年的發展已初具規模。圖爲大連商品交易所交易大廳。

在社會主義精神文明建設中，中國財會行業不斷加强職業道德、行爲規範等方面的教育和宣傳。圖爲河北省財政部門組織的紀念活動。

1995年A股指數走勢圖

1995年上海A股指數走勢圖

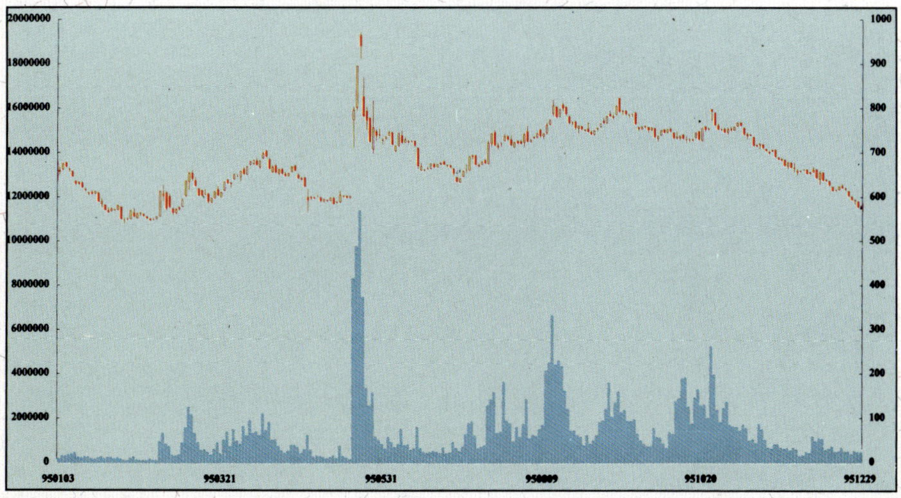

1995年深圳A股指數走勢圖

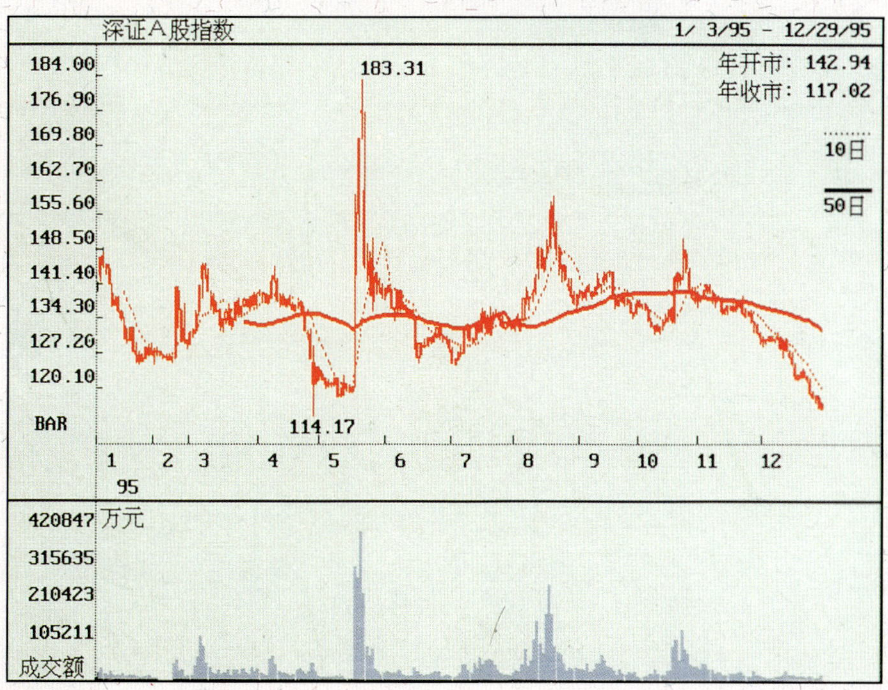

廣發證券公司

GF Securities Co., Ltd.

公司總裁:陳雲賢　博士

廣發證券公司是經中國人民銀行批準成立的專業性證券經營機構,注册資本爲人民幣 2 億元。公司先后取得了深交所、上交所等 9 個機構的會員資格并在上述機構擁有 51 個席位。1995 年又相繼獲得國債一級自營商與外匯業務資格。公司下轄基金管理、期貨清算、咨詢、企業托管、電腦工程 6 個子公司和 28 個證券營業部,成爲一家以證券業務爲主,集股票、債券、基金、清算、咨詢、托管、電腦等業務于一體的綜合性跨地區的大型金融企業集團。

廣發證券公司現有 800 余名員工,平均年齡 27 歲,有博士 18 人、碩士 73 人,大專以上學歷員工占員工總數的 63%。集中了一大批從事證券業務所需要并經過嚴格訓練的各類專業人才。根據中國證券業協會的排名,1994 年公司股票交易總額、資産總額和利潤總額分列全國券商第八、第九、第十一位;1995 年公司的證券交易額、利潤總額、營業收入、淨資産分列第八、第六、第八、第九位,四項指標全部進入前十名。

●**投資銀行業務:**廣發證券公司作爲主承銷商,先后成功地爲 20 余家企業承銷股票,并首創了"全額預繳、比例配售、余額即退"與"免費預約、限量申購、抽簽分配"兩種發行方法,引起全國同業矚目。并先后推薦了 19 家企業股票上市。

●**投資理財業務:**1996 年 10 月,公司總體策劃并具體組織實施了我國迄今最大的金融企業購并案一廣東發展銀行收購中銀信托公司,這標志着廣發證券投資理財業務已趨成熟。

●**國債業務:**作爲國債一級自營商,公司 1995 年承銷國

公司與韓國證券商開展合作與交流

公司開展股份公司上市業務

債3億元,1996年頭6個月,國債承銷額更高達11.85億元。

●**經紀業務**:在二級市場方面,廣發證券公司幾年來業務量迅猛增長,經濟效益穩步提高。1992年股票交易額9.05億元,1993年111.68億元,1994年284.94億元。1995年盡管市場低迷,證券交易額仍達221億元,連續兩年排名全國券商第八位。同時,公司率先推出經紀人制度,獲得廣泛的好評。

●**基金業務**:廣發一期、廣發二期共10300萬基金單位運作良好,分别在滬深交易所上市并創立了績優的市場形象,在國内券商中較早涉足這一領域。目前正籌建國債投資基金,并積極探索産業發展基金和中外合作基金。

《廣發證券公司1996—2000年發展戰略》提出了公司發展的戰略目標:在未來五年内,廣發證券將成爲以一、二級市場"兩翼騰飛"爲標志,以金融産品爲支柱,多元化經營爲輔助的,管理規範、經營穩健的現代國際性股份制集團,其綜合實力在國内同業中將位居前列。

公司辦公樓外景

地址:廣州市農林下路83號廣發金融大厦4樓
電話:(020)87676350
傳真:(020)87676350
郵編:510080
Add:4/F Guangfa Finance Center, 83 Nonglingxia Road, Guangzhou, China
Tel:86-20-87676350
Fax:86-20-87676350
Zip Code:510080

廣東省廣發期貨清算公司

公司辦公樓

地址:廣州市天河區林和西路 91 號景星酒店付樓
電話:(020)87534618

總經理:吴蓬生

廣東省廣發期貨清算公司經廣東省人民政府批準組建,中國人民銀行廣東省分行批準從事期貨清算業務,廣東省工商行政管理局登記注册,于 1993 年 3 月設立,同年 5 月 28 日正式開業。從 1995 年 5 月起,中國證監會同意公司進行期貨結算機構運作的試驗。公司接受中國證監會和中國人民銀行的監管,實行董事會領導下的總經理負責制。注册資金 1 億元人民幣,由廣東發展銀行、廣東華僑信托投資公司和廣東聯合期貨交易所三家聯合組建,是目前全國唯一的一家獨立專業清算公司。

公司參照國際通行的期市清算慣例,結合我國實際情況,本首充分保護期貨交易者的合法權益的原則,對期貨等交易、交割進行清算,統籌運用和管理風險基金。

三年來,公司清算總額近 6000 億,保證了原華南商品期貨交易所和廣東聯合期貨交易所等市場所有期貨合約交易的順利結算和交割,形成了獨具特色的期市清算網絡。廣東聯合期貨交易所與公司通過合理分工與組合,前者集中精力開發品種,加强期貨交易管理,促使交易規模不斷擴大;后者提供交易、交割的清算服務,擁有各種控制市場風險的手段,同時承擔市場風險,使交易得以規範運作。兩者各有分工,在制衡中緊密合作,互相促進,開創了國內期市獨立清算的有效機制。廣東期貨市場三年來的成功運作,已作了充分的證明。

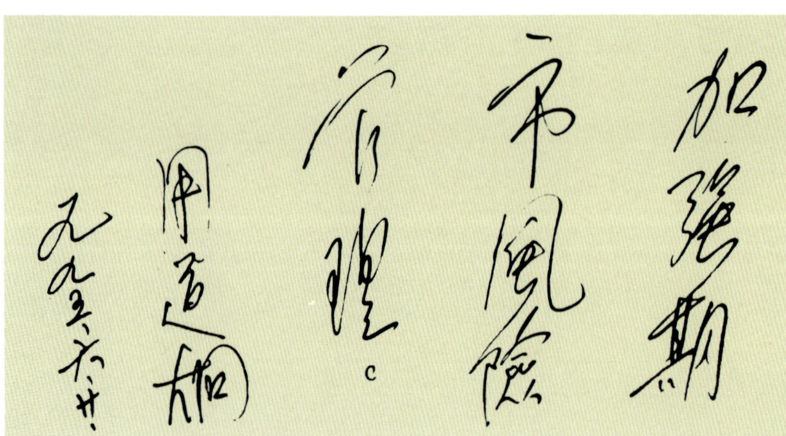

江苏证券 中国证券之星
江苏证券股份有限公司
地址：南京市管家桥85号华荣大厦 电话：(025)4526277 传真：4521377 邮编：210005

北京京華

北京京華信托投資公司是于 1988 年經中國人民銀行總行、北京市人民政府批準成立的全民所有制金融公司。行政隸屬北京市人民政府，業務受中國人民銀行領導、管理、協調、監督和稽核。

公司現有正式職工 376 人。公司内部現設綜合管理部門，包括辦公室、人事部、稽核部、法律事務部、研究發展培訓部、計劃財務部；主要業務部門包括投資策劃部、企業購并部、綜合部、金融部、外匯部、國際業務部、外經部、證券部、房資部、項審部、投資部、房地産部。

主要經營業務包括信托存貸、投資；委托存貸、投資；房地産投資；有價證券；金融租賃；代理財産保管與處理；代理收付；經濟擔保和信用見證；經濟咨詢；以及中國人

公司總經理：陳宜

公司辦公大樓外景

北京京華信托投資公司
地址：北京市朝陽區建國門外大街甲一號
電話：65079219　**傳真：**65079216
郵編：100020

信托投資公司

民銀行和國家外匯管理局批凖經營的其它金融業務。

公司注册資本爲 2 億元人民幣，所有者權益爲 7.8 億元人民幣，總資産達到 52 億，固定資産淨值已達 6 億元人民幣。累計吸存人民幣 105 億元，外匯 1.6 億美元，累計向企業貸款、租賃、投資超過 80 億元人民幣，累計實現利税總額 2.6 億元人民幣。連續 3 年，公司在全國 500 家最大服務企業評價排序中均位居信托投資行業前 50 位。在國内外金融界享有信譽。

公司遵循平等互利、精誠合作、信譽第一、共同繁榮的原則，加强與海内外各界朋友的友好交往與合作，爲我國的改革開放和經濟建設做出更大貢獻。

寬敞的營業大廳　京華證券門面

部　門	通 訊 地 址	電　話	郵　編
京華信托投資公司證券部	北京東城區安定門内大街 106 號	010－64074533	100009
武漢證券營業部	武漢江岸區黎黄陂路 6 號	027－2846762	430014
深圳證券營業部	深圳福田區振興路賽格高科技園 4 號 2 樓(東側 2 樓)	0755－3213510	518028
北京證券營業部	北京海澱區天府飯店 245 房間	010－62644798	100080
安定門證券營業部	北京東城區安定門内大街 106 號	010－64074536	100009
北京京豐證券營業部	北京豐臺區西羅園二區十四樓	010－67293258	100077
雙榆樹證券營業部	北京海澱區北三環西路 32 號四樓	010－62579024	100086
上海證券營業部	上海市普陀區安遠路 710 號	021－62539426	200060

上海糧油商品交易所

交易所總裁：賀濤

1995 年上海糧油商品交易所堅持規範交易，在穩步發展市場方面取得了一定的成效。經中國證監會批準上市的品種已有大豆、籼米、紅小豆、緑豆、玉米、白小麥、啤酒大麥、紅麻和黄麻等 9 種，全年累計交易量爲 1350.42 萬手，計 6752.09 萬噸，1740.16 億元，期貨交易功能進一步顯露。會員由 72 家發展到 120 家，服務工作在多方面得到了改進和提高。一是交易計算機系統得到了改善和提高；二是擴大了信息傳送渠道和覆蓋面，增建了遠端工作站；三是增設了交割倉庫；四是改善了會員的工作、生活和娛樂條件。

交易所根據中國證監會的要求，始終把風險監控作爲市場管理的核心，進一步完善了交易所章程和規則等根本制度，健全了頭寸限制、保證金制度和交割規程等風險監控系統，加强對交易全過程風險的同步監視，制定了風險預警防範方案。同時加强了對員工的專業知識、法制道德和文化教育，通過健全内部管理的規章制度和完善激勵機制，增强了交易所的凝聚力和發展后勁。

位于浦東沈家弄路 199 號的交易所新址

舒適的休息大廳

地址：上海市南蘇州路 1455 號
電話：62534180
郵編：200041

廣州中期期貨經紀有限公司

法人代表、總經理:楊鐵龍

中國國際期貨經紀有限公司(CIFCO),是經國務院經貿委批準成立,并由國家證監會頒發期貨經營許可證,國家工商局核準登記的專營期貨經紀業務的大型集團性公司。廣州中期期貨經紀有限公司是中期(集團)公司在廣東地區唯一具有獨立法人資格的子公司,注冊資金1000萬元人民幣,營業面積千余平方米。公司主要股東單位有:中國國際期貨經紀有限公司、廣州建銀投資公司、廣東省物資總公司和廣州保税區國際投資發展公司等。公司下設風險管理委員會、交易一、二部、結算部、下單室、市場研究開發中心等業務部室,并擁有百余名具有豐富的實際經驗的專業人才和高級管理人員,租有路透、美聯、中期總部聯合未來信息系統等先進報價系統,并通過衛星等通訊技術實現信息同步反饋。公司還創辦集期貨研究、咨詢、培訓、投資策劃、市場開發于一體的市場研究開發中心,定期通過電視臺、電臺、《信息時報》、《粵港信息日報》、《中國證券報》、《股市快報》等新聞媒介向投資人士提供各種行情研究報告,向社會推出期市日評《珠江快訊》。公司建立了完善的二級代理機制,專營代理,不做自營,代理客戶開展國內各期貨交易所的期貨交易,并向客戶提供結算、交割、信息等全方位服務。

目前,廣州中期公司是廣東聯合期貨交易所、上海糧油交易所、上海商品交易所、海南中商交易所、鄭州商品交易所、蘇州商品交易所等國內大型交易所的會員,可直接代理客戶入場交易,如今公司在跨地區經營、信息收集、行情分析、風險控制等方面充分具備了自己的特色并在嚴格管理、規範運作、優質服務、出入金安全等方面赢得了客户的信任。隨着業務的拓展,公司已在廣州、上海、蘇州、海口等地設有業務部。

公司主要領導在研討工作

寬敞的交易大廳

總裁:楊鐵龍

地址:廣州市僑光路2號華夏大酒店B座六樓

電話:(020)83379988　傳真:(020)83370363

郵編:510115

中國南方證券有限公司

CHINA SOUTHERN SECURITIES CO., LTD.

法人代表、董事長:王景師

中國南方證券有限公司成立于1992年12月21日,是由中國工商銀行、中國農業銀行、中國銀行、中國建設銀行、交通銀行和中國人民保險公司聯合發起組建的全國性大證券公司,注冊資本金10億元人民幣。

經過短短三年的努力,公司的資產總額已達到96億元人民幣,實現利潤7.7億元,承銷各類有價證券132億元,其中股票110億元,A、B股交易總額1150多億元;參與國家和地方有關能源、交通、高科技等重要領域的投資管理項目240個,總投資27億元;主承銷、分銷9家企業的B股發行,總額達19億元港幣,代理港股交易總

地址:廣東深圳市深南東路南方國際大酒店 12～13 層
電話:(0755)2256728－1200～1328
郵編:518001

總裁:沈沛

額 11 億元港幣。

目前,公司已設立國內外分支機構 14 個,證券交易網點 32 個,證券從業人員 1500 人,是中國證券行業中發展最快、成績最好、貢獻最大的證券商之一。

在中國證券業協會 1995 年全國證券商經營業績排行榜中,公司摘取利潤總額、淨資產指標兩項桂冠。由美國權威財經雜志《機構投資者》95 年 10 月號評選的中國最大十家機構投資者排位中,公司與中國銀行等幾大專業銀行同登榜首,居證券業第一位。

中国建设银行
China Construction Bank

上海市分行

中國建設銀行上海市分行行長、上海市投資學會會長:張恩照

辦公大樓

中國建設銀行上海市分行成立于 1954 年 10 月,系中國建設銀行的直轄市分行,以中長期信用爲特色,既經營信貸業務,又代理政府投資,國内國際業務并舉,到 1995 年底,建設銀行上海市分行下設 34 家支行,擁有營業網點 278 個,員工 6681 人,資産總值 1120 億元,存貸款規模 930 億元,綜合實力居上海金融界前列。

上海市投資學會于 1986 年成立。經上海社會科學學會聯合會審查同意,于 1991 年 4 月 4 日由上海市民政局核準登記爲社會法人。會長:張恩照,副會長:周有道、王松年、胡泰利,副秘書長:潘步雲、張益民、朱佐椿。個人會員 425 人。學會成立后,開展了投資理論研討和學術交流活動,舉辦了投資領域的各種學術講座、專題報告及年會;承接市有關部門的研究課題,主持或參與了有關研究課題討論和鑒定活動;圍繞中心工作,結合專業,及時組織學習與座談研究,加强會刊《上海投資》编寫及國内外發行工作;舉辦與專業有關的咨詢服務,取得一定的社會效益。**會址:延安中路** 1111 **號(東樓)**388 **室,郵編:**200040,**電話:**62481111－8388

營業大廳

中国建设银行
China Construction Bank

君安證券有限公司

J&A SECURITIES LTD.

總裁張國慶

仁義 勤儉 律己 求智慧

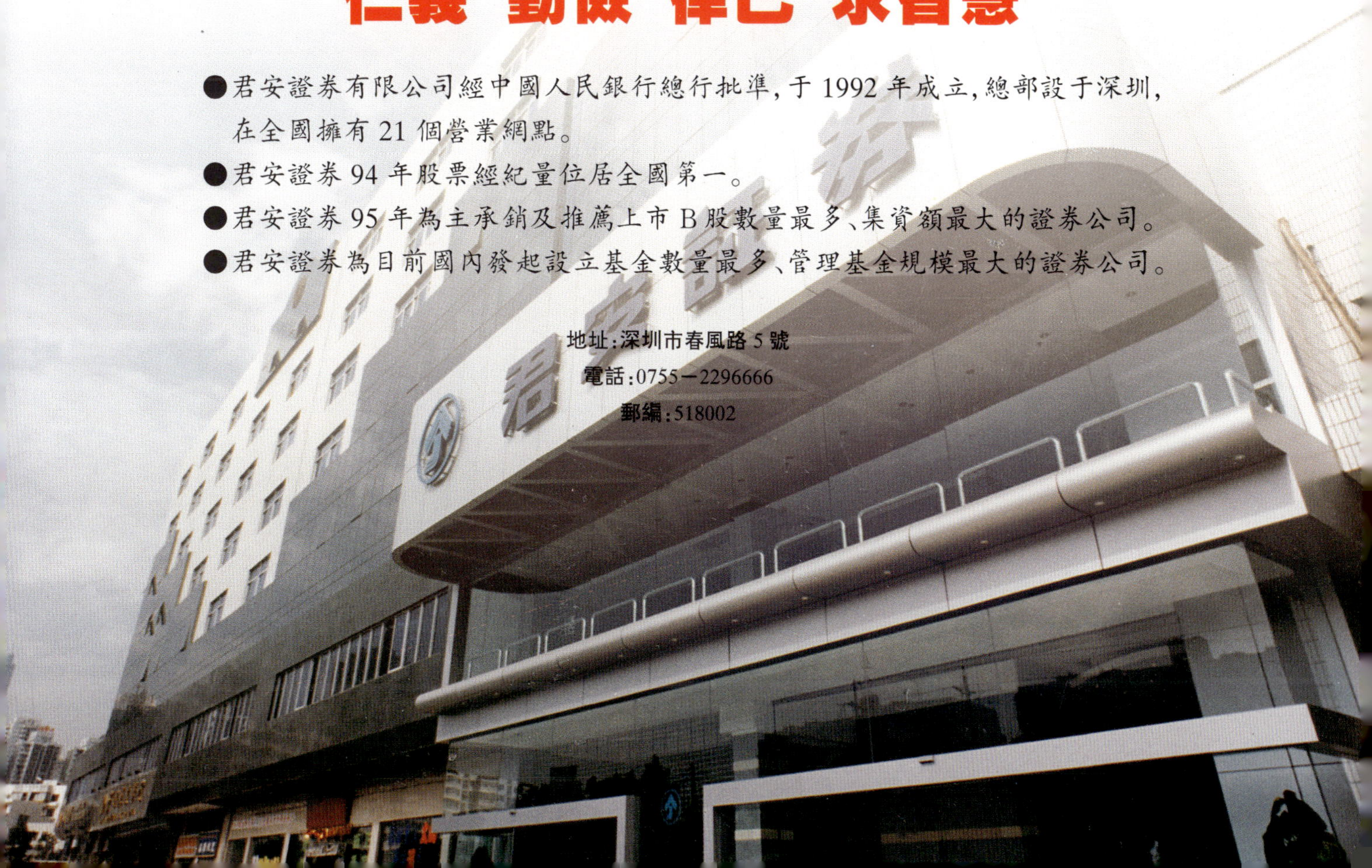

- 君安證券有限公司經中國人民銀行總行批準，于 1992 年成立，總部設于深圳，在全國擁有 21 個營業網點。
- 君安證券 94 年股票經紀量位居全國第一。
- 君安證券 95 年為主承銷及推薦上市 B 股數量最多、集資額最大的證券公司。
- 君安證券為目前國內發起設立基金數量最多、管理基金規模最大的證券公司。

地址：深圳市春風路 5 號

電話：0755－2296666

郵編：518002

總裁 徐英

長城證券有限責任公司

業務範圍

- ·發行和代理發行各種有價證券
- ·自營和代理買賣各種有價證券
- ·有價證券的代保管、鑒證和過戶
- ·代理還本付息、分紅派息等權益分派業務
- ·證券抵押融資
- ·企業重組、收購與兼并
- ·投資咨詢、財務顧問
- ·外幣證券
- ·經中國人民銀行批準的其他業務

地址:中國深圳福田區八卦三路平安大廈4樓
電話:(0755)2414850 傳真:(0755)2414862
郵編:518029

資產管理部人員精心研究市場行情

長城證券有限責任公司是在原深圳長城證券部與匯通證券合并的基礎上經過擴股增資設立的。公司注册資本1.57億元人民幣,長城證券是在中國證券市場走向成熟、規範,證券經營機構趨于集中的背景下出現的,是中國金融改革的產物。因此,也代表了中國證券業發展的方向。

錦州證券公司上海業務部

辦公大樓外景

錦州證券公司上海業務部是經中國人民銀行上海分行正式批準的證券經營機構，于1992年10月成爲上海證券交易所會員單位，同年開始對外營業。營業部設有交易部、信息咨詢部、清算部、財務部、國債部、電腦中心、辦公室等部門。業務部自成立以來，業務範圍不斷擴大。現經營以下業務：自營和代理買賣有價證券；代理銷售有價證券；有價證券的代保管、過户、代理還本付息和分紅派息；證券投資咨詢及信息服務；經中國人民銀行批準的其它業務。

錦州上證在上海交易所擁有6個席位。擁有國内一流水平的大型行情顯示屏，配備衛星和光纜兩套行情接收系統。營業面積800平方米，交易大廳裝修舒適寬敞，可容納400人。一、二樓設有5個大户室、1個中户室。同時開通上海、深圳兩地行情系統。

錦州證券公司上海業務部充分利用上海這一金融中心的地位，加强與各在滬證券經營機構的業務聯系、交流和合作，以最佳良的服務、最佳的投資環境、最快的投資信息爲廣大投資者服務，已成爲滬上有影響的异地證券機構。

總經理：王棣
地址：上海市中山北一路9號（同心路口）
電話：56976033　56901423
傳真：56901420　**郵編：**200083

營業櫃臺

寬敞的交易大廳

中國科技國際信托投資公司

公司證券大户室

公司營業大廳

先進的證券交易系統

中國科技國際信托投資公司(以下簡稱中科信)是一家服務于科技教育領域的全國性非銀行金融機構,截止1995年底,公司資産總額達75.6億元人民幣,利潤4011萬元人民幣,分别比上年增長24%和100%。

中科信的證券業務相較而言起步較晚,主要業務開始于1993年,但發展銀快。據中國證券業協會統計1995年全國從事證券業務的信托投資公司中,我公司營業收入排名第一、證券交易額排名第六、利潤總額排名第六、淨資産總額排名第八。公司現在北京、上海、大連、青島、沈陽、成都、武漢等地開設了7家證券營業部,建立了公司證券業務的網絡。預計1996年在全國各大城市將證券營業部增至10家以上。證券營業部網絡作爲公司證券業務的對外窗口、信息中心及業務拓展的基地,爲公司證券業務的騰飛打下了堅實的基礎。公司占領二級市場的同時,努力開拓一級市場及國債市場。1996年上半年成功地完成六次國債承銷業務,承銷國債20億元,并爭取96年成爲國債一級自營商。公司已于1994年承擔北京方莊購物中心及北京前門實業股份有限公司法人股的主承銷,1995年成爲儀征化纖分銷商。1996年繼續穩步地進入A股及B股的發行市場。

聯系人:梁杰　張潔

地址:北京市朝陽區北辰東路8號北京國際會議中心四層

電話:64933344　64924103

傳真:64924103　**郵編:**100101

寧夏信托投資公司

總經理:劉語平　　電話:(0951)5026808　5033828
地址:寧夏銀川市解放西街 184 號　　傳真:5030618　郵編:750001

總經理:劉語平

寧夏信托投資公司是經自治區人民政府和中國人民銀行總行批準,于 1988 年 8 月成立的全民所有制非銀行金融機構。注册資本金 1 億元人民幣,現有資産約 8 億元。創業近 8 年,積極開拓信貸、投資、租賃、證券等業務,取得顯著成績,歷年向區内 380 多家各類企業提供資金累計 13 億元,代理發行和兑付企業債券、國債累計 3.4 億元、2.4 億元,樹立了良好信譽和企業形象。

公司在加强和鞏固傳統業務的基礎上,按照人民銀行資産負債比例管理的要求,努力調整資産結構,拓寬業務領域,相繼創辦了一些全資、合資企業,推出保管箱出租和股票交易業務,逐步形成以信托投資證券業爲主,集金融、商貿、實業、美術裝潢、餐飲娱樂、拍賣典當、房地産開發多元經營格局。1994 年經國務院 10 部、委聯合測評,榮列中國 500 家最大(金融)信托投資企業第 165 位。1995 年又被評爲自治區金融企業最佳效益單位。公司證券交易營業部于 1995 年 12 月 8 日正式開業,營業面積 480 平方米,擁有奔騰型主服務器、NOVELL 網絡、近百臺電腦終端、錢龍分析軟件、超大型彩色行情顯示屏等精良裝備,采用 128K 雙向衛星通訊技術,雙回路供電系統,櫃臺委托、電話委托、自助委托、熱自助等多種委托形式,確保深、滬兩地證交所交易跑道暢通無阻。1996 年 4 月,公司作爲上市推薦人和副主承銷商代理"西北軸承"股票在深圳上市發行工作取得圓滿成功,奠定了公司在寧夏證券業的主力地位。

公司辦公大樓

證券營業大廳

天津聯合期貨交易所

天交所交易大廳一角

天交所第一屆會員大會主會場

天津聯合期貨交易所于 1994 年底經中國證監會批準，于 1995 年 10 月完成重組實行集中統一交易，進入 1996 年交易穩步增長，經過了發展中曲折的三步曲。

一、試點之初，發展受限

天交所作爲國内第一個提出走聯合發展之路的交易所，于 1994 年底正式試點運行之初，實行分廳交易，由于組織機構、運作機制等存在問題，使得天交所未能按預定方案進入運作，加之國家暫停了曾在天交所交易非常活躍的綫材和白砂糖品種的期貨交易，天交所交易萎縮，風險控制和防範能力受限，天交所的發展步入了低谷。截至 1995 年 10 月 4 日實行集中統一交

地址:天津市河西區天津賓館會議樓　傳真:(022)8363365　8355121
電話:(022)8357789　8357567　郵編:300061

交易所領導班子主要成員:理事長汪文賢(左二)、總裁張彦兵(左三)、副總裁張培明(左一)和萬瑞華(左四)

天交所理事長:汪文賢

易前的9個月,成交額僅爲500多億元,天交所面臨着生存危機。

二、集中交易,步入正軌

1995年10月4日天交所實行集中統一交易,改善了交易環境,提高了硬件服務檔次,標志着一個嶄新的期貨交易所的誕生。在新一屆領導班子的帶領下,天交所認真貫徹國務院、中國證監會關于風險控制的文件精神,重新修訂、完善了《實物交割細則》、《强制平倉管理辦法》等一系列風險控制制度,制定了交易活躍品種銅和天津紅小豆持倉總量控制綫;加强對交割倉庫的管理,與13個交割倉庫簽訂協議書,從交割環節保障期貨交易的順利進行。爲加强會員管理,重新進行資格認定。對400多名交易員重新進行了系統的培訓,持證上崗。這一系列措施的實施,使人氣重新聚集,交易穩步上升。

三、規範運作,務實發展

1996年國務院、中國證監會采取了一系列規範中國期貨市場,嚴格控制風險的措施,天交所也一如既往地加强風險控制。首先規範會員的交易行爲,對代理環節進行規範整頓,經紀公司只能代理,不能自營,審核并推薦60家非經紀公司會員從事代理,未獲推薦的一律不能從事代理業務。爲進一步優化會員結構,天交所吸收了一批信譽好,交易活躍,發展規範的經紀公司入會,目前天交所共有會員150多家,其中經紀公司會員已達會員總數的近40%,會員遍及全國27個省、市、自治區。顯示出了天交所的全國性和市場幅射力。規範的管理與運作,爲天交所帶來了生機和活力,1996年1至8月共成交標準合約670萬張,成交金額2400多億元,市場參與者日益增多。

四、完善交易所體制,進行會員制改造

爲理順交易所的管理體制,建立健全組織機構,按照中國證監會的要求,1995年下半年天交所着手進行會員制改造,形成會員大會、理事會、專業委員會、行政機構等組成的管理體系。

中山市 財政局

局長：劉嵐敏

局黨組領導研究工作

中山市財政局是中山市政府專責全市財政收支和財務會計管理工作的國民經濟綜合管理部門。在市委、市政府的正確領導下，中山市財政局爲國民經濟的持續、高速、高效增長、社會各項事業的迅猛發展、投資環境的優化作出了積極的貢獻。1994 年，全市財政收入達 13.23 億元（其中：地方財政收入 6.74 億元），比上年增長 39.56%，是 1979 年的 16.5 倍。連續 17 年超額完成上級下達的收入任務。

十多年來，財政部門以市場爲導向，從政策、資金上積極扶持國有、市屬企業調整產品結構，加快技術改造步伐，形成威力、凱達精細化工、包裝印刷等十五大企業集團。大力加強國有、市屬集體資產管理，努力做好清產核資等項工作，配合有關部門積極推進企業轉換經營機制工作。改革市對鎮區財政體制。在資金安排上向農業重點傾斜，并不斷向“三高”方向發展。近年來，市財政每年安排的支農資金均占全市預算支出的 12% 以上；高度重視教育、文化、衛生、體育等項事業的發展，建成中山孫文學院等。近年每年安排的文教等方面的支出年增長均在 30% 以上。其中，僅教育經費支出就占全市預算支出的四分之一；大力加強基礎設施和市政建設，積極支持搞好城市規劃，美化城市環境。

中山市財政局十分重視財政中介業務的發展。目前市財政局屬下已設立中山會計師事務所、中山香山會計師事務所、中山市資產評估事務所、中山市國債服務部等中介服務機構。

1、1992 年下半年成立了中山市第一家具備正式資格的評估機構—中山市資產評估事務所，已完

地址：廣東省中山市華柏路 49 號
郵編：528403

財政局辦公大樓

成了中山市高新科技開發區、精細集團、威力集團、玻璃集團等大型國有企業和今日集團、六福廣場的評估工作。僅今年就完成評估項目 85 項，營業收入近 100 萬元。

2、1995 年 8 月成立了中山市會計師事務所，竭誠爲中山市的各企事業單位和三資企業提供驗資、審計、咨詢項目評估等會計和財務方面的服務。成立僅僅兩個多月以來，就完成驗資和查帳項目近 50 項，營業收入約 40 萬元。

3、中山市國債服務部：在市財局綜合科的領導下，肩負起日常國庫券的兑付工作和承銷每年中山市的全部國庫券，在今年國庫券的承銷工作中，還適時推出"套期保値"、"匯差抵任務"等兩種促銷措施，成爲全省第一個完成國庫券任務的市。1994 年下半年，該部成立了具備法人資格的中山市國債有限公司，幷在全國最大的國債和資金市場一武漢證券交易中心取得了特別席位，同時以此爲基礎成立了廣東粤財證券有限公司中山營業部。自成立以來，該部已爲中山的建設籌集資金 1 億多元。

4、今年 10 月，在廣東省財政廳世界銀行貸款業務辦公室的大力支持下，成立了中山市利用世界銀行貸款業務辦公室。目前，中山市財政局在局黨組書記劉嵐敏同志的帶領下，以更加高昂的斗志，信心百倍地向着更高的目標，爲進一步開創財政工作的新局面邁進。

中山市財政局

中山市資産評估事務所評估師們認真處理業務

中山市國債服務部營業廳

中山市國有資産管理辦公室舉辦的知識競賽活動

四川省證券深圳業務部

寬敞明亮的交易大廳

四川省證券深圳證券業務部是經中國人民銀行深圳經濟特區分行批準，由四川省證券公司全資組建的證券經營機構，于 1993 年 4 月 15 日正式開業，注册資本 2500 萬元。

※先進精良的電腦設備，寬敞明亮的交易大廳，為投資者提供了一流的投資環境，全面開通深滬 A 股、國債現貨、回購及國債期貨業務；

※自動委托、電話委托及櫃臺委托系統，為投資者提供了多種靈活的交易方式；

※完善的信息系統、先進的分析軟件、準確的咨詢服務，又為投資者又提供了科學的決策依據。

總經理：張　健

地　址：深圳市羅湖區江背路 6 號榮興大廈一樓

電　話：2349371　2349372

傳　真：2349370

郵　編：518002

日照市城市信用社

主任：費洪軍

營業室一角

日照市城市信用社是 1988 年 1 月成立的地方性法人金融機構，現有職工 202 人，其中專業技術人員 123 名，自有資本金 1558 萬元，下設 6 個職能科室、1 個營業總部、1 個證券公司、1 個證券交易部、8 個服務部、13 個代辦點、5 個經濟實體。擁有先進的辦公自動化系統，主要辦理存款、貸款、對公結算、聯行匯兑、證券交易、代辦保險、代發債券等業務。截止 1995 年末，各項存款余額 2.9 億元，貸款余額 1.92 億元，實現利潤 829 萬元。

信用社成立以來堅持"發展城市金融、服務地方經濟"的辦社宗旨，9 年累計實現利潤 2600 萬元，累計發放貸款 15 億元，有力地促進了日照市工商企業的發展。連年被市委、市府授予先進企業、優秀管理單位、優秀企業稱號，并被中銀全國資信評估委員會確認爲全國 AAA 級信用單位。

主任：費洪軍

地址：山東省日照市海曲中路 5 號

電話：(0633)8228998　**郵編：**276800

辦公樓外景

陝西省國際信托投資股份

公司法人代表、董事長：孫武學

公司總經理：劉承運

陝西省常務副省長賈治邦（中）、公司董事長孫武學（右四）、總經理劉承運（右二）參加貸款簽約儀式

具有异國風情的證券營業部貴賓室

地址：西安市環城東路南段 8 號

電話：(029)3230252　3239457

傳真：(029)3239456

郵編：710048

有限公司

公司是經中國人民銀行總行批準設立的省級非銀行金融機構，是在深圳證券交易所挂牌上市的金融性公眾公司。經營範圍包括人民幣和外幣兩類，人民幣業務為信托存貸款、投資，委托存貸款、投資，房地產投資，有價證券，金融租賃，代理財產保管與處理，代理收付，經濟擔保和信用見證，經濟咨詢等；外匯業務為外匯信托存款，信托放款，信托投資，外匯借款，外匯投資，外匯放款，外匯擔保等。公司在西安、上海、深圳下設6個證券營業部，年交易額近百億元。

公司房地產開發項目：上海不夜城商住樓

山東濱州
城市信用合作社中心社

法人代表、主任:王春三

領導班子成員研究工作

濱州地區城市信用合作社中心社(簡稱"中心社")是1993年3月經山東省人民銀行批準成立的股份合作制金融機構,1994年4月正式開業。中心社既是全區城市信用社的主管部門,統轄全區城市信用社的各項行政和業務管理工作,又是一個獨立的經營機構。自籌建之日起,中心社便樹立了"大市場、大開放、大經營"的戰略思想,走出了一條管理與經營同步發展、服務與效益同步提高的新路子,成爲目前全區規模較大、功能較全的一家金融營業機構。中心社現存款余額1.1億元,資産總額1.2億元,先進的電腦儲蓄和電腦結算爲工商企業和城鎮居民提供着最爲"準確、安全、迅捷"的服務。

青島萬通證券有限公司濱州營業部(簡稱"證券部")經山東省人民銀行批準成立,是濱州地區唯一一家證券交易營業場所,隸屬于中心社領導。營業地點設在濱州影劇院西大廳。證券部建有標準化的交易大廳,内設大型空調、電子顯示大屏、行情分析系統和可以容納200家證券商進場交易的席位,擁有目前國内最先進的電腦設備和交易網絡系統,實行櫃臺自動委托、撮合和清算交割,利用聯網專綫和衛星地面站傳輸行情和成交匯報,實現了與上海、深圳證券交易所同步交易的功能。證券部可以辦理以下業務:代理證券發行業務;自營、代理證券買賣;代理證券還本、付息和紅利的支付;證券的代保管和鑒證;接受委托代收證券本息和紅利;接受委托代理證券的登記和過户;證券貼現和證券抵押貸款;證券投資咨詢;人民銀行批準的其他業務。

營業大廳

信用社辦公樓外景

法人代表:王春三

中心社地址:濱州市黄河三路548號

電話:(0543)3313898

郵編:256631

中國農業銀行海南省分行

工作人員認真處理業務

1995 年，海南省農行積極組織存款，大力盤活資金，調整信貸結構，加大向農業的資金投入，支持海南省産業結構調整。至 12 月底，省農行各項存款余額 92.20 億元，比年初增加 5.74 億元。其中儲蓄存款余額 55.61 億元，比年初增加 6.63 億元。各項代款余額 90.38 億元，比年初增加 10.25 億元。1995 年，全省農行累計發放貸款 40.20 億元。重點支持了近百萬畝的水産養殖基地、120 萬畝的反季節瓜菜基地和 92 個國營農場以橡膠爲主的生産經營、三亞青田水廠、海南省天然氣化肥廠、郵電通訊擴容工程、海南省海燕石油液化氣供應公司、南洋船務公司東方油庫等大中型和高效益項目，支持了生産資料公司，種子公司的經銷經營，促進經濟發展作出了應有的貢獻。

1995 年，省農行美元、港幣存款余額分别達到 1738 萬元和 9254 萬元；美元、港幣貸款余額分别爲 5220 萬元和 2045 萬元。

海南融資中心

海南融資中心是由中國人民銀行海南省分行牽頭組辦，海南省各專業銀行、交通銀行入股參加的具有獨立法人資格的金融機構，1993 年 6 月 10 日，經中國人民銀行海南省分行批準成立。

業務範圍爲代理自營全國跨地區、跨系統的同業拆借和票據融資，管理會員基金，提供市場信息。辦理融資咨詢業務，受人民銀行委托辦理中央銀行市場調控與融資有關業務，辦理經人民銀行批準及委托的其它業務。中心下設業務部、財務部和辦公室，中心董事長喻柏漢，現任總經理賈曉峰。中心根據人民銀行的有關政策和規定，積極拓展業務，與省内外的金融機構建立了穩定的業務聯系，目前海南融資中心拆借余額達 14 億元，一定程度上緩解了海南省資金緊張狀況，保證了全省各金融機構的正常支付。隨着金融體制改革的不斷深化，海南融資中心將按照市場原則進行規範化管理，并在中央銀行宏觀金融政策指導下，發展票據融資，短期貼現等一系列新業務，參與金融宏觀管理，竭誠爲金融界提供優質、快捷的服務。

先進的辦公設施

總經理：賈曉峰
地址：海南省海口市濱海大道華信路華信大廈 15 樓
電話：6787261 傳真：6787224
郵編：570005

新産業投資股份有限公司 期貨部

新産業投資股份有限公司是由國家有關部委和部分省、市政府投資公司共同投資組建的大型股份制企業。公司實力雄厚，是北京商品交易所、鄭州商品交易所、成都聯合期貨交易所、海南中商期貨交易所的全權會員，公司期貨部專門從事國內各主要交易所的期貨交易代理業務，并與證券公司合作開展深圳、上海證券交易業務。

期貨部擁有先進的數據通信和電腦網絡設備，配置了路透、中北、新華、智富、宏匯等行情報價、技術分析及自助委托系統，使客户在變幻莫測的市場波動中運籌帷幄、回避風險、把握勝機。

新産業期貨部願與有志之士和廣大投資者共創輝煌。

深圳營業部地址：深圳華強北路賽格科技工業園 3 棟 305 室
電話：(0755)3201347　3230962　**傳真：**(0755)3204852
北京代表處地址：北京亞運村匯園公寓 R 座 806 室
電話：(010)64993023　**傳真：**(010)64923515
鄭州代表處地址：鄭州市金水大道匯城大廈 6027 室
電話：(0371)5809210　**傳真：**(0371)5809126
海南代表處地址：海口市大同路 36 號華能大廈 709 室
電話：(0898)6700153　**傳真：**(0898)6700161

設備先進的大户室

交易廳

北京證券交易中心

總經理：譚如松

北京證券交易中心外景

交易中心第一交易大廳

交易中心第四交易大廳

地址：北京市朝陽區安定門外安定路 5 號
郵編 100029　**電話：**64936217
傳真：64936233

哈爾濱財政證券公司

公司辦公大樓外景

哈爾濱財政證券公司是經國家財政部和中國人民銀行總行批準，于1988年4月27日成立的專業性公司，是中國國債協會副會長，中國證券業協會常務理事單位，國債一級自營商，是上海證券交易所、深圳證券交易所、天津證券交易中心和哈爾濱證券交易中心的會員單位。公司注册資本金1億元人民幣。現有職工80人，其中大專以上文化程度59人，中高級職稱22人。公司下設11個部室，上海、天津設立駐外業務部。

公司經營範圍：自營、代理國債券買賣業務；代理國債券發行、兑付業務；國債券代保管業務；國債券鑒證業務；國債券投資咨詢業務；中國人民銀行批準經營的其它業務。公司營業大樓爲2000平方米的歐式建築，營業大廳寬敞明亮，環境舒適，配有從美國引進的具有世界先進水平小型容錯計算機，櫃臺營業全部實現計算機化，營業大廳自動報價顯示屏幕和安全防盜監控系統爲顧客提供簡便、快捷、準確服務。

法人代表、總經理：黃文深
地址：哈爾濱市道里區買賣街59號
電話：(0451)4693485
傳真：(0451)4612227

海口市經濟合作局

海口市經濟合作局主要負責全市對外經濟合作的牽頭、規劃、組織、協調與管理工作，組織全市招商引資工作编制和實施計劃，重點外引内聯在建項目跟踪協調服務，參與制訂全市利用外國資金貸款項目計劃，并對利用外國資金貸款項目的審查上報，負責外商投資企業、項目的審批設立、督促、管理、協調服務。對國内地、市級以下政府、企事業單位駐海口辦事處的設立進行審批、年審登記，同時對外引内聯企業，駐海口辦事處進行協調、管理、服務。

1992年在全國率先實行先批公司后上項目，改項目審批制爲登記制。在審批手續上，實行"一條龍"服務體系。這項舉措實施后第一個月，就吸引了1億美元和4億人民幣的項目投資。同時切實轉變職能，開展招商活動。今年僅臺灣金融機構就一次性簽約投資我市八大項目，投資總額達60億元人民幣。與此同時，抓好外引内聯項目與企業的跟踪落實和協調服務，建立"引進項目跟踪服務制"，今年又建立了重點項目協調例會制度，由市領導親自爲重點項目和企業解決實際困難。同時在局内部大大簡化辦事程序，提高辦事透明度和辦事效率。

建省七年間，全市"三資"企業已發展到5600多家，内聯企業1萬多家，累計合同利用外資70.2億美元，外商實際投資20.6億美元；合同利用内資212.6億人民幣，實際投入179.7億元人民幣。投資商主要來自香港、新加坡、泰國、日本、美國等49個國家和地區以及國内29個省、市、自治區，投資領域遍及電子、輕工、化工、建材、交通、電訊、能源、種養、房地產、賓館服務、旅游、高科技產品開發等20多個行業。

廣東證券公司

廣東證券公司是具有法人資格的股份制證券機構，成立于1989年6月。公司總部設有：投資銀行部、基金部、計財部、投資咨詢部、交易清算部、電腦工程部、總經理辦公室、行政(人保)部等8個部門；下屬營業部(處)23個，其中駐廣州的5個，駐深圳、上海各1個，分布省內各地的營業處16個，證券經營機構網絡覆蓋全省，輻射全國。

公司總經理：鐘偉華

公司全心致力于經中國人民銀行批準的各類證券業務和相關的投資業務。1994年以來，相繼承銷和推薦"廣東梅雁"、"粵宏遠"、"粵金曼"、"南海實業"分別在上交所、深交所、南方證券交易中心上市；公司積極開展代理發行國債和企業債券業務；公司發起設立的"廣證基金"和"廣證93國庫券受益券"在南方證券交易中心和深交所聯網交易，目前，基金運作良好，效益顯著，94年和95年度給投資者帶來了較好的回報；在證券交易市場中，公司竭誠為投資者服務，1995年度公司在深交所的327席位股票總成交額和基金總成交額在深市券商各席位排行榜中榮登兩項榜首。

繼往開來，公司將繼續堅持以服務于國家經濟建設，促進改革開放，為投資者提供優質服務為宗旨，立足證券、多元化經營，使廣東證券公司逐步朝集團化的方向發展。

總經理：鐘偉華　地址：廣州市東風東路703號　電話：87784726　87666000－1201　傳真：87784506　郵編：510080

海口市財政證券公司

海口市財政證券公司是根據財政部(88)財綜字第43號文"關于轉發《開放國庫券轉讓市場試點方案》的通知"規定海口市爲第二批試點城市精神，于1988年經海口市人民政府批準，并經海口市工商行政管理局核發營業執照成立的。本公司從成立至今，始終支持國務院、財政部關于國債中介業務的統一部署，不以盈利爲目的，爲群衆服務，爲國債發行服務，促進國庫券的順利發行，爲活躍國庫券交易市場，平抑交易價格，穩定債券市場，進行國債交易中介業務，爲維護國債的信譽，保護投資人的利益，配合有關部門打擊非法交易國債活動。本公司爲全民所有制事業單位，獨立核算，自主經營、自負盈虧、獨立法人，注册資金爲人民幣1500萬元，均由市財政部門撥給。

公司經營範圍：有價證券交易、中介業務、承銷有價證券、有價證券咨詢、代理發行國債股票及國債交易、辦理國債兑付、國債代保管業務及人民銀行批準的經營範圍。

總經理、法人代表：丘鵬

地址：海南省海口市沿江一西路2號

蛇口中華會計師事務所

有關領導視察事務所

蛇口中華會計師事務所自1984年正式成立，系深圳市最早成立的會計師事務所，先后于1993年2月和4月，分别經財政部、國家國有資産管理局與中國證監會批準取得從事證券業務的查帳驗證與資産評估資格。從業人員數量及業務收入已位于同行的前列，現有從業人員100余人，其中執業注册會計師36名，在執業注册會計師中經財政部、中國證監會批準可以從事證券業務的注册會計師15人。所有專業人員都具有大專以上學歷，具有豐富的實踐經驗，并能熟練地運用電腦進行審計工作。

目前事務所爲廣大客户提供的服務包括：查帳、驗證、資産評估、會計咨詢、電腦軟件等專業服務。現在，我所具有常年客户400多家，其中已上市公司16家，目前正在進行上市準備工作的客户3家，已上市公司包括長城地産、中國國際海運集裝箱、深圳飛亞達(集團)、赤灣石油基地、萬科企業、中國南玻集團、深圳經濟特區房地産(集團)等股份有限公司。服務區域除深圳外，遍及廣州、珠海、青島、南京、北京、南昌、天津、海口、武漢等諸多城市。多年來，事務所同國際著名的六大會計公司建立了卓有成效的業務合作關系，更與普華國際、畢馬威國際等會計公司有了密切合作。

事務所取得了較好的社會聲譽，獲得了深圳市人大常委會、各級注册會計師協會以及深圳市證券管理辦公室的贊許，1995年度上市公司年度報表審計工作得到了深圳證券交易所的通報表揚。

事務所負責人：

劉昌漢(所長)，王珍亭(顧問)，
許麗周(副所長)，郭小明(副所長)

職能部門負責人：

侯德彰(審計一部)，陳惠珠(審計二部)，
王釗秋(審計三部)，李莉(咨詢部)，
章為綱(資産評估部)，周愛萍(辦公室)

具有證券業務資格注冊會計師：

王珍亭　許麗周　侯德彰　陳惠珠　王釗秋
李莉　章為綱　樂之立　區金權　張希文
張漢斌　馬東軍　何佳義　曾凡躍

辦公室一角

地址：深圳蛇口招商大廈103號　電話：6691597　傳真：6692365　郵編：518067

北京華頌審計事務所

所長:孫洪起

北京市華頌審計事務所(原北京市東城審計事務所)是專職從事審計、會計、咨詢等業務的中介服務機構。事務所是由北京市審計局批準,經北京市東城區工商局注册登記的全民所有制單位。自1988年成立以來,已辦理了各類企業的驗資、資産評估、審計查證、咨詢服務等業務。事務所內設資産評估部、驗資部、企業查證部、咨詢服務部、涉外業務部、辦公室等。事務所擁有多年從事審計、會計工作并積累了豐富工作經驗的專業技術人員、高級審計、會計顧問。事務所將竭誠爲客户提供熱情、優質、高效的服務,出具的報告具有權威性、公正性、客觀性。

事務所的主要業務有:各類企業的資産評估、審計查證、驗證資本、建章建制、法規咨詢、財審顧問、可行性研究報告、基本建設項目預決算審計,并接受司法機關委托,辦理財務鑒證等業務。

事務所將爲各類企事業單位提供熱情、優質、高效的服務。

握過華頌手　永遠是朋友

地址:北京市東城區朝内大街124號
電話:65240977　65240966　65136164
傳真:65146106

鄭州審計師事務所

所長:王彥斌

鄭州審計師事務所是于1985年經河南省審計廳批準的專門從事會計咨詢、審計查證、資產評估、基建工程預決算審驗等服務業務的中介機構,具有國家審計署批準的承辦“中央及地方國有企業(含國家控股的股份制企業和其他有國有資產的企業)”的審計查證資格,有河南省國有資產管理局頒發的“國有資產評估資格證書”,是鄭州市人民政府指定的涉外工作配套服務機構之一。在鄭州地區擁有21家分支機構。十多年來,鄭州審計師事務所承辦過近3000個審計查證、會計咨詢、經濟案件鑒證、基建工程預決算審驗、資產評估、企業注册資本審驗等項目,有良好的質量、信譽和職業道德記録,贏得了政府部門和社會各界的信任。特别是近兩年來成功地完成了河南化工廠、鄭州市百貨大樓、華聯廣州大酒店、鄭州客車廠、花園春超級商場、鄭棉一廠、鄭州印染廠、鄭州鋼鐵廠等一批大中型企業股份制改造及中外合資企業的資產評估工作;首創我國個人專利價值評估的先例,《科技日報》編者按予以報道,《羊城晚報》、《讀者周報》等報予以轉載。憑着十年來良好的信譽和卓有成效的業績,榮獲了“中國百强審計師事務所”和“河南省十强審計師事務所”稱號

事務所辦公樓外景

地址:鄭州市中原區互助路7號(市委北院審計局一樓)

電話:7975059　傳真:7942300

郵編:450007

北京君平正泰審計事務所

北京君平正泰審計事務所是經北京市審計局批準成立，在北京市工商行政管理局注册登記，具有法人資格的社會中介機構。事務所擁有具備豐富經驗的注册審計師、注册會計師、審計師、會計師和土木建築、機械電力高級工程師、工程師以及計算機等方面的專業技術人才。事務所以北京審計科研所、北京審計干校的科研、教學力量爲依托，以長期從事審計、會計工作的專家爲骨干，能爲政府、國内各類企、事業單位提供一流的服務。

事務所業務包括驗證企業的投入資本，出具驗資報告書；審查會計帳目、會計報表和其他財務資料，出具查帳報告書；承辦資產評估，出具資產評估報告書；承辦關于投資和經營項目的可行性研究，提供可行性研究報告；辦理企業合并、轉讓、解散、破産等財務結算事項；接受司法部門委托，參與調解、仲裁、查證經濟糾紛，協助鑒定經濟案件；受聘擔任會計、審計顧問，提供會計、審計、財務、稅務、經濟管理等咨詢；會計、審計電算化服務；開辦各種形式的財務會計培訓班，爲企事業單位、社會團體及其他經濟組織培訓財務會計人員。

事務所嚴格執行國家有關法規、制度，信守合同，恪守職業道德，爲海内外客户提供高效率、高質量和有價值的專業服務。

所長：賈叢民

地址：北京市宣武區西便門内大街 69 號

電話：(010)63043180　63039442

傳真：63043180　**郵編**：100053

天津華夏會計師事務所

法人代表、所長：白建國

會計師們認真處理業務

天津華夏會計師事務所是經國家財政部門批準，工商行政管理機關登記注册成立，能夠承辦注册會計師業務，負有限責任的法人，是國家首批確認可以承辦證券上市評估業務的單位。事務所擁有一些經驗豐富，從事會計、審計、稅務工作多年的高中級專業人員，已有 50% 以上人員取得中國注册會計師資格。事務所在天津市經濟技術開發區和天津港保稅區設有辦事機構。

承辦審計業務：審查企業會計報表，出具審計報告；驗證企業資本，出具驗資報告；辦理企業合并、分立、清算事宜中審計業務，出具有關報告；代理企業納稅申報，提供稅務咨詢，會計電算化審計；承辦資産評估業務，出具評估報告；法律、行政法規規定的其他審計業務。事務所依法執行審計業務出具的報告，具有證明效力。

地址：天津市和平區南京路 305 號 16 樓

電話：(022)7311498　7313818

傳真：(022)7313824

郵編：300052

栏目协办

北京京华信托投资公司

第十二编

证券经营机构

566/583

证券公司

南方证券有限公司

【公司概况】 公司是经中国人民银行批准，由中国工商银行、中国农业银行、中国银行、中国建设银行、交通银行和中国人民保险公司联合发起并出资组建的全国性证券公司。公司于1992年12月21日正式成立，总部设在深圳经济特区，注册资本10亿元人民币。

【业务范围】 南方证券各项业务都取得了长足发展，1995年公司累计承销各类有价证券27亿元人民币，全年A、B股交易230亿元。公司在国内外设有分支机构14个，证券营业部32个，对海外证券市场的开拓也在积极进行。至1995年底，公司总资产81.6亿元人民币。

国泰证券有限公司

【公司概况】 公司是经中国人民银行批准由财政部、中国工商银行、中国农业银行、中国银行和中国建设银行、交通银行及人保公司等单位联合发起，于1992年10月5日成立，并由建设银行负责具体筹建。公司内设综合管理部、发行部、交易部、国际业务部、计划财务部、基金部、研究部、电脑部。公司注册资本10亿元人民币，公司董事长兼总经理：金建栋。

【业务范围】 公司主营承销、自营、代理有价证券发行及其买卖业务。公司在北京、天津、深圳等地设立分公司13家及南京、重庆等地设立30家营业部。公司创建了国际联网的通讯系统，拥有专用的卫星通讯系统。公司已为30多家企业发行了股票，筹集资金150多亿元。公司是上海证交所、深圳证交所和STAQ、NET系统会员，在上海证交所拥有交易席位95个，并与上海证交所合作建立了拥有224个交易席位的上海证券交易所国泰交易厅。公司还积极开拓国际市场业务、投资银行业务、拆借、证券回购、债券代保管、基金等业务。

华夏证券有限公司

【公司概况】 公司是经中国人民银行批准，由中国工商银行总行牵头，国家专业银行、税务部门、国家专业投资公司、非银行金融机构、国家大型企业等40多家单位合资组建的股份制金融企业，成立于1992年10月8日，公司注册资本10亿元人民币。

【业务范围】 主营承销、自营、代理有价证券的买卖；有价证券的代保管、鉴证、过户；代理还本付息和分红派息；办理投资基金业务；外币及境外证券业务；投资咨询信息服务；向国有商业银行和其他金融机构贷款和融资；其他经批准的业务。

上海财政证券公司

【公司概况】 公司是经中国人民银行批准，于1988年4月21日成立。现有员工560多名，营业部30家。公司是上海证券交易所发起会员之一，中国国债协会常务理事、中国证券业协会理事单位。公司注册资本5亿元人民币。公司总经理：赵叶龙。

【业务范围】 公司1993年经财政部、中国证监会批准成为国债一级自营商。公司的经营范围包括：代理证券发行；自营、代理证券买卖；代理证券还本付息和红利支付；证券的代保管和证券的鉴证以及证券投资咨询等。1995年公司证券交易额1580亿元，其中国债现货交易额400亿元。1995年共发行国债17亿元。公司参与了四川长虹、杭州百大等增配股，包销406万股；参与发行了浦东建设债券、白莲泾建设债券、奉浦大桥债券共4500万元。公司资产总额达25亿元。

海通证券有限公司

【公司概况】 海通证券有限公司前身为上海海通证券公司，创立于1988年9月，属于交通银行上海分行的全资子公司。1994年9月28日，上海海通证券公司改制为由交通银行总行直接控股的全国性证券公司—海通证券有限公司，注册资本由原来的3500万元人民币增加至10亿元人民币(含1000万美元)。公司在交通银行全国各证券网点的基础上建立起宠大的服务网络，在北京、沈阳、大连、深圳、杭州、哈尔滨、济南、西安、成都、石家庄等国内重要城市均设有分公司和直属营业部。从而使国内分支机构达到70余家，从业人员达到1500多人。公司总资产额已达到70亿元。

【业务范围】 公司是全国证券交易自动报价系统会员，以及上海证券交易所、深圳证券交易所、天津证券交易中心、武汉证券交易中心的会员。截止1995年底，公司业务总量已达2357.37亿元，其中发行量74.71亿元，交易量2282.66亿元，创利1亿余元。海通公司目前已与20余个世界著名的证券公司如摩根建富、大宇证券、怡富证券等建立了业务代理关系，B股的业务范围已伸延至香港、新加坡、日本、韩国等国家和地区。此外，海通还将积极准备在海外设分公司。

广发证券公司

【公司概况】 公司是经中国人民银行批准成立的专业性证券经营机构，注册资本2亿元人民币。拥有从业人员800名。公司取得了深交所、上交所等9个机构的会员资格，并拥有51个席位。1995年公司获得国债一级自营商与外汇业务资格。公司总裁：陈云贤。

【业务范围】 公司下辖基金管理、期货清算、咨询、企业托管、电脑工程等6个子公司和28个证券营业部。公司作为主承销商，成功地为20多家企业承销股票，先后推荐了19家企业股票上市。1995年公司承销国债3亿元，证券交易额221亿元。同时在基金方面经营管理着广发一期、广发二期两个基金，共10300万基金单位。

君安证券有限公司

【公司概况】 公司成立于1992年10月，是一家全国性的专业证券公司，主要股东有深圳合能房地产有限公司、武汉桥梁建设股份有限公司、深圳市新技术创业有限公司等。公司内设机构有总裁办公室、投资银行部、资产管理公司、资金计划部、证券投资部、君安上海总部等14个部室，还开设有各地证券营业部21家，下属公司6家。公司注册资本1.08亿元。公司董事长：黄胜业，总裁：张国庆。

【业务范围】 公司1993年发起设立了西北开发投资基金、君安93国库券再投资受益券。公司证券承销方面特别是B股发行方面，建立和扩大销售网络，1995年作为主承销商和上市推荐人，成功地完成了广东电力B股、无锡威孚B股、江西江铃B股的发行上市工作。公司取得深交所、上交所、STAQ和NET系统会员资格，拥有30多个交易席位。同时公司为社会提供系统资讯服务，开展包括宏观经济分析、行业景气预测、上市公司研究等，定期出版《君安证券通讯》、《君安证券研究报告》等内部刊物。公司积极开拓海外市场业务。

大鹏证券有限责任公司

【公司概况】 公司是经中国人民银行批准成立的全国性非银行金融机构，由中汇外汇咨询公司、中国金币总公司、深圳兆富投资发展公司等股东共同发起成立，于1993年10月28日正式营业，注册资本为5亿元。法人代表：徐卫国。

【业务范围】 公司主要业务范围涵盖海内外各类证券业务及相关的综合性投资业务，三年来公司代客买卖有价证券突破600亿元，为企业进行股票、债券等方式融资26亿元。公司担当主承销商、分销商和上市推荐人的项目有：无锡小天鹅股份有限公司B股、山东东阿阿胶股份有限公司A股、云南百药实业股份有限公司A股、广东肇庆星湖味精股份有限公司A股、深圳世纪星源股份有限公司A股、深圳南山热电股份有限公司B股、海南珠江实业股份有限公司B股、深圳蓝天基金等。

蔚深证券有限责任公司

【公司概况】 蔚深证券有限责任公司是经中国人民银行总行批准成立的股份制非银行金融机构，在广东省深圳经济特区注册，注册资本为人民币1亿元。公司董事长：熊秉权，公司法人代表、总经理：谢林。

【业务范围】 公司主要业务包括发行和代理发行各种有价证券；自营和代理买卖各种有价证券；有价证券的代保管、鉴证和过户；代理还本付息、分红派息等权益分派业务；证券抵押融资业务；基金和资产管理业务；企业重组、收购兼并业务；投资咨询、财务顾问业务；期货经纪和金融期货自营业务；外币证券业务。公司承销深圳平南铁路股份有限公司1亿元铁路债券、深圳发展银行1994年配股、珠海华电股份有限公司1994年配股、四川峨山眉山盐化(集团)股份有限公司1994年配股。推荐深圳平南铁路债券、君安'93国库券再投资受益券在深圳证券交易所上市。为深圳安装设备股份有限公司策划股份制改组，为湖南湘佳投资基金管理有限公司策划基金募集和资产管理事宜。拥深、沪A、B股交易席位，是深圳有色金属联合交易所、北京、上海、天津、大连、苏州、广东、海南和郑州商品期货交易所的正式会员或二级代理。

申银万国证券股份有限公司
浙江管理总部

【公司概况】 申银万国证券股份有限公司浙江管理总部是申银万国证券公司的派出管理机构。总部设在浙江省杭州市，总部内部设有综合管理部、财务部、交易管理部3个部门，经营浙江、江苏和安徽三省的营业网点，目前总部在三省内设有杭州、宁波江东、嘉兴、温州、金华、南京华阳、无锡、靖江等10多家营业部，拥有员工300多人。副总经理：叶树生、刘龙九。

【业务范围】 浙江管理总部从1994年成立至今，一贯坚持“多品种、多市场、多思维”的“三多”经营道路，开通沪、深两地A股、基金、沪B股、国债现货和回购业务，并参与企业债券和一级市场A、B股的发行业务，由于坚持“三多”经营，同时加强业务管理，已连续三年盈利，业绩良好。1996年1—8月份，累计交易量占公司交易量的4%左右，创利在公司各地区总部中名列前茅，预计全年盈利能超额完成110%以上。业务总量和经济效益在浙江省证券同行中处于领先地位。

云南省证券公司

【公司概况】 公司是经中国人民银行批准于1988年成立，公司股东大会为最高权力机构，实行总经理负责制。公司设立办公室、投资银行部、资金部、财务部、行政部、保卫部等职能部门。控股公司有云南融通公司、云南富达租赁有限公司等。公司注册资本1.2亿元人民币，总经理：陆海莺。

【业务范围】 公司主要业务包括：代理发行有价证券；自营、代理买卖有价证券；代理证券还本付息和红利支付；办理证券登记和过户；证券贴现和抵押贷款；受托代保管、登记有价证券及投资咨询业务等。公司是上海、深圳证交所、NET系统会员，作为主承销商完成了云白药、昆百大股票发行上市工作。公司1995年实现利润1176.11万元。

陕西证券有限公司

【公司概况】 公司是由陕西省人民银行发起，国内13家企业和金融机构参股的股份制证券经营机构。公司注册资本1亿元人民币，公司总经理：陆益。

【业务范围】 公司主要业务包括代理深、沪两地证券交易所A股交易，办理NET系统法人股交易、国库券分销业务；开展企业收购、兼并、企业上市发行、推介、承销、项目融资、基金管理等投资银行业务。公司在西安设有5个营业部，同时在省外设立了分支机构和营业网点，采用卫星通讯方式，并用光缆备份。

广东证券公司

【公司概况】 公司是一家具有法人资格的股份制证券公司，成立于1989年6月。公司内设机构有投资银行部、基金部、计财部、投资咨询部、交易清算部、电脑工程部、总经理办公室、行政部等，下属营业部(处)23个。公司总经理：钟伟华。

【业务范围】 公司主要业务有代理证券发行、交易和证券自营，受托办理证券登记和过户，代理证券还本付息和支付红利，办理证券代保管、鉴证、贴现和抵押贷款、以及证券投资咨询和实业投资等。公司发起设立的广证基金和广证九三国库券受益券在南方证券交易中心上市和深圳证交所联网交易。

长城证券有限责任公司

【公司概况】 长城证券有限责任公司是在原海南汇通国际信托投资公司证券业务部和深圳长城证券部合并的基础上，于1995年11月经中国人民银行总行正式批准成立的股份制非银行金融机构。公司注册资本1.57亿元人民币。公司总经理：徐英。

【业务范围】 公司经办业务包括发行和代理发行各种有价证券；自营和代理买卖各种有价证券；有价证券的代保管、鉴证和过户；代理还本付息、分红派息等权益分派业务；证券抵押融资业务；企业重组、收购与兼并业务；投资咨询、财务顾问业务；外币债券业务等。公司7个营业部分布于上海、深圳等5个城市。合并前后，公司累计推荐上市公司10家，实现税后利润0.8亿元人民币。1995年，各营业部就实现100亿元的交易总额。

贵州证券公司

【公司概况】 公司是经中国人民银行总行批准于1988年成立的专业性证券公司，公司在贵阳、深圳、上海等地设有业务部和办事处，拥有上市推荐人和主承销资格，从业人员190人，其中大专以上学历130人。公司注册资本3000万元人民币，公司总经理：宋建生。

【业务范围】 公司是中国证券业协会第一批理事会员，同时是深圳、上海证交所、STAQ系统、武汉、成都、西安、云南、天津等证券交易中心的会员。1995年公司股票代理交易额38亿元，发行和承销国券及企业债券7000万元，承销贵州华联等8家定向募集股份公司股票，并担任贵州轮胎A股发行副主承销商及贵州凯涤A股、贵州中天A股的分销商。公司1995年底总资产27300万元，净资产3027万元。

厦门证券公司

【公司概况】 厦门证券公司是经中国人民银行总行批准设立的专业性证券公司，于1988年成立。公司实行董事会领导下的总经理负责制。公司注册资本5000万元人民币，公司董事长兼总经理：苏金龙。

【业务范围】 公司主要从事各种有价证券的发行、自营和代理买卖业务。公司是上海证交所、深圳证交所、福建证券交易中心、厦门市产权交易中心的会员，下设有槟榔、鹭江、成都证券交易营业部和上海业务部。公司加强与闽、港、台三地的证券业交流与合作。

黑龙江省证券公司

【公司概况】 公司是于1988年8月1日经中国人民银行批准成立的专营证券业务的非银行金融机构，内设发行部、计财部、证券投资咨询中心、投资银行部、办公室以及4个营业部，并在上海、深圳、大庆设有分支机构。公司总经理：卞玉祥。

【业务范围】 公司主要业务包括代理证券发行业务；自营、代理证券买卖业务；代理证券还本付息和红利支付业务；证券投资咨询；以及人民银行批准经营的其他业务。公司是中国证券业协会理事、上海证交所、深圳证交所、天津证券交易中心、北京STAQ系统会员。

光大证券有限公司

【公司概况】 公司是经中国人民银行批准，在重组中国光大银行和中国光大国际信托投资公司原有全国证券经营机构业务、资产和人员的基础上，由中国光大（集团）总公司控股、集团内金融机构参股的专业证券公司，下设北京本部、上海总部、深圳总部及四川办事处。公司注册资本2.5亿元人民币，董事长：邱晴，总经理：刘纪元。

【业务范围】 公司业务范围包括证券发行、经纪业务；代理还本付息、分红派息业务；证券抵押融资业务；基金和资产管理业务；企业重组、收购兼并业务；投资咨询、财务顾问业务；期货经纪和金融期货自营业务；外币证券业务以及经批准的其他业务。

大同证券公司

【公司概况】 公司是1988年5月3日经中国人民银行总行批准设立，从业人员168人。公司设有经理办公室、财务管理部、投资银行部、投资管理部、信息研究部以及大同、上海、深圳等地5个分支机构。公司董事长兼总经理：董祥。

【业务范围】 公司专营证券业务，取得上海、深圳证交所、山西证券交易中心会员资格。公司先后担任山西杏花村汾酒股份有限公司、山西焦化股份有限公司的分销商。同时为大同市第一热电厂、大同市同风肉制品厂和大同市新荣水泥厂等发行债券1亿元。还参与企业股权托管、产权交易等业务。

中信证券有限责任公司

【公司概况】 公司是经中国人民银行批准，由中国国际信托投资公司发起，于1995年10月25日设立的。主要发起股东有中国国际信托投资公司、中信兴业信托投资公司、中信上海信托投资公司、中信宁波公司等。公司注册资本3亿元人民币。公司总经理：常振明。

【业务范围】 公司主要业务包括发行和代理发行各种有价证券，自营和代理买卖各种有价证券，有价证券的代保管、鉴证和过户，代理还本付息、分红派息等权益分派业务，开展基金和资产管理业务，企业重组、收购与兼并业务，外币证券业务等。

四川省证券股份有限公司

【公司概况】 四川省证券股份有限公司是经中国人民银行总行批准，于1988年8月18日成立的具有法人资格的股份制非银行金融机构。公司注册资本金11000万元。公司是中国证券业协会常务理事单位，是深圳证交所和上海证交所的首批会员，是深圳证交所的常务理事和上海证交所的理事单位。

【业务范围】 公司在全国设有18个营业部，业务面复盖四川省各地市州。公司与其它公司一起，先后成功地完成了四川盐化集团、四川天歌轻工集团、中川国际股份有限公司、长城特殊钢股份有限公司、东方电机股份有限公司和沱牌实业股份有限公司的股票承销和上市推荐工作。公司分销各类有价证券29亿元,各类有价证券累计交易额1255亿元。至1995年末,公司总资产达到47398万元人民币,近三年公司的净资产收益率平均达16%,股东税后分红平均为18%。1994年在“中国500家最大服务业企业及行业企业评价”中荣列“中国最大服务业企业证券业第22位”。

天津证券有限责任公司

【公司概况】 天津证券有限责任公司成立于1988年6月。1990年7月改组为股份制企业。公司是经营证券业务的非银行金融机构。公司现有资本1.195亿元。

【业务范围】 公司1991年独家代理天津市第一家股份制企业—天津立达国际商场股份有限公司的内部股票发行;1992年4月做为股票发行顾问和主干事组成了天津市第一个股票承销团,代理天津劝业场股份有限公司的内部股票发行;参加了天津市多家股份制企业内部股票的发行设计和12家内部股票发行的承销工作,总承销面值1.6亿元。1993年公司承担了天津立达国际商场股份有限公司股票发行上市的主承销任务和天津环球磁卡股份有限公司股票发行上市的承销工作。1994年在天津首家发行了国债组合凭证。1995年初被国家财政部、中国人民银行、中国证券监督管理委员会确认为国债一级自营商,成功地发行“天津市证券公司国债凭单”,并完成包销95三年期无记名国债3亿元和95一年期记帐式国债1亿元。

江苏证券股份有限公司

【公司概况】 公司于1994年由江苏省证券公司改制为股份有限公司,由江苏及外省市56家企业参股,注册资本2.02亿元。公司实行董事会领导下的总裁负责制。公司董事长:朱醒民,总裁:鲍志强。

【业务范围】 各种(包括外币)有价证券的推销、助销、包销,自营和代理买卖,代保管、鉴证、过户、还本付息、红利支付、咨询、资信调查业务、抵押贷款业务;投资基金管理业务;其它批准经营的业务。公司是沪、深证交所、STAQ系统、NET系统,津、汉、苏证交中心会员,在沪、深证交所拥有交易席位62个。公司的交易网络遍布省内及京、沪、深、津、汉等25个大中城市,拥有个人和机构投资者逾15万户。公司已主承销各类证券80家,其中主承销并推荐上市无锡太极、苏三山、江苏悦达、苏物贸、苏常柴等5家上市公司股票,并取得了B股承销资格。1994年公司被财政部授予国债一级自营商资格。1995年,主承销10亿元1995年无记名国库券,任全国承销团主干事。公司独有的信息数据库规模达4000万字,日处理信息30万字,并与路透等全球信息网联网。

平安证券有限责任公司

【公司概况】 公司是经中国人民银行批准在原中国平安保险公司证券业务部基础上成立的,注册资本金为15000万元人民币。公司在上海、深圳、天津、武汉、重庆、大连、广州等11个城市设立了16个证券部。

【业务范围】 至1995年底,平安证券总资产达3.26亿元,净资产1.5亿元,营业额达410亿元,在上海、深圳两个交易所及地区性交易中心拥有席位45个。公司1993年股票交易金额119.5亿元,证券业务收入5106.4万元;1994年股票交易金额152.9亿元,证券业务收入5970.1万元;1995年股票交易金额78亿元,证券业务收入4199万元。公司推出了面向客户咨询的《股市快报》,开通了上交所的卫星行情,拥有电话委托、远程终端等先进的交易手段。平安证券努力开拓一级市场,帮助企业进行股份制改造和承销各类有价证券,包括承销企业公开发行的股票、上市公司的配股、代理发行内部股权证和定向募集股份、承销国库券和其它企业、市政债券。

吉林省证券有限责任公司

【公司概况】 吉林省证券有限责任公司成立于1988年5月,是由吉林省12家金融机构和大中型企业出资发起的股份制金融企业,公司员工180人,其中大专学历以上员工占80%以上。公司实收资本金2000万元。

【业务范围】 公司在吉林省内设有8个证券营业部,在上海、深圳各设有证券业务部。截止1995年末,公司股票交易额120亿元,代理发行各种债券10亿元。公司做主承销商、分承销商推荐、发行吉林轻工、东北华联等7家企业2亿元股票分别在上海、深圳证交所上市,为企业筹集了大量资金。

招银证券公司

【公司概况】 公司的前身为招商银行证券业务部,于1991年8月创立。公司经营机构发展到1995年的8个,分布在深圳、上海、北京、武汉、广州、海口等地。公司总经理:牛冠兴。

【业务范围】 公司1995年共承揽各种发行项目40多个。1995年股票交易总额62.3亿元,客户总数大幅增加。1995年公司营业收入1974万元,比1994年增长1.67倍,总资产12亿元,利润总额4832万元,比1994年增长35.50%。

河南省证券公司

【公司概况】 公司是1991年8月14日经中国人民银行总行批准创立的股份制非银行金融机构,于1991年12月19日正式开业。公司下属有郑州市营业部3家,异地营业部12家,代理点24家。公司董事长兼总经理:胡燕。

【业务范围】 公司主要经营人民币和外币证券业务,作为主承销之一,先后承担了豫白鸽、河南神马、洛阳玻璃等企业A股的上市推荐策划工作。于1992年4月和5月,公司分别成为深圳、上海证交所的异地会员,是武汉、天津、河南证券交易中心的会员。

山东省证券公司

【公司概况】 公司是1991年经中国人民银行总行批准成立的非银行金融机构。公司内设交易管理部、开发研究中心、投资银行部、国债部、资金计划部、资产管理部等机构。公司总经理:柳亚男。

【业务范围】 公司经营范围包括国内外各类证券业务和相关的综合性投资业务。公司是上交所、深交所、STAQ、NET系统会员,拥有上交所、深交所、青岛证券交易中心、山东证券交易中心等场所的交易席位 28 个。公司在上海、深圳、济南、青岛、淄博等 10 个市地设立了分支机构。到 1995 年底，公司开户股民 12.5 万户，1995 年证券交易总额 224 亿元。

西安证券公司

【公司概况】 公司成立于 1988 年，实行总经理负责制，现有员工 118 名，下设有办公室、计财部、信息部、电脑部、稽核部、保卫部、资金部、交易部、发行部及 6 个营业部和西安金正网络工程公司。公司总经理：王文学。

【业务范围】 公司主要经营证券代理发行、自营、代理买卖、证券登记、代保管、证券还本付息、红利支付、投资咨询、企业股份制改造和承办上市公司的股权托管及代办企业收购兼并等。公司总资产 15 亿元，1994 年作为陕西解放百货股份有限公司配股主承销商。

成都证券公司

【公司概况】 公司是中国人民银行总行批准，由成都市人民银行、成都市财政局等机构投资组建的股份制试点企业。成立于 1990 年底，现已成为上海证券交易所、深圳证券交易所、全国证券交易报价系统(STAQ)、四川证券交易中心和天津证券交易中心会员。公司注册资本为 2500 万元，公司董事长兼总经理：晏姚。

【业务范围】 公司经营范围包括代理证券发行业务；自营、代理证券买卖业务；代理证券还本付息和红利的支付；证券的代保管和证券的鉴证；接受委托代收证券本息和红利；接受委托办理证券的登记和过户；证券贴现和证券抵押贷款；证券投资咨询；经中国人民银行批准经营的其它业务。公司在西南地区和上海共设有 7 个营业网点，拥有先进的电脑、通讯设备和高素质的专业人才。

福建兴业证券公司

【公司概况】 公司是经中国人民银行总行批准成立，为福建兴业银行全资附属、具有独立法人资格的专业证券公司。公司内设办公室、人教部、计财部、资金部、投资银行部、交易部、国际部、电脑工程部、审计室、保卫部等，下设 2 个营业部、3 个办事处、5 个支公司。公司注册资本 1 亿元，公司总经理：蓝荣。

【业务范围】 公司主要业务包括代理发行及买卖有价证券，提供有关咨询服务等。公司是上海证交所、深圳证交所、NET、STAQ 系统的会员。同时可作为主承销商、上市推荐人为股份公司服务。

长沙证券公司

【公司概况】 公司成立于 1988 年 5 月，经中国人民银行总行批准由长沙市六大银行组建。公司内设总经理室、综合部、调研信息部、发行市场部、资金财务部、业务投资部、交易部、人事教育部等机构，下属 3 个营业部、1 个电脑公司。公司总经理：曹建安。

【业务范围】 公司是上海证交所、深圳证交所、中国证券交易系统、湖南证券交易中心、武汉证券交易中心的会员。主要业务包括代理发行各种有价证券；代理支付和代收证券的本息红利；自营和代理证券买卖；证券鉴证、登记过户及投资咨询；证券代保管及证券回购等。

河北财达证券公司

【公司概况】 公司是经河北省政府批准在原河北省财政厅国债服务中心的基础上于 1995 年 2 月筹组成立，由河北省市级以上财政部门共同出资组成的证券经营机构，注册资本 3.8 亿元人民币。公司内设总经理办公室、计划财务部、投资银行部、稽核监察部、投资基金部、国债发行部、信息调研部、人事教育部、行政管理部、安全保卫部、交易管理部、电脑工程部等，下属 7 个营业部。公司董事长兼总经理：王庆山。

【业务范围】 公司主要从事各类债券的发行、兑付和转让业务，证券代理买卖与自营业务，企业改制与并购、重组的策划业务，证券咨询服务及其他证券业务。公司在河北省 11 个市设有分公司，113 个县设有营业部，共有 196 个国债营业网点。

北京财政证券公司

【公司概况】 公司是经北京市政府批准，由北京市财政局出资组建的证券中介机构，成立于 1992 年。公司是全国 50 家国债一级自营商之一。公司坚持诚信、高效、服务、进取的经营宗旨。公司法人代表：葛华立。

【业务范围】 公司主要业务包括从事国债发行、兑付等日常业务外，开通了上海、深圳、北京等地的国债交易。拥有大中户室、散户大厅及先进的软硬件设施，拥有经验丰富、业务熟练的从业人员队伍，业务范围不断扩大，业务量迅速增长。

福建华兴证券公司

【公司概况】 公司是隶属福建省财政厅的非银行性金融机构，公司拥有一批高素质的员工队伍，大专以上文化程度或经过同等专业技术培训者达 80%以上。公司实行总经理负责制，人事实行全员岗位聘任制。公司注册资本 15000 万元。

【业务范围】 公司是福建省较早开通 NET 行情的券商，已开通沪、深股市行情，拥有先进的卫星行情显示系统、交易系统和电子计算机，并配备了功能强大的证券行情动、静态跟踪分析系统，宽敞的大厅和顺畅快捷的跑道，为广大投资者提供了良好的投资环境。公司具有较强的证券承销能力。

四川省川财证券公司

【公司概况】 公司是全民所有制地方企业，成立于 1988 年，系中国证券业协会、中国国债协会会员、四川证券交易中心会员、上海证交所和深圳证交所联网会员。公司总经理：张其昌。

【业务范围】 公司主要经营国债及其他证券业务。公司自成立以来，累计发行国债 2 亿元，办理转让业务 4 亿元，办理还本付息 4 亿元，代保管 2 亿元，办理其他证券业务 1 亿元。

山西省国债服务部

【公司概况】 国债服务部是山西省财政厅所属的具有法人资

格的中介机构，成立于 1993 年，内设办公室、业务部、管理部。国债服务部法人代表：王新建。

【业务范围】 国债服务部主要业务包括国债承代销、交易、兑付及其他财政证券服务业务。服务部是山西证券交易中心的初始会员，并开通了深、沪两地的证券交易。并逐步拓展业务范围，完善服务网络。

中山证券公司

【公司概况】 公司是经中国人民银行总行批准设立的，具有独立法人资格。下设办公室、财务部、资金计划部、投资银行部、深圳业务部、上海业务部、北京营业部、中山营业部等。从业人员 171 人。公司注册资本 3000 万元，公司董事长：麦庆光，总经理：金向东。

【业务范围】 公司经营范围包括证券业务及相关的投资业务。公司参与了广东省 5 家基金的发行、中山火炬及江苏仪征化纤的股票承销工作，担任厦门龙舟、江苏综艺的上市顾问等。公司在深交所、上交所拥有独立席位。

东莞证券有限公司

【公司概况】 公司是经中国人民银行总行批准成立的非银行金融机构，内设有总经理室、证券交易部、证券发行部、证券投资部、债券业务部、电脑部、计财部、资金部、办公室等，下设有石龙营业部、犁川营业部、深圳营业部等。公司法人代表：何炎坤。

【业务范围】 公司主要业务包括代理证券发行、证券自营、代理证券买卖和证券还本付息、证券业务咨询等。公司 1993 年 6 月开通沪、深股票市场，拥有上海、深圳证交所、南方证券交易中心、武汉证券交易中心交易席位，拥有大型电子显示屏，以及拒台交易、自动工作站、室内电话交易系统。

伊春证券有限公司上海业务部

【公司概况】 伊春证券有限公司是经中国人民银行批准，由伊春人民银行、伊春工行、伊春农行等 8 个金融机构合资组建的股份制专业证券公司。公司于 1995 年在上海设立了业务部。

【业务范围】 上海业务部主要经营的品种有沪、深股票，国债现券和回购交易及商品期货等。上海业务部拥有 4 个席位，10 间大户室，并设有活动室、健身房等，拥有 800 平方米的交易大厅，配置了点阵式电子显示屏、自助委托柜、及钱龙、卓诚分析系统等设备和软件。

黄河证券有限责任公司

【公司概况】 黄河证券有限责任公司的前身为郑州证券有限责任公司，是经中国人民银行总行批准设立的非银行金融机构，公司注册资本金 1 亿元人民币，是河南省成立较早的专业证券公司。公司总经理：南凤兰。

【业务范围】 公司是深沪证券交易所会员，武汉、天津证券交易中心甲类会员，中国证券业协会常务理事，中国证券自动报价系统(STAQ)成员，中国金融教育基金会理事单位。。截止 1996 年上半年，公司作为主承销商和承销团主要成员，先后代理省市企业发行债券、股票 52 多亿元；公司累计代理深沪股票交易额 420 多亿元，国债交易发生额 120 亿元，公司在全国各地共设立了 7 个营业部和 3 个代表处，并先后与国内外 300 多家证券机构建立了长期的业务协作关系。

成都证券公司上海业务部

【公司概况】 成都证券公司上海业务部于 1993 年 8 月正式成立，二年多来业务部在遵纪守法、严格管理、精心经营、拓展市场等方面取得了比较突出的成绩。1995 年成交量为 12.21 亿，1996 年 11 月上旬成交量已达到 22 亿，1995 年上交长宁区税收 82 万，开户人数逐年增加，从 1993 年底的 1000 户至 1996 年底的 6000 余户。业务部员工 20 人。

【业务范围】 证券业务部的主要业务是经纪。业务部提出了"服务至上"的企业宗旨。形成了一整套的内部管理机制。首先对员工的教育管理做到高标准严要求，强化对员工证券法规的学习和执行，决不允许职工炒股；其次强调提高员工的文化素质和业务水平，经常举行内部学习考试；再次就财务管理、交易管理、人事管理、设备物料管理等都形成了管理文件，还相应地制定了一套比较规范的岗位职责、操作程序，礼貌用语规范。在正常交易时间，严抓跑道畅通和礼貌服务。正常交易时间之外，推出夜市服务。服务项目包括开户、交割、咨询、技术分析、免费股市沙龙。针对残疾人客户，采取特殊服务。提供相对安全、安静的场所。重点客户派专人全流程服务。

成都上证早于 1994 年底开始了对通讯系统、电脑系统的更新换代，是上海、深圳第一批无形席位的券商，推出了电话委托系统、自助委托电脑系统，直接与交易所电脑主机联通，场外的投资者通过电话委托系统也能直接与交易所电脑主机联通。

证券公司名录

深圳经济特区证券公司	深圳招商证券公司
南方证券有限公司	君安证券有限公司
南方证券公司深圳分公司	长城证券有限责任公司
浙江省证券公司	江苏证券股份有限公司
天津证券有限责任公司	海南省证券公司
广东证券公司	广州证券公司
江西省证券公司	贵州证券公司
大连证券公司	重庆有价证券公司
湖南省证券公司	四川证券股份有限公司

广西证券公司
惠州证券有限公司
武汉证券公司
河南省证券公司
江门证券公司
上海申银万国证券股份有限公司
青岛万通证券有限公司
山西证券公司
陕西省证券有限公司
福建兴业证券公司
福建华福证券公司
哈尔滨证券公司
湖北证券公司
华夏证券有限公司
汕头证券公司
河北省证券公司
无锡市证券公司
华夏证券湖北有限公司
吉林省证券公司
内蒙古自治区证券公司
常州证券有限公司
株洲证券公司
宁波证券公司
湖南长沙证券公司
开封证券公司
洛阳市证券公司
三峡证券公司
湖南省邵阳市证券公司
湛江证券有限公司
苏州财政证券公司
烟台市证券公司
长春证券公司
上海财政证券公司
成都市财政证券公司
辽宁东方证券公司
内蒙古财政证券公司
安徽省财政证券公司
锦州证券公司
广东广发证券公司
河北财政证券公司
沈阳证券公司
南京市证券公司
珠海证券公司
西安证券公司
厦门证券公司
鞍山证券公司
海通证券有限公司
黄河证券有限责任公司
山东证券公司
新疆证券公司
国泰证券有限公司
云南省证券公司
黑龙江省证券公司
东莞证券有限公司
福建闽发证券公司
武汉汉通证券公司
北京市证券公司
成都市证券公司
衡阳证券有限公司
安徽省证券公司
辽宁省证券公司
甘肃证券公司
苏州证券公司
中山证券公司
湖南省郴州证券公司
佛山证券公司
大同证券公司
大鹏证券有限公司
宁夏证券公司
青海证券公司
潍坊证券公司
北京财政证券公司
浙江财政证券公司
河南财政证券公司
沈阳北方证券有限公司
湖北财政证券公司
伊春市证券公司
蔚深证券有限责任
福建华兴证券公司
四川省川财证券公司

财务信托投资公司

中国工商银行上海信托投资公司

【公司概况】 公司是中国工商银行上海市分行全资直属的非银行金融机构。公司设有办公室、计划财务部、投资证券部、信托业务部、外汇信托部，以及2个证券营业部、22个信托代理处。公司总经理：梁文石。

【业务范围】 公司主要业务包括：存贷款、投资业务；证券业务；金融租赁业务；外汇信托业务；代理财产保管业务；经济担保和信用见证业务；经济咨询业务；及中国人民银行批准经营的其他金融业务。公司1993年底恢复了包括发行证券、代理客户买卖证券等人民币证券业务，于1994年底获准开办外汇证券业务。

中国建设银行上海市信托投资公司

【公司概况】 公司是经中国人民银行批准，由中国建设银行上海市分行创办的，成立于1987年4月。公司实行总经理负责制，有职工333人，内设10多个职能部门，下设14个证券营业部。公司是首批国债一级自营商。公司注册资本14000万元人民币，美元750万元。

【业务范围】 公司主要业务包括办理人民币和外汇信托委托业务、投资业务、证券业务、基金业务及其他中间业务。自1987年先后为大中型企业及市政建设项目累计代理发行50多亿元债券。已承销和副承销了19家上市公司股票，1995年成功地主承销发行了邮通B股股票。公司并于1993年成立了东亚产权交易咨询事务所。

中国农业银行上海市信托投资公司

【公司概况】 公司是于1986年经中国人民银行批准建立的，证券从业人员475人。公司设有证券发行部、证券综合管理部、监察审计部、信托业务部、国际业务部、投资基金部、计划财务部、办公室等。公司注册资本2.11亿元人民币，公司总经理：吴锡森。

【业务范围】 公司主要业务包括信托、投资和证券外汇、咨询业务。公司证券营业网点25家，拥有上海证交所53个交易席位。信托业务部下设有21个信托代办处。公司1995年证券成交额703.52亿元。1990年至1995年公司发行和承销各种证券30.57亿元。公司委托存贷款业务稳步发展，1995年各项存款余额14.30亿元。同时公司开展多种形式的投资业务，至1995年底，投资总额10300万元，投资项目运转正常。另外公司探索B股、H股、可转换债券的发行业务，增设国债柜台自营业务代理点，开办国债回购、国债自营业务，办理外汇信托业务，至1995年底，公司各项外汇资产2900万美元。公司1995年底资产总额37.7亿元。

中国银行上海信托投资公司

【公司概况】 公司经中国人民银行总行批准成立于1984年6月，是中国银行的全资附属机构。公司设有办公室、人事保卫部、财会部、稽核部、投资管理部、租赁担保部、咨询部、证券部、电脑部、保管箱中心等机构。公司于1988年10月经批准成立证券部，共设有7个证券营业网点，5个证券代理处。公司总经理：董唯俭。

【业务范围】 公司主要业务包括境内外汇信托存贷款、投资业务；境内外外汇借款、放款业务；国际融资租赁业务；委托放款业务；对外担保和见证业务；资信调查与咨询业务；代理企业发行债券、融资券和股票；办理有价证券的发行、转让、代保管及代理支付、还本付息、红利股息发放等。

中国经济开发信托投资公司

【公司概况】 公司是经财政部、中国人民银行批准的全民所有制金融企业，成立于1988年4月。公司证券部成立于1989年，在北京、上海、深圳、天津、武汉设有6个直属业务部，在8个大中城市设有9个证券代理网点。公司董事长：田一农，总经理：韩国春。

【业务范围】 公司主要从事信托投资业务，开展国库券的发行、兑付、代保管业务，代理证券发行及交易等业务。公司证券部1994年证券交易总额4203亿元，1995年交易额4730亿元。1995年公司作为副主承销干事承销三年期无计名国库券7.1亿元。

中国金谷国际信托投资有限公司

【公司概况】 中国金谷国际信托投资有限公司是经中国人民银行和国家外汇管理局批准成立的股份制非银行金融机构，由全国妇联、工、农、建、中四大专业银行信托投资公司及交行、人保、中国海外工程总公司发起创立，注册资金2.5亿元人民币。公司董事长兼总经理：秦道夫。

【业务范围】 中国金谷国际信托投资有限公司上海证券业务部于1995年7月设立，业务部奉行稳健、安全的经营原则，坚持质量第一、信誉第一、为客户提供规范化、专业化的服务、代理各交易所的证券交易、交割、清算等业务。

中国科技国际信托投资公司

【公司概况】 公司一家服务于科技教育领域的全国性非银行金融机构，公司在北京、上海、大连、青岛、沈阳、成都、武汉等地设有7个证券营业部。

【业务范围】 公司主要开展信托、证券、租赁等业务，公司于1993年开始证券业务，1994年承担北京方庄购物中心、北京前门实业股份有限公司法人股的主承销，1995年成为仪征化纤分销商。同时开展国债市场业务。

中国信息信托投资公司

【公司概况】 公司成立于1988年，是经中国人民银行、国家外汇管理局批准，在国家工商行政管理局注册的全国性非银行金融机构。公司总经理：杨咸祥。

【业务范围】 公司主要业务包括信托、证券、租赁及其他相关业务。公司是上海证交所、深圳证交所、天津证券交易中心、NET、STAQ系统会员单位，中国证券业协会理事单位，中国证券市场研究设计中心发起和理事单位，北京证券登记有限公司的发起单位。公司在承销国债、企业债券、股票、协助企业改制、推荐上市等方面取得发展。

航空信托投资有限责任公司

【公司概况】 公司是经中国人民银行批准，由中国航空工业总公司等9家企业共同投资组建的非银行金融机构。公司内设经理部、计划财务部、信贷部、国际业务部、投资部、证券部、咨询部。公司注册资本25000万元人民币，公司董事长：池耀宗，总经理：刘必文。

【业务范围】 公司经营范围包括信托存贷款、投资业务，委托存贷款、投资业务，有价证券业务、融资租赁业务、代理业务、经济担保与信用见证业务，经济咨询业务及其他经批准的金融业务。

中国国际金融有限公司

【公司概况】 公司经中国人民银行批准，于1995年8月11日成立，由中国、美国、新加坡及香港等地的5家金融机构和投资机构合资组建，注册资金1亿美元。主要股东有中国建设银行，占总股本的42.5%，美国摩根士丹利国际公司占35%，中国经济技术投资担保公司、新加坡政府投资公司和香港名力集团各占7.5%。公司董事长：王岐山，总裁：林重庚。

【业务范围】 公司的职能是金融中介，主要业务是企业的重组、兼并与收购，重点基础设施、基础产业和企业技改项目的融资，直接投资和企业、政府债券的包销，为国内企业在海外上市提供服务，以及有关的咨询和服务业务，基金的发起和管理。

中煤信托投资有限公司

【公司概况】 公司是经中国人民银行批准，由煤炭部牵头和大同、平顶山等大中型煤炭企业共同组建。初始实收资本4亿元人民币，公司董事长兼总经理：王忠民。

【业务范围】 公司主要业务有信托存贷款、投资业务，委托存贷款、投资业务，自有资金贷款、投资业务，有价证券业务，融资性租赁业务，代理业务，担保和见证业务，经济咨询业务及经批准的其他业务。

北京市房地产信托投资公司

【公司概况】 公司是1987年经北京市人民政府和人民银行批准成立的非银行金融机构，由人行、工行、建行、农行、中行五家银行的北京分行和人民保险公司北京分公司共同组建的，直属北京市计委。公司设办公室、人事部、审计部、计划财务部、房地产开发部、信托部、国际业务部、证券部、经营部等。公司注册资金1.3亿元人民币。

【业务范围】 公司主要业务包括房地产开发、建设、经营、工贸投资、以及人民币、外汇金融信托业务等。京房上证是公司最早成立的证券业务部，于1992年在上海成立，拥有上证所A股席位5个，国债席位2个，拥有先进的软件系统，自动委托和资金管理系统。

北京京华信托投资公司

【公司概况】 公司是经中国人民银行总行和北京市人民政府批准成立的全民所有制非银行金融机构，具有独立的法人资格。公司注册资本2亿元人民币，公司总经理：陈宜。

【业务范围】 主要业务包括：信托存贷款、投资业务；委托存贷款、投资业务；房地产投资业务；有价证券业务；金融租赁业务；代理财产保管与处理业务；代理收付业务；经济担保和信用见证业务；经济咨询业务及批准经营的其他业务。

上海国际信托投资公司

【公司概况】 公司是一家经批准成立的地方信托投资机构，是以金融为主的综合性企业。公司注册资本15亿元。公司总经理：鲍友德。

【业务范围】 公司主要业务包括信托、投资、证券、房地产开发、咨询、招标及国际经贸业务；拥有7家子(分)公司。公司先后5次在日本东京、英国伦敦和新加坡等国际资本市场发债筹资，通过国际金融组织、商业银行贷款等途径为上海筹措外资40多亿美元。公司发行的金龙基金和海外基金沪光国际—上海发展投资有限公司基金在香港上市。公司房地产开发项目10个，为上海南浦大桥、杨浦大桥、地铁一号线等重点工程提供咨询服务。

浙江省国际信托投资公司

【公司概况】 公司是浙江省政府直接领导的全民所有制非银行金融机构，是全国较早经营国际信托投资业务的公司之一。公司董事长兼总经理：王钟麓。

【业务范围】 公司主要经营的业务包括人民币、外汇、信托存贷款、投资业务；委托存贷款、投资业务；有价证券业务；金融租赁业务；代理财产保管与处理业务；代理收付业务；经济担保和信用见证业务；资信调查、咨询业务等。到1995年底公司累计筹措境外资金发生额7.6亿美元，人民币存款余额47660万元，贷款余额41816万元，外币存款余额858万美元，贷款余额2831万美元。公司共设立了11个证券营业部，1995年证券交易额为332.28亿元，代理发行各类债券2.97亿元。到1995年底公司人民币租赁项目发展到228个，规模达28889万元。公司同时开展房地产、外贸业务、项目投资等业务。公司1995年底总资产30.69亿元，利润8539万元。

安徽国际信托投资公司

【公司概况】 公司是安徽省政府直接领导的非银行金融机

构，成立于1981年，公司是上海证交所的发起会员和深圳证交所正式会员。公司注册资本2.5亿元人民币，公司总经理：卢继延。

【业务范围】 公司主要开展金融、证券、投资、租赁、房地产、外贸、信息广告、投资咨询等业务。公司1988年开始证券业务，先后主承销了皖能A股和古井B股，参与了上海华源B股副主承销。公司在上海、深圳、广州、合肥设有5个证券营业部。1995年公司总收入25978万元，利润9420万元，到1995年底，公司总资产33.8亿元。

深圳国际信托投资公司

【公司概况】 深圳国际信托投资公司是深圳市较有实力的非银行金融机构。1995年，公司贷款担保、租赁、投资、证券、资金财务管理、房地产开发、物业管理等7项业务者取得较好业绩。公司全年实现盈利突破2亿元。

【业务范围】 公司主要包括信托存贷款、投资业务，委托存贷款、投资业务、金融租赁、证券等业务。公司控股的深圳国投证券有限公司是以公司原属下证券业务部和证券发行部为基础组建的专业性证券公司。深圳国投证券有限公司1995年承销有价证券金额为人民币17539万元，港币6792万元，在证券二级市场中实现交易额67.2亿元，实现盈利756万元人民币。

四川省信托投资公司

【公司概况】 公司1986年10月经中国人民银行总行和四川省人民政府批准成立的非银行金融机构，注册资本4.2亿元。公司总经理：梁昌飞。

【业务范围】 公司主要从事吸收人民币信托、委托存款；办理人民币信托、委托贷款；代理收付和结算；投资、租赁；代理发行和买卖有价证券；办理外汇投资、国际融资、债务担保和见证以及房地产开发等。公司在四川省内设有9个分支机构，在上海、海口、北海建有3个直属公司，开办了2家中外合资企业。至1995年，公司累计承销和交易国债8.5亿元，沪、深股票交易量150亿元。

宁夏信托投资公司

【公司概况】 公司是经宁夏自治区政府和中国人民银行总行批准，于1988年8月成立的全民所有制非银行金融机构。公司注册资本1亿元人民币。

【业务范围】 公司主要业务包括信贷、投资、租赁、证券以及商贸、实业、拍卖典当、房地产开发、餐饮娱乐等。公司累计向自治区内300多家企业提供资金13亿元，代理发行、兑付企业债券3.4亿元、国债2.4亿元。公司证券交易营业部于1995年12月8日开业，拥有奔腾型主服务器、NOVELL网络、电脑终端、钱龙分析软件等设备，采用128K双向卫星通讯技术、双回路供电系统，可实行柜台委托、电话委托、自助委托、热自助委托等委托形式。

广东华侨信托投资公司

【公司概况】 公司前身为公私合营华侨投资公司，成立于1955年3月。公司内设有国际金融部、国内金融部、投资部、计财部等15个部门，11个二级公司。并经国务院批准设立了广东华侨信托投资(香港)有限公司。公司董事长：罗共鸣，总经理：麦智南。

【业务范围】 公司的主要业务有金融、证券、期货、基金、房地产开发、贸易、进出口、投资咨询等，已与世界100多家境外银行和金融机构、基金组织建立了业务往来。公司筹措的资金主要用于能源、交通、原材料等基础产业和高新科技产业。

福建省华侨信托投资公司

【公司概况】 公司的前身是1952年经中央人民政府政务院批准创立的福建华侨投资股份有限公司，1986年经中国人民银行批准成为福建省政府直属的全民所有制非银行金融机构。公司总经理：谢长安。

【业务范围】 公司主要业务包括委托、信托、融资租赁、投资、证券、外汇、担保业务。公司是上海、深圳证交所、NET系统和福建证券交易中心的会员，设有2个证券交易营业部和2个债券交易柜台。1993年作为承销团成员参与福建5家企业股票发行工作，副主承销福建豪盛股票。至1995年底公司承销国库券15000万元，代理发行70家企业债券14000万元，证券交易总额1124.2亿元，其中1995年交易额846.66亿元。

潮州市信托投资公司

【公司概况】 公司成立于1987年10月12日，是具有独立法人资格的国有金融企业，是中国国债协会会员、中国证券业协会理事单位。注册资金1亿元，公司法人代表：吴瑞荣。

【业务范围】 公司主要业务范围：信托存贷款、投资业务；委托存贷款、投资业务；有价证券业务；金融租赁业务；代理财产保管与处理业务；代理收付业务；经济担保和信用见证业务；经济咨询业务；外汇信托存、放款，信托投资；外汇借款、同业折借；外汇放款、投资、担保；中国人民银行批准经营的其它金融业务。公司积极拓展业务，通过办理信托存款、委托存款、代理发行证券等业务筹集融通资金，至1995年底，累计融资49.6亿元；以投资、信贷租赁等形成发放贷款36.9亿元。公司在证券业务方面，先后在潮州、深圳、上海、广州设立5家证券部，证券交易额657亿元。公司现有资产总额10.7亿元，其中净资产1.81亿元。1995年创税利3951万元。

烟台市信托投资公司

【公司概况】 公司是1986年经中国人民银行总行批准成立的非银行金融机构，实行总经理负责制，下设7个职能部门和2个营业部，有职工43人。公司担任中国证券业协会理事和中国国债协会会员。公司注册资本5000万元，公司总经理：王丽华。

【业务范围】 公司主要经营人民币信托存贷款、委托存贷款、信托投资、金融租赁、债务担保、代理财产保管与处理，代理证券发行，自营、代理证券买卖，证券代保管、证券抵押、国库券常年兑付等业务。

威海国际信托投资公司

【公司概况】 公司是经中国人民银行总行批准成立的全民所

有制非银行金融机构，成立于1992年12月，隶属威海市人民政府。公司注册资本5000万元人民币，外汇750万美元。公司总经理：吴永文。

【业务范围】 公司先后批准建设了山东华能威海发电厂、桃威铁路、威海石油码头、威海机场、米威调水工程、市区电网改造等项目，累计投资8亿元。公司成为上海证交所、深圳证交所和青岛证券交易中心会员，同时代理发行企业债券。公司设备先进、跑道通畅、服务资讯周全。

中工信托投资公司

【公司概况】 公司是经中国人民银行批准，在海南机设信托投资公司基础上变更的，服务于机电行业的非银行金融机构，并经国家工商行政管理局注册登记。公司内设机构有信托部、投资部、证券业务部、国际业务部、资金计划部、财务部、人事部、办公室。公司注册资本2.3亿元人民币，董事长：奚家成，总经理：陈博生。

【业务范围】 公司的主要业务包括信托存贷款、投资业务；委托存贷款、投资业务；自有资金的贷款和投资；融资性租赁业务；有价证券业务；代理业务；经济担保和信用见证；经济咨询及经批准的其他金融业务。

金华市信托投资股份有限公司

【公司概况】 公司成立于1991年2月，拥有5家合资公司、7个涉外金融机构、11家控股公司、1家中外合资企业。公司下设证券管理总部和上海证券营业部，并在金华、上海、深圳、武汉、杭州等地设有12个分支机构。公司法人代表：葛政。

【业务范围】 公司1991年推出专项信托受益证券业务，1992年公开发行证券投资基金。公司拥有上海、深圳证交所席位26个，取得武汉证券交易中心、天津证券交易中心、浙江证券交易中心会员资格，并经批准设立了STAQ、NET金华分中心。公司1995年证券交易量近60亿元，总资产25亿元。

广州白云山企业集团财务公司

【公司概况】 公司是经中国人民银行批准的白云山企业集团属下的具有独立法人资格的非银行金融机构，内设办公室、计划资金部、证券业务部、金融部、投资信贷部、财务部等机构。公司注册资金1亿元人民币，公司总经理：贝远娥。

【业务范围】 公司主要业务包括白云山企业集团系统内资金融通业务、金融投资合作以及证券业务。公司下属的证券业务部拥有先进的电脑设备，开展储蓄、债券业务，与上海、深圳证交所直接联系外线，下单300多条。并在上海、深圳等地开设证券业务办事处。

宝钢集团财务公司

【公司概况】 公司于1992年6月经中国人民银行批准成立，由宝山钢铁（集团）公司控股、集团内部18个单位共同参股组建的全国性非银行金融机构。公司实行董事会领导下的总经理负责制，下设办公室、综合计划部、信贷业务部、信托投资部、外汇业务部、证券营业部、财务会计部等，有职工56人。公司注册资本3.6亿元人民币。公司董事长：吴志尚，总经理：王世宏。

【业务范围】 公司主要业务包括为集团内部成员单位开办人民币信托存贷款、投资、融资租赁、结算、经济担保；代理有价证券买卖；代理保险及其他代理业务；外汇信托存放款、外汇担保、代理结算等业务。1995年底公司资产总额68.98亿元，存款余额51.02亿元，贷款余额20.22亿元，1995年实现利润1.4亿元。

中昊财务有限责任公司

【公司概况】 公司是经中国人民银行批准成立的，办理中国昊华化工（集团）总公司成员单位金融业务的非银行金融机构，由中国昊华化工集团内部独立法人企业共同出资组建。公司实行董事会领导下的总经理负责制，设有综合管理部、营业部、资金部、投资信贷部、计财部、国际业务部等职能部门。公司注册资金11780万元人民币，公司董事长：程法光，总经理：陈勇。

【业务范围】 公司业务范围有：办理集团成员单位的人民币存贷款、投资业务，信托贷款及投资业务，结算业务，票据兑现、贴现业务，同业拆借业务，担保和信用见证业务，经济咨询、资信调查业务，还可兼营代理发行集团成员单位的短期融资券、企业债券、股票等有价证券业务；融资租赁业务及经批准的其他金融业务。

葛洲坝工程集团财务有限公司

【公司概况】 公司是经中国人民银行批准成立的非银行金融机构，在行政上隶属于中国葛洲坝水利水电工程集团公司，由葛洲坝集团内部独立法人企业共同出资组成。公司实行董事会领导下的总经理负责制，设有总经理办公室、营业部、计划部、信贷投资部、财务部等职能部门。公司注册资金1亿元人民币，公司董事长：乔生祥，总经理：李韶秋。

【业务范围】 公司主要业务范围有：办理集团成员单位的人民币存贷款、投资业务，信托贷款及投资业务，结算业务，票据承兑、贴现业务，同业拆借业务，担保及信用见证业务，经济咨询、资信调查业务，还兼营代理发行集团成员单位的短期融资券、企业债券、股票等有价证券业务，融资租赁业务及经批准的其他金融业务。

深圳经济特区发展财务公司

【公司概况】 公司于1984年11月28日成立，公司实收资本1亿元人民币，750万美元，截止1995年底总资产14.8亿元。年利润超3000万元。公司已与世界上70多家金融机构建立了业务联系。10多年来，公司共为特区200多家企业提供了融资、咨询服务，为特区建设筹集了70多亿元的资金。

【业务范围】 公司的主要业务有本外币贷款、存款，担保、租赁、投资、结算，证券发行、交易、代理、见证、上市包装，资信调查、咨询、见证，基金和资产管理、企业重组、公司兼并业务、投资咨询、财务顾问业务等金融服务。公司属下的证券部配有高速通讯接收等先进交易系统，提供深沪A、B股、国债期货交易。

海南港澳国际信托投资有限公司证券部

【公司概况】 港澳信托证券部是经中国人民银行海南省分行批准，成立于1991年6月29日。是海南省非银行金融机构中较早成立的证券部。并在上海、深圳、北京、三亚、成都、沈阳、杭州等地设立了营业部。

【业务范围】 主要业务有代理发行各种有价证券，自营和代理证券买卖，代理支付和代收证券的本息红利，证券鉴证、登记过户，证券代保管，证券投资咨询及其他证券业务。1992年10月9日，公司策划海南国际房地产公司改制为海南港澳实业股份有限公司，参与了海南证券报价交易中心和海南股票内部交易中心的有关推荐工作，公司1993年推荐了海国投实业股份有限公司到STAQ系统上市，三亚东方实业股份有限公司到NET系统上市，并作为主承销商代理浙江港澳新型建材股份有限公司的股权证发行工作。1994年6月公司承办了海南金盘实业股份有限公司的社会公众股发行。公司成为全国主要证券交易所(中心)的会员。至1995年底，公司共代理发行股票、债券54289万元，代理买卖债券、股票280亿元。1995年4月，公司作为副主承销商代理珠江B股在海南的发行工作园满成功。

东方电气集团财务公司证券营业部

【公司概况】 东方电气集团财务公司证券营业部于1992年5月经四川省人民银行批准成立，是上海证券交易所、深圳证券交易所、四川证券交易中心会员单位。

【业务范围】 证券营业部主要办理沪、深交易所、四川证交中心上市证券各品种的委托买卖业务。电脑设备先进、交易系统安全、投资环境舒适、服务态度良好、管理制度健全、资讯渠道广泛，得到了证券主管部门、证券同行的称赞，也发展成为成都地区投资者最满意和最信任的证券商之一。

美林国际有限公司上海代表处

【公司概况】 美林集团(Merrill Lynch)是一家上市公司，成立已有100多年的历史，现有雇员40000多名，分布于全球35个国家和地区。美林的资产总值及股东股本总值分别超过1960亿美元及61亿美元。替客户持有的全球投资管理资产总额高达7000亿余美元。此外，美林是美国存股收据(ADR)活跃的交易商，包括为亚太区公司发行的美国存股收据。美林于1993年3月成立了上海代表处，并在1994年在北京设立了第二个代表处。

【业务范围】 美林集团主要为各类企业、金融机构、各国政府及其代理机构以及个人投资者提供投资、融资、咨询及财务顾问。自1985年起，美林积极参与中国债券及股票的融资发行，并为中国多家金融机构及大型企业海外融资项目出任主承销商。自1992年起，美林主承销及联合主承销投资于中国的融资项目成交有30多项，筹得资金超过50亿美元。这包括于1992年7月作为主承销商为上海二纺机成功地包销了7600万美元的B股。1993年7月，美林作为全球协调人及主承销商为上海石油化工股份有限公司进行全球初次售股，募集资金达34300万美元。1995年美林又以同样的发行结构为吉林化工股份有限公司发行18450万美元的股票。1993年美林就有关提高穆迪氏公司对中国进行的主权信用评级向中国财政部提供咨询服务。1994年2月，美林独家主承销了中国政府总额10亿美元的全球债券发行。1996年年初美林又联合主承销了中国政府4亿美元的扬基债券发行，其中1亿美元年期长达100年。美林获上海证券交易所发给的特别会员的资格。美林曾为中国证券专业人员举办全面的金融培训课程。

中国旅游国际信托投资有限公司

【公司概况】 公司是经中国人民银行批准，于1994年10月18日经国家工商行政管理局注册成立的全国性非银行金融机构，下设机构有总裁办、信贷部、证券部、外汇部、计财部、投资部、基金部、房地产部等。公司是由国家旅游局、东莞市正大同沙旅游区投资公司、岁宝集团(深圳)实业有限公司、中国国际旅行社等9家单位出资组建的，公司注册资本2.3亿元人民币。

【业务范围】 公司主要经营信托存贷款、投资业务；委托存贷款、投资业务；房地产投资业务；有价证券业务；金融租赁业务；代理业务；经济担保和见证业务；经济咨询业务；外汇信托存放款、投资业务；外汇借款、外汇投资、外汇担保业务；发行、买卖或代理发行、买卖外币有价证券等业务。

广州经济技术开发区国际信托投资公司

【公司概况】 公司是经中国人民银行和国家外汇管理局批准，于1985年10月28日成立的非银行金融机构，内设有综合管理部、计划财务部、法律事务部、国内金融部、国际金融部、国际租赁部、证券部、投资管理部等部门。公司注册资本1亿元人民币，公司总经理：杨永谦。

【业务范围】 公司主要经营信托委托存款、贷款、投资；境内外借款；融资租赁；代理财产保管与处理；发行和代理发行有价证券；经济担保；信用见证；经济咨询等人民币和外币业务。公司投资兴办了22家企业，开发了南方国际大厦、蓝粤花园等房地产项目，公司1995年底总资产37亿元，1995年创利润3471万元。

广州珠江信托投资公司证券交易营业部

【公司概况】 广州珠江信托投资公司证券交易营业部是经中国人民银行批准的非银行金融系统的证券经营机构，于1993年12月开业，是深圳、上海证交所、NET系统、南方证券交易中心的会员。营业部经理：陈学杰。

【业务范围】 证券交易营业部主要经营代理发行各种有价证券；自营和代理证券买卖；代理支付和代收证券付息红利；证券登记过户和鉴证；证券代保管；证券投资咨询等业务。营业部对深交所的买卖委托、成交回报和行情揭示采用双向卫星传输数据，对上交所的买卖委托、成交回报采用点对点系统传送。

中国农业银行山西省信托投资公司

【公司概况】 中国农业银行山西省信托投资公司是1987年11月经中国人民银行总行批准成立的国有非银行金融机构。公司内设5部1室,直属1个证券营业部,下设2个办事处,10个证券业务部。公司实收资本金5000万元人民币,法人代表:李锦彰。

【业务范围】 公司的业务经营范围有:信(委)托存贷款业务;金融租赁业务;投资业务;有价证券业务;代理财产保管与业务处理;经济担保和信用见证业务;经济咨询业务;中国人民银行批准经营的其它金融业务。公司1994年、1995年实现业务利润分别为680万元、1107万元。

深圳建设集团财务公司

【公司概况】 深圳建设集团财务公司是中国人民银行总行批准成立的非银行金融机构,于1996年6月5日在深圳市工商行政管理局注册登记成立,实收资本金人民币1亿元,外汇1000万美元。深圳建设集团财务公司是由深圳建设集团及其12家成员单位共同投资兴办。公司设有综合管理部、资金部、信贷部、租赁部、计划财务部、营业部、研究发展部和国际业务部8个部门。

【业务范围】 公司主要业务是接受集团内成员企业存款,对集团内成员企业发放贷款,办理结算、票据承兑、贴现和投资业务,同时兼营代理发行集团成员单位的企业债券、股票等有价证券业务,经营经中国人民银行批准向社会发行公司金融债券业务,经营对企业的担保业务、信用证业务、经济咨询业务、资信调查和租赁业务。

中国石化财务有限责任公司广州办事处

【公司概况】 中国石化财务有限责任公司广州办事处是中国石化财务有限责任公司派出业务分支机构,经中国石油化工总公司和中国人民银行广州市分行批准成立,在广州市工商行政管理局登记注册。办事处主任:陈毓升。

【业务范围】 广州办事处主要办理中国石化总公司系统内有关金融业务,包括存、贷款、投资、信托、融资性租赁,代理发行各种有价证券,有价证券贴现和保管,经济担保和咨询等。广州办事处参加广州地区票据结算交换中心。

怡富集团

【公司概况】 怡富集团(Jardine Fleming)于1970年成立,作为亚太地区领先的投资银行,怡富已在上海、北京及深圳开设了三个代表处,雇有近60名雇员,并在上海及深圳各拥有2个B股席位。

【业务范围】 怡富为客户提供全方位的投资银行服务,包括基金管理、股票经纪、企业融资和批发银行业务。怡富集团的营运机构遍及亚太地区15个国家,管理着逾220亿美元的资产,拥有全球最大的亚洲股本研究及销售网络,被《亚洲金融》评为1995年最佳亚洲股票行。怡富是最早参与中国国营企业重组与海外上市之境外证券商之一,已成功地帮助中国企业发行了总额近6亿美元的股票。怡富曾担任过天津渤海化工H股主承销商、上海石化H股副主承销商,上海金桥B股、新锦江B股、冰箱压缩机增发B股及上菱法人股转B股的国际主承销商及深圳中集、招港及方大建材B股的国际主承销商。截止1996年3月底,怡富集团的净资产为4.4亿美元,总资产为38亿美元,95年税后利润为1.2亿美元。

佛山国际信托投资公司

【公司概况】 公司是经中国人民银行总行和国家外汇管理局批准,经营人民币和外汇金融业务的非银行金融机构。公司实行董事会领导下的总经理负责制,注册资本2亿元人民币,公司董事长兼总经理:梁达明。

【业务范围】 公司主要业务范围包括信托存贷款、投资业务;委托存贷款、投资业务;房地产投资业务;有价证券业务;金融租赁业务;代理财产保管和处理业务;代理收付业务;经济担保和信用见证业务;经济咨询业务等。1993年公司被中国证监会批准为公众股票承销商,主承销佛山电器照明股份有限公司股票,分销了佛山照明B股、粤美的B股、粤美雅B股等。

金华市租赁有限公司

【公司概况】 公司是由金华市信托投资股份有限公司、金华县财务开发公司、金华县信用联社、金华市进出口公司等5家单位发起组建的股份制融资租赁企业,成立于1992年10月,公司注册资本2000万元人民币,公司董事长:骆家刚,经理:朱建新。

【业务范围】 公司主要经营金融租赁业务、租赁项下的贷款业务及经中国人民银行批准的其他业务。对水泥厂10万吨技术改造项目进行了300多万元的成套设备租赁,租赁490万元设备给珠海迈科机电设备有限公司等。公司创办了金华市金信汽车出租有限公司。

财务信托投资公司名录

中国银行深圳国际信托咨询公司
有色金属(深圳)财务公司
中国工商银行深圳信托投资公司
广东国际信托投资公司深圳分公司
工行珠江三角洲金融信托联合公司
深圳国际信托投资公司
中国农业银行深圳信托投资公司
深圳经济特区发展财务公司
深圳租赁有限公司
建设银行深圳市信托投资公司

中国信息信托投资公司
中国农村发展信托投资公司
北京国际信托投资公司
广西信托投资公司
厦门农行信托投资公司
湛江国际信托投资公司
珠海市工行信托投资公司
海南农行信托投资公司
建行厦门信托投资公司
北京建行信托投资公司
天津信托投资公司
沈阳市信托投资公司
长春市农行信托投资公司
中国新技术创业投资公司
大连建行信托投资公司
广东省农行信托投资公司
广东省建行信托投资公司
广东国际信托投资公司
广州经济技术开发区国际信托投资公司
广州工行信托投资公司
广州市农行信托投资公司
海南省国际信托投资公司
四川工行信托投资公司
青岛建行信托投资公司
江苏联合信托投资公司
佛山国际信托投资公司
北海国际信托投资公司
北京京华信托投资公司
中国经济开发信托投资公司
广西农行信托投资公司
陕西省国际信托投资公司
广东华侨信托投资公司
珠海建行信托投资公司
海南赛格国际信托投资公司
天津市农行信托投资公司
北京农行信托投资公司
中国对外经济贸易信托投资公司
大连工行信托投资股份有限公司
沈阳市工行信托投资股份有限公司
云南省国际信托投资公司
杭州市信托投资公司
浙江省建行信托投资公司
安徽省工行信托投资公司
江苏中行信托咨询公司
山西工行信托投资公司
武汉工行信托投资公司
湖南有色金属企业财务公司
陕西工行信托投资公司
湖南建行信托投资公司
珠海经济特区信托投资公司
重庆市工行信托投资公司
河南省建行信托投资公司
宁波市工行信托投资公司
宁波国际信托投资公司
河南省农行信托投资公司

海南汇通国际信托投资公司
广东省潮州市信托投资公司
厦门国际信托投资公司
珠海国际信托投资公司
江门国际信托投资公司
南海市国际信托投资公司
海南省信托投资公司
海南港澳国际信托投资公司
中国建设银行信托投资公司
中国民族国际信托投资公司
天津北方国际信托投资公司
浙江省农行信托投资公司
建行沈阳市信托投资公司
安徽省中行信托咨询公司
中国工商银行北京信托投资公司
广州国际信托投资公司
中国银行广州信托咨询公司
广东省工行信托投资公司
广东粤财信托投资公司
广州市建行信托投资公司
中国光大国际信托投资公司
中国银行天津国际信托咨询公司
湖南省国际信托投资公司
江西中行信托咨询公司
浙江省国际信托投资公司
湖南省农行信托投资公司
安徽省国际信托投资公司
兰州市信托投资公司
四川省农村信托投资公司
武汉农行信托投资公司
中国银行珠江信托咨询公司
汕头国际信托投资公司
珠海中行信托咨询公司
厦门工行信托投资公司
天津国际信托投资公司
北京市房地产信托投资公司
吉林省工行信托投资公司
辽宁省信托投资公司
中国银行山东信托投资公司
杭州市工行信托投资公司
宁波农行信托投资公司
安徽省建行信托投资公司
安徽省信托投资公司
广西工行信托投资公司
武汉国际租赁公司
湖南工行信托投资公司
江西工行信托投资股份有限公司
天津建行信托投资公司
吉林省国际信托投资公司
浙江省工行信托投资公司
上海市农行信托投资公司
金华市信托投资公司
湖南省中行信托咨询公司
湖北省农行信托投资公司
四川省信托投资公司

中国工商银行信托投资公司
陕西省农行信托投资公司
甘肃农行信托投资公司
成都市信托投资公司
中国银行太原市信托咨询公司
山东工行信托投资公司
青海省建设银行信托投资公司
中国人民保险信托咨询公司
佛山信业财务有限公司
温州国际信托投资公司
中国银行海口信托咨询公司
山东省国际信托投资公司
武汉国际信托投资公司
工商行青岛市信托投资公司
中国国际信托投资公司
工行甘肃信托投资公司
西安市国际信托投资公司
中原信托投资公司
甘肃省建行信托投资公司
合肥市信托投资公司
广州对外经济贸易信托投资公司
工行太原信托投资股份有限公司
重庆市国际信托投资公司
广州越银财务发展公司
三亚中亚信托投资公司
陕西省中行信托投资公司
黑龙江国际信托投资公司
乐山市信托投资公司
河北省工行信托投资公司
深圳赛格集团财务公司
昆明国际信托投资公司
中国农业银行长沙市信托投资公司
中国华诚财务公司
中国长城财务公司
绍兴市信托投资公司
南通市信托投资公司
中国农业银行江苏省信托投资公司
中国农业银行信托投资公司
吉林市信托投资公司
西藏自治区信托投资公司
云南省农行信托投资公司
江西建行信托投资公司
大连市信托投资公司
济南国际信托投资公司
中国工商银行汕头市信托投资公司
青岛国际信托投资公司
甘肃省投资信托公司
开封市信托投资公司
山东省建行信托投资公司
山东省农行信托投资公司
建行甘肃省分行信托投资公司
工行衡阳市分行信托投资公司
厦门建发信托投资公司
海南国际租赁有限公司
广州市越秀信托投资公司
有色金属工业北方财务公司
湖南省信托投资公司
郑州中行国际信托咨询公司
中信兴业信托投资公司
江苏建行信托投资公司
海南省建设银行信托投资公司
河南省国际信托投资公司
成都市建设银行信托投资公司
河北农行信托投资公司
北京市四通财务公司
福建省工行信托投资公司
农行青岛市信托投资公司
福建省华侨信托投资公司
工商行云南省分行信托投资公司
建行辽宁省信托投资股份有限公司
成都市金通信托投资公司
农行重庆信托投资公司
广西建设信托投资有限公司
建行湖北省信托投资公司
建行西安市信托投资公司
中行南宁信托咨询公司
中行重庆信托咨询公司
吉林省农行信托投资公司
山西省信托投资公司
吉林省建行信托投资公司
沈阳国际信托投资公司
南方金融服务总公司
哈尔滨国际信托投资公司
广州万宝电器集团财务公司
中国银行湖北省信托投资公司
中国建设银行重庆信托投资公司
陕西省建设银行信托投资公司
广州珠江信托投资公司
江苏昆山市信托投资公司
宁夏工行信托投资公司
嘉兴市信托投资公司
武汉市信托投资公司
中国有色金属财务公司
南京市国际信托投资公司
舟山市信托投资公司
泰安市信托投资公司
包头市信托投资公司
四川长江国际信托投资公司
苏州工行信托投资公司
中国科技国际信托投资公司
江苏省盐城市信托投资公司
四川东方电气集团财务公司
中国电力信托投资有限公司
成都市工行信托投资公司
广州白云山集团财务公司
农行安徽省分行信托投资公司
石家庄信托投资股份公司
郑州市信托投资公司
武汉科技信托投资公司
工行湖北省分行信托投资公司

潍坊市信托投资股份有限公司
宁夏自治区信托投资公司
建行衡阳市分行信托投资公司
保定市信托投资公司
辽宁省国际信托投资公司
宁夏伊斯兰国际信托投资公司
中国工商银行常州市信托投资公司
无锡市信托投资公司
海南华银国际信托投资公司
湖北省国际信托投资公司
江铃汽车集团财务有限公司
无锡市信托投资公司
中国旅游国际信托投资有限公司
航天信托投资有限责任公司
航空信托投资有限责任公司
内蒙古信托投资公司
江西省国际信托投资公司
建行黑龙江省分行信托投资公司
贵州实联信托投资股份有限公司
昆明中行信托咨询公司
中国教育科技信托投资公司
中国工商银行新疆信托投资公司
中国农业银行牡丹江市信托投资公司
桂林市信托投资公司
中国银行信托咨询公司
洛阳市信托投资公司
贵州省国际信托投资公司
鞍山金钢信托投资公司
吉林省信托投资公司
中煤信托投资有限责任公司
福建华兴信托投资公司

证券登记公司

云南证券登记有限公司

【公司概况】 公司是经中国人民银行云南省分行批准设立的非银行金融机构，专职从事证券登记、托管、清算等业务，于1993年5月28日正式成立。公司总经理：郭永生。

【业务范围】 公司主要业务包括证券帐户开户登记，股票过户及清算；股份公司股票托管、转托管，投资者股票挂失、查询及资料修改；内部股分红派息及送配股业务；债券托管、代保管，兑付业务；证券投资咨询、抵押登记业务；办理证券交易资金清算等。公司通过电脑数据传送系统和双向地面卫星站与上海、深圳建立计算机网络联系。

河南证券登记公司

【公司概况】 公司是河南省唯一一家专业证券登记机构，成立于1993年，是深圳证券登记公司和上海证券中央登记结算公司的正式会员。登记公司董事长兼总经理：裴向东。

【业务范围】 公司主要开办的业务包括办理投资者证券帐户登记；办理经批准公开及未公开发行的证券登记；办理经批准上市证券的转让过户登记；代理有价证券的代保管业务；代理有价证券分红派息配股或还本付息业务；提供与证券有关的信息技术咨询服务；办理经主管机关批准或委托的其他业务。

重庆证券登记有限责任公司

【公司概况】 公司于1992年9月经重庆市人民政府和中国人民银行重庆市分行批准成立。公司设总经理室、办公室、业务部、市场发展部、电脑工程部、财务清算部和登记营业柜台，职工35人。公司注册资本1000万元。公司总经理：张引。

【业务范围】 主要业务为股份登记、托管、结算、分红派息等。并为上海、深圳证交所建立国债代保管库。公司还为重庆地区的上海证交所会员提供资金三级清算服务，1995年资金清算量68亿元。公司完成了重庆市11家公司法人股的登记托管及过户工作，并与NET系统建立了业务联系。

厦门证券登记公司

【公司概况】 公司是1992年11月经中国人民银行和厦门市政府批准成立的法定股份登记清算机构，下设有总经理室、办公室、业务部、财务部、电脑清算部、登记部等。公司总经理：傅毅辉。

【业务范围】 公司业务范围包括经批准公开发行及非公开发行的股份登记和清算；上市及未上市记名证券的过户和登记；代理有价证券的保管；代理有价证券的还本付息或分红派息；与证券有关的咨询及投资业务。公司是上海证券中央登记结算公司的结算会员和深圳证券登记结算公司的存管会员，对厦门市上市公司股票进行登记和集中托管，对10多家内部股和法人股进行登记托管和分红派息。

天津证券登记公司

【公司概况】 天津证券登记公司经天津市政府和中国人民银行天津分行批准，于1993年8月28日正式成立，是天津市办理证券登记、开户、托管、过户、分红派息、查询与挂失以及代理异地证券登记公司业务的法定机构，隶属天津证券交易中心。公司总经理：胡丽云。

【业务范围】 公司主要代理上交所、深交所在天津地区的证券帐户开立，为上交所在天津的会员进行三级资金清算。截止到1996年6月底，已分别开立天证中心、上海和深圳证券帐户16.4万户、13.5万户和3.8万户；办理天津定向募集个人股柜台交易帐户25.5万户；累计分红派息900万元。在定向募集股份的托管、登记过程中，公司在证券主管部门领导下，做了大量深入细致的工作，为定向募集个人股柜台交易的规范化发展打下了良好的基础。公司自1994年7月实行"卖出红利权"的现金红利分派方式。

河北省证券登记公司

【公司概况】 河北省证券登记公司是1993年5月经中国人民银行河北省分行批准成立的专业性证券登记机构，下设7个地市代办处。1995年公司相继成为深圳证券登记有限公司的存管会员，上海证券中央登记结算公司结算会员，NET系统政策性金融债托管代理机构，中央国债登记结算有限公司的国债代理发行库。

【业务范围】 公司主要经营业务包括经批准公开发行及非公开发行的证券登记业务；上市及非上市证券的转让登记；代理有价证券的保管；代理有价证券的还本付息及分红派息；与证券有关的投资和咨询业务；代理交易所与证券商的资金清算业务；人民银行批准的其他业务。到1995年底，公司注册资本金1100万元，资产总额44749万元，代保管国债总额50000万元，托管政策性金融债28260万元。1995年公司为投资者开立了上海、深圳股票帐户8万余户。同时配合深圳证券登记公司顺利地完成了更换股东卡的工作。为股民补领红利50余万元，有效地解决了股东领取过期红利难的问题。及时开通上海证券中央登记结算公司三级资金清算。三级清算的开通使证券商由异地结算转为同城结算，已有12家证券部在登记公司参加三级清算，1995年度与上海证券中央登记结算公司清算发生额50亿元。公司分别建立了深、沪两地登记公司的国债代保管库。做为NET系统政策性金融债托管代理机构，登记公司成功地参与了国家开发银行发行的94政策性金融债，托管总面值28260万元，托管总户数426户。1995年度公司对石家庄劝业场股份有限公司法人股、普通股进行了托管登记，托管总额计5000万股，总户数1700户。

1995年，公司加强行业自律，先后制定了《河北省内部股权证登记管理暂行办法》、《河北省证券登记公司异地登记处管理办法》、《三级资金清算业务规程》、《股份清算管理办法》和《挂失、查询、非交易过户操作规程》等各项规章制度和业务操作规程。同时注重对人才的培训，先后多次派人参加上海证券中央登记结算公司和 NET 系统组织的业务培训。公司现有员工 23 人，其中大专以上 20 人。95 年度，公司加强了对各地市代办处的建立和人员培训工作。 （李红 刘善晓）

南海证券登记公司

【公司概况】 公司是 1992 年经广东省人民银行批准成立，于 1993 年 3 月 2 日正式开业。公司拥有先进的电脑设备和各类专业人员。公司法人代表：高小龙

【业务范围】 公司业务范围包括经批准公开发行及非公开发行的证券登记；证券过户登记；代理有价证券的分红派息；代理有价证券的保管；证券登记咨询服务等。公司已经营的业务有办理深圳、上海证券交易所的证券开户，办理深圳证交所的二级清算、股份登记、托管、挂失、补办、转托管等。

证券登记公司名录

深圳证券登记结算有限公司
佛山证券登记公司
西安证券登记公司
河南证券登记公司
青岛证券登记公司
江苏省证券登记公司
黑龙江省证券登记公司
湛江证券登记公司
北京证券登记公司
云南证券登记有限公司
厦门证券登记有限公司
中山证券登记公司
东莞证券登记公司
广州证券登记公司
河北省证券登记公司
苏州证券登记公司
常州证券登记公司
徐州证券登记公司
上海证券中央结算中心
珠海证券登记公司
重庆证券登记公司
广东潮州市证券登记公司
广西证券登记公司
江门证券登记公司
安徽省证券登记公司
肇庆证券登记公司
甘肃证券登记公司
山东证券登记公司
南海证券登记公司
宁波证券登记公司
江西证券登记公司
茂名证券登记公司
新疆证券登记公司
青海证券登记公司
无锡证券登记公司
贵州证券登记公司
河源市证券登记公司
山西省证券登记公司

内蒙古會計師事務所

内蒙古會計師事務所于1984年經内蒙古自治區政府批準成立,是隸屬于内蒙古自治區財政廳的全民所有制事業單位,并在内蒙古自治區工商行政管理局登記注册的獨立法人單位。事務所現有注册會計師45名,高級會計師7名,會計、審計、税務、資産評估、工程技術、電腦微機技術等專業人員多名,部分專業人員曾到新加坡、香港、上海、深圳、廣州受過專業培訓。

財政部、中國證監會1993年7月20日批準事務所從事證券相關業務,是全區首家獲得證券業務資格的中介機構。擁有14名注册會計師可以從事證券業務,事務所于1995年成功地爲内蒙古鄂爾多斯羊絨制品股份有限公司提供服務。與香港·安達信公司和北京安達信·華强會計師事務所建立了業務合作關系。

事務所業務範圍:爲準備上市公司提供上市前三年經營業績審計與盈利予測、驗證資本服務;審查會計帳目、報表、預、決算;驗證企業的投入資本;評估企業資産;參與辦理企業撤消、解散、破産、兼并分設等清算事項;設計財務會計制度,擔任財務顧問、咨詢;代理納税申報、協助擬訂項目建議書等經濟文件;承辦經濟案件、經濟糾紛的審計、技術鑒定、出具報告;培訓財務會計人員;講授會計電算化實務;以及其他有關服務。

總經理:劉可,副總經理:郭凌雲

地址:内蒙古自治區呼和浩特興安南路145號

電話:(0471)4961185　4965511－319

郵編:010010

山東日照會計師事務所

會計師們討論業務工作

地址:山東省日照市興海路47號

電話:8222806

郵編:276800

上海市金浦律師事務所

主任:項志衛

事務所是為適應開發、開放浦東的需要,由上海市靜安區司法局選調各方專門人才于1992年設立的第一家跨地區并在浦東新區注冊的新型的綜合性律師事務所,本所擁有熟悉投資、房地產、金融、民事、刑事等業務的中青年專、兼職律師和特邀律師及與之配套的硬件設施。本所律師志同道合,忠于職守,工作認真、負責,以合作與奉獻的精神為社會各界、海外客商提供及時高效優質的法律服務。

(1)接受公民、法人和其他組織的聘請,擔任法律顧問;

(2)接受民事案件,行政案件當事人的委托,擔任代理人,參加訴訟;

(3)接受刑事案件犯罪嫌疑人的聘請,為其提供法律咨詢,代理申訴,控告,申請取保候審,接受犯罪嫌疑人、被告人的委托或者人民法院的指定,擔任辯護人,接受自訴案件自訴人,公訴案件被害人或者其近親屬的委托,擔任代理人,參加訴訟;

(4)代理各類訴訟案件的申訴;

(5)接受當事人的委托,參加調解、仲裁活動;

(6)接受非訴訟法律事務當事人的委托,提供法律服務;

(7)解答有關法律的詢問,代寫訴訟文書和有關法律事務的其他文書。

武延年主任領導的律師事務所獲上海市先進律師事務所稱號

上海市 徐匯律師事務所

地址：上海市衡山路 327 號
電話：64745671　64745747
傳真：64335720

上海市徐匯律師事務所于 1982 年 1 月 1 日批準成立，系上海市批準成立的第八家律師事務所。目前該所擁有涉及刑事、民事、經濟、行政、證券、金融、房地産、涉外、知識産權、交通、海事等各專業 60 余名注册律師，十余年來，該所共計辦理了 16000 余件各類案件，前后共擔任了 800 余家國家機關、企事業單位及個人的常年法律顧問。1990 年司法部授予該所"從業清廉"榮譽稱號，同年被上海市司法局評爲"先進單位"，1995 年上海市律師協會從全市 240 余家律師事務所中評選出八大先進律師事務所，該所名列第三。

事務所下設漕河涇分所、經濟法律事務部、涉外法律事務部、金融證券法律事務部、知識産權法律事務部、交通法律事務部、行政辦公室等六部一室。自 1990 年以來即開始從事證券法律事務工作，數年來代理了證券、期貨訴訟、仲裁案件上百起，目前仍擔任了近十家證券公司的常年法律顧問。有多名律師曾參加了中國證監會、司法部聯合舉辦的證券律師專業培訓班。

事務所依法承辦下列業務：擔任常年法律顧問；代理經濟、民事、行政、房地産、金融證券、知識産權、海事等訴訟、促裁事宜；擔任刑事案件辯護人；辦理非訴訟業務，參加項目談判，房地産投資等活動，代爲起草協議，制作企業章程，單位規章制度等法律文書，代爲辦理有關證件；辦理貸款、擔保、抵押、拍賣、招投標、遺囑、協議、聲明等見證；提供專項法律咨詢、出具法律意見書；依法辦理其他法律事宜。

事務所主任：武延年　高級律師

充滿活力的團結集體

主任王聯華(右)與陸嘉康律師研討工作

上海市
嘉華律師事務所

主任:王聯華
地址:上海市肇嘉浜路 288 號 5 樓 2519 室
電話:021－64743803　64672098－5191,5192
傳真:021－64743370　郵編:200031

陸嘉康律師

上海市嘉華律師事務所是一所以多名具有中、高職稱的律師爲主體的法律服務機構。

事務所主要業務範圍包括:

接受委托擔任國(境)内外客户的常年法律顧問及項目法律顧問。爲國(境)内外客户尋求合適投資項目,并接受委托,代爲處理自初期談判直至正式營業前的全部必要的法律程序。爲公司的設立、股權轉讓和清算等事務提供法律服務,依法代理國(境)外的企業在境内設立各種業務機構。提供土地批租、房産開發、房屋買賣和租賃等房地産的咨詢服務,并參與談判,協助辦理有關法律手續。接受關于中國所施行的銀行法規、金融法規及不動産抵押、銀行貸款的法律咨詢,代爲起草法律文件。代理國(境)内外客户參加關于商業交易、公司事務、建築、合同、雇傭、貿易、知識産權等的調解、仲裁和訴訟活動。提供保護知識産權的一整套服務,包括專利、商標和著作權事宜,以及保護計算機軟件、廠商名稱和商業秘密。爲客户在中國各地的房地産交易,就房地産發展的各個方面(包括購買、使用和處分土地使用權及建築物和土地的作用方面)提供服務。接受刑事案件被告人、自訴人或被害人的委托,擔任辯護人或代理人。對各類合同予以見證,并出具法律意見書或見證書。代擬各類法律文書,解答法律咨詢。

律師們學習業務政策

上海市精誠律師事務所

上海市精誠律師事務所是一所由多名具有中、高級職稱的中年律師為主體的法律服務機構，設有外國投資、商務、房地產工程、金融證券、知識產權、海洋法律、刑民綜合等法律事務部。現有專職律師12名，其中具有高級職稱者2名，中級職稱者4名，還有一批學有專長的兼職和特邀律師。

事務所宗旨：精誠合作、竭力開拓、伸張正義、精誠所至

服務範圍：

1. 接受國家機關，法人和自然人之聘請，擔任法律顧問；

2. 接受民事、經濟、行政案件的當事人之委托，擔任代理人參加訴訟；

3. 接受被告人之委托或者人民法院指定在刑事訴訟中擔任辯護人，接受自訴案件自訴人，公訴案件被害人及其近親屬之委托擔任代理人參加訴訟；

4. 接受委托為非訴訟案件的當事人提供法律幫助或者擔任其代理人參加調解或仲裁活動；

5. 解答自然人的法律咨詢，代寫訴訟文書，草擬合同和其他法律事務的文書。

主任：金鶴山　律師
地址：上海市東寶興路447弄5號
電話：56635580　56634170×8
郵編：200081

山東法正律師事務所

主任:李玉福

副主任:劉炳君、張海瑩

山東法正律師事務所(原名山東省第二律師事務所),成立于1990年,系經山東省司法廳批準并由山東省政法管理干部學院投資組建的國有制律師事務所。現有高、中級職稱的專職律師10名,具有高、中級職稱的兼職律師38名。這批律師主要由山東省政法管理干部學院多年從事法學教育的教授、副教授、講師組成。專業門類齊全、專業水平較高、業務覆蓋面廣。

事務所自成立至今,承辦了各類案件2000余件,承擔了一批在省內外具有重大影響的案件的辯護和代理工作,產生了很大的社會影響。先后擔任了60多家國家機關、社會團體、企事業單位的常年法律顧問,受到了普遍的尊重和好評。本所將繼續發揮國有律師事務所的優勢,以維護當事人合法權益為宗旨,向高檔次、深領域發展。

事務所律師們在討論案例

主任:李玉福 博士
副主任:劉炳君、張海瑩
地址:山東省濟南市解放路30號
電話:(0531)8933023 8932774 8935668
傳真:(0531)8933023 郵編:250014

第十三编

证券业新闻出版

592/595

证券业新闻出版

中国证券监督管理委员会根据《国务院关于进一步加强证券市场宏观管理的通知》中有关加强证券市场管理的精神，按照专业性、及时性及覆盖面等方面的要求指定公开披露上市公司信息的刊物，并发出了《关于股票公开发行与上市公司信息披露有关事项的通知》，要求公开发行股票的公司，在证监会指定的刊物上刊登招股说明书概要、上市公告书概要、中期报告摘要、年度报告摘要、收购通告书、股票发售办法、承销期的起止时间、发售网点的地址、交款时间和办法以及公司认为应披露的重大事件报告。

中国证监会要求凡上市公司或其承销机构要求刊登的信息，指定的刊物必须准确无误地按照原文刊登；公司披露的信息，关系到证券市场稳定，指定的刊物工作人员中有机会接触到尚未公开的信息，必须严守机密。

中国证监会授权刊登上市公司信息披露的指定报刊有：中国证券报、金融时报、上海证券报、证券时报、证券市场周刊、经济日报、中国日报、中国改革报。

中国证券报

《中国证券报》新华通讯社主办，创刊于1993年1月3日，1994年1月1日改为日报，1997年1月1日扩为对开十二版，是中国证监会授权刊登上市公司信息披露的指定报纸。国内统一刊号：CN11—0207。社长兼总编：任正德。

报社主要业务部门有编辑部、广告部、发行部、行政部等，并在上海、深圳、沈阳、海口、武汉、成都、福建、江苏等地建立了记者站，在济南、太原、厦门、呼和浩特、郑州、杭州、长沙、三峡等地设立了联络站。报社下属华鼎财经资讯股份有限公司、新证广告公司等。报纸的主要版面有：要闻版、市场版、理论版、市场行情版、公告副刊版和国际版等，主要栏目有：证券要闻、证券漫议、专家访谈、热门股看扳、每日股评、个股点评、公司传真、中介之窗、系列报道、连载、证券文摘、他山石、股市快讯、股市茶座、国债日评、期市概况。

报纸通过先进的卫星传版技术，在北京、上海、广州、海口、武汉、成都、沈阳、西安、南京、长春、南宁、宜昌、福州等地同时印刷，通过邮局发行全国各地及海外。并将于1996年1月推出《中国证券报》了电子版。

金融时报

《金融时报》是由中国人民银行、中国工商银行、中国农业银行、中国银行、中国人民建设银行、中国人民保险公司、交通银行和中信实业银行联合创办的综合性经济类报纸，是中国人民银行授权公布重要金融统计资料和中国证监会授权刊登上市公司披露信息的指定报纸。于1987年5月1日创刊，国内外公开发行，每天出八版，国内统一刊号CN11－0011。

《金融时报》的主要内容有：报道党和国家的经济金融方针政策，传播国内外经济、金融、贸易信息、股份制改革等动态、刊登证券市场分析和股票、外汇、黄金、期货等每日行情，介绍各种投资技巧，披露上市公司招股说明书、上市公告书、中期财务报告、年终业绩报告等信息。主要版面有综合要闻版、市场新闻版、市场分析版、行情版等，栏目有：要闻简报、信息快递、市场观察、市场手记、市场日评、中介服务、投资与理财、理论探讨、地方经济等。

报纸通过卫星传版技术，在北京、上海、西安、成都、长沙、广州、哈尔滨、武汉、海口、济南、昆明、沈阳等地设有分印点。并在各地设有32个记者站。

国有资产管理

《国有资产管理》杂志是由国家国有资产管理局主办的综合性机关刊物，创刊于1991年7月，杂志为月刊，每月23日出版，每期64页，大16开，国内统一刊号CN11—2798/F。

杂志开设的栏目有：专家论坛、工作研究、股份制改造、法规制度、资产评估、清产核资、理论探讨、改革与实践、国有资产管理百科等。主要内容为宣传国家有关国有资产管理工作的方针、政策，公布有关法规制度，交流各地区、各部门和国营企业国有资产管理工作的情况和经验，发表有关国有资产管理的科学理论研究文章。

证券市场周刊

《证券市场周刊》是由中国证券市场研究设计中心主办，是中国证监会授权刊登上市公司信息披露的指定刊物。每周1期，每期48页码。国内统一刊号CN11—3043/F。

周刊主要业务部门有编辑部、发行部、广告部、行政办公室等。并在各地设立了记者站或联络处。主要栏目有：要闻、特搞、股市周评、法人股周评、看图测市、股市分析、股市札记、交易所信息、公司动态、股市纵横、技术分析、投资策略、问题探讨、股市文学、公告报告。

周刊在上海、广州、成都、北京设立分印点，同时发行到全国各地及有关国家和地区。

上海证券报

由新华社上海分社主办的《上海证券报》，创刊于1993年1月2日。它是经中国新闻出版署批准出版、证监会指定刊登上市公司财务报告以及其它有关行业资料、公告的证券业务报纸、国内外公开发行。创刊初期每周1期4版，自1993年10月1日起，发展到每周5期，每期八版；与上海证券交易所每周进行五个交易日同步出版。在北京、深圳、福州、沈阳、合肥、武汉等主要城市设有办事处和记者站，并在全国17个中心城市建立代印点，通过上海证券交易所的卫星传输系统，传送每期的报纸版面，与上海同时间发行。

上海证券报主要栏目有：证券信息、证券和金融投资理论知识、个人和机构理财指南文章等。主要版面安排：证券与金融、要闻一版和二版综合新闻以及六、七版的证券、金融行情信息较固定外，其余各版常见的栏目有：投资天地、证券市场、海外证券、证券论坛、证券法苑、走势图、数据库、证券小说连载、股市百家言、公司三色桥、券商龙门阵、证券文摘、读者来信等。具有独家特色的是每期出现在该报头版上的“录以备忘”小专栏，以三言两语的形式提醒读者注意当日的证券市场重要动向。此外，还有二版上的“历史上的今天”小专栏，向读者提示上年今日的上证指数达到的最高或最低记录和有关历史事件，为投资者提供决策参考。

该报社务委员会实行社长领导下总编负责制，下设常务副总编、总编助理和总编室主任等。总编室包括新闻部、市场部、研究部、综合部以及广告部、电脑室等。

证券时报

证券时报社成立于1993年11月，为实行企业化管理的事业单位，报社注册资本500万元，法定地址：深圳市罗湖区红岭中路国际信托投资大厦15楼，法定代表人：武凤仪。报社主要经营范围：编辑、出版、发行《证券时报》；发布各类广告(含外商来华广告)；承办分类广告；资料翻译、信息咨询；销售新闻出版所需的技术设备、文化用品、印刷用品、纸制品、通讯器材。

由报社编辑出版的《证券时报》于1993年11月27日创刊，该报为中国证券监督管理委员会上市公司信息披露指定报刊，面向国内外公开发行。目前《证券时报》为周五刊，每期八版。除在深圳印刷外，还通过卫星传版系统，在北京、上海、武汉、成都、海口、沈阳、西安建立了分印点。

证券时报社目前内部的机构设置为：社长办公室、总编室、新闻部、公司部、市场部、专刊部、资料信息部、广告部、发行部、电脑部等10个部门。下属深圳市怀信投资资讯有限公司，主要经营各类经济信息。注册资金800万元。

中国期货周刊

《中国期货》周刊是由国家国内贸易部主管，由中国国际期货经纪有限公司、中国期货市场咨询中心、上海金属交易所、郑州商品交易所、深圳有色金属期货联合交易所、北京商品交易所、中国国防军工物资供应总公司、华理经济文化发展公司联合主办。创刊于1994年3月，1994年7月改为周刊，原来的月刊成为周刊的月末版。国内统一刊号CN11—3455/F。

周刊的主要内容有：报道党和国家的有关期货的政策方针，传播期货市场知识和期货市场的动态，刊登期货市场的行情及其分析图解，介绍各种投资技巧及各地期货交易所、经纪公司等机构，并对世界期货市场发展形势进行分析和评述。周刊的主要栏目有：特稿、专论、期货与法、经济走势、问题研究、知识长廊、交易所专页、经纪商专页、客户之窗、环球期货、市场纵横、动态、人物、技术天地、一周述评、国债市场等。

期货导报

《期货导报》是经国家新闻出版署批准，由郑州商品交易所主办的，于1994年5月28日试刊，正式创刊于1994年9月26日，为周三刊对开报纸，国内统一刊号：CN41—0032，社长兼总编辑：王献立。

《导报》的主要内容以新闻为主，报道期货市场、现货市场及相关的政治、经济动态，突出反映国家的期货和现货管理政策及重大事件；刊发国内外期货、现货行情，对主要交易所的代表品种或热门品种作出图表技术分析，并对国内外期货市场和金融股市投资热点进行报道和分析，对世界经济进行评述，介绍有影响的期货交易所、批发市场、经纪公司等；并围绕期货市场的建设、法规建设、规范化管理等进行理论研究和探讨。并设有国际副刊、知识副刊、生活副刊。主要栏目有：热点追踪、有问有答、每周一评、专访、每期市场圈点、系列报道、市场行情、图表分析、传奇人物、人物通讯、经纪人手记、期市百态、知识讲座、运作技巧等。报社下设有编辑部、咨询部、发行部、广告部等职能部门。

证券市场导报

由深圳证券交易所主办，创办于1991年7月，1993年7月向国内外公开发行。并由双月刊改为月刊，为标准大16开，每期64页，目录、图表中英文对照，文章也附有英文内容概要。

栏目设置主要有：证券理论研究，关于证券市场发展、上市公司运作及证券商经营管理等方面研究；宏观形势分析，报道国内外经济现状和发展趋势及其对证券市场的影响与作用；政策与法规，报道我国金融领域以及企业界与证券市场有关的政策、法规的制定与调整；海外股市，报道世界主要股市的状况与发展，以及对中国股市的影响；证券投资，介绍国内外的证券投资理论、投资技巧和精选实例；信息资料，提供证券市场的统计资料，上市公司和证券商的动态、背景资料。

中国证券业年鉴

《中国证券业年鉴》是一部全面反映中国证券、期货、基金、产权市场、批发市场及企业体制改革的发展和动态的大型综合性年刊。创刊于1993年，为了推动中国证券业的规范化和国际化，1995年起同时出版中文版和英文版。

《中国证券业年鉴》(1996·中文版·总第四期)(1996·英文版·总第二期)共有二十编，重点反映1995年中国证券期货金融市场发展情况，系统介绍各类经营管理机构的职能和股份制企业的业绩。主要内容设置：图片新闻、专论、证券市场、期货市场、批发市场、基金市场、产权市场、证券管理与交易机构、社会中介机构、证券经营机构、上市股份公司、非上市股份公司、证券业新闻出版、证券业理论研究、证券业科技教育、证券业社会团体、证券业人物、市场统计资料、证券业大事记、政策与法规、工商企业选介等。

中国证券业年鉴的组织机构设有顾问委员会、编辑委员会、编辑部，由各地有关部门的领导和专家组成。编辑部具体负责组稿、编辑、广告设计、照排等事务，并在北京、上海、深圳、海南、武汉、广州、山东设有办事处或联络处。

山东证券报

《山东证券报》由山东省经济体制改革委员会、山东省证券管理委员会主办，创于1994年1月6日，为对开4版，每逢周三、周六出版，是全省股份公司与期货政策、信息披露指定报纸。社长：李秀泉。

《山东证券报》是以企业股份制改造、证券市场发展为主要报道内容的专业性、权威性报纸。报纸的版面有：要闻版、综合版、市场行情版、理论版、信息版等，主要栏目有：证券要闻、专家谈市、财经要闻、市场圈点、沪市手记、深市周评、个股与板快、投资之页、证券文摘、焦点访谈、大势纵横、券商看市、八面来风、期市概况等。报社主要业务部门有编辑部、咨询部、发行部、办公室，并在全省各地市建立了记者站。创刊以来，该报认真贯彻国家和省的有关方针政策，努力贴近企业，贴近股民，消息报道及时、准确、评实，分析论述深刻、独到、公正，版面安排新颖、活泼、大方。

股份经济报

《股份经济报》前身为《淄博证券报》，由淄博市体改委主办，1993 年 7 月 25 日试刊，12 月 30 日正式创刊。为拓宽报道领域，1995 年 7 月 18 日更名为《股份经济报》。每周二报，四开四版，逢周三、六出版。截止 1995 年底，已出版 298 期。《股份经济报》是为服务淄博市的国家股份制改革试验项目、配合淄博证券交易自动报价系统动作而创办的，是淄博市证券管理委员会办公室批准的全市证券信息披露的指定报纸。

《股份经济报》以推动股份制改革，培育证券市场，完成国家和省交给淄博市的股份制试验任务为已任，为求准确传达国家、省、市权威部门关于股份制、证券业发展的法规、政策，全面报道全市股份制试点企业的经营业绩，详细介绍证券机构的服务情况，及时传递股市价格变动信息，忠实反映社会各方的呼声、建设。

威海市场经济报

《威海市场经济报》的前身是《威海证券报》，威海市证券管理办公室主办，1996 年 3 月由山东省新闻出版局重新核准创刊，为四开四版周报。经威海市证券管理委员会批准，是全市股份有限公司信息披露指定报纸。

《威海市场经济报》立足于宣传国家发展社会主义市场经济的方针、政策、法律、法规，以促进威海地方经济发展、证券市场繁荣为宗旨，主要栏目有：行业走笔、经营大观、营销广场、名牌聚集、市场供需、理财天地、供求信息、消费指南、金融动态、证券市场、股市谈经、经济与法等。办报风格力求博采众家之长，突出经济报特色，稿件内容以力度和深度见长。

中国改革报

《中国改革报》是由国家经济体制改革委员会主办的，创刊于 1994 年 11 月 1 日，是中国证券监督管理委员会指定的上市公司信息披露的刊物。报纸是以反映中国经济体制及其他领域体制改革的现状和进程，努力推动中国社会主义市场经济的建立为主要内容和基本宗旨。国内统一刊号 CN11—0178。社长：萧英智。

《中国改革报》主要栏目包括改革时评、改革述评、新视点、改革短评快、博士专递、投资分析、经济了望、企业家智慧、理论经纬、企业家论道、人文视角、证券大势、证券动态、上市公司、全球改革等。报纸为周二刊，将逐步增为周五刊。

四川金融投资报

《四川金融投资报》创刊于 1992 年 8 月 8 日，原名为《证券与投资报》，后更名为《四川证券投资报》，1995 年 12 月 8 日起更为现名。

作为四川日报的金融证券版和子报之一，四川金融投资报依托金融证券、面向社会各界，指导投资理财、服务经济生活，是一张既有权威性、指导性，又有实用性和服务性的专业报纸。广泛宣传股份公司、金融机构、工商企业和各地投资环境及招商引资的新闻；及时准确地报道金融、证券和期货、外汇、商品流通、消费娱乐等市场信息和经济新闻。为社会公众提供金融、证券和商品市场、投资理财、合理消费、资产保值增值等方面的服务和指导。

《四川金融投资报》立足四川、辐射西南、面向全国，突出宣传四川的股份公司、金融证券市场和招商引资的信息，是境内外投资者了解四川的一个重要窗口。

珠江股市台

珠江股市台是广东人民广播电台属下的系列台之一，以提供证券信息服务为主的专业性电台，1993 年 4 月 28 日正式开播，每天播出 12 个小时，并通过各市县电台的转播履盖珠江三角洲地区。听众可通过该台监制生产的 FM—SCA 专用收音机收听广播。

珠江股市台发挥广播传播快捷的优势，根据股民的需要设置了财经要闻、早晨提点、即时股市行情、热门股追踪、听众热线、深沪股市分析、股市大家谈等节目。通过与深沪直接联网的即时电脑传输系统和广泛的信息网络，第一时间报道最新的股市信息，并且特邀北京、上海、广州、深圳等地知名股市分析专家作为节目嘉宾，股民可以通过电话与之交流和征询有关问题。晚上七时半开始，珠江股市台还转播全国证券广播联播网节目，使听众对全国的证券市场有所了解。

珠江股市台开播三年多来，已经成为广大股民、证券从业人士、上市公司和证券监管部门获取证券信息的重要渠道。目前，珠江股市台正通过电话咨询热线、语音信箱、多媒体传播等最新技术手段，力求为社会提供更多、更新、更全面的信息和服务。珠江股市台还发挥联系证券监管部门、证交所、上市公司、证券商以及股民之间的桥梁作用，经常围绕证券市场的热点和股民关心的问题，每周组织各类研讨会和咨询活动。

股市快报

《股市快报》创刊于 1993 年 12 月 28 日，是广东省一级的证券专业报纸。《股市快报》每周出六期，对开四版。设有财经要闻、沪深股日评、热门股透析、大户室手记、上市公司巡礼、证券商之窗、财经纵横等股市方面的栏目。每天早上股市开市前，该报就可以到达珠江三角洲各主要城市。

《股市快报》还定期出版股市资料，并根据股民的需要不定期出版一些特定题材的资料。目前，《股市快报》还利用最新的电子技术，开发报纸的电子传真版，进入证券互联网，实现证券业内的信息交流，并向更广的用户提供及时的信息。《股市快报》发行量在广东省内同类报纸中名列前茅。

部分证券业报刊名录

中国证券报
中国日报
证券市场周刊
股市导报
湖南证券报
中国证券市场年报
上市公司半月刊
金融时报
经济日报
中国改革报
证券研究
武汉证券
股市动态分析

廣州經綸律師事務所

[illegible]美林題

主任:梁山

1994年3月,中國律師制度全面改革開始之際,廣州市第一家按照國際通行的合伙制形式組成的律師事務所—經綸律師事務所誕生。事務所總部位于廣州市商貿中心地區,此外還設立了分部。經綸律師事務所宗旨是,在中國建立一家具有先進管理水平,一流服務質量的現代化的大型綜合性法律服務機構。中國已經并將繼續成為世界注目的最有吸引力的投資、貿易市場。其法律服務亦將日趨國際化。在生氣勃勃的中國市場中求發展的國内和海外的企業家,需要精湛、全面、忠實、周全的法律服務。經綸律師事務所以提供這樣高標準服務為自己刻意追求的境界。

經綸律師事務所斥巨資購買了現代化的辦公樓,辦公設備和通訊設備,而且聚集起衆多專業素質優秀、職業道德高尚、從業經驗豐富的資深律師,和畢業于著名法律院校的碩士和學士。此外,還聘請了一大批在中國法學界,司法界和經濟界有崇高威望的專家學者組成本所的顧問團,為本所解決業務中各類專業及法律疑難問題提供了保障。目前,經綸律師的隊伍仍在不斷壯大、素質不斷提高。

經綸律師事務所誠懇踏實、精益求精、優質高效的服務已得到廣大客户的信賴,已有多家國内和海外的大型銀行、保險公司、物業發展公司、國際運輸公司、制造商聘請擔任常年法律顧問。事務所與香港、澳門和海外多家著名律師行建立起了穩定的合作關系,從而確保客户的境外或涉及境外的事務能獲得及時而有效的法律幫助。

主任:梁山

地址:廣州市麓景路廣信商業中心9樓

電話:83571210　83501923　83501925

傳真:(020)83570220　**郵編:**510091

信安律師事務所

信安律師事務所(原名浙江省衆誠律師事務所)是專門從事經濟貿易、證券、金融、房地產、投資、知識産權保護、海事、海商法律業務的合伙制律師機構。

事務所具有證券法律執業資格,合伙律師均已取得證券業從業律師資格,具有豐富證券業務經驗,截止 1995 年下半年,信安所證券律師已經成功地協助浙江省内數家企業完成股份制改造、A 股的發行上市、配股及法人股的流通,受到客户好評。

事務所的律師均受過嚴格的正規的法律教育,且專職從事法律服務工作多年,積累了豐富的經驗,本所在國際貿易、證券、金融、房地產、知識産權、投資和爭議解決等方面,以優質、高效的服務爲宗旨,以嚴謹、踏實的工作爲立業之本,利用已建立的各種聯系網絡和積累的經驗爲國内外客户提供法律協助。

法定代表人:張春鳴(主任律師)

地址:浙江省杭州市保俶路 227 號(東側五樓)

電話:(0571)7995204　7976701　7995187

傳真:(0571)7995187　**郵編:**310007

上海市光大律師事務所

法定代表人、主任律師祝小東和律師們研討案例

先進的辦公設施

上海市光大律師事務所創建于 1994 年,受到了各級司法行政部門的重視。中華律師協會會長鄒瑜先生欣然爲本所題寫所名。在中央對外宣傳辦和國務院新聞辦聯合拍攝的大型電視系列片《神州一藝》中,唯一向全世界介紹了上海市光大律師事務所,推薦的律師是本所的陳健律師。

事務所已在數十家大型企業、房地產公司和外商投資企業中擔任常年法律顧問。如:中國新技術創業公司、上海工業房地產聯合開發總公司、日本三洋房地產經營開發公司、中國海外經濟合作總公司等。并承辦了一批重大刑事、民事案件和房地產糾紛案件。事務所設主任辦公室、企業策劃辦公室、房地產事務辦公室、案件訴訟調查辦公室、法律咨詢熱綫及西區辦公室。

事務所主要受案範圍:投資與轉制;房地產業;金融與證券;訴訟與調查;公證代理。

地址:上海市四平路 105 號 207 室

電話:(021)65226377　65226943

上海市 大公律師事務所

事務所主任:壽逸明　高級律師

上海市大公律師事務所是隸屬于上海市司法局的綜合性律師機構,現有律師30多名,高級律師占全部律師的20%多,建立了期貨法律事務部等機構。先后委托代理了期貨、股票涉外仲裁、土地批租、中外合資等有校大影響的案件。

事務所以熱情、優質、高效爲服務宗旨,以辦理期貨等金融法律事務爲特色,以解決委托人的法律問題爲已任,除擔任企事業單位和個人的常年法律顧問,辦理各類刑、民、經、行政案件,出具法律見證書,意見書等外,還可擔任期貨經紀公司,客户單位(個人)的常年法律顧問,爲當事人提供期貨法律知識咨詢;接受委托參加談判、草擬、審查期貨代理委托合同、出具法律見證書,意見書;可爲期貨經紀公司、客户進行訴訟調解,訴訟代理。

地址:上海市中山西路1538號403室

電話:(021)64874634　64874637　**郵編:**200233

期貨法律事務部

地址:上海市漕寶路38號604室

電話:(021)64360100-604　**郵編:**200233

精誠團結的集體

上海市金茂律師事務所

事務所1993年經中華人民共和國司法部和中國證券監督管理委員會確認為國內首批具有從事證券法律業務資格的律師事務所。事務所及具有從事證券法律業務資格的吳伯慶、袁杰、李志強、韓炯律師,願為企業改建為股份有限公司,發行A股、B股、H股及可轉換債券并到境內外上市提供全面的法律服務。

主要業務:金融證券、工程建設、房地產、公司投資、涉外經濟、知識產權等。

地址:上海市北京東路431弄15號5層C.D座

上海市北京東路431弄5號18層A.B座

電話:(021)63292847　63231618　63235502　63291177

傳真:(021)63219269　**郵編:**200001

第十四编

证券业科技教育

600/604

证券业科技

世华国际金融信息有限公司

【概况】 公司由中信集团国安电气总公司与台湾建功电脑股份公司于1993年8月合资创办，是从事证券、期货信息实时传输，系统软件开发销售和卫星通讯业务的专业信息公司。总公司设在北京，并在上海、天津、沈阳、郑州、广州、成都、深圳设有7家分公司。世华金融家信息实时系统通过国际通讯卫星、地方信息网络、有线电视、电话线等方式向全国各地用户提供及时准确的中文信息，包括国内全部证券、期货交易所实时行情，走势图，实时/盘后技术分析，国内外财经新闻评论及欧美、日、新、港等世界15家主要商品交易所实时行情信息。

【业务范围】 世华金融家信息实时系统和实时/盘后技术分析系统分为单机工作站、电视墙和网络系统三种产品以适应客户的多种需要。实时系统包括即时报价、技术分析、走势图、查价、预警等30余种功能，可自动循环播报，功能图形自动接续、线上中英文切换，存储历史资料和线图。设立分、时、日、周、月线走势图，网络版可任意扩充工作站。盘后技术分析系统的功能有人工智慧功能、行情模拟分析、画面多图变化、系统参数自设、资料转档、线上操作指示等。

深圳证交所巨潮互联资讯网

【概况】 资讯网是由深交所为巨潮公司共同开发的证券资讯系统，是深交所国际国内信息披露和信息服务的主体。同时在北京、上海设有区域性网络中心。

【业务范围】 资讯网的主要内容有深交所实时信息、行情、新华社每日财经、上市公司、证券机构和证券法规，并与香港商报联合开办了海外看市专栏，还开设有证监会信箱、深交所总经理信箱、百家言、社会调查等栏目。并提供通讯服务、机构和投资者可以通过网络完成相互间的电子通讯。

安信大陆证券综合信息系统

【概况】 系统是由深圳市安信证券服务中心研究开发的，于1994年6月通过国家有关部门组织的专家鉴定，是一个反映中国大陆证券市场的电脑综合信息系统。

【业务范围】 信息系统包括三个部分：安信大陆数据库，包括法律法规、上市公司、投资基金、交易系统、中介机构等子库。安信悬挂切换查询系统，即系统能悬挂在“钱龙”、“建功”、“汇金”等软件下，可查询上市公司资料和新闻股评，对原系统没有任何影响。安信证券信息台，每天及时收集整理并播发国内证券市场的最新消息，股市、期市的走势评论，可按发布时间和信息分类查阅，也可将用户的信息上到信息网上。

中国财经实时信息系统期货版

【概况】 中国财经实时信息系统期货版是由新华社信息中心联合中国有色金属供销运输总公司开发的，利用新华社的国际高速干线网和国内卫星专用网以及公用数据交换网、电子邮箱和公用电话网构成立体信息传输网络。

【业务范围】 实时信息系统的业务包括同步播发国内主要试点期货交易所上市品种的行情，发布中外经济要闻、金融信息、期货品种产供销动态、有色金属行业及相关行业信息，期货市场评述、预测和技术分析图表。

全国市场信息卫星网络

【概况】 卫星网络是国内贸易部所属的全国市场信息播发系统，由国内贸易部中国物资信息中心研究开发，为期货交易、现货交易提供市场最新信息及预测。

【业务范围】 卫星网络每日播发近10万字的经济新闻，主要内容包括综合经济新闻：国民经济运行情况及分析预测。市场分析报告：国内股票市场、国债市场及期货交易所交易品种每日市场情况分析及预测，同时提供国际外汇、股票、期货市场分析。商品经济新闻：提供粮油、钢材、有色金属、木材建材、化工、燃料、汽车及机电产品等大类商品市场每日最新动态和分析。政策法规信息：提供国家有关经济发展及市场运行方面的最新政策和法规。

联合国贸易网络上海中心

【概况】 贸易网络上海中心是联合国贸易网络在中国的一个网点，成立于1994年9月，由上海贸易效率协会直接领导，确立了由上海海关、商检局、外汇管理局、人保上海公司、上海外运、中行上海分行等部门合署办公的先进办公模式。

【业务范围】 上海中心与联合国发展中心总部及45个国家的62个贸易网点相互联网，与Internet、新加坡Globel Link、北京联德等信息网交互三访问。信息的主要内容包括网点当地信息、其他网点信息、国际数据库信息。网络中心主要采用会员制服务方式，提供当面查询、信函信息、电子邮箱、在线查询，还提供国际国内市场调研、预测、分析、跟踪报告以及定期的培训服务。

证券信誉评级系统

【概况】 系统是由辽宁省资信评级公司与辽宁大学财会系共同合作开发的，于1994年4月在辽宁省科委立项，1995年5月正式确认为省级科研成果。系统研究设计出符合中国实际的各类有价证券的评价指标体系、评级标准及评价方法。

【业务范围】 系统设计遵照国际惯例和新会计准则，应用各种科学定量分析方法，如动态系统分析方法、数理统计方法、多指标综合评价方法、弹性分析方法及各种预测方法等，实现证券信誉评级计算机化。系统主要应用于银行、证券机构、项目评估、项目贷款评估，以及对城乡信用社、商业银行、企业的信誉进行的评价。

全国银行同业拆借交易系统

【概况】 交易系统通过中国外汇交易中心系统网络于1996年1月3日试运行，入市会员通过现代通信线路和计算机网络，采用询价交易方式，即自行报价、询价交谈、确认成交、直接清算方式在市场上办理人民币拆借业务。交易系统分为一级和二级两个网络，进入一级交易网的主体是经中国人民银行批准、具有独立法人资格的商业银行总行和经改造的省级融资中心，利用外汇交易系统的交易网进行交易。进入二级交易网的主体是各商业银行总行授权的分支机构、在各地人行开立帐户的金融信托投资公司、合作银行、城市信用社、金融租赁公司、企业财务公司、保险公司等，通过融资中心就地交易。两级网络同时运行。

【业务范围】 交易系统市场有6个品种：7天(以内)、20天(以内)、30天(以内)、60天(以内)、90天(以内)和120天(以内)，每个品种交易形成的加权平均利率，成为中国的银行同业拆放利率。第一批会员有中国工商银行、中国农业银行、中国建设银行等12家商业银行及北京、上海等15个地区的融资中心。

工商银行电子汇兑系统网络

【概况】 系统网络是工商银行1993年底决定建立，于1995年5月开通，连接工商银行总行及43个省市分行、计划单列市行，实现全国范围内资金划汇24小时到达。

【业务范围】 电子汇兑主要是开户银行将客户委托办理汇划款项以及银行内部资金往来，利用银行系统内电子计算机网络，通过专用通讯线路，采取逐级传输方式来完成资金划拨过程。

深圳金融电子结算中心

【概况】 结算中心是中国人民银行总行批准成立的非银行金融机构，成立于1995年12月18日。中心采用会员制，由深圳市各金融、证券、保险等单位出资1.9亿元组建的。中心建有小额批量处理结算系统、票据交换清分系统、电子联行系统。

【业务范围】 结算中心的主要业务包括：开发与管理深圳金融电子网络系统，开发、运行与维持现代支付系统，并逐步推出实时大额电子支付系统。结算系统主机为IBM大型机，配置了TANDEM计算机运作系统，实现了票据交换自动清分，电子支付系统快捷，可跨行使用ATM/POS网络。

F&E证券交易中心管理软件系统

【概况】 广州金融电子化公司，简称F&E，是在中国人民银行广州分行直接领导下的面向金融领域，以计算机系统集成为主要目标的现代化高新技术企业。公司下设易达、融通、菲奈特、金彩等各大子公司。其中，由其专业技术子公司广州易达计算机系统有限公司研制开发的证券软件系列产品，即是建立在完善的计算机管理基础之上，以专业的证券、金融及会计业务知识为严格指导的结构合理、功能丰富的证券业务大型应用软件系统。

【业务范围】 证券软件系列产品由交易所(交易中心)系统、中央结算系统、登记处系统、清算业务计算机系统，以及资金帐务系统等各大功能子系统组成。其中，每个功能子系统根据用户的不同需要和选择，在共同计算机网络管理基础上，具有独特的功能与特点。系统在设计开发过程中，引进国内外先进的计算机网络管理技术，采用了客户机/服务器(Client/Server)体系结构，在严格遵循证券、金融及会计业务规范的基础之上，实现了证券交易中心各种业务的计算机操作管理、系统运行管理、系统间通讯、系统安全管理等丰富的功能。整个系统架构合理、设计灵活，能支持多种通讯方式(X.25、DNN、电话线)，支持各交易所(交易中心)互联，安全保密能力强。同时系统具有可靠性，易于扩展和扩充，以适应各种业务的发展变化。并且，系统还具有简单、规范、友好的操作界面。

POS业务处理系统

【概况】 POS业务处理系统又称销售点电子货币转帐系统，是一种先进的金融电子货币转帐系统，适应我国银行信用卡发展的需要。在系统设计上，严格遵循国际及国内有关技术业务标准，可以与国际信用卡网络或其他金融业务网络连接。系统采用模块化设计，具有良好的可裁剪性、可扩充性，采用ISO8583等标准信息格式与编码方法。

【业务范围】 POS业务处理系统的研制建立在开放式系统平台上，充分利用数据库技术、OLTP技术及X.25、TCP/IP等网络技术，采用先进的Client/Server结构设计，实现了数据集中存放、功能分布处理及信用卡中心业务的计算机处理，实现了POS、ATM、电话银行互连，实现了储蓄、对公网络互连，以及信用卡异地业务自动处理、信用卡交易的自动授权。

天津证交中心卫星数据通讯网

【概况】 通讯网于1995年6月正式开通，主要是引进美国休斯网络系统公司的PES卫星通信设备建立的。在通信体制方面选用时分多址方式，组网方式采用星形拓朴结构。卫星地面通讯站分为三类：中央地面主站、双向通信地面站和单向通信地面小站。中央地面主站设在天津证券交易中心，承担网络数据交换(传送和接受)、网络的监控和管理。双向和单向通信地面小站可根据各证券机构的要求建立。通信网络的系统配置可支持400个双向通信地面小站和无限个单向通信地面小站，小站的入网测试全部实现自动处理。

【业务范围】 通信网的信道容量大，卫星功率和信息资源利用率高，扩充性好。网络系统运行的可靠性高。通信网的主要服务功能是提供通信服务、计算机联网、实时行情和成交回报、清算交割数据传送，还可加入语言对话功能、图象传真功能、可进行电视电话会议。

华远期货多市场异地远程交易系统

【概况】 系统是由华远投资(集团)总公司投资、华远期货经纪有限公司设计建成的，通过远程数据通讯系统与异地期货交易所联网。

【业务范围】 远程交易系统可提供期货交易异地同步化、成交回报、结算交割信息实时反馈等服务，在关键部位采用了双份备份的方式。交易网络选用光纤网络技术的FDDI作为主干网络并采用双网络线备份，通讯联接采用高速DDN技术和自建主站的高速卫星数据链路互为备份。

苏星证券远程超级终端

【概况】 超级终端是由江苏证券新技术有限公司研制成功的，主要构成有券商一端的通讯控制系统和用户一端的终端设备等。券商只需3台电脑、1台通讯控制机、若干MODEM和普通电话线即可构成与营业部网络连接的远程终端系统。

【业务范围】 远程终端具有行情显示、行情分析、证券信息、远程委托等功能，包括即时的大盘走势、个股走势、报价分析和价量排行等资料；进行技术分析以及公司简介、股本结构、财务分析等，提供每日要闻简报、综合股评、最新报道。远程委托功能使客户随时可进行买卖委托报价、查询、撤单等。

金汇投资资讯系统

【概况】 系统是由上海农襄投资资讯有限公司开发的，以数据库形式存储证券财经资料，具有条件智能选股功能的资讯系统。

【业务范围】 信息资料库中的栏目有综合信息、股票天地等，包括财经要闻、财经评论、行业分析、宏观经济循环指标分析、沪深股市行情、沪深市况、沪深公司资料查询、企业债券、股评总汇、股市热点、主力动向、个股前景分析和投资建议等内容。金汇系统的条件智能选股和股票比较分析为投资者选择黑马股票提供了便利。

中国有色同步卫星通信系统

【概况】 系统是由中国有色金属工业总公司信息中心于1996年7月建立的，可同步进行信息发布，具有专业性和开放性。

【业务范围】 系统可播发国内主要金属交易所(市场)的实时交易行情，配有技术分析软件，可传发国际主要金属交易所行情、国内外有色行业最新动态、国内外有色金属市场评述及预测报告、有色金属生产、进出口信息、各类有色产品、现货市场价格信息、有色报电子版、科技文献以及大量的宏观经济信息和相关行业信息。系统可同步传输图像、多媒体信息，提供检索有色金属产品、价格、企业名录、成果专利、标准、统计、政策法规、公文、中西文献等17个专业数据库。系统与国家公用信息网、电话网、数据网并网、与国际INTERNET、STN等联网。各卫星站还可直接进行双向话音和数据通信。

中天券商综合管理系统

【概况】 系统是由中天公司在1993年9月推出的中天证券综合管理系统的不断升级的基础上选定Sybase系统数据平台代替以Foxpro和Betrieve数据平台进行改良开发的券商综合管理系统，于1995年6月正式推出。

【业务范围】 券商综合管理系统为券商提供了完善的安全管理方案，主要内容包括：1. 充分利用Sybase系统的安全保障，确保系统数据的安全性、完整性和统一性。2. 严格的管理机制，提供一整套非常严格的职工分级管理和客户管理机制。3. 资金帐务的自动核验。4. 委托成交自动核验。5. 严格的风险控制及安全有效的备份机制。

多功能金融终端系统

【概况】 系统是由中国工商银行和南天电子信息产业集团公司共同研制开发的。金融终端基础设备以南天集团为研制主体，应用软件开发工作是在中国工商银行的统一规划下由南天集团和工商银行共同完成的。

【业务范围】 金融终端系统基础结构部件建立在Intel 386/486/Pentium通用处理器及标准的PC微型机体系结构基础上，支持MS－Dos Windows、CTOS等多个标准操作系统及各类标准的高级语言及软件开发工具，通过专用控制部件支持客户机服务器结构及SNA、BNA、X. 25、TCP/IP 、HDLC等协议，实现终端系统组成局域网及与多种标准和广域网互连。同时开发有完整中文处理功能、适用于中国各专业银行的业务处理、客户服务及信息管理的金融业务软件的开发平台软件。此外研制了适合于IBM ES/900、4381、AS400、日立M660/M420、Unisys A系列主机等不同机型的传真终端系统。

智富金融投资分析智能系统

【概况】 智高金融投资分析智能系统是由深圳智富股票分析科技有限公司开发的辅助投资者进行买卖时机决策的智能系统。深圳智富公司成功开发了面向个人的TSAS 7.0单机版。

【业务范围】 智能系统以技术分析方法为主导，透过历史价格变动(包括价格、成交量、及未平仓合约增减情况)预测将来价格的可能趋势，收集了自深圳、上海放开股价以来完整的股价数据库以及各期货交易所价格数据，并可提供国内多家期货交易所的实时行情及技术分析。智能系统具有丰富的功能和较好的人机接口，包括股票(商品)管理、价格管理、板块管理、资讯、投资管理及技术分析等功能模块，并具有有线、无线自动接收添加数据功能，自带中文系统、多窗口、彩色画面、颜色变换、图形自动放大、缩小、左移、右移等。

天奇信息通智能网络系统

【概况】 系统是由深圳天奇电子新技术实业有限公司和中国工商银行总行计算中心联合研制的网络系统，并通过了国家科委科技信息司和中国工商银行科技部联合主持的技术鉴定。

【业务范围】 系统将远程数据通信技术、异型机异构网互连技术、客户服务器方式以及面向对象的分布式数据库等高新技术应用在一起。系统前台将计算机、电话机、传真信箱、远程通信、网络接口、磁卡阅读、电子仿真磁盘和液晶显示等功能综合起来实现拟人化操作。系统后台实现了自动联网，通过局域网络和多任务用户系统的无缝连接，系统配置灵活可裁剪，保护了用户以往的投资利益。用户可以用公众电话线或有线视信号缆就可以联通网络。

证券业教育

海南大学经济学院

【概况】 海南大学经济学院创建于1988年，编制72人，现有教工49人，其中专职教师37人。学院设有国际贸易系、国际金融系、会计学、企业管理系，并设有专业外语教研室、经济理论教研室，另设有院办公室、学生工作办公室、成人教育办公室、资料室、电脑室，下属机构有中国社会主义经济思想研究中心、市场经济研究所、海南中达会计师事务所、科技经济开发中心、亚太研究所等。

【业务范围】 学院主要培养从事国际贸易实务和管理、在金融机构、有关涉外部门从事国际金融业务、经营管理工作、从事会计审计工作、从事企业经营管理工作等方面的专业人才。学院现有26个教学班、普教生910人，成教生517人，并办有电算会计自学试点班350人。1993年开始，学院与南京大学、华中理工大学联合招收硕士研究生、硕士研究生班等。学院出版专著有《中国社会主义经济思想史简编》、《社会主义市场经济导论》、《市场经济学纲要》等。

上海金融高等专科学校

【概况】 上海金融高等专科学校是由中国人民银行总行和上海市政府双重领导的全日制高等专科学校，是1987年12月1日在上海银行学校基础上建立的。学校设有金融系、国际金融保险系、基础部、马列部、高教研究室等教学和研究部门。有教职工256人，其中高级职称20人。在校学生1000人。学校党委书记：张万全，校长：张义和。

【业务范围】 学校主要培养金融系统操作管理应用型人才。学校生源主要来自华东6省1市、北京市以及西南、西北8个省区。毕业生去向主要为中国人民银行、各大专业银行、商业银行、保险公司等金融机构的基层和管理部门，在金融行业从事经营和管理工作。学制三年。学校建筑面积2.3万平方米，以金融和经济类图书为主的图书馆藏书15万册。还设有语言实验室、电化教学室、计算机实习操作室、录音录相设备、闭路电视系统等教学设备。

西安证券期货业培训学院

【概况】 培训学院是由陕西证券期货业协会、西北大学、陕西财经学院、西安交通大学、西安证券交易中心等单位联合创办的，经陕西省教育委员会批准于1995年成立。

【业务范围】 主要开展证券期货从业人员、股份公司的董事、监事、经理及其他高级管理人员和中介机构的从业人员的岗位业务培训，开展理论研究及对外合作交流。

中国政法大学期货法律研究所

【概况】 研究所是由中国政法大学和北京市金鹏期货法律事务中心联合创办的，机构设置有管理委员会、专家咨询委员会和行政管理机构。研究所所长：黄永庆。

【业务范围】 研究所主要任务和业务是对期货市场的各类主体的法律地位、法律关系、法律行为及法律责任进行探讨研究；对期货市场存在的各类突出问题进行法律探讨；对期货专门性法律、法规的立法原则及相关法律问题进行研究；举办各类培训和交流活动；组织开展国内外期货法律事务的比较研究、书刊翻译等。

浙江省期货培训中心

【概况】 培训中心是经浙江省证券委员会批准设立的非盈利性的期货培训的中介服务机构，成立于1995年1月，培训中心实行管理委员会领导下的主任负责制，管理委员会成员主要由浙江省体改委、工商局和杭州大学的负责人组成。培训中心下设综合部、教学部、财务部等。培训中心管理委员会主任：胡一平，中心主任：陈建民。

【业务范围】 培训中心主要任务是受浙江省证券委员会委托对期货从业人员进行上岗培训和资格考试培训，提供相关的配套服务和咨询。同时对经培训考试合格者颁发《浙江省期货从业人员上岗证》和《浙江省期货从业人员培训结业证书》。

河南省期货培训中心

【概况】 培训中心是由河南省体改委、河南省工商行政管理局、郑州商品交易所和河南财经学院联合组建的非盈利性法人组织，于1995年6月成立。郑州商品交易所作为承办单位，负责培训中心的日常培训工作，组织安排教学和考试等，省体改委、省工商局进行政策指导，河南财经学院协助、参与教学，提供设施、场地及其他相关服务。

【业务范围】 主要业务是接受国家期货培训管理机构的委托，对期货从业人员进行资格培训，面向社会进行期货投资的知识宣传及普及培训，举办期货知识讲座及其他相关培训。

广州证券业培训中心

【概况】 培训中心是经广州市证券委员会批准由广州证券业协会、广州广证财务顾问有限公司联合发起的，于1996年4月15日成立。培训中心实行理事会领导下的主任负责制，下设行政部、教学部、招生办等机构。

【业务范围】 培训中心的主要业务有：对证券经营机构柜台工作人员或新进入证券业的人员开展上岗培训；结合资格考试开展基础培训；面对证券业高级管理人员开展培训；普及证券业法规和更新知识培训；开展国际交流活动，组织从业人员出国考察培训等。

四川省经济管理干部学院

【概况】 四川省经济管理干部学院、中国企业管理成都培训中心是1982年批准建立的"合二为一"的新型成人高校。中心、学院承担中国和加拿大两国政府之间的合作项目，是中国引进国外经济管理经验和方法的主要培训基地；学院是四川省专门培养经济管理人才成人高等学校。中心、学院受国家经济贸易委员会和四川省人民政府双重领导。

【业务范围】 中心、学院根据国家经济和社会发展的需要，以大、中型企业领导干部为主的多层次的岗位培训为重点，以大学专科教育为主，大力发展大学本科和工商管理硕士等学历教育，积极开展继续教育。中心、学院现设企业管理、会计、经济管理、政治、信息及计算机、外语与基础等6个系，有高、中级职称教师130多名，开设近200门课程，毕、结业学员共达万名。

第十五编

证券业社会团体

606/607

证券业社会团体

上海市投资学会

【概况】 上海市投资学会成立于1986年6月，经上海市社会科学学会联合会审查同意，于1991年4月4日由上海市民政局核准登记为社会法人。学会宗旨是以马克思列宁主义、毛泽东思想为指导思想，遵照国家宪法和有关法律，坚持以经济建设为中心，坚持四项基本原则和改革开放，理论与实际相结合，积极组织会员研究探索投资理论和投资管理体制改革，为社会主义现代化建设服务。学会会长：张恩照。

【业务范围】 学会主要开展投资理论研讨和学术交流活动，举办投资领域的各种学术讲座、专题报告及年会，承接有关部门的研究课题，主持或参与有关研究课题讨论和鉴定活动，加强会刊《上海投资》编写及国内外发行工作，举办与专业有关的咨询服务活动。

上海市财政学会证券研究会

【概况】 证券研究会是由上海财政证券公司及下属营业部及其他证券或研究机构组成的，于1995年11月成立。上海财政证券公司总经理赵叶龙当选为会长。

【业务范围】 主要业务是联合有关证券及研究机构，围绕中国国债市场、证券市场的稳步发展和规范化等问题进行理论研究，开展对外证券业的交流与合作，普及证券基本知识，逐步扩大对证券领域的研究。

上海证券研究会

【概况】 研究会是由上海经济学会、上海申银证券公司、上海国脉股份有限公司、华东师范大学、上海大学、复旦大学、上海财经大学等单位共同组织发起的，成立于1995年5月22日。

【业务范围】 研究会主要围绕上海股份制和证券市场发展过程中，在理论上和实践中出现的新课题，组织学术界、企业界、证券界的专业人员共同探讨和研究，为金融证券业服务，同时开展国内外的有关交流活动。筹建研究会会馆。

浙江省注册会计师协会

【概况】 浙江省注册会计师协会成立于1992年，是由全省注册会计师组成的职业团体。截止1995年底有团体会员152个，个人会员2665人。协会作为省财政厅管理注册会计师行业的一个办事机构，日常工作由协会秘书处负责承办，秘书处内暂设综合管理部、业务监管部、考试培训部等职能部门，人员编制20名，现有专职工作人员12名。

【业务范围】 浙江省注册会计师协会接受省财政厅的监督、指导，根据《中华人民共和国注册会计师法》的规定和省财政厅授权的职责，对会计师事务所和注册会计师进行行业管理，负有管理监督、协调、服务的职责。省注册会计师协会成立以后，大力开展了注册会计师培训、执业监督检查、违纪违规行为的处理等工作，充分发挥协会在注册会计师与政府之间的桥梁和纽带作用，协助主管机关加强监督和管理的作用，推动注册会计师事业向前发展。

会计机构　至1995年底，经浙江省财政厅依法批准设立的会计师事务所152家，其中经财政部、中国证监会批准浙江、宁波、杭州会计师事务所具有从事证券业务的资格，会计师事务所机构遍布全省各市、地、县，与浙江省的经济结构和发展状况相适应，基本上能满足众多客户的需要，会计师事务所专职从业人员已达5233人，其中注册会计师1523人，初步建立起一支职业道德好、专业素质较高、服务态度较优的专业队伍，能为各种客户提供会计报表审计、资本金验证、外汇年检、财务税收大检查、基建预决算审核、经济案件鉴证、资产评估、税务代理、代理记帐、设计会计制度、培训会计人员、财务会计管理咨询、担任会计顾问等服务。

四川省注册会计师协会

【概况】 为适应社会主义市场经济发展的需要，四川省于1983年开始重建注册会计师制度。全省已有会计师事务所150多家，所属的分支机构达160余个，机构遍布各市、地、州县，拥有执业注册会计师1600多人，业务助理人员及工作人员4000多人，协会有经考试、考核合格的非执业会员2000多人。由于注册会计师事业的迅速发展，客观上急需加强对各会计师事务所和注册会计师的管理工作。四川于1989年10月正式成立四川省注册会计师协会，并经省民政厅核准发给“社会团体法人登记证”。

【业务范围】 协会主要负责办理国家法律规定、财政授权和自律性社团本身三方面的工作。通过实际工作，不仅促使四川省会计师事务所的执业质量和社会信誉不断提高，承办的业务范围不断扩大，业务量不断增加，而且在执业过程中保证了党和国家的方针、政策和法规制度的贯彻执行，有效地提高了企业财务会计数字的真实性、合法性和可靠性，维护了投资者、经营者和劳动者等各方面的合法权益，保障了社会经济秩序的正常运行。经有关部门批准，四川省具有从事证券业务资格的会计师事务所有：四川会计师事务所、重庆会计师事务所、蜀都会计师事务所、德阳会计师事务所、泸州会计师事务所。

深圳市注册会计师协会

【概况】 深圳市注册会计师协会是对深圳市注册会计师行业进行监督、管理和服务的自律性组织。协会是由原市财政部门主管的深圳注册会计师协会和市审计部门主管的深圳市社会审计协会合并于1995年4月21日正式成立的。协会有团体会员(会计师、审计师事务所)74个，个人会员1500余人，其中执业注册会计师700多人。协会设立注册委员会、惩戒委员会、技术委员会。协会办事机构设有注册管理部、专业技术部、监察部、培训部和办公室等四部一室。协会会长：黄权章。

【业务范围】 协会的主要职责是：审查批准会计师事务所的设立和注册会计师注册；拟订注册会计师执业规则和制度；调解行业内部的争议；维护注册会计师合法权益；对违法违规的注册会计师和会计师事务所实行处罚；组织注册会计师资格考试和培训；发展同香港、澳门、台湾和国外同行的联系，组织业务交流。

香港会计师公会

【概况】 香港会计师公会是根据香港法例第50章《香港专业会计师条例》于1973年成立的民间法定团体。公会的事务由理事会策划，由注册主任(兼任总干事)及属下的秘书处具体执行。理事会每月开会研究公会事务。秘书处由专业准则、专业事务、专业操守、教育培训及行政(下设公关、中国事务、会员事务、公会内务等4个科)等5个专业部门组成。除理事会、秘书处外，公会还依托秘书处的5个部门，设立了25个工作委员会(其中5个为法定或常设委员会)，专门研究处理公会事务中的重大问题。

【业务范围】 公会主要负责香港会计专业的登记和监管。主要工作包括：保存香港职业会计师名册及办理注册事宜；监管会计专业，包括评审会计师资格、发牌给注册会计师及制定会计师的执业操守；代表整体的会计师职业发表意见；为公会会员提供后续教育并辅导参加会计师专业考试的学生；举办会计专业考试。

北京市律师协会金融专业委员会

【概况】 金融专业委员会是由北京市律师协会于1995年7月25日成立的，由19位委员会组成。专业委员会主要宗旨是根据国际律师业务发展的专业化的特点，推动国内律师业务专业化。专业委员会主任：张涌涛。

【业务范围】 专业委员会的主要业务工作是：组织开展国内外律师之间金融法律服务业务的交流和研讨；组织开展北京地区律师金融法律服务业务方面的专业培训工作；研究与律师开展金融法律服务业务有关的问题；参与有关金融立法工作，或者向有关金融立法部门提供建议和意见；协调律师业与其他有关政府部门就金融法律服务方面的关系，提出并制订保护北京市律师从事金融法律服务业务的建议、措施和办法；参与制订金融律师职称评定和律师惩戒办法等工作。

北京股份制企业研究会

【概况】 研究会是由北京市天龙股份有限公司等20多家股份制企业共同发起组织的，成立于1995年5月。

【业务范围】 研究会主要开展股份制企业建立健全经营机制等方面的研讨、咨询、论证、企划，进行人才培训与交流活动，宣传普及股份经济、证券及现代企业制度等方面的知识，帮助股份制企业开展国内外各项协作和学术交流，开展股份制、证券等有关方面的信息、咨询服务。

四川省股份公司联合会

【概况】 联合会是以四川省内股份公司为主体，具有社会团体法人资格的非盈利性机构，业务主管部门是四川省证券监督管理委员会。联合会会长：倪润峰。

【业务范围】 联合会的主要宗旨和业务是沟通政府部门与会员单位之间、会员单位与会员单位之间的关系，发挥桥梁和纽带作用，共同推动四川省股份制试点及股份经营的健康发展，并开展转换企业经营机制、改善法人治理结构、规范信息披露、加强公司自律管理等方面的交流和探讨。

全国期货经纪业联席会

【概况】 联席会是由中国国际期货经纪有限公司、金鹏期货经纪有限公司、中包期货经纪有限公司等公司倡议发起，于1995年4月15日成立。联席会的宗旨是加强国内经纪业各公司之间的联系，促进国内期货业尽快走上规范化健康发展的轨道。

【业务范围】 1995年联席会本着相互合作、共求规范、共谋发展的原则开展各项业务工作。首先是加强同交易所的交流与沟通，召开研讨会，探讨期货业存在的问题，提出相应的建议。其次联席会主要成员单位作为交易所的会员，积极参与交易所的会员制改造。再就是加强同政府监管部门、立法机构的联系，积极参与《期货法》的修改，开展期货法律实务研讨会和期货律师培训班活动。

海南省期货业联席会

【概况】 联席会是由海南省内期货交易所、期货经纪公司、期货兼营机构等单位依据共同遵守的期货行业道德标准和业务行为规范而组成的区域性期货行业民间自律性组织。

【业务范围】 联席会的宗旨是宣传贯彻国家有关法律法规和政策，保护投资者的利益，协调期货业内部关系，保障期货交易活动公开、公平、公正。联席会制定了行业守则，对期货代理人员管理和违规通报制度、会员代理手续费标准及会员会费缴纳的管理作出了规定。

中国国有资产青年总裁委员会

【概况】 青年总裁委员会是由国家国有资产管理局和中国国有资产管理学会共同主办的非盈利性组织，成立于1995年7月15日，来自国有大中型企业首批会员200名。国家国有资产管理局副局长潘岳出任首任会长。

【业务范围】 委员会的主要宗旨是在国有资产管理部门与国有企业经营者之间，以及企业家与企业家之间建立联系，促进沟通、合作，共商强化国有资产管理经营方针，加强国有企业负责人直接参与国有资产管理体制改革的意识。

上海市中建律師事務所

主任:丁曉文

律師們商議案例

上海市中建律師事務所由熟悉行業專業知識和相關法律的復合型律師以優化組合方式組建。現有律師15名和多名法律助手,部分律師曾在美國、新加坡、香港進修或執業,熟悉境外律師服務方式。事務所下設四部一室:房屋土地部、投資金融部、建設工程部、綜合業務部、行政辦公室。事務所擔任《解放日報》社、上海建工集團、上海市張江高科技園開發公司等百余家國家機關、企事業單位常年法律顧問。

事務所主要業務範圍:擔任土地作用權出讓、轉讓、房地產開發、經營、交易、建設工程承包等專業事務的非訴訟和訴訟代理人。提供專業法律咨詢服務。爲公司重組、改制、兼并提供方案設計或全過程法律服務;爲金融、投資、信托、證券業各種業務活動提供方案設計等服務。提供舉辦三資企業和國內投資項目的方案設計、參與相關投資項目談判,代爲草擬、修訂、審查有關合同、協議、公司章程;提供國家機關、企事業單位及國內外人士常年法律顧問;承辦其他經濟、民事、訴訟、見證和非訴訟代理業務。接受刑事案件被告人的委托,擔任辯護人。

主任:丁曉文,副主任:範為之、陳午雄

主任助理:王萍

地址:上海市衡山路811號中唱大樓701-705室

電話:8621-64668110　64668522　64668456

傳真:8621-64667796　**郵編:**200030

上海市尚達律師事務所

上海市尚達律師事務所是一家法律服務內容全面、功能齊全的綜合性律師事務所,在社會上享有良好的聲譽。本所擁有一支辦案經驗豐富、專業水準較高的律師隊伍,執業律師20余人,其中三分之一具有高級職稱。律師們除了辦理傳統的刑事、民事、經濟等案件外,近年來爲適應市場經濟之需要,積極投身新的法律服務領域,參與涉外經濟項目的談判,處理公司合并(參股)、房地產開發、信貸、證券、期貨等經營過程中產生的法律問題,目前已擔任數家證券、期貨經紀公司的常年法律顧問。

主任:石峰

副主任:余增國、海濤

地址:上海市西江灣路714號

電話:65429592　65422075-25

傳真:65429592　**郵編:**200083

西安證券公司

總經理:王文學

公司領導召開工作會議

西安證券公司成立于1988年,屬改革開放后全國成立最早的專業證券公司之一,也是全國首家异地同時開通滬、深股票交易的證券公司。現為中國證券業協會理事會成員、深圳證券交易所理事成員、上海證券交易所會員、STAQ系統、NET系統會員,同時為天津、武漢、西安證券交易中心會員。公司現有員工118名。實行總經理員責制。下設6個職能管理部門,即:辦公室、計財部、信息部、電腦部、稽核部、保衛部;設9個經營部門,即:資金部、交易部、發行部、西安第一營業部、第二營業部、深圳營業部、上海營業部、西安閻良營業部及西安金正網絡工程公司。

主要經營範圍:證券代理發行、自營、代理買責、證券登記、代保管、證券還本付息、紅利支付、投資咨詢、企業股份制改造和承辦上市股份公司的股權托管及代辦企業的收購兼并等業務。

主要經營業績:公司現有總資產達15億,股民開戶數占西安地區25家證券機構開戶總數的20%左右,與全國20多個省、區,100多個城市建立了資信業務關系。近3年來股票交易量達130多億,發行各種債券達3.5億;1994年,曾作為陝西解放百貨股份有限公司配股主承銷商,96年作為陝百隆(集團)股份有限公司股票上市副主承銷商。

優質高效服務:為投資者提供1700多平方米的多功能豪華交易大廳,并采用最先進的電腦通訊設備,以最暢通、最準確、最快捷的速度為投資者服務。此外,為客戶提供168專綫咨詢、在電視臺長期開辦《今日證券》綜述節目,深受廣大投資者歡迎。

寬敞明亮的現代化交易大廳

公司招牌

總經理、法人代表:王文學

地址:陝西省西安市西大街344號

電話:(029)7288440 7284167

傳真:(029)7231809 郵編:710002

北京財政

法人代表：葛華立

北京財政證券公司成立于1992年，是由北京市人民政府批準，北京市財政局出資設立的證券中介機構。公司地處海澱區阜成路，西鄰航天橋，交通便利。擁有大、中戶室、散戶大廳和國際先進水平的軟、硬件設備，投資環境優雅、舒適。公司注重風險管理及人員培訓，擁有一批具有豐富經驗和敬業精神、業務熟練的從業人員。

北京財政證券公司現以國債業務為主，憑借從事國債工作的多年經驗和優越的服務條件，積極參與國債一級市場和二級市場操作。證券公司以強大的實力和優良信譽成為全國50家國債一級自營商之一，除從事國債發行、兑付等日常業務外，還先后開通上海、深圳、北京等地的國債交易，業務範圍及業務量都有了迅速發展。

公司舒適的大户室

北京財政證券公司堅持"誠信、高效、服務、進取"的經營宗旨。"誠信"即經營規範、穩健，在與客戶的業務往來中"以互利為前提，以信譽

誠信　　高效

證券公司

為保證";"高效"即講究工作質量和工作效率,杜絕差錯;"服務"即以"服務廣大客戶、服務證券市場"為核心,提高服務水平,最大限度地滿足投資者的需求;"進取"即積極探索,努力開拓更為廣泛的業務,不斷促進證券公司事業的發展。

北京財政證券公司是個年輕但充滿活力的非銀行金融企業。它立足首都,依靠國家宏觀調控政策,勇于拼搏的精神和科學的正規化管理,已成為京城券商中一支不可忽視的力量。證券公司的奮斗目標是:以最優的服務、最優的效率和最優的信譽,為金融市場的繁榮和發展做出自己的貢獻。

多功能廳

公司營大廳

法人代表:葛華立

地址:北京海澱區阜成路 15 號

電話:68416588　傳真:68415654

郵編:100037

服務　進取

招銀證券公司前身爲招商銀行證券業務部。招銀證券依托我國第一家完全由企業法人持股的新型商業銀行—招商銀行,始終堅持"誠信、穩鍵、創新"的經營宗旨,追求卓越,開拓進取,創下數個第一:

- **深圳證券交易所第一批會員之一**
- **深圳證券交易所第一家獲準上市推薦人**
- **深圳第一家 B 股發行境内主承銷商**
- **深圳第一家獲準開辦自營業務的證券商**
- **深圳第一家 STAQ 系統會員**
- **深圳第一批 NET 系統會員之一**
- **深圳首屆"十佳"證券商之一**
- **深圳九四年度模範企業**

公司經營機構由 1994 年的 3 個發展到 1995 年 8 個,機構布局由單設在深圳地區發展到分布上海、北京、武漢、廣州、海口等地,招銀證券公司已開始由區域性公司向全國性公司發展。公司業務規模迅速擴大,經營實力大爲增强。與 1994 年相比,公司營業收入由 7400 萬元增加到 19747 萬元,增長了 1.67 倍;公司總

公司總經理:牛冠興

資産由 5.5 億元增加到 12 億元,增長了 1.18 倍,在增强經營實力的同時,創造了良好的經濟效益,全年利潤總額達 4832 萬元,比 1994 年增長了 35.50%。發行業務迅速拓展。1995 年承攬各種發行項目 40 多個,已完成 20 個,正在進行的項目 20 多個,實現收入 2500 萬元,承攬的一些大項目也爲公司帶來了良好聲譽。二級市場業務有了新的突破,市場份額有了明顯增加。1995 年股票交易總額達 62.3 億元,市場占有率比上年提高了 38%;公司客户總户數大大增加;客户保證金余額保持在 1.5—2 億元之間。

股市風雲瞬息萬變,投資良機稍縱即逝。因此,您迫切需要一家資信良好、業務廣泛、服務專業的券商助您投資理財。招銀證券公司爲實力雄厚的招商銀行的全資企業,爲客户提供專業化、高品質的一流服務。作爲中國證券業的中堅之一,招銀證券公司擁有雄厚的實力和豐富的經驗,願助您洞悉先機、英明決策、成果輝煌、揮灑自如。

大鹏證券

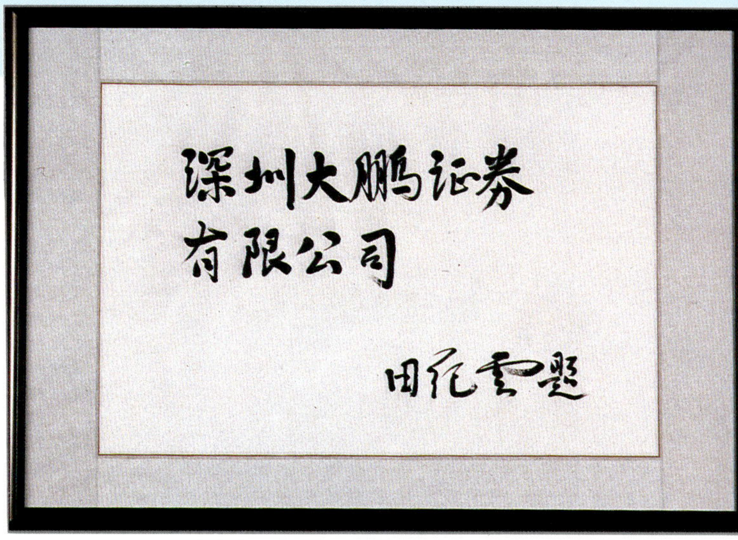

公司是經中國人民銀行批準成立的全國性非銀行金融機構，由中匯外匯咨詢公司、中國金幣總公司、深圳兆富投資發展公司等股東共同發起成立，注冊資本為5億元，主要經營範圍：發行和代理發行各種有價證券；自營和代理買賣各種有價證券；有價證券的代保管、鑒證和過戶；代理還本付息、分紅派息等權益分派業務；證券抵押融資業務；基金和資產管理業務；企業重組、收購與兼并業務；投資咨詢、財務顧問業務；中國人民銀行批準的其它業務。

三年來，公司代客買賣有價證券突破600億元，為企業進行股票、債券等方式融資26億元，在深圳證券商協會對1995年證券商淨資產、總資產、交易額等項進行的評比中，公司名列前茅，分別居第三位、第四位和第六位。

"信譽、協作、勤勉、高效"是企業的精神

"以最好的人才、最好的管理、最好的設備、最好的服務把公司辦成全國乃至世界一流的證券公司"是企業的經營目標

有限責任公司

總裁、法人代表:徐衛國

總裁兼法人代表:徐衛國

地址:深圳市深南中路電子科技大廈六、七樓

電話:3356222　　傳真:3321797

郵編:518031

蔚深證券

在先進便捷的硬件設備后面是
蔚深證券穩健而又生氣勃勃的工作人員：振華路營業部交易室之一

蔚深證券有限責任公司于1994年6月開始運作，1995年10月經人總行批準成為全國性專業證券公司，現已有深圳本部、上海、北京、天津、沈陽、南京、武漢、南昌、蘭州、長沙等16家證券部。公司本部證券部日成交總量穩居同行前列。

公司投資銀行專業人員以其穩健、誠信、創新的姿態在客戶中留下深刻印象。幾年來蔚深證券作為主承銷商、副主承銷商或分銷商，策劃承銷了平南鐵路債券、君安受益券、發展銀行1994年、1996配股、珠海華電及川鹽化1994配

崛　起　的　蔚

集投資、娛樂、信息交流于一體：位于深圳灣的蔚深證券俱樂部一角

有限責任公司

股、川電器、金田、寶安、深能源1996配股、吉林化工、焦作萬方、九江化纖、襄陽軸承等證券品種。

為了支持一、二級市場的迅速發展，蔚深證券匯集了一批勤奮、務實的研究分析人才和機構管理人員。

蔚深證券在風景秀麗的深圳灣畔、中國民俗村旁建立了我國第一個證券俱樂部，集投資股票、信息交流、娛樂飲食于一體，吸引了大批投資者。

蔚深證券與新興的中國資本市場同興旺！

位于深圳市新市區的彩田路蔚深證券海天營業部

公司總部：深圳市振華路飛亞達大廈8樓
電話：(0755)3236188
傳真：(0755)3241584

深　證　券

寬敞明亮的中户室

散户大廳

交易大廳一角

董事長兼總經理：王慶山

河北財達證券公司是在原河北省財政廳國債服務中心的基礎上，經河北省人民政府批準于1995年2月籌組設立、由全省市級以上財政部門共同出資入股組成的證券經營機構，注冊資金3.8億元人民幣，全省11個市均設有分公司，113個縣(區)設有營業部，共有196個國債營業網點，員工728人。經過一年多的發展，公司已初具規模，基本形成了以省公司為龍頭、所屬機構統一運作的集團化經營模式，成為省內資金實力最强、經營規模最大、覆蓋範圍最廣、服務功能最全的證券機構之一。

公司主要從事各類債券的發行、兑付和轉讓業務，滬、深交易所的證券代理買賣與自營業務，企業改制與并購、重組的策劃業務，證券咨詢服務業務及其他證券業務。隨着公司業務快速發展，機構設置日臻完善，設立了總經理辦公室、計劃財務部、投資銀行部、稽核監察部、投資基金部、國債發行部、信息調研部、人事教育部、行政管理部、安全保衛部、交易管理部、電腦工程部等12個職能部室及7個直屬營業部。各職能部室在拓展業務領域、强化内部管理、加强風險控制、維護公司利益等方面進行了卓有成效的工作。

公司建立以來，先后承銷國債32.33億元，是河北省唯一獲得財政部國債承銷團成員資格的證券機構；累計兑付到期國債本息32.1億元；承銷地方企業債券2.9億元；96年上半年，證券交易額26.3億元，在上交所會員排行榜中排名第63位。

公司將以為廣大投資者服務、為國家和地方經濟發展服務，促進我國證券市場的繁榮與發展為己任，積極發揮金融中介作用，加强同各界朋友的友好往來與合作，篤守信譽、開拓進取、規範經營，為社會主義經濟建設及證券業發展做出貢獻！

地址：石家莊市康樂街付9號　　傳真：(0311)7823628

電話：(0311)7087368　　郵編：050051

中户室

華夏證券重慶分公司

副總經理　王林　　總經理　文現金　　副總經理　廖慶軒

華夏證券有限公司重慶分公司是華夏證券系統西南地區首家分公司，是全國區域性首批六家分公司之一。

華夏證券有限公司重慶分公司立足重慶、面向西南，堅持基礎建設與業務拓展并重，業務規範與業務創新并舉，成立三年多來，市場規模不斷擴大，資金實力有所增强。分公司先后在重慶市内、市外設立了四個營業部，實現證券交易量超 100 億，資産規模近 5 億，累計實現利潤 5000 萬，市場占場率列本市同業前茅。

華夏證券有限公司重慶分公司渝中區營業部 營業大廳

華夏證券有限公司重慶分公司沙坪壩營業部 大户室

地址:中國重慶渝中區臨江支路 28 號　電話:(0811)3821066　傳真:(0811)3821406　郵編:630010

華夏證券有限公司重慶分公司南坪營業部 營業大廳

展望未來,華夏證券任重道遠。我們將不斷完善公司經營管理機制,弘揚艱苦創業、團結拼搏、創新進取、敬業奉獻的公司精神,堅持"規範經營、穩步發展、信譽第一、客户至上"的業務經營方針,鞏固證券交易、證券發行、證券融資三大傳統業務,拓展企業改制重組,兼并收購,財務咨詢等投資銀行業務,以全面優質的服務創造更好的業績,偕客户同發展,與經濟共繁榮。

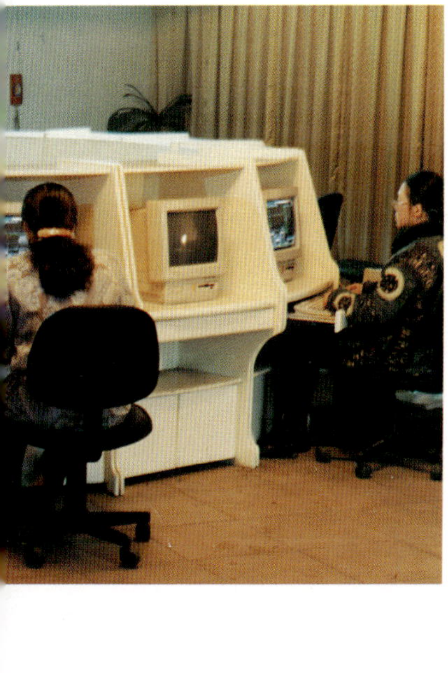

華夏證券有限公司重慶分公司南充營業部 機房

廣東證券公司中山營業處

法人代表、總經理:張伯生
地址:廣東省中山市石岐中山三路 33 號
電話:(0760)8311881　83188[illegible]
傳真:(0760)8322500
郵編:528400

廣東證券公司中山營業處于 1992 年經中國人民銀行中山分行批準成立,注冊資金 1000 萬元正。經營範圍:代理證券發行業務、代理證券買賣業務、辦理證券的登記、過戶業務,代理證券貼現和抵押貸款等業務。至 96 年 8 月,營業處總資產 52857 萬元。

營業處投資環境優越,營業大廳設有衛星接收系統,能即時提供深圳、上海的股票行情和走勢圖。

營業大樓

廣東證券公司中山營業處爲中山市經濟建設發展作出很大貢獻(林富榮　攝)

同時，又裝有自動委托操作電腦，所有股東都可以自己動手輸單委托買賣和查詢。每天，營業處提供技術分析，股評參考和政策咨詢的資料。大戶室的電腦通訊設備齊全，環境舒適。

五年來，營業處為中山地方的經濟建設和發展作出了很大的貢獻。展望未來，營業處全體員工將繼續以一流的服務、一流的效率和一流的質量與股東共創美好的未來。

中山市興中大道(路華　攝)

中山營業處

股市有風險
投資需謹慎

中國證券業年鑒編輯委員會
中　山　證　券　公　司
深圳市富國華圖美術設計制作有限公司

四川省川財證券公司

總經理:張其昌

副總經理:羅德良

四川省川財證券公司是全民所有制地方企業,建立于 1988 年。公司是以經營國債爲主,兼營其它證券的非銀行金融機構。公司系中國證券業協會會員,中國國債協會會員,四川證券交易中心會員,上海證券交易所和深圳證券交易所聯網會員。公司經營宗旨是:穩定國家金融秩序,維護國債信譽,方便投資群衆,發展社會主義證券市場,爲四川經濟建設服務,爭創良好的社會經濟效益。

幾年來,公司在各級領導的關懷下,在各有關部門的支持和幫助下,以優良的服務贏得了廣大顧客的信賴,取得了良好的社會經濟效益。累計發行國債 2 億元,辦理轉讓業務 4 億元;爲群衆辦理還本付息 4 億元;免費爲群衆代保管 2 億元;辦理其它證券業務 1 億元。

公司現有營業場地 500 平方米,并擁有先進完備的電子設備,各種業務實現了計算機操作和管理,具備了方便、安全、迅速、準確的交易手段。四川省川財證券公司將繼續竭誠爲廣大投資者提供優質服務,爲進一步活躍我省證券市場,發展經濟作出新的貢獻。

地址:成都市中新街 68 號
電話:(028)6651407
郵編:610016

福建興業證券公司

福建興業證券公司經過四年多的艱苦創業，已經發展成爲在福建省乃至全國有一定影響、初具規模和實力的專業證券公司。1994 年、1995 年度連續兩年公司的經營業績進入全國同行業前 20 强。1995 年公司的交易額、營業收入、淨資産、利潤總額分别居第 12、13、15 和第 8 位。

法人代表、總經理：藍榮先生

經營範圍：

- 國債承銷
- 債券發行
- 股票承銷
- 推薦上市

證券交易：

福建首家開通上海證券交易所、深圳證券交易所、NET、STAQ 四套證券交易系統。

公司為投資者提供的客戶室

機構網絡：

在上海、深圳設立了業務部，在厦門、漳州、泉州、三明、南平設立了 5 個支公司，在福州設立了天騖、華林、倉山 3 個辦事處，初步形成了走向全國的經營網絡。

公司工作人員為客戶服務

法人代表、總經理：藍榮
地　址：福州市湖東路 169 號天騖大廈
電　話：(0591)7543114
傳　真：(0591)7542534
郵　編：350001

福建華興證券

總經理:林雲先生

福建華興證券是隸屬福建省財政廳的非銀行性金融機構,爲福建省最大券商之一。具有雄厚的資金實力和良好的社會關系,它以嶄新的運作方式,擔負着發展福建省資本市場的重任。

福建華興證券擁有一批財政、財務、金融、貿易、法律、電腦等各方面專業人才。業務骨干年富力强,思想意識超前,隨時準備爲華興證券的發展和華興證券客户的利益貢獻自己的才華。

福建華興證券是福建省最早開通 NET 行情的券商,目前已開通滬、深股市行情,擁有先進的衛星行情顯示系統、交易系統和電子計算機系統,并配備了功能强大的證券行情動、靜態跟踪分析系統,寬敞的大廳和順暢快捷的跑道,爲廣大投資者提供了良好的投資環境。

福建華興證券積極參與國家、企業的證券發行融資活動,具有較强的證券承銷能力和經驗,從而爲以后的該項業務發展奠定了堅實的基礎。

福建華興證券目前已實行先進的經營管理機制。公司實行總經理負責制,人事實行全員崗位聘任制。經營上,面對不斷變化的市場提出"謹慎操作、摸索經驗、穩健經營、大膽出擊"的方針,并逐漸形成了一套完善的内控體系。

福建華興證券擁有企業和同行間的廣泛聯系,將結合省財政的背景,憑借自身獨特優勢和大膽創新意識,與具備頑强進取精神的企業界攜手,在國企改革服務領域、企業産權交易市場上邁出新步伐,開創投資銀行業務新天地。

福建省副省長潘心城為華興證券題詞

福建省副省長潘心城題詞

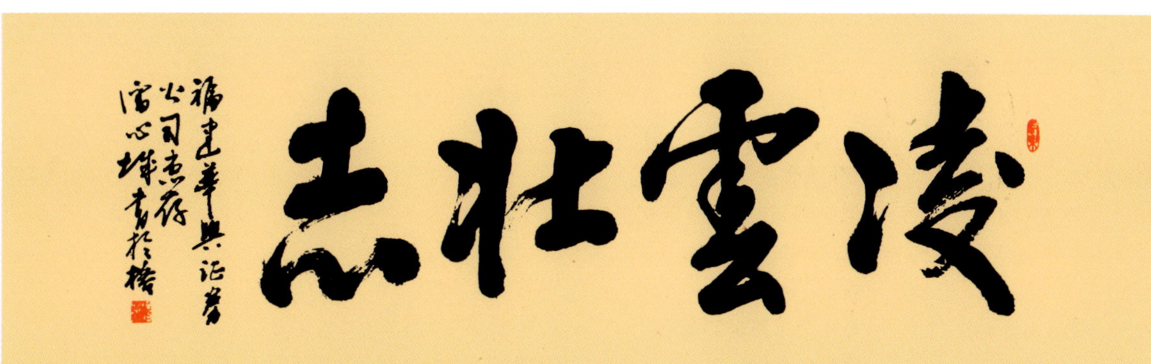

地址:福州市東水路 88 **號閩發大廈三層、八層**
電話:0591—7538556　0591—7538550
傳真:0591—7558280　**郵編:**350011

誠信服務　追求卓越

陝西證券有限公司

公司常務董事、總經理：陸益

陝西省領導來公司參加陝證優質文明服務月座談會

陝西證券有限公司是由陝西省人民銀行發起，國內13家大型集團企業和金融機構參股的股份制證券經營機構。公司注册資本金1億元人民幣，是陝西省境內最大的股份制證券公司。公司是西北首家取得深、滬兩地證券交易所會員資格的券商。自1992年以來，年交易量一直名列全省同行業之首。公司擁有上海證券交易所席位20個，各營業網點均已開通深圳證券交易所雙向委托。除代理客户進行深、滬兩地證券交易所A股交易、辦理NET法人股交易、國庫券分銷業務外，還從事企業收購兼并、企業上市發行、推介、承銷、項目融資、基金管理等投資銀行業務。公司在西安設有3家營業部，在上海、深圳、武漢、咸陽、渭南、銅川還設立了分支機構和營業網點。公司各營業網點均采用衛星通訊方式，并用光纜備份，確保行情顯示正常。本公司擁有一批專業的研究人員，爲客户提供有價值的投資信息，并通過在上海、深圳、北京等地的信息源，爲客户提供準確、及時的信息和專業股評。"誠信服務、追求卓越"是我們的宗旨。

總經理陸益先生及全體員工歡迎社會各界光臨！

陝證土門營業部交易大廳

公司總部
地址：西安市尚樸路北長巷22號
電話：7255566－1216
傳真：(029)7215339

上海業務部
地址：上海市黄浦路80號
電話：(021)63259400

銅川營業部
地址：銅川市紅旗街17號副1號
電話：(0919)2188746

咸陽營業部
地址：咸陽市樂育南路4號
電話：(0910)3214124

西五路營業部
地址：西五路副33號甲
電話：7266841

長安路營業部
地址：長安中路副117號
電話：5244277

渭南營業部
地址：渭南市東風街中段商業大廈
電話：(0913)2033411

解放路營業部
地址：解放路233號
電話：7426931－321

土門營業部
地址：豐鎬東路29號
電話：4269522

廈門證券公司

公司董事長兼總經理：蘇金龍

公司副總經理：徐楚偉

廈門證券公司是廈門市唯一經中國人民銀行總行批準設立的專業性證券公司，于1988年正式成立，實收資本金人民幣5000萬元。

公司實行董事會領導下的總經理負責制，董事長兼總經理蘇金龍，下設檳榔、鷺江、成都三個證券交易營業部和上海業務部。公司是上交所、深交所、福建省證交中心、廈門市產權交易中心的會員，從事各種有價證券的發行、自營和代理買賣業務，規模、業績均居本地區同行業前列。

展望未來，公司將強化競爭優勢，充分發揮地處廈門經濟特區的地理優勢和自由港的政策優勢，加強與海內外券商的聯系合作，積極推動閩、港、臺三地的證券業交流，力爭在更廣泛的領域里，開拓探索證券市場。

公司檳榔營業部交易廳

公司辦公大樓

地址：廈門市檳榔東明路112號201

電話：(0592)5076198(總機)

傳真：(0592)5074450

郵編：361004

貴州證券公司

公司總經理:宋建生

貴州證券公司是經中國人民銀行總行批準,于1988年成立的一家省級專業性證券公司,注冊資本金3000萬元人民幣,是中國證券業協會第一批理事會員,同時是深圳證券交易所、上海證券交易所、STAQ系統、武漢證券交易中心、成都證券交易中心、西安證券交易中心、雲南證券交易中心、天津證券交易中心等的會員,也是貴州省唯一擁有上市推薦人資格和主承銷資格的券商,在貴陽、深圳、上海等地設有業務部或辦事處。目前,全公司員工總數為190人,其中大專以上學歷130人,占總數的68.3%。

公司總資產1995年末為27300萬元,比1994年同期擴大2.22倍,其中淨資產為3027萬元,虧損額為655萬元,比1994年減少利潤1052萬元,1994年度盈利402萬元。

公司管理層和全體員工共同努力,開拓市場。1995年股票代理交易總額38億元,在深、滬市場上的排名明顯上升,發行和承銷國債及企業債券7000萬元,承銷貴州華聯等8家定向募集股份公司股票,并擔任貴州輪胎A股發行副主承銷商及貴州凱滌A股、貴州中天A股的分銷商,1995年是貴州證券公司積極開拓經營,在困難中求發展的一年,貴州證券公司已打下良好的基礎,今后將進一步拓展業務範圍,爭取取得更好的經濟效益和社會效益。

設備先進的交易大廳

法人代表:宋建生
地址:貴州省貴陽市中華中路111號2樓
電話:0851-5825753
郵編:550001

深圳業務部:總經理:魏嘉
地址:深圳市振華路飛亞達大廈2樓
電話:(0755)3253364
郵編:518041

上海業務部:總經理:孫愛群
地址:上海市武進路445號
電話:(021)63572950
郵編:200085

黄河證券有限責任公司

公司證券交易營業大廳

總經理:南鳳蘭　高級經濟師

黄河證券有限責任公司的前身爲鄭州證券有限責任公司,是經中國人民銀行總行批準設立的非銀行金融機構,公司注册資本1億元人民幣,是河南省成立最早,經營規模最大的專業證券公司。

十年創業,公司取得了驕人的成績。截止1996年上半年,公司作爲主承銷商和承銷團主要成員,先后代理省市企業發行債券、股票52多億元;公司累計代理深滬股票交易額420多億元,國債交易發生額120億元,目前公司在全國各地共設立了7個營業部和3個代表處,并先后與國内外300多家證券機構建立了長期的業務協作關系。

公司是深滬證券交易所會員,武漢、天津證券交易中心甲類會員,中國證券業協會常務理事,中國證券自動報價系統(STAQ)成員,中國金融教育基金會理事單位。

總經理:南鳳蘭
地址:鄭州市西太康路139號
電話:(0371)6233684　6251681－3034
傳真:6222499　郵編:450000

方便快捷的交易系統爲投資者提供可靠的技術保障

長沙證券公司

氣派寬敞的五一路營業大廳

地址:長沙市五一西路 164 號長沙市人民銀行大樓
電話:(0731)4422073　**傳真**:4412962
郵編:410005

法人代表、總經理:曹建安

長沙證券公司成立于 1988 年 5 月,是經中國人民銀行總行批準,由長沙市六大銀行出資組建,在湖南省首家開業的專業證券公司。作爲中國證券業協會的首批會員,同時,作爲上海證券交易所、深圳證券交易所、中國證券交易系統、湖南證券交易中心及武漢證券交易中心的會員,公司經營業務範圍廣泛,管理人員素質高,是一家在證券業中具有較强經濟實力和競爭力的公司。目前,公司設有總經理室、綜合部、調研信息部、發行市場部、資金財務部、業務投資部、交易部、人事教育部、五一路營業部、中山路營業部、上海建國路營業部及億通電腦公司,并設立了上海業務部、深圳代表處和武漢代表處。

目前,公司擁有上海證券交易所席位 4 個、深圳證券交易所席位 1 個、中國證券交易系統席位 1 個、武漢證券交易中心席位 1 個、湖南證券交易中心席位 2 個。

經營的主要業務有:代理發行各種有價證券;代理支付和代收證券的本息紅利;自營和代理證券買賣;證券發行策劃、證券鑒證、登記過户;證券投資咨詢;證券代保管及證券回購等。此外,公司還經營了國債期貨自營和代理、證券抵押用現、發行證券墊款、代兑付債券和經人民銀行批準的其它業務。

設施先進的電腦主機房

大同證券公司

大同證券董事長、總經理:董祥

公司辦公大樓外景

●大同證券公司法人代表,董祥,男,1964年生,湖南財經學院金融系畢業,經濟師,有十幾年從事金融、證券工作的豐富經驗,歷任中國人民銀行大同分行計劃科副科長、金融研究室主任、辦公室主任、大同證券公司深圳業務部經理。現任大同證券公司董事長兼總經理、山西證券業理事會理事。

●大同證券公司是1988年5月3日經中國人民銀行批準設立,所轄各部全部開通深、滬兩地股市行情。公司于1988年8月18日在大同籌備召開了由全國34家專業證券公司參加的首屆全國證券業務發展工作會議,同時受會議委托參與并起草了中國第一部《證券業協會章程(草案)》、第一篇《關于建立全國證券聯合報價系統方案》和第一個《關于開展跨地區證券業務規則》三個歷史性重要文件。公司現有從業人員168人,内設經理辦公室、財務管理部、投資銀行部、投資管理部和信息研究部以及大同、深圳5個分支機構,已取得中國證券業協會、上海、深圳證券交易所和山西證券交易中心會員資格。先后擔任山西杏花村汾酒股份有限公司和山西焦化股份有限公司的分銷商,還將爲大同雲崗水泥股份有限公司擔任副主承銷商。爲大同市第一熱電廠、大同市同風肉制品廠和大同市新榮水泥廠共發行債券1億元。還參與地方股份制改造工作,開展股權托管、産權交易市場等業務。

地址:大同市四牌樓證券大樓
電話:(0352)2051233　2051180
傳真:(0352)2051178

大同證券深圳證券業務部經理:孟波

●大同證券公司深圳證券業務部于1994年3月10日正式開業。業務部全面開通深、滬股票交易、國債現貨、回購以及各類投資咨詢業務。電話委托系統、櫃臺委托系統、自助委托交易系統及遠程終端交易系統,爲投資者提供了多種方便靈活的交易方式。并有先進的分析軟件。

經理:孟波
地址:深圳南油海暉大廈2樓
電話:(0755)6401038　6401087
傳真:(0755)6401083
郵編:518054

公司營業廳

山西省
國債服務部

法人代表:王新建
地址:山西省太原市迎澤大街366號
電話:(0351)4038251(傳真)
郵編:030001

法人代表:王新建

國債服務部領導班子成員

山西省國債服務部是山西省財政廳所屬的具有法人資格的從事財政證券服務的全功能中介機構,經中華人民共和國財政部、山西省編制委員會批準成立,山西省工商管理局注册登記,屬縣處級建制,内設辦公室、業務部、營業部。

服務部自1993年成立以來,以服務國債、方便群衆、繁榮證券市場爲宗旨,以誠信、公平的交易原則和系列優質服務,使國債承代銷、交易、兑付等業務有了長足發展。最近,服務部已成爲山西證券交易中心的初始會員,開通了滬、深兩地的證券交易。

根據中國人民銀行和財政部的通知精神,服務部將在現有機構的基礎上吸納有關地市的國債服務部,共同籌建山西黄河證券公司。業務範圍除國債的發行、兑付、轉讓和代保管外,還將從事股票、地方政府及企業債券的承代銷、櫃臺轉讓,以及與證券有關的其他業務。隨着業務的拓寬,交易、服務網絡將會更加系統、完備、廣泛。

竭誠歡迎社會各界同仁和廣大投資者合作。

微機操作室一角

東莞證券有限公司

法人代表:何炎坤

舒適的辦公環境

東莞證券有限公司是經中國人民銀行總行批準成立的非銀行金融機構,主要業務範圍包括代理證券發行、證券自營、代理證券買賣和證券還本付利息、證券業務咨詢等。

1993年6月底公司率先在東莞地區代理買賣深交所和上交所上市股票,其中代理深交所上市股票買賣交易一直名列全國同行前列。公司擁有深、滬證券交易所、南方證券交易中心、武漢證券交易中心會員資格及交易席位,同時擁有全國15家商品期貨交易所代理買賣資格。公司營業網點分布莞城、篁村、石龍及深圳市。公司已擁有資産總額逾億元。

東莞證券有限公司每個交易大堂彩色大型電子顯示屏,櫃臺交易,自動工作站和室内電話交易系統一應俱備,天上衛星、地下專綫通訊系統和分布式電腦交易網絡爲客户提供了安全、可靠、準確、快捷的服務。每日由專業信息公司提供的即時信息和各大證券報刊雜志應有盡有。公司内設置總經理室、證券交易部、證券發行部、證券投資部、債券業務部、電腦部、計財部、資金部、辦公室等9個部門。近200人的證券專業隊伍中,具有大中專以上學歷的占80%。

股票交易大廳

大户室

法人代表:何炎坤
地址:東莞市莞太路勝和大廈
電話:(0769)2413065
傳真:2412090　郵編:511715

中國南方證券有限公司北京分公司

竭誠服務　客戶至上　團結友愛　開拓進取

中國南方證券有限公司副總裁、北京分公司總經理：蓋若梅

中國南方證券有限公司北京分公司是經中國人民銀行批準設立的專業證券公司，是中國南方證券有限公司設在北方地區的分支機構。公司成立于1993年5月，三年多來，面對嚴峻的宏觀經濟和證券市場形勢，我們本着“高起點、高標準、高效率”的原則和要求，堅持“安全性、創造性、效益性”的經營方針，倡導“竭誠服務、客戶至上、團結友愛、開拓進取”的企業精神，以一流的工作熱情、一流的干勁，創造了一流的服務、一流的業績。在首都衆多券商雲集、競爭激烈的證券市場上樹立起了“南方證券”良好的企業形象，取得了較好的經濟效益和社會效益。

目前，公司資產規模已達5億多元，擁有員工120多人，下設投資銀行部、債券部等9個部室，在北京設立了四家證券交易營業部(分別處在：學院南路、翠微路、亞運村、方莊)，擁有客戶近萬戶，有價證券交易額逾百億元，曾代理了王府井、城鄉貿易中心、北京旅行車、西單商場等多家企業的股票發行承銷工作，在北京地區衆多券商中，各項業務指標名列前茅。公司願繼續為企業和廣大的投資者提供更優質、高效的服務，願與社會各界朋友竭誠合作，共創中國證券市場的輝煌明天。

公司辦公大樓外景

地址：北京市方莊方群園四區23號樓

電話：(010)67642386

郵編：100078

申銀萬國證券股份有限公司
浙江管理總部

申銀萬國證券股份有限公司浙江管理總部是申銀萬國證券公司的派出管理機構。總部設在浙江省杭州市，總部內部設有綜合管理部、財務部、交易管理部3個部門，經營浙江、江蘇和安徽三省的營業網點，副總經理葉樹生、劉龍九。目前總部在三省內設有杭州、寧波、寧波江東、嘉興、溫州、金華、南京、南京華陽、無錫、靖江等10多家營業部，擁有員工300多人。

浙江管理總部從1994年成立至今，一貫堅持“多品種、多市場、多思維”的“三多”經營道路，開通滬、深兩地A股、基金、滬B股、國債現貨和回購業務，并參與企業債券和一級市場A、B股的發行業務。由于堅持“三多”經營，同時加強業務管理，已連續三年盈利，業績良好。1996年1－8月份，累計交易量占公司交易量的4％左右，創利在公司各地區總部中名列前茅，預計全年盈利能超額完成110％以上。業務總量和經濟效益在浙江省證券同行中處于領先地位。

副總經理：葉樹生、劉龍九

地址：浙江省杭州市舊藩署26號

電話：0571－7089161

傳真：0571－7089162

郵編：310002

君安上海總部辦公樓外景

君安證券有限公司上海總部

君安上海總部系君安證券有限公司本着上海、深圳市場兩頭并重的方針及大力發展上海市場的發展方向于1993年8月成立的,君安上海總部負責與在上海證券交易所上市的公司有關之投資銀行業務及整個相關系統二級市場業務的統一操作。現共有員工150余人,下設投資銀行部、資金計劃部、國際業務部、經紀管理部、投資管理部、電腦中心、證券投資部、財務部、稽核部、研究發展中心、營業部等部門。

投資銀行業務:1994年及1995年上半年君安上海總部為多家上市及非上市公司建議并實施了財務重組計劃,如遼源得亨股份有限公司的大型資產、股權置换。投資銀行部(上海)已承接的融資項目有中國高科(集團)股份有限公司(A)、新疆屯河股份有限公司(A股)及福建實達股份有限公司(A股)、江西東風制藥(A股)等。其中高科集團股份有限公司系上海本地企業,君安證券擔任此公司之主承銷商開辟了异地券商擔任上海本地企業股票發行主承銷商之先河。

國際業務:君安上海總部之國際業務,兼容滬、深二地B股二級市場的經紀業務,可為海內外個人和機構投資者提供經紀業務。同時我們還擁有B股新股及全球性的配售能力及二級市場的銷售能力。

經紀業務:君安上海總部具有滬、深、STAQ系統、NET系統及各種商品期貨交易代理能力。

研究發展業務:君安上海總部研究發展中心是國內證券界中規模大、實力雄厚的綜合性證券研究機構,為社會提供《君安證券通訊》、《君安證券研究報告》、二級市場熱綫查詢(日報)、滬深港股市評述(日報)等資料信息。

寬敞的營業大廳

招銀證券公司

上海業務部

總經理：于向東

地址：上海中山東二路 25 號　電話：021－63731860（總機）

傳真：021－63556069　郵編：200002

精誠團結的集體

依托招商銀行的強大優勢，招銀證券將爲您提供全方位的優質服務。

招銀證券　爲您招銀

上海業務部夜景

上海財政證券公司靜安營業部

静安營業部外景

上海財政證券公司靜安營業部是財政系統區、縣級營業部中的第一家，于 1991 年 5 月開業，目前已擁有上海證券交易所專用席位，開辦國債發行、兑付、買賣、委托代理、代保管、回購等業務，業務年交易量超過 10 億元，對國債投資者實行全方位服務。

經理：葛安基

副經理：袁寅明

地址：上海市康定路 314 號

電話：62538271　62568177－2105、2107

福建興業證券公司
上海業務部

興業上證負責人:吴懷坤

福建興業證券公司上海業務部(簡稱興業上證)爲福建興業證券公司全資附屬的經營各種有價證券業務的金融企業。經中國人民銀行上海市分行批準于1992年4月設立,注册資金爲人民幣1000萬元,是福建省金融機構在滬設立的第一個營業窗口,也是福建興業銀行在省外設立的第一個分支機構。

興業上證現有金陵東路、斜土路(福建興業銀行廈門分行上海證券業務部)兩個營業部,經過三年多的努力,我部現有10個上交所席位、1個深交所席位,并已形成了比較齊全的業務經營範圍,先后開辦了自營、滬、深股票委托、國債現貨交易及場内回購等多種業務。委托方式包括櫃臺、680磁卡、條形碼、電話語音等多種形式。

興業上證以優質的服務、信譽、業績在滬上樹立了良好的形象,證券交易業務總量居全國在滬异地證券經營機構前列,興業將繼續堅持"依法經營、穩健經營、文明經營"的方針,積極拓展各項業務,爲籌資者、投資者提供一流的服務設施,一流的服務水準、一流的服務特色,爭取爲上海金融業的繁榮和我國證券市場的發展作出更大貢獻。

金陵東路營業部近千平方米的交易大廳　斜土路營業部交易大廳

斜土路營業部
地址:上海斜土路2120號
電話:64041068　64041090

金陵東路營業部
地址:上海金陵東路368號
電話:63553193　63553192

海通證券有限公司濟南營業部

嚴格管理　規範經營
服務熱情　提高效益

總經理：梁旭東

營業部交易大廳

海通證券有限公司濟南營業部總經理梁旭東向黨政領導、各界朋友及廣大投資者致意！

海通證券有限公司濟南營業部前身是交通銀行濟南分行證券交易營業部，始建于1990年8月，是山東省最早開辦證券業務的營業部之一。1995年底，成爲海通證券有限公司轄下直屬營業部。

多年來營業部在開拓證券一、二級市場中，認真貫徹國家各項金融政策和法規，優質服務，爲投資者提供了優良的投資環境。今年又與總公司一道承銷了山東黑豹等股票。營業部業務和經濟實力都有了長足的發展。營業部總營業面積800多平方米，設有交易大廳、大中户室和貴賓室等交易場所。交易大廳采用了數字清晰和LED大屏幕行情顯示系統，并設有12臺自助式委托機，深滬跑道暢通，委托速度快。還有快捷高效的信息、技術指標彩色顯示系統，經常主辦爲股民服務的各種活動，提供技術分析和操作上的指導，開辦了信息欄。

經過幾年證券發展的實踐，營業部培養了一批具有豐富經驗、善于管理、熱愛證券事業的干部隊伍，擁有了一批技術熟練、業務扎實、品學兼優的職工隊伍。并實行崗位責任制，樹立了良好的社會形象。

辦公設備精良

營業部領導在研究工作

總經理：梁旭東
地址：山東省濟南市泉城路15號
電話：(0531)6926842
傳真：(0531)6926704
郵編：250011

公司上海業務部

鞍山證券公司總經理：陳力

鞍山證券公司
上海業務部

地址：上海市武定路 1058 號
電話：(021)62581618　62565869 轉各部
傳真：(021)62531998
郵編：200040

鞍山證券公司是中國證券業協會首批會員、理事，是鞍山地區實力最强的證券專營機構，先后在上海、深圳、天津、沈陽、武漢設立駐外證券業務部。鞍山證券公司上海業務部始建于 1992 年 9 月，于 1993 年 3 月正式營業，設立了經理室、會計部、投資策劃部、交易員管理部、營業部、電腦部。現有員工 40 人，開展滬、深兩個市場交易。備有四條交易專綫，應用錢龍、建功兩套軟件分析系統及雷碩軟件管理系統。營業面積 600 平方米，業務部每周都有上海地區的股市資深人士爲投資者提供咨詢服務。

業務部成立三年多來，交易額已達數十億元，并圓滿地爲"合成"送配股，協助"鞍山一工"股票發行等工作。經營戰略是：以證券爲主，多種經營，第一步，成爲鞍山證券公司對外服務的窗口，第二步，成爲鞍山地區對外經濟服務的窗口。業務部堅持一個中心兩項原則實現四化四個第一流，即：以經濟效益爲中心；遵守依法經營、全面發展的原則；實現管理的規範化，科學化，標準化；實行一流的管理，提供一流的服務，建設一流的隊伍，取得一流的效益。

寬敞的交易大廳

業務部營業櫃臺

光大證券有限公司海南營業部

副總經理：楊磊

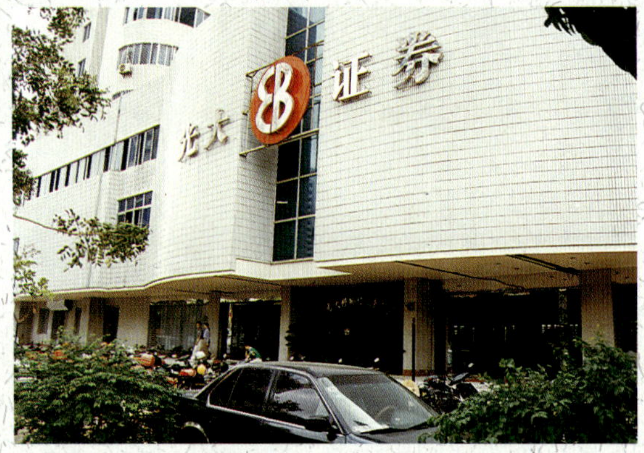

海南營業部外景

光大證券有限公司（光大證券）是經中國人民銀行批準，在重組中國光大銀行和中國光大國際信托投資公司原有全國證券經營機構業務資産和人員的基礎上，由中國光大（集團）總公司控股，集團内金融機構參股的全國性專業證券公司，注册資本爲2.5億元。光大證券現爲財政部國債一級自營商，并先后爲20余家公司的上市擔任上市推薦人或主承銷商，全國分布有20多個營業部。

光大證券海南營業部位于海口市金貿區黄金地段，擁有海口地區最大的證券交易大廳和一流的設備，使用雙向衛星通訊、超大屏幕行情顯示、電話自助委托、點對點通訊、超級自助終端等高新技術，大廳設六臺電腦自助終端、電話中繼綫48條，并設有功能齊全的大、中户室。光大股民通過櫃臺委托、電話委托、自助終端委托、遠程終端委托等多種委托方式進行交易，并及時查詢成交回報。現有專業人才20多人，公司全體同仁將以嚴格的管理、優質的服務爲海南證券業的明天再添輝煌。

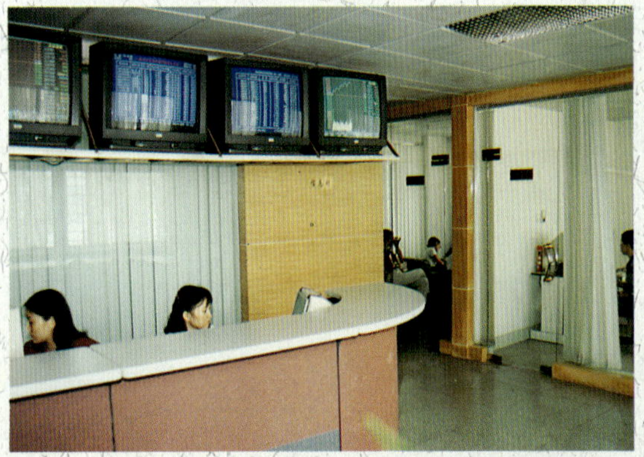

舒適的交易環境和先進的設備

營業大廳

副總經理：楊磊

地址：海口市金貿區國貿大道仙樂花園首層

電話：8550101　**傳真：**8550148

地址:上海市茅臺路 199 號
電話:(021)62594240　62410375－3054
傳真:(021)62331071　**郵編**:200051

成都上證辦公樓外景

成都證券公司上海業務部

經理:鄒川

頗具特色的證券夜市

成都證券公司上海業務部自開辦以來,受到投資者的青睞,曾多次被長寧區評爲優秀企業。業務部電腦運用了先進的智能網絡系統,在保證安全的前提下,其運算速度在國内同行中堪稱一流。通上交所的五根跑道的報單和紅馬甲均是經驗豐富者。同時爲不同投資額度的投資者設立了充足的工作空間和優越的硬件設施,并按規定做好相應保密工作。適用于不同時空的夜市服務和電話委托,受到廣大投資者和新聞媒體的熱忱贊譽,已開通的深交所的點對點自動委托系統使投資者自己成爲“紅馬甲”。滬深 B 股交易的開設,使成都上證交易品種更全面。多年來成都上證在上交所交易量排名保持在前 40 名之内。在成都上證全體員工的努力下,在廣大投資者的支持下,成都上證一直享有盛譽,從而被股民們以上海方言冠之于“成都、成都,越存越多”之美譽。

廣東證券公司
南海營業處

營業處交易大廳

廣東證券公司南海營業處是經中國人民銀行廣東省分行批準成立的非銀行金融機構，營業處于 1993 年 10 月 5 日正式對外辦理金融業務，其業務範圍主要有：代理發行有價證券業務，自營承購、包銷和代理有價證券買賣，辦理有價證券轉讓，有價證券還本付息、分紅、保管業務。

近四年來，廣東證券公司南海營業處先后開通了深、滬、NET、南方證券交易中心等市場的股票買賣業務。爲確保投資者有一個良好的投資環境，營業大廳内設置有兩塊先進的 LED 變角揭示行情顯示屏，舒適的大户室内設有十六面牆金融家股票資訊即時系統，擁有錢龍、股隆等股市分析系統，并配備新廣信證券信息、證券衛星資訊系統供股民使用。在委托買賣上，既有櫃臺下單服務、又有觸摸屏和自助委托系統，并設有 58 條電話内外綫方便股民委托、查詢。在通訊上，深股系統采用了雙向衛星，滬股系統采用了單向衛星，爲股民提供了方便、快捷、優越的投資環境。

廣東證券公司南海營業處以寬敞的大廳、先進的設備、快捷的通訊，優質高效的服務，熱情歡迎社會各界人士的光臨。

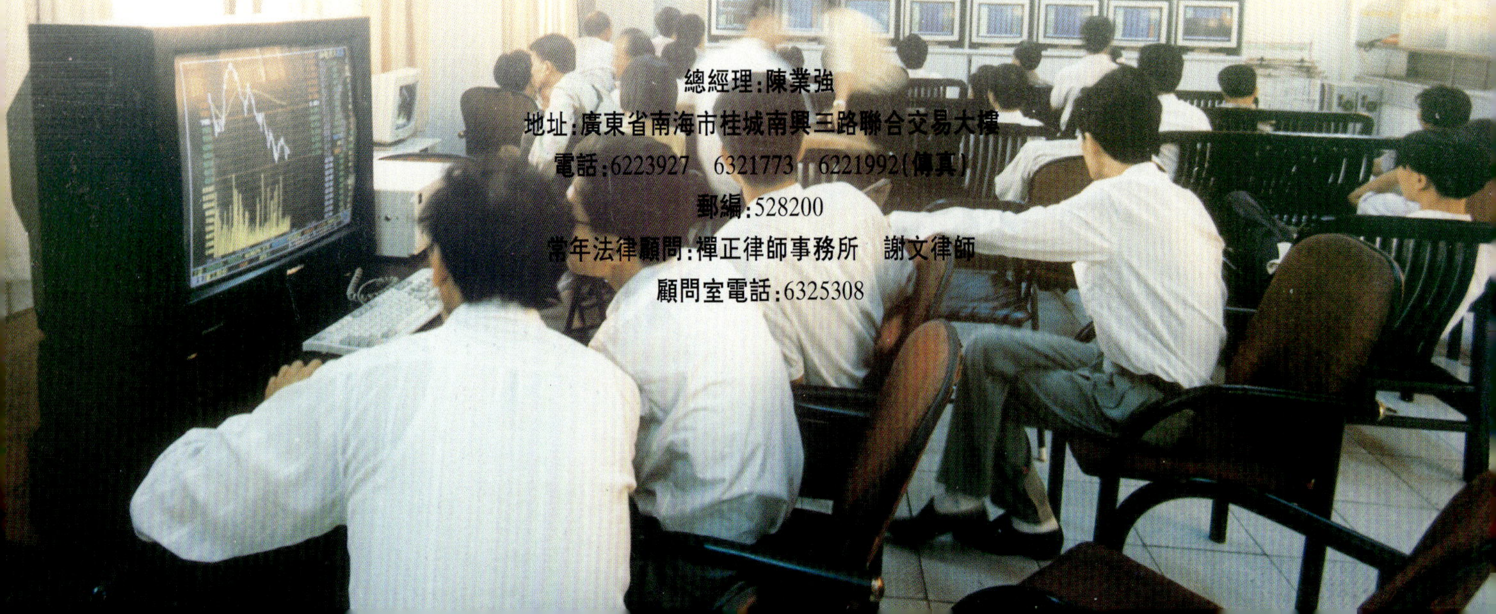

總經理：陳業強

地址：廣東省南海市桂城南興三路聯合交易大樓

電話：6223927　6321773　6221992（傳真）

郵編：528200

常年法律顧問：禪正律師事務所　謝文律師

顧問室電話：6325308

伊春證券有限公司
上海證券業務部

總經理:朱政軍

伊春證券公司是經中國人民銀行批準,由伊春人民銀行、伊春工行、伊春農行等八大金融機構合資組建的股份制專業證券公司。伊春證券有限公司上海業務部在上海的券商中是后來者,成立之初公司老總和全體員工就提出了要追求卓越,后來居上。公司中心機房配置了一流的設備,有四個席位跑道暢通,以確保交易萬無一失;在二樓安排了大小有致的十間大戶室,并設有活動室、健身房、淋浴室等,爲投資者提供休閑和娛樂場所;底樓大廳有 800 多平方米,寬敞舒適。點陣式電子顯示屏集股價、走勢于一體,大屏幕顯示器各取所需;配備的自助委托櫃可由股民自己掌握買賣的最佳時機;成交回報免去了股民牽腸挂肚;錢龍、卓誠分析系統可供每位投資者使用;信息顯示機使投資者可在第一時間內看到交易所信息。業務部經營品種齊全,有滬、深股票,國債現券和回購交易及商品期貨等。

業務部建立了一整套業務規章制度。加强對員工的業務培訓,提高了員工的素質。人無我有,人有我優;人優我廉,服務不分大、小戶,是該業務部又一特色。公司主動采取一系列讓利措施,如免收開戶費、免費獲得自助委托條碼卡,直至免收委托費,充分體現了服務、發展、共進的企業宗旨。

寬敞的營業大廳

設備精良的交易室

烟臺證券公司芝罘營業部

法人代表、總經理：趙一侖
副總經理：劉　志
地址：山東省烟臺市北馬路62號
電話：(0535)6277788

法人代表、總經理：趙一侖

烟臺證券公司芝罘營業部于1994年11月21日經中國人民銀行山東省分行批準正式成立，屬獨立核算的證券專營機構，是青島證券交易中心、山東證券交易中心的會員，同時擁有上海證券交易所、青島證券交易中心和山東證券交易中心的交易席位。

營業部下設交易部、綜合部、財務部、電腦部、咨詢部，擁有寬敞舒適的滬市、深市2個交易大廳，4個貴賓室，5個大户室，118臺486工作站和烟臺市最大的行情顯示屏，同時提供錢龍、建功等動、靜態分析軟件，在山東率先開通了深市、滬市的無形席位，采用自助委托、電話委托、無紙化的交易方式，給股民提供了快捷、準確、優質、高效的服務，1996年1－9月份交易總額爲33.5億。

芝罘營業部以一流的設施、一流的服務、一流的效率，一流的質量與廣大股民共創美好的未來。

營業部領導班子

營業部交易大廳

黑龍江省證券公司

公司總經理：卞玉祥

公司本部
法人代表：卞玉祥(總經理)
地址：哈爾濱市南崗區西大直街40號
電話：3660438　傳真：3628861
郵編：150001
道里債券營業部　負責人：劉文清
地址：哈爾濱市道里區兆麟街7號
電話：4619991　郵編：150010
香坊營業部　負責人：劉敏華
地址：哈爾濱市香坊區珠江路104號
電話：2623669　傳真：2305640
郵編：150036
南崗營業部　負責人：馬麗亞
地址：哈爾濱市南崗區西大直街40號
電話：3660485　郵編：150001
大慶營業部　負責人：孟慶禄
地址：大慶市東風新村人民銀行側樓
電話：6367791　郵編：163311
深圳營業部　負責人：孫曉青
地址：深圳市春風路文錦花園
電話：5111412　傳真：5111412
上海營業部　負責人：王越
地址：上海市普陀區東新路147號
電話：62055515　傳真：62055515

黑龍江省證券公司是1988年6月9日經中國人民銀行總行批準的唯一的一家黑龍江省省級專營證券業務的金融機構。八年來，龍江證券秉持着"追求卓越"的公司宗旨，牢牢地確立了黑龍江省龍頭券商的地位。

自91年5月以來，公司先后被上交所、深交所、中國證券業協會吸收爲會員，并成爲深交所理事。同時，率先把上海、深圳股票交易引進黑龍江，率先推出了北京STAQ系統法人股交易業務。1996年9月10日，公司作爲主承銷商成功地將哈慈股份有限公司2017萬社會公衆股通過上交所交易系統上網定價發行，運作良好。公司繼續發揚實干精神，朝着跨地區、大型化、集團化方向邁進。

青島萬通證券有限公司

公司總經理：冷學正

公司所屬深圳證券業務部

青島萬通證券有限公司是青島唯一的專營證券業務的非銀行金融機構，其前身爲中國人民銀行青島市分行1988年6月獨資成立的青島證券公司。1992年12月經市有關部門批準進行股份制改組，成爲由青島市多家金融機構參股，注册資本5000萬元的股份制非銀行金融機構。公司以"高效、真誠、創新、奮進"爲發展宗旨，以"立足山東，面向全國"爲經營戰略，公司已擁有萬余平方米的營業大樓，采用電子技術設置了信息容量大的U形顯示屏。公司共擁有21個交易席位，并在深圳、上海、青島等地設立了11個營業部，將經營觸角延伸到了省内外。1993年在國務院研究室、中國人民銀行等部委評選的"中國500家最大服務業企業及行業企業評價"中，被評爲證券業第23位。1994年被評爲"首屆山東十佳券商"之一。

公司所屬深圳證券業務部爲其全資業務部，注册資金1000萬元，實現了電話委托、小鍵盤及國内最先進的自助終端系統，跑道快捷暢通。

公司總經理：冷學正　副總經理：王建成
地址：青島市市北區上清路6號
電話：(0532)3865726　3865448

深圳業務部經理：林顯波
地址：深圳紅寶路南村一號之3
電話：(0755)5592856

珠海證券有限公司

總經理:羅義來

珠海證券有限公司是1992年6月經人民銀行總行批準成立的,主營證券業務的專業證券機構。公司具備滬、深交易所及STAQ、NET、武漢、南方、沈陽、天津等證券交易中心的正式會員資格,可代理滬、深AB股的承銷、上市推薦及各交易所和交易中心的AB股、基金、國債交易業務;在各交易所及交易中心所在城市均設有業務部或代表處;珠海市區内屬下有7個營業網點;公司具有先進的行情傳送、顯示及委托買賣功能。公司具有大專以上學歷的職工占85%。

公司自成立以來,先后參與了珠海市10家公司的股份制改造及規範化工作;作爲主承銷商和上市推薦人,成功完成粵麗珠、粵華電新股發行及推薦上市工作,特别是粵麗珠的公開發行,作爲廣東新股發行的首家試點,工作結果得到了中國證監會、省體改委、省證監會以及社會各界的好評。四年來,圓滿完成了儀征化纖、珠海鑫光、青島國貨A股及閩燦坤、粵麗珠、瓊珠江B股的承銷工作;二級市場的成交額累計達到256億元,在滬、深交易量中占較大比重,九三、九四、九五年在深交所A股交易量中分别排第28位、第6位和第16位。

地址:珠海市吉大海濱南路金信大廈附樓2樓
電話:(0756)3338327　3339989
傳真:(0756)3337461　郵編:519015

公司營業處夜景

南方證券有限公司濟南營業部

營業部外景

營業部交易大廳

南方證券有限公司濟南營業部經中國人民銀行山東省分行和南方證券有限公司批準,于1996年10月5日正式成立。營業部業務範圍主要有:代理證券發行業務,自營、代理證券買賣業務;代理證券還本付息和紅利的支付;證券的代保管和證券的鑒證;接受委托代收證券本息和紅利;接受委托代理證券的登記和過户;證券貼現和證券抵押貸款;證券投資咨詢。總經理謝秉衡攜全體員工將竭誠爲廣大客户服務,并向廣大客户致意。

總經理:謝秉衡
地址:濟南市歷山路南首146號一1
電話:(0531)2962486　郵編:250014

廣東證券公司荔灣營業部

總經理：古學彬

營業部門面

廣東證券公司荔灣營業部是由廣東證券公司和廣州金融高等專科學校聯合經營的，于1994年7月8日正式開通股票業務，具有獨立的法人資格和經營金融業務許可證。主要經營有價證券、股票、投資等金融業務。

營業部擁有700多平方米的營業大廳，設有多個設施良好的大戶室和機構大戶室，裝有8部自動委托電腦，所有股民都可自己動手操作，進行股票買賣，有150多對委托電話外綫和眾多的內綫。裝有全市獨有的一次性全部顯示深、滬股市行情及走勢的電視牆。電腦交易系統采用匯金和錢龍股市交易分析系統。組織資深專家主持的股市沙龍為股民提供技術分析、一周股評和政策咨詢等。全市首家推出免收上海股票買賣通訊費，全市首家采用上海自動報盤，上海股票買賣方便快捷。股票交易采用DNN、電話等多種通訊手段，確保通訊暢通。

總經理、法人代表：古學彬

副總經理：張寶泉　鐘文輝

營業部地址：廣州市中山七路347號二樓

電話：81931403　81931400　81931356

傳真：81931402　郵編：510180

招銀證券公司廣州營業部

辦公大樓外景

招銀證券公司廣州營業部是招銀證券公司在廣州的分支機構。營業部采用光纖電腦網絡、衛星接收和傳送行情與即時成交回報、免費開通外綫委托電話，不設保證金限制、錢龍、精業分析軟件系統。擁有自助小鍵盤系統、Wind證券資訊系統和權威的每日股市傳真。開展代理深滬A股交易、代理國債發行、國債櫃臺交易、深滬國債回購、現貨業務。代理證券發行、推薦輔導企業上市。定期舉辦股市沙龍，成立股民之家。

總經理：于河田

寬敞的交易大廳

地址：廣州市天河北路90－102號光華大廈首、二層

電話：87542292　87542297　傳真：87542301

郵編：510062

地址:鄭州市南陽路 6 號
電話:(0371)3826890
郵編:450053

海通證券有限公司鄭州營業部

營業部辦公大樓

法人代表、總經理:崔華平

海通證券鄭州營業部前身是交通銀行鄭州分行證券部,1994 年 8 月 18 日正式對外營業。經交通銀行總行、河南省人民銀行批準于 1996 年 5 月 16 日正式更名爲海通證券有限公司鄭州營業部,是海通證券有限公司在中原地區設置的唯一窗口。營業部現有職工 38 名,90% 以上持有大專以上文憑。建立了完善的組織機構,下設業務部、財會部、交易部和辦公室。營業部成立以來,以"一流的服務質量、一流的經營信譽、一流的工作效率"爲服務宗旨,先后開辦了股票的發行與代理發行及推薦股份有限公司的股票上市;股票的買賣與代理買賣;債券的發行與代理發行;債券的買賣與代理買賣;債券的兌付、代理兌付、代保管業務;有價證券的投資咨詢及經中國人民銀行批準經營的其他業務,取得了良好的社會效益和經濟效益。截止 96 年上半年,累計實現股票交易額 9.2 億元,國債交易額 3.4 億元,實現利稅 750 萬元。

海通證券鄭州營業部抓住契機,求得更大的發展;在硬件上,配備各種設備包括電腦設備、行情顯示裝置等,向客戶提供方便、準確的交易參考資料,同時達到存款、委托、成交后清算交割等電腦系統一體化,更高效、快捷地爲客戶提供優質服務,在發行方面,積極配合中原地區經濟發展,幫助大中型國營企業及三資企業的股份制改造,走出有自己特色的開放型經濟新路子。

南方證券有限公司金通營業部

擁有深圳市最大顯示屏的交易大廳

金通營業部地處繁華的愛國路金通大廈,面積爲 2000 多平方米,總投資 5600 多萬元。大廳裝修豪華,配有先進的電腦網絡系統,安全的證券交易系統和龐大的郵電通訊系統,爲投資者提供最先進、最快捷、最安全、最方便、最直觀的證券買賣服務。

地址:深圳市愛國路 9 號金通大廈 B 座二樓
電話:(0755)5543863　5543662
傳真:(0755)5543665　**郵編:**518003

★資金實力雄厚,投資規模最大。
★擁有最大顯示屏的交易大廳
★最早開通 STAQ、NET 交易系統
★功能先進、豪華舒適的多間專戶交易廳
★綫路充足的場內外電話、觸摸屏委托、查詢、撤單系統
★最安全快捷的資金清算系統
★全新進口的優良電腦硬件設備爲您提供最安全的電腦交易服務

中國光大證券有限公司
廣州營業部

中國光大證券有限公司是中國光大集團總公司全資附屬機構，注册資本2.5億元人民幣，由原中國光大銀行所屬證券部和中國光大國際信托投資公司所屬證券部合并重組而成。

中國光大證券有限公司在廣州設有金達營業部與金城業務部。金達營業部環境舒適，服務完善，設有建功、錢龍、匯金三套股票分析軟件，定期舉辦投資咨詢活動，爲您剖析市場熱點；專人搜集最新上市公司檔案。深、滬股市均實現點對點通訊方式，保證跑道暢通無阻，回報快捷；并提供小鍵盤自助式等多種委托查詢方式。開通100對中繼綫，保證能滿足電話委托用户的需求。金城業務部是一家面向大、專户服務，獨具特色的營業部，令您盡享"三星級"酒店服務。金城業務部深、滬股市亦實現點對點通訊方式，櫃臺、小鍵盤、路路通、電話等各種委托查詢方式齊備，交易暢順，回報迅捷。光正等知名股評人士隨時提供資訊、咨詢服務，令您占盡股市先機。

光大證券，實力與信心的保證，與您在股市并肩前進！

總經理：吕志偉

公司領導與職員展望公司未來

金達營業部
地址：廣州東山區達道路12號金達大廈一、二樓
電話：(020)87303396 **傳真：**87760493
郵編：510084
金城業務部
地址：廣州市東山區東華北路168號金城賓館3樓
電話：(020)87609876 87754888－10520
傳真：87609870 **郵編：**510080

廣東證券公司潮州營業部

營業部交易大廳

廣東證券公司潮州營業部是經中國人民銀行廣東省分行批準成立的潮州地區唯一的一家證券專營機構，是廣東證券公司的直屬機構。經營範圍有：代理發行各種有價證券；自營和代理證券買賣；代理支付和代收證券的本息紅利；證券的鑒證、登記過户；證券代保管；證券投資咨詢；其他經人民銀行批準的證券業務和廣東證券公司委托的其他業務。

營業部自1994年1月正式開通深圳、上海股票交易以來，各項業務都得到快速發展。現有三層樓的股票交易場地共1000多平方米，設有大中户室，環境優雅，條件舒適，擁有最新版錢龍股市行情分析系統和熱自助，股民可在錢龍任意畫面按熱鍵委托、查詢，反應快捷，大大縮短了委托時間。滬股交易采用自動報盤，并提供獨有的在本處交易的上海股份托管資料，極大地方便了股民。營業部還不定期請資深專家主持股市沙龍，爲股民提供技術分析和咨詢。

總經理：袁湘茂
地址：廣東省潮州市城新路20號
電話：2264676 2274835 2274836
傳真：2264676 **郵編：**521000

海通證券有限公司西安營業部

鑄就輝煌 把握勝機

海通證券有限公司西安營業部(原西安交行證券部)自1990年成立以來,始終堅持"規範管理、穩健經營、積極開拓、誠信服務"的經營方針,追求卓越,爭創一流,贏得了廣大客户的信賴和贊譽。作爲海通證券公司在西北地區唯一的一家分支機構,"海西"將立足陝西,面向西北,在開拓進取中不斷學習和創新,挑戰自我,超越自我。

地址:西安市案板街3號交行大廈
電話:(029)7231974　7231970
傳真:(029)7231970
郵編:710004

1200平方米營業大廳寬敞、明亮　　128衛星傳輸系統高速、準確　　四塊超大屏幕揭示深滬行

遼寧省國際信托投資公司北京證券營業部

地址:北京市東城區地安門東大街甲89號
電話:64075053　64075354　64075079
傳真:(010)64078716
郵編:100009

總經理:李修基

營業部交易大廳

公司北京證券營業部是經中國人民銀行北京市分行于1994年批準的首家東北地區進京的异地證券經營機構,總經理李修基。經營範圍主要是代理發行各種有價證券;自營和代理證券買賣;代理支付和代收證券的本息、紅利;證券的鑒證及登記過户、證券代保管;證券投資咨詢,及人民銀行批準的其它金融業務。營業面積達1000多平方米。

營業部下設業務部門有交易部、債券部、電腦部、辦公室等,現有職工30多人。在營業條件方面,擁有滬股交易席位4個,深股雙向衛星小站1個,散户可進行櫃臺人工委托和磁卡自助委托;中户提供單獨跑道,每人一臺電腦操作;大户室擁有匯金超級工作站及錢龍技術分析軟件,每間大户室提供六臺電腦及客户經理服務。并將開通電話委托服務。營業部積極參與國債一級市場、二級市場業務。

北京市房地產信托投資公司上海證券業務部

地址:上海市中山南二路 859 號

上海證券業務部總經理:王會軍

營業大廳一角

北京市房地產信托投資公司是 1987 年經北京市人民政府和人民銀行批準成立的非銀行金融機構,是全國第一家房地產信托投資公司。公司注册資本金 1.3 億元人民幣,由人行、工行、建行、農行、中行五家北京分行和人民保險公司北京分公司共同出資組建,由北京市計委直接領導,經過七年的發展,公司已成爲集房地產開發、建設、經營、工貿投資和人民幣、外匯金融信托職能于一體的綜合性、多功能企業,至 1994 年底總資產已達創立初期的九倍,效益連年遞增。

京房上證是公司最早成立的證券業務部,自 92 年在上海成立以來憑着"優質、眞誠、客戶第一"的服務宗旨,已邁出了踏實的第一步,深得客戶的贊譽。目前京房上證擁有上證所 A 股席位五個,國債席位兩個,有兩間貴賓室和一個營業大廳。擁有先進的軟件系統、自動委托和資金管理系統,使委托、申報、成交回報、清算交割、均通過電腦快捷、安全處理。

貴州證券公司上海業務部

總經理:孫愛群

貴州證券公司上海業務部是經貴州省人民銀行和上海市人民銀行批準,并爲上海證券交易所較早接納爲會員公司的异地證券經營機構。貴州上證從 1992 年 8 月進入上海灘以來,以"誠信、高效"爲宗旨,以"開拓、進取"爲精髓開始了艱辛的創業,并于 1993 年 5 月 28 日從試營業轉爲正式開業,經過幾年股市的風風雨雨,貴州上證不斷發展壯大,在 300 多家券商中,股票成交量從原來的末列上升到前列,并在上海開創購并异地在滬證券營業部之先河,在同業中頗具影響。目前,整套設施已趨完善并具有相當的規模,擁有營業場地 1000 多個平方,電腦 155 臺,場内席位 8 個,并開通了深圳股票交易。在内部管理方面,貴州上證制定了一套較爲完善的規章制度,强化内部管理,加强業務培訓,提高人員素質,并在員工中牢牢樹立"顧客至上,服務第一"思想,使股民開户數已達萬余户。目前,貴州上證將進一步完善服務設施與内部管理,不斷拓展業務,爲中國證券市場發展作一份貢獻。

地址:上海市武進路 445 號
電話:(021)63576166
傳真:(021)63575663
郵編:200085

珠海經濟特區信托投資公司

公司證券營業部

珠海經濟特區信托投資公司是珠海市最早成立的第一家股份制非銀行金融機構，創立于1984年12月，1988年初經上級批準，改造爲一個以公有制爲基礎的股份制金融企業。公司實行董事會領導下的總經理負責制，具有法人資格。公司設有辦公室、財務部、國際金融部、信托投資部、資金部、證券部等部門。

公司承辦人民幣金融業務：信托存貸款、投資業務；委托存貸款、投資業務；房地産投資業務；有價證券業務；金融租賃業務；代理財産保管與處理業務；代理收付業務；經濟擔保和信用見證業務；經濟咨詢業務；中國人民銀行和國家外匯管理局批準經營的其他金融業務。公司承辦外匯金融業務：境内外外匯信托存款；境内外匯信托放款；境内外匯信托投資；以其自有資金進行外匯投資；境内外匯放款；外匯擔保業務。

經營方針：顧客至上、信譽第一；服務至上、效率第一；質量至上、效益第一；業務立足珠海，面向全國，逐步向港澳拓展。

總經理：陳金耀

地睛：珠海市拱北粵華路尖峰大厦

電話：8888388（八綫）　**傳真**：8871189

郵編：519020

廣東證券公司茂名營業處

總經理：陳錦

廣東證券公司茂名營業處是經中國人民銀行廣東省分行批準，以經營有價證券業務爲主的茂名市首家股份制金融企業，股票買賣成交總量在深交所幾百家券商之中排名較爲前列。開通了上海股票的交易業務，進行了計算機語言和網絡系統升級改造。營業處現爲深圳、上海證券交易所和南方證券交易中心首批會員，通過亞洲一號衛星接收系統與深圳、上海證券交易所聯網，實現深、滬股市股票T+1與資金T+0雙同步交割。

河東證券部電腦系統采用3臺 Compaq Proliant 1500 作爲網絡主機，網絡結構實現基于 FDDI 的高速以太網、網絡計算環境實現先進的客户/服務器模式，網絡平臺選用美國 Microsoft Windows NT3.51 和 SQL Server 6.0。其安全性能達到美國政府C2級安全標準。供股民自己操作的電腦近50臺，大户室有自助終端系統、深、滬股市分析和即時行情。電話委托内綫由16條綫增至40條綫，外綫由48條綫增至96條綫。河西證券部采用1臺 Compaq Proliant、1臺 Compaq Prosiqnia 作爲主機，網絡上工作站近60臺，自助電腦達30臺，通過遠程訪問服務器與河東證券部實現實時聯網，股票交易可以通買通賣，現有的電話委托内綫16條，外綫32條。

廣東證券公司茂名營業處祝全體股民財源廣進，萬事勝意。

總經理：陳錦，副總經理：梁家新

河東證券（股票）交易部：

地址：茂名市油城六路40號大院

股票買賣電話委托：2279671

咨詢電話：2274368

河西證券（股票）交易部：

地址：茂名市紅旗中路5號

股票買賣電話委托：2255818

咨詢電話：2254401

西蒙斯律师行
上海办事处

西蒙斯律师行成立于一八九六年，总部设在英国伦敦，是全球最大的国际性律师行之一。本行上海办事处自一九九五年获准开业以来，已在中国大陆办理了多项涉及各行各业的法律业务，累积了丰富的经验。上海办事处除常驻的主理合伙人王桂埙律师外，另有两位外籍律师及数位法律从业人员专门为不同领域的客户提供范围广泛的法律服务。

本行上海办事处提供的法律服务的范围主要包括：

* 银行业务、公司及项目融资
* 涉外保险
* 证券、股票上市
* 合营企业及其它投资项目
* 房产物业
* 知识产权
* 法律争端的解决、境外诉讼
* 技术转让及专营权

首席代表（主理合伙人）：王桂埙律师

地址：中国上海市乌鲁木齐北路457号朝代商务中心309室，200040

电话：(8621)6249 0700　传真：(8621)6249 0706

本行在下列城市设有分行：　伦敦　巴黎　布鲁塞尔　里斯本　米兰　阿布达比　香港　上海　纽约

美國戴維斯律師事務所

美國戴維斯律師事務所是美國西海岸最大的律師事務所之一，總部設在美國西雅圖，并在洛杉磯、舊金山、波特蘭、首府華盛頓等 9 個城市設有分所。1993 年經中國司法部批準在上海開設辦事處，成為上海經批準正式成立的首家美國律師事務所。事務所擁有 270 多名律師，上海辦事處有 6 名律師，分別來自美國本部三個不同的城市：

西雅圖總部
祝嘉漢(J. H. Jerry Zhu)
劉鳳鳴(Fengming Liu)
陸溶湛(R.Z. Margaret Lu)

洛杉磯分所
方之寅(Z. Y. James Fang)

波特蘭分所
梅明瑾(M. J. James Mei)
沈梅英(Marina Suing)

這六位美國律師不僅在美國的法學院深造并取得美國律師資格，而且大部分在中國專修過法律并在上海法律界享有信譽。他們精通普通話和上海話，并通過電腦通訊技術與美國本部律師保持緊密的聯系，向美國和中國各行各業的客戶提供廣泛的法律咨詢服務。服務範圍包括國際商務、金融貸款、證券交易、訴訟、公司的合并與收購、破產與重組、不動產、環境能源、政府合同、稅務、海洋漁業及移民等法律業務。首席代表祝嘉漢律師主管上海辦事處工作。本部國際部中國業務組主任諾曼·佩奇律師(Norman B. Page)率領美國總部和分所律師對中國業務活動給予支持。

歡迎各界人士與美國戴維斯律師事務所上海辦事處聯系。

地址：上海錦江飯店 1006－1009 室·上海茂名南路 59 號
電話：(86)(21)6472－3344
傳真：(86)(21)6415－3003　郵編：200020

鄧何貝王國際法律事務所

康如松(David B. Kay)

林倩瑜(Bernardine Lam)

勞立德(Richard Lawrence)

鄧何貝王是一家國際性的法律事務所，在香港、北京、倫敦、新加坡、東京、布魯塞爾、洛杉磯和莫斯科均設有辦事處，我們是鄧氏國際法律事務所集團(Denton International Group of Law Firms)的創辦成員之一，這個法律事務所集團是本所與德國、丹麥、荷蘭、奧地利和法國的法律事務所的聯合。

1976 年我們在香港設立了辦事處，此后在亞洲又開立了新加坡辦事處、東京辦事處和北京辦事處。我們的客户包括政府、政府組織、跨國機構、股份公司和商業企業，涉及產業、金融和服務等領域。亞洲區辦事處提供的法律服務包括公司融資和國際股票發行(包括在香港、上海和倫敦的股票上市)、合并和收購、合資和外商獨資企業、金融和項目融資、能源和基礎設施項目、電信和傳媒，以及保險、技術轉讓、知識產權、訴訟和仲裁。香港和北京辦事處中國法律事務部的律師可以使用流利的普通話、粵語和英語交談，以及使用中文、英文二種文字書寫。

鄧何貝王香港辦事處
香港中環夏慤道十號和記大廈十字樓
電話:(852)28206272
傳真:(852)28106434

鄧何貝王北京辦事處
中國北京建國門外大街 1 號
中國國際貿易中心國貿大廈 3325
電話:(8610)65054891/2
傳真:(8610)65064893　**郵編**:100004

段和段律師事務所

律師們認真研究業務

段和段律師事務所是經司法部和上海司法局特批的，全國第一家由留學回國人員創辦的律師事務所，也是上海第一家在國外(美國)設立分所的中國律師事務所。事務所有數位律師具有國外永久居留權，有在國外律師事務所從事法律業務的經驗，并可以自由出入境内外，提供中外法律服務，爲中國公司股票在境外發行和上市進行促銷。事務所已有三位律師取得了中華人民共和國司法部和證監會授予的證券律師資格。同時，本事務所也獲得了從事證券業務的律師事務所的資格。并參與了上海浦東外高橋保稅區證券期貨交易法規的起草工作及上海糧油商品交易所期貨交易法規及仲裁規則的起草工作。作爲主承銷商律師完成了上海金泰股份有限公司發行 B 股和上市以及上海冰箱壓縮機股份有限公司增發 B 股的發行和上市的法律工作。另外，還爲加拿大王冠紙品包裝公司在紐約證交所的債券發行、日本 Nikko 基金的發行和香港捷亞國際集團的新股發行和上市提供了法律意見。

地址:**中國上海遵義南路** 88 **號** 2503 **室**
電話:(8621)62191103　62193674
傳真:(8621)62752273　**郵編**:200335
地址:**美國華盛頓州西雅圖市聯合廣場大廈** 2 **號** 4123 **室**
電話:(206)62866776　**傳真**:(206)6286611

廣東對外經濟律師事務所

事務所是1983年經司法部批準成立的專門從事對外經濟貿易法律事務的大型律師事務所，并經司法部、國家證監會確認具有從事證券法律業務資格，擁有3名證券律師。成立十多年來，律師事務所不斷擴大，律師業務不斷增加。到目前爲止，專職律師13人(其中二級律師3人、三級律師3人)，兼職律師88人，特邀律師58人，律師輔助人員及秘書10人。本所主要業務包括：爲國際金融、貨物買賣、租賃、證券、房地產、股份制改組、海商海事、技術轉讓、知識産權、工程承包、工商登記、涉外税務、保險、婚姻、繼承以及其它各類經濟合同及民事糾紛的調解、仲裁、訴訟等提供法律服務，爲國内外企業、事業組織和個人進行投資、在華設立辦事機構、開辦各類企業以及企業破産或終止清算等提供一系列法律服務。

主要業績有：

1、接受聘請擔任200多家中、外公司、企業、經濟組織或個人的常年法律顧問，協助企業、公司逐步走上法制軌道；

2、參與重大外商投資項目和國際經濟貿易合作談判。參與廣州—深圳122公里高速公路合作合同及貸款合同談判，引進外商投資100多億港元；負責起草廣州11.5萬噸乙烯工程6000萬美元銀團貸款合同等；

3、爲十幾家大中型企業的股份制改組及股票發行與上市提供法律服務。星湖味精(集團)、廣東美的集團、東莞宏遠實業(集團)、佛山照明電器、廣東美雅等。

4、通過辦理國際金融業務，協助國内公司到日本東京、英國倫敦證券市場發行國際公司債券，引進外資約6億美元。另外還爲中外合資藍帶啤酒廠(肇慶)有限公司、桂林輪胎廠有限公司的外方的母公司在境外上市籌款提供了法律幫助。

法人代表：張錫海
地址：廣州市東風東路707號自動化大廈12樓
電話：87760231　郵編：510080

廣東省經濟貿易律師事務所

廣東省經濟貿易律師事務所以廣東省法學會的知名法學專家、學者爲依托，擁有人才薈萃的優勢。現有注册律師68名，其中，有一批精通法律、秉公辦案、剛直不阿的老、中、青年律師。該所有282平方米裝修一新的律師寫字樓，先進辦公、通訊、交通設備，服務範圍廣，工作效率高，管理水平上乘，是廣東知名的公辦律師事務所之一。

事務所擅長在國内外的經濟貿易、金融、投資、證券、房地産、知識産權等領域開展多層次全方位的法律服務。自1988年成立以來，已代理3000多宗(件)各類訴訟案件和非訴訟法律事務，積累了豐富的法律服務實踐經驗；先后爲350多家企業、事業單位、政府機關、外商及個體工商户等擔任常年法律顧問，爲他們提供優質、高效的法律服務，挽回經濟損失數億元，取得了很好的社會效益和經濟效益，深受當事人好評。

事務所部分律師和工作人員在慶祝廣東省法學會成立15周年座談會上合影

事務所主任：李松濤。
辦公地址：廣州市德政中路388號佛岡大廈9樓
電話：(020)83304814　傳真：(020)83353986　郵編：510030
辦公地址：廣州市倉邊路26號法院大樓8樓
電話：(020)83334139　83190396　郵編：510030

廣東中海律師事務所

事務所主任：許慧敏

事務所部分律師在研究工作。右二爲國家證券注册律師陳默副主任

事務所是于 1994 年 12 月按國際慣例成立的律師機構，直屬廣東省司法廳。現有合伙人 3 名，系由一批文化素質高，專業知識豐富的中青年律師組成，具有良好的業務素質和職業道德。本所主要從事證券、期貨、涉外投資、金融、投資和房地産開發等法律業務，包括受委托參與策劃股票國内外上市并出具法律意見書；爲證券商提供法律服務；參與中外合資、合作項目的談判、代爲起草合資、合作合同、章程，代爲申領各項許可證及領取營業執照；爲中外資銀行及非銀行金融機構擔任法律顧問；代爲樓盤外銷及境外物業内銷及國内房地産開發、轉讓、租賃、繼承、代管等。該所與澳洲、日本、新加坡、香港、臺灣等國家或地區多家律師機構建立了密切的業務聯系和合作關系。

本事務所宗旨：信譽、公正、優質、高效，爲委托人提供一流的法律服務。

法人代表、主任律師：許慧敏
地址：廣州市德政北路 407 **號華興賓館** 418
電話：(020)83372141　83304296－3418、3320
傳真：(020)83372141　**郵編：**510055

廣州市越秀律師事務所

主任：龐愛國
地址：廣州市倉邊路 59 **號**
電話：(020)83356911

事務所門牌

越秀律師事務所成立于 1982 年，是廣州市最早成立有一定影響的律師事務所。總部位于律師所聚集的倉邊路，設立了房地産金融部、經濟部、涉外部、民刑綜合部、公關部等，是廣州市幾家經中國司法部和證券監督管理委員會特許的從事證券業務的律師事務所之一。事務所聚集了一批專業素質優秀、職業道德高尚，從業經驗豐富的資深律師，此外，事務所還聘請了一批在法學界、司法界有威望的專家和司法界退休領導和現任領導組成的顧問團爲本所解決業務中各類專業及法律疑難問題提供了保障。現已有 60 多個國内大中型企業、政府部門、金融部門、各類經濟實體、個體户聘請事務所的律師擔任常年法律顧問。并與香港、澳門和海外多家著名律師行建立起長期穩定的合作關系并辦理了大量的涉外業務。

事務所的宗旨是：在中國建立一家具有中國特色的與國内市場經濟相適應國際化的具有先進管理水平、一流服務質量的現代化大型綜合性法律服務機構，爲在生氣勃勃的中國市場中求發展的國内和海外的企業家提供精湛、全面、忠實、周全的法律服務。

法聖律師事務所

事務所主任:孫丙申　高級律師　事務所合伙人(左起)楊文軍、孫丙申、陳小青

法聖律師事務所是經廣州市司法局批準依法成立的合伙制律師事務所。事務所合伙人均爲原廣州市金融海商律師事務所的高、中級律師,主要業務骨干,熟悉律師的各項法律業務,特別擅長金融證券、海事海商、國際貿易、涉外投資、企業改制、房地產、追索債務、執行債權、申請再審等法律事務。

法聖律師事務所以爭第一,創一流,竭誠爲社會各界提供各項法律服務,全力維護法律的神聖和尊嚴爲宗旨。事務所現有執業律師8名,配有專業外語翻譯2名,具有辦理涉外法律業務的能力和經驗。主要業務範圍:法律顧問、民事代理、行政代理、刑事辯護、非訴訟代理等。

地址:廣州市小北路華宇大廈4樓
電話:83185509　83185484　83185427
傳真:83342710

法大律師事務所

主任:李夢福、余景博
地址:北京市海澱區西土城路25號
電話:62015577－2567(**主任**)　62012119(**接待**)
傳真:62042540　**郵編:**100088

主任:李夢福　事務所部分律師

法大律師事務所是我國規模最大、聲譽卓著的一家律師事務所。她由我國最高法學教育中心—中國政法大學取得律師資格的法學專家、教授及講師組成,現有律師133人,其中高級律師、法學教授112人。本所在民法、刑法、公司法、經濟合同法、知識產權法、税法、金融法、房地產法、證券法、國際經濟法、涉港澳臺法等方面擁有雄厚實力。許多律師參加了我國多部法律的制定和修改工作,還有多名律師兼任中國各仲裁機構的顧問、委員和仲裁員。

法大律師事務所自建所十余年來,承辦的刑事、民事、經濟等案件有五千余件,其中許多案件是近年來在全國產生巨大影響的重大、疑難案件。本所還參與大量的重大商務談判和法律文書的起草,接待法律咨詢,并擔任國家機構、企事業單位、外商的常年法律顧問。事務所崇尚法治與正義,以維護當事人的合法權益為最高宗旨,竭力以優質的法律服務贏得社會各界的信任和支持。

徐玉光律師事務所

地址:北京崇文區龍潭湖北側路 1 號北京工美旅游中心大廈 103、104 室
電話:67140495　67113300－2103、2104、2120
傳真:67140495　郵編:100061

團結向上的集體　主任律師:徐玉光

事務所是經北京市司法局批準的一家私人律師事務所。創始人徐玉光先生是一位在司法界享有較高聲譽的資深律師。事務所由多位具有法學學士、碩士和理學士、工學士學位的熟諳法律并有豐富實踐的執業律師組成,專業涵蓋法學、證券、期貨、環保工程、機械、計算機、工民建等學科。

事務所業務範圍:接受國內外法人、公民委托,參與創辦各類企業,處理各類公司法律事務,參與投資項目的立項、談判,并代理相關的申報手續。代爲起草審查各種經濟合同文件,接受委托辦理各種擔保及不動産抵押手續。接受債權人或債務人委托,代爲辦理企業破産申請,參與企業的破産清算。接受委托,參與技術貿易談判,并制作相應的法律文件,對專利或商標的侵權訴訟尤爲擅長。接受委托參與企業并購與産權交易過程的商務談判,代爲審查并制作各種法律文件、合同,代爲辦理有關登記注册手續。代理有關股份組合、股票上市、期貨等法律事務。接受委托擔任刑事、民事、經濟、行政訴訟案件及國内或涉外仲裁案件當事人的辯護人或代理人。擔任常年法律顧問。

濟南高新律師事務所

事務所(原名濟南市高新技術産業開發區律師事務所)自 1992 年建所以來,已辦理經濟、涉外、刑事、民事案件共 2800 余件,非訴訟法律事務 4200 件,擔任機關、企事業單位、涉外經濟單位常年、單項法律顧問 150 余家,爲當事人挽回、避免經濟損失 18000 萬元。另外還免費向社會提供法律咨詢,處理人民來信來訪,電臺、電視臺法制宣傳數百件。

全所共設有八個業務部:涉外經濟貿易法律部、經濟法律事務部、法律顧問部、金融房地産部、知識産權部、技術法律部,主要以知識産權、技術轉讓、涉外投資、國際經貿、金融房地産、企業産權轉讓(包括公司分立、兼并、破産事務)等法律服務爲特色,兼辦部分民事、刑事案件,在爲濟南市開發區的招商引資工作中起到橋梁和向導作用。對港臺客商及海外華僑投資給予多方面的法律幫助。如提供大陸法律咨詢、税務及優惠政策咨詢,幫助搞可行性分析,資信調查,起草、審查合同、章程,申辦工商登記,代理專利申請,代辦商標注册,代理經濟仲裁、訴訟等。目前該所共處理外資在華糾紛 20 多件,并爲中外合資合作企業、外商獨資企業處理各類法律事務 80 余件。

事務所有律師 40 名,其中有 20 名專職律師。主任、一級律師孫年華爲全國知名女律師,是山東省最早從事涉外經濟法律業務的律師之一,具有豐富的辦案經驗和較深的資歷。

主任:孫年華　一級律師

地址:中國山東省濟南市洪樓南路 36 號
電話:(0531)8906630　8907342　郵編:250100

第十六编

证券业人物

664/668

特邀编委:王义祥　王俊藩　巩宜海　李学军　李武林　李剑铭
宋德明　竺　亚　段丽群　续眉鸿　曾希鲁　梁青民

证券业人物

【编者按】 为了促进中国证券市场的规范化和国际化，加强交流与合作，提高证券业经营管理水平，编辑部决定从1996年起，在《中国证券业年鉴》中文版和英文版开辟证券业人物栏目，反映和介绍股份制企业、证券经营机构、中介机构、期货经营机构、投资基金单位、产权交易机构、新闻出版、科技教育及理论研究等方面的有丰富管理经验和显著成就的专家学者、企业领导，每一年度推选十位证券业人物。

郝振堃

【工作简历】 郝振堃，男，北京市昌平县人，生于1937年6月28日。1983年任国营嘉陵机器厂厂长，1987年任中国嘉陵工业股份有限公司(集团)总裁，1993年任嘉陵公司董事长兼总裁，高级会计师，享受国家政府津贴的高级专家，第八届全国政协委员。

【管理实践】 郝振堃长期在企业工作，精通企业经营管理。在企业处于顺境时，能把握住机遇，促进企业持续快速健康发展，在企业处于逆境时，能把握方向，克服困难，渡过难关。在1983年、1986年、1989年市场出现疲软的情况下，三次克服市场疲软，使企业顺利渡过难关，保持了良好的发展势头。在1994年以来的市场疲软中，提出“牺牲数量保质量，牺牲利益保市场”的决策，并实施名牌战略，通过抓质量管理，开拓市场，取得较好的经济效益。1987年，郝振堃在企业引入股份制经营模式，积极进行股份制试点，并于1995年10月使公司发展成为上市公司。1992年以来，随着改革开放的不断深入，郝振堃抓住机遇，又提出了“一业为主、多元经营，向外发展，优化集团、精益管理”的新经营发展战略。同时对企业管理工作严格要求，坚持从严治厂，注重现代化管理方法和手段的推广运用。在长期企业经营管理中，创造性地提出了独具嘉陵特色的适用于中国多数工业企业的科学管理方法《三元动态平衡法》，荣获全国企业管理现代化创新成果二等奖。另外，十分注重通过促进企业技术进步增强企业实力。郝振堃多年来致力于中国民族摩托车工业的发展。巩固发展了嘉陵公司横向经济联合，在此基础上于1987年组建了中国嘉陵集团。目前，中国嘉陵集团已发展成为集科研、开发、生产、经营、外贸、金融于一体的中国摩托车行业和兵器行业最大的企业集团，扩大和发展了国际经济技术合作，先后引进了日本本田公司先进的摩托车生产技术、关键设备和70型、125型摩托车，引进了比利时先进的猎枪弹生产技术和设备。1992年以来，引进国外资金，先后与日本、美国、泰国、香港等国家和地区的厂商创办了中外合资企业，扩大了对外合作领域。

【成就业绩】 郝振堃先后荣获了全国五·一劳动奖章、首届中国军转民十佳企业家、第五届全国优秀企业家(金球奖)、中国经营管理大师等荣誉称号。公司先后获得国家一级企业、全国优秀企业(金马奖)、中国摩托车之王称号，1995年在500家全国最大工业企业中按销售收入排名第80位，按利税排名第51位，并在全国工业企业最优500强中，按综合评价指标居第2位。

金建栋

【工作简历】 金建栋，男，汉族，生于1944年8月27日。1966年毕业于中央财政金融学院金融系，1970年，分配至中国人民银行工作。行政历任中国人民银行福建省宁德地区中心支行信贷科副科长、计划科科长，宁德地区中心支行行长，福建省分行副行长，中国人民银行总行会计司、综合计划司、金融管理司司长，同时兼任证券管理办公室主任，国务院证券委办公室主任。1994年1月经中国人民银行总行党组推荐并批准出任中国国泰证券公司董事长兼总经理至今。金建栋1979年10月加入中国共产党。1984年至1990年，先后任中国人民银行宁德地区中心支行党组书记、中共中国人民银行福建省分行党组成员、中共中国人民银行总行党组成员。1995年任中共中国国泰证券公司党委书记至今。1984年9月至1985年7月曾在中央党校培训部培训一年。金建栋1982年获经济师职称，1987年获高级经济师职称。1990年至今被中国人民大学、湖南财经大学聘为客座教授。1988年至今被中国人民银行总行研究生部聘为研究生导师，已先后指导培养研究生8名。1987年至今，先后担任过一些社会工作，如交通银行董事、招商银行监事长、中国证券业协会理事长等。

【管理实践】 金建栋不仅在理论方面有较深入的研究，还具有丰富的金融实践经验。在基层分行，担任过信贷员、农金员、计划员、科长、支行行长等职务，熟悉并精通基层银行的具体业务。在人民银行总行，任司长长达10年，流动过三个重要业务司局。特别是任金融管理司司长长达七年余，管理的金融机构涉及银行、保险、信托、证券、租赁、财务公司、信用社等，积累了较丰富的经验。金建栋在总行工作期间还参与了多项重要工作，先后组织起草了国务院体制改革方案研究领导小组金融组《关于明后两年金融体制改革的几个问题》，中国人民银行《关于“七五”期间金融体制改革意见》，中国人民银行综合计划司《关于计划体制改革意见》等十多份重要文件，并积极协助贯彻执行。1988年任金融管理司司长期间，曾兼任全国金融性公司清理整顿领导小组副组长，并亲自起草了《关于清理整顿金融性公司汇报提纲》，向人民银行总行党组汇报，得到肯定，作了一些修改后作为向全国清理整顿公司领导小组汇报的材料，经全国清理整顿公司领导小组讨论原则通过。在此基础上组织起草了国务院《关于进一步清理整顿金融性公司的通知》，作为金融性公司清理整顿的指导性文件。在1990年至1993年先后兼任中国人民银行证券管理办公室主任和国务院证券委办公室主任，具体主管证券市场，参与了中国证券市场的培育、开拓、发展及相关管理办法的制定，做了大量工作，如第一批企业债券的审批及《企业债券管理条例》的制定；第一批A、B种股票发行的审批及《深圳市股票发行与交易管理办法》、《深圳市人民币特种股票管理办法》、《上海市人民币特种股票管理办法》、《关于严格控制股票发行和转让的通知》等的制定；第一批到香港上市H股的审批及有关管理办法的制定；第一批证券公司的审批及《证券公司管理暂行办法》的制定；上海、深圳证券交易所的审批及相关办法的制定;中国证监会和国务院证券委的筹建等。在1994年至今担任中国国泰证券公司董事长兼总经理期间,能认真贯彻执行党和国家的各项方针、政策,坚持加强集体领导,充分发挥民主,注意调动各级干部积极性,既抓业务又抓党的工作,又注意规避风险,稳健经营,在廉政方面也能严格要求自己,使中国国泰证券公司的整体管理水平和经营效益均有较大提高,在公司干部考核中被评为优秀干部。

【成就业绩】 金建栋在金融理论与政策研究方面有一定造诣。曾先后在全国性报刊上发表论文50余篇,主编书籍10本,约500多万字,起草全国性金融改革文件和规章制度60余件,先后组织各种金融培训班30多期。并在中央广播电视大学、中国人民银行研究生部、中国人民大学、中国金融学院、中央财政金融学院和有关部门举办的培训班上授课。曾在中央党校省部级干部培训班讲课三次。

赵叶龙

【工作简历】 赵叶龙,男,现任上海财政证券公司总经理。上海财政证券公司成立于1988年4月21日,赵叶龙于1992年上任公司总经理。

【管理实践】 1992年赵叶龙上任上海财政证券公司总经理,实施严格管理和稳健经营,在体制上公司实行总经理负责制,执行一级法人管理制度,确立规范自律管理、部门责任管理、统一财务管理,完善内部管理机制,形成科学决策机制、风险管理机制和员工激励机制。在经营上,改变单一经营结构,探索自主经营、独立核算、自负盈亏、自我约束、自我发展的经营道路,改变计划发行、兑付任务为主的经营方式,转为以市场交易为主,经营范围由单一的国债转为包括股票在内的多种证券投资。1992年2月上海财政证券公司经中国人民银行上海分行批准开始办理股票买卖业务,1993年经财政部、中国人民银行批准成为首批中华人民共和国国债一级自营商。公司成立八年来,累计证券交易量2600亿元,证券发行量109.9亿元,兑付各类国债74亿元,累计实现利润2亿元,资本金达5亿元,总资产25亿元,遍布上海各区县营业部30个。公司成为国债一级自营商后,多次担任副主干事。在股票市场中,先后完成了“英雄股份”A股的主承销和上市推荐,“长春汽油机”的副主承销,“劝业股份”的上市推荐,参与“四川长虹”、“杭州百大”的增配股业务,多次参与上海浦东建设债券以及奉浦大桥、白莲泾等债券的发行,1995年首次代理发行异地债券广梅汕铁路债券在全国发行。

【成就业绩】 1995年经中国诚信证券评估有限公司评定,证券商信誉等级达AA+。公司1994年、1995年证券交易量总额在上交所会员公司中分别居第10名、第9名。其中国债现货交易位居榜首。

王道云

【工作简历】 王道云,男,汉族,1951年3月出生于山东诸城,大专学历,1968年参加中国人民解放军,历任战士、飞行学员、教员、飞行教员、飞行中队长、团政治处副主任,1987年1月转业到地方,历任淄博市直机关党委宣传科干事、办公室副主任,淄博市体改委党组成员、体改委专职委员、办公室主任,淄博基金咨询服务中心主任、淄博证券交易自动报价系统筹建办公室主任,现任淄博市经济体制改革委员会党组成员、山东省证券业协会常务理事、淄博证券交易自动报价系统常务理事兼总经理。

【管理实践】 1988年淄博市周村区先后被山东省政府和国务院批准为农村股份合作制试验区,1991年2月,国务院发展研究中心、国务院试验区办公室、国家体改委等有关部委组成联合考察组,对淄博周村区的试验进行了全面的考察评估,认为淄博的股份制试验工作进展较快,已取得阶段性成果,但国务院批准的“股票流通试验”还没有开展起来。开展股票流通试验,要培育金融机构和与证券市场发育配套的其它机构,重点是首先开展投资基金试验。这样经中国人民银行总行批准,淄博乡镇企业投资基金成立,为基金服务的淄博基金咨询服务中心正式挂牌,王道云出任中心主任。淄博基金咨询服务中心开展培训,辅导改制,制定资产评估、产权界定、股票发行等管理法规和制度,深入企业实地辅导,起草章程、制定股票发行办法、组织召开创立大会,为企业改制提供全套服务。1992年12月15日,淄博市第一家柜台交易部正式开业,从此淄博的股票转让工作开始向规范化迈进。至1993年2月份,已有5家金融机构开展柜台交易,共挂牌交易5只股票。柜台交易的出现,有效地抑制了黑市交易。1993年3月,国家体改委领导对股权转让工作提出了“城市联网,规范交易”的要求,建议把全市的柜台交易网点利用计算机联网运作,形成全市统一的证券市场,形成特色和规模。1993年4月,王道云受命在原淄博基金咨询服务中心基础上组建淄博证券交易自动报价系统,1993年8月18日开始试运行,1993年9月27日,淄博证券交易自动报价系统召开创立大会,在创立大会上王道云当选为第一届理事会常务理事,被理事会聘任为淄博证券交易自动报价系统总经理。目前,系统挂牌交易试点企业达28家,联网范围除覆盖淄博全市各区县外,还辐射到日照、潍坊、临沂、青岛、济南、四川成都、四川永川、江苏镇江等地,挂牌流通股本总量达3亿元,成交总金额逾15亿元。淄博证券交易自动报价系统初步发展成为一个规范的区域性场外交易市场,解决了中小企业、尤其是乡镇股份制企业股票流通问题。在场外交易市场的组织机构、运作模式、管理方法、监管途径、托管与清算交割模式、联网手段等方面形成了一套完整的管理体系。

(武冰)

冯怡生

【工作简历】 冯怡生,男,高级工程师,现任山东鲁北企业集团总公司董事长、总经理,山东鲁北化工股份有限公司总裁。当选第七、八届全国人大代表,中国硫酸协会、磷肥协会、盐业协会理事,全国盐化工管理委员会委员,山东省企业集团联合会常务理事和山东省企业经营管理学会理事;聘为青岛化工学院兼职教授,山东建材学院粉体工程研究所名誉所长和滨州地区行署经济顾问。

【管理实践】 冯怡生驾驭企业从一个8名员工,靠40万元试验经费创业起家的试验小厂,快速发展成为横跨7个行业、辖有50个核算单位,10.6亿元固定资产、4000名职工的大型(一)集团股份制企业。冯怡生历经20年艰难苦战,成功开发了32项重大科技成果,取得了12项专利技术,创出了石膏法制硫酸联产水泥,磷铵、硫酸、水泥联产,百万吨盐场“一水多用”组配式综合开发。开辟了硫资源、水泥生产新原料及磷复肥生产新工艺,解决了磷铵副产废渣磷石膏堆存污染的难题。1977年8月,冯怡生带领员工在盐碱滩上承担起国家“六五”重大科技攻关项目—石膏法制硫酸联产水泥研究课题,边设计、边建设、边试验,建成全国第一套7500吨/年石膏法制硫酸联产水泥工业性试验装置，首创了半水流程工艺和高饱和比、高硅酸率科学配料率值，取得了利用盐田副产盐石膏、磷铵生产废渣磷石膏和天然石膏制硫酸联产水泥三项试验的成功，填补了三项国内空白。该项技术获得国家发明专利权，列入国家"九五"重点科技成果推广计划。冯怡生相继主持建成一套料浆法万吨级和"3万吨/年磷铵、4万吨/年磷石膏制硫酸联产6万吨/年水泥"发明专利装置，并实现了长周期、安全、稳定运行，在全国率先实现三产品一体化联产。总投资近10亿元的"15万吨磷铵、20万吨硫酸、30万吨水泥"试点施大工程已经国务院特批建设，作为全国4套重大成套技术装备重点开发项目之一，列入国家"九五"计划和2010年远景目标纲要。磷石膏综合利用技术列入国家"九五"重点推广计划，化工部把料浆法磷铵大型化及磷石膏综合利用列为"九五"全力攻克的十大成套开发技术第一项。跨省租赁经营的河北省沙河市鲁北化工有限责任公司的"3万吨磷铵、4万吨硫铁矿制硫酸"装置经过技改，已恢复运营；技术入股组建的宁夏固原地区鲁北石膏制酸有限责任公司的"4万吨天然石膏制硫酸联产6万吨水泥"装置已奠基开工；与鲁西化工集团签定的一种"由石膏生产硫酸的方法"发明专利实施许可证合同已进入实施阶段。对扭亏无望的滨州渤海化肥厂实施先托管后兼并，10万吨尿素改扩建工程正在进行。冯怡生主持建成了占地面积154万公亩、结晶面积6万公亩的百万吨盐场，并配套建成生产工艺领先的5000吨溴素厂及高附加值溴系列生产线和5万亩水产养殖场，形成了初级卤养殖、中级卤提溴、饱和卤盐碱联产、苦卤综合利用制钾、镁，盐石膏制硫酸联产水泥，硫酸尾气制取液体二氧化硫用于提取溴素的盐、碱、化、养"一水多用"经济格局。国家"八五"重大科技攻关项目—循环流化床分解磷石膏技术课题，在冷膜、热膜试验成功的基础上，自主设计建成中试装置。冯怡生狠抓技术开发机构和技术开发体系建设，创办了国家级企业技术中心、化工、建材乙级设计院和高新技术攻关部，化工、轻工、建材、水产、食品、电子6个科研所与6个中试基地配套，并与23家大专院校、科研单位结成科技联盟。公司自1988年起打破职工级别、身份、资历界限，实行干部聘任制，全员合同制，层层签定经济责任合同。冯怡生从解放生产力，改进劳动关系，解决企业效益与职工收入严重脱节的实际出发，大胆改革传统的分配方式，1991年起推行"工效挂钩、风险抵押、放开分配"为主体的三项制度改革，彻底打破了档案工资制。

【成就业绩】 冯怡生系全国有突出贡献的中青年专家，全国优秀科技工作者和五·一劳动奖章获得者，全国劳动模范，全国化肥、矿山优秀厂(矿)长，第四届全国科技实业家创业奖金奖获得者，山东省专业技术拔尖人才，山东省企业管理先进工作者，山东省劳动模范，山东省优秀企业家、优秀专利发明家和中国500名企业创业者之一；荣获国家六·五科技攻关奖、中国专利优秀奖、1992年山东省首批科技重奖、山东省专利金奖、中国专利十年成就展金奖和孙师白基金会科技成果二等奖等百余项成果荣誉奖励，享受国务院政府特殊津贴，载入了《澳亚名人录》和《中国企业家大辞典》，入主"中国证券业十大人物"。

苏德钜

【工作简历】 苏德钜，男，先后任广东省电力局生产技术处技术员、工程师、科长，广东省电力服务总公司副总经理，广东省电力开发公司副总经理，自1994年10月任广东电力发展股份有限公司副董事长、总经理。

【管理实践】 1994年苏德钜任广东电力发展股份有限公司副董事长、总经理，很快就把公司的工作归结为"电力要发展，就得筹钱；公司要进步，就得管理；股东要满意，就得盈利"这二十七个字。上任伊始，苏德钜面临的第一个难题就是如何顺利完成B股(境内上市外资股)发行工作。当时，因为筹备B股发行工作中的技术性问题未能解决，再加上股市低迷，参与筹备工作的境外国际协调人也正式退出了该项工作，公司发行B股工作实际上已暂时停顿下来。苏德钜带领专门成立的B股发行工作小组的同志，深入细致地展开了对投资者、市场和有关政策等的调查研究工作，提出了具有较高质量和可行性的筹资目标和发行方案。方案还得到广东省政府、省证管部门和省电力局的大力支持，为最终顺利完成B股发行工作奠定了坚实的基础。1995年6月公司B股发行获得了空前的成功，超额认购达3倍之多，成功地解决了法人股转B股的问题，在股票发行工作中首次将法人股转B股与新发行B股结合起来，并与B股同时同价配售。在发行方式上首次采取超额配售权的发行方式，运用超额配售权方式发行的B股总额达到1500万股，并同时以144A方式在美国配售B股，创造性地实践了B股发行的新方式。随着公司逐渐转入正常经营，加强公司经营管理，特别是生产管理、投资管理和资金管理是公司的一项持久性的中心工作。苏德巨又逐步改进公司办公会议制度、电力项目管理制度和财务管理及资金管理制度。苏德钜坚持任人为贤的原则，大胆使用责任心强、有专业知识与实践经验的年青人。对同僚和下属，一视同仁地相处，一视同仁的使用，一视同仁地尊重，最大限度地增强群体功能，从而产生了较好的整体效应。

【成就业绩】 1995年5月，深圳证券交易所按照134家上市公司行业特点、经营规模、经营业绩、盈利能力等20多个指标、评出了深市20家绩优公司，广东电力发展股份有限公司名列第18名。

姜丽华

【工作简历】 姜丽华，女，生于1953年，中共党员，经济学硕士，经济师。1986年10月出任大连物资局财务物价处处长，1990年8月至1993年2月担任大连市物资局副局长，1990年10月任大连市金属材料公司经理，1992年7月任大连金属材料总公司总经理，1992年12月发起组建大连物产集团并担任董事长兼总经理。1993年2月以后担任大连商品交易所总裁。

【管理实践】 1992年，根据世界银行专家的建议，姜丽华作为大连市物资局副局长、大连市物产集团总经理，在对上海金属交易所进行了认真考察之后，向大连市政府提出了在大连建立期货交易所的具体设想和方案，在大连市政府的支持下，创办了东北第一家期货交易所—大连商品交易所。姜丽华成为中国期货界第一位也是目前唯一的女总裁。在大连商品交易所成立以后的两年多来，运用科学规范的管理方法，严格控制风险，战胜重重困难，使玉米、大豆这样的在国内为数不多的大品种成功地运作起来，从而使大连商品交易所迅速发展壮大，显示出强大的生命力。1994年大连商品交易所被国家批准为首批11家试点交易所之一，确定了它在中国期货界的重要地位。同时姜丽华培养出一支精干的人才队伍，使大连商品交易所成为一个团结向上、富于效率、充满活力的整体。

【成就业绩】 姜丽华自1991年以来，多次获得全国三八红旗手、优秀企业家、辽宁省特等劳动模范、省市十大杰出女性等荣誉称号，1995年获首次全国十大女杰提名奖，并代表大连参加了第四次世界妇女代表大会、非政府组织论坛。撰写的《我热爱的事业—FUTURES》获得了《中国期货》海通杯征文竞赛一等奖，先后主编出版了《期货交易理论与实务》、《股票与期货行情》等著作，并在《中国期货》等报刊杂志上发表了10余篇论文。

麦伯良

【工作简历】 麦伯良，男，1975年7月毕业于广东四会一中高中；1975年9月至1978年3月在广东四会知青农场上山下乡；1978年3月至1982年1月于华南理工大学机械系完成大学教育；1982年1月以后，在中国国际海运集装箱（集团）股份有限公司任技术员、工程师、经理、副总经理、总经理等职。

【管理实践】 麦伯良从1987年起开始主持公司市场工作，大力开拓国际市场，经过艰苦努力，中集公司产品已经打开欧洲、美国、日本、中东、南美、香港、台湾等国家和地区的市场，排名世界十大航运公司和十大集装箱租赁公司的20家公司中绝大多数已成为中集公司的长期客户。同时实施跨区域经营，获得规模经营优势。从1993年开始，中集公司先后收购大连、南通、江门等地的集装箱公司，引进中集公司经营机制和先进生产技术，发挥集团市场、人才、资金优势，取得规模经营优势。1995年产量达到141230标准箱，占国内产量1/4，世界产量15%。在麦伯良的主持下，中集公司先后介入机场地面设备、房地产及内燃发电机组领域 。其中在机场设备领域，由中集公司设计生产的机场旅客登机桥已成功地安装在北京、天津、上海、西安、深圳、香港、澳门等国内外十几个大型机场，国内市场占有率80%以上，并成为唯一进入国际市场的机场地面设备制造商。麦伯良十分注重产品开发和技术投入，中集公司先后开发出开顶箱、超高箱、超长箱、折叠箱、侧开箱、通风箱等特种集装箱，其中开顶箱、折叠箱、通风箱等填补国内空白。中集公司已投资兴建目前世界上规模最大、技术最先进的冷藏箱厂，投产后将进一步增强中集公司产品的竞争力。麦伯良在管理中提出以人为中心的管理思想，既给员工以压力，也给员工以动力，使员工潜能得以充分发挥。注重员工思想教育，倡导并强化员工的市场竞争意识。

【成就业绩】 麦伯良是中国较早从事国际标准集装箱设计和制造的专业人员，1987年担任中集公司副总经理，1991年起担任公司总经理。公司由一家专业小厂发展成为中国最大的造箱集团，在世界上排名第二位，同时，中集公司也从1992年起跻身中国工业企业500强，排名不断上升。中集公司并荣获全国十大高出口创汇企业，深交所十佳上市公司等多项殊荣。

徐玉光

【工作简历】 徐玉光，自1983年8月起从事专职律师工作，承办了各类刑、民、经、涉外仲裁、非诉案件50余件。

【管理实践】 徐玉光1983年办理80岁王老人诉其儿子返还59两黄金案。历时一、二两审，到三个省、市几十家单位、公民个人处调查取证，最后，王老人胜诉。为酬谢，王老人送10两黄金给徐玉光，徐律师拒收。为此，《北京日报》在1984年7月以“黄金诚可贵，共产党员价更高”为题目进行了专题报道。1985年办理京剧四大名旦之一荀慧生遗产继承案。代理荀慧生两个儿子，胜诉。1989年办理台商陈哲民诉国内合资方涉外仲裁案，历时三年彻底胜诉。该案已被司法部与北京电影制片厂作为原材料编写进二十集电视连续剧《思杨律师事务所》。1992年办理北京市首例集体企业诉上级主管单位财产侵权案，涉及标的近千万元，经一、二两审，被代理方集体企业北京智达开发公司特别特商场胜诉。此案被法苑出版社以“警车开进特别特”为题编写纪实文学，选入《名律师名案集》一书。1994年办理北京市蔬菜公司副经理李某贪污、受贿、挪用公款一案，作为李某的辩护人为其进行无罪辩护，北京市中院采纳辩护意见，宣布李某无罪。此案1995年被《中国律师报》长篇报道。1995年代理美国加州牛肉面大王诉他人侵犯商标权案，美方胜诉。同年，北京电视台在“北京您早”、中央电视台在“经济与法”、“环球九五”等节目中专题报道。徐玉光先后担任国内外140余家企业、社会团体、政府机构、公民个人的常年或项目的法律顾问。目前仍担任顾问的企事业单位有30余家。在从事律师工作的十二年中，共为委托人挽回或避免经济损失达101亿元。

【成就业绩】 徐玉光在从事律师工作中，共撰写了《新形势下未成年犯罪的原因与特点》、《浅析经济纠纷案件的代理技巧》、《财务人员应成为企业决策人的法律助手》、《私营企业中雇员的经济犯罪问题的界定》、《合作制律师事务所机制探讨》、《中、日两国涉外仲裁制度之比较》等几十篇论文、文章在各种公开和内部刊物上登载。其中《中、日两国涉外仲裁制度之比较》一文由日本律协编译在日本律师界发行。徐玉光1983、1984、1985年被评选为北京市崇文区优秀共产党员。1983、1984、1985年被评选为北京市崇文区司法局先进工作者、优秀律师。1986年被评选为北京市优秀律师。1987年被评选为北京市司法系统先进工作者。1989年被评为北京市优秀律师。

周昌智

【工作简历】 周昌智，男，大专文化程度，1953年参加工作，1953年至1984年先后在海南公路局、广东省交通厅工作，担任团委书记、组织科长、纪委秘书，1984年至1990年在广东省汽车运输公司任党委副书记，1990年以后任广东省高速公路公司副总经理，现任广东省高速公路发展股份有限公司副董事长、总经理。

【管理实践】 1996年8月15日，广东省高速公路发展股份有限公司成功发行境内上市外资股（B股）13500万股在深交所挂牌上市，成为国内首家高速公路企业上市公司；股东来自美、英、法、新加坡、马来西亚、香港等50家投资机构，成为覆盖全球B股的机构投资者最多的一家。

1992年广东省政府提出到2010年修建3300公里高速公路的规划需1320亿元建设资金。广东省交通厅领导根据国家公布的《股份制企业试点办法》，提出利用多元化投资方式来发展高速公路，确定以佛开高速公路作为股份制试点的项目公司。按广东省交通厅领导指示，广东省高速公路公司领导班子决定由周昌智同志去组织领导、策划，进行股份制试点工作。首先，周昌智带三个业务骨干去开展工作，一方面拟报告申请立项，一方面向专家请教学习，掌握股份制的方针政策。在获广东省政府批准后，由广东省高速公路公司等5家企业发起组建了广东省佛开高速公路股份有限公司(即现在股份公司的前身),总股本5亿元,除发起人认购外,主要定向对佛开高速公路沿线企事业单位、交通系统和本公司内部职工进行募集,共募集社会闲散资金3.85亿元,确保了广东省首次利用世行贷款公路项目于1993年5月3日按期开工。1993年6月经广东省交通厅和省体改委批准对原以项目公司形式设立的佛开股份公司进行资产和股本重组,把已有三年经营业绩的、经评估后的广佛高速公路75%股权和九江大桥100%的资产合并入股份公司,评估后的净资产值达4.2亿元,比原始投入增值了47.9%,确保了国有资产保值、增值的良性循环机制。

作为高速公路首家发行B股的企业,周昌智专心致志向证券金融专家学习,在实践中摸索,策划B股上市。多次带领公司工作人员前往北京、上海、深圳争取A股、B股、H股发行额度。1995年5月获得深圳市政府和证管办批准发行13500万股额度。在各股东的大力支持和董事会的领导下,以及全体员工的努力,完成了招股说明书、查证笔记、财务审计、交通流量预测报告、物业评估报告、土地及收费、对外投资、税务政策及佛开高速公路有限公司的设立等10个方面的关键性工作。

同时为了精心选择中介机构,周昌智接触了18家中外证券公司、8家中外律师事务所、3家境外会计师事务所、2家境外交通顾问和2家境外公关公司,反复面谈,进行考察、征询、筛选。另外还认真与律师探讨公司B股发行中的法律问题,解决了收费经营权期限、交通流量预测、收费调价政策、税务政策、公路土地使用证、关联交易、世行贷款等难点问题。针对证券市场的股价是瞬息万变的形势,周昌智认真选择好B股发行、配售的时机,获得增加融资量30%左右,保证了公司B股发行的顺利进行。

上海市震旦律師事務所

主任:高前和 律師

上海市震旦律師事務所(原上海市第二律師事務所)是我國律師制度恢復后,首批成立的實力雄厚的綜合性國辦律師事務所。于1995年5月經上海市司法局、上海市經濟體制改革委員會聯合發文批準,作為首家國辦所整所轉制試點單位。現有150余名專、兼職及特邀律師。既有經驗豐富、法律業務造詣深、業績良好的高級律師,又有一批具有高等法學專業學歷、懂得外語、懂得經濟的中青年律師。按照專業服務領域設置了:涉外、海事海商、金融證券、房地產、知識產權、經濟、刑民案等八個專業法律事務所。

事務所是上海市第一批被授予涉外法律見證資格的律師事務所,曾受委托辦理上海市第一個向境外融資借款合同的法律見證。也是上海市第一批被授予證券法律服務資格的律師事務所,曾受托辦理本市及外埠數十家企業的股份制改制、股票發行及上市的證券法律事務。受聘擔任近千家事業單位、高等院校以及政府機關部門的常年法律顧問。其中包括寶山鋼鐵(集團)公司、上海石油化工股份有限公司、上海輪胎橡膠股份有限公司、上海市原材料開發投資公司、上海交通投資公司、上海市科學技術委員會、上海市港務管理局、上海市航天局等單位。受聘單位涉及的行業遍及冶金、機械、儀表、輕紡、化工、醫藥、糧油、金融及交通、投資、商貿等多個領域。目前已與美國、英國、德國、日本、加拿大、新加坡、馬來西亞、香港等國家和地區的二十多家律師樓建立了合作關系。對于海外以及港澳臺地區的投資者,本所以定期或不定期的方式提供法律服務。

地址:上海市四川北路1811弄2號

電話:56664820　56962509

傳真:56661426

郵編:200081

上海市海天律師事務所

辦公大樓外景

地址:上海中山北一路 1250 號 1 號樓 1605 室
電話:(021)65424674　65179541
傳真:(021)65179541　郵編:200437

主任律師:薄海豹

事務所主要合作人(左起):副主任程培新(證券律師)、主任薄海豹(證券律師)、證券法律部主任任松嵐

律師們認真處理業務

上海市海天律師事務所是一家以證券、期貨、海商、房地産、國際貿易爲主要服務領域的綜合性律師事務所。擁有審計師、會計師、經濟師等各類專門人才,合作律師均擁有 10 年以上法律實務經驗。有 3 名律師經司法部、中國證監會批準可以從事公司上市等證券法律業務,并在上海市證券業、期貨業享有良好聲譽,1994 年度,承辦了上海十分之一期貨案件。1995 年底,事務所和上海證券報聯合舉辦了上海首屆證券、期貨法律咨詢活動。

事務所成立至今,已爲中國建設銀行上海信托投資公司、中國建設銀行吉林信托投資公司上海證券業務部、中國銀行沈陽信托投資公司上海證券業務部、中國銀行甘肅上海證券業務部、福建華僑信托投資公司上海證券部、洛陽市證券公司上海證券業務部、寶鋼集團、山東渤海股份有限公司、中外合資寶榮集裝箱制造有限公司、浦江之聲廣播電臺、現代工商雜志等上百家中外企業事業單位提供公司改制、合資項目談判、土地批租、股權轉讓、貿易仲裁、法律顧問等各項服務,深得各界好評。

江蘇新華
律師事務所

Jiangsu Xin Hua Certified Lawyer's Office

誠實信用
優質高效

地址:江蘇省南京市北京西路 28 號司法大樓 11 層
電話:3323254　3307307－1108、1107
傳真:3323254　郵編:210024

合伙人：劉棉春、余新生、許炳權

廣東省江門市
巨信律師事務所

江門市巨信律師事務所是經廣東省司法廳批準成立的合伙制律師事務所。由劉棉春、余新全、許炳權三位合伙人組建。合伙人從事律師工作八年以上，執業律師均具有國家重點大學法律本科學歷，理論知識扎實，實務能力強，工作態度認真，辦事效率高，具有承辦經濟、投資、金融、證券、信托、保險、房地産、商務談判等業務的豐富經驗，信譽卓著，深得當事人的好評。

成都市涉外經濟律師事務所

法定代表人：閻民憲　高級律師

事務所門牌

事務所于 1984 年經成都市編制委員會批準建立，十二年來，事務所已辦理各類刑、民事、經濟糾紛、涉外事務、行政訴訟等案件 8000 余件；先后擔任 500 余家企、事業單位、"三資"企業、社會團體、人民政府的法律顧問。1993 年經司法部、中國證監會批準事務所爲首批獲得從事證券法律業務資格。已受聘爲 20 余家大中型企業的法律顧問，并有效地出具了法律意見書，如成都量具刃具股份有限公司、成都市人民商場股份有限公司、成都前鋒電子股份有限公司的股票現均已上市交易。成功地辦理 100 余件涉外業務。在代理中外雙方當事人辦理涉外事務方面曾先后與美國艾特納標準公司、休斯公司、西方技術系統公司、日本伊藤忠株式會社、新加坡裕廊工程有限公司等十幾個國家和港澳臺的投資者進行過有效談判，其項目涉及外貿、技術引進、房地産開發、投資、合作等。

事務所現有專職律師 20 名，兼職特邀律師 77 名，行政人員 5 名，其中中高級律師 15 名，匯集了金融、證券、外貿、海關、税務、知識産權等各方面人才。

地址：成都市中南大街 79 號 5 樓
電話：(028)6251522　6245509　6252548
傳真：(028)6241543　**電報**：2822
郵編：610041

萬世基律師事務所

唯一獲準在北京設立辦事處的澳大利亞律師事務所

萬世基律師事務所在 1993 年成為第一家獲準在北京設立辦事處的澳大利亞律師事務所，至今仍是唯一的一家。幾年來，北京辦事處積極為澳大利亞的客戶提供有關中國的商務及法律咨詢，并為中國和其他國家的公司到澳大利亞開展業務提供一切相關的法律服務。

北京辦事處的首席代表魏馨律師，在澳大利亞執業 6 年，對中國及澳大利亞的商業法律以及商業背景有着廣泛的了解，她願竭誠為澳大利亞商界與中國商界的溝通與合作服務。

萬世基律師事務所是澳大利亞最大的律師事務所之一，至今已有 160 多年的歷史，在悉尼、墨爾本、堪培拉、布里斯本、佩斯等澳大利亞的主要商業中心設有辦事處，在北京、香港、雅加達、莫斯比港、倫敦等國際城市也設立了辦事處。萬世基律師事務所擁有 650 名經驗豐富的律師，其中包括 178 名合伙人。為本國和其他國家的客戶提供第一流的國際化、專業化的服務，服務範圍涉及商務法律的各個領域，其中以銀行、融資、公司、證券、通訊、能源、地產、税務、訴訟與仲裁、國際性投資、國際貿易方面的工作最為著稱。

北京辦事處首席代表：魏馨

北京辦事處
地址：北京建國門外大街 22 號賽特大廈 701 室
電話：(8610)65123565
傳真：(8610)65232018
郵編：100004

濟南市經濟律師事務所

事務所成立于1985年8月，是以辦理經濟法律事務為主的專業性律師機構。現有律師68人，其中有一批懂法律、經濟、外語的律師，擁有國際經貿、金融證券、房地產、知識產權、會計、保險、稅務、海關、商檢等方面的專家、教授為兼職、特邀律師或專業顧問。事務所下設國際經貿法律事務部、招商投資法律事務部、金融證券法律事務部、房地產法律事務部、知識產權法律事務部、公司法律事務部和辦公室。現為省、市260余家企事業單位、國家機關、社會團體擔任常年法律顧問；已代理經濟、民事、行政訴訟或仲裁案件3000余件；上百次參與外向型經貿、投資項目的可行性研究及談判，多次代理國際貿易仲裁案；被司法部和中國證監會確認為具有從事證券法律業務資格，并多次為社會募集和定向募集股份有限公司的策劃、股票發行、資金募集以及股票上市提供法律服務；代理有重大影響的知識產權糾紛案多起。

事務所主要業務範圍：1.擔任各類企事業單位常年或項目法律顧問。2.受聘參與項目的可行性論證，協助草擬、審查各類經濟合同、企業章程及有關法律文書，參加項目的談判和合同的簽訂。3.擔任代理人參加各種經濟糾紛、行政案件的調解、促裁或訴訟活動。4.作為公司或證券承銷商的法律顧問，為企業進行股份制改組、公司發行股票以及股票上市提供法律服務。5.接受中外當事人的委托，代理各類非訴訟法律事務。

地址：山東省濟南市剪子巷53號錢龍大廈5層
電話：(0531)6915467　6936562
傳真：(0531)6926372　郵編：250012

烟臺通世律師事務所

主任：李保升　一級律師

烟臺通世律師事務所(原烟臺市律師事務所)是1984年成立的烟臺市最大的國辦律師事務所。現有注册律師28名，其中國家一級律師2名。下設國內經濟、涉外經濟、金融投資、房地產開發、知識産權、股份證券、刑事民事等部門。建所十二年來，始終遵循“以質量求信譽，以信譽求發展”的辦所方針，以優質高效的法律服務贏得國內外朋友的廣泛贊譽。

主任：李保升　一級律師
地址：烟臺通世路1號南山賓館“公正律師樓”2樓
電話：6244358(辦公室)　6243704(主任室)　6282894(接待室)
傳真：6244358

廣東省江門市粵江律師事務所

事務所是建所較早的綜合性律師工作機構之一，全面開展各項律師業務，尤其在代理民事(經濟)、房地産糾紛、非訴訟法律事務及刑事辯護方面頗有建樹，在爲華僑、港澳同胞代辦法律事務方面也有顯著成績。所内設施先進完備，適合現代化裝備要求。事務所經司法部、中國證監會確認具有從事證券法律業務的資格。

事務所主要業務範圍：參與企業股份制改組和公司股票上市工作、出具法律意見書；接受聘請，擔任法律顧問；接受民事(經濟)案件、行政案件當事人的委托，擔任代理人參加訴訟；接受刑事案件犯罪嫌疑人的聘請，爲其提供法律咨詢，代理申訴、控告，申請取保候審，接受犯罪嫌疑人、被告人的委托或者法院指定，擔任辯護人，接受自訴案件自訴人、公訴案件被害人或者其親屬的委托，擔任代理人參加訴訟；代理各類訴訟案件的申訴；接受當事人的委托，參加調解、仲裁活動；爲來華投資的港、澳、臺、僑及外商提供法律和信息咨詢，代理申辦企業立項、草擬、審查、修改合同、章程，代辦工商注册、公證、房地産買賣、轉讓、出租、抵押或土地征用等法律事務，參與談判及有關民事法律行爲的見證等項服務。解答有關法律的詢問，如婚姻家庭、財産繼承、房屋買賣、征用土地、申領契證、子女收養、辦理公證、財産贈與、抵押貸款、債權債務、股票、有價證券等方面的内容，代理訴訟文書和有關法律事務的其他文書等等法律事務。

主任：葉更裕

地址：廣東省江門市勝利路 7 號東景商業城 1803 室(僑都大酒店對面)

電話：(0750)3320150　3350659

傳真：(0750)3320150　**郵編：**529020

臨沂三辰律師事務所

法人代表：姜自和　高級律師

臨沂三辰律師事務所由原臨沂地區律師事務所更名而來，成立于 1984 年，目前爲臨沂市規模最大的律師事務所。三辰所下設刑事、民事(經濟)、金融證券、房地産、涉外、法律顧問等 6 個業務部，擁有自己的辦公樓，裝備有微機、復印機、汽車等現代化辦公設施。

事務所主要業務範圍：全面辦理律師各項業務，律師力量雄厚、知識層次高，部分律師享有較高的社會知名度，辦理過全市、全省、全國有影響和重大疑難案件，辦案量和業務收費在全市範圍内是最高的。1994 年 6 月被山東省證券業協會發展爲團體會員。

法人代表：姜自和　高級律師、青島仲裁委員會仲裁員

地址：山東臨沂市金雀山三路 6 號

電話：(0539)8315002　**郵編：**276004

廣州信成律師事務所

主任：劉伯渝

廣州信成律師事務所是由廣東省司法廳批準，于 1994 年 4 月 23 日注册成立，隸屬廣州市司法局的廣州市首批合伙式律師事務所。現由劉伯渝（女）、董京、陳占余三名專職律師，依循國際慣例組建。廣州信成律師事務所本着以可靠信譽追求成功事業的建所方針，奉行高效率和高質量的服務準則，配備了先進的辦公、交通和通訊等現代化設施，實行規範化的科學管理，為當事人提供金融、證券、海事、海商、房地產、期貨交易、知識產權、商務代理、涉外投資和仲裁，以及各類經濟、行政、民事和刑事案件訴訟和非訴訟等法律服務，獲得當事人好評，樹立了良好的信譽。

廣州信成律師事務所的創辦律師，受過嚴格的高等教育，長期從事專職律師工作，具有豐富的社會閱歷和司法實踐經驗；全所律師均具有嚴謹、認真和負責的精神，并具備辦理重大、復雜、疑難案件的、扎實的工作能力；本所主任劉伯渝律師還具備國家授權從事證券法律業務的資格，與董京律師都是中國法

廣州信成律師事務所將不斷拓展各類律師業務，特別是涉外業務。目前，已與澳門司徒民義大律師樓，美國、加拿大、港臺地區等律師同業建立了合作伙伴關系。

律師們研討案例

地址：廣州市倉邊路 27－33 **號富豪酒店** 715、705 **房**

電話：83338238－1715、1705　83383928

傳真：83383918　**郵編：**510030

山東天宇律師事務所

主任:孫景祝　高級律師

山東天宇律師事務所(原名山東省經濟律師事務所)是經省编委、省司法廳批準設立的國辦所。該所現有注册律師 36 名,其中專兼職律師都受過高等法學教育;在所聘請的特邀和兼職律師中,有離退休的原山東省高級人民法院副院長和經濟民事等審判庭的庭長、副庭長以及高等院校的法學教授、副教授等。

事務所以堅持“公正、廉潔、優質、高效”的服務宗旨,以爭創一流佳績爲目標,以辦理經濟、民事、房地産、知識産權、金融保險、技術轉讓等法律事務爲主,同時兼辦刑事辯護業務,并應聘爲社會各界擔任常年法律顧問。

山東天宇律師事務所主任、高級律師孫景祝、副主任劉虎及全體同仁熱誠向社會各界致意!

地址:濟南市歷山路 161 號(省高院向南 100 米)

電話:(0531)6948567　6953941－6262、6568

傳真:(0531)6948567　**郵編:**250014

韓亞銀行

Hana Bank

韓亞銀行上海代表處開業典禮

韓亞銀行的前身是韓國投資金融公司(Korea Investment & Finance Corp.),成立于 1971 年 6 月,是韓國第一家私人短期金融公司,并于 1972 年在韓國股票市場上市。1973 年 2 月,由國際金融公司(IFC),野村證券公司等 5 家外國公司入股,成為外國資本合資公司。1991 年 7 月,韓國投資金融公司轉變為全國性的商業銀行,更名為韓亞銀行。目前主要的股東是教保人壽保險公司、韓國長期信用銀行、三星人壽保險公司、友田石油公司、仁川世光醫院、東洋化纖以及野村證券公司、霸菱證券公司和國際金融公司。

韓亞銀行的國內業務主要包括各種存貸款,信托,信用卡,外匯存貸款,證券投資等;國際業務有貿易融資,國外融資以及境外貸款,投資,外匯交易及境外證券投資。韓亞銀行在五年的商業銀行經營中,實現了 35% 的年增長率。到目前為止,銀行在國內有 95 個分行,總存款額 12.7 兆億韓幣(161 億美元)。1993 年被《歐洲貨幣》雜志評為韓國最佳銀行,1995 年被韓國銀行(中央銀行)評為 1994 年唯一一家 AA 級銀行。韓亞銀行在國際化的進程中,以東南亞為起點,特別重視在中國的發展。早在 1993 年就進入中國金融市場,在北京和廣東地區組織參與了 19 宗銀團貸款和商業貸款,累計金額達 8400 萬美元。韓亞銀行于 1996 年 5 月獲中國人民銀行總行批準,在上海設立在中國的第一家代表處,并聘請中國籍人士擔任代表處首席代表。

韓亞銀行總行
地址:大韓民國,漢城特別市,中區乙支路 1 街 101—1
電話:0082－2－754－2121
傳真:0082－2－756－6358
韓亞銀行上海代表處
地址:上海延安西路 2168 號仲盛金融中心大厦 1103 室
電話:0086－21－62785108
傳真:0086－21－62785106
郵編:200335

惠州市律師事務所

惠州市律師事務所是惠州市司法局直屬的一家綜合性律師事務所,成立于1982年,其前身是惠陽地區法律顧問處,是惠州市最早成立的律師所。經過十多年的努力,已發展成為惠州市較有影響和較具競爭力的律師所。

事務所除每年擔任50多家企事業單位、機關、團體的常年法律顧問外,還承辦了大量的各類訴訟和非訴訟法律業務,業務範圍涉及刑事辯護、民事糾紛、知識產權糾紛、合同糾紛、行政復議和行政訴訟、勞動爭議、房地產投資和買賣、證券期貨交易、國際經貿與投資、國際融資、技術轉讓、資信調查、律師見證等方面,此外,事務所已被授予證券法律業務資格和許可證,獲準從事證券法律業務。事務所擁有專職律師9人,兼職律師13人,特邀律師1人,輔助人員3人,是惠州地區規模最大的律師事務所。律師文化素質高,經驗豐富、精力充沛、勤力盡職,為惠州各界提供了較好的法律服務,受到各界贊譽。

事務所目前擁有自有辦公用房400多平方米,并已配備現代化通訊、交通和各種辦公設施,并與香港等地律師建立了業務協作關系。事務所將一如既往地為社會各界提供高效優質的法律服務。

主任:曹春和

地址:惠州市下埔大道司法大樓3樓

電話:2107956　2102619

第十七编

证券业大事记

680/695

证券业十大新闻

中国经济十大新闻

由新华通讯社等15家新闻单位联合评选的1995年中国十大经济新闻是：

一、党的十四届五中全会于9月25日至28日在北京举行，全会审议并通过了《中共中央关于制定国民经济和社会发展“九五”计划和2010年远景目标的建议》。全会强调，实现“九五”计划和15年远景目标，关键是实行两个具有全局意义的根本性转变：经济体制从传统的计划经济体制向社会主义市场经济体制转变，经济增长方式从粗放型向集约型转变。

二、举世瞩目的京九铁路11月16日提前全线铺通。京九铁路全长2536公里，是我国铁路建设史上规模最大、投资最多、一次建成线路最长的铁路干线。

三、据国家统计局初步测算，1995年国内生产总值将达53045亿元，增长率为百分之十。“八五”时期累计国内生产总值将达179612亿元，年均增长速度为百分之十一点七，在经济总量上提前完成了比1980年翻两番的战略目标。

四、江泽民同志五、六月间到沪、苏、浙、辽、吉、黑六省市深入考察后，提出了国有大中型企业改革的思路，强调要坚定信心，明确任务，积极推进国有企业改革。国有大中型企业的改革与发展引起全社会关注，步入了一个新的阶段。

五、农业部部长刘江11月22日宣布，预计1995年我国粮食总产量可以达到9100亿斤，创历史最高水平。

六、江泽民主席11月29日在亚太经合组织第三次领导人非正式会议上宣布，中国将从1996年起大幅度降低进口关税税率总水平，降幅将不低于百分之三十。此外，还将再取消进口商品170余项的配额许可证和进口控制措施，占现行进口配额、许可证管理商品的百分之三十以上。

七、国家对经济发展的宏观调控措施继续发挥良好效用，通货膨胀得到初步抑制，物价涨幅明显回落，全年零售价格涨幅可望控制在预定的百分之十五左右。

八、据海关总署统计，1995年1至11月份我国对外贸易进出口总值已达2451.5亿美元，提前一个月超过上年全年的进出口总值。此外，国家外汇储备已达730亿美元，使我国参与国际合作与竞争的实力大大增强。

九、3月25日，李鹏总理签署国务院第174号令，决定我国境内的国家机关、社会团体、企事业单位以及其他组织的职工，从5月1日起实行每周五天工作制。

十、建国以来罕见的大案—无锡新兴公司32亿元非法集资案被司法机关查处。邓斌等六名主犯被依法严惩，涉案的123名党员、干部受党纪政纪处理，绝大部分经济损失被挽回。

中国证券市场十大新闻

由中国证券报编辑部评选的1995年中国证券市场十大新闻是：

一、2月23日，上海证券交易所国债期货327品种的交易发生严重蓄意违规行为，引起海内外的广泛关注。5月18日，中国证监会根据国务院决定发出紧急通知，宣布暂停国债期货交易试点。沪、深股市因此出现强烈反弹。9月20日，监察部、中国证监会等部门经过联合调查后公布了对“2·23”事件的查处结果，对有关证券机构和责任人分别给予严肃处理。

二、《中国人民银行法》和《中华人民共和国商业银行法》分别于3月18日和7月1日颁布实施，这是我国金融体制改革和金融法制建设的两大里程碑，并将为证券市场健康发展提供良好的金融环境。

三、3月31日，国务院任命周道炯任中国证监会主席。9月、10月，杨祥海、庄心一分别出任沪、深证券交易所总经理。

四、5月22日在京召开的国务院证券委第五次会议和6月中旬召开的首次全国证券、期货监管工作会议，确定了“加大监管力度，规范市场行为，抑制过度投机，在稳定中求发展”的市场监管工作方针。

五、8月上旬，中国人民银行、财政部、中国证监会联合行动，进一步规范证券回购业务，维护金融市场秩序。

六、8月21日，四川长虹“转配红股”违规上市，造成该股票停牌两个多月。为严肃法纪，中国证监会于11月7日作出决定，对有关单位和公司分别给予通报批评、经济处罚或责成内部整顿。

七、党的十四届五中全会于9月25日到28日在北京举行，会议通过的《中共中央关于制定国民经济和社会发展“九五”计划和2010年远景目标的建议》提出，要“适当扩大直接融资”，“积极稳妥地发展债券和股票融资”，这表明证券市场已纳入我国国民经济发展计划。

八、为规范期货市场，中国证监会继确定15家试点期货交易所之后，相继重新审批了各试点交易所的章程、交易规则和上市品种，还重新审批了全国300多家期货经纪公司。针对长春联合商品交易所管理混乱、影响恶劣的严重情况，11月1日，中国证监会责令其停业整顿6个月，整顿结束后验收仍不符合要求，将报国务院批准取消其试点资格。

九、11月29日，最高人民法院公布建国以来罕见的重大经济案—无锡新兴公司非法集资案判决结果，邓斌等罪犯被依法严惩。在此之前，原嘉兴市信托投资公司证券营业部经理李伟民等挪用巨额公款炒股案被司法机关查处。

十、12月20日，朱镕基副总理考察了上海证券交易所，对几年来证券市场在开拓直接融资渠道，促进企业机制转换，推进金融体制改革，扩大吸引外资和对外开放等方面的作用给予了高度评价，并指出证券市场今后要强调“法制、监管、自律、规范”，使其走上积极稳妥、健康发展的轨道。

中国期货市场十大新闻

由中国证券报编辑部与全国期货交易所联席会共同评选的1995年中国期货市场十大新闻是：

一、1995年的市场监管工作方针确定。5月22日和6月

15 日，“国务院证券委第五次会议”、“全国证券、期货市场监管工作会议”在北京相继召开，确定 1995 年的市场监管工作方针为：紧密围绕抑制通货膨胀，配合企业改革，坚持先试点后推广、宁肯慢务求好的原则，加大监管力度，规范市场行为，抑制过度投机，在稳定中求发展。

二、1995 年中国期货市场建设在坚持规范化试点的前提下取得较大成就。全年成交合约手数为 6 万亿张，从业人员达 20 多万人，初步奠定了中国期货业在国内外的地位。同时，期货市场套期保值和市场价格形成功能得到一定发挥。

三、国债期货交易被暂停。进入 1995 年，国债期货交易持续活跃，其中各试点期货市场建立了涨停板和持仓限制等风险控制制度，但 2 月 23 日，上海证券交易所“237”国债期货品种发生严重蓄意违规行为，在国内外金融界造成极大影响。5 月 17 日，中国证监会发出《关于暂停国债期货交易试点的紧急通知》。此后，各有关交易所开始了紧张而细致的国债期货平仓、清场及善后工作。9 月 20 日，监察部、中国证监会等部门经过联合调查后公布了对“2.23”事件的查处结果，对有关证券机构和责任人员分别给予严肃处理。

四、期货市场的整体秩序得到有效改善。3 月 28 日，国内贸易部和中国证监会联合发布《关于暂停中远期合同交易的通知》。此举结束了一些单位假借“中远期”之名行期货交易之实的不合理局面。6 月 22 日，各试点交易所负责人在深圳召开的“第三届全国期货交易所联席会”上提出，要进一步加强期货统一大市场建设和行业的自律管理，倡议各市场不搞“协议平仓”，不出台临时措施和对市场“害群之马”实行行业通报制度。

五、中国证监会有针对性地加强了对严重违规、违纪期货经营机构的监管力度。自 5 月下旬起，中国证监会相继对因蓄意违规、操纵市场的广东新时代、无锡国泰、广东金创等期货经纪有限公司作出取消其从事期货经纪业务资格的决定；10 月 31 日，中国证监会又发出《关于对长春商品交易所管理混乱、造成恶劣影响进行处理的通报》决定：长春商品交易所停业整顿 6 个月。

六、中国证券、期货业朝着国际化方向又迈出重要一步。7 月 11 日，中国证监会成为证监会国际组织的正式成员，这是在巴黎第二十届证监会国际组织年会上作出的决定。在此前后，中国证监会还分别与香港证监会、新加坡金融监管局签署了有关监管合作备忘记录。

七、各交易所改革管理体制。9 月 11 日，中国证监会正式印发《关于期货交易所进行会员制改造的意见》自此，各试点交易所开始进行会员制改造工作。截至年末，经中国证监会批准实行会员制改造方案的交易所有：上海商品交易所、上海金融交易所、海南中商期货交易所。

八、期货市场风险控制制度进一步统一和规范。10 月 24 日，中国证监会发出《关于进一步控制期货市场风险、严厉打击操纵市场行为的通知》，要求各交易所对活跃品种实行最大持仓限量度；禁止“T＋0”结算；禁止用仓单做抵押进行投机交易；禁止未经证监会批准的任何机构从事二级代理业务；要求各交易所严肃查处超量持仓、垄断市场和联手操纵市场的行为等。

九、重新整顿和规范期货经纪公司及其业务管理。11 月 2 日，中国证监会和国家工商总局联合发布《关于审核期货经纪公司设立期货营业部的通知》以及《关于审核非期货经纪公司会员从事期货经纪业务的通知》，再次对期货经纪公司及其业务管理进行了较为全面的整顿和规范。

十、中国期货市场行业组织在对外交流与合作方面取得首次重大进展。11 月 30 日—12 月 1 日，全国期货交易所联席会倡议，香港期货交易所和全国期货交易所联席会共同主办的“国际期货及期权交易所会议”在香港隆重举行。到会的 28 家全球主要期货及期权交易所高级领导人，就期货市场发展与问题、风险控制与管理以及加强全球交易所的交流与合作等重大问题达成共识。

中国国有资产管理十大新闻

由经济日报、金融时报、中华工商时报、国有资产管理杂志等单位联合评出的 1995 年中国国有资产管理十大新闻是：

一、1995 年 5 月、6 月，江泽民总书记分别在上海、长春召开企业座谈会，作了题为《坚定信心，明确任务，积极推进国有企业改革》的讲话。讲话中强调了必须坚持公有制主体地位，积极发挥国有经济的主导作用，推动国有资产的合理流动。并指出加强国有资产的管理和监督是现代企业制度试点中必须解决的重点问题之一。

二、1995 年 11 月，国家国有资产管理局制定并颁发了《事业单位非经营性资产转经营性资产管理实施办法》，对事业单位非经营性资产的管理提出了明确规定。

三、据国家国有资产管理局统计，截至 1994 年底，国有资产总量已达 4 万亿元以上。大型企业和特大型企业仍是我国国有经济的坚强支柱。

四、1995 年 10 月 25 日，由国家国有资产管理局主办的“95 北京企业重组与破产国际研讨会”在京举行。

五、1995 年 2 月，国家国有资产管理局与财政部联合颁发了《行政事业单位国有资产管理办法》，这是建国以来我国颁布的第一个行政事业单位国有资产管理规章。随后国家国有资产管理局又陆续颁布了一系列配套法规。

六、1995 年 7 月，国务院明确规定，将“拨改贷”改为“贷改投”。这项政策旨在帮助企业逐步解决债务负担过重问题，改善国有企业资本结构，目前已首先在 18 个试点城市中的困难企业进行试点。

七、1995 年 4 月 18 日，国家国有资产管理局发布《关于在股份公司分红及配股时维护国有股权益的紧急通知》，使市场中出现的股份公司分红时，给国家分现金红利、给公众股等值红股等损害国有股权益的现象得到及时遏制。

八、1995 年 5 月 10 日，人事部、国家国有资产管理局联合发布了《注册资产评估师执业资格制度暂行规定》及《注册资产评估师执业资格考试实施办法》，这标志着我国开始实行注册资产评估师制度。

九、1995 年 7 月 20 日，国务院有关部门首批委派监事工作会议决定，将分期分批向 1000 户左右重点国有独资企业委派监事会，对指定的或者其所属的企业财产的经营管理实施监督。这对国有资产管理体制改革将产生重大影响。

十、1995 年 7 月 15 日，中国国资“青年总裁委员会”在北京人民大会堂宣告成立。

证券业要事

中国证券业国际化进程

中国证券市场从无到有，从小到大，在市场规模和证券业国际化方面不断取得进展。上海飞乐音响公司和延中实业股份有限公司分别于1984年11月14日和1985年1月2日向社会公开发行股票50万股和500万股，1986年9月26日，上海飞乐和延中实业两只股票在中国工商银行上海信托投资公司静安证券部挂牌上市，标志着中国证券市场的诞生和起步。为了加强对证券市场的宏观管理，促进证券市场的发展，1992年10月国务院决定成立国务院证券委员会、中国证券监督管理委员会，从而形成了中国证券市场的基本组织框架，同时推动了中国证券业规范化和国际化的进程。

外资股的发行和上市　1991年11月上海真空电子器件股份有限公司首次发行人民币特种股票(B股)，此后中国陆续扩大发行B股的规模和试点地区，并在上海、深圳证券交易所上市，到1993年底，上海证交所挂牌的B股22只，1993年成交量13.73亿股，成交额78.85亿元；深圳证交所上市的B股19只，1993年成交量674.8万股，成交额3100万元。随着证券市场稳步发展，B股的试点继续扩大，到1995年底上海证交所上市的B股36只，深圳证交所上市的B股34只。另外1993年上海积极探索二纺机B股、轮胎B股到美国发行一级有保荐存券凭证(ADR)并在纽约上柜交易，中国纺机在瑞士成功发行3500万瑞士法郎可转换债券。深圳蛇口招商港务公司于1995年7月6日在新加坡公开发行2660万股法人股红股转换的B股，并于7月24日在新加坡正式挂牌交易。同时中国证监会和上海、深圳证交所制定了一些关于B股的法规和规章。

在开展B股试点工作的同时，中国尝试选择一批国有大中型企业到香港、美国等地发行股票并上市。1993年7月15日青岛啤酒股份有限公司在香港发行的3.176亿股H股成功在香港挂牌交易，揭开了国有企业在香港上市的第一页。1993年有6家国有企业H股在香港上市，1994年有9家国有企业上市。至1995年底共有17家国有企业在香港上市，2家企业在美国上市，1家企业在新加坡上市。另外国家体改委制订了《关于到香港上市公司章程必备条款》、财政部制定了新的《企业财务通则》、《企业会计准则》，并特别为H股的发行颁发了《关于股份制试点企业股票香港上市有关会计处理问题的补充规定》。同时香港联交所为配合国有企业到香港上市，修改了《上市通则》，允许内地企业到香港第一上市。

证券业国际合作与交流　在进行国有企业境外上市和外资股(B)股)境内上市的探索的同时，中国证券监督管理机关与有关国际证券组织和地区机构加强监管合作和业务交流。1993年6月19日中国证券监督管理委员会、上海证交所、深圳证交所、香港证券及期货事务监察委员会、香港联合交易所有限公司等五方在北京签署了《证券监管合作备忘录》，并就通过互相协助和信息交流，加强对投资者的保护，维持公平、有序、高效的证券市场；确保各方的有关法规得到遵守；通过定期的联络人员和交换，促进互相磋商和合作等方面的问题达成合作协议。1994年4月28日中国证监会又与美国证券与交易管理委员会签署了《中美证券合作监管谅解备忘录》，并就证券监管合作、磋商及技术援助等方面达成谅解。1995年7月5日中国证监会与香港证券及期货事务监察委员会在北京签署了《有关期货事宜的监管合作备忘录》，这是中国证监会与境外监管机构签署的有关期货市场的第一个协议文件。1995年7月11日，中国证监会在巴黎开幕的证监会国际组织第二十届年会上被接纳为正式会员，从而为中国证券业国际化、及与其他国家和地区的监管机构的合作提供了便利的条件。1995年11月30日中国证监会在新加坡与新加坡金融管理局签订了有关证券期货监管合作与信息互换的备忘录。另外1994年3月，上海证券交易所经日本大藏省批准，被日本证券业协会认定为日本指定外国有价证券市场。1994年3月上海证交所与伦敦证券交易所签署了谅解备忘录；1995年7月上海证交所与美国太平洋证券交易所、全美证券交易商协会正式签署双方合作与交流的谅解备忘录。1995年7月5日，深圳证券结算公司与新加坡结算公司在新加坡签署深招港在新交所作第二上市的交易交收托管协议，新加坡结算公司指定深圳证券结算公司为深招港在新第二上市的股份托管商和新加坡结算公司的存管商。

国际证券业务　随着中国证券市场的发展，中国规模较大的证券公司在不断地开拓境外证券业务，同时境外的证券机构及中介服务机构纷纷在中国境内设立分支机构或办事处。中国国泰证券、南方证券、以及申银万国证券、海通证券、君安证券等证券经营机构分别在香港设有分支机构。另外全球最大的美林证券、摩根·士丹利、野村证券、大和证券及高诚证券等证券公司分别在中国设立机构，世界六大会计师事务所安达信、容永道、毕马域、德勤、安永、普华在北京、上海、深圳等城市设立有办事处，参与股份公司发行B股的审计业务。上海证券交易所于1993年4月23日率先决定让海外证券商以拥有B股专用席位的形式直接进入交易现场。恒指服务有限公司于1994年8月8日推出恒生中国企业指数。在金融开放方面，1995年中国批准了18家外资银行、2家保险公司和1家中外合资投资银行、82个代表处。到1995年底已批准137家营业性外资金融机构，包括117家外资银行分行、5家中外合资银行、5家独资银行、5家独(合)资财务公司、4家外资保险公司、1家中外合资投资银行。另方面，至1995年底工、农、中、建、交5家银行在海外设立545家机构，其中525家为营业性机构，20家为代表处，中国人民保险公司也已在海外设立32个分支机构。　(齐远)

国债发行方式的演革

中国自1981年恢复发行国债以来，每年都发行国债。但在1991年以前，一直是通过行政分配方式来发行。1991年4月，开始试行国债承购包销，国债发行方式开始从行政方式向经济方式过渡。但是，如果不能真正实现市场意义上的承销，国债发行就难以摆脱行政分配的手段，其后1993年的国债发行又不得不恢复行政分配方式。从1994年到1995年间，仍以"承购包销"方式为主，但国债发行体财政部一直在为国债的市场化发行积极地进行理论和技术上的准备。经过几年的努力，终于在1995年8月，成功地在上海进行了第一次国债招标发行的试点。

以1981年到1988年7年间，国债没有二级市场，居民和单位购买国债不能随时变现，持券人感到很不方便。1988年，国家首先在一些大中城市进行国债流通转让试点；1991年允许国债在全国400个地市一级以上的城市进行流通转让，同年国债承购包销的市场化方式的出现又进一步促进了国债流通市场的发展；1993年国债派生工具开始出现，回购首先在证券中介机构和银行之间以及证券中介机构之间得到普遍应用，作为融通短期资金及保值套利的一种手段；国债期货也已开始在上海证券交易所进行试点。

1995年，是我国国债市场发展史上不寻常的一年：发行规模空前，市场大起大落，"金边债券"再次成为社会关注的焦点。

（财政部国债司　陈礼华）

国债期货327事件

国债期货327事件是1995年2月23日发生在上海证券交易所的一起国债期货违规事件，是在国债期货市场发展过快，交易所监管不严和风险控制滞后的情况下，由上海万国证券公司、辽宁国发（集团）股份有限公司等少数交易大户蓄意违规、操纵市场，扭曲价格，严重扰乱市场秩序而引起的国债期货风波。

2月23日，由于受1995年新债发行消息的刺激，加之92年期国债保值贴息题材，上海国债市场行情火爆，上午沪市开盘，在周边市场几乎接近涨停板的情况下，327合约开盘时在148.50元价位上的约200万口巨额抛盘瞬间被消耗殆尽，市场在慌乱中直线上窜，空方失控，拼命地追单平仓，前市冲高后多头出现第一次回吐，但327合约在150元价位受支持后重新展开上行态势。下午开盘后，在空方平仓盘的推动下，327合约上升到151.98的高位，随后多头平仓盘涌出，价位回落，回调到151元获支撑。空方在多头的进逼下节节败退，327品种价位当天从148元一路拉到152元。如果据此交割，空方几乎血本全无，空方无法承受巨额亏损，于是在收市前10来分钟里，联手挂出700多万口的沽单，将价格从151.30元直线下压到147.50元，使327品种由爆涨3元以上转为下跌0.71元。这一天上海国债期货的成交量为8500亿之巨。但在收市之后，上交所发出通知，认定此举为违规操作，因此最后时间的交易无效，予以取消。

此次事件发生后，国务院领导极为重视，责成监察部会同中国证监会、财政部、中国人民银行、最高人民检察院、国家保密局组成联合调查小组，在上海市政府的积极配合下，对上交所国债期货327事件进行了长达4个多月的调查，查明：此事件系蓄意违规；直接责任者上海万国证券公司，由于违规联手操作，擅自超限额持仓，仅327品种的持仓量就超过交易所为其核定的全部品种最高限额的一倍多。在市场异常波动、价格不断上扬的巨大压力下，公司主要负责人明知严重违反交易规则，为扭转公司的巨额亏损，做出了大量抛单打压价格的错误决策，造成了市场极大混乱；事件的另一责任者辽宁国发（集团）股份有限公司主要负责人，于2月23日上午把几家关系户空仓（卖出合约）集中在海南某公司名下，通过无锡国泰期货经纪公司大量违规抛空，企图压下价格，以达到减亏或盈利的目的。当打压无效时，又率先空翻多，制造市场假象，扰乱市场秩序；上海证券交易所对市场存在过度投机带来的风险估计不足，交易规则不完善，风险控制滞后，监督管理不严，致使市场屡次发生违规事件，在国内外造成很坏影响。据此，监察部、证监会根据有关法规，对有关责任人员分别作出了开除公职、撤销行政领导职务等纪律处分和调离、免职等组织处理；涉嫌触犯刑律的已被移送司法机关处理；对违规的证券机构进行了经济处罚。

国债期货327事件，暴露出中国期货市场的一些潜在问题。此后，中国证监会与财政部联合颁布了《国债期货交易管理暂行办法》，并决定重新审核试点交易场所的资格条件，审核期货合约和经纪机构。沪、深两交易所也推出了涨跌停板制等一系列加强监管的措施，然而，4月5月接连又发生了几起国债期货交易违规事件，中国证监会于5月17日宣布暂停国债期货交易试点。

（鲁孝年）

长虹事件

长虹事件是1995年8月21日，四川长虹电器股份有限公司（以下简称"长虹公司"）法人股转配红股31123806股上市，引起股市震动，损害投资者合法权益的严重违规事件。

四川长虹公司7月25日向全体股东按10:2.5的比例配股，配股价为每股7.35元。同时社会公众股还可按10:7.41的比例受让法人股的配股权，配股权转让费为每股0.20元。长虹公司在《配股说明》中称，根据国家有关政策，社会公众受让的法人股转配部分暂不上市流通。8月18日，长虹公司又公布《1994年度分红派息公告》，其分配方案为向全体股东在配股后的基础上再每10股送7股派发现金红利1元。由于许多投资者考虑到，由法人股转配的配股权及其送股部分是不能上市流通的，因此对这种送配方案反应并不热烈，投资者约放弃了一半的转配股认股权，这一半就由承销商出资承担。8月21日，长虹股票正式除权，股票走势异常，众多投资者惊讶地发现其法人股转配部分所送红股可以卖出，这样许多不知内情的投资者，特别是中小投资者蒙受了巨大损失，市场震动较大，投资者反映强烈。事发之后，中国证监会立即通报批评了上交所，并对此展开了深入调查。与此同时，长虹股票暂停交易。

有关部门经过两个多月广泛深入的调查，查明：长虹公司法人股转配红股违规上市事件，是一起违反国家法规政策、违反"三公"原则，扰乱证券市场秩序、损害投资人合法权益的严重违规事件。上交所违反证券委、证监会关于法人股及其转配存量增量部分均暂不上市流通的有关规定，于8月15日批准长虹公司法人股转配红股上市，并于8月21日允许上市流通。中国经济技术开发信托投资公司作为主承销商，违反规定于8月21日至23日，利用自营帐户抛出转配红股420.9195万股，所得金额4375.70万元。其中，于8月21日上午集合竞价期间，利用一自营帐户卖出80万股转配红股，占当日集合竞价开盘交易总量的80.95%，中国经济技术开发信托投资公司还存在违反规定推销转配股余额和利用A、B字头帐户自营买卖420万余股长虹股票的问题。上海财政证券公司作为副主承销商，于8月21日下午通过自营帐户将70万股转配红股全部抛出，所得金额717.039万元，长虹公司作为此次配股的发行人，得知长虹法人股转配股已上市这一重大情况，未及时向中国证监会报告，违反了有关规定。

为严肃证券法纪，促进证券市场的规范化和健康发展，中国证监会经研究决定：1，对上交所予以通报批评；责成其对本单位主要负责人员分别给予行政记过处分和纪律处分。2，对中国经济技术开发信托投资公司所获非法收入扣除必要的成本后，剩余2506.32万元没收上交国库；对其所掌握的转配红股尚未流出股份397.1659万股予以锁定；对其处以200万元罚款；责成其对本单位有关责任部门进行整顿，对有关责任人员进行处理；对其在自营中使用A字头帐户问题，由于涉嫌其他违规行为，证监会将另案查处。3，对上海财政证券公司所获非法收入扣除必要的成本后，剩余406.16万元没收上交国库。4，责成长虹公司对其内部证券事务进行整顿，切实规范信息披露工作。5，对其他投资者所获转配红股，由于已有部分上市流通，剩余部分可继续上市流通。6，长虹公司的股票在证监会公布对长虹事件处理决定的三天后复牌。 （鲁孝年）

深圳证券市场建设创新举措

上海证券市场和深圳证券市场是中国两个主要的证券市场，发展速度和规模基本上保持了一致性，在证券市场发展的初期，深圳证券市场在某些方面略占优势，但从1992年起，深圳证券市场与上海证券市场的差距日益明显，各方面的矛盾比较突出。

严峻的局面 上海证券市场方面，1984年上海公开发行股票的企业1家，1987年上市股票增加4家，1990年又有2家企业公开发行股票，1991年有2家企业发行股票，同时首次批准1家企业向境外投资者发行股票（B股），1992年又批准18家企业公开发行股票并上市，其中有8家企业同时发行了B种股票，至1992年底，上海证券交易所上市的股票共38个其中A股29个，B股9个。深圳证券市场方面，公开发行股票并上市的公司由1989年4家，增加到1990年的5家，1991年6家，1992年24家。至1992年底深圳证券交易所上市的股票共33个，其中A股24个，B股9个。在交易量方面，1990年全国股票交易额18亿元，1991年增加到43.7亿元，其中上海证券市场交易量8亿元，深圳证券市场交易量35.7亿元，深圳占81.69%。然而，1992年全国股票交易量为922.14亿元，其中上海为497.14亿元，深圳为425亿元，深圳占46.09%。至1993年底在全国184家上市公司中，上海为107家，深圳为77家，深圳占41.8%；在全国3667.03亿元的股票成交额中，深圳占35.09%；在全国800万户注册投资者中深圳占42.5%。到1994年底，在全国291家上市公司中，深圳占41.24%；在全国8127.75亿元的股票成交额中，深圳占29.44%；在全国1100万户注册投资者中，深圳占45.45%。1995年上海、深圳证券交易总额（包括国债等）64097.44亿元，其中深圳占13.95%。这样从1992年深圳发生“8·10”事件之后，深圳证券市场的交易量萎缩加快，与上海证券市场的差距不断扩大，深圳证券市场的发展面临重大的挑战。

调整领导班子 1995年6月，深圳市政府新的一届领导班子成立之后，对深圳证券市场的发展经验教训、管理体制、市场定位、战略规划作了全面的分析和研讨，在中国证监会、深圳市委、市政府的支持下，深圳市证券管理办公室牵头成立了深圳市证券市场改革小组，对证券市场建设的创新作全面部署和策划。同时中国证监会经商深圳市人民政府决定，对深圳证券交易所领导班子进行调整，庄心一同志出任深圳证券交易所总经理，张育军、黄铁军、戴文华出任副总经理，并于1995年10月20日到任。

强化服务意识 深交所在全国主要中心城市设立服务中心，有计划地建立全国性服务网络。为了方便上海券商代理深市交易，深圳证交所在上海成立了深圳证券上海服务中心，并根据市场发展和上海地区的实际情况，推出系列措施，通过深圳证券上海服务中心买卖深股实行新模式，即由深圳证券上海服务中心对股份进行统一托管，上海地区证券商买卖深股的资金清算在上海完成；总部在上海的深交所会员或深交所会员在上海设立的营业部可以通过上海服务中心取得席位；在上海服务中心拥有深交所席位的证券商可以通过上海服务中心进行深市的国债回购交易，回购交易的资金清算和现券托管在上海完成。深交所于1995年11月11日正式开通了市场服务专线，分设有会员服务、上市公司服务、投资者服务和其他机构服务等4项，为市场参与者提供业务咨询。同时以市场服务部为基础，实行一个窗口对外，一条龙服务，凡是申请会员会籍、办理交易席位、联系日常业务和处理股权登记、资金清算、电脑技术、通讯设备故障、市场投诉、上市公司运作状况查询、了解深交所业务规程等均可得到满意服务。深交所还建立了上门服务制、第一受理人负责制等服务制度。另外在市场服务小组、技术服务小组分别走访全国各省市之后，深交所又提供综合配套上门服务，在各地开展服务周活动，举办各类专业培训班。同时在深圳、北京等地为投资者开设了上市公司年报及市场统计资料陈列室，并在《证券时报》开辟了“服务之窗”专版。深交所与大部分省市的证监部门签订了服务监管合作协议。另外深圳证券市场有关部门还大幅降低有关收费标准。

理顺管理体制 结合深圳证券市场的实践经验和教训，深圳市政府进一步明确了深圳市证券管理办公室、深圳证券交易所、深圳证券结算公司之间的职能和分工。深圳证管办监管深交所和深圳证券结算公司，归口管理深圳证券交易所、深圳证券业协会。深圳证券交易所负责组织证券市场的正常交易，管理深圳证券结算公司，深圳证券结算是深交所的全资附属机构，这样实现了证券发行、上市、交易、清算的一体化管理。

改革登记结算制度 深圳证券市场的交易系统与股份登记系统相对独立的体制造成股份和资金清算的分立，集中清算和分布式登记使交易结算效率降低，特别是与上海证券市场的集中清算、中央登记的模式相比更显劣势。为此深圳证券交易所与深圳证券结算公司共同筹划集交易、清算、登记等功能于一体的电脑和通讯系统。首先统一证券帐户卡。改变由登记处各自负责当地投资者买卖深股开设的证券帐户卡做法，由深圳结算公司集中管理和印刷证券帐户卡发放给各登记处，规定登记处在划定的区间发放证券帐户卡号码，或者在原有的帐户前加分区号识别，避免了投资者在不同地区参与深市重复开户，投资者持有一个证券帐户卡即可在全国认购新股、买卖和办理转托管。其次是利用交易系统实现转托管T+1到帐。原转托管程序需投资者到原托管证券商处提出转托管申请，打印证券结余单，凭证券结余单到登记处办理。如属异地转托管，还要办理转入异地的证券帐户卡，转托管周期长，风险大。改革后，利用交易所报盘系统办理转托管，投资者只要在托管证券商处申请转托管，由证券商通过报盘系统经由深交所传送到深圳证券结算公司，第二个营业日投资者即可卖出，也只要一个证券帐户卡即可办理异地转托管。再就是深圳证券结算公司统一管理股份明细帐。由深圳证券结算公司集中办理股份的一、二级清算过户，保持股份安全性，股息自动划拨，查询股份数据方便。

另外深圳B股集中结算于1995年10月23日开始实施，所有在深交所进行的B股交易集中由深圳证券结算公司统一办理结算交收。原深圳B股三家清算银行—汇丰银行深圳分行、花旗银行深圳分行、渣打银行深圳分行在完成截至1995年10月20日于深交所所有B股交易的清算交收工作后不再履行B股清算银行的职责。渣打银行深圳分行被委任为B股中央结算系统的资金收付银行。B股交易单位于1995年10月23日起由每手2000股调整为每手100股，B股投资者在买入委托获得确认成交后，可于当日再行卖出，交收期为T+3不变。同时在B股方面，取消原来由清算银行对投资者收取的市值0.15%的帐户管理年费；原清算费与登记费合并为结算费，按成交金额的0.05%收取，并取消最低收费；股份转移费由原来的每笔港币100元调整为每笔50元港币，并对涉及托管银行交收的交易只收取股份转移费，不再重复收取结算费。

深交所规定从1995年11月27日起，零股可在深交所集中交易市场全天交易时间内随时交易；投资者在买卖深交所上市的A股、A股权证、B股、B股权证、基金受益凭证时，交易单位统一为股或张；投资者在委托买卖上述证券时，委托数量应为100股(张)或其整数倍，不足100股(张)的零碎证券可随时一次性卖出，但不能委托买进。

完善监管体系 深交所强化市场一线的监管力度，在主管部门的指导下，制定实施上市公司董事会秘书制度，进一步完善监控体系，实施电脑预警系统，1995年3月开发建成即时监控技术系统；在原结算公司风险基金的基础上建立市场风险基金；与各地证管部门、证券交易中心、证券业协会签订合作监管协议，形成网络式监管。深交所确定了上市公司报告事前辅导和事后审查相结合的工作程序，与85家上市公司建立了信息联网。

加强市场设施建设 深交所的撮合系统经过两次的优化升级，日撮合能力提高10倍，回报数据的单位时间传输效率提高5倍，整个交易、清算系统综合处理能力提高6倍。在通讯系统方面，开通了64K速率的卫星双星通讯网，完成了单向卫星通讯系统的第一期改造工程，单向广播速率由7.6K提高到19.2K。另外开发完成了新的内存撮合系统，连续竞价取消原分盘撮合方式，采取逐笔撮合的方式。 (古悦)

大事记

一月

3 日 □中国人民银行决定，从 1995 年 1 月 1 日起，将人民银行对金融机构贷款和固定资产贷款的利率分别平均提高 0.24 个和 0.72 个百分点。

□由国家体改委主办的首期建立现代企业制度试点企业实际操作培训班在天津举行。

5 日 □国家国有资产管理局颁布《国有资产保值增值考核试行办法》。此《办法》以考核期企业财务报告中的所有者权益价值为依据，对国家投资及投资者权益进行考核。

□深圳市向 26 家企业颁发《国有资产授权占用证书》，确立企业法人财产权。

6 日 □国家计委采取措施控制固定资产投资，在“九五”计划确定前，原则上不再批准新的大中型建设项目。

□中国人民银行和国家财政部联合发出《关于下达财政系统证券机构清理办法的通知》，决定将对各地财政部，地方政府批设的财证证券机构，在逐一获得资格认定后与财政部门彻底实现脱钩。

□《全国商品市场规划纲要》出台，并指出我国商品市场发展的指导方针是重点建设全国性(含跨区域市场)商品批发市场。

□西藏明珠股份有限公司在拉萨公开发行普通股 3000 万股，这是西藏首次公开发行股票。

7 日 □据统计，1994 年我国较规范的股份制企业累计已达 2.58 万家，股东人数 3800 万之众，全年向社会发行 A 股集资额达 21.6 亿元，B 股约 10 亿美元。

□国家土地管理局、国家体改委联合制定并颁发了《股份有限公司土地使用权管理暂行规定》。

9 日 □中国人民银行公告 2 月份三年期以上定期储蓄存款保值贴补率为年率 10.38%。

10日 □为解决国债市场流通不畅的问题，深交所和深圳证券登记公司委托中国经济开发信托投资公司，联合其它 12 家财政证券公司共同组成深交所财政系统代保管库网。

11日 □国家体改委副主任洪虎指出，1995 年我国企业改革的主要内容为以建立现代企业制度为目标，切实打好基础，积极创造条件，努力构建框架。

12日 □中国证监会查处两起重大证券违法违规案件，山东渤海和君安深圳发展中心营业部因操纵市场、非法获利分别处以罚款 100 万人民币。

□五大银行确定今年工作重点，人行为改革信贷支持企改，农行为增加农业信贷投入，建行为大力拓展筹资渠道，中行为搞好外汇体制改革，交行为办成规范化商业行。

□劳动部、国家体改委发布《股份有限公司劳动工资管理规定》，并宣布 1992 年 6 月 1 日颁发的《股份制试点企业劳动工资管理暂行规定》同时废止。

□国家信息中心主办的实时金融网开播。

□由天津市政府和国家科委联合建设的中国北方交易市场在天津开始运行。

13日 □中国证券业协会秘书长马忠智称，至 1994 年底，我国累计发行各种国债 3000 多亿元，年末余额 2300 亿元，占整个债市的 52%，占整个证券市场的 46%；1994 年国债交易额近 2 万亿元，占证券总成交额的 70%。

14日 □上海市人民银行加强对异地券商管理，在法人地位、运营资金、办公场所、业务设备和从业人员方面提出了新的要求。

16日 □全国金融工作会议在京闭幕。会议指出 1995 年要实行适度从紧的货币政策，进一步强化金融监管，改善金融服务，坚决抑制通货膨胀。中国人民银行副行长陈元指出，央行今年将进一步完善对金融机构的资产负债比例管理和风险管理，在适当时机开展公开市场业务，增加间接调控的比重。他说，证券市场是金融体制改革的重要组成部分，今年在一段时期内大陆证券市场还将以债券、特别是国债为主。

□中国房地产指数系统进入运行，首期公布了中房北京指数。

17日 □深圳证券登记公司发出通知，从今年 1 月 5 日起，全国各地深交所会员都可选作深交所上市公司的股份托管商。

□仪征化纤 1 亿 A 股开始在上交所上网定价发行，这在我国股票发行史上尚属首例。

□国家国有资产管理局、财政部、劳动部联合发布《国有资产保值增值考核试行办法》。

20日 □全国外汇管理局长会议指出，今年要进一步完善和推进外汇改革，严格控制外债规模，提高外债使用效益，转变管理职能。

□财政部发布《1995 年清产核资办法》，对资产负债清查以及资产价值重估和土地估价、产权登记等作出规定。

23日 □深交所推出成份股指数，发布的新指数共有 9 个。

24日 □深圳发布券商龙虎榜，君安证券、南方证券夺得冠军。

25日 □我国今年继续对房地产实施宏观调控，开发规模力争控制在 1600 亿元人民币。

二月

7 日 □国家经贸委指出，今年深化企业改革工作的指导思想是：紧紧抓住政企分开，搞好企业内部管理，逐步建立社会保障体系这三个关键，以搞好现代企业制度试点为突破口，在转换经营机制、推动制度创新、加速结构调整、实行配套改革方面取得实质性进展。

□澳门政府法令授权中国银行从1995年10月16日起在澳门发行澳门元钞票。

8日 □我国股份制改革去年取得新进展，1994年全国新增股份制企业1.28万家，其中工业类约占总数的48.3%，商业类占31.42%，其它占20.55%。全国证券机构567家，遍布全国的证券业务部5246家，从事证券业的人员6.75万，全国股东人数达3800万人。

10日 □据不完全统计，1994年我国国债回购交易量达3200多亿元，成为债市发展不可缺少的交易品种之一。

□中国人民银行日前发布公告，宣布1995年3月份人民币长期储蓄存款保值贴补率为11.87%。

11日 □国家外汇管理局副局长许斌表示，我国将分三个阶段在2000年前实现人民币自由兑换，目前尚不具备马上取消对外汇收支活动限制的条件。

13日 □据国家国资局统计，到1993年底，我国国有资产总量已从建国初期的200亿元上升为34950亿元。

□1994年，我国共批准外商投资项目47490个，协议外资金额814亿美元，实际利用外资341亿美元。

□中国证监会、国家经贸委、国内贸易部联合颁布《关于国有企业、事业单位参与期货交易的规定》，规定国有企业、事业单位参与期货交易要经主管部门或公司董事会批准。

16日 □国务院办公厅发出通知，明确规定地方政府不得对外举债和进行信用评级。

17日 □西藏明珠股份有限公司股票在沪挂牌交易，这使其成为西藏地区首家上市公司，也标志着我国上市公司已分布全国所有的省市区。

□财政部、国家税务总局近日发出通知，规定对1994年1月1日前签订开发及转让合同的房地产免征土地增值税。

22日 □财政部发布公告，从3月1日起发行1995年三年期凭证式国库券和三年期无记名国库券。

□全国企业管理工作会议在京闭幕，会议提出国有大中型企业主要任务是提高经济增长质量和效益。

23日 □上海国债市场出现异常的剧烈震荡，327品种成交金额占期市成交额近80%。对此，上交所发布紧急通知称，当日16:20以后的国债期货327品种的交易存在严重蓄意违规行为，故该部分成交不纳入计算当日结算价、成交量和持仓量的范围。

□沈阳金杯股份有限公司与一汽集团签订转让股权协议，一汽购买金杯公司51%的股权，开上市公司股份一次转让过半之先河。“沈阳金杯”更名为“一汽金杯”。

24日 □上交所发布关于加强国债期货交易监管工作的紧急通知，其内容主要包括：实行涨跌停板制；加强持仓限额管理，严禁相互借用仓位；控制持仓合约使用结构等。

27日 □中国证监会与财政部近日联合颁布“国债期货交易管理暂行办法”，就国债期货交易所和国债期货经纪机构的资格条件、国债期货交易管理、经纪业务管理、法律责任等内容作了详尽的规定。

□上交所决定从即日起开设协议平仓专场，这是上交所在暂停所有国债期货品种的自由竞价交易，实行协议平仓交易后，为解决327品种超额持仓问题推出的新措施。

28日 □法国萨理德会计师事务所北京代表处开业。

三月

1日 □1995年国债发行拉开帷幕，三年期凭证式国库券和三年期无记名国库券登台亮相，50名国债一级自营商获资格。首日财政系统共发售国库券8亿元。

□中国外汇交易中心开办日元交易。

2日 □上海国债期市大规模减仓，首要目标是327品种。

4日 □政协八届三次会议开幕。

5日 □八届人大三次会议开幕。会议提出今年任务为保持适当的经济增长速度，固定资产投资要量力而行，调整结构，提高效益，以国企为重点深化改革。今年宏观调控目标定为8—9%，全社会固定资产投资规模17000亿元，财政收支差额666.8亿元，国债发行总额1537亿元。

6日 □中国农业银行在日本东京发行公募武士债150亿日元，期限5年，票面利率4.30%。

7日 □上交所从当日起，除327品种外，其余国债期货品种恢复自由竞价交易。

□美元汇率再探新低，东京一度跌至92.65日元。

8日 □《中国证券监督管理委员会机构编制方案》经中央机构编制委员会办公室审核，获国务院正式批准。按此方案，中国证监会为国务院直属事业单位，是国务院证券委员会的监管执行机构，依照法律、法规的规定对证券市场、期货市场进行监督和管理。

□深圳改进权益分派方案，股息全部通过券商发派，并缩短运作时间。

9日 □全国金融稽核监督会议闭幕，中国人民银行将于年底前选择各类金融机构1000家，对其落实金融业分业管理的情况进行专项稽核，以摸清银行业、信托业、保险业、证券业的分业状况，并对查实的违规问题按相关金融规章严肃处理。央行今年将检查证券业有无办理存贷款业务，收取的交易保证金是否在银行专户储存，凭交割单由银行划拨，有无通过证券回购及返回购业务买空卖空，变相拆借等。

□我国首家会员证交易中心—海口会员证管理交易中心成立。

10日 □深交所发出通知，决定今年上市国债可充抵国债期货交易保证金。

11日 □外经贸部发布《关于设立外商投资股份有限

公司若干问题的暂行规定》。

□上交所决定开办金融债券、建设债券、企业债券等各类债券回购交易。

□4月份三年期以上定期储蓄存款的保贴率为年率11.47%。

14日 □凭证式国库券10日内发行360.81亿元，比去年同期增加2倍多。

□去年全国各级检察机关在金融系统查办100万元以上贪污贿赂等经济犯罪案件301件，查处各类银行领导干部109人。

15日 □经中国人民银行批准，由全国工商联牵头筹建的中国民生银行将于年内在京正式开业，中国民生银行是国内第一家民营的股份制商业银行。

17日 □我国已有近百家企业获ISO9000系列标准证书，其中80%为上市股企。

18日 □上交所放宽国债期货涨停板幅度，从±1.00元调整为±1.50元。

20日 □八届人大三次会议通过《中国人民银行法》。

21日 □人总行严处工行东莞市分行等10家金融机构。

22日 □国务院办公厅发出《关于在全国进一步开展清产核资工作的通知》

23日 □中国人民银行决定对经营证券业务的金融机构进行证券回购业务的检查。此次检查的对象包括各银行及其分支机构开办的证券业务部；各非银行金融机构及所属的证券营业部；各证券交易中心、融资中心及其它经营证券业务的金融机构。

□深圳重新规范证券经营机构。取消异地在深证券业务部和证券公司深圳分公司法人资格。

25日 □国务院办公厅批转国家经贸委的通知，要求通过深化改革，把企业改组、改制和改造有机地结合起来，以加强企业内部管理。通知要求首先搞好三项试点工作，即抓好建立现代企业制度试点工作；继续抓好国务院确定的56家企业集团及国务院批准的其它试点工作；组织实施好若干城市的企业“优化资本结构”的试点工作。

□上交所债市交易恢复原有按现货品种对应设置期货品种，实行“多品种混合交收”。

□上海证券中央登记结算公司发布《关于法人股协议转让登记过户事项的通知》。

28日 □中国证监会称没有“A股转H股”的政策安排。

29日 □全国第一家专业的金融电台上海东方广播电台(卫星)金融台开播。

30日 □中国证监会和国家工商局日前联合下发《关于期货经纪公司审核、批准和登记的通知》，要求欲做期货经纪的公司必须申报并获许可证，申报许可证的最后期限为今年4月15日。

31日 □国务院最近任免一批国家工作人员。原国家开发银行副行长周道炯被任命为中国证监会主席，免去刘鸿儒国务院证券委副主任、中国证监会主席职务。

□国内贸易部和中国证监会日前联合发出通知，暂停所有商品中远期合同交易，以制止借中远期合同交易之名进行变相期货交易。国内贸易部将会同有关部门抓紧制订中远期批发交易的市场管理办法，各批发市场开展的现货批发交易继续进行。

四月

1日 □中国证监会发出紧急通知，要求各国债期货交易所认真落实国家有关部门关于将国债期货保证金限期提高到交易金额的10%的规定，并同时指出期货交易每日价格波动幅度不得大于上下二元，对于拒不彻底执行或采取变通手法不彻底执行规定的，中国证监会将根据有关办法进行严肃处罚。

□财政部与建行就办理中央财政基本建设资金的支付和监督管理工作签署委托代理协议，这是建行向商业银行转轨的又一重要标志。

□人总行决定从今日起，只公布人民币对美、港、日元3种外汇牌价。

3日 □中国证监会、国家工商局联合发文确定申报期货经纪业务许可证的期限为4月15日，并对尚未上报复审材料的期货公司提出新要求。

□深交所公布成份股名单。

4日 □深交所将国债期货交易保证金，由每口1000元调至1550元。

5日 □中国外汇交易中心运行一年累计成交568亿美元，人民币汇率稳定，交易币种增加、方式改进，市场运行平稳健康。

6日 □试点企业集团工作会议在京召开，经贸委副主任陈清泰在企业集团工作会议上指出，试点企业集团要建立以产权联结为主要纽带的母子公司体制，壮大集团实力，坚持改组、改制和改造相结合，严格内部管理，进一步转变职能，创造良好的外部条件。

8日 □由国家计委主办的《中国经济导报》在北京创刊。

10日 □国家国资局负责人就企业股份制改造中涉及国家股股权管理问题时指出，应提高国资投资收益，坚持同股同利。在国有股股权的收益问题上，国家国资局认为应当将企业的拆股方案和股票发行价格放在一起审查议定，以协调新老股东间的利益。

12日 □5月份三年期以上定期储蓄存款保贴率为年率12.27%。

13日 □国资局着手落实建立国有资产分析报告制度，内容包括统计、经营、产权变动三项。

14日 □中国证监会发布规定，禁止其工作人员参加可能对公正执行公务有影响的宴请，并禁止工作人员参加用公款支付的营业性场所的娱乐活动。对于违规者将有具体的惩罚措施。

□失业保险金发放标准今后按当地法定最低工资的70－80%发放。

17日 □依照外经贸部发布的《关于外商投资举办投资性公司的暂行规定》，从今日起，符合条件的外国投资者，可在中国以独资或合资形式，设立注册资本不低于3000万美元的投资性有限责任公司。

18日 □财政部部长张佑才在全国财政工交企业工作

会上指出，财政部门将出新措施，制定支持技改财政财务政策，提高法定盈余公积金提取比例，设法解决企业社会负担问题。

□外经贸部官员重申外国投资者不可以介入中国A股市场。

21日 □国家体改委、国务院证券委联合发出通知，严禁交易公开发行但尚示上市的股票。通知明确规定，凡经国家体改委重新确认并拟向中国证监会申请股票上市的公司，自确认之日起至中国证监会复审同意并上市前，其股份严禁买卖和过户，也不得在任何证券交易所交易。

22日 □国家国有资产管理局发出紧急通知，要求各股份公司在分红和送配股时，维护国有股权益，坚决制止对国家股、国有法人股和个人股采取同股不同权、同股不同利的做法。

25日 □国务院证券委、国家体改委联合发出通知，要求境外上市公司召开“95”股东年会时，就通告程序、暂停股东名册变更的登记、有效表决票数的计算以及修改公司章程的审批及生效等问题提出新的意见。另外，证监会和体改委发函就到香港上市公司对公司章程补充修改提出新的意见，要求这些上市公司修改章程时可考虑香港联交所的有关新规定。

□中国证券业协会公布1994年度全国券商业绩排名榜，君安证券、中农信分列证券公司和信托投资公司第一。

26日 □上海万国证券公司高层领导易人，朱恒出任公司董事长，高富国为公司代总裁。

28日 □由国家计委编著的首部计划白皮书—《1995年国民经济和社会发展报告》出版。

29日 □周道炯认为今后证券市场工作重点应由探索转向规范，要健全市场法规体系，提高上市公司质量，改善市场供求结构，加强从业人员管理，解决市场现存问题。

五月

2 日 □中国人民银行全国非银行金融机构监管会议日前在京召开，对1995年非银行金融机构监管工作的主要任务作出规定。其中包括对不符合规定的非银行金融机关一律撤并，同时责令其立即停办新业务，缴销经营许可证。为加强依法检查，总行将统一颁发《金融检查证》。

5 日 □国家开发投资公司成立，这是一家由国务院直接联系的国有投资政策性投资机构。

6 日 □首届中国股份制改革成果博览会在京开幕。18个省市的近70家上市公司、股份制企业、证券机构展示了自己的改革成果。

10日 □中国证监会、沪深证管办、交易所首次稽查工作碰头会在京举行。会议决定确定各方定期碰头会制。周道炯在会上指出，要加大监管力度，解剖一批上市公司、证券公司和其他中介机构，找出有代表性的问题和解决的办法。

□在京闭幕的八届全国人大常委会第十三次会议审议通过了《中华人民共和国商业银行法》和《中华人民共和国票据法》，这两部金融大法分别于1995年7月1日和1996年1月1日起实施。

□中国证监会重申国有股、法人股转配部分今年不上市。

12日 □国资局宣布从即日起，对上市公司4月18日以后公布的有损国有股权益的分配方案进行查处。猴王、广东星湖、同济科技、琼海虹涉及查处之列。

13日 □国务院证券委日前颁布《证券从业人员资格管理暂行规定》，要求证券从业人员必须通过统一的资格考试，由中国证监会统一组织进行。

□中国人民银行公布1995年6月份人民币长期储蓄存款保值贴补率为12.92%。

15日 □中国证监会发出《关于要求各国债期货交易场所进一步加强风险管理的通知》。

□上交所严处违规行为，“甘肃农信”等5家会员被停止国债交易资格并处罚款。

17日 □中国证监会发出《关于暂停国债期货交易试点的紧急通知》，规定各国债期货交易场所一律不准会员开新仓，由交易场所组织会员协议平仓。

18日 □受暂停国债期货交易的消息刺激，沪深股市齐放异彩。沪市A股跳空130点，以741.81点开盘，留下新中国股市上最大的一个空跳缺口。全日涨幅达30.99%，A股成交量也巨幅放大至84.93亿元，创T+1以来的最高记录。

□深市成份股指跳空190.7点以1233.4点高开，涨幅高达23.46%，深市成交量急剧放大至37亿元。

21日 □人总行和财政部就1995年国债发行中的有关问题发出紧急通知，规定不得擅自提高国债发行利率。

22日 □国务院证券委员会在京召开第五次会议，国务院副总理朱镕基主持会议并作了重要讲话，会议研究确定了今年和今后一段时间里证券、期货市场监管工作的指导思想和工作方针。会议决定，1995年的股票发行要严格掌握进度，控制节奏，均衡上市。会议要求严禁经纪公司从事境外期货交易和外汇按金交易，坚决打击地下期货交易，坚决禁止以远期合同交易为名进行期货交易。

□上交所对国债期货市场组织平仓，当日平仓约10万口。

23日 □在短短四个交易日内，沪股在政策消息刺激下，连续出现戏剧性场面。当日沪股跳空低开106点，以当日最低点750.30点报收，下挫147.12点，大盘跌幅16.39%。深市在消息的刺激下亦大幅跳水，较前一交易日跌。

□吉化H股在港上市，这是今年内首只在香港联交所挂牌的H股。

□由全国工商联牵头组建的中国民生银行正式筹建。

25日 □深交所今起开设国债期货电脑协议平仓专场。

26日 □国家税务总局颁布《个人所得税代扣代缴暂行办法》，其中对股息、红利等的纳税办法作出规定。

27日 □经人事部、国家国资局批准，注册资产评估师执行资格制度正式实施，拟于今年内对符合认定条件的人员进行资格认定，经各科考试合格可取得注册资产评估师《执业资格证书》。

□中国证监会严惩"327"事件主要责任者之一"无锡国泰"被取消从事期货经纪业务资格。

31日 □国债期货平仓工作顺利结束，在中国证监会规定的期限内划上了圆满句号。14个国债期货交易所采用报价平仓、场外协议平仓等方式共平仓244万口。

□中国证监会批准11家试点期货交易所上报的章程和交易规则，同时批准其上市期货合约和试运行期货合约。各交易场所正根据此项审核结果对相关上市合约交易时间进行调整。

六月

1 日 □国家国资局公布山西省太原小商品批发市场以股份制改造为名，导致215万元国有资产流失的案件，并称将对主要责任人做出严肃处理。

□中国人民银行对企业破产债务处理作出了新的严格规定，以防止有些企业以破产为名，行逃避债务为实的做法。

5 日 □广东电力B股发行工作圆满结束，这是迄今为止中国股市推出的最大盘B股，总发行额度为21825万股。境外投资者反应热烈，超额认购高达3倍。

13日 □中国人民银行公布1995年7月份人民币长期储蓄存款保值贴补率为13.01%。

14日 美国信安相互人寿保险公司在北京设立办事处。

15日 □全国证券期货监管工作会议在京举行。中国证监会主席周道炯在会上宣布，1994年确定的55亿股票发行规模一次下达，跨年使用，分批审批，均衡上市；主承销商在发行股票前须对企业进行必要辅导，但不另请中介机构；20家历史遗留问题从今年到明年上半年视市场情况安排上市。

16日 □中国航天基金筹委会在北京成立。

□天津渤海A股在上交所上网定价发行，发行价格每股为2.5元，6898万新股由187264人持有，创近年新股发行股东分散化程度的新纪录。

20日 □朱镕基在全国银行业经营管理工作会议上要求把工作重点转移到加强经营管理和提高资金使用的效益上来，把国家专业银行改革为国有商业银行。

□国家计委、国家经贸委、外经贸部联合发布《指导外商投资方向暂行规定》和《外商投资产业指导目录》，这是我国首次以法规形式对外公布鼓励、限制、禁止外商投资的产业领域。

□中国人民银行副行长陈元称，商业银行要彻底与股票、信托投资业务脱钩，注册资本不足法定的10亿元最低限额者，也必须限期补足。

27日 □经审计署、财政部研究决定，中国注册会计师协会与中国注册审计师协会实行统一联合，称为中国注册会计师协会。

29日 □财政部部长刘仲藜在八届全国人大常委会第十四次会议上做了1994年国家决算的报告。根据该报告，去年国家财政总收入为5218.1亿元，总支出为5792.62亿元；收入和支出相抵，赤字为574.52亿元，比预算确定的赤字数额减少94.67亿元。

30日 □八届全国人大常委会第十四次会议闭幕，通过了《中华人民共和国保险（草案）》、《中华人民共和国担保法（草案）》《全国人民代表大会常务委员会关于惩治破坏金融秩序犯罪的决定（草案）》三部金融法律和其他各项议案。

七月

1 日 □中国人民银行决定从即日起，将再贷款、流动资金贷款和固定资产贷款年利率分别提高0.24、1.08和0.54个百分点。这是1995年以来人行第二次提高贷款利率。

□国库券集中兑付工作顺利铺开。

□全国人大常务委员会第十四次会议决定免去朱镕基兼任的中国人民银行行长职务，任命戴相龙为中国人民银行行长。

3 日 □今日起施行《全国人民代表大会常务委员会关于惩治破坏金融秩序犯罪的决定》。

4 日 □中国证监会与香港证监会在京签署了《有关期货事宜的监管合作备忘录》，这份备忘录是中国证监会与境外监管机构签署的有关期货市场的第一个协议文件。

6 日 □经国务院批准，从今年起我国将开始组建城市合作银行。但有关人士强调中国不允许成立私人银行。

8 日 □日前，中国证监会就厦门国泰在配股中出现的问题做出处理决定。厦门国泰在今年6月2日的配股说明书中擅自将配股承销机构由深圳农行信托投资公司变更为中银信托投资公司和深圳大鹏证券公司，此前未向证监会报告，违反了《公司法》的有关规定。

11日 □中国证监会正式加入证监会国际组织。

□8月份人民币长期储蓄存款保值贴补率为12.99%。

13日 □为贯彻落实《国有企业财产监督管理条例》，国家国资局制定《国有资产管理部门监事选派暂行规定》，对国有企业监事会和国资管理部门监事选派工作进行了规定。

14日 □针对玉米期货过度投机现象，中国证监会发出通知，暂时将各交易所的玉米期货交易保证金提高20%以上，并禁止用浮动盈利开新仓。

15日 □深交所日前就上市公司中期报告的编制问题发出通知，就中期报告的送审时间、真实性及公告时间等做了具体规定。按规定，中期报告中的财务报告不要求经会计师事务所审阅、审计，只需由上市公司提交一份深交所认可的财务报告即可，对报告中有错误、误导或故意漏报的公司，将限期股票停牌，并对有关人士作出处理。

□由国家国有资产管理局和中国国有资产管理

学会共同主办的中国国有资产青年总裁委员会在北京成立。

16日 □据报道，国家外汇管理局近日公布的1994年度中国国际收支概括材料显示，1994年我国国际收支状况明显好于上一年：1994年度经常项目顺差76.6亿美元；资本项目顺差为326.4亿美元，其中来华直接投资的增加最为明显。数额为337.9亿美元；储备资产增加305.3亿美元，年末国家外汇结存516亿美元。

17日 □中国人民银行年内准备批准成立10家保险公司，同时有计划地增加营业性外资保险机构，原定的外资公司须在华设立代表处3年以上才可申请营业执照，将缩短为2年。

□人行上海市分行重申禁止向个人开办国债回购。

18日 □国家国资局就太原小商品批发市场国有资产流失案查处情况进行通报，认为此案件是国有资产流失，而不是产权纠纷，并强调将严肃处理。

□东京银行北京分行开业，这是北京首家开业的外国银行分行。

20日 □上交所与美太平洋证交所建立友好关系，太平洋将帮助上交所发展新的监督管理系统，同时两所也将一起开发项目，使部分在上交所上市的股票在太平洋证交所双向挂牌上市。

21日 □据人行统计，1995年上半年，全国共回笼货币284.7亿元，比上年同期多回笼201.5亿元，这是我国建国以来上半年回笼货币最好的一年。

22日 □国务院颁发《关于授权地质矿产部等部门和机构对有关国有企业财产的经营管理实施监督的通知》。

26日 □据报道，国务院证券委、中国人民银行、最高人民检察院近日发出通知，做好监督防范、查处、建立健全制度、加强教育和完善法规等5方面的工作，以加强证券从业人员的犯罪预防工作。

27日 □有关部门透露，由国务院授权的地矿部等国资监管机构将首次向20户大型企业派驻监事会，各监事会将于1995年9月底前到位。

28日 □据报道、中共中央政治局委员、国务委员兼国家体改委主任李铁映在全国体改工作座谈会上指出，私有化不能解决中国的发展问题。国企改革的根本任务是找到适应市场经济的国有经济的具体形式，找到公有制与市场经济有机结合的微观实现形式。从过去的国有国营，转变到国家所有、企业自主经营、再转变到国家投资、掌握资本所有权、企业自主经营。

□上交所规定从即日起，在除权报价计算中对“转配”将不予考虑。

□由新华社信息中心联合中国有色金属供销运输总公司开发的《中国财经实时信息系统(期货版)》投入使用。

30日 □最高人民检查院有关人士透露，非法集资总额达32亿多元的无锡新兴实业总公司非法集资案，已由检察机关侦查终结。无锡市人民检查院对新兴总公司总经理邓斌等6人提起公诉。

□国务委员兼国家体改委主任李铁映在全国体改工作座谈会上指出，建立社会保障制度是今年改革的重点。无所不包的“大福利”难以为继，高福利更不能搞。要更多地强调个人参与。

八月

1 日 □对外贸易经济合作部、国家计委、国家经贸委、海关总署日前发出通知，从7月1日起，实行进口许可证管理的商品由53种减少为36种，税目由742个减少为354个。

2 日 □中国股份制企业评价中心等单位举办的中国股票上市公司综合实力评价揭晓。上海石化、马钢、长虹、仪征和深发展名列前五名。这是我国首次采用国际通行的主成份分析法对沪深两交易所和STAQ及NET两系统的上市公司进行多指标的综合评价。

4 日 □为整顿金融秩序，规范市场运作，人民银行上海分行撤消无固定营业场所、无固定业务人员、不能正常开展业务的中国农业银行北京市信托投资公司上海证券业务部等14家在沪异地证券公司营业机构。

7 日 □财政部于8月16日以记帐方式向社会公开发售一年期国库券100亿元，年利率为11.98%，从8月26日起计息，1996年8月26日起一次还本付息，不计复利。

8 日 □中国证监会日前发出通知，就1995年下半年上市公司申请配股的有关事项做出严格规定。

9 日 □中国人民银行、财政部、中国证监会日前联合发出通知，就进一步规范证券回购业务提出要求。《通知》指出，凡未经国务院和中国人民银行批准的证券交易场所和融资中心，一律不得开办证券回购业务。所有金融机构也不得参与这些场所和中心开设的证券回购市场非金融机构、个人以及不具有法人资格的金融机构一律不得直接参与证券回购业务。

□世界两大知名企业—日本五十铃自动车株式会社和伊藤忠商事株式会社通过协议购买法人股的形式，成为“北京北旅”的第一大股东。这是我国证券市场发生的首例外商通过协议购买法人股成为一家上市公司第一大股东的事件。

□邮电部和中国人民银行在京签署协议，联手建设中国金融数据通信网。

10日 □截至7月31日，三年期凭证式国库券发行1055.8亿元，超额完成了发行计划。同时，展开已一个多月的国债兑付工作进展情况良好，全国已兑付各种国债463.6亿元。

□9月份人民币长期储蓄存款保值贴补率为12.64%。

11日 □首家中外合资投资银行—中国国际金融有限公司在京正式开业。

15日 □异型钢管、隧道股份、第九百货三家公司近日向受限制而未能参加股东大会的股东登报致歉。

□中国证监会新闻发言人表示要对7家未按时

报送1994年度报告的上市公司予以处罚。

□1995年一年期记帐式国库券承销签字仪式在上海举行,此次国债发行首次引进了招标方式,表明我国国债市场正逐步与国际市场接轨。

□今年上半年,现金净回笼284.6亿元,比去年同期多回笼201.4亿元。历史上回笼现金最好的年份是1990年248亿元。专家们认为,它表明,两年来的宏观经济调控的政策措施已见成效,国民经济运行逐渐迈入平稳轨道。

□财政部部长刘仲藜指出,今年上半年全国财政收入与支出同步大幅增长。1至6月份全国财政收入比去年同期增长26.9%。其中,中央财政收入比去年同期增长17.2%;地方财政收入比去年同期增长38.5%。全国财政支出比去年同期增长274%。

21日 □江铃汽车股份有限公司与福特汽车公司在南昌正式签署了江铃B股/ADS认购及联合开发协议。福特汽车认购江铃即将发行B股中的80%,占江铃汽车总股本的20%。

□"四川长虹"股票除权,其转配红股悄然上市,引起投资者的不满。四川长虹公司94度的配股方案是:向全体股东按10:2.5的比例配股,配股价为每股7.35元;同时社会公众股还可按10:7.41的比例受让法人股的配股权。

23日 □《中国证券报》首家以读者来信的形式刊登了长虹转配红股上市事件,引起了中国证监会的重视。上交所于当日发布公告,长虹股票停牌。

□中国人民银行颁布试行《贷款通则》。《通则》对贷款的条件、程序、用途等方面作了具体规定,明确不得用贷款从事股东权益性投资、炒买炒卖有价证券、期货和房地产。

25日 □中国证监会就长虹转配红股上市事件作出裁决:转配红股上市属违规行为;上交所按自己的理解安排长虹转配红股上市是工作失误,予以通报批评,为稳定市场,仍维持上交所对长虹转配红股上市的安排。中国证监会重申国家股、法人股及转配等,其存量、增量均暂不上市流通。

□长虹股票继续停牌。

26日 □在沪挂牌的170多家公司中第一次出现了经营亏损案例。辽源得亨、西安黄河近日公布了中期业绩表明,两家公司上半年分别亏损607.5万元、2744万元。

27日 □受国务院委托,国家计委主任陈锦华在八届全国人大常委会第十五次全体会议上,报告了今年以来国民经济和社会发展计划执行情况。他认为,经济运行和社会发展的总体态势是好的,但也存在一些困难和问题。今后几个月的主要任务是,一是物价工作不能有丝毫的松懈,15%的目标不能改变;二是继续加强农业,力争全年获得较好收成;三是严格控制新开工项目;四是进一步抓好国企改革;五是继续执行适度从紧的财政、货币政策。

30日 □深圳证券交易所开发的内存撮合系统测试完毕。

31日 □中国人民银行行长戴相龙日前指出,人行将对有些金融机构重新登记,违法或越权设立的金融机构要撤销或合并。

九月

1日 □财政部下发《95年一年期记帐式国库券市场间转托管运行试行办法》,决定试行国债跨交易场所转托管业务,这为逐步统一全国国债市场创造了条件。

5日 □中共中央组织部、国家经贸委、人事部联合发出《关于加强国有企业领导班子建设的意见》。

6日 □经中国人民银行批准,我国第一家股份制保险公司—中国太保公司日前完成股份制改造,227家新股东的10亿元资本全部到位。

9日 □中国证监会日前向各期货交易所发出通知,要求立即停止公布自行制订的现货采集价,并禁止使用非实物交割方式。

11日 □中国人民银行总行发出紧急通知,重申继续从严控制固定资产贷款,流动资金贷款要向国家重点项目、骨干企业予以倾斜。

□中国证监会发布《关于对公开发行股票公司进行辅导的通知》,规定辅导期自发股公司与券商签订承销协议和辅导协议起,至股票上市后一年止,包括承销过程的辅导和上市后的持续辅导两个阶段。中国证监会同时发布了《申请公开发行股票公司报送材料标准格式》。

□财政部发出通知,要求从现在起至1996年上半年,在全国范围内开展对企业职工养老保险基金、失业保险基金的专项财务检查。据统计,这两项基金历年度滚存已达370亿元,按规定,除国债外,这两项基金不得进行直接投资和委托投资。

□日本富士银行落户浦东,这是第一家在浦东开设分行的外资银行。

□中国人民银行发出《关于非银行金融机构重新登记的通知》,决定在清理越权批设金融机构和对金融机构年检的基础上,对全国的非银行金融机构进行一次检查验收,并重新登记。

12日 □财政部发出通知,规定社会保险基金除大部分用于购买国家债券外,不得在境内外进行其他直接投资和各种形式的委托投资。

13日 □中国人民银行决定对商业银行的信贷资金来源及运用情况进行一次专项稽核,稽核重点包括利用证券回购买空卖空,转移资金炒作股票期货等

□10月份人民币长期储蓄存款保值贴补率为年率12.07%。

□中国人民银行总行决定,从1995年9月份开始,对各商业银行及其所属县以上分支机构信贷资金来源与运用情况进行一次专项稽核,稽核重点之一是利用证券回购买空卖空,以及转移资金炒作股票、期货。

14日 □国资局副局长潘岳透露,我国国有资产总量已达4万多亿元,仅1994年一年就净增几千亿元。

□国家经贸委、国务院证券委等七部门要求对《公司法》实施前设立的有限责任公司和股份有限公司重行审核登记,到明年底仍不能符合规定的须变

更登记为其他类型企业。

15日 □上海证券交易所理事会二届三次会议召开。应尉文渊同志请求，免去尉文渊上交所常务理事、总经理职务，聘任杨祥海为上交所总经理。

□为适应对外开放和经济发展的需要，由中国人民银行制定的《设立境外中国产业投资基金管理办法》，经国务院批准发布施行。该办法共28条，分别对境外中国产业投资基金的设立、发起人资格要求、申请设立境外投资基金所需提交的有关材料、境外投资基金在中国境内的业务活动等作了明确规定。《办法》指出，境外投资基金资金不得用于购买公开发行的人民币普通股票和人民币计值的政府债券。

16日 □深圳证券委召开第三次会议决定深圳证券登记公司与深交所合并，深圳将重构交易清算制度，其基本原则是：统一异地股民的证券帐户卡；登记公司统一管理股份明细帐；实现深交所与登记公司电脑主机联网，实行有选择的通买通卖。

18日 □浦东开发新政策亮相。新政策规定把浦东的财政体制纳入全国统一的分税制轨道，要求上海包括浦东要向兄弟省市开放外贸市场；允话浦东新区率先进行改革开放的综合试点；赋予浦东一系列与建设“一个龙头、三个中心”相适应的功能性政策。

20日 □财政部和审计总署联合发出通知，宣布我国注册会计师协会与注册审计师协会实行统一联合，这标志着我国社会审计事业的新开端。

21日 □令市场各方广为关注的“2.23”国债期货事件终有说法。监察部和中国证监会等部门公布了查处结果：“327”品种事件系蓄意违规事件，上海万国证券公司和辽宁国发(集团)股份有限公司负有直接责任；交易所监管不严影响很坏，有关责任者分别受到纪律处分和组织处理。涉嫌触犯刑律的已被移交司法机关处理，对违规的证券机构进行经济处罚。

25日 □鄂尔多斯B股承销协议签字仪式在上海举行。这是我国少数民族地区发行的第一只B股。

□中国粮油食品进出口总公司在美国成功地发行了5000万美元的商业票据。

□中共中央十四届五中全会在北京举行，全会审议通过了《中共中央关于制定国民经济和社会发展“九五”计划和2010年远景目标的建议》。

26日 □国家体改委下发《关于在股份有限公司设立中加强改制工作的通知》，从股份有限公司的改制目标、内容、文件准备及审批要求等方面作了详尽说明。

27日 □中国证监会宣布：国务院证券委批准7家企业为海外上市预选企业，这7家企业是：中国第一汽车集团公司、深圳市高速公路开发公司、皖通高速公路股份有限公司、山东新华制药股份有限公司、天津中药集团股份有限公司、广东科龙电器股份有限公司、北京北大方正集团公司。

29日 □洛阳玻璃A股在上交所上网定价发行，在申购程序上进行了新的尝试，中签率为2.97%。

30日 □国家体改委、国资局联合发出《关于做好原有股份有限公司规范工作的通知》，要求原有股份公司的规范化必须到位。

十月

4日 □国家国有资产管理局副局长潘岳指出，我国将逐步建立以现代企业制度为基础的国有资产管理与经营模式。新的国有资产管理体制可分为国有企业、国有资产经营(控股)公司和国有资产管理部门三个层次。

□国家计委副主任甘子玉指出，为了加快基础设施的建设，中国将积极稳妥推进BOT(建设—运营—移交)投资方式，试点范围暂限定为火电厂、30至80公里高等级公路、1000米以上独立桥梁和独立隧道及城市供水厂等项目。

□中国工商银行与韩国第一银行合资成立青岛国际银行。

5日 □中共中央十四届五中全会，在总结经验和分析形势的基础上，提出了《关于制定国民经济和社会发展“九五”计划和2010年远景目标的建议》，其中明确提出要“坚持以间接融资为主，适当扩大直接融资”，“积极稳妥地发展债券和股票融资”，对银行、信托、保险和证券业实行分业经营。

□中国人民银行发出公告，宣布对因存在违法经营、经营管理混乱、资产质量差等问题的中银信托投资公司实行接管。此举意味着中央银行对这家有严重问题的金融机构的强制介入，这在新中国46年金融史上尚属首次。

7日 □为了有效制止国债市场中的“卖空行为”，财政部下发通知，决定开始在全国范围内对财政部监制的“国债券代保管凭证”的使用情况进行检查。检查对象包括开展国债业务的银行、非银行金融机构及其它办理国债代包管业务的机构。

9日 □深圳证券登记公司统一印制的《深圳证券交易所证券帐户》卡开始在全国发放，这是改进深圳证券登记结算业务制度的第一项具体措施。

11日 □中国人民银行行长戴相龙指出，我国国库券公开市场操作可望在明年一季度实行，进行公开市场操作所必备的国库券中央登记公司正在组建。

12日 □我国第一家城市合作商业银行—深圳城市合作商业银行经过一年的筹备和试营业之后正式开业。

16日 □国家计委、财政部联合颁布《关于将部分企业“拨改贷”资金本息余额转为国家资本金的实施办法》。

18日 □国家工商行政管理局作出决定，吊销广东新时代期货经纪有限公司和无锡国泰期货经纪有限公司的企业法人营业执照。前者被处罚的原因是长期非法从事境外期货交易，后者则是“327”国债期货事件的主要责任者之一。

21日 □深交所调整领导班子。庄心一出任总经理，张育军、黄铁军、戴文华任副总经理。

□中国证监会下发《关于进一步控制期货市场风险、严厉打击操纵市场行为的通知》，明令各期货交易所严控市场持仓总量、禁止实行T+0结算、不允许会员单位利用仓单抵押代为支付交易保证金、并对交易混乱违规的交易所追究领导责任。

24日　□在北京召开的中国人民银行全国分行长座谈会强调继续执行适度从紧的货币政策。

□全国会计工作会议在北京召开。

28日　□深圳证券登记公司改进新股托管办法。今后的新股托管，均可根据投资者的需要将股份托管到全国各地的深交所进场会员的证券营业部，不再受托管地区的限制。

30日　□中国证监会主席周道炯考察上海证券交易所，对上交所建所五年来取得的巨大成绩给予充分肯定，同时强调要努力建设规范、公正、高效的证券市场，为推进社会主义市场经济建设服务。

十一月

1 日　□中国证监会针对长春联合商品交易所管理混乱等严重情况，责令该交易所停业整顿 6 个月。整顿结束后验收仍不符合要求，将报国务院批准取消其试点资格。

□中国人民银行、财政部、中国证监会联合下发《关于认真清偿证券回购到期债务的通知》，要求各地各部门密切配合，积极清偿证券回购业务的到期债务。

2 日　□国务院第 37 次常务会议讨论并原则通过了《国务院关于股份有限公司境内上市外资股的规定》，这标志着我国第一部全国性 B 股法规的诞生。

3 日　□国家国有资产管理局副局长潘岳指出，国资局将从评估师资格考核认定、制定统一的执业操作规范、加强评估机构管理三方面促进评估行业的规范和发展。

6 日　□中国证监会向蓄意违规、操纵市场的广东金创期货经济有限公司做出吊销其营业许可证的处罚。

□国务院批准中国人民保险公司改建成中国人民保险(集团)公司。

7 日　□证监会对"长虹事件"做出处理决定：对上交所予以通报批评，对中经开和上财证券给予经济处罚，责成长虹公司整顿内部证券事务，并确定长虹股票在处理决定公布三天后复牌。

8 日　□中国证监会和国家工商局联合发出《关于审核非期货经纪公司会员从事期货经纪业务的通知》，对"非会员"从事期货业务的审核程序、条件、业务范围等做了详尽说明。

9 日　□中国证监会和国家工商行政管理局联合下发《关于审核期货经纪公司设立期货营业部的通知》，对期货经纪公司设立期货营业部进行严格审核。

14日　□国家工商局局长王众孚在新闻发布会上说，已于 10 月 26 日发布实施的《经纪人管理办法》，是我国制定的第一部全国性经纪人管理方面的行政规章，也适用于金融、证券、期货等特种行业经纪业务。

15日　□中国人民银行发布公告，宣布 1995 年 12 月份保值贴补率为 13.24%。

16日　□国务院发出通知要求各地和有关部门加强对借用国际商业贷款的管理。

17日　□财政部发布第 5 号公告，宣布将发行 1995 年第二期 60 亿凭证式国库券。

18日　□中国人民银行、财政部、证监会联合组成工作组，分赴京、津、辽、鄂、粤、琼六地督查证券回购市场金融机构清偿到期债务情况。

19日　□江泽民主席在亚太经合组织会上宣布，中国将从 1996 年起大幅度降低进口关税率总水平，降幅将不低于 30%。

20日　□深交所开始正式启用新的统一的证券帐户号码(股东代码)，股民旧卡换新卡工作亦同时开始。

23日　□中国人民银行发出《关于进一步规范和发展再贴现业务的通知》。

24日　□财政部发出《关于加强对证券期货业财务管理的通知》。

□国务院任命王益、耿亮为中国证监会副主席，免去童赠银、朱利的证监会副主席职务。

25日　□中国证监会组成第二届股票发行上市审核委员会，负责 A 股、B 股新股发行上市的审核工作。

29日　□证监会主席周道炯在"中国金融改革与发展国际研讨会"上发表书面讲话，介绍了中国证券市场近年来的发展状况，提出了今后中国证券市场在规范中求发展和在发展中求进一步规范的具体措施。

十二月

1 日　□经过双方一年多认真磋商，中国证监会和新加坡金融管理局正式签署证券期货监管备忘录。双方将根据备忘录建立提供合作、增进相互了解和信息互换的渠道，以增加对投资者的保护，促进证券期货市场的健康发展。

□财政部国债司司长高坚在京表示，财政部今后将不断完善国债一级自营商制度，并创造条件，争取早日恢复国债期货交易。目前正在研究制定国债回购和国债投资基金的管理办法。

□中国财政部在日本发行 400 亿日元公募债券的签字仪式在东京举行。这是中国政府首次在日本金融市场发行 20 年期超长期债券，也是第一个进入日本超长期债市的亚洲国家政府。

4 日　□中国民生银行召开发起人会议，通过了有关章程和经营发展规划，选举产生了第一届董事会和监事会。

6 日　□江泽民主席陪同古巴客人参观了深圳的两家上市公司：深圳中华自行车(集团)股份有限公司和康佳电子(集团)股份有限公司。

□德国最大的律师事务所之一拜托律师事务所在京设立办事处。

7 日　□中央经济工作会议在京召开，强调明年和今后经济工作中一定紧紧抓住经济体制和经济增长方式转变的关键环节，务求国企改革取得明显进展，继续加强和改善宏观调控，创造良好的经济环境和经济秩序，为全面实现"九五"计划各项任务奠定良好的基础。

10日　□中国证监会主席周道炯在深交所五周年庆典

上说，我国证券市场规模逐年扩大，从1981年末到1995年三季度，累计发行各类债券7800亿元，累计发行股票114亿元，已初步形成了以上海、深圳证券交易所为中心的全国证券交易市场体系。

□中国人民银行发布公告，1996年1月份人民币长期储蓄存款保值贴补率为11.31%。

13日 □中国人民银行行长戴相龙指出，明年的金融工作继续坚持适度从紧的货币政策，严格控制贷款总量，调整信贷结构，支持国民经济持续、快速、健康发展。

□国家将于1996年1月1日起，在全国范围对行政事业单位国有资产进行产权登记，以明确财产所有权。有资料表明，目前行政事业单位国有资产总量为8924亿元，占国有资产总量的25.5%。

14日 □建设银行总行人民币资金交易室正式运行。该交易室将成为全行对外吞吐资金的主要窗口，也为明年将要运转的统一同业拆借市场与公开市场业务操作提供了有力的配合。这在国内专业银行和大型商业银行中尚属首例。

□中国证监会召开会议，分析H股表现不佳的原因，研究应对措施，以进一步搞好海外上市工作。

□中国证监会作出决定，取消哈尔滨太平洋期货公司从事期货经纪业务的资格；同时对上海商品交易所蓄意违规的两机构大户处以罚款。

15日 □厦海发等深市六公司权证交易延期，均延至1996年6月28日，期满后不再交易，所获配股流通与否按国家有关规定执行。

□联合国贸发会议发表世界投资报告，我国1994年吸引外资达340亿美元，蝉连全球第二。

19日 □朱镕基副总理考察了上海证券交易所，对几年来证券市场在开拓直接融资渠道，促进企业机制转换等方面的作用给予了高度评价，并指出证券市场今后要强调“法制、监管、自律、规范”，使其走上积极、稳妥、健康的发展轨道。

□总额为15.3亿元的中国铁路建设债券和总额为38亿元的中国石化企业债券及总额为3.5亿元的华北电力建设债券将分别自本月23日、25日和28日起在全国发行。三只债券期限均为三年，年利率均为15%。

22日 □上海证管办强调1996年将加强对证券投资咨询业的监管，要求各证券投资咨询机构重新申请登记。

□中国人民银行发布《关于施行〈中华人民共和国票据法〉有关问题的通知》，要求做好1996年1月1日至配套规章制度颁布之前的衔接工作，并明确提出票据的提示付款期限。

25日 □经中国人民银行总行批准，在原深圳长城证券营业部和海南汇通证券合并的基础上重组的长城证券有限公司在深圳成立。由券商合并重组成立新的证券公司在我国尚属首次。

□上海棱光实业斥资1.6亿元收购恒通电表全部产权，引起市场人士的广泛关注。此案被视为中国证券市场最大关联交易案。

□中国石化企业债券38亿元人民币开始发行，期限三年，年利率15%。

27日 □上交所决定从1996年1月2日起，把无纸化国债纳入市场回购业务的国债标准券帐户进行统一核算控制。

29日 □国务院就改革和调整我国进口税收政策发出通知，决定自1996年4月1日起，将我国进口关税总水平降至23%。

□为规避信贷资产风险，提高贷款质量，中国人民银行决定自1996年4月1日起，在全国部分大中城市实行贷款证制度。

交易中心辦公大樓外景

團結奮進　追求卓越
正大光明　克已奉公

海南 證券交易中心

法人代表、總經理:燕翔
副總經理:唐步、王偉民
地址:海口市濱海大道12號海南發展銀行9樓
電話:6220595　傳真:6220929　郵編:570105

海南證券交易中心是中國人民銀行海南省分行、海南省證券管理辦公室領導下的會員制非盈利性事業法人,成立于1992年1月20日。中心曾挂牌的券種共25種,包括國債、企業債、企業短期融資券、可轉換債券、投資基金券、房産投資券、地産投資券以及權證,后兩種券種爲海南特有上市券種。1992年10月,中心開始啓用電腦系統對證券商會員以遠程通訊的方式作信息傳輸;應用軟件的開發實現了對交易中心業務系統的綜合處理。

中心登記部成立于1992年4月,負責辦理海南證券的發行登記、托管、异地上市的托管、清算和開户等業務,爲海南投資人提供開設證券帳户、實物券托管、成交清算、過户確認、挂失、抵押回購等證券登記和分紅派息等項服務;以及辦理海南投資人在海南委托證券商買賣异地交易所的上市證券的登記、异地托管、轉托管等業務。

海南證券交易中心的成長史即是創新的歷史,在創新中求得生存與發展。房産投資券、地産投資券以及基金券是較早在中心挂牌上市的券種;中心曾規範化進行了國内股票指數期貨交易的嘗試;并開展了股份公司法人股出讓轉讓業務。

廈門産權交易中心

廈門産權交易中心成立于1995年11月8日,由廈門市政府出資興辦,主要職能是為企業的産權轉讓和重組提供一個公開、公正、集中、規範的交易場所。其主要業務範圍是:為國有、集體以及其它各種經濟成份的企業的整體或部分轉讓提供交易鑒證服務;為企業的産權轉讓和重組提供策劃、咨詢服務;以及與産權交易配套的其它服務。交易中心采用會員制,會員分為經紀會員、公司會員、信息會員三類。經紀會員可從事在中心挂牌的企業購并交易的代理業務。中心的業務流程包括申請、登記、洽談、選擇交易方式、簽約成交、結算交割等。

法定代表人、總經理:謝群

交易中心實行理事會領導下的總經理員責制。産權交易中心下設總經理辦公室、財務部、交易部、結算部、發展研究部、海外部、信息部、電腦部等職能部門。其中交易部主要員責具體的交易鑒證、會員管理等事宜,發展研究部員責為企業的并購活動提供策劃、包裝、指導,并研究開發新的業務品種。海外部主要員責與海外相關機構建立業務聯系及拓展海外市場。交易中心加入了全國性的“資産流動信息網”和國際信息互聯網絡(internet),積極與海外(特别是臺灣)的相關機構聯系。

理事長:鄭家麟(廈門市體改委主任)
法定代表人:謝群
地址:廈門市湖濱南路91號非礦大廈3B層
電話:2212998　2211778　2210185　2210338
電子信箱:xmprtc @ xpublic.fz.fj.cn
郵編:361004

廣東産權交易中心

交易中心總經理:廖達深

交易中心副總經理:黄向陽

廣東産權交易中心是根據廣東省政府决定,由廣東省體改委、廣東省國資局牽頭,廣東粤財信托投資公司、廣東物資集團公司、廣東省經濟體制改革研究會、廣東粤財物業發展公司共同發起組建、經廣東省工商行政管理局注册登記、具有獨立法人資格的省級産權交易機構,是廣東省各類産權交易的合法場所。中心實行會員制。中心會員分爲公司會員、特别會員和信息會員。凡遵守中心交易規則和會員管理辦法,符合中心規定條件的單位,向中心提出申請,經中心審核批準后,可成爲中心的會員。凡在本中心進行交易的所有産權,都必須由中心的會員按規定的交易程序和交易方式進行。中心内部機構設置有交易部、發展部、信息部、清算部、拍賣部、評估部和辦公室。

中心業務範圍:辦理各類産權交易業務及與産權交易相關的資産評估、托管、拍賣、信息咨詢和産權交易經紀人培訓等。

地址:廣州市環市中路 316 **號金鷹大廈東** 16 **樓**
電話:(020)83540065　83540069　83540005
傳真:(020)83540065　**郵編:**510050

浙江産權評估交易所

Zhejiang Property Rights Evaluation and Transaction Office

總裁:陳犟　經濟學碩士

評估交易所辦公大樓

浙江産權評估交易所是經浙江省産權交易管理委員會批準成立的中介評估機構,是浙江省産權交易首家有評估資格的資産評估機構。

主要經營範圍包括:法定評估在浙江省産權交易中心交易的各類資産;海内外企業資産的評估;海内外企業在浙江的産權交易,公關策劃代理;提供産權交易和金融、會計、法律、人才交流等經濟信息咨詢;從事商務中心等配套服務。交易所樹立了客觀、公正、規範、高效的中介機構形象,首創全國大規模品牌無形資産評估,制定了《浙江産權評估交易所品牌無形資産操作規程》。

地址:浙江省杭州市體育場路桃花弄 1 **號**
電話:(0571)5113157(**總裁**)　5113243　5113248(**評估部**)
傳真:(0571)5112895　**郵編:**310007

珠江股市臺
股市快報

主任:李鎮祥
地址:廣州市人民北路 686 號廣播大樓
電話:(020)86689611　86660481
傳真:(020)86660482　郵編:510012

珠江股市臺直播室

由股市快報社主辦的股市咨詢日活動

由珠江股市臺、股市快報社主辦的股市咨詢日活動

南通產權交易所

法定代表人:蔡新義

交易所門牌

交易所是經南通市政府批準、由南通市財政局、南通市國有資產管理局組建的全民事業單位,成立于 1994 年 4 月 18 日,內設所長室、交易廳、交易部、閑置資產調劑部、法律部、清算部、辦公室、財務部。擁有中高級各類專業人才。交易所與國家、省產權交易信息網聯網運作,并組建了南通市產權交易信息網,有網員單位 150 多家。在南通市轄區內六縣(市)四區成立了代理部,在美國、香港、馬來西亞、智利、廈門、北京設立了產權交易聯絡點;聘請了 148 名信息員;創辦了《產權市場》月刊,兩年來,交易所撮合成交產權交易 78 例,盤活存量資產 5.96 億元。

業務範圍包括組織各種類型的產權交易活動,受理企業的產(股)權轉讓、兼并、拍賣、承包、租賃、招商、改制、破產、資產的出讓或受讓、閑置資產調劑等業務,提供撮合成交、信息咨詢、簽約簽證、結算交割、股權抵押登記等服務,代理產權界定、產權登記、資產評估、審計驗資、證券發行交易托管等業務。

法定代表人:蔡新義
地址:江蘇省南通市環西路華威園 2 號
電話:(0513)5529993　5524504　5592223
傳真:(0513)5592252　郵編:226001

上海科華無形資産評估事務所

事務所主任：芮鈞如

事務所是上海市政府科學技術委員會倡導成立的，經上海市機構編制委員會批準，上海市國有資産管理辦公室授權，專事無形資産評估、有形資産和整體資産的評估及有關資産評估咨詢、人才培訓，課題研究等業務。事務所擁有一支高、中級評估隊伍，涉及科技、法律、經濟、財會等領域，并聘請了有關的管理、體改、司法、科技、經濟等方面知名人士組成特聘專家委員會。

事務所從事無形資産和有形資産的評定和估算。在無形資産方面具有豐富經驗和特長。無形資産包括：專利權、專有技術、商標權、商業秘密、顧客名單、特許經營權、土地使用權、礦業權、著作權(版權)等，有形資産包括：固定資産、流動資産及其它資産。

事務所評估的部分項目有：以全國勞動模範、優秀企業家張蘭生名字命名的上海蘭生集團有限公司的商譽，評估價值爲5億余元；上海電熨斗總廠的名牌"紅心"商標爲中外合資需要，經評估價值達1.15億元，爲上海市國有資産管理辦公室確認；上海國脈通信股份有限公司的名號"國脈 "及服務標記，其評估價值經上海市國有資産管理辦公室確認爲1.7億元人民幣；對青島肯德基有限公司的整體資産進行評估，評估結果與成交價僅相差1%；以著名服裝設計師陳紅名字命名的陳紅牌注册商標及羊毛服裝設計技術的使用許可權評估價值作價進入中外合資企業，占注册資金的50%；上海市首例因司法要求評估的項目：上海長江儀表廠被盜摩托車儀表圖紙的評估價值爲44萬元，并經上海市國有資産管理辦公室確認；以"抓斗大王"包起帆名字命名的"起帆科技開發公司"擁有的抓斗制造技術評估價值800余萬元。

評估師們商議評估項目

主任：芮鈞如

地址：上海市中山西路1525號科技大樓408－409室

電話：(021)64640837(**傳真**)· 64645558－3408 **郵編：**200233

上海遠東資信評估公司

上海遠東資信評估公司是經中國人民銀行上海市分行批準于 1988 年 2 月成立。遠東公司作爲改革開放后全國最早成立的資信評估公司,也是中國有史以來的第一家專業資信評估機構。公司本着客觀、公正、獨立、超脱的原則,遵循國際慣例,爲中外客户及中國證券市場提供第一流的服務。遠東公司還先后兩次與亞洲開發銀行在上海共同組織召開了"中國有價證券資信評估"國際研討會和研修班。

公司的業務範圍:各類有價證券評估;企業資信等級評估;企業資産評估;有價證券發行及上市咨詢服務;國内外投資咨詢服務;提供投資項目的方向和模式,介紹有關政策、法律、條例、投資環境和條件;培訓各類有關人員;企業改建、改制策劃、咨詢、輔導培訓。公司的最高決策機構是董事會。公司實行總經理負責制,設立部門:資信評估委員會,負責審定有價證券的資信等級。委員會由上海金融界和學術界知名的國際金融專家、保險專家、銀行家、高級會計師、高級經濟師、經濟法學家、審計專家等組成。以及資信評估部、資産評估部、信息咨詢部、投資服務部、編輯出版部、資料庫、辦公室、上海期貨期權交易研究中心。

遠東公司作爲市人民銀行指定的對企業發行債券、融資券進行評估的專業機構,公司評出的資信等級具有極大的權威性,是金融主管機關審批企業可否發行債券、融資券的主要依據。截至 1995 年底,遠東公司受理的資信評估業務 800 余筆,發行總金額近 100 億元人民幣。目前公司正在全力開展資産評估、企業信用度評估、投資咨詢、上市公司策劃及企業改建、改制策劃、咨詢、輔導培訓等業務。

地址:中國上海淮海中路 622 弄 7 號
電話:63278385　63271170－2334
傳真:63278385　**郵編:**200020

深圳維明資産評估事務所

深圳維明資産評估事務所(SHENZHEN WEIMING APPRAISAL FIRM)是經國家國有資産管理局批準,在深圳市工商行政管理局注册,具有獨立的企業法人資格的資産評估中介機構。系在深圳中華會計師事務所資産評估部的基礎上于 1994 年組建成立的,深圳中華會計師事務所早在 1990 年就取得了國家國有資産管理局頒發的國有資産評估資格。1993 年又經國家國有資産管理局和中國證券監督管理委員會批準,成爲第一批具有股份制上市公司證券業務資産評估資格的評估機構。根據國家國有資産管理局、中國證券監督管理委員會資辦發[1994]93 號通知,本所也相應繼承取得了上述國有資産評估和上市公司證券業務評估資格。事務所設有物業部、機器設備部和綜合部,擁有一批具有實踐經驗豐富的中高級會計、經濟、法律、投資開發、機電工程、電子技術、地建工程、工程監理、物業管理等多方面專業人才。

事務所至 1995 年底:共計完成股份經營、中外合資、兼并聯營等資産評估業務 700 余項,評估值 500 多億元。其中:以公司上市爲目的的資産評估 30 家。内部股份制資産評估 40 家。本所服務客户所屬行業廣及建築、房地産、汽車和機械制造、電子、石油化工、輕工、郵電、通訊、鐵路、空港、海運、金融租賃、旅游等各行業;客户的地域分布從深圳市擴展遍及廣東省内各市以及福建、天津、上海等 17 個省、市、自治區。

本所同境外資産評估公司、測量師行和國外會計師行及我國沿海和内地一些省市評估機構建立業務合作關系。

法人代表、所長:劉鴻玲
地址:深圳市深南中路愛華大廈 8 層
電話:(0755)3326265　3215873　3210036－105、143、110
傳真:(0755)3350329　**郵編:**518031

上海大洋物產公估有限公司

公司總經理:張世華

公司干部職工認真學習業務政策

1995 年 4 月,經上海市科學技術委員會及上海市工商行政管理局核準并批準,上海大洋物產公估有限公司正式注冊登記開業。大洋公司是一家民間的且擁有船舶、化工、特種設備(鍋爐、起重機械、壓力容器)、電腦、機電、土木工程、通訊導航、汽車、節能環保、家用電器、制冷空調、紡織設備及法規等十五個專業技術門類,幾十位高級專家;是國內擁有專業門類最齊全、技術層次高的一家公估公司。大洋公司以公正、科學、高效、合理的服務宗旨為有關各方對物產進行風險評估、標的評估、價值鑒定、損失鑒定、咨詢服務及防損防災新產品研制開發;為保險和物產有關各方提供居間證明,以維護保險人、被保險人及物產各方的合法經濟利益而精誠服務。

大洋公司自開業來,對物產受損后的查勘估損案例近百例;其中一半案例是由臺灣各大保險公司委托。就受理案例而言,主要表現在六大類,即船舶(碰撞、火損)、土木工程(廠房火損、碼頭水工、基礎塌陷等)、機械設備(火損、跌落、撞擊,其中有高精度加工中心)、貨物運輸、產品責任險及綜合技術類。各案例服務地域除江、浙、滬地區外,已延伸到全國各地。

大洋公司于 1995 年 10 月參加了在北京召開的有國內外保險人士、政府機構代表、銀行界、企業界代表參加的"保險市場與保險中介國際研討會",并在會上作了"企業風險評估與控制"的發言。還與國內外 47 家保險公司共同參加了于 1996 年 3 月在北京舉辦的"中國保險業改革開放成就匯報展"。

董事長:孟慶樹,總經理:張世華

電話:021-62761844　62774996　62774876　62777047

傳真:021-62777044　**電挂:**2729

上海市房地產估價所

副所長:葉克强　　所領導研究工作

上海市房地產估價所是上海市房屋土地管理局建立的房地產估價機構,統一負責實施市局委托的全市房地產估價行業的行政管理,并從事各類房地產估價業務。主要職責與業務範圍是:

(一)估價行政管理:配合市有關部門制訂房地產估價行政管理的有關規定。負責實施對全市的房地產估價機構的業務領導。負責實施對全市申請新建估價機構(包括外省市及境外來滬設立估價機構)資質等級的初審、登記和已建估價機構的日常監督管理工作。負責實施全市其它機構兼營房地產估價業務項目的專項審定工作。負責實施全市國有資產評估中有關房地產估價結果的認定工作。負責本市基準地價、標定地價和房地產重置價格的測定,制定本市房地產評估技術規程。負責全市房地產成交價格和開發成本的申報登記。協助市局開展全國性和本市估價師、估價員的培訓工作。爲有關估價糾紛案件的處理提供重估意見。

(二)職能估價業務:1、房地產一級市場的職能估價業務有:負責市局辦理的土地使用權出讓中招投標、協議和拍賣底價的評估。負責對改組和新建股份制企業的房地產估價,負責對以土地使用權的投入爲條件,合資建房及舉辦各類企業的房地產估價。負責對各企業兼并、合并、破產清算和拍賣中的房地產估價。負責房地產一級市場中的其它估價業務。2、房地產二、三級市場的職能估價業務:買賣、繼承、贈與的房地產以及由此產生的土地使用權轉讓中的房地產估價。由租賃雙方協商議定的租賃房產估價。土地使用權及其附着物轉讓中的房地產估價。房屋拆遷補償中的房地產估價。

(三)社會估價及咨詢業務:房地產抵押和交換中的估價。企業内部財務處理中的房地產估價。各類建築裝潢、設備和室外環境估價。房地產開發經營項目估價和可行性研究。房地產市場行情及法規咨詢等。

(四)負責上海市房地產估價師協會的組織和日常管理工作。

副所長:葉克強、楊國誠,總工程師:徐則林

所長助理:趙清風　莊幼緋

地址:上海市新聞路 218 號 2003 室

電話:63586034　郵編:200003

中國職工旅行社海南分社

總經理(法人代表):羅湘龍　手機:9066038
地址:海南省海口市海秀大道 14 **號海臺國際大廈** 6 **層**
電話:(0898)6767198　6785765　6723285
傳真:(0898)6785765　6767198　**郵編:**570206

總經理:羅湘龍

中國職工旅行社海南分社創建于1989年,隸屬于海南省總工會,業務上受中國職工旅行總社和海南省旅游局主管,被列爲國家二類旅行社。主要負責接待全國各地及世界各國來華旅游、休閑、渡假者以及回國探親訪友、休閑游的港、澳、臺同胞。組織國内公民赴祖國各地及島内觀光旅游、休閑、渡假、考察。承辦各級會議團體和商務考察以及潛水登山旅游。代理旅游包機和代售國内多家航空機票業務。中國民航管理局批準,指定爲國内航空運輸銷售代理人。本社擁有一批專業導游隊伍(國語、粤語、閩南語、英、日、法、俄語導游翻譯)和經驗豐富的業務骨干。擁有實力較强的車隊(進口豪華空調大巴、中巴旅行車),爲顧客提供吃、住、行、娛、購全方位、多功能的服務。

本社服務宗旨:想顧客之所想,急顧客之所急。

海口市土地管理局不動產估價事務所

事務所資質級別為 A 級,可在全國範圍内獨立從事基準地價及各類宗地地價評估,具體從業範圍如下:

1、基準地價評估;

2、出讓或國家收回土地的地價評估;

3、轉讓、出租、抵押、作價入股土地的評估;

4、上市及非上市股份有限公司或有限責任公司涉及的土地評估;

5、企業兼并、破產、清產核資涉及的土地估價;

6、司法仲裁中涉及到的土地估價;

7、征收土地税費涉及的土地估價;

8、其它依照法律、法規需要進行的土地估價;

9、地價咨詢。

法人代表:沈映華
地址:海南省海口市龍昆北路 31 **號**
電話:6795500　**郵編:**570105

廣東省南方金融服務總公司

南方金融服務總公司辦公大樓

南方金融服務總公司屬下主要證券、期貨機構有:南金證券部、南方投資基金管理部、廣東南金期貨經紀有限公司。

南金證券部目前在廣州市濱江西、東華東設立了兩個營業點,代理深圳、上海證交所、南方證交中心、廣東聯交所國債現貨、回購和股票買賣,配置了衛星和DDN及X.25網傳輸行情及報盤,并設有100多對電話中繼綫及自動終端等先進設備,方便股民交易及操作。截至1995年底,股票交易額23億元,代理發行企業債券6.66億元,兑付債券2.5億元,代理發行股票、基金11只,代理發行法人股1只,推薦上市2家。

南方金融服務總公司投資基金管理部是經中國人民銀行廣東省分行批準成立的具有獨立法人資格的投資基金管理機構,注册資本爲人民幣貳仟萬元。其業務範圍包括發起和設立境内外各種基金、基金資産經理業務、證券投資及咨詢業務、物業投資業務等。投資基金部下設資金計劃部、綜合財務部、證券投資部、項目投資部及研究發展部等部門,擁有一支從事金融證券投資業務的專業人員隊伍。目前,基金部主要作爲南方基金的經理人,獨立負責南方基金的管理和運作。南方投資基金成立于1993年12月,其規模爲22630萬基金單位,屬封閉式契約型基金,限期8年,是廣東省首批發行的五家基金中規模最大的一家。

廣東南金期貨經紀有限公司是經中國證券監督管理委員會批準(證監期審字[1995]148號文)由廣東省南方金融服務總公司組建的專業期貨經紀有限公司。公司按照公開、公平、公正的原則,爲廣大企業和個人投資者提供高效率、規範化的期貨套期保值和投資服務。公司的主要經營範圍是國内期貨經紀業務、期貨投資、人才培訓、信息咨詢服務。公司的注册資本爲人民幣1000萬元。目前,公司是海南中商期貨交易所、廣東聯合期貨交易所、上海商品交易所的全權會員,并已開通國内其它試點期貨交易所的交易跑道。

法人代表:丘光
地址:廣州市中山一路七號
郵編:510600　**電話:**87371225

中國經濟開

公司法定代表人、總經理:韓國春

中國經濟開發信托投資公司(簡稱中經信)是經財政部、中國人民銀行批準于1988年4月成立的,從事信托投資業務的全民所有制金融企業。八年來,在財政部和人民銀行的正確領導下,公司本着"客戶至上,信譽第一"的服務宗旨,認真貫徹國家財政金融政策,為國民經濟的發展做出了積極的貢獻。公司資金實力不斷增強,至1995年底,公司實收資金11.35億元,資產總額158億元,比公司成立的第一年增長了35倍。其業務已遍及全國,正在走向港澳和國外。

公司證券部成立于1989年。7年來,證券業務飛速發展。1990年只有國債和企業債券業務,業務量為1818萬元;1991年開始股票業務,總業務量為81645萬元;1992年為711871萬元;1993年為1301382萬元;1994年是證券部自成立以來最輝煌的一年,證券交易總額為4203億元,榮登上交所各券商交

正在建設中的中經信國際大廈外景圖

北京證券業務部代理异地股票的委托買賣業務

發信托投資公司

易量首席;1995 年又以 4730 億元的交易量再次榮登上交所交易量排行榜榜首。

自 1990 年參與國債發行以來,公司首先在北京三里河開設了交易櫃臺,開展國庫券的發行、兑付、代保管等業務,成為北京地區第一家財政系統的證券交易營業部。1991 年以來,國債發行改為承銷團后,又一直是國債發行一級自營商。1995 年在三年期無記名國庫券的發行中,中經信公司又以 7.1 億元的承銷量贏得副主承銷干事。在證券業務方面除設有公司證券本部外,在北京、上海、深圳、天津、武漢設有 6 個直屬業務部,還在全國 8 個大中城市設有 9 個證券代理網點,已初步形成較為合理的證券輻射網。

今后公司的證券工作,將繼續堅持以代理為主,以自營為輔,把握時機,穩步發展。

公司領導出席川長鋼配股承銷簽字儀式

公司董事長:田一農
公司總經理:韓國春
證券部總經理:戴學民
副總經理:柳　靖
地址:北京市西城區車公莊大街 21 號新大都飯店 2 號樓
電話:68319988—12433　12431
郵編:100044

公司上海證券業務部所屬營業部外景

公司深圳證券營業部外景

中国金谷国际信托投資有限公司

CHINA GOLDEN VALLEY INTERNATIONAL TRUST AND INVESTMENT CORPORATION

陈慕华

董事長兼總經理：秦道夫

中國金谷國際信托投資有限公司（簡稱中金信）成立于 1993 年，是經中國人民銀行總行和國家外匯管理局批準成立的全國性非銀行金融機構，多數股東來自各大國有銀行總行，注冊資本 2.5 億元（含 1500 萬美元）。成立三年以來。公司秉承“誠信、開拓、效益、服務”的企業精神，守法經營，精心管理，取得了良好的經濟效益和社會效益。截至 1996 年 6 月底，公司資產達到 21 億，所有者權益達 38197 萬元，因為資產結構合理，利潤逐年增加。

中金信在重視傳統金融業務的同時，在證券領域積極地開拓。1995 年，公司的證券業務正式起步，在一年多的時間里，經過公司團結奮斗，中金信證券取得了長足發展，在發行、投資、代理業務中都獲得了良好的成績。中金信上海證券業務部經過近一年的發展，已經初具規模，A 股交易排名進入上海證券交易所前列；與此同時，中金信證券先后參與了 6 支股票的上市發行工作；公司所投資的國債也取得了良好的回報。隨着業績和經驗的積累，中金信也在不斷開拓新的市場。今后，中金信證券將繼續奉行服務至上的宗旨，為客戶提供全方位的服務。

公司駐上海證交所出市代表

糧交所最佳出市代表薛冶

地址：北京市西城區地安門西大街 38 號金臺飯店 5 層

電話：(010)63099111 **轉** 1513、1515

傳真：(010)63097212 **郵編**：100035

中國旅游國際信托投資有限公司

公司證券營業部外景

證券交易大廳

中國旅游國際信托投資有限公司是經中國人民銀行批準成立的全國性非銀行金融機構,于 1994 年 10 月 18 日經國家工商行政管理局注册成立。注册資本 2.3 億人民幣,其中外匯資本 1500 萬美元。公司是由國家旅游局、東莞市正大同沙旅游區投資公司、歲寶集團(深圳)實業有限公司、中國國際旅行社、北海中達企業集團公司、中國青年旅行社、中國華運旅行社、中國康輝旅行社、中國旅游商貿服務總公司等 9 家股東共同出資組建的有限責任公司。公司主要經營信托存貸款、投資業務、委托存貸款、投資業務、房地産投資業務、有價證券業務、金融租賃業務、代理業務、經濟擔保和見證業務、經濟咨詢業務、外匯信托存放款、外匯信托投資、外匯借款、外匯投資、外匯擔保、發行、買賣或代理發行、買賣外幣有價證券等業務。

中國旅游國際信托投資有限公司北京證券業務部現已辦理上海、深圳證券交易所 A 股交易業務(深圳爲先進的衛星點對點交易系統),近期將開辦國債現貨、回購及 B 股業務。2 臺 PROLIANT－1500 康柏服器,100M 的交換式 HUB 及高檔的 486－80 的微機解決了網絡瓶頸問題,3 塊 LED 大屏,4 臺 29 寸彩顯配成的電視牆令人賞心悦目,16 臺小鍵盤自助委托能使你的委托及時成交。配備了錢龍和匯金技術分析軟件。匯金分析軟件可使你及時掌握影響股市的四大因素,即:消息面、基本面、技術面及大户心態,同時爲超級大户配備了遠程中長綫分析設備。營業部全體員工均具備多年證券從業經驗,爲投資者提供優質的服務。

中國旅游國際信托投資有限公司願與您共創美好未來!

地址:北京市北京站東街 6 號金安皇都大酒店四層

電話:65155588(總機)　65158646(總裁辦)　65158634(信貸部)　65158640(證券部)
65158645(外匯部)　65158648(計財部)　65158641(投資部)　65158637(基金部)　65158637(房地産部)

傳真:65158642　　郵編:100005

田林營業部　宜山路 700 號

新樂營業部　新樂路 55 號

安亭營業部　墨玉路 88 號

閔行營業部　瑞麗路 18 號

寶山營業部　盤古路 91 號

大柏樹營業部　中山北一路 1230 號

徐匯營業部　零陵路 338 號

石化營業部　石化商廈 1 樓

常德營業部　常德路 940 號

南市營業部　中山南路 1117 號

崇明營業部　崇明堡鎮通富路 34 號

楊浦營業部　長陽路 1740 號

經　營　宗　旨

精干高效　不失時機　注重效益

公司簡介與主要業績

中國建設銀行上海市信托投資公司是建設銀行系統專業辦理人民幣和外匯信托委托業務、投資業務、證券業務、基金業務及其他中間業務的國有獨資金融企業，經由中國人民銀行批準，于 1987 年 4 月成立。公司注册資本人民幣 14000 萬元，美元 750 萬元，至 1995 年底實有資本金 30800 萬元，資產總值 640000 萬元。1995 年創税利人民幣 2260 萬元，外匯 82 萬美元。公司 1992 年在國務院發展研究中心《管理世界》中國企業評價中心發布的全國 500 家最大服務業企業的非銀行金融機構中排名第 6 位，1994 年在其金融保險業中排名第 27 位。

公司實行總經理負責制，現有職工 333 人，内設 10 多個職能部門，下設 14 個證券營業部分布上海城鄉。公司是上海市首家代理發行地方企業債券的承銷機構。自 1987 年初發行錦江集團一期債券以來，已先后爲上海石化、高橋化工、上海氯碱及市政建設項目等累計代理發行 50 多億元債券。公司是首批中華人民共和國國債一級自營商，自 1993 年以來先后承銷了 8.2975 億元國債。1994 被上海市財政局評爲上海地區非銀行金融機構國債承銷第 1 名。

公司是上海證券交易所的發起人和第一批會員之一，并兼深圳證券交易所會員。自 1992 年爲申能公司代理發行股票 24 億元以來，迄今已主承銷和副承銷 19 家上市公司股票；1995 年又成功地主承銷發行了郵通 B 股。公司于 1993 年成立了東亞産權交易咨詢事務所。

青浦營業部　公園路 2 號

浦東營業部　東昌路 356 號

中国建设银行
上海市信托投資公司

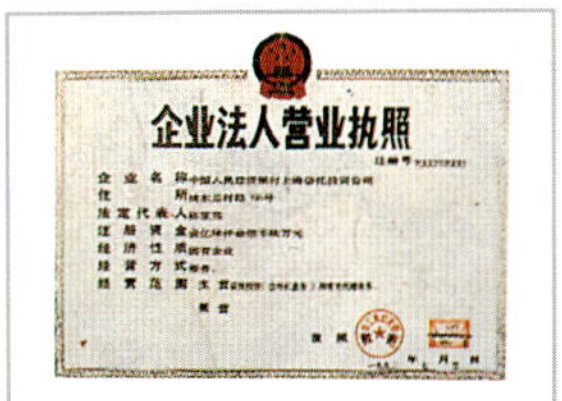
企业法人营业执照

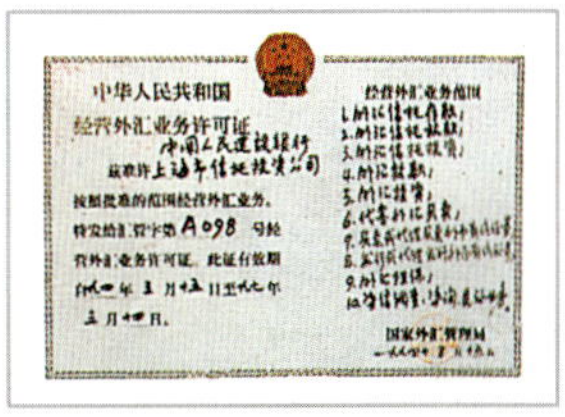
中华人民共和国
经营外汇业务许可证

中华人民共和国
经营金融业务
许可证

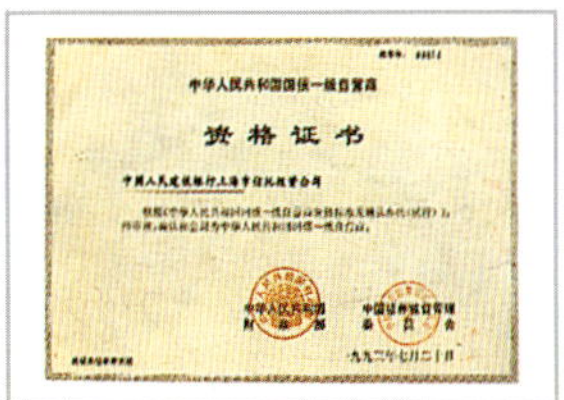
资格证书

經　營　範　圍

1. 人民幣、外匯信托存貸款；
2. 人民幣、外匯委托存貸款；
3. 人民幣、外匯投資業務；
4. 人民幣、外匯委托投資；
5. 金融租賃業務；
6. 發行或代理發行、買賣或代理買賣有價證券；
7. 共同基金管理與經營；
8. 經濟擔保和見證業務；
9. 代理代付業務；
10. 資信調查以及經批準的其他業務等。

委托投資項目青海鋁廠

融資租賃項目金龍號渡船

直接投資項目象城大厦

信托貸款項目楊浦大橋

中國農業銀行上海市信托

總經理:吴錫森

公司與外資機構洽談外匯業務

中國農業銀行上海市信托投資公司于1986年經中國人民銀行批準建立,是以經營信托、投資和證券業務爲主的非銀行金融機構。資本金額人民幣2.11億元。1989年以來,公司進一步拓展業務,各項業務有長足發展。截止1995年末,公司資産總額37.7億元,五年内已累計實現利潤12450萬元。作爲國債一級自營商和上海證交所創始會員單位,公司1993年被中國誠信評估公司評爲AA+級信托投資公司,成爲全國信用等級較高的信托公司之一。1994年被評爲中華人民共和國500家最大服務企業之一。

公司本部設置七部一室:證券發行部、證券綜合管理部、監察審計部、信托業務部、國際業務部、投資基金部、計劃財務部、辦公室。公司證券營業網點25家,證券從業人員475人,擁有上海證交所53個交易席位。信托業務部下設21個信托代辦處,從業人員40人。機構遍布上海市各區、縣。

(一)、全力拓展證券業務。公司按照分行大力發展證券業務、實現資産多元化、經營多元化的方針,以完善證券交易網絡爲先導,突破股票發行關爲重點。25個證券營業部遍及全市各區、縣。并全部開通了衛星接收證券行情和信息裝置,成爲上海地區第一家全系統運用衛星裝置的證券經營機構,證券交易額成倍增長,1995年交易量達703.52億,在上證所各個會員單位中位于前列,1990年至1995年公司發行和承銷各種證券30.57億元,其中1992年在全市信托投資公司同行中,率先主承銷了公開上市的嘉寶、望春花股票,并獲得成功。1993

投資公司

總經理:吴錫森,副總經理:王英
地址:上海市淮海中路622弄7號(200020)
電話:63726602　傳真:63726602

寬敞舒適的辦公環境

年公司成爲界龍、上柴、農工商等10家企業的股票分銷商,95－96年公司又將完成上海東海實業股份有限公司股票的發行。

(二)、積極穩妥發展委托業務。爲適應市場經濟發展,向商業銀行轉軌,以效益爲中心轉换機制,積極穩妥發展作爲信托公司主營業務的委托存貸款業務,取得了較好的經濟效益。1989至1995年各項存款余額每年有穩步增長,1989年底爲33699萬元,1995年已達14.30億元。公司本着確保信托資産安全、效益與流動的原則,優化信托貸款的結構,支持效益高、信用好、周轉快的企業。同時,搞好信貸優化質量與盤活存量兩手抓,使信托受益的增幅大大高于資産增幅,真正體現了資金管理的成果。

(三)、有的放矢擴大投資業務。投資業務注重選擇效益好、符合産業政策的項目擴大投資規模,選擇起點高、向高科技産業傾斜,開展多種形式投資,并堅持以發展實業投資爲主。截止1995年底,投資總額達10300萬元,投資項目均正常運轉。

(四)、不斷創新,完善服務功能。針對證券市場的發展趨勢,公司正全力拓展新的業務。一是探索B股、H股、可轉换債券的發行業務;二是增設國債櫃臺自營業務代理點、開辦國債回購、國債自營業務,并建立信息傳遞網絡;三是擴大B股交易網點和交易範圍,積極開辦外匯信托業務。1995年底,公司各項外匯資産已達2900萬美元。

公司參與批租項目投資

公司中層干部會議

廣州白雲山企

●總經理：貝遠娥

廣州白雲山企業集團財務公司是白雲山企業集團屬下的、經中國人民銀行正式批準、具有獨立法人資格的非銀行金融機構。公司注册資金壹億元人民幣。公司嚴格執行國家有關金融政策、法律、法規及中國人民銀行的有關規定，運用現代金融手段，在集團公司系統内部從事資金融通業務，開展金融投資合作，爲促進集團公司的發展服務。

公司總部設在天河路 351 號二十層，内設辦公室、計劃資金部、證券業務部、金融部、投資信貸部、財務部等主要部門。分工合作，開展資金融通，實業投資及證券代理業務等。

總部下層（十九層）證券營業部有十數

●荔灣北路 102 號荔灣證券業務部外景

業集團財務公司

間豪華大户室,還設有卡拉OK、乒乓球室等供大户休息的娛樂場所,爲大户提供投資業務環境。總部下設的荔灣北路102號荔灣證券業務部,設有最先進的電腦設備,開展儲蓄、債券等業務,與深圳、上海直接聯系外綫,下單300多條,在廣州市屬第一家。另外在上海、深圳等地的證券業務辦事處相繼投入使用,將使公司的證券業務得到進一步拓展,爲廣大證券投資者提供更完善的服務。

公司廣泛招賢納才,具有高水準的公司員工,高效、靈活的管理機制,是您理想的合作伙伴。廣州白雲山企業集團財務公司將熱誠歡迎社會各界人士,願爲您提供最理想的服務。

●公司門牌

●荔灣證券業務部中户室

●荔灣證券業務部散户大廳

地址:廣州市天河路351號經貿大廈20層
電話:87591597　**傳真:**(020)87591597
郵編:510620

中國石化財務有限責任

辦事處主任、高級會計師：陳毓升

中國石化財務有限責任公司廣州辦事處是中國石化財務有限責任公司派出業務分支機構，經中國石油化工總公司和中國人民銀行廣州市分行批準成立，并經中國人民銀行總行正式確認，在廣州市工商行政管理局登記注冊。

中國石化財務有限責任公司廣州辦事處是辦理中國石化總公司系統內有關金融業務的國營非銀行金融企業，行政隸屬于中國石化財務公司領導，業務上受中國人民銀行廣州市分行領導、管理、協調、監督與稽核。

廣州辦事處經營範圍主要有存、貸款、投資、信托、融資性租賃，代理發行各種有價證券，

辦事處辦公大樓

辦事處門牌

公司廣州辦事處

有價證券貼現和保管，經濟咨詢和擔保，經人民
銀行批準的其他業務。

辦事處為更好地方便企業和服務于企業，得到市人民銀行的批準，參加廣州地區票據結算交換中心。

辦事處通過各種渠道籌集資金和融通資金，資金量及信貸量逐年穩步增長，促進石化工業發展，為發展我國石化工業做出貢獻。

地址：廣州市廣州大道中 119 號怡景大廈四樓
電話：(020)87371887　87370805
傳真：(020)87371804
郵編：510600　電挂：7487

總公司領導莅臨辦事處指導工作

辦事處開業慶典，公司領導和廣州市人行領導莅臨會議指導。
圖爲辦事處主任陳毓升致歡迎詞。

辦事處營業大廳

辦事處會議室

廣東華僑信托投資公司投

華信基金總經理:尹文健

華信基金經理人總結大會會后合影

在最近幾年中,中國證券市場從無到有,規模與影響與日俱增,波瀾壯闊地向前發展。在迅猛發展過程中,中國證券市場面臨着供求失衡和秩序失控的兩大結構性難題。政府有鑒于此,在加速推動投資運作體制向專業化管理轉化的同時,大力引進西方的投資基金業務,并逐步健全相應法規,引導其朝規範化、國際化的方向發展。

廣東華僑信托投資公司有鑒于中國資本市場發展潛力和投資基金業的廣闊前景,經過周密策劃,聚集了一批高素質、深諳中國新市場經濟體制的富有創造力的高級證券、金融、投資專業人才,于93年12月創立了專門從事投資基金業務的全資付屬企業:廣東華僑信托投資公司投資基金部,本部為獲中國人民銀行頒發許可證的專業投資基金管理機構,具備獨立法人資格,注冊資本人民幣3仟萬元正。許可證號碼:銀金管字第011883

總經理:尹文健

地址:廣州市天河體育西路天河南一路14-16號

電話:020-87507297　郵編:510620

資基金部

華信基金召開的年度受益人大會

號，工商管理執照：注册號 19037127－4，營業範圍：發起和設立境内外各種基金；基金資産經理業務；證券投資及咨詢業務；基金轉讓業務；物業投資業務；主管機關批準的其它業務。

本企業（部）自創立之初至今，即已成功募集"華信投資基金"，該基金為首次在深圳證券交易所上市的基金之一。憑借這一上市基金的良好業績，本部作為中國投資基金事業的先鋒之一，已在投資基金業乃至全社會投資人中，有廣泛的影響和良好的聲譽。

廣東華僑信托投資公司投資基金部由二十多名深諳金融、投資的專業人員組成，50％以上具有碩士學位。設經理室以及證券投資部、房地産投資部、發展研究部、計劃財務部、海外業務部五個專門職能部門，均由高級專業人士組成。證券投資部主要從事一級市場、二級市場及其它有價證券投資；房地産投資部從事房地産項目的開發、經營；發展研究部員責研究國家的宏觀政策動態，策劃各基金的發展戰略與目標，同時負責參股、代理、咨詢等方式拓展其他業務；計劃財務部負責對各基金的獨立核算、財務管理與資金融通；海外業務部負責海外基金資産管理聯系業務。

華信基金以"適度規模，優化結構、發展内涵、深化改革、強化管理、提高質量、增強效益"為工作指導思想，以"分散風險，組合投資"為原則，連續幾年為投資者取得了不低于20％的回報率，取得了良好的經濟和社會效益。

浙江省金華市
信托投資股份有限公司

法人代表:葛政

公司前身爲1991年由金華市財務開發公司、二輕企業集團及中國工商銀行等9家單位共同出資組建的金華市信托投資公司,1993年改制爲股份有限公司。

公司本着"敬獻優質服務,提供完美產品,創造上乘業績"的經營宗旨,緊扣"受人之托、代人理財"的經營核心,憑借"開拓求實、創新發展、追求卓越、創造一流"的企業精神,始終站在金融改革實踐陣地的前沿,在全國較早推出"受益證爾券"業務;發行投資基金(金信基金);組建規範化股份制金融企業;探索與實施資本經營戰略,成功策劃實施"康恩貝與浙江鳳凰重組"。公司形成了資本經營爲手段的多角化、集約化的發展模式。目前,集團公司已發展成爲融金融信托、證券期貨、實業投資爲一體的,業務涉及金融、信托、證券、期貨、產權、租賃、基礎產業、生物制藥、電子信息、房產建築及經貿等衆多領域,地跨浙江、上海、北京、天津、廣東等區域,資產規模達33億元的金融型企業集團。

公司將遵循"發展莫忘穩健、服務必盡忠良"這一司訓,本首以"業務開拓國際化,經營方式集約化,內部管理規範化"爲發展戰略。力爭到2000年發展成爲管理科學、形象優美、業績上乘,總資產達50億元在全國較有影響力的金融企業集團。

金信大廈

法人代表:葛政

地址:浙江省金華市西市街111號

電話:(0579)2310066總機轉

傳真:(0579)2322265

郵編:321000

金華市信托投資股份有限公司證券管理總部
金華市信托投資股份有限公司上海證券營業部

金華信托證券管理總部辦公大樓

上海證券營業部貴賓室

金華市信托投資股份有限公司于 1991 年 2 月成立。金信公司擁有 5 家合資分公司、7 個涉外金融機構、11 家控股公司和 1 家中外合資企業，總資產達 25 億多元，年利税近 4000 萬元，成爲浙江省金融行業一支重要的生力軍。1991 年公司在浙江省率先推出“專項信托受益證券”業務，1992 年，在浙江省第一家公開發行“證券投資基金”，并建立了一套較爲完善的金信基金交易系統。金信公司在金華、上海、深圳、天津、武漢、杭州等地設有 12 個分支機構，擁有上證所、深證所等證券交易席位 26 個，具有北京 STAQ 系統、武漢交易中心、天津交易中心、浙江交易中心會員資格，并批準設立了 STAQ 金華分中心，NET 金華分中心。

金華信托證券管理總部暨上海營業部營業面積達 2500 多平方米，11 間貴賓室。投資者可通過臨櫃委托、電話委托、自動劃卡委托等進行滬深兩地股票、國債交易、有多種投資意向的客户還可在金信公司所屬的金迪期貨公司上海營業部進行全國各地的商品期貨交易。金信上證在上海證券企業優質文明評選活動中被評爲“十佳”文明券商，1995 年全公司證券交易量近 60 億元，至 1996 年 8 月中旬止，股票交易量突破 100 億元，在上海證券交易所每月交易額穩居前 20 名，排名躋身前 30 名著名券商之列。

金信公司下屬企業

證券營業大廳

金信人信守：金信理財、至精至誠

金華信托證券管理總部總經理：徐涵江

金華信托上海營業部總經理：鞠成立

地址：上海市徐匯區長樂路 1219 號

電話：(021)64716566

傳真：(021)64746775

郵編：200031

即將竣工的浙信大廈

地址：浙江省杭州市體育場路 333 號國際大廈
電話：(0571)5161566　5161676
傳真：(0571)5154216
電傳：35025　ZITIC CN
郵編：310006

浙江省
國際信托投資公司

董事長兼總經理：王鐘麓

浙江省國際信托投資公司是浙江省人民政府直接領導的全民所有制非銀行金融機構，公司堅持多元化的經營策略，以國際、國内金融信托業務爲主體，積極拓展證券、租賃、實業投資、房地產、進出口貿易、咨詢服務等各項業務，努力爲浙江的改革開放和經濟建設服務。1995 年底，公司總資産達到 30.69 億元，比上年增長 11.50%，全年實現利潤 8539 萬元，比上年增長 6.5%。

經中國人民銀行和國家外匯管理局批準，公司經營下列業務：人民幣、外匯信托存貸款、投資業務；委托存貸款、投資業務；房地産投資業務；有價證券業務；金融租賃業務；代理財産保管與處理業務；代理收付業務；經濟擔保和信用見證業務；經濟咨詢業務；代客外匯買賣；貿易、非貿易結算；資信調查、咨詢、見證業務及其他經批準的金融業務。

公司到 1995 年底，累計籌措境外資金發生額達 7.6 億美元。人民幣信托、委托存款余額 47660 萬元，信托、委托貸款余額 41816 萬元；外幣存款余額 858 萬美元，貸款余額 2831 萬美元。公司共有 11 個證券營業部；增設了 B 股業務和國債回購業務；擔任了浙江申達、賽格 B 股和黑龍江秋林的分銷商；證券全年交易量爲 332.28 億元，代理發行各類債券 2.97 億元。至 1995 年底，人民幣租賃項目已發展到 228 個，規模達 28889 萬元。1995 年公司投資業務以調整和抓好原有項目管理爲主，現有 67 個投資項目，涉及交通、能源、市場建設、金融、房地産、生産企業等領域。1995 年，公司施工面積爲 20.19 萬平方米，其中新開工面積 5.6 萬平方米，竣工面積 5.32 萬平方米。全年完成進出口總額 4654 萬美元，其中出口 3275 萬美元，進口 1379 萬美元。

公司總經理班子

海南國投證券

海南省國際信托投資公司
總經理(法人代表):彭振明
地址:海口市濱海大道13號國信大廈20-22層
電話:(0898)6236718 傳真:(0898)6236669
郵編:570105
海南國投證券
負責人:張焦偉
地址:海口市南寶路國托大廈一、九樓
電話:(0898)6777298 傳真:(0898)6777333
郵編:570206

公司法人代表:
彭振明 總經理

海南省國際信托投資公司是海南省政府全額出資并直接領導的非銀行金融機構,1989年被國務院確定爲全國十大對外融資窗口之一。至1995年底公司的資産總額達50.1億元。1994年、1995年連續兩年取得日本評級研究所評定A+信用評級。

海南省國際信托投資公司證券部(海南國投證券)成立于1990年,于1993年和1994年分别在香港和日本發行了公司8000萬亞洲美元債券和145億日元武士債。1991年及1992年參加了國家財政部組織的國庫券承銷團,承銷量名列前10名。從1991年至1995年作爲主承銷商承銷發行了民源海南公司債券、海南鋼鐵公司債券、海南天然氣企業債券等數家企業債券,代理了海南民源股份公司等企業的股票發行并推薦上市。1996年4月,作爲副主承銷商代理"海南海盛船務"社會公衆股在上海證券交易所上網定價發行工作取得圓滿成功。目前,海南國投證券的發行業務已擴展到海南省外的新疆、四川等地。海南國投證券現下設:發行部、辦公室、投資理財部、資金財務部、策劃咨詢部、海口營業部、上海營業部及深圳營業部。

中國證監會主席周道炯(左二)在公司總經理彭振明(左三)、證券部經理張焦偉(左四)、證券部副經理張益民(左一)陪同下考察工作時留影。

公司在日本發行武士債券儀式

安徽省國際信托投資公司

公司辦公大樓夜景

安徽省國際信托投資公司是安徽省人民政府直接領導下的非銀行金融機構，成立于 1981 年，注册資本 2.5 億元人民幣，是集金融、證券、投資、租賃、房地産、外貿、信息廣告和投資咨詢等業務爲一體的大型綜合性金融企業。1995 年，公司總資産達 33.8 億元，全年實現總收入 25978 萬元，實現利潤 9420 萬元，分别比上年增長 15%、51% 和 63%。

證券業務上，公司于 1988 年在安徽率先起步，幾年來快速發展。公司是上海證交所的發起會員和深圳證交所會員，先后主承銷了皖能 A 股和古井 B 股，并參與了上海華源 B 股副主承銷和安徽已有全部已上市公司的證券融資工作；承擔了安徽數十家企業的改制工作；目前正在着手皖通 H 股發行的財務顧問工作、古井 A 股、宣紙 A 股和銅都 A 股的主承銷工作。二級市場方面，公司在上海、深圳、廣州、合肥設有 5 個證券營業部。根據中國證券業協會公布的 1995 年全國經營證券業務的信托投資公司經營業績前 20 名排行榜排名，安徽省國際信托投資公司證券交易額列第 16 位，利潤總額列第 3 位，營業收入和淨資産均列第 7 位。

總經理：盧繼延

古井 B 股發行主承銷簽字儀式

福建省華僑信托投資公司

葉飛

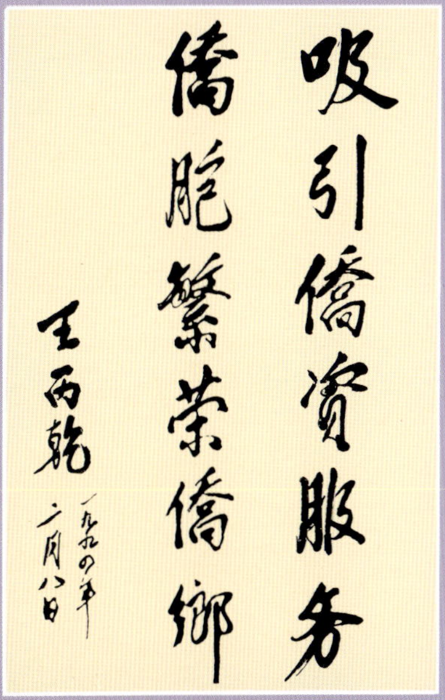

全國人大常委會副委員長王丙乾題詞

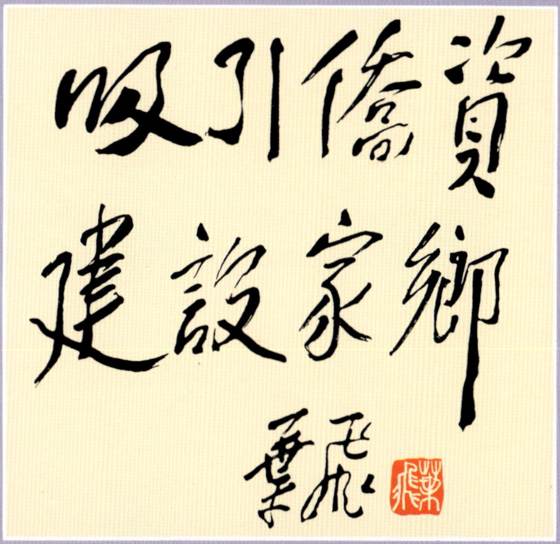

原全國人大常委會副委員長葉飛題詞

福建省華僑信托投資公司的前身是1952年經中央人民政府政務院批準創立的福建華僑投資股份有限公司。至1967年6月止累計吸收僑資7000萬元人民幣,在省内先后投資創辦了一批工礦企業。1986年經中國人民銀行批準,公司成為福建省政府直屬的全民所有制非銀行金融機構。目前,公司作為一個融委托、信托、融資租賃、投資、證券、外匯、擔保業務為一體的多功能的金融機構。

公司1992年經人民銀行批準開辦證券業務,現是上海、深圳證券交易所、NET系統和福建證券交易中心的會員,設有福州、上海兩個證券交易營業部和華信大廈、華林路兩個債券交易櫃臺。1993年作為承銷團成員參與福建5家企業公衆股票發行,副主承銷福建豪盛股票。截止1995年底,承銷國庫券15000萬元,代理發行70家企業債券14000萬元,證券交易總額1124.2億元。1995年證券交易額達846.66億元,在上海證券交易所會員中排名第22位。

公司法人代表、總經理:謝長安
地址:福州市湖東路152號華信大廈
電話:0591－7824888　傳真:7857934
郵編:350003
證券業務部總經理:郭錫龍
福州證券營業部總經理:繼唯唯
地址:福州市省府路48號
電話:0591－7562600　傳真:7562724
郵編:350001
上海證券營業部總經理:錢學寧
地址:上海市徐匯區宛平南路401號
電話:021－64684673
郵編:200032

公司領導:總經理謝長安(中)、副總經理萬國卿(右二)、蘇財增(左二)、陳山平(左一)、楊新忠(右一)

中國銀行
上海信托咨詢公司

公司總經理：董唯儉

公司所屬證券營業部

中國銀行上海信托咨詢公司經中國人民銀行批準成立于 1984 年 6 月，具有獨立法人地位。公司總經理室下設有辦公室、財會部、稽核部、投資管理部、租賃擔保部、咨詢部、證券部等 10 個職能部門。1988 年 10 月經批準成立證券部，開始經營證券業務。1990 年 12 月公司成爲第一批上交所會員單位。至 1996 年 5 月，公司共設立了 7 個證券營業網點、5 個證券代理處。公司專辟了大世界證券營業部經營 B 股業務，積極開拓境外代理商和客户業務。

公司經營範圍：境内外外匯信托存款、信托放款、信托投資業務；境内外外匯借款、放款業務；國際融資性租賃業務；委托放款業務；對外擔保與見證業務；資信調查與咨詢業務；代理企業發行債券、融資券和股票；辦理各類有價證券的推銷、助銷和包銷業務；辦理各類有價證券的發行、轉讓、代保管及代理支付、還本付息、紅利股息發放、咨詢等業務；從事證券交易所規定的經紀人業務（包括 A 股、B 股的交易等）；保管箱出租業務，以及經批準的其他業務。

公司自成立以來承做了大量投資、租賃、擔保項目，取得了顯著的經濟效益，公司利潤額在中國銀行系統信托咨詢公司内始終名列前茅。95 年公司的證券業務圍繞着加强内部自律和管理，定期對各證券營業部進行檢查和稽核。公司的證券自營業務交由證券部統一操作。成功地完成了新亞 B 股和金泰 B 股二次分銷和代銷。

法人代表：董唯儉（總經理）
地址：上海市高安路 18 弄 10 號
電話：64333088（總機）
傳真：0086－21－64746278
郵編：200030

公司所屬證券營業部：

盧灣證券營業部
嵩山路 77 號　電話：63746308
大世界證券營業部
延安東路 850 號　電話：63276696
巨鹿路證券營業部
巨鹿路 162 號　電話：63752430
市東證券營業部
靖宇東路 280 號　電話：65391692
浦東證券營業部
浦東南路 1398 號　電話：58821382
市南證券營業部
中山南路 760 號　電話：63788312
郵電大樓證券營業部
天潼路 477 號　電話：65361292

寬敞的現代化營業大廳

中國農業銀行河南省信托投資公司

公司總經理:李杰偉

公司證券部于 1991 年 11 月設立,于 1993 年 7 月 28 日開通滬深股票异地交易業務。目前已建成鄭州山河賓館營業部、上海業務部、鄭州工人新村營業部、深圳業務部、鄭州嵩山營業部等,正在籌辦駐馬店營業部、濮陽營業部。證券部内設庶務部、計財部、業務發展部、綜合稽核部 4 個管理部門。共有職工 286 名,具有中高級職稱 34 名。

證券部成立以來,資產迅速擴大,截止 1996 年 6 月底,共有資產 33195 萬元,負債 26206 萬元,所有者權益 7100 萬元。地面衛星接收站 2 個,上海深圳兩證券交易所席位 22 個,其中上海 19 個,深圳 3 個,其中點對點 1 個。證券部先后開辦了債券代理發行、股票代理發行、股票委托買賣、國債現期貨買賣等業務。截止 1996 年 8 月底,各部共開立資金帳户 15308 個,實現 A 股股票交易 1624912 萬元,累計實現業務收入 6957 萬元,共實現利潤 2331 萬元(其中 96 年 1－8 月實現利潤 1521 萬元)。

1993 年證券部籌備當年就實現 A 股股票交易近 3 億元,1994 年實現滬、深 A 股股票交易 41 億元,代理國債、期貨交易 71 億元,實現業務收入 1800 萬元,完成利税 516 萬元。在上海證券交易所 551 余家會員中,我部列第 38 位,在深交所 500 余家會員中列 75 位。95 年實現 A 股股票交易 46 億元,國債現期貨交易 9.5 億元;交易量穩居上海、深圳兩交易所會員前三十名,實現業務收入近 2000 萬元,利潤 523 萬元。1996 年證券部强化市場意識,加强内部管理,搞好安全經營。截止 9 月底,實現 A 股股票交易 66 億元,業務收入 3100 萬元,利潤 1900 萬元。

地址:河南省鄭州市緯五路 11 號
電話:5951613　5961862
傳真:5961712
郵編:450003

公司寬敞的營業大廳

地址:四川省成都市蜀都大道福興街30號
電話:(028)6616796　6750758
傳真:6623605　郵編:610016

即將竣工的川信大廈

四川省信托投資公司

總經理:梁昌飛

證券營業部交易大廳

四川省信托投資公司是1986年10月經中國人民銀行總行和四川省政府批準成立的省級地方非銀行金融機構,是四川省政府的直屬大型企業。公司現有資本金4.2億元人民幣(含分支機構),至1995年末,資産規模已逾46億元人民幣。

公司以地方財政爲依托,主要從事吸收人民幣信托、委托存款和辦理人民幣信托、委托貸款;代理收付和結算;投資;租賃;代理發行和買賣有價證券和股票;辦理外匯投資;國際融資;房地産開發;債務擔保和見證等金融業務。公司在四川省内設立了9個分支機構,在上海、海口、北海建立了3個直屬公司,在成都開辦了2家中外合資企業。公司在國内已建立了同城票據交换和异地轉匯關系,國際上正在與美國、香港等地多家銀行建立代理關系。

公司開辦證券業務始于1990年,主要承辦大宗國債交易和承銷各類證券發行業務,是中國證券業協會首批會員之一。1992年公司在西南地區首家開通了上海异地股票交易專綫。現已擁有包括設在上海、北京和省内部分地區的12個證券營業網點和20多個各證券交易系統的交易席位,證券從業人員達140人。截止1995年,公司累計承銷和交易國債8.5億元,承銷各類證券2.6億元,滬、深股票交易量約150億,股份制企業股權托管2.1億元。

鄭州信托投資公司

總經理馬寶軍和各部門經理共商發展大計

鄭州信托投資公司是經中國人民銀行批準成立的非銀行金融機構。主要從事信托存款、放款;委托存、放款;信托投資與委托投資;金融租賃;投資咨詢;擔保、見證;發行和代理發行人民幣有價證券;代理及自營各類證券業務;代理及自營各種外匯業務等。公司始終堅持客户第一、真誠相待、以信換金的原則,處處爲客户着想,時時爲客户分憂。公司是一個年輕的公司,又是一個卓越的公司,公司員工平均年齡不足26歲,但受過高等教育的卻占到95%以上,他們有着崇高的敬業精神,忘我的犧牲精神,嫻熟的業務技能,嚴謹的工作作風。真誠的信念和卓越的集體是公司騰飛的最可靠保證。

營業部電話查詢系統可查余額;按日期查支出和收入流水情況;用户自己修改密碼。使用方法:撥通查詢號碼、輸入用户密碼、根據操作碼進行查詢。操作碼說明如下:1、查余額。2、由日期查收入。3、由日期查支出。4、修改密碼。*、使用完畢、退出。此種查詢可循環使用。查詢電話:7445737,6990504

寬敞明亮的營業大廳

及時發布證券行情,交易跑道暢通無阻

法人代表、總經理:馬寶軍

地址:河南省鄭州市中原東路124號

電話:(0371)6990643 6990440

郵編:450052

佛山國際信托投資公司

公司法人代表、董事長兼總經理：梁達明

總經理梁達明(左五)、總經理助理陳爭鳴(左二)等與外國銀行代表洽談業務后的合影。

佛山國際信托投資公司是佛山市政府直接領導、經中國人民銀行總行和國家外匯管理局批準,經營人民幣和外匯金融業務的非銀行金融機構。公司實行董事會領導下的總經理負責制,是具有法人資格的經濟實體。注册資本2億元人民幣。

公司經營的業務範圍:信托存貸款、投資業務;委托存貸款、投資業務;房地産投資業務;有價證券業務;金融租賃業務;代理財産保管和處理業務;代理收付業務;經濟擔保和信用見證業務;經濟咨詢業務;中國人民銀行和國家外匯管理局批準經營的其他金融業務。

公司成立以來,以服務于佛山經濟建設爲宗旨,以提高經濟效益,防範、降低金融風險爲中心,積極穩妥地推進和發展公司的各項經濟業務,取得了較好的經濟效益和社會效益。公司1992年開辦證券業務,代理買賣深、滬A股、B股和國債業務。1993年公司被中國證監會批準爲公衆股票承銷商,成爲佛山市目前唯一取得公衆股票承銷資格的證券經營單位,曾成功地主承銷佛山電器照明股份有限公司公衆股票A股,分銷該公司的B股;分銷粵美的、粵美雅A股。公司還爲佛山興華、石灣陶瓷、佛山英海等有限公司發行、代理托管内部股和法人股。公司證券交易量一直處在佛山市證券商行列的前茅。

股民踴躍參予股票買賣

地址:廣東省佛山市汾江南路99號
電話:(0757)3321127
傳真:(0757)3327814

金華市租賃有限公司

董事長:駱家剛

董事長:駱家剛(左)與經理朱建新研究工作計劃

金華市租賃有限公司是由金華市信托投資股份有限公司、金華縣財務開發公司、金華縣信用聯社、金華市進出口公司等五家單位發起組建的股份制融資租賃企業。創建于1992年10月,注册資本爲2000萬元,主要經營金融租賃業務、租賃項下的貸款業務和經人民銀行批準的其它業務,行政挂靠金華市信托投資股份有限公司。

公司本着"求實、開拓、創新、發展"的原則,積極開展融資租賃業務。如我們對東風瑩石公司水泥廠10萬噸技改項目進行了300多萬元的成套設備租賃,該項目當年籌建、當年投産、跨入了浙江省"五十佳"企業行列;向我公司租賃490萬元設備的珠海邁科機電設備有限公司是生産焊接系列産品的企業,其研制出的産品具有世界先進水平,堪稱世界焊接史上的第三個里程碑,以及蘭溪金信工業園橡膠輪胎廠等項目。截止96年8月底止,資産規模達1.2億元,租賃資産達5000余萬元。從公司創建到1996年8月不到四年的時間里,共實現利潤1680萬元。96年6月公司創建了金華市金信汽車出租有限公司,金融資本産業化得到了有益的嘗試。同時有力地支持了地方經濟建設。

地址:浙江省金華市西市街111號二樓
電話:(0579)2337815　2310066－3065
郵編:321000

寶鋼集團財務公司

地址:上海寶山區牡丹江路 1588 號
電話:56105948　**傳真**:56105949

公司總經理:王世宏

公司所屬證券營業部交易大廳

寶鋼集團財務公司于 1992 年 6 月經中國人民銀行批準成立。它是由寶鋼集團核心企業一寶山鋼鐵(集團)公司控股,集團內部分緊密層企業和金融機構等 18 個單位共同參股組建的全國性非銀行金融機構。是具有企業法人地位的經濟實體,注册資本金人民幣 3.6 億元,外匯 1 億美元,在行政上受寶鋼集團直接領導,在業務上接受人民銀行的領導、管理、監督、協調和稽核。公司由吴志尚任董事長,王世宏任總經理兼法人代表,實行董事會領導下的總經理負責制,下設辦公室,綜合計劃部、信貸業務部、信托投資部、外匯業務部、證券營業部和財務會計部,現有職工 56 人。

三年多來公司已爲集團内部成員單位開辦了人民幣信托存貸款、投資、融資租賃、結算、經濟擔保;代理有價證券買賣、代理保險及其他代理業務;外匯信托存放款、外匯擔保、代理結算等業務。公司現已與全國 60 多家金融機構建立業務往來,與 100 多家寶鋼集團成員單位建立了存貸關系,還建立了寶鋼人民幣内部結算中心,日平均結算金額達 5 億多元;外匯業務已爲寶鋼(集團)公司三期工程建設利用外資,出具了轉貸款擔保 27 份,金額達 9 億多美元。95 年末公司資産總額已達 68.98 億元(其中外匯資産達 3.2 億美元),存款余額 51.02 億元(其中外匯存款爲 2.04 億美元),代款余額爲 20.22 億元(其中外匯貸款爲 0.75 億美元),全年實現利潤 1.4 億元。公司已跨入全國最大 500 家服務性企業行列,注册資本金已居全國財務公司之首

深圳建設集團財務公司

董事長張寶先生與總經理韓華女士正在研究工作

深圳建設集團財務公司是經中國人民銀行總行批準成立的非銀行金融機構，于1996年6月5日在深圳市工商行政管理局注册登記成立，實收資本金人民幣1億元，外匯1000萬美元，主要業務是接受集團内成員企業存款，對集團内成員企業發放貸款，辦理結算、票據承兑、貼現和投資業務，同時兼營代理發行集團成員單位的企業債券，股票等有價證券業務，經營經中國人民銀行批準向社會發行公司金融債券業務，經營對企業的擔保業務、信用證業務、經濟咨詢業務、資信調查和租賃業務。

深圳建設集團財務公司是由深圳建設集團及其12家成員單位共同投資興辦，公司根據精簡、高效的原則，結合業務發展需要，科學合理地設置部門。目前，共設有綜合管理部、資金部、信貸租賃部、計劃財務部、信托業務部、營業部、研究發展部和國際業務部8個部門。

公司將發揚“團結、誠信、創新、高效”的精神，以誠實爲本，以信譽立業，願在平等互利的基礎上，加强與全國各地金融同業的聯系與合作，共謀發展，共求明日的輝煌。

地址：深圳市寶安南路振業大廈二十、二十一層
電話：(0755)5892020　5892021
傳真：(0755)5892030
郵編：518008

寬敞明亮的交易大廳

廣東省潮州市信托投資公司

總經理：吴瑞榮
地址：廣東省潮州市潮楓路金融信托大厦
電話：(0768)2268889(20 綫.轉各部門)　2265913
傳真：(0768)2262081

廣東省潮州市信托投資公司是經中國人民銀行批準成立的國有金融機構，經營人民幣和外匯業務。目前，公司在潮州、深圳、珠海、廣州、上海等地的下屬全資或合資合作、投資參股的工商企業有20家。公司弘揚"團結、求實、奉獻、創新"的企業精神，遵循"重信譽、高效率、優質服務"的經營宗旨，博得社會各界同仁的鼎力支持和幫助，各項業務不斷發展。

公司法人代表、總經理：吴瑞榮在公司成立八周年慶典上致辭

公司總部辦公大樓

公司成立八周年答謝會主臺

設于公司廣州證券部的珠江股市臺直播室

公司上海證券業務部

烟台市信託投資公司

啟功題

總經理：王麗華

烟臺市信托投資公司是1986年經中國人民銀行總行批準成立的山東省第一家地方非銀行金融機構。業務上受烟臺市人民銀行領導、管理、監督、協調和稽核。1988年7月轉爲行政上挂靠烟臺市財政局，是具有獨立法人資格，實行獨立核算、自主經營、自負盈虧的全民所有制金融企業。公司實行總經理負責制，下設六部一室和兩個營業室，現有職工43人，其中，具有大中專以上學歷的占74.5%，35歲以下的占55.8%。

公司主要經營人民幣信托存貸款、委托存貸款、信托投資、金融租賃、債務擔保、代理財産保管與處理等業務。公司注册資金五千萬元，實收資本五千四百萬元。

公司加强内部管理，注重人員培訓，不斷提高服務質量，陸續開展了代理證券發行、自營、代理證券買賣、證券代保管、證券抵押、國庫券常年兑付等業務，累計發行國債及企業債券3.55億元。并于1995年5月18日開通了上海證券交易所股票交易系統，使公司的證券業務有了新的突破。目前，公司與許多證券機構建立了業務關系，并擔任中國證券業協會理事和中國國債協會會員。

地址：山東省烟臺市安樂胡同32號
電話：(0535)6242338　**傳真：**(0535)6252373
郵編：264000

公司證券交易大廳

公司辦公大樓

惠州市信托投資公司

法人代表、總經理：曾建生

廣東省惠州市信托投資公司創建于 1987 年，是經中國人民銀行廣東省分行批準成立的全民所有制非銀行性金融機構。注冊資金 5005 萬元。

多年來，公司堅持“穩健開拓、竭誠服務、務實創新”的經營宗旨，充他發揮地方金融的優勢，通過多種渠道，采取多種形式，積極籌措資金，以信托、委托、租賃、見證、擔保等形式支持了惠州一大批工商企業；通過證券交易和證券發行，為惠州市提供了一個寬暢的個人投資環境，活躍了惠州市的證券交易市場。目前，公司資產總額 5.6 億元，公司經營業績良好，形成了金融業務與證券業務、實業投資并重的多元化格局。

法人代表、總經理：曾建生

地址：廣東省惠州市下埔大道 24 號

電話：(0752)2105727　2105757　2105767

傳真：(0752)2105770

郵編：516001

總經理：劉啟威
地址：四川省樂山市
中區南安路 45 號(財政局內)
電話：(0833)2443404
傳真：(0833)2443404
郵編：614000

公司辦公大樓

樂山市信托投資公司

總經理：劉啟威

樂山市信托投資公司是經中國人民銀行總行批準獨立保留的自主經營、自負盈虧的獨立法人，由樂山市財政局控股的非銀行金融機構。公司 1987 年 1 月經省人行、市政府批準成立。1989 年通過清理整頓，受到各級人民銀行的肯定，1990 年 8 月人行總行正式行文批準獨立保留。公司成為全國地市州獨立保留的僅有的幾家公司之一。

公司成立九年來，業務不斷拓展，服務手段日臻完善，初步形成信托業、證券業、投資業多元化、多層次的現代化非銀行金融機構。公司始終如一地把"受人之托、代人理財"作為經營觀念，以立足樂山市經濟、造福樂山市人民作為公司追求的目標。九年來，公司存款總額達 10.4 億元，發放各類貸款 5.2 億元，融通資金 9.7 億元，證券交易 12.9 億元，融資租賃 1739 萬元，聯合投資 780 萬元，支持了樂山的能源、交通、原材料、旅游、糧油、食品、運輸、建築、建材、文教、衛生、輕工、化工、城市建設等行業。

公司的業務主要體現在信托業、證券業、投資業，包括委托存款、委托代款、信托存款、信托貸款、上市公司的股票委托買賣，代理證券的發行、兌付、股權證的確認、登記、過戶、轉讓、代保管，融資租賃、代理各種收付、經濟咨詢等，以及中國人民銀行批準的其他金融業務。

公司證券交易營業部

威海國際信托投資公司

公司法人代表、總經理:吴永文

威海國際信托投資公司是經中國人民銀行總行批準成立的全民所有制非銀行金融機構,隸屬威海市人民政府,公司注册資金 5000 萬元人民幣,外匯 750 美元。公司自 1992 年 12 月成立至 1995 年 12 月,資産總額達到 16.8 億元,三年翻了三番,跨入全國信托業百强行列。

公司成立以來,堅持以"聚資興威"爲宗旨,大力發揚"團結拼搏,艱苦奮斗,信用爲本,爭創一流"的公司精神,支持了威海市一大批企業發展。特别是重點工程建設方面,先后投資建設了山東華能威海發電廠、桃威鐵路、威海石油碼頭、威海機場、米威調水工程,累計投資達到 8 億元,爲全市 500 多家大中型國有企業發放流動資金和技改貸款 6 億元,爲威海市政府擴大對外開放,强化基礎設施建設做出了卓越的貢獻。1995 年 7 月 10 日,國家副主席榮毅仁欣筆爲公司題寫了"發展國際性交往,致力中華建設"事業的題詞。

公司開辦證券業務以來,先后成爲上海證券交易所、深圳證券交易所和青島證券交易中心的會員。設備先進、跑道通暢、環境舒適、服務資訊周全,同時代理發行企業債券,解決企業資金不足。目前,公司已成爲威海市唯一的、一流的證券經營機構。

寬敞舒適的交易大廳

公司大厦外景

法人代表、總經理:吴永文

地址:山東省威海市海濱北路 106 號國際信托大廈

電話:(0896)5326888(總機)

傳真:(0896)5312756　郵編:264200

公司證券部

地址:威海市海濱北路 106 號國際信托大廈 5 樓

電話:(0896)5326888－8568

傳真:(0896)5313813　郵編:264200

公司辦公大樓全景

棗莊市信托投資公司

法人代表、總經理：孔祥嶺
地址：山東棗莊市中區文化路 108 號
電話：0632－3312670　**郵編：**277101

總經理：孔祥嶺

公司營業部一角

公司運用貨款支持的重點建設項目

棗莊市信托投資公司始建于 1986 年 8 月，是經中國人民銀行山東省分行正式批準設立的全市唯一專營信托投資業務的非銀行金融機構，具有獨立的法人資格。現有員工 53 人，實收資本金 5001 萬元。

公司自成立以來，在地方政府及省、市人民銀行的直接領導和關懷下，積極開展工作。目前業務範圍遍布全市五區一市。近十年來，累計融通資金 20 億元，先后支持了 300 余家工商企業。截止 1995 年底，公司共實現利税 1578 萬元，取得了社會效益和自身效益的雙豐收。

公司多形式、多渠道努力籌措資金。通過吸收信托存款和委托存款、代理發行企業債券和公司債券等形式多渠道融通資金，利用資金的時間差和地區差從外省市吸收資金。優化資金投放，努力提高資金的使用效益。首先調整貸款結構，把技術改造、短綫産品及重點建設項目作爲投入的重點。其中有部分産品成爲市里的拳頭産品，企業成爲重點利税大户。勇于開拓、强化參股投資工作。公司從 1992 年起開展了參股、投資的試點工作。先后與市萬力集團公司、市魯南經濟貿易總公司合資成立了“萬力大酒店”、“山東拍賣總行棗莊拍賣行”以及自辦了“棗莊市信貿公司”。强化内部管理、加强自身建設。公司領導一直十分重視職工隊伍的建設，建立和完善了一整套規章制度。

海南港澳國際信托投資有限公司證券部

地址:海口市國貿大道港澳國際大廈一、二層　電話:(0898)8510432　8513400　傳真:(0898)8513379

港澳證券

中共中央政治局常委、書記處書記胡錦濤視察上海證交所時與港澳證券出市代表親切交談

舒適的辦公環境

港澳信托證券部是經中國人民銀行海南省分行批準,成立于1991年6月29日,是海南省非銀行金融機構較早成立的證券部,并在上海、深圳、北京、三亞、成都、沈陽、杭州等地設立了營業部。主要業務有代理發行各種有價證券,自營和代理證券買賣,代理支付和代收證券的本息紅利,證券鑒證、登記過户,證券代保管,證券投資咨詢及其他證券業務。1992年10月9日,公司策劃海南國際房地產公司改制爲海南港澳實業股份有限公司,參與了海南證券報價交易中心和海南股票内部交易中心的有關推薦工作,公司1993年推薦了海國投實業股份有限公司到STAQ系統上市,三亞東方實業股份有限公司到NET系統上市,并作爲主承銷商代理浙江港澳新型建材股份有限公司的股權證發行工作。1994年6月公司承銷了海南金盤實業股份有限公司的社會公衆股發行。公司成爲全國主要證券交易所(中心)的會員。1995年4月,公司作爲副主承銷商代理珠江B股在海南的發行工作取得了圓滿成功。至1995年底,公司共代理發行股票、債券54289萬元,代理股票、債券交易280億元。

繁忙的證券營業櫃臺

廣州珠江信托投資公司
證券交易營業部

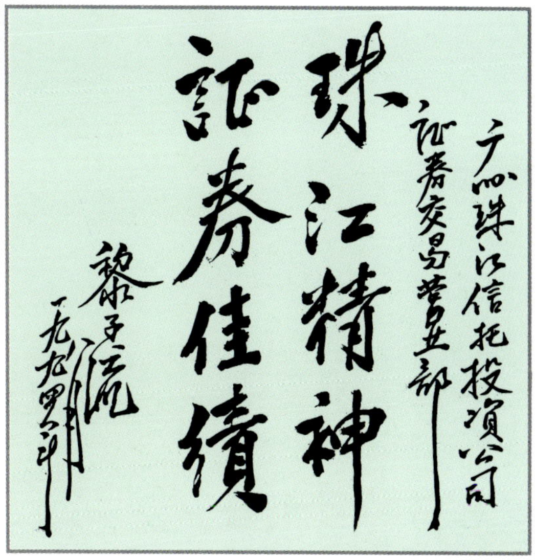

證券交易營業部營業處

廣州珠江信托投資公司證券交易營業部是經中國人民銀行批準的非銀行金融系統的證券經營機構。主要經營代理發行各種有價證券；自營和代理證券買賣；代理支付和代收證券本息紅利；證券鑒證；登記過戶；證券代保管；證券投資咨詢等業務。

珠江證券開業于1993年12月，是深圳、上海證券交易所、NET系統、南方證券交易中心的會員，擁有四個交易席位。目前所采用的技術與設備及交易系統是本市同行中最先進的。對深交所的買賣委托、成交回報和行情揭示采用雙向衛星傳輸數據；對上交所的買賣委托、成交回報用點對點系統傳送，速度快，準確率高，行情揭示通過衛星傳送。設有超級大戶室6間，各自擁有獨立的委托及行情分析終端；設有大戶室、專戶室6間，各自擁有獨立的委托及行情分析終端；散戶大廳200多平方米，有完善的觸屏委托和小鍵盤委托及櫃臺委托系統，有80條電話綫可供一次撥號多次委托及查詢，大戶室、專戶室提供多套分析系統，著名的股評家現場解盤評述。今年在廣州市屬證券商的交易量和業績中排列前茅。

作為瓊珠江和廣州珠江兩家上市公司的兄弟公司，珠江證券將充分利用這一優勢，發揚“珠江人精神”，將客戶的每項要求作為我們盡力的目標，以最完善的技術和最優良的服務，創出自己的經營特色。

營業櫃臺一角

經理：陳學杰

地址：廣州市華景路57號華景大廈北塔一、二、三樓

電話：83838121　83833888

傳真：83838120

深圳經濟特區發展財務公司

地址:深圳市人民南路發展中心 28 樓
電話:2280779 傳真:2280784
郵編:518001

公司總裁:陳强

深圳經濟特區發展財務公司于 1984 年 11 月成立,是中國最早成立的企業集團財務公司,也是深圳特發公司(資産近 100 億元)核心成員,截止 1995 年底總資産 14.8 億元。公司是深交所最早 12 個理事單位成員之一,屬下的證券部是國内首批券商,上交所正式會員,北京 STAQ 甲級會員。擁有先進的交易系統和訓練有素的專業人才。

公司主要業務

- 買賣各種有價證券
- 國債期貨交易
- 代理分紅派息、還本付息等權益分紅業務
- 發行和代理發行各種有價證券
- 基金和資産管理業務
- 鑒證和過戶
- 投資咨詢
- 企業重組、收購、兼并業務
- 其他證券業務

公司主要業績

- 成功包銷華源股票
- 分銷多家上市公司股票
- 作為主承銷商成功推薦國商 B 股上市
- 幾年中承銷總金額 10.3 億人民幣

廣州經濟技術開發區國際信託投資公司

Guangzhou Economic & Technical Development District International Trust & Investment Corporation

總經理：杨永谦

廣州經濟技術開發區國際信托投資公司是經中國人民銀行和國家外匯管理局批準，于1985年10月28日成立的非銀行金融機構，是廣州市對外籌資的兩大窗口之一，注册資本爲1億元人民幣，實收資本金1995年已增至3億元人民幣。

公司主要經營信托委托存款、貸款、投資；境内外借款；融資租賃；代理財産保管與處理；發行和代理發行有價證券；經濟擔保；信用見證；經濟咨詢等人民幣及外幣業務。實行自主經營，獨立核算，自負盈虧，具有獨立法人資格。公司設立了綜合管理、計劃財務、法律事務、國内金融、國際金融、國際租賃、證券、投資管理等部門，現有干部、職工100多人，其中具有大專以上文化程度的占80%以上，有中級以上專業技術職務的占40%以上，建立了有較高素質的金融隊伍和科學的内部管理及業務制度。

公司成立10年來，積極開拓國内國際金融市場，先后與香港、日本、歐州等30多個國家和地區的金融機構以及國内衆多同行建立了良好的業務往來，積極爲經濟建設籌措資金，并投資興辦了22家企業，開發了"南方國際信托大廈"、"藍粵花園"等房地産項目，取得了明顯的經濟效益和社會效益。公司爲發展成爲集金融、證券、投資和房地産開發爲一體，信譽良好的金融企業。特别是1993年底轉換經營機制以來，各項經濟指標均創出歷史最好水平，1994年實現利潤2960萬元。1995年末總資産達37億元人民幣，創利潤3471萬元人民幣。在廣州經濟發展的年鑒上，寫下燦爛的一頁！

地址：廣州市天河路351號廣東外經貿大廈25樓

電話：(020)87592630 **傳真**：(020)87592407

郵編：510620 **電挂**：3535

電傳：441633 GITIC CN

Add:25 - F, No, 351, Tianhe Rd., Guangdong Foreign Economic And Trade Building, Guangzhou

Tel:(020)878592630 Fax:87592407

Postcode:510620 Cable:3535

Tlx:441633 GITIC CN

天津國際信托投資公司
上海證券業務部

總經理：徐曉男

營業櫃臺

大户室

天津市國際信托投資公司是經原國家外資管理委員會和天津市人民政府批準于1980年2月21日成立的全民所有制企業，具有獨立法人資格，公司注册資金爲人民幣5億元，1983年經中國人民銀行批準爲從事國際信托投資業務的金融機構，1989年被國務院指定爲全國十大對外籌資窗口之一。公司成立以來，始終積極爲天津市的經濟建設和産業結構調整服務，做出了貢獻。

天津國投公司上海證券業務部（簡稱津投上證）是于1992年7月正式開業，營業部面積達1000多平方米。到目前爲止，上海業務部先后開設了代理買賣滬深股票、國債現貨、代發行國債等多項業務，并擁有自助委托和電話委托系統及遠程工作站，散戶大廳寬敞亮潔，設立大屏幕顯示系統，配合20臺29吋彩顯的揭示各類技術圖形、成交日報、個股交易情況排序等內容，使投資者對股市有全方位的把握，中、大戶室每人一臺電腦，可自助下單，貴賓室還專門設立電視牆顯示系統。業務部堅持"設備一流、服務一流、客戶至上"的宗旨。以求實、奉獻、開拓、奮進爲企業精神，贏得了社會各界的廣泛好評和較高信譽。

地址：上海市盧灣區斜土路788號
電話：63035676　　**傳真**：63035676
郵編：200023

海南港澳国际信托投资有限公司北京证券营业部
隶属海南港澳国际信托投资有限公司
经营上海、深圳股票交易，国债现券和国债回购业务
营业面积1000多平方米
营业部在上海证券交易所设有多个席位、双向卫星点对点传递深圳股票交易
36条电话线为客户直接参与上海、深圳股票交易
100多台自动委托终端供客户直接交易
为客户提供钱龙、建功两套分析软件及“港澳资讯”信息服务
舒适的中、大户室，环境优雅、通讯快捷
豪华的交易大厅可同时容纳数百名股民集中交易
港/澳/北/证
地址：北京市宣武区西便门西里16号（天宁寺桥北侧） 电话：63182349 传真：63182364 邮编：100053

勇于開拓　積極進取

黑龍江省國際信托投資公司
上海證券業務部

總經理:孫樹權

黑龍江省國際信托投資公司上海證券業務部(簡稱黑信上證),是經中國人民銀行上海市分行批準在上海設立的非銀行金融機構,注册資本金 1000 萬元人民幣。1992 年 6 月成爲上海證券交易所早期會員之一。

穩健開拓、敬業拼搏,積極進取,勇爭一流是黑信上證一貫追求的目標。從 1993 年起黑信上證就積極努力地爲廣大投資者提供優質的服務,并不斷地在人員、設備、場地、信息等多方面加大投資力度。1996 年初新購置了 1300 平方米上海徐匯區日暉東路證券營業場所,并于 4 月 1 日正式對外營業。本部新增配了先進的上海、深圳彩色股票顯示大屏,同時采用了先進的 PDS 工程網絡,衛星、DDN 網雙保險的行情傳輸方式,錢龍、Wind 等股市信息分析系統。在上海證交所擁有 11 個交易席位,爲投資者提供了暢通的運作跑道。同時開通了深交所點對點通訊、傳輸交易系統。在我部開設滬、深帳户的投資者已突破 6000 人。黑信上證管理水平、證券交易額及經濟效益在同行業中處于前列,累計股票交易額已達數 10 億元,取得了良好的經濟效益和社會效益。

地址:上海市徐匯區茶陵路 175 弄 3 號
電話:(021)64184180(**總機**)　64183518(**直綫**)
傳真:(021)64183908

證券業務部門牌

舒適的專户室

中國新技術創業投資公司山東證券營業部

中創山東證券部外景

中國新技術創業投資公司山東證券營業部是經山東省證管辦批準成立的證券經營機構，于 1994 年 9 月正式營業。其主要業務包括證券代理、發行、轉讓、兑付、代保管、抵押、證券投資咨詢以及人民銀行批準的其他業務。現爲山東證券交易中心、青島證券交易中心會員，是淄博 STAQ 在濟南地區的首家會員。

中創山東證券部本着"客户第一，信譽第一，服務第一"的經營方針，一直致力于爲廣大客户提供一個完善、優越的投資環境，自成立兩年來，該部不斷增加交易品種，提高服務質量，改善硬件設施，降低交易費用，受到了廣大客户的歡迎。證券部現有客户 5000 余名，先后開通了上交所、深交所及淄博 STAQ 的股票代理交易業務，國債發行及代理業務也邁上了一個新臺階，96 年全年的交易量突破 50 億元。

在業務發展的同時，證券部員工素質也不斷提高，現有員工 35 人，其中大本文化程度以上的 25 人，占 70%，具有碩士學位的總經理孫寅生先生勇于開拓，敢于進取，在證券部的發展過程中起到了舉足輕重的作用。中創山東證券部在孫寅生總經理領導下，在全體員工的努力下，以更高的標準，更可靠的信譽，更完善的功能，竭誠爲廣大投資者提供優質服務。

設備先進的營業櫃臺

總經理：孫寅生

地址：濟南市趵突泉北路 26 號

電話：(0531)6931284(傳真)

咨詢熱綫：6931264

郵編：250012

廣東
華僑信托投資公司
中山辦事處

辦事處外景

廣東華僑信托投資公司中山辦事處(簡稱中山市華僑信托投資公司)是由中山市人民政府和國營企業、金融機構共同出資,經中國人民銀行批準,依法注册的國有股份制金融機構。

公司自 1993 年 1 月成立以來,在中山市委、市政府和省總公司的關心指導下,本着“爲僑胞服務、爲僑鄉建設出力”的宗旨,充分發揮信托特點,突出“僑”字特色,不斷開拓進取,務實創新。公司業務遍及武漢、天津、大連、徐州、廣州等全國各地和香港、澳門等地區,在海内外建立了良好的金融信譽和業務網絡。1996 年上半年,委托、信托存款達到 9 億多元,引進外資 2 億多元,總資産 19.2 億元,居全省同類機構之首。

主要業務包括:委托、信托存款和貸款;代理華僑、港澳同胞投資業務;工商企業外引内聯;擔保、咨詢。

中山自己的銀行
華僑投資的好地方

總經理:古祿勝
地址:廣東省中山市華柏路 33 **號**
電話:(0760)8847802　8847350
傳真:(0760)8847351　**郵編:**528403

營業大廳

公司證券業務部外景

中國信息信托投資公司

總經理:楊咸祥

北京營業部
電話:68276880
傳真:68276873
天津漢口西道營業部
電話:(022)3375200
傳真:(022)3375074
天津大同道營業部
電話:(022)3399385
傳真:(022)3399385
上海營業部
電話:(021)64662131
傳真:(021)64330717
深圳營業部
電話:(0755)6675959
傳真:(0755)6675961

地址:北京萬壽路 27 號
電話:68283892
傳真:68218546
郵編:100846
公司證券部
電話:68276872
傳真:68276873

中國信息信托投資公司成立于 1988 年,是經中國人民銀行、國家外匯管理局批準,在國家工商行政管理局注册的全國性非銀行金融機構,法人代表、總經理楊咸祥。公司是上海、深圳證券交易所、天津證券交易中心、NET、STAQ 系統會員單位,中國證券業協會理事單位,中國證券市場研究設計中心發起和理事單位,北京證券登記有限公司的發起單位,北京證券業協會的發起單位和常務理事單位。目前,在北京、上海、深圳、天津等地設立了證券營業部,在承銷國債、企業債券、股票、幫助企業進行股改、推薦上市等業務上成績顯著。

公司副總經理兼證券部總經理、高級經濟師楊德祖先生表示:今后證券部仍將以更優質的服務滿足廣大投資者和企業的需要。

沈陽財政證券公司

總經理:莫逆

沈陽財政證券公司成立于 1988 年 4 月 21 日,是經中國人民銀行總行批準注册登記的全民所有制非銀行金融機構,是中國證券業協會,中國國債協會,上海、深圳證券交易機構,沈陽、武漢、天津證券交易中心和全國證券交易自動報價系統的會員單位。公司具有獨立的法人資格。公司下屬 7 個證券交易營業部,總營業面積爲 2800 平方米,注册資本金 1 億元人民幣。公司在職人員 53 人,大專以上文化程度占總人數的 76%。長期的經營實踐爲公司培養了一批年輕的業務骨干。

幾年來,公司各項業務不斷發展擴大,截止 95 年末,累計各類證券發行總額 8 億元,各類證券交易總額 28 億元,其證券交易額和利潤實現總額在沈陽市 39 家主要證券經營機構中名列前茅。隨着公司經營機制的不斷完善,公司以"敬業、求實、高效、創新"爲行動指南,勇于開拓,不斷創新,在競爭中求發展,在發展中求生存,願以一流的服務質量和服務環境,爲廣大客户服務。

總經理、法人代表:莫逆
地址:沈陽市沈河區西順城街 239 號
電話:4850714
傳真:4850714

董事長、總經理：楊力

淄博投資基金管理公司

淄溥投資基金管理公司是經中國人民銀行總行批準設立并核發金融業務許可證的非銀行金融機構。公司是由5家全國地方非銀行金融機構出資創辦的有限責任公司，主營業務爲發起設立投資基金、管理投資基金。1993年3月公司受托管理在證券交易所上市的投資基金－－淄博鄉鎮企業投資基金，開創了我國投資基金業之先河，爲中國基金業發展提供了成功的範例。公司把造就一流基金管理專家，作爲公司生存發展的基礎；把維護投資者合法權益并爲投資者獲取最高投資回報，作爲公司最高經營宗旨；把規範管理、精心運作、努力探索既符合國際慣例又適合中國國情的投資基金管理路子爲自身不可推卸的歷史責任。經過幾年來的大膽探索、穩健經營，在理論和實踐上始終處于全國基金業的領先地位，爲全國基金業的發展提供了成功的範例，在中國金融證券史上寫下了光輝的一頁。

公司董事長、總經理楊力先生攜全體員工願與全國基金業同仁共創中國基金業發展之輝煌。

地址：山東省淄博市中心路1號
電話：(0533)2187074 **郵編**：255000

淄博市信托投資公司

公司領導班子研究發展規劃

公司辦公大樓

淄博市信托投資公司隸屬于淄博市政府的地方性非銀行金融機構，成立于1986年12月。公司發楊“一流的信譽、一流的服務質量、一流的工作效率”的精神，公司各項業務全面發展，截止1995年底，公司總資産達7.7億元，資本金達6271萬元，存款余額4.9億元，貸款余額4.4億元。十年來，公司累計籌集資金近40億元支持企業發展，累計創利税5000萬元。1994年公司被評爲中國500家最大服務性行業企業之一。

公司目前下轄7個部室、3個證券交易部、3個全資子公司，10余家控股、參股企業，逐步形成以金融業務爲主，房地産開發、物業管理、貿易、實業投資和餐飲等多元化綜合發展經營格局，正向跨地區、跨行業的集團化公司邁進。

公司總經理楊力先生歡迎各界朋友光臨，洽談業務。

地址：山東省淄博市張店區美食街1號
電話：(0533)2182909
傳真：(0533)2185522
郵編：255031

厦門證券登記有限公司

總經理:傅毅輝

厦門證券登記有限公司是1992年11月經中國人民銀行和厦門市政府批準成立的,是厦門市唯一的法定股份登記清算機構,公司設置的部門有:總經理室、辦公室、業務部、財務部、電腦清算部、登記部。公司的業務範圍:經批準公開發行及非公開發行的股份登記和清算;上市及未上市記名證券的過户登記;代理有價證券的保管;代理有價證券的還本付息或分紅派息;與證券有關的咨詢及投資業務;與上述業務有關的附帶業務;中國人民銀行批準的其他業務。

公司系上海證券中央登記結算公司的結算會員和深圳證券登記結算公司的存管會員,公司自1993年4月9日正式開業以來,先后對本市公開發行的"國泰"、"汽車"、"海發"、"龍舟"、"厦工"、"厦華"、"機場"7家股票進行登記和集中托管;對10多家内部股和法人股進行登記托管和分紅派息,積極爲我市推行股份制改革和建立現代企業制度,提供高效的服務。

總經理、法人代表:傅毅輝
地址:厦門市檳榔商業中心之三(二層)
電話:(0592)5074470　5074466
傳真:(0592)5074464　**郵編:**361004

陽泉市信托投資公司

公司副總經理範洪英出席公司陽泉證券營業部開業儀式

公司上海中山西路營業部開業

陽泉市信托投資公司是經中國人民銀行山西省分行批準,陽泉市工商局注册登記而成立的經營信托投資業務具有法人資格的金融機構。公司現有職工55人,實行總經理負責制,下設信貸投資部、融資租賃部、委托業務部、計劃財務部、人事保衛部、辦公室、營業部、陽泉證券部、上海證券部以及金農商貿有限公司(控股)。

公司現有資本金6507萬元,信托資産總額3億元,主要經營業務爲吸收財政、企業主管部門委托投資或貸款的信托資金和勞動保險機構、科研單位、各類學會、基金會的基金,同時經營委托人指明項目的信托投資和信托貸款業務,委托人指出一般要求的信托投資和信托貸款業務,金融性租賃、經營咨詢業務,代理收付、代理證券發行業務,人民幣債務擔保和見證業務,以及經中國人民銀行批準的證券發行及其它業務。

地址:山西省陽泉市德勝東街33**號**
電話:(0353)2022503
郵編:045000

山西美倫投資咨詢有限公司

公司董事長:尹義紅

投資分析專家認真研究行情

山西美倫投資咨詢有限公司是經山西省工商局批準注册的投資咨詢專業公司,爲客户提供企業管理與服務、投資方案設計、市場信息咨詢與傳遞、計算機技術服務、投資技術培訓等全方位的服務。設備一流,通過衛星二十四小時連續接收使投資者能在第一時間掌握發生于世界各地的社會、政治、經濟、軍事新聞,外匯、期貨、股票、現貨之最新信息,國家政策、産業信息、財經數據之最新動態。公司特地從香港、廣東、海南禮聘知名投資專家爲山西的投資者提供全面的投資理財咨詢,凝聚了山西資歷最深的一批投資顧問,還配備有最先進的計算機人工智能分析系統。與太原電視臺合辦了每日股市行情報道與股市評論專題節目,與《生活晨報》合辦了投資理財專欄,受到了社會各界的一致好評。

公司遵循現代企業管理思路,實行嚴格的專業管理。誠信、專業、進取爲公司之精神。

地址:太原柳巷南路86號賽特大廈301室
電話:4183750　4185588－8320

海口嘉華産權經濟咨詢有限公司

公司由具有律師、會計師資格及職稱、富有實際工作經驗的專業人士組建,系經主管機關批準設立,具有法人資格的中介服務機構。

公司承辦經濟咨詢與顧問業務,涉及企業股份制改造、企業托管、産權交易、證券交易和投資基金等領域,協同長期合作的律師、公證及會計、審計、資産評估機構為客户提供優質優惠的服務。

公司特邀廣東太平洋律師事務所律師朱孟禾(法學)碩士主持項目咨詢、策劃和運作。

法定代表人:李曉光
地址:海口市南寶路國托大廈8樓
電話:(0898)6768331　傳真:(0898)6705709
郵編:570206

新疆證券公司
上海業務部

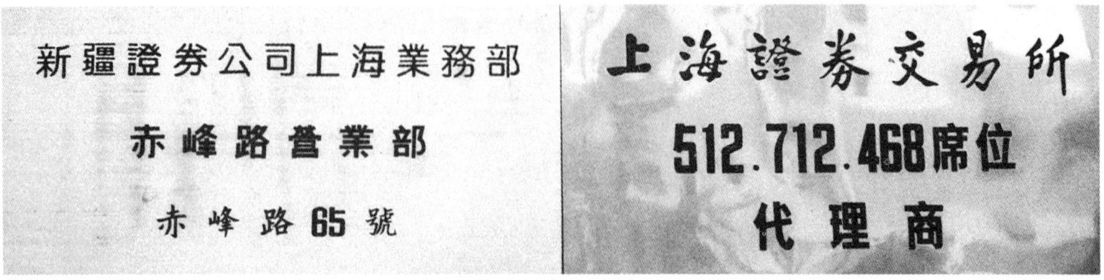

代理商席位號

新疆證券公司是經中國人民銀行總行批準于 1991 年 12 月成立，是由新疆維吾爾自治區内 9 家金融機構參股組成的具有法人地位的股份制金融企業，注册資本 3000 萬元人民幣。公司下屬有 6 個營業部；并在上海證券交易所、深圳證券交易所、天津證券交易中心、武漢證券交易中心、西安證券交易中心共開設 8 個席位。

新疆證券公司上海赤峰路營業部成立于 1993 年 6 月。幾年來，新疆上證憑着"信譽至上、服務為本、開拓進取、虛心敬業"的精神，堅持"公平、公開、公正"的原則，為投資者提供準確、快捷的信息和規範、優質服務，并繼續保持穩健的經營風格，為推動證券市場的發展，繁榮上海的經濟建設作出自己的貢獻。

業務部門面

廣州國際信托投資公司證券部

金橋業務部外景

金橋證券部大堂

證券部成立于1993年12月。主要經營:代理發行各種有價證券;自營和代理證券買賣;代理支付和代收證券本息紅利;證券鑒證;登記過户;證券代保管;證券投資咨詢;經人民銀行批準的其他的證券業務。證券部累計發行各種有價證券7億多元,在廣州證券市場中位居前列。1994年5月總代理發行廣州電力法人股,并在北京NET系統上市獲得成功,成爲廣州市第一個上市股票;1994年9月總代理發行廣州市1993年新股認購申請表再獲成功,深得社會各界的好評。證券部又是深圳證券交易所、上海證券交易所和NET系統、南方證券交易中心的會員,在廣州、上海、天津、武漢、深圳分别設有證券營業機構。

法人代表:許智

廣州東山廟前西營業部電話:87753234　87764278

五羊金橋營業部電話:87382183　87382217

濱江營業部電話:84324168　84325328

長城證券上海宣化路營業部

長城證券有限責任公司是在原深圳長城證券部與匯通國投證券部的基礎上,經中國人民銀行總行批準,于1995年11月合并成立的。匯通證券是首批上交所、深交所會員,被中誠信評爲AA級券商。1995年,在上海證交所各種證券交易總量爲1016.71億,在上交所550家會員公司中排名第16位。

長城證券上海宣化路營業部即原匯通國投上海營業部。營業面積2600平方米,員工40余人,擁有上交所7個A股席位,1個B股席位,同時還擁有1個深交所席位。營業部電腦設備先進,交易大廳面積超過1000平方米,還擁有多間設備良好的大中户室和先進的電話委托系統。開業三年來,在滬、深A股和B股的代理與自營買賣、國債承銷和投資咨詢等業務上取得了飛速發展。取得了良好的社會效益和經濟效益。

地址:上海長寧區宣化路290**號**

電話:62122072　**傳真:**62524197

郵編:200050

繁忙的交易營業廳

總經理:竺亞

第十八编

市场统计资料

760/793

证券市场行情

表 1—1 上海证券交易所 A 股行情周报表 单位:元

券种	1.6	1.13	1.20	1.27	2.10	2.17	2.24	3.3	3.10	3.17	3.24	3.31	4.7	4.14	4.21	4.28	5.5
	收盘	收盘	收盘	收盘	收盘	收盘	收盘	收盘	收盘	收盘	收盘	收盘	收盘	收盘	收盘	收盘	收盘
青岛啤酒	4.05	3.92	3.71	3.79	3.78	3.77	3.80	3.80	3.82	3.85	3.91	3.96	4.12	3.87	3.89	3.58	3.6
延中实业	9.55	9.05	8.32	8.10	7.60	7.60	7.70	8.00	8.28	8.36	8.40	8.73	8.94	8.53	8.54	7.80	7.72
真空电子	3.08	2.88	2.75	2.76	2.71	2.70	2.82	2.85	2.94	2.87	2.95	3.01	3.25	2.93	3.02	2.83	2.82
兴业房产	11.20	10.20	9.80	9.39	8.88	8.67	9.12	9.44	9.59	9.70	10.20	10.80	11.16	10.65	10.59	9.67	9.5
二纺机	5.05	4.68	4.36	4.29	4.17	4.08	4.20	4.31	4.37	4.42	4.52	4.63	4.81	4.45	4.35	4.22	4.14
轻工机械	6.53	6.05	6.09	5.95	5.65	5.43	5.65	5.83	5.86	5.90	6.09	6.26	6.30	5.91	5.88	5.29	5.20
嘉丰股份	8.10	7.51	7.10	6.88	6.50	6.21	7.20	7.50	7.60	7.77	8.00	8.42	8.46	8.00	8.00	7.26	7.30
联合实业	8.88	8.64	7.95	7.74	7.20	6.91	7.50	7.76	7.81	8.04	8.35	8.91	8.75	8.28	8.20	7.59	7.51
异型钢管	7.20	6.78	6.46	6.19	5.76	5.62	6.02	6.17	6.28	6.35	6.53	6.58	6.68	6.30	6.16	5.70	5.48
一汽金杯	1.87	1.76	1.71	1.73	1.86	1.85	1.92	1.91	1.85	1.85	1.87	1.86	2.09	1.89	1.90	1.70	1.71
中纺机	5.02	4.72	4.40	4.31	4.15	4.08	4.28	4.32	4.50	4.60	4.69	4.89	4.98	4.64	4.66	4.29	4.32
大众出租	30.13	21.47	11.59	11.74	11.65	11.60	12.20	12.42	14.86	15.54	16.90	17.85	18.80	17.90	17.90	16.70	16.53
第一铅笔	8.70	8.13	7.65	7.33	6.95	6.74	7.05	7.25	7.46	7.60	8.34	8.80	9.49	9.14	9.32	9.43	7.26
永生股份	11.20	10.55	10.38	10.44	9.98	9.84	10.03	10.65	12.45	12.51	13.20	13.83	14.50	13.30	13.50	12.96	12.76
胶带股份	8.85	8.17	8.00	7.80	7.40	7.32	8.10	8.66	8.81	9.33	9.39	9.62	9.70	9.28	9.21	8.48	8.20
丰华圆珠	8.79	8.14	7.60	7.35	6.90	6.55	6.89	7.22	7.38	7.46	8.30	8.66	9.23	8.70	8.84	8.87	7.91
第一食品	13.40	13.08	12.60	12.40	11.98	11.75	12.09	12.50	12.73	12.98	13.17	13.48	13.85	13.17	13.31	12.16	11.94
联华合纤	11.00	10.09	9.50	9.16	8.59	8.45	9.00	9.36	9.58	9.86	10.39	11.20	12.65	11.90	12.20	11.75	11.78
氯碱化工	11.18	10.30	9.48	9.20	8.60	8.35	9.25	9.55	9.70	9.86	10.18	10.35	10.68	10.11	10.00	9.00	8.63
冰箱压缩	12.50	12.00	11.78	11.32	10.41	10.10	11.31	11.80	12.08	13.17	12.89	13.57	13.60	13.90	14.41	10.32	10.25
联农股份	12.05	11.45	10.90	10.60	10.00	9.85	10.45	11.00	11.12	11.45	12.04	12.50	12.96	12.40	12.80	12.69	9.27
上海金陵	11.22	10.65	10.00	9.78	9.10	8.75	9.41	9.70	9.98	10.00	10.58	11.84	13.90	13.36	13.48	12.45	12.25
嘉宝实业	10.16	9.80	9.40	9.07	8.37	8.21	8.58	9.45	9.06	9.55	9.55	10.14	10.30	10.20	10.15	9.05	8.81
轮胎橡胶	10.45	9.70	9.10	8.81	8.25	7.90	8.38	8.69	8.81	8.97	9.26	9.56	9.98	9.45	9.40	8.59	8.15
复华实业	10.30	9.58	9.31	9.11	8.38	8.08	8.53	9.18	8.88	9.18	9.58	11.10	11.40	10.98	11.22	10.60	10.18
水仙电器	11.21	10.15	9.60	9.41	8.72	8.36	8.90	9.27	9.35	9.51	10.00	9.95	10.05	9.50	9.35	8.55	8.25
申达实业	7.10	6.71	6.35	6.29	6.00	5.83	6.33	6.52	6.48	6.68	6.75	7.08	7.17	6.77	6.95	6.41	6.43
电器股份	4.54	4.15	3.90	3.88	3.68	3.62	3.75	3.82	3.90	3.96	4.07	4.16	4.32	4.02	4.01	3.65	3.58
新世界	17.07	15.60	15.17	14.70	13.53	13.33	13.80	15.66	15.70	15.80	16.80	18.41	18.12	17.54	17.59	15.95	15.8
棱光实业	7.74	7.21	6.70	6.75	6.40	6.40	6.78	6.86	6.72	6.95	7.00	7.25	7.43	7.05	6.99	6.38	6.28
龙头股份	6.54	5.98	5.70	5.35	5.15	5.02	5.61	5.87	5.86	5.92	6.08	6.46	6.47	6.13	6.09	5.71	5.72
中百一店	10.70	10.06	9.65	9.37	9.02	8.98	9.08	9.37	9.52	9.48	9.57	10.01	10.17	9.90	9.75	8.97	9.05
华联商厦	10.53	9.90	9.38	9.18	8.70	8.68	8.80	9.00	9.10	9.20	9.14	9.43	9.55	9.18	9.08	8.60	8.40
双鹿电器	10.10	9.50	9.03	8.80	8.58	8.29	8.53	8.80	8.85	8.15	9.60	9.79	9.80	9.28	9.19	8.30	8.27
海鸟电子	9.09	8.54	7.97	7.83	7.16	7.09	7.45	7.78	7.84	7.89	8.19	8.35	8.28	7.80	7.78	7.10	6.95
浦东大众	16.00	15.30	14.00	13.85	13.10	13.08	13.28	14.10	14.70	15.42	16.05	17.00	17.50	17.00	16.70	15.30	15.72
三爱富	7.76	7.11	6.76	6.74	6.32	6.15	6.45	6.62	6.65	6.68	6.81	7.28	7.70	7.30	7.23	6.59	6.37
广电股份	4.04	3.81	3.47	3.46	3.27	3.23	3.45	3.56	3.81	3.81	3.91	3.98	4.07	3.83	3.81	3.38	3.45
黄浦房产	15.30	14.19	13.76	13.08	12.98	13.15	13.66	14.26	14.00	14.15	14.40	15.68	15.57	15.39	15.30	13.88	13.84
浦东金桥	17.92	16.60	16.09	16.01	14.83	14.49	15.26	15.70	16.65	16.69	17.72	19.61	19.81	20.10	18.70	16.77	16.70
国脉通信	15.45	14.50	14.01	14.00	13.35	13.25	13.66	14.40	16.22	15.87	15.85	16.23	16.39	15.60	15.80	14.20	13.90
众城实业	13.40	12.45	12.00	11.44	10.66	10.40	11.00	11.65	12.00	12.35	12.95	14.56	14.29	14.00	14.40	13.42	12.75
申能股份	4.11	3.84	3.72	3.74	3.74	3.74	3.93	3.95	3.93	3.94	4.10	4.09	4.26	3.90	3.96	3.62	3.53
爱建股份	11.21	10.50	10.00	9.60	9.10	8.88	9.10	9.50	9.68	9.79	10.15	10.72	11.22	10.63	10.72	9.50	9.52
乐山电力	5.25	5.04	4.73	4.60	4.50	4.44	4.60	4.73	5.05	4.98	5.20	5.41	5.70	5.69	5.48	4.96	4.87
望春花	16.20	14.10	13.80	13.19	11.98	11.82	12.58	13.74	15.37	15.30	16.70	18.15	18.33	17.90	17.15	13.38	13.00
国嘉实业	10.30	9.72	9.10	8.80	8.41	8.43	8.75	8.80	9.25	9.39	9.60	10.60	10.61	10.15	10.20	8.90	8.74
新亚快餐	10.02	9.20	8.70	8.43	7.95	7.75	8.05	8.34	8.50	8.55	8.97	9.24	9.38	8.85	8.63	7.98	7.87
外高桥	18.93	16.99	16.50	16.37	15.80	15.50	16.08	16.71	16.98	17.20	18.50	24.20	26.00	27.00	25.57	21.65	21.70
原水股份	5.16	4.79	4.48	4.45	4.22	4.16	4.28	4.34	4.57	4.70	4.99	5.03	5.21	4.80	4.80	4.48	4.42
新锦江	15.10	14.10	13.46	12.80	11.82	11.57	12.25	13.20	13.03	13.35	13.34	14.04	14.60	13.86	13.60	12.19	12.20
飞乐音响	9.26	8.45	7.80	7.75	7.38	7.25	7.34	7.58	7.70	7.78	7.90	8.83	8.91	8.60	8.70	8.14	8.21
爱使股份	9.44	8.70	8.05	7.94	7.60	7.48	7.65	7.89	7.90	8.03	8.16	8.61	8.90	8.70	9.20	8.58	8.38
申华实业	14.10	12.50	12.00	11.90	11.56	11.60	11.80	12.40	11.80	12.80	13.05	7.62	7.56	7.30	7.18	6.41	6.24
飞乐股份	7.80	7.09	6.55	6.40	6.18	6.00	6.17	6.31	6.65	6.79	6.92	7.43	7.30	6.95	6.92	6.20	0.00
豫园商城	18.28	16.86	15.75	15.30	14.80	14.85	15.39	15.96	16.08	16.25	16.68	18.80	18.95	17.53	17.55	16.08	15.80
浙江凤凰	3.62	3.34	3.11	3.12	3.06	3.04	3.10	3.15	3.23	3.31	3.36	3.46	3.52	3.38	3.47	3.19	3.13
北京天桥	4.17	3.98	3.81	3.89	3.78	3.71	3.78	3.80	4.51	4.49	4.39	4.71	4.65	4.35	4.30	3.99	3.96
北京天龙	5.24	4.95	4.76	4.78	4.60	4.56	4.62	4.72	5.41	5.35	5.34	5.58	5.58	5.22	5.16	4.80	4.70
福建福联	4.89	4.39	4.15	4.12	3.96	3.94	4.14	4.14	4.26	4.32	4.37	4.56	4.55	4.32	4.36	3.91	3.83
福建耀华	7.46	6.88	6.80	6.72	6.38	6.40	6.45	6.52	6.55	6.71	6.79	7.40	7.30	6.99	7.10	6.58	6.70
南洋实业	9.50	8.84	8.38	8.30	7.81	7.67	7.99	8.33	8.19	8.20	8.55	9.54	9.71	9.15	8.41	8.39	8.67
浦东强生	14.35	13.10	12.45	12.25	11.70	11.50	12.10	12.53	13.46	14.25	14.88	16.50	17.17	16.96	16.00	15.90	13.58
陆家嘴	20.23	18.79	17.95	17.79	16.85	16.70	17.11	17.70	18.50	18.50	18.95	21.45	22.36	22.29	21.52	19.35	19.08
哈滨药	3.19	2.99	2.87	2.91	2.88	2.81	2.84	2.89	2.91	2.92	3.00	3.03	3.13	2.95	2.97	2.75	2.73
沪昌特钢	3.00	2.76	2.59	2.60	2.54	2.51	2.57	2.59	2.59	2.63	2.71	2.74	2.90	2.65	2.68	2.46	2.51
重庆药业	8.24	7.81	7.38	7.40	6.98	6.88	7.10	7.30	7.46	7.40	7.62	7.80	7.65	7.26	7.20	6.90	6.70
无锡太极	3.17	3.05	2.70	2.64	2.63	2.53	2.57	2.74	2.79	2.99	2.97	3.00	3.27	2.88	2.91	2.69	2.69
浙江尖峰	3.29	3.04	2.87	2.91	2.91	2.91	2.96	3.00	3.02	3.08	3.17	3.25	3.52	3.81	4.30	3.79	3.28
鞍山合成	2.04	1.98	1.84	1.83	1.81	1.78	1.80	1.86	1.83	1.86	1.91	1.94	2.20	1.91	1.92	1.77	1.76
长春华联	3.07	2.93	2.84	2.84	2.73	2.77	2.86	2.90	2.80	2.86	2.90	3.00	3.05	3.03	3.00	2.77	2.68
杭州天目	4.84	4.59	4.43	4.42	4.07	3.87	3.96	4.01	4.08	4.32	4.40	4.62	4.54	4.40	4.46	4.20	4.30
四川广华	2.18	2.15	2.02	2.02	1.99	1.95	1.96	1.99	2.01	2.03	2.06	2.10	2.32	2.04	2.03	1.91	1.92
成都量具	2.83	2.68	2.61	2.56	2.48	2.45	2.47	2.49	2.63	2.67	2.71	2.73	2.74	2.63	2.68	2.30	2.48
四川峨铁	2.72	2.61	2.65	2.54	2.48	2.46	2.45	2.49	2.50	2.55	2.58	2.70	2.84	2.65	2.56	2.32	2.36
中华企业	26.20	22.69	21.50	20.58	19.40	19.20	19.85	21.79	22.00	21.50	22.08	23.68	25.80	25.80	25.45	23.45	24.15
钢运股份	12.19	11.50	10.80	10.32	9.68	9.45	10.20	10.71	10.65	10.96	11.36	12.05	12.05	11.60	11.60	10.75	10.51
浙江中汇	4.46	4.15	4.01	4.03	3.85	3.81	3.91	3.93	3.98	4.05	4.28	4.33	4.45	4.25	4.39	3.96	3.96
四川金顶	5.20	5.01	4.92	4.95	4.94	4.91	4.91	4.96	5.01	5.04	5.08	5.17	5.21	4.95	4.95	4.50	4.51

续表 1—1

单位:元单位:元

券种	1.6	1.13	1.20	1.27	2.10	2.17	2.24	3.3	3.10	3.17	3.24	3.31	4.7	4.14	4.21	4.28	5.5
	收盘	收盘	收盘	收盘	收盘	收盘	收盘	收盘	收盘	收盘	收盘	收盘	收盘	收盘	收盘	收盘	收盘
上海凤凰	8.47	8.04	7.70	7.37	6.99	6.87	7.25	7.43	7.66	7.70	7.77	7.90	8.00	7.56	7.56	6.90	6.96
邮通设备	14.90	14.10	13.40	13.49	12.90	12.70	13.30	13.85	13.90	14.35	14.35	15.12	15.19	14.16	14.48	13.24	12.73
武汉长印	4.40	4.12	3.91	3.93	3.78	3.57	3.80	3.88	3.88	3.90	4.15	4.16	4.18	3.93	3.97	3.62	3.50
南京新百	4.17	3.89	3.69	3.71	3.65	3.63	3.70	3.80	3.79	3.83	3.94	4.01	4.15	3.90	4.03	3.70	3.72
宁波华联	4.07	3.84	3.63	3.56	3.55	3.48	3.46	3.58	3.63	3.71	3.83	3.92	3.92	3.73	3.79	3.50	0.00
广州珠江	8.01	7.40	7.00	6.92	6.61	6.52	6.68	6.88	7.95	7.78	7.92	8.15	8.18	7.85	7.80	6.95	6.91
广州广船	3.05	2.90	2.72	2.80	2.78	2.75	2.82	2.85	2.86	2.88	3.03	3.03	3.39	3.01	3.03	2.78	2.74
厦门汽车	7.40	6.98	6.61	6.44	6.16	6.02	7.05	6.58	6.61	6.68	6.66	6.98	7.11	6.81	6.66	5.96	5.90
厦门国泰	8.49	7.80	7.40	7.20	7.01	6.79	7.70	7.30	7.33	7.19	7.27	7.20	7.30	7.45	7.15	6.48	6.33
上海石化	1.83	1.74	1.68	1.71	1.68	1.66	1.70	1.70	1.72	1.71	1.78	1.80	2.21	1.87	1.88	1.74	1.73
上海三毛	9.74	9.15	8.80	8.45	7.91	7.70	8.30	8.76	8.84	9.17	9.57	9.50	9.53	9.25	9.25	8.45	8.40
青岛海尔	4.84	4.54	4.31	4.37	4.26	4.23	4.34	4.39	4.84	4.87	5.29	5.20	5.15	4.77	4.92	4.41	4.48
自贡东碳	9.53	9.15	9.84	9.69	9.79	10.06	10.88	11.15	11.60	11.85	12.15	14.40	13.60	13.48	13.66	13.18	13.56
亚通股份	15.00	14.01	13.98	13.88	12.75	13.20	13.50	14.20	13.91	14.35	14.72	15.16	15.60	15.11	15.40	14.36	13.92
福州东百	6.07	5.35	5.23	4.80	4.47	4.67	5.00	5.10	5.79	5.81	6.08	6.22	6.19	5.80	5.81	5.27	0.00
大连商场	5.66	5.43	5.28	5.29	5.10	5.10	5.40	5.60	5.69	5.85	5.85	5.93	5.60	5.24	5.31	4.80	4.68
大江股份	13.35	12.57	12.00	11.55	10.99	10.63	11.40	12.41	12.15	12.55	13.00	13.27	14.17	13.95	13.91	12.20	11.90
福建豪盛	5.01	4.54	4.23	4.24	4.10	4.02	4.18	4.20	4.33	4.33	4.50	4.70	4.55	4.37	4.39	3.99	3.92
长春车百	3.54	3.23	3.06	3.11	3.05	3.00	3.06	3.15	3.20	3.30	3.35	3.46	3.58	3.50	3.57	3.38	3.38
济南轻骑	6.19	5.88	5.55	5.55	5.49	5.37	5.48	5.60	5.62	5.90	6.01	6.32	6.30	6.00	6.05	5.60	5.58
辽源得亨	3.86	3.60	3.35	3.36	3.21	3.16	3.25	3.35	3.62	3.76	3.77	3.83	4.02	3.90	4.10	3.80	3.73
天津磁卡	6.65	6.25	6.11	6.15	6.13	5.93	6.24	6.41	6.23	6.05	6.05	6.20	6.16	6.00	5.97	5.47	5.18
湖北华新	4.20	3.87	3.72	3.70	3.50	3.44	3.43	3.46	3.58	3.64	3.72	3.80	3.85	3.65	3.65	3.37	3.32
福建水泥	4.48	4.26	4.08	4.03	3.98	3.91	3.97	4.01	4.15	4.19	4.24	4.38	4.39	4.31	3.75	3.30	3.23
河北威远	3.15	2.94	2.77	2.85	2.81	2.76	2.85	3.13	3.06	3.15	3.28	3.38	3.40	3.10	3.18	2.92	2.87
成都工益	2.95	2.77	2.66	2.63	2.54	2.48	2.51	2.53	2.58	2.63	2.70	2.77	2.74	2.57	2.58	2.31	2.36
江苏悦达	8.05	7.42	6.85	6.58	6.26	6.12	6.99	7.17	8.19	8.54	8.90	9.30	9.60	9.18	8.90	8.23	8.14
昆明机床	2.55	2.40	2.27	2.27	2.22	2.20	2.23	2.24	2.25	2.29	2.35	2.36	2.55	2.31	2.29	2.14	2.13
济南百货	4.86	4.25	4.10	4.13	3.94	3.89	4.03	4.22	4.36	4.34	4.42	4.53	4.55	4.28	4.28	3.83	3.84
安徽马钢	1.74	1.67	1.62	1.60	1.58	1.58	1.59	1.60	1.58	1.59	1.64	1.63	2.08	1.75	1.76	1.65	1.62
山西汾酒	4.02	3.82	3.40	3.48	3.38	3.34	3.38	3.47	3.62	3.62	3.67	3.97	4.58	4.35	4.53	4.28	4.14
河南神马	5.42	5.09	4.90	4.85	4.72	4.61	4.75	4.93	4.85	4.92	4.90	5.14	5.10	4.80	4.86	4.53	4.42
东方集团	8.33	7.50	7.18	6.97	6.60	6.50	6.64	6.92	7.00	7.13	7.20	7.53	7.49	7.20	7.37	6.76	6.42
河北华药	2.82	2.68	2.58	2.68	2.61	2.58	2.58	2.74	2.72	2.76	2.79	2.83	2.90	2.70	2.66	2.51	2.47
鞍山一工	2.25	2.16	2.08	2.09	2.08	2.14	2.16	2.09	2.10	2.12	2.14	2.16	2.26	2.15	2.16	2.08	2.01
杭州解百	6.05	5.50	5.28	5.29	5.07	5.00	5.04	5.13	5.29	5.40	5.96	5.96	5.97	5.48	5.58	5.32	4.99
厦门厦工	4.87	4.70	4.46	4:48	4.18	4.23	4.66	4.38	4.42	4.42	4.52	4.57	4.60	4.36	4.42	3.99	3.97
鞍山信托	7.61	7.07	6.70	6.71	6.45	6.27	6.45	6.68	6.70	6.76	6.81	7.28	7.20	6.80	6.84	6.11	6.11
良华实业	11.02	10.20	9.55	9.26	9.03	8.88	9.25	9.95	10.07	10.00	10.23	12.06	13.20	12.86	12.86	11.81	11.38
上海永久	7.56	7.10	6.70	6.62	6.30	6.24	6.69	6.90	6.81	6.87	7.08	7.24	7.16	6.87	6.80	6.26	6.19
耀华玻璃	13.17	12.78	12.14	11.98	11.15	10.90	11.60	12.23	12.31	12.28	12.40	13.20	13.10	12.50	12.51	11.25	11.50
隧道股份	17.35	16.48	15.85	15.40	14.10	13.68	14.90	16.60	16.63	16.85	17.45	18.40	18.50	18.36	18.30	16.70	16.25
天津劝业	3.95	3.85	3.65	3.66	3.65	3.57	3.71	3.78	3.95	3.89	3.96	3.95	3.90	3.68	3.86	3.73	3.60
物贸中心	12.93	12.68	11.90	11.50	10.90	10.51	11.40	12.06	11.80	12.33	12.59	13.18	13.30	12.73	12.78	11.49	11.20
万象集团	13.85	13.21	12.70	12.21	11.20	10.99	12.95	13.30	12.92	13.60	14.20	15.15	15.80	16.30	17.35	15.16	14.80
益民百货	13.14	12.55	11.98	11.79	11.20	11.00	11.85	12.60	12.20	12.70	13.07	14.00	14.32	14.35	14.25	13.08	12.84
时装股份	13.06	12.35	11.80	11.49	10.55	10.40	11.58	12.30	12.00	12.48	13.00	12.95	12.85	13.23	13.21	11.92	11.95
兰生股份	11.04	10.38	9.90	9.60	8.88	8.84	9.56	10.00	9.60	9.68	10.04	10.50	10.40	10.16	9.90	8.98	8.60
友谊华侨	11.95	11.15	10.42	10.36	9.66	9.48	10.38	11.15	11.08	11.32	11.10	12.30	12.28	12.00	12.10	11.10	11.20
成都商场	5.78	5.66	5.44	5.65	5.50	5.48	5.59	5.70	5.59	5.68	5.76	5.80	6.07	5.76	5.50	5.23	5.68
哈天鹅	5.40	5.05	4.74	4.78	4.60	4.57	4.63	4.85	4.93	5.03	5.23	5.38	5.44	5.15	5.18	4.74	4.70
甬城隍庙	7.97	7.27	7.35	7.46	7.15	7.09	7.68	8.56	8.58	8.95	9.16	9.92	10.23	9.77	10.31	9.91	9.94
西安黄河	4.28	4.12	4.02	4.05	3.99	3.97	3.98	4.02	4.64	4.47	4.55	4.63	4.86	4.56	4.51	3.95	3.92
东方明珠	19.69	18.20	17.30	17.12	16.75	16.86	17.79	18.18	17.78	17.70	18.00	22.00	22.90	22.28	21.22	19.00	19.20
商业网点	13.70	12.90	12.15	11.90	11.24	11.04	11.66	12.45	12.40	12.68	13.20	14.00	15.20	14.77	14.76	13.50	13.68
凌桥股份	21.80	19.10	18.10	17.27	15.90	15.45	17.25	18.46	18.55	18.75	19.24	21.30	22.00	21.70	20.82	18.56	19.40
上菱电器	12.63	11.65	11.09	10.53	9.80	9.60	10.50	11.10	11.53	12.00	12.34	12.51	12.48	12.00	11.70	10.70	10.46
界龙实业	17.22	15.98	15.65	15.30	14.05	13.68	15.70	15.80	15.80	16.50	17.10	18.48	18.70	18.87	18.87	17.28	17.23
农垦商社	11.80	11.06	10.65	10.38	10.00	9.83	10.80	11.85	11.45	11.95	12.62	13.39	13.51	13.02	12.97	12.28	12.16
第九百货	11.01	10.30	9.85	9.50	8.88	8.70	9.65	10.40	10.14	10.41	10.02	11.46	11.63	11.55	12.34	11.28	11.20
四川长虹	11.40	11.10	10.85	11.42	11.30	11.05	11.30	11.70	12.25	12.88	13.05	12.60	12.62	12.24	12.73	11.46	11.19
绍兴百大	4.81	4.39	4.15	4.11	4.00	3.93	4.06	4.18	4.22	4.41	4.68	4.97	4.88	4.58	4.68	4.41	4.35
上柴股份	13.01	12.46	11.70	11.41	10.66	10.28	11.07	11.99	11.99	12.42	12.36	12.87	13.00	12.40	12.19	11.09	10.56
中西药业	10.82	10.16	9.90	9.66	8.90	8.70	9.35	9.81	9.86	9.97	10.91	11.40	11.70	10.60	10.51	9.54	9.68
工缝股份	10.84	10.06	9.70	9.43	8.66	8.37	9.28	9.95	9.91	10.08	10.38	10.28	10.32	9.95	9.88	8.70	8.50
英雄股份	11.06	10.44	9.80	9.58	8.85	8.65	9.45	10.20	10.17	10.37	11.40	11.88	12.14	12.24	12.50	12.25	12.20
钢管股份	10.95	10.23	9.80	9.50	8.83	8.60	10.00	10.40	10.30	10.50	11.18	11.86	11.20	10.56	10.60	9.57	9.20
同济科技	12.54	12.18	11.81	11.45	11.01	11.39	12.40	13.30	13.18	14.25	15.50	16.59	17.20	17.35	17.90	16.00	15.80
重庆万里	6.67	6.25	5.96	6.05	5.90	5.76	5.85	5.95	6.12	6.19	6.30	6.58	6.53	6.33	6.98	6.32	6.30
自仪股份	9.28	8.85	8.40	8.10	7.58	7.32	7.99	8.46	8.55	8.70	9.00	9.27	9.26	8.90	8.90	8.07	7.93
四药股份	11.03	10.10	9.59	9.38	9.22	9.10	9.72	10.22	11.20	11.30	10.97	13.70	13.34	12.40	12.12	10.81	10.50
华东电脑	10.00	9.21	8.98	8.75	8.22	8.03	9.04	9.42	9.26	9.50	9.96	10.99	11.16	9.89	10.00	9.05	9.00
海欣股份	14.77	13.75	13.00	12.80	11.79	12.00	12.75	13.40	13.05	13.59	14.60	15.09	15.40	14.74	14.60	13.28	13.30
中川国际	10.60	10.05	9.81	9.45	9.02	9.00	9.38	9.65	9.67	9.89	10.31	11.40	11.30	10.62	10.82	9.98	9.82
北满特钢	3.28	3.10	2.99	2.91	2.83	2.76	2.81	2.84	2.99	2.92	3.05	3.08	3.19	2.92	2.94	2.39	2.40

续表 1—1

单位:元

券种	1.6	1.13	1.20	1.27	2.10	2.17	2.24	3.3	3.10	3.17	3.24	3.31	4.7	4.14	4.21	4.28	5.5
	收盘	收盘	收盘	收盘	收盘	收盘	收盘	收盘	收盘	收盘	收盘	收盘	收盘	收盘	收盘	收盘	收盘
江苏春兰	14.30	13.70	13.21	13.14	12.87	12.66	12.90	14.30	14.33	14.24	14.30	14.59	14.91	14.60	14.87	11.78	11.80
北京北旅	3.11	2.90	2.74	2.78	2.72	2.66	2.71	2.73	2.80	2.80	2.83	2.94	3.18	2.87	2.87	2.67	2.65
长春百货	3.31	3.08	3.00	3.00	2.95	2.93	2.95	3.04	3.72	3.70	3.66	3.70	3.79	3.59	3.73	3.40	3.34
宁波中百	6.95	6.55	6.15	6.10	5.90	5.83	5.97	6.25	6.99	7.72	7.88	8.70	9.40	8.95	9.07	9.00	10.19
山东渤海	7.88	6.56	6.02	5.88	5.85	5.65	5.89	6.00	6.53	6.58	7.08	7.42	7.40	6.83	6.80	6.25	6.28
王府井	7.09	6.70	6.51	6.59	6.40	6.28	6.27	6.40	6.55	6.66	6.70	6.85	6.83	6.65	6.70	6.15	6.02
北人股份	3.88	3.61	3.50	3.51	3.40	3.41	3.47	3.45	3.50	3.54	3.55	3.69	3.75	3.41	3.50	3.30	3.21
北京城乡	5.30	5.00	4.90	5.01	4.82	4.87	4.80	4.89	4.94	4.99	5.05	5.20	5.25	4.97	5.00	4.71	4.61
南通机床	5.20	4.97	4.70	4.64	4.41	4.27	4.55	4.69	4.70	4.61	4.55	4.85	5.12	4.88	4.81	4.22	4.31
内蒙华电	4.27	4.04	3.88	3.94	3.74	3.79	3.88	3.94	4.05	4.08	4.75	4.68	4.86	4.54	4.49	4.01	3.95
哈岁宝	6.34	6.25	5.90	6.10	6.10	6.00	6.48	6.60	6.92	7.15	7.30	7.34	7.30	6.91	6.94	6.28	6.27
杭百集团	6.45	5.80	5.60	5.65	5.42	5.29	5.42	5.52	5.58	5.70	6.11	6.35	6.33	6.07	6.21	5.70	5.74
广东星湖	8.75	8.63	8.90	8.37	8.05	7.79	7.70	7.89	8.20	8.29	8.65	9.01	8.89	8.68	8.68	8.00	6.68
通化东宝	11.74	11.06	10.40	10.08	9.10	8.74	8.68	8.85	9.46	9.60	9.93	10.16	10.36	10.19	10.20	9.78	7.00
广东梅雁	11.25	10.33	10.00	9.78	9.18	9.28	9.58	9.87	10.43	12.11	13.45	9.05	9.42	8.92	8.80	7.88	7.64
青海三普					7.67	7.49	9.05	8.75	8.58	8.50	8.74	8.79	10.46	10.08	10.22	9.19	9.02
厦门厦华								13.89	13.04	12.75	12.95	13.25	13.96	13.09	13.08	11.90	12.12
仪征化纤														3.08	3.08	2.83	2.72
中山火炬					9.79	9.48	10.28	12.20	12.35	12.40	12.82	13.44	14.50	13.88	14.05	12.76	13.25
西藏明珠						5.95	8.38	8.90	9.81	9.72	10.38	10.20	12.63	12.80	13.53	12.48	12.39

表 1—2　上海证券交易所 A 股行情周报表

单位:元

券种	5.12	5.19	5.26	6.2	6.9	6.16	6.23	6.30	7.7	7.14	7.21	7.28	8.4	8.11	8.18	8.25	9.1
	收盘	收盘	收盘	收盘	收盘	收盘	收盘	收盘	收盘	收盘	收盘	收盘	收盘	收盘	收盘	收盘	收盘
青岛啤酒	3.55	4.80	4.02	4.05	3.94	3.77	3.65	3.60	3.80	3.73	3.95	4.00	4.05	4.50	4.68	4.27	4.45
延中实业	7.73	12.66	8.88	8.62	8.48	7.77	7.76	7.50	7.99	7.77	7.91	7.90	8.20	8.95	8.53	8.04	8.10
真空电子	2.85	4.08	3.93	3.01	2.99	2.79	2.79	2.73	3.62	2.79	3.17	3.38	3.36	3.99	4.45	3.94	4.24
兴业房产	9.76	14.48	12.7	12.46	12.51	11.39	11.36	11.20	9.32	9.18	9.21	9.20	9.98	9.68	9.82	9.35	9.16
二纺机	4.18	5.96	5.00	4.86	4.71	4.32	4.29	4.36	4.08	4.01	4.15	4.75	4.48	4.90	4.71	4.44	4.38
轻工机械	5.32	8.00	6.50	6.22	6.15	5.50	5.60	5.29	5.60	5.37	5.46	5.69	5.70	5.81	5.95	5.81	5.66
嘉丰股份	7.55	10.70	8.90	8.58	8.40	7.60	7.63	7.30	7.60	7.27	7.30	7.37	7.36	7.40	7.51	7.18	7.03
联合实业	7.69	11.10	9.40	8.98	8.80	7.92	7.94	7.60	8.08	7.94	8.00	7.91	8.20	8.79	7.90	7.32	7.23
异型钢管	5.58	8.25	7.30	7.10	6.91	6.20	6.22	5.92	6.26	6.03	6.20	6.30	6.33	6.50	7.24	6.68	6.67
一汽金杯	1.70	2.21	1.91	1.84	1.82	1.74	1.76	1.72	1.75	1.77	2.08	2.71	2.68	3.40	3.36	2.96	2.97
中纺机	4.30	6.20	5.34	5.11	5.00	4.55	4.52	4.39	4.58	4.42	4.67	5.12	4.75	3.06	4.97	4.69	4.66
大众出租	17.03	25.08	20.70	20.20	19.55	18.30	18.22	17.60	18.70	17.91	17.90	17.80	18.12	18.08	17.85	17.55	17.15
第一铅笔	7.50	11.70	10.00	9.69	9.30	8.40	8.25	7.98	8.40	8.06	8.41	8.37	8.54	8.62	8.71	8.36	8.25
永生股份	14.51	19.00	14.86	14.17	13.80	12.60	12.55	12.10	12.44	12.13	12.24	12.20	12.41	12.30	12.30	11.90	11.51
胶带股份	8.35	12.00	10.35	10.08	9.65	8.75	8.75	8.32	8.60	8.28	8.52	8.60	8.67	8.74	9.35	8.58	8.54
丰华园珠	7.90	12.00	10.00	10.09	9.82	8.67	8.68	8.07	8.34	8.13	8.38	8.37	8.54	8.63	8.81	8.35	8.28
第一食品	12.90	15.50	12.91	12.54	12.20	11.02	11.15	10.75	11.14	10.82	12.17	11.90	11.85	11.85	11.80	11.20	11.16
联华合纤	11.51	15.80	15.20	12.28	11.85	10.31	10.30	9.95	10.79	10.11	10.50	10.45	10.68	10.55	10.68	10.10	10.06
氯碱化工	9.04	13.35	11.15	10.77	10.41	9.41	9.49	9.18	9.50	9.20	9.80	9.67	10.05	10.00	11.11	10.48	10.23
冰箱压缩	10.44	15.28	12.91	12.68	12.30	11.10	11.00	10.67	11.00	10.75	10.99	10.99	11.18	11.30	11.66	11.00	11.55
联农股份	9.50	15.20	12.81	12.65	12.84	11.90	12.00	11.39	11.89	11.60	11.82	11.59	11.76	11.70	11.78	10.90	11.10
上海金陵	12.50	18.00	15.20	15.23	14.90	13.29	13.51	13.28	14.54	14.66	14.40	14.32	14.75	14.42	14.50	14.25	14.26
嘉宝实业	8.98	13.50	12.30	12.23	11.81	10.50	10.55	10.05	10.80	11.50	11.23	11.18	11.50	11.50	11.68	11.48	11.33
轮胎橡胶	8.35	12.30	10.28	10.00	9.70	8.65	8.58	8.32	8.60	8.25	8.80	8.68	9.24	9.28	9.60	8.86	8.88
复华实业	10.30	15.30	14.61	14.85	14.49	12.80	13.25	13.14	14.90	9.51	9.74	9.81	10.09	10.08	10.45	10.00	9.86
水仙电器	8.48	13.30	10.90	10.56	10.18	9.20	9.21	8.89	9.25	8.91	9.12	9.10	9.30	9.32	9.44	8.88	8.80
申达实业	6.80	9.75	7.75	7.95	7.53	6.88	6.89	7.00	7.05	6.90	6.99	7.17	7.05	7.08	7.28	6.90	6.80
电器股份	3.60	5.45	4.58	4.37	4.24	3.90	3.90	3.82	4.01	3.89	4.20	4.54	4.42	4.86	4.73	4.37	4.39
新世界	10.19	23.24	18.63	19.05	18.85	17.21	18.25	15.45	16.30	15.79	16.59	16.74	16.84	16.78	14.87	14.08	14.15
棱光实业	6.30	8.60	9.41	8.82	8.70	8.10	8.62	7.57	8.28	8.00	8.05	8.03	8.13	8.39	8.30	8.00	7.49
龙头股份	5.85	8.25	6.70	6.70	6.50	5.93	5.83	5.67	5.76	5.81	5.85	6.04	5.97	6.07	6.35	6.00	5.88
中百一店	9.15	13.15	12.00	11.90	9.99	9.14	9.40	8.78	9.47	8.95	9.20	9.55	9.78	9.80	10.05	9.78	9.70
华联商厦	8.46	12.58	10.75	10.62	10.29	9.22	9.18	8.79	9.47	8.95	9.20	9.28	9.55	9.45	9.72	9.32	9.25
双鹿电器	8.33	12.70	10.25	10.10	10.17	9.06	8.90	8.60	9.08	8.80	9.20	9.10	9.24	9.26	9.28	8.87	8.75
海鸟电子	7.13	11.01	10.00	9.78	9.42	8.40	8.40	8.02	8.46	8.13	8.40	8.38	8.59	8.73	8.85	8.46	8.31
浦东大众	15.98	23.95	20.35	20.48	19.99	17.40	17.83	18.67	20.88	15.45	15.70	15.41	15.68	15.50	15.70	15.18	14.80
三爱富	6.50	10.05	8.60	8.70	8.50	7.70	7.90	7.46	7.65	7.45	7.57	7.70	7.86	8.06	8.13	7.79	7.78
广电股份	3.55	5.08	4.50	4.26	4.16	3.82	3.83	3.75	3.96	3.82	4.16	5.20	5.48	6.89	6.89	6.98	7.28
黄浦房产	14.14	19.70	16.79	17.25	16.60	15.30	15.70	15.20	16.25	16.00	15.92	15.92	16.67	16.74	16.80	17.00	16.90
浦东金桥	17.18	22.99	20.26	20.00	19.21	17.70	17.80	17.14	18.10	17.40	17.80	17.65	18.18	18.09	17.52	17.00	17.05
国脉实业	14.30	19.95	16.40	16.19	15.45	14.27	14.40	14.10	14.80	14.40	14.62	14.70	15.32	15.30	15.43	14.98	14.73
众城实业	13.05	19.30	15.91	15.80	15.25	13.84	13.92	14.32	14.56	14.49	14.50	14.46	14.65	14.15	14.27	14.11	14.00
申能股份	3.47	5.00	4.10	4.00	4.00	3.83	3.86	3.80	3.90	3.82	4.02	4.28	4.29	5.50	5.20	5.72	5.51
爱建股份	9.70	16.30	13.10	13.40	12.98	11.56	11.35	10.90	11.60	11.21	10.72	10.35	10.62	10.53	11.34	10.67	11.38
乐山电力	5.00	7.10	5.80	5.80	5.76	5.26	5.58	5.74	6.45	6.05	6.08	6.35	6.26	6.49	6.60	6.38	6.42
望春花	13.58	19.30	15.65	15.48	14.95	14.11	14.15	13.69	14.20	13.80	14.15	14.15	14.23	14.10	14.15	13.75	13.45
国嘉实业	9.10	13.20	11.20	11.58	11.30	10.50	10.51	9.52	9.80	9.40	9.40	9.40	9.60	9.77	9.70	9.14	9.17
新亚快餐	8.15	12.99	10.53	10.25	10.01	9.10	9.05	8.85	9.50	9.20	9.80	9.64	9.65	9.55	9.70	9.37	8.95
外高桥	23.00	32.98	26.92	26.39	25.50	23.08	22.90	22.19	23.20	22.75	27.50	25.79	25.75	25.61	24.99	23.50	22.66
原水股份	4.46	6.39	5.30	5.07	5.04	4.70	4.70	4.51	4.69	4.55	4.70	4.89	4.91	5.35	5.18	5.18	5.15
新锦江	12.25	24.00	17.40	17.19	16.55	15.20	15.11	14.49	15.25	14.65	15.10	14.90	15.29	15.30	15.46	14.70	14.00
飞乐音响	8.41	10.43	8.93	8.87	8.56	7.83	7.85	7.53	7.79	7.48	7.74	7.77	7.80	8.00	8.10	7.65	7.58
爱使股份	8.75	10.80	9.65	9.20	8.90	8.06	8.08	7.80	8.07	7.80	8.00	7.78	8.13	8.24	8.42	8.20	8.07
申华实业	6.37	10.49	8.99	8.60	8.35	7.51	7.50	7.16	7.47	7.13	7.29	7.42	7.54	7.80	8.00	7.70	7.56
飞乐股份	6.30	9.90	8.19	7.92	7.86	7.41	7.07	6.74	7.25	6.85	7.06	7.16	7.29	7.30	7.70	7.22	7.08
豫园商城	16.18	24.20	18.95	18.51	18.23	16.83	16.80	16.55	17.03	16.45	16.70	16.55	16.70	16.76	16.72	16.25	16.25
浙江凤凰	3.18	4.02	5.40	5.10	5.08	4.64	4.70	4.68	4.96	4.69	4.75	4.88	5.17	5.45	5.28	4.79	4.78
北京天桥	4.00	6.10	4.95	5.75	6.09	6.08	6.57	6.78	7.55	7.30	6.74	6.80	6.70	6.60	6.58	6.25	6.17
北京天龙	4.76	7.00	5.90	6.01	6.00	5.32	5.82	5.57	6.29	5.86	5.73	5.72	5.80	5.93	6.13	5.97	6.08
福建福联	3.88	6.23	5.68	5.58	5.50	4.90	4.95	4.66	5.08	5.00	5.40	5.50	5.52	5.73	5.65	5.12	5.20
福建耀华	6.80	14.01	9.08	8.90	8.82	8.09	8.29	7.95	8.52	8.19	8.37	8.29	8.26	8.30	8.67	8.08	8.33
南洋实业	9.14	13.20	11.00	12.60	11.85	10.55	10.44	10.21	11.10	10.55	11.10	10.82	11.05	10.90	11.00	10.65	10.40
浦东强生	14.16	22.50	18.58	18.35	17.55	16.00	15.90	15.40	17.00	16.30	16.00	16.10	16.60	16.40	16.40	15.55	15.54
陆家嘴	19.45	30.45	25.30	24.62	23.51	21.70	21.78	20.70	22.30	21.31	21.90	21.35	21.90	22.00	21.50	21.00	20.80
哈滨药	2.70	3.75	3.34	3.18	3.16	2.92	3.02	2.95	3.07	3.02	3.14	3.30	3.30	3.79	3.84	3.72	3.79
沪昌特钢	2.55	3.80	3.20	2.98	3.02	2.73	2.78	2.69	2.84	2.81	2.99	3.18	3.22	3.61	3.72	3.31	3.51
重庆药业	6.80	9.50	8.18	7.98	7.92	7.26	7.32	7.15	7.36	7.20	7.25	7.50	7.36	7.48	7.78	7.19	7.14
无锡太极	2.75	3.90	3.10	3.05	3.15	2.82	2.87	2.81	2.95	3.08	3.15	3.22	3.22	3.58	3.81	3.52	3.59
浙江尖峰	3.40	5.30	5.95	5.75	5.33	4.65	4.69	4.38	4.72	4.51	4.70	4.85	4.67	5.37	5.00	4.77	5.10
鞍山合成	1.84	2.42	2.15	2.05	2.12	1.94	2.04	1.97	2.05	2.36	2.80	3.03	3.08	3.82	3.99	3.20	3.63
长春华联	2.69	3.80	3.15	3.00	3.05	2.73	2.99	2.80	2.92	2.98	3.11	3.14	3.17	3.48	3.75	3.31	3.42
杭州天目	4.26	6.22	5.45	5.47	5.34	4.75	4.89	4.90	4.98	4.91	5.08	5.05	5.09	6.90	7.25	6.99	7.24
四川广华	1.91	2.66	2.41	2.52	2.66	2.37	2.68	2.73	2.80	3.16	3.97	4.42	4.15	6.55	8.15	5.42	6.14
成都量具	2.52	3.30	2.95	2.83	3.60	3.47	3.53	3.77	4.09	3.95	3.89	3.92	3.88	4.14	4.54	3.86	3.96
四川峨铁	2.35	3.25	2.76	2.64	2.82	2.49	2.68	2.75	2.83	2.88	3.18	3.25	3.22	3.64	4.12	3.35	3.57
中华企业	4.30	31.40	28.11	29.00	27.74	25.10	26.00	26.00	26.20	26.21	26.00	25.59	26.50	25.80	26.38	26.20	26.40
钢运股份	10.60	18.65	12.90	12.91	12.50	11.49	11.45	11.50	11.60	11.20	11.40	11.38	11.55	11.50	11.55	11.15	10.11
浙江中汇	4.00	6.05	5.25	5.30	5.44	4.84	4.90	4.77	5.17	5.08	5.12	5.16	5.25	5.80	6.04	6.20	6.35
四川金顶	4.65	6.10	5.08	4.99	5.02	4.68	4.77	4.72	4.85	5.04	5.11	5.59	5.34	5.76	6.10	5.67	5.92

续表 1—2

单位：元

券种	5.12	5.19	5.26	6.2	6.9	6.16	6.23	6.30	7.7	7.14	7.21	7.28	8.4	8.11	8.18	8.25	9.1
	收盘	收盘	收盘	收盘	收盘	收盘	收盘	收盘	收盘	收盘	收盘	收盘	收盘	收盘	收盘	收盘	收盘
上海凤凰	7.31	11.05	8.91	8.70	8.48	7.69	7.70	7.45	7.80	7.46	8.15	7.90	8.01	8.00	8.12	7.71	7.55
邮通设备	13.20	19.85	17.00	16.40	16.18	15.09	15.30	14.80	15.95	15.45	15.40	15.30	15.20	15.23	15.20	14.84	14.30
武汉长印	3.65	5.48	4.66	4.65	4.75	3.87	4.07	3.89	4.41	4.20	4.22	4.42	4.46	4.85	5.12	4.73	4.84
南京新百	3.74	5.28	4.60	4.55	4.48	4.08	4.11	3.97	4.20	4.25	4.19	4.31	4.34	4.60	4.80	4.60	4.65
宁波华联	3.56	5.25	4.70	4.50	4.45	4.09	4.08	3.92	4.18	4.06	4.09	4.17	4.33	4.54	5.03	5.13	5.20
广州珠江	7.00	11.26	9.25	9.08	8.91	7.99	8.08	7.78	8.45	8.74	7.30	7.35	7.80	7.82	8.12	7.83	7.70
广州广船	2.82	3.98	3.22	3.09	3.05	2.92	2.96	2.95	3.03	3.02	3.66	3.61	3.69	3.87	4.07	3.76	3.88
厦门汽车	6.02	8.50	7.30	7.20	7.00	6.40	6.48	6.20	6.38	6.25	6.50	6.57	6.55	7.40	7.10	6.66	6.86
厦门国泰	6.50	9.00	7.35	8.53	7.54	6.80	7.24	7.00	7.27	7.12	7.20	7.20	7.20	7.70	7.20	7.05	7.28
上海石化	1.74	2.43	2.05	2.00	1.99	1.98	2.00	1.98	2.02	2.05	2.18	2.22	2.34	2.62	2.67	2.67	2.75
上海三毛	8.64	12.35	10.30	10.43	10.06	9.16	9.08	8.80	9.20	8.91	9.20	9.10	9.18	9.28	9.50	8.98	8.90
青岛海尔	4.50	6.48	5.40	5.31	5.30	4.93	4.95	4.76	5.28	4.69	4.90	5.00	5.48	5.95	5.68	5.34	5.58
自贡东碳	13.70	16.40	12.50	11.74	11.29	9.98	9.93	9.43	9.97	9.55	9.60	9.51	9.69	9.58	9.83	8.92	8.90
亚通股份	15.18	20.00	16.60	16.98	16.99	15.50	15.78	15.38	16.30	16.00	15.88	15.66	16.60	15.90	15.93	15.51	15.08
福州东百	5.34	9.00	8.05	7.99	7.60	6.72	6.64	6.28	6.99	6.59	6.70	6.70	6.85	6.86	6.83	6.60	6.53
大连商场	4.75	6.60	6.08	5.70	5.56	5.10	5.09	4.99	5.14	5.08	5.10	5.20	5.35	5.78	5.56	5.50	5.72
大江股份	12.30	17.08	17.80	13.83	13.29	12.15	12.20	11.60	12.05	11.85	12.08	11.95	12.17	12.09	12.37	11.99	11.50
福建豪盛	4.05	6.45	5.90	5.72	5.60	4.98	5.23	4.26	4.43	4.32	4.59	4.70	4.74	5.16	5.60	5.30	5.24
长春车百	3.38	4.98	5.01	4.82	4.59	4.27	4.08	3.88	4.18	3.92	4.00	4.29	4.36	4.48	4.46	4.13	4.30
济南轻骑	5.66	8.05	8.30	8.50	8.80	5.86	5.55	5.25	5.47	5.28	5.32	5.39	5.68	6.20	5.97	5.54	5.58
辽源得亨	3.83	6.05	8.00	7.32	6.25	5.38	5.47	5.02	5.30	4.96	5.25	5.25	5.33	5.85	6.31	4.83	5.14
天津磁卡	5.25	7.20	6.25	6.18	6.35	6.02	6.35	6.65	6.48	6.30	6.48	6.44	6.45	6.57	6.80	6.32	6.30
湖北华新	3.33	5.40	5.20	4.81	5.02	4.45	4.53	4.35	5.10	5.26	5.31	5.59	5.87	6.41	7.62	7.31	7.29
福建水泥	3.21	4.69	4.00	3.96	3.98	3.59	3.62	3.49	3.73	3.82	3.93	4.11	4.11	4.54	4.58	4.27	4.50
河北威远	2.88	4.13	3.70	3.40	3.50	3.24	3.34	3.30	3.42	3.36	3.49	3.86	3.86	4.15	5.08	5.67	5.82
成都工益	2.33	3.10	2.70	2.68	2.81	2.56	2.71	2.93	2.98	2.94	3.12	3.13	3.12	3.54	4.65	3.75	3.96
江苏悦达	8.30	15.08	13.15	12.74	12.50	11.66	11.60	11.32	12.26	11.86	11.97	11.90	12.29	12.30	12.40	11.80	11.49
昆明机床	2.13	3.11	2.70	2.60	2.67	2.43	2.63	2.70	2.92	3.12	3.26	3.25	3.30	3.68	4.13	3.68	3.95
济南百货	3.86	6.10	4.95	4.83	5.15	4.48	4.50	4.38	4.67	4.63	4.80	4.78	4.99	5.08	5.20	4.84	4.65
安徽马钢	1.63	2.32	1.98	1.88	1.88	1.80	1.82	1.78	1.76	1.76	2.01	2.10	2.16	2.37	2.33	2.15	2.20
山西汾酒	4.28	6.31	5.80	6.38	6.10	5.32	6.00	5.13	5.50	4.83	4.79	4.69	4.85	4.97	7.58	6.60	8.50
河南神马	4.47	6.70	6.09	5.91	5.90	5.53	5.60	5.35	5.94	5.60	5.70	5.72	5.70	6.99	7.50	6.43	6.92
东方集团	6.73	9.20	10.50	6.59	6.27	5.53	5.48	5.32	6.69	5.85	5.79	5.86	5.99	6.17	6.40	5.90	5.87
河北华药	2.48	3.44	2.85	2.79	2.88	2.64	2.69	2.54	2.32	2.27	2.51	2.63	2.67	3.27	3.60	3.24	3.45
鞍山一工	2.03	2.70	2.42	2.27	2.45	2.20	2.28	2.19	2.41	2.64	3.07	3.10	3.16	5.15	5.86	3.72	4.28
杭州解百	4.91	7.15	6.82	6.62	6.60	5.82	5.79	5.58	5.89	5.70	5.88	5.81	5.03	6.26	6.19	6.04	6.05
厦门厦工	4.02	6.03	5.06	5.14	5.07	4.61	4.61	4.48	4.66	4.96	4.23	4.39	4.35	5.58	5.20	4.95	5.10
鞍山信托	6.20	9.40	8.00	7.70	7.33	6.75	6.92	6.53	6.92	6.76	7.16	7.44	7.32	7.49	9.30	8.15	8.19
良华实业	11.45	16.25	13.28	13.27	12.83	11.65	11.90	11.45	12.40	12.25	12.25	12.26	12.37	12.17	12.45	10.60	10.26
上海永久	6.30	9.60	7.90	7.76	7.45	6.77	6.88	6.85	7.38	7.03	7.20	7.23	7.33	7.38	7.55	7.21	7.15
耀皮玻璃	11.30	17.08	13.88	13.40	13.00	12.05	12.00	11.50	12.15	11.85	12.49	12.23	12.80	12.99	12.95	12.50	12.38
隧道股份	16.55	25.25	20.30	19.70	18.92	17.38	17.79	17.38	18.50	18.02	18.03	17.53	18.45	18.70	18.49	18.30	18.10
天津劝业	3.68	5.10	4.70	4.60	4.76	4.28	4.38	4.30	4.45	4.22	4.29	4.64	4.50	4.68	4.82	4.55	4.63
物贸中心	11.46	16.60	13.55	13.41	13.20	12.09	12.00	11.65	12.15	11.87	12.01	11.98	12.29	12.20	12.27	12.28	11.40
万象集团	15.05	21.50	18.75	18.92	19.03	17.05	17.38	17.48	18.80	18.39	19.20	19.88	13.34	13.17	12.98	12.65	11.95
益民百货	12.95	18.90	15.95	16.05	15.80	14.16	14.40	14.17	14.85	14.83	14.88	14.95	15.45	15.20	15.30	15.00	14.89
时装股份	12.26	18.50	15.94	15.35	14.56	13.00	13.30	12.95	13.82	13.38	13.00	13.21	13.51	13.45	13.50	13.27	13.18
兰生股份	8.63	13.30	10.85	10.80	10.31	9.30	9.28	8.90	9.36	9.20	9.32	9.30	9.46	9.52	9.78	9.45	9.38
友谊华侨	11.80	15.05	13.00	12.65	12.68	11.20	11.22	10.74	11.35	11.00	11.00	11.15	11.20	11.26	11.30	10.90	10.75
成都商场	5.59	7.77	6.50	6.40	6.45	5.87	5.90	6.36	6.61	6.50	6.42	6.59	6.80	6.85	6.79	6.35	6.40
哈天鹅	4.84	7.55	6.80	5.69	5.55	5.08	5.08	4.88	5.35	5.16	5.19	5.32	5.33	5.50	5.85	5.17	5.25
甬城隍庙	10.00	14.30	13.20	13.35	13.08	11.60	12.68	11.10	8.28	7.84	7.86	8.13	8.58	8.60	8.68	8.30	8.14
西安黄河	3.85	5.40	4.88	4.60	4.53	4.15	4.23	4.11	4.26	4.15	4.30	4.25	4.35	4.73	5.50	4.36	4.28
东方明珠	19.75	29.50	23.40	23.50	23.20	20.90	20.90	20.19	21.30	20.47	20.90	20.50	20.91	20.80	20.73	20.12	19.40
商业网点	13.93	20.30	17.00	15.10	14.70	13.51	13.40	12.97	13.65	13.00	13.18	13.10	13.40	13.25	13.55	13.18	12.98
凌桥股份	18.71	25.62	20.30	20.00	19.78	17.91	18.10	17.36	18.18	17.65	17.78	17.40	17.95	17.86	17.75	17.35	16.74
上菱电器	10.92	16.50	13.30	13.10	12.70	11.50	11.40	11.05	11.60	11.30	11.54	11.45	11.73	12.09	12.51	13.00	12.66
界龙实业	18.20	24.60	21.85	21.45	21.14	18.70	19.15	18.65	21.60	21.20	20.91	20.50	20.83	20.41	20.35	19.83	19.78
农垦商社	12.38	17.40	17.86	18.50	14.25	12.86	12.88	13.29	14.45	14.18	14.10	13.50	13.45	13.23	13.10	12.62	12.13
第九百货	11.28	18.50	14.80	14.85	14.38	12.65	13.02	12.69	13.88	13.30	13.58	13.60	14.20	14.09	14.95	14.73	15.05
四川长虹	11.22	15.60	12.15	12.40	12.34	11.47	11.80	11.45	11.70	11.78	12.91	13.37	14.57	14.62	10.96	9.70	9.70
绍兴百大	4.69	6.80	6.00	5.70	5.65	4.85	4.76	4.52	4.88	4.74	4.76	4.89	5.02	5.28	5.08	4.82	4.76
上柴股份	10.85	16.20	13.15	12.85	12.53	11.30	11.30	11.03	11.63	11.30	11.74	11.58	11.70	11.82	12.05	11.42	11.32
中西药业	9.85	13.30	11.80	11.58	11.31	10.30	10.10	9.83	10.38	10.00	10.50	10.40	10.60	10.70	10.64	10.28	10.10
工缝股份	9.20	13.60	11.40	11.66	11.65	10.39	10.20	10.22	10.92	10.52	11.80	12.41	12.35	12.81	15.40	15.20	14.71
英雄股份	9.31	14.58	12.20	12.00	11.80	10.85	10.80	10.16	10.70	10.28	10.67	10.65	10.71	10.68	10.77	10.40	10.16
钢管股份	9.50	15.00	11.80	11.83	11.41	10.35	10.25	10.05	10.50	10.15	10.58	10.42	10.60	10.55	10.73	10.28	9.77
同济科技	16.00	23.40	20.50	20.20	19.66	16.93	17.60	17.50	18.60	18.90	18.95	18.80	20.08	19.70	20.18	20.40	20.70
重庆万里	6.45	10.05	8.55	8.12	8.04	7.46	7.74	7.36	7.46	7.15	7.38	7.32	7.42	7.44	7.91	7.37	7.26
自仪股份	8.20	12.48	10.05	10.78	9.22	8.35	8.44	8.11	8.55	8.20	8.73	8.41	8.62	8.65	8.88	8.41	8.26
四药股份	10.80	14.55	12.45	12.16	11.68	10.68	10.61	10.18	10.70	10.20	10.45	10.48	10.57	10.60	10.67	10.21	10.10
华东电脑	8.98	13.45	11.18	11.61	11.29	10.10	10.10	9.92	10.65	10.60	10.59	10.47	10.85	10.70	10.76	10.46	10.60
海欣股份	12.95	17.79	14.90	14.30	13.78	12.83	12.84	12.39	13.80	13.03	13.05	13.10	13.85	13.94	13.90	13.80	13.55
中川国际	10.07	15.61	13.30	12.90	12.40	11.10	11.50	11.02	11.05	11.15	11.00	10.89	12.18	12.19	12.88	12.42	12.59
北满特钢	2.42	3.63	3.25	3.09	3.07	2.82	2.82	2.72	2.87	2.80	3.11	3.12	3.16	3.75	3.93	3.41	3.60

续表 1—2

单位：元

券种	5.12	5.19	5.26	6.2	6.9	6.16	6.23	6.30	7.7	7.14	7.21	7.28	8.4	8.11	8.18	8.25	9.1
	收盘	收盘	收盘	收盘	收盘	收盘	收盘	收盘	收盘	收盘	收盘	收盘	收盘	收盘	收盘	收盘	收盘
江苏春兰	11.58	17.26	13.70	13.45	13.10	12.21	12.34	11.95	12.60	13.38	13.00	13.00	14.37	16.00	15.74	15.00	15.10
北京北旅	2.54	3.70	3.03	2.98	3.13	2.85	3.02	2.95	3.47	3.26	3.40	3.66	4.10	4.50	8.66	6.70	6.82
长春百货	3.35	4.65	4.15	4.20	4.12	3.82	3.69	3.52	4.00	3.84	3.84	4.60	4.74	4.86	4.70	4.48	4.47
宁波中百	10.25	14.80	12.00	11.24	11.50	11.67	11.70	9.69	8.28	7.81	7.78	7.88	8.03	8.06	8.10	7.61	7.50
山东渤海	6.25	10.21	8.58	8.25	8.74	7.55	7.57	7.33	7.75	7.60	7.55	7.59	7.65	7.55	8.24	7.49	7.44
王府井	6.10	8.70	7.09	7.03	7.00	6.40	6.46	6.30	6.48	6.30	6.44	6.60	6.61	6.84	7.17	7.02	7.01
北人股份	3.20	4.66	3.88	3.73	3.80	3.46	3.56	3.48	3.67	3.62	3.87	3.94	3.98	4.42	4.55	4.30	4.45
北京城乡	4.75	6.87	5.60	5.49	5.70	5.16	5.21	5.00	5.27	5.01	5.18	5.25	5.40	5.71	5.68	5.45	5.54
南通机床	4.38	8.00	6.00	5.99	5.90	5.03	5.07	4.87	5.44	5.20	5.17	5.22	5.41	5.79	5.62	5.30	5.30
内蒙华电	4.08	6.70	5.90	5.59	5.40	4.73	4.86	4.67	5.13	4.91	5.09	5.22	5.26	5.66	5.55	5.30	5.35
哈岁宝	6.32	9.05	8.21	7.96	7.84	7.07	7.01	6.88	7.35	7.05	7.28	7.32	7.33	7.49	7.78	7.30	7.31
杭百集团	6.10	10.90	7.75	7.79	7.35	6.54	6.48	6.19	6.64	6.35	6.32	6.40	6.48	6.59	6.60	6.40	6.34
广东星湖	6.65	13.50	11.30	10.96	10.58	9.59	9.41	9.05	9.29	8.98	8.94	8.90	9.37	9.30	9.40	8.96	8.93
通化东宝	6.28	12.31	10.30	9.99	9.81	8.70	8.58	8.00	8.45	8.10	8.13	8.43	8.76	8.45	8.83	8.40	8.45
广东梅雁	7.73	13.72	12.00	11.80	11.40	10.25	10.07	9.72	10.12	9.53	9.70	9.90	10.20	10.30	9.74	9.25	9.12
青海三普	9.29	15.70	14.00	14.70	14.15	12.50	12.24	11.80	12.10	11.71	11.78	11.60	11.70	11.60	11.64	11.30	11.29
厦门厦华	12.82	16.00	12.80	13.32	13.13	11.68	11.50	10.70	11.30	11.06	11.05	10.85	11.12	10.98	11.07	10.78	10.95
仪征化纤	2.79	4.06	3.19	3.19	3.15	2.96	2.96	2.89	2.92	3.12	5.26	4.71	4.63	4.80	4.82	4.68	4.83
中山火炬	8.40	17.89	16.30	16.00	15.45	13.95	13.82	13.21	13.68	12.98	13.00	12.93	13.07	12.98	12.88	12.20	11.93
西藏明珠	13.00	23.18	19.11	18.42	18.55	17.10	17.00	17.18	17.83	18.04	17.86	17.98	18.40	18.89	15.08	15.00	14.60
渤海化工							4.45	4.10	6.54	6.09	6.75	6.65	6.80	6.78	7.25	7.07	7.45

表 1—3　上海证券交易所 A 股行情周报表　　单位:元

券种	9.8	9.15	9.22	9.29	10.6	10.13	10.20	10.27	11.3	11.10	11.17	11.24	12.1	12.8	12.15	12.22	12.29
	收盘	收盘	收盘	收盘	收盘	收盘	收盘	收盘	收盘	收盘	收盘	收盘	收盘	收盘	收盘	收盘	收盘
青岛啤酒	4.92	5.00	4.81	4.84	4.80	4.66	4.68	4.95	4.91	4.76	4.50	4.33	4.13	4.08	3.94	3.97	3.63
延中实业	8.01	7.92	7.88	7.64	7.51	7.28	7.54	7.64	8.00	7.65	7.45	7.38	7.25	7.27	7.15	7.10	6.83
真空电子	4.71	4.59	4.45	4.68	4.51	4.43	4.98	4.80	5.09	4.90	4.66	4.46	4.11	4.30	4.28	4.24	3.76
兴业房产	9.20	9.38	9.47	9.56	9.66	9.57	10.48	10.25	10.61	10.75	10.67	10.70	10.41	10.86	11.29	10.82	9.59
二纺机	4.60	4.49	4.38	4.35	4.29	4.30	4.90	4.76	4.86	5.00	4.82	4.99	4.47	4.48	4.38	4.34	4.00
轻工机械	5.75	5.70	5.50	5.30	5.30	5.17	5.12	5.46	6.05	6.76	6.42	6.18	5.65	5.78	5.40	5.21	4.90
嘉丰股份	6.75	6.92	6.75	6.47	6.57	6.34	6.90	6.65	6.71	6.66	6.52	6.49	6.42	6.50	6.05	5.85	5.28
联合实业	7.26	7.18	6.87	6.83	6.87	6.76	6.15	6.90	6.98	6.92	6.82	6.91	6.82	6.78	6.48	6.31	5.81
异型钢管	6.77	5.78	5.59	5.34	5.38	5.25	5.86	5.60	5.80	5.85	5.60	5.50	5.36	5.38	5.20	5.11	4.78
一汽金杯	3.23	3.20	3.02	3.25	3.58	3.75	3.99	4.07	4.24	4.00	3.77	3.46	3.43	3.45	3.39	3.36	2.92
中纺机	4.74	4.69	4.58	4.68	4.50	4.48	5.80	5.40	5.40	5.44	5.25	5.15	4.76	4.76	4.53	4.55	4.28
大众出租	17.20	16.94	16.38	16.04	15.76	15.05	15.95	15.35	15.29	15.10	15.00	15.00	15.30	15.21	15.15	14.60	13.48
第一铅笔	8.33	8.28	7.99	7.89	7.88	7.69	8.00	7.81	7.91	7.79	7.70	7.64	7.50	7.52	7.15	7.11	6.74
永生股份	11.52	11.12	10.65	10.49	10.35	9.96	10.35	10.00	10.04	9.94	10.25	10.24	9.86	9.90	9.50	9.20	8.64
胶带股份	8.55	8.40	8.15	8.02	7.95	7.85	8.25	8.03	8.08	7.87	7.88	8.06	7.91	7.95	7.58	7.48	7.25
丰华园珠	8.62	8.36	8.01	8.17	7.98	7.66	8.00	7.94	8.08	8.00	7.88	7.82	7.05	7.70	7.24	7.12	6.70
第一食品	11.05	11.18	10.86	10.60	10.89	10.54	10.98	10.68	10.65	10.51	10.40	10.40	10.22	10.15	10.00	9.70	9.10
联华合纤	10.00	9.65	9.48	9.10	9.05	8.70	9.30	8.92	8.94	8.90	8.75	8.73	8.52	8.50	8.15	8.03	7.50
氯碱化工	10.12	10.00	9.50	9.15	9.15	8.82	9.30	9.25	9.28	9.26	9.03	9.10	8.94	8.88	8.66	8.46	7.66
冰箱压缩	11.45	11.45	11.08	10.82	10.80	10.30	10.97	10.50	10.50	10.47	10.28	10.30	9.88	9.97	9.58	9.20	8.55
联农股份	10.80	10.50	10.10	9.85	9.70	9.55	9.89	9.68	9.87	9.62	9.43	9.46	9.45	9.33	9.07	9.00	8.38
上海金陵	15.00	14.42	13.90	13.40	13.35	12.55	13.81	9.20	9.40	9.25	8.91	8.80	8.58	8.62	8.13	7.85	7.05
嘉宝实业	11.92	11.38	10.86	10.51	10.50	10.10	8.16	7.88	8.10	7.96	7.63	7.65	7.35	7.18	6.82	6.73	6.47
轮胎橡胶	8.86	8.66	8.49	8.27	8.32	8.02	8.34	8.11	8.26	8.12	7.95	7.92	7.70	7.75	7.45	7.33	6.78
复华实业	9.86	9.69	9.28	9.05	9.04	8.91	9.60	9.30	9.67	9.42	9.13	9.16	9.00	8.92	8.56	8.45	7.80
水仙电器	8.79	8.65	8.54	8.18	8.14	7.95	8.43	8.27	8.30	8.14	8.00	8.12	7.78	7.73	7.46	7.27	6.78
申达实业	6.80	6.72	6.53	6.25	6.30	6.25	6.71	6.48	6.40	6.67	6.53	6.31	6.35	6.40	5.93	5.73	5.05
电器股份	4.90	5.01	4.76	4.76	5.06	5.09	5.28	5.17	5.45	5.47	5.08	4.77	4.50	4.59	4.43	4.38	3.88
新世界	13.90	14.45	14.00	14.10	13.90	13.57	14.40	14.24	14.40	14.10	13.90	14.50	14.35	14.50	14.30	14.05	13.00
棱光实业	8.20	8.09	7.82	7.90	7.76	8.00	8.15	8.21	7.88	7.92	7.61	7.60	7.33	7.33	7.06	7.10	6.52
龙头股份	6.05	5.95	5.96	5.75	5.63	5.64	6.12	5.80	5.99	6.21	5.82	5.79	5.69	5.79	5.35	5.16	5.00
中百一店	9.73	9.60	9.46	9.20	9.16	8.95	9.25	9.08	9.57	9.58	9.28	9.24	9.03	9.10	8.87	8.82	8.39
华联商厦	9.30	9.26	9.08	8.90	8.89	8.65	8.99	8.75	8.95	8.85	8.73	8.57	8.43	8.47	8.20	8.12	7.82
双鹿电器	8.69	8.50	8.20	7.95	7.85	7.62	8.15	8.10	8.10	8.06	8.28	8.50	8.10	8.05	7.90	7.70	7.15
海鸟电子	8.32	8.26	8.02	7.95	7.91	7.70	8.15	7.85	8.08	7.88	7.73	7.70	7.46	7.50	7.43	7.30	6.83
浦东大众	15.25	15.25	14.61	14.36	14.13	13.34	13.80	13.37	13.46	13.15	12.82	12.75	12.80	12.76	12.29	11.89	10.91
三爱富	8.01	7.90	7.40	7.49	7.42	7.16	7.46	7.60	7.53	7.38	7.15	7.70	7.03	7.05	6.88	6.73	6.23
广电股份	9.18	9.88	9.27	9.48	9.05	9.18	9.11	9.22	9.23	9.00	8.41	7.52	6.50	7.85	6.90	6.68	6.66
黄浦房产	18.40	17.77	10.73	10.39	10.76	10.56	11.70	11.18	11.55	11.20	10.74	10.85	10.88	10.81	10.60	10.49	9.77
浦东金桥	17.48	17.53	16.80	16.20	15.92	15.25	15.58	15.11	15.34	15.05	14.68	14.58	14.45	14.38	13.80	13.58	12.80
国脉实业	14.90	14.84	14.40	14.30	13.96	13.68	14.35	13.86	14.09	13.90	13.60	13.76	13.52	13.50	13.10	12.99	12.90
众城实业	14.59	14.64	14.10	15.00	10.08	9.77	10.48	10.10	10.45	10.09	9.78	9.65	9.76	9.70	9.30	9.22	8.48
申能股份	6.00	5.95	5.77	5.70	5.67	5.44	5.65	5.39	5.49	5.46	5.12	4.85	4.51	4.50	4.12	4.10	3.98
爱建股份	11.38	11.10	10.86	10.70	10.85	10.45	10.93	10.53	10.65	10.42	10.30	10.31	10.00	10.00	9.74	9.32	8.87
乐山电力	6.79	6.55	6.39	6.90	6.71	6.18	6.49	6.59	6.68	6.58	6.74	6.30	6.10	6.27	5.90	5.80	5.68
望春花	13.41	13.22	12.84	12.47	12.28	11.94	12.55	12.10	12.14	11.98	11.62	11.63	11.61	11.63	11.26	11.20	10.10
国嘉实业	9.10	9.10	8.70	8.43	8.43	8.18	8.50	8.30	8.42	8.35	8.11	8.16	8.24	8.19	7.75	7.55	6.99
新亚快餐	9.10	8.94	8.69	8.78	8.55	8.20	8.70	8.58	8.48	8.36	8.20	8.15	−8.09	8.11	7.88	7.83	7.38
外高桥	24.00	23.70	22.51	22.00	22.00	20.60	22.00	20.85	21.20	20.80	20.00	19.80	19.90	19.80	18.64	18.30	17.30
原水股份	5.48	5.35	5.15	5.10	5.03	4.91	5.12	5.12	5.26	5.32	5.11	4.94	4.68	4.65	3.78	3.67	3.70
新锦江	14.30	14.10	13.75	13.28	13.35	12.80	13.70	13.00	13.15	13.08	12.75	12.70	12.62	12.65	12.12	12.10	11.55
飞乐音响	7.50	7.47	7.17	7.03	7.01	6.86	7.25	7.03	7.22	7.04	6.99	6.92	6.90	6.90	7.03	6.90	6.29
爱使股份	8.10	8.06	7.79	7.64	7.54	7.30	7.60	7.53	7.77	7.60	7.56	7.42	7.25	7.28	7.40	7.20	6.87
申华实业	7.62	8.01	7.71	7.55	7.40	7.26	7.58	7.39	8.05	7.90	7.56	7.43	7.29	7.39	7.28	7.29	6.80
飞乐股份	7.12	7.08	6.88	6.72	6.69	6.48	6.90	6.79	6.99	6.71	6.60	6.50	6.37	6.35	6.20	6.14	5.87
豫园商城	16.13	15.91	15.40	15.02	14.90	14.21	15.00	14.40	14.45	14.32	14.15	14.08	13.96	14.01	13.94	13.65	12.58
浙江凤凰	5.15	4.88	4.93	4.90	4.84	4.78	4.90	4.82	4.90	4.85	4.60	4.65	4.96	4.78	4.67	4.71	4.19
北京天桥	6.11	5.91	6.22	5.82	5.74	5.59	5.65	5.60	5.70	5.60	5.35	5.06	4.85	4.90	4.76	4.73	4.45
北京天龙	5.99	5.83	5.74	5.51	5.64	4.82	5.25	5.15	5.23	5.10	5.01	4.91	5.69	4.79	4.74	4.76	4.60
福建福联	5.55	5.42	5.19	5.12	5.05	4.88	5.14	5.07	5.13	5.08	4.90	4.77	4.65	4.68	4.48	4.42	4.16
福建耀华	8.09	8.12	7.99	7.98	7.85	8.59	8.90	8.70	8.07	7.76	7.35	7.08	6.80	6.85	6.42	6.33	5.91
南洋实业	10.53	10.19	9.96	9.50	9.49	9.33	9.92	10.00	9.85	9.58	9.42	9.35	9.43	9.45	9.45	9.40	8.80
浦东强生	15.95	15.98	15.32	14.50	14.54	13.87	14.65	14.05	14.26	14.00	13.59	13.50	13.50	13.35	13.05	12.95	11.25
陆家嘴	22.08	22.55	21.07	20.45	20.21	19.31	20.01	19.23	19.42	19.21	18.70	18.55	18.40	18.17	17.58	17.46	16.29
哈滨药	4.28	4.40	4.22	4.21	4.11	4.13	4.24	4.32	4.39	4.19	4.00	3.91	3.51	3.58	3.30	3.29	3.03
沪昌特钢	3.57	3.60	3.46	3.48	3.43	3.39	3.79	3.83	4.04	3.94	3.67	3.54	3.39	3.43	3.20	3.18	2.94
重庆药业	7.15	7.04	6.80	6.95	6.93	6.93	7.05	6.99	7.05	6.88	6.72	6.51	6.30	6.35	6.00	5.86	5.50
无锡太极	3.83	3.69	3.52	3.52	3.49	3.84	4.27	4.22	4.58	4.33	4.33	3.93	3.64	3.67	3.60	3.60	3.18
浙江尖峰	6.40	6.41	6.21	6.06	5.86	5.90	6.06	5.99	6.27	5.98	5.73	5.39	5.18	5.21	4.70	5.28	4.83
鞍山合成	3.58	3.49	3.30	3.28	3.24	3.28	3.46	3.82	3.91	3.74	3.51	3.30	3.18	3.28	3.11	3.04	2.64
长春华联	3.59	3.52	3.46	3.41	3.53	3.59	3.73	3.96	4.06	3.89	3.52	3.43	3.32	3.37	3.10	3.08	3.90
杭州天目	7.27	7.20	6.76	6.43	6.28	6.17	6.40	6.28	6.24	5.76	5.39	5.13	5.21	5.35	5.20	5.15	4.67
四川广华	6.10	6.27	6.01	6.05	6.00	5.77	5.90	5.96	6.28	6.04	5.78	5.69	4.75	4.86	4.71	4.95	4.30
成都量具	4.05	3.98	3.86	4.50	4.24	3.98	4.09	4.18	4.39	4.07	3.65	3.44	3.20	3.35	3.10	3.09	2.81
四川峨铁	3.68	3.71	3.55	4.02	4.01	3.75	3.78	3.88	4.06	3.90	3.86	3.58	3.40	3.44	3.28	3.14	2.94
中华企业	26.70	26.65	26.10	25.95	14.67	14.07	14.70	14.15	14.55	14.19	13.45	13.35	12.93	12.98	12.50	12.50	12.10
钢运股份	9.89	9.65	9.06	8.95	9.04	8.60	9.06	8.86	9.09	9.87	8.60	8.60	8.40	8.40	8.10	7.88	7.22
浙江中汇	6.80	7.38	7.20	7.12	7.04	7.30	7.65	7.70	7.80	7.69	7.43	7.18	6.77	6.92	6.80	6.00	4.85
四川金顶	6.15	6.01	5.84	6.10	6.00	5.75	5.70	5.70	5.68	5.60	5.18	5.02	4.85	4.82	4.42	4.35	4.10

续表 1—3

单位:元

券种	9.8	9.15	9.22	9.29	10.6	10.13	10.20	10.27	11.3	11.10	11.17	11.24	12.1	12.8	12.15	12.22	12.29
	收盘	收盘	收盘	收盘	收盘	收盘	收盘	收盘	收盘	收盘	收盘	收盘	收盘	收盘	收盘	收盘	收盘
上海凤凰	7.65	7.50	7.40	7.24	7.25	7.20	7.32	7.15	7.20	7.19	7.02	7.08	6.82	6.81	6.55	6.37	6.05
邮通设备	14.45	14.17	13.36	13.45	13.50	12.97	13.36	13.00	12.98	12.81	12.47	12.30	12.11	12.00	11.77	11.52	10.90
武汉长印	5.00	5.27	5.12	5.29	5.32	5.88	5.98	5.95	6.09	5.67	5.08	4.77	4.47	4.59	4.15	4.27	3.92
南京新百	4.90	4.82	4.65	4.58	4.53	4.56	4.76	4.72	4.95	4.74	4.53	4.40	4.37	4.28	4.06	4.05	3.81
宁波华联	5.70	5.55	5.24	5.14	5.06	4.88	5.35	5.35	5.59	5.75	5.76	5.47	5.35	5.61	5.69	5.49	5.28
广州珠江	7.85	7.81	7.74	7.40	7.40	7.15	7.52	7.48	7.60	7.34	7.15	7.09	7.07	7.05	6.75	6.72	6.38
广州广船	3.90	4.01	3.93	4.12	4.09	3.90	4.00	4.17	4.10	3.97	3.70	3.54	3.28	3.34	3.17	3.06	2.90
厦门汽车	7.71	7.90	7.42	7.71	7.88	7.43	7.74	8.80	8.80	8.12	7.75	7.43	6.90	6.96	6.80	6.68	6.05
厦门国泰	7.14	7.13	6.95	6.95	6.88	6.82	7.00	6.85	6.98	7.00	7.17	7.21	7.21	7.50	7.85	7.90	6.41
上海石化	2.80	3.15	3.18	3.13	3.12	3.09	3.13	3.15	3.18	3.06	2.80	2.69	2.55	2.61	2.46	2.43	2.31
上海三毛	8.95	8.90	8.38	8.12	8.20	7.98	8.50	8.25	8.18	8.11	7.95	7.95	7.98	7.83	7.49	7.25	6.80
青岛海尔	5.75	5.70	5.54	5.61	5.62	5.83	6.06	5.95	5.95	5.81	5.64	5.42	5.10	4.99	4.79	4.73	4.40
自贡东碳	8.80	8.55	8.20	7.99	8.12	7.56	7.94	7.86	7.85	7.75	7.39	7.18	6.72	6.80	6.49	6.27	5.78
亚通股份	16.00	15.23	14.55	13.65	13.20	13.16	13.87	13.75	14.21	14.68	9.38	8.86	8.67	8.36	7.90	7.74	7.11
福州东百	6.67	6.58	6.30	6.18	6.09	5.90	6.13	6.17	6.25	6.08	5.91	5.90	5.77	5.81	5.65	5.53	5.00
大连商场	6.35	6.29	6.38	6.62	6.49	6.23	5.91	5.83	5.90	5.72	5.39	5.24	5.01	5.07	4.76	4.73	4.44
大江股份	11.27	11.10	10.55	10.40	10.38	9.95	10.32	10.10	10.30	10.10	9.83	9.85	9.68	9.55	9.03	8.90	8.36
福建豪盛	5.55	5.35	5.30	5.22	5.19	5.05	5.76	5.71	6.18	5.81	5.19	5.15	5.15	5.36	5.18	5.19	5.20
长春车百	4.40	4.25	4.18	4.24	4.20	4.39	4.58	4.62	4.56	4.45	4.10	4.00	3.77	3.80	3.57	3.55	3.28
济南轻骑	5.79	5.70	5.81	7.53.	7.20	7.70	7.06	7.00	6.84	6.68	6.24	5.99	5.55	5.65	5.24	5.45	5.05
辽源得亨	5.06	4.91	4.78	4.85	4.88	4.95	5.38	5.52	5.56	5.34	4.87	4.68	4.31	4.40	4.12	4.10	3.78
天津磁卡	6.43	6.32	6.20	6.50	6.03	5.95	6.15	6.12	6.20	6.16	6.01	5.63	5.40	5.67	5.33	5.16	4.96
湖北华新	7.26	7.68	7.55	7.51	7.30	7.10	7.12	6.93	6.78	6.60	6.03	5.57	5.18	5.30	4.68	4.68	4.42
福建水泥	5.02	4.93	4.72	4.70	4.65	5.15	5.18	5.20	5.21	5.00	4.71	4.68	4.64	4.51	4.13	4.07	3.75
河北威远	5.77	5.94	5.60	5.13	5.23	5.09	5.06	5.22	5.21	4.95	4.65	4.62	4.32	4.24	3.71	3.75	3.45
成都工益	4.06	3.91	3.82	4.22	4.09	3.85	3.96	4.12	4.20	4.07	3.72	3.55	3.35	3.60	3.32	3.32	3.03
江苏悦达	11.42	11.11	10.67	10.47	10.57	10.46	10.70	10.65	11.66	11.08	10.75	10.84	10.65	10.75	10.80	10.60	9.51
昆明机床	3.94	4.00	3.82	4.25	4.42	4.28	4.37	4.55	4.43	4.21	3.97	3.80	3.65	3.60	3.19	3.09	2.73
济南百货	4.81	4.73	4.63	4.61	4.62	4.76	4.90	5.49	5.20	5.02	4.74	4.57	4.40	4.48	4.22	4.39	3.91
安徽马钢	2.21	2.42	2.36	2.34	2.33	2.32	2.37	2.61	2.68	2.57	2.42	2.32	2.26	2.27	2.14	2.05	1.94
山西汾酒	9.20	9.53	9.48	9.59	9.52	9.96	10.30	12.87	12.70	12.01	9.99	8.16	6.55	6.87	5.84	5.80	5.35
河南神马	6.98	7.57	7.74	7.50	7.31	7.64	7.85	7.68	7.12	6.72	6.38	6.00	5.77	5.91	5.52	5.38	4.81
东方集团	5.93	5.83	5.62	5.44	5.48	5.50	5.68	5.50	5.78	5.73	5.60	5.54	5.17	5.16	4.90	4.82	4.65
河北华药	3.56	3.61	3.44	3.54	3.45	3.55	3.67	4.01	4.12	3.93	3.70	3.68	3.44	3.54	3.32	3.30	2.98
鞍山一工	4.33	4.25	4.01	3.98	3.92	3.84	4.18	4.45	4.53	4.25	4.09	3.86	3.50	3.73	3.60	3.62	3.16
杭州解百	6.24	6.25	6.10	5.92	5.67	5.75	5.74	5.72	5.77	5.65	5.52	5.40	5.33	5.35	5.11	5.11	4.96
厦门厦工	5.60	5.34	5.25	5.31	5.23	5.08	6.40	6.51	7.07	6.83	6.68	5.63	5.29	5.43	5.19	5.10	4.61
鞍山信托	8.18	8.20	7.85	7.85	7.85	7.40	7.71	7.68	7.72	7.66	7.80	7.55	7.15	7.22	7.03	7.03	6.57
良华实业	10.39	10.25	9.65	9.11	9.24	8.85	9.35	8.34	9.55	9.31	9.17	9.09	8.97	9.10	8.68	8.68	8.00
上海永久	7.18	7.12	7.05	7.10	7.18	7.29	7.25	7.12	7.19	7.00	6.81	6.73	6.72	6.77	6.43	6.27	5.47
耀皮玻璃	12.42	12.63	12.48	12.20	12.08	12.62	12.75	13.13	12.26	11.88	11.35	11.00	10.70	10.80	10.50	10.24	9.78
隧道股份	18.60	12.90	12.11	11.72	11.74	11.42	12.38	11.81	11.98	11.70	11.35	11.32	11.33	11.20	10.70	10.67	9.84
天津劝业	5.46	5.36	5.25	5.29	5.20	5.20	5.21	5.28	5.37	5.17	5.05	4.85	4.60	4.58	4.35	4.45	4.09
物贸中心	11.40	11.25	11.10	9.72	9.50	8.97	9.35	9.28	9.50	9.23	9.00	9.00	8.85	8.90	8.60	8.31	8.00
万象集团	11.92	11.46	10.98	10.61	10.68	10.54	11.18	10.94	11.23	10.86	10.50	10.60	10.42	10.25	9.83	9.70	9.18
益民百货	15.68	14.85	14.30	13.98	9.55	9.10	9.78	9.60	9.65	9.45	9.18	9.15	9.03	9.00	8.74	8.46	7.98
时装股份	13.30	12.81	12.23	11.87	11.81	11.50	11.90	11.74	11.90	12.00	12.20	11.99	11.85	9.28	8.68	8.51	7.91
兰生股份	9.64	9.78	9.30	9.06	9.12	8.77	9.20	8.96	9.14	8.90	8.82	8.75	8.60	8.20	7.70	7.50	7.43
友谊华侨	10.79	10.42	10.12	9.80	9.60	9.15	9.70	9.43	9.53	9.32	9.58	9.14	9.03	9.15	8.86	8.49	8.11
成都商场	6.53	6.40	6.24	6.32	6.48	6.31	7.00	8.00	7.90	7.77	7.49	7.61	7.35	7.52	7.80	7.89	7.51
哈天鹅	5.40	5.28	5.23	5.39	5.28	5.78	5.97	5.68	5.70	5.42	5.18	5.13	4.99	4.98	4.59	4.46	4.25
甬城隍庙	8.19	8.04	7.79	7.54	7.52	7.24	7.55	7.42	7.51	7.33	7.19	7.09	6.98	7.00	6.79	6.64	6.12
西安黄河	4.39	4.23	4.18	4.30	4.30	4.40	4.61	4.64	5.08	4.74	4.40	4.30	4.10	4.20	4.05	3.99	3.67
东方明珠	20.00	20.20	19.36	18.45	18.55	17.70	18.50	17.72	18.05	17.50	17.10	17.39	17.80	17.48	17.13	16.95	15.60
商业网点	13.24	13.10	12.50	11.80	12.00	11.30	11.99	11.51	11.75	11.53	11.25	11.18	11.18	11.15	10.88	10.54	9.58
凌桥股份	16.90	16.40	15.60	15.00	14.76	14.02	14.85	14.03	14.26	14.16	13.71	13.60	13.52	13.68	13.10	12.75	12.00
上菱电器	12.70	13.75	13.00	12.80	12.68	11.80	12.60	12.10	12.14	12.10	11.80	11.49	11.05	11.18	10.62	10.50	10.00
界龙实业	20.07	19.13	18.00	17.20	17.29	16.40	18.30	11.90	12.18	11.75	11.33	11.30	11.10	10.67	10.17	10.08	8.95
农垦商社	11.93	11.42	11.10	11.25	10.96	10.50	11.08	10.88	11.00	10.80	10.36	10.30	10.20	10.22	9.81	9.72	8.85
第九百货	15.20	9.83	9.20	8.93	9.12	8.70	9.35	9.28	9.62	9.35	9.02	8.97	8.97	9.00	8.63	8.48	7.80
四川长虹	9.70	9.70	9.70	9.70	9.70	9.70	9.70	9.70	9.70	9.83	9.00	8.82	8.05	8.07	7.61	7.70	7.59
绍兴百大	5.07	4.90	4.81	4.76	7.65	4.20	4.41	4.60	4.70	4.64	4.36	4.24	4.04	4.16	3.90	3.88	3.69
上柴股份	11.25	11.12	10.85	10.49	10.40	10.07	10.60	10.39	10.36	10.18	10.00	9.90	9.64	9.62	9.28	8.85	8.45
中西药业	10.10	9.95	9.63	9.35	9.46	9.00	9.48	9.46	9.60	9.32	9.20	9.03	8.91	8.88	8.59	8.35	7.60
工缝股份	16.50	16.36	15.04	14.57	14.60	14.43	14.50	15.49	15.14	14.70	14.43	14.48	14.28	14.45	14.40	14.22	13.58
英雄股份	10.15	9.95	9.60	9.18	9.20	9.00	9.42	9.11	9.15	8.98	8.88	8.90	8.70	8.67	8.50	8.28	7.65
钢管股份	9.80	9.40	9.00	8.84	8.88	8.39	8.90	8.85	8.92	8.72	8.55	8.55	8.36	8.44	8.12	8.09	7.35
同济科技	22.50	12.57	11.88	11.40	11.87	11.76	13.30	12.75	13.26	12.90	12.29	12.18	12.25	12.26	11.57	11.09	10.63
重庆万里	7.25	7.11	6.90	7.28	7.20	7.12	7.30	7.15	7.10	7.05	6.76	6.56	6.36	6.46	6.20	6.16	5.85
自仪股份	8.37	8.09	7.84	7.70	7.61	7.35	7.90	7.68	7.85	7.65	7.50	7.42	7.35	7.35	7.12	6.91	6.30
四药股份	10.10	9.88	9.45	9.20	9.11	8.85	9.29	9.10	9.11	8.90	8.80	8.82	8.71	8.68	8.16	7.97	7.40
华东电脑	10.39	10.20	9.99	9.40	9.44	9.12	9.80	9.90	9.70	9.50	9.23	9.20	9.01	9.05	8.77	8.76	8.18
海欣股份	14.13	13.95	13.82	13.95	13.20	13.20	13.32	13.30	13.10	12.87	12.60	12.47	12.44	12.25	11.50	10.98	10.22
中川国际	12.75	12.25	11.65	11.55	11.65	11.20	11.76	11.75	11.89	11.96	11.70	11.35	10.69	10.56	9.98	9.80	8.76
北满特钢	3.60	3.69	3.48	3.54	3.47	3.52	3.74	3.81	3.86	3.85	3.54	3.39	3.20	3.26	3.06	3.03	2.73

续表 1—3

单位：元

券种	9.8	9.15	9.22	9.29	10.6	10.13	10.20	10.27	11.3	11.10	11.17	11.24	12.1	12.8	12.15	12.22	12.29
	收盘	收盘	收盘	收盘	收盘	收盘	收盘	收盘	收盘	收盘	收盘	收盘	收盘	收盘	收盘	收盘	收盘
江苏春兰	15.20	15.05	14.70	14.66	14.50	14.21	14.65	14.78	15.20	15.04	14.83	14.62	14.20	14.30	13.55	13.30	12.38
北京北旅	8.40	9.15	8.23	8.12	9.35	9.07	9.30	9.09	9.27	8.79	8.28	7.81	6.89	7.15	6.83	6.83	5.93
长春百货	4.55	4.40	4.30	4.25	4.25	4.27	4.39	4.52	4.50	4.55	4.08	3.92	3.98	3.98	3.90	3.57	3.27
宁波中百	7.57	7.40	7.05	6.89	6.82	6.62	6.82	6.76	6.80	6.69	6.52	6.38	6.25	6.21	5.96	5.89	5.60
山东渤海	7.48	7.68	7.50	7.58	7.30	7.49	7.56	7.39	7.50	7.30	7.01	6.80	6.55	6.58	6.20	6.20	5.85
王府井	7.18	7.44	7.45	7.00	6.98	6.74	7.18	7.00	6.70	6.73	6.56	6.36	6.20	6.22	5.80	5.82	5.70
北人股份	4.51	4.70	4.44	4.52	4.55	4.37	4.45	6.05	5.74	5.70	5.60	5.01	4.45	4.59	4.48	4.39	3.73
北京城乡	6.17	5.93	5.56	5.50	5.60	5.41	5.75	5.63	5.72	5.65	5.86	5.77	5.47	5.35	5.17	5.25	4.85
南通机床	5.70	5.80	5.62	5.17	5.14	4.95	5.25	5.38	5.44	5.30	5.15	5.06	4.82	4.86	4.60	4.55	4.21
内蒙华电	5.53	5.38	5.35	5.35	5.24	5.22	5.82	5.80	5.98	5.72	5.45	5.35	5.06	5.06	4.72	4.70	4.37
哈岁宝	7.37	7.27	7.12	6.92	6.84	6.85	7.10	6.80	6.92	6.80	6.62	6.53	6.49	6.41	6.10	6.20	4.83
杭百集团	6.62	6.52	6.30	6.15	6.06	5.87	5.97	5.90	5.93	5.87	5.79	5.30	5.24	5.25	5.08	5.09	4.88
广东星湖	8.90	8.75	8.45	8.46	8.25	7.80	9.00	8.57	8.46	8.23	7.96	7.80	7.59	7.70	7.55	7.32	6.65
通化东宝	8.99	8.80	8.79	8.67	8.68	8.75	9.13	8.82	8.96	8.62	8.09	7.75	7.68	7.60	7.00	6.95	6.18
广东梅雁	9.17	9.10	8.82	8.60	8.60	8.21	8.78	8.59	8.75	8.45	8.18	8.20	8.10	8.05	7.58	7.58	7.18
青海三普	11.96	11.88	11.51	11.60	12.07	12.03	13.86	14.75	14.70	15.12	15.17	15.48	14.70	6.94	6.68	6.89	6.72
厦门厦华	11.14	10.68	10.54	10.18	10.34	10.00	10.78	10.60	10.99	10.79	10.40	10.44	9.88	10.13	9.11	9.07	8.92
仪征化纤	4.90	5.03	4.73	4.78	4.78	4.59	4.63	4.62	4.57	4.41	3.99	3.77	3.47	3.58	3.38	3.30	3.00
中山火炬	11.88	11.51	10.80	10.42	10.30	10.14	10.60	10.68	10.70	10.32	9.99	9.79	8.92	8.99	8.23	8.02	7.58
西藏明珠	14.07	13.33	12.85	12.52	12.45	11.50	12.11	11.75	11.85	11.61	10.71	10.57	9.91	10.00	8.91	8.19	8.13
渤海化工	7.28	7.14	6.84	6.94	7.01	6.75	6.66	6.69	6.47	6.14	5.47	5.09	4.65	4.70	4.18	4.08	3.90
东方电机						16.50	14.81	14.60	13.58	12.38	10.78	10.68	9.55	9.40	7.95	7.74	7.10
洛阳玻璃						21.88	17.88		13.40	11.80	10.50	10.60	9.50	9.04	7.62	7.51	6.95
中国嘉陵						24.03	17.18	17.68	17.75	17.40	17.50	17.50	15.08	14.74	14.00	14.19	12.55
北大车行								16.58	17.23	16.70	15.90	10.78	9.75	9.08	7.78	7.80	7.03
武汉电缆											11.18	11.35	10.06	10.08	8.00	7.80	6.90
四川电器											11.38	11.72	10.22	10.38	8.73	8.58	7.40
亚泰集团											15.90	15.48	14.88	15.35	14.98	7.49	7.17
山东农药														8.03	5.95	5.93	5.45
云南保山														9.81	6.66	6.91	6.82

表 2　上海证券交易所 B 股行情周报表

单位：美元

券种	1.6	1.13	1.20	1.27	2.10	2.17	2.24	3.3	3.10	3.17	3.24	3.31	4.7	4.14	4.21	4.28	5.5
	收盘	收盘	收盘	收盘	收盘	收盘	收盘	收盘	收盘	收盘	收盘	收盘	收盘	收盘	收盘	收盘	收盘
真空	0.194	0.200	0.188	0.196	0.194	0.186	0.186	0.186	0.192	0.188	0.178	0.190	0.194	0.196	0.190	0.180	0.200
二纺	0.190	0.170	0.168	0.164	0.182	0.194	0.190	0.194	0.192	0.196	0.186	0.186	0.188	0.170	0.164	0.144	0.140
大众	0.956	1.000	0.760	0.700	0.722	0.740	0.780	0.790	0.786	0.794	0.796	0.788	0.758	0.710	0.702	0.700	0.680
永生	0.258	0.238	0.242	0.242	0.278	0.244	0.244	0.264	0.242	0.244	0.240	0.242	0.242	0.244	0.244	0.228	0.220
中铅	0.330	0.310	0.300	0.300	0.300	0.320	0.320	0.292	0.290	0.284	0.334	0.330	0.332	0.300	0.310	0.298	0.230
中纺	0.154	0.152	0.150	0.148	0.160	0.154	0.150	0.150	0.148	0.148	0.144	0.150	0.146	0.130	0.130	0.120	0.120
胶带	0.160	0.160	0.150	0.160	0.152	0.154	0.154	0.152	0.142	0.142	0.158	0.156	0.150	0.142	0.124	0.112	0.120
氯碱	0.270	0.226	0.232	0.228	0.254	0.270	0.270	0.262	0.260	0.250	0.236	0.252	0.242	0.239	0.230	0.230	0.210
轮胎	0.324	0.254	0.256	0.242	0.300	0.288	0.304	0.302	0.288	0.270	0.270	0.280	0.290	0.282	0.270	0.252	0.260
冰箱	0.352	0.338	0.334	0.330	0.360	0.368	0.370	0.360	0.360	0.372	0.386	0.452	0.452	0.442	0.426	0.320	0.320
金桥	0.702	0.680	0.636	0.616	0.636	0.640	0.644	0.638	0.640	0.602	0.600	0.648	0.620	0.612	0.528	0.500	0.490
外高	0.588	0.540	0.522	0.512	0.562	0.554	0.526	0.530	0.532	0.510	0.510	0.540	0.532	0.548	0.504	0.438	0.440
联华	0.380	0.380	0.380	0.370	0.372	0.372	0.350	0.350	0.350	0.350	0.350	0.350	0.312	0.310	0.310	0.310	0.310
新锦	0.380	0.350	0.338	0.340	0.370	0.380	0.372	0.386	0.372	0.350	0.340	0.366	0.360	0.340	0.336	0.280	0.300
永久	0.210	0.200	0.200	0.200	0.198	0.190	0.208	0.180	0.206	0.190	0.177	0.180	0.168	0.160	0.154	0.150	0.140
凤凰	0.300	0.278	0.232	0.234	0.292	0.294	0.290	0.300	0.300	0.284	0.274	0.290	0.298	0.276	0.250	0.250	0.240
海欣	0.690	0.694	0.690	0.680	0.670	0.600	0.600	0.560	0.500	0.500	0.500	0.504	0.500	0.514	0.480	0.480	0.480
耀皮	0.970	0.936	0.950	0.916	0.928	0.980	0.980	1.004	1.000	0.980	0.980	1.100	1.070	0.900	0.900	0.886	0.900
大江	0.476	0.472	0.460	0.460	0.440	0.430	0.440	0.450	0.440	0.430	0.430	0.450	0.454	0.464	0.472	0.466	0.470
上柴	0.800	0.728	0.708	0.708	0.708	0.742	0.770	0.780	0.800	0.790	0.770	0.750	0.714	0.700	0.680	0.648	0.610
英雄	0.360	0.310	0.306	0.300	0.300	0.298	0.296	0.292	0.314	0.300	0.318	0.340	0.356	0.340	0.340	0.300	0.320
三毛	0.410	0.380	0.380	0.330	0.300	0.310	0.260	0.272	0.288	0.290	0.300	0.310	0.310	0.300	0.300	0.300	0.300
友谊	0.370	0.370	0.350	0.350	0.358	0.338	0.332	0.340	0.324	0.336	0.350	0.358	0.410	0.400	0.400	0.370	0.420
工缝	0,396	0.396	0.396	0.370	0.360	0.340	0.318	0.320	0.310	0.302	0.290	0.284	0.280	0.274	0.274	0.250	0.220
上菱	0.792	0.680	0.700	0.650	0.700	0.702	0.700	0.698	0.680	0.680	.0698	0.718	0.738	0.762	0.752	0.740	0.730
钢管	0.290	0.260	0.222	0.222	0.236	0.230	0.232	0.236	0.234	0.224	0.234	0.228	0.158	0.168	0.162	0.148	0.150
物贸	0.264	0.224	0.222	0.218	0.242	0.248	0.244	0.248	0.250	0.220	0.238	0.230	0.220	0.216	0.200	0.194	0.200
自仪	0.220	0.198	0.172	0.160	0.188	0.210	0.200	0.196	0.200	0.190	0.204	0.214	0.210	0.208	0.198	0.206	0.200
国旅	0.360	0.310	0.330	0.284	0.334	0.330	0.320	0.308	0.302	0.300	0.300	0.310	0.310	0.302	0.300	0.280	0.310
邮通	0.564	0.550	0.550	0.504	0.584	0.608	0.604	0.600	0.640	0.590	0.560	0.600	0.590	0.582	0.596	0.548	0.550
水仙	0.234	0.226	0.226	0.222	0.242	0.240	0.238	0.248	0.246	0.236	0.242	0.250	0.252	0.252	0.244	0.240	0.240
陆家	0.754	0.718	0.716	0.662	0.724	0.712	0.710	0.698	0.690	0.700	0.708	0.730	0.740	0.736	0.726	0.672	0.680
华新	0.210	0.190	0.190	0.190	0.230	0.220	0.232	0.230	0.230	0.244	0.246	0.254	0.262	0.264	0.238	0.240	0.240
新亚	0.322	0.308	0.320	0.314	0.348	0.360	0.358	0.356	0.358	0.354	0.356	0.364	0.368	0.370	0.360	0.350	0.360

券种	5.12	5.19	5.26	6.2	6.9	6.16	6.23	6.30	7.7	7.14	7.21	7.28	8.4	8.11	8.18	8.25	9.1
	收盘	收盘	收盘	收盘	收盘	收盘	收盘	收盘	收盘	收盘	收盘	收盘	收盘	收盘	收盘	收盘	收盘
真空	0.200	0.214	0.226	0.206	0.204	0.202	0.202	0.204	0.204	0.210	0.208	0.220	0.234	0.250	0.250	0.260	0.258
二纺	0.150	0.162	0.168	0.172	0.172	0.168	0.150	0.148	0.142	0.150	0.158	0.162	0.174	0.174	0.170	0.180	0.170
大众	0.740	0.770	0.786	0.786	0.754	0.760	0.750	0.728	0.740	0.770	0.780	0.784	0.820	0.850	0.830	0.880	0.850
永生	0.200	0.214	0.184	0.228	0.226	0.220	0.208	0.208	0.208	0.210	0.200	0.236	0.248	0.242	0.240	0.250	0.252
中铅	0.250	0.260	0.248	0.250	0.248	0.244	0.250	0.250	0.250	0.258	0.256	0.262	0.282	0.324	0.310	0.340	0.326
中纺	0.130	0.132	0.132	0.136	0.130	0.130	0.132	0.130	0.144	0.150	0.146	0.148	0.148	0.150	0.150	0.160	0.152
胶带	0.110	0.126	0.116	0.138	0.136	0.136	0.128	0.138	0.138	0.138	0.136	0.136	0.152	0.160	0.160	0.180	0.170
氯碱	0.240	0.246	0.240	0.238	0.232	0.232	0.230	0.232	0.236	0.252	0.266	0.280	0.286	0.292	0.300	0.340	0.320
轮胎	0.270	0.292	0.304	0.306	0.304	0.300	0.298	0.300	0.300	0.320	0.330	0.348	0.400	0.400	0.390	0.360	0.336
冰箱	0.350	0.350	0.368	0.360	0.354	0.340	0.364	0.358	0.364	0.380	0.404	0.404	0.424	0.486	0.460	0.560	0.564
金桥	0.500	0.510	0.558	0.534	0.500	0.490	0.480	0.480	0.500	0.510	0.524	0.526	0.560	0.578	0.570	0.580	0.572
外高	0.440	0.468	0.476	0.498	0.490	0.456	0.430	0.422	0.438	0.438	0.442	0.442	0.460	0.452	0.440	0.440	0.416
联华	0.310	0.318	0.310	0.252	0.252	0.240	0.240	0.240	0.240	0.240	0.240	0.240	0.254	0.254	0.240	0.230	0.240
新锦	0.320	0.340	0.346	0.348	0.350	0.330	0.330	0.320	0.312	0.322	0.326	0.326	0.338	0.348	0.340	0.360	0.346
永久	0.150	0.168	0.150	0.156	0.156	0.156	0.150	0.132	0.138	0.138	0.152	0.154	0.160	0.160	0.150	0.160	0.146
凤凰	0.290	0.240	0.240	0.240	0.240	0.234	0.222	0.226	0.218	0.200	0.210	0.220	0.234	0.226	0.220	0.220	0.210
海欣	0.380	0.388	0.420	0.500	0.478	0.480	0.480	0.480	0.470	0.500	0.480	0.490	0.510	0.510	0.490	0.510	0.498
耀皮	0.920	0.948	0.998	1.000	1.092	1.036	1.002	1.000	1.012	1.060	1.052	1.060	1.102	1.096	1.060	1.080	1.070
大江	0.480	0.500	0.544	0.460	0.500	0.520	0.520	0.520	0.520	0.490	0.520	0.520	0.542	0.646	0.620	0.650	0.600
上柴	0.630	0.644	0.640	0.660	0.654	0.678	0.676	0.620	0.650	0.662	0.660	0.620	0.666	0.670	0.630	0.630	0.632
英雄	0.250	0.262	0.266	0.270	0.266	0.258	0.258	0.246	0.248	0.244	0.262	0.262	0.276	0.294	0.290	0.320	0.306
三毛	0.270	0.274	0.260	0.260	0.254	0.266	0.250	0.228	0.230	0.234	0.244	0.250	0.272	0.270	0.260	0.270	0.266
友谊	0.440	0.406	0.420	0.430	0.420	0.400	0.390	0.388	0.390	0.400	0.402	0.426	0.476	0.480	0.480	0.520	0.522
工缝	0.200	0.202	0.196	0.218	0.206	0.182	0.184	0.184	0.190	0.186	0.196	0.190	0.212	0.214	0.190	0.190	0.182
上菱	0.800	0.840	0.870	0.870	0.820	0.860	0.830	0.830	0.850	0.860	0.880	0.894	0.920	0.980	0.910	0.970	0.950
钢管	0.150	0.146	0.174	0.178	0.174	0.166	0.170	0.170	0.176	0.178	0.174	0.170	0.186	0.184	0.190	0.170	0.158
物贸	0.200	0.216	0.202	0.214	0.204	0.200	0.200	0.182	0.198	0.198	0.196	0.198	0.212	0.216	0.210	0.220	0.208
自仪	0.210	0.216	0.210	0.236	0.212	0.200	0.190	0.192	0.200	0.208	0.220	0.220	0.240	0.240	0.230	0.250	0.232
国旅	0.350	0.330	0.360	0.368	0.358	0.354	0.360	0.340	0.340	0.340	0.350	0.350	0.358	0.366	0.360	0.370	0.366
邮通	0.590	0.602	0.580	0.600	0.602	0.580	0.596	0.600	0.600	0.600	0.600	0.600	0.680	0.624	0.650	0.620	0.610
水仙	0.250	0.258	0.266	0.270	0.270	0.260	0.260	0.260	0.262	0.266	0.270	0.272	0.284	0.302	0.290	0.300	0.288
陆家	0.680	0.716	0.712	0.728	0.714	0.718	0.706	0.702	0.704	0.730	0.726	0.728	0.730	0.728	0.720	0.730	0.724
华新	0.250	0.250	0.266	0.274	0.276	0.268	0.260	0.264	0.262	0.278	0.274	0.270	0.290	0.310	0.300	0.320	0.302
新亚	0.380	0.394	0.416	0.410	0.394	0.400	0.402	0.400	0.412	0.424	0.428	0.430	0.480	0.512	0.500	0.570	0.516
金泰												0.282	0.298	0.294	0.290	0.290	0.286

续表 2

单位:美元

券种	9.8	9.15	9.22	9.29	10.6	10.13	10.20	10.27	11.3	11.10	11.17	11.24	12.1	12.8	12.15	12.22	12.29
	收盘	收盘	收盘	收盘	收盘	收盘	收盘	收盘	收盘	收盘	收盘	收盘	收盘	收盘	收盘	收盘	收盘
真空	0.254	0.256	0.256	0.238	0.238	0.240	0.240	0.230	0.240	0.236	0.240	0.238	0.240	0.236	0.238	0.240	0.232
二纺	0.172	0.176	0.170	0.170	0.170	0.150	0.170	0.160	0.160	0.154	0.154	0.160	0.170	0.166	0.154	0.142	0.144
大众	0.862	0.870	0.864	0.820	0.830	0.820	0.820	0.810	0.810	0.780	0.770	0.766	0.776	0.776	0.760	0.740	0.740
永生	0.252	0.252	0.230	0.230	0.230	0.230	0.230	0.210	0.210	0.210	0.200	0.180	0.180	0.188	0.188	0.188	0.196
中铅	0.320	0.308	0.306	0.298	0.304	0.300	0.320	0.304	0.318	0.318	0.316	0.336	0.330	0.332	0.336	0.322	0.334
中纺	0.150	0.158	0.158	0.154	0.160	0.150	0.170	0.160	0.158	0.160	0.160	0.160	0.154	0.152	0.158	0.150	0.160
胶带	0.174	0.172	0.166	0.166	0.158	0.150	0.160	0.156	0.156	0.156	0.160	0.162	0.160	0.170	0.168	0.158	0.158
氯碱	0.318	0.314	0.286	0.286	0.294	0.280	0.290	0.276	0.278	0.270	0.256	0.260	0.260	0.256	0.256	0.254	0.254
轮胎	0.350	0.348	0.340	0.312	0.306	0.280	0.280	0.244	0.260	0.224	0.224	0.232	0.232	0.236	0.226	0.216	0.206
冰箱	0.548	0.540	0.510	0.486	0.500	0.500	0.520	0.480	0.498	0.510	0.512	0.450	0.400	0.360	0.348	0.344	0.356
金桥	0.572	0.572	0.572	0.570	0.564	0.500	0.460	0.456	0.456	0.430	0.386	0.426	0.438	0.430	0.400	0.380	0.374
外高	0.426	0.420	0.428	0.408	0.408	0.400	0.400	0.392	0.392	0.386	0.380	0.380	0.380	0.370	0.372	0.360	0.366
联华	0.238	0.238	0.238	0.228	0.228	0.230	0.200	0.194	0.190	0.188	0.188	0.172	0.170	0.164	0.170	0.170	0.170
新锦	0.342	0.342	0.340	0.324	0.348	0.310	0.320	0.308	0.318	0.300	0.290	0.300	0.295	0.300	0.286	0.278	0.282
永久	0.156	0.148	0.150	0.150	0.150	0.150	0.140	0.140	0.144	0.140	0.150	0.154	0.150	0.140	0.140	0.140	0.144
凤凰	0.208	0.212	0.208	0.210	0.206	0.200	0.210	0.192	0.198	0.194	0.186	0.182	0.182	0.170	0.160	0.160	0.166
海欣	0.546	0.546	0.500	0.482	0.500	0.500	0.480	0.538	0.538	0.538	0.538	0.500	0.430	0.428	0.400	0.320	0.300
耀皮	1.100	1.148	1.100	1.060	1.034	1.000	1.000	0.990	0.930	0.944	0.888	0.880	0.890	0.878	0.876	0.950	0.880
大江	0.610	0.618	0.590	0.620	0.600	0.600	0.590	0.588	0.550	0.550	0.510	0.510	0.500	0.434	0.470	0.468	0.468
上柴	0.622	0.620	0.622	0.600	0.586	0.570	0.510	0.440	0.424	0.356	0.360	0.370	0.386	0.356	0.386	0.360	0.370
英雄	0.310	0.308	0.288	0.288	0.290	0.290	0.290	0.288	0.292	0.282	0.278	0.270	0.290	0.264	0.272	0.266	0.270
三毛	0.256	0.258	0.280	0.278	0.270	0.280	0.280	0.270	0.280	0.278	0.280	0.270	0.254	0.256	0.250	0.240	0.240
友谊	0.530	0.534	0.520	0.498	0.490	0.520	0.520	0.508	0.500	0.476	0.476	0.500	0.496	0.480	0.496	0.470	0.496
工缝	0.182	0.190	0.188	0.184	0.188	0.180	0.170	0.170	0.160	0.160	0.152	0.154	0.158	0.154	0.156	0.148	0.162
上菱	0.980	1.000	0.930	0.904	0.896	0.900	0.900	0.880	0.840	0.740	0.748	0.646	0.668	0.650	0.630	0.620	0.612
钢管	0.170	0.154	0.140	0.142	0.140	0.140	0.140	0.140	0.146	0.146	0.142	0.146	0.144	0.142	0.140	0.130	0.136
物贸	0.202	0.198	0.198	0.170	0.170	0.170	0.170	0.160	0.162	0.160	0.150	0.170	0.164	0.168	0.160	0.150	0.158
自仪	0.232	0.232	0.230	0.230	0.230	0.230	0.220	0.192	0.192	0.192	0.192	0.176	0.188	0.180	0.184	0.180	0.180
国旅	0.360	0.360	0.348	0.370	0.342	0.340	0.340	0.354	0.324	0.320	0.306	0.320	0.344	0.340	0.318	0.310	0.308
邮通	0.600	0.600	0.590	0.600	0.580	0.570	0.520	0.530	0.540	0.520	0.500	0.420	0.450	0.462	0.440	0.418	0.398
水仙	0.290	0.280	0.270	0.268	0.264	0.250	0.260	0.248	0.246	0.232	0.196	0.202	0.200	0.186	0.178	0.178	0.170
陆家	0.720	0.720	0.690	0.682	0.682	0.690	0.680	0.672	0.680	0.612	0.568	0.606	0.580	0.600	0.588	0.564	0.568
华新	0.302	0.290	0.290	0.280	0.284	0.280	0.280	0.266	0.268	0.260	0.284	0.282	0.284	0.280	0.270	0.258	0.268
新亚	0.558	0.558	0.528	0.484	0.490	0.490	0.500	0.500	0.496	0.510	0.528	0.528	0.508	0.510	0.526	0.512	0.528
金泰	0.286	0.282	0.278	0.268	0.274	0.260	0.260	0.252	0.254	0.252	0.242	0.232	0.232	0.240	0.240	0.240	0.242
鄂绒							0.460	0.428	0.452	0.432	0.420	0.430	0.438	0.420	0.420	0.386	0.374

表 3—1　深圳证券交易所 A 股行情周报表　　单位:元

券种	1.6	1.13	1.20	1.27	2.17	2.24	3.3	3.10	3.17	3.24	3.31	4.7	4.14	4.21	4.28	5.5
	收盘	收盘	收盘	收盘	收盘	收盘	收盘	收盘	收盘	收盘	收盘	收盘	收盘	收盘	收盘	收盘
深发展	11.16	10.40	10.29	10.54	10.44	10.54	10.89	10.88	10.70	10.70	10.70	10.98	10.62	10.57	9.69	9.35
深万科	6.18	5.65	5.55	5.58	5.50	5.50	5.69	5.68	5.68	5.62	5.62	5.73	5.60	5.68	5.03	4.95
深金田	6.13	5.72	5.48	5.53	5.48	5.52	5.69	5.68	5.59	5.60	5.60	5.70	5.56	5.47	4.98	4.90
深安达	6.25	5.75	5.60	5.58	5.49	5.65	5.84	5.62	5.70	5.75	5.75	5.83	5.60	5.50	4.80	4.56
深星源	6.28	5.86	5.68	5.66	5.61	6.09	6.20	6.14	5.96	6.00	6.00	6.30	6.05	5.90	5.38	5.03
深振业	7.35	6.82	6.55	6.80	6.58	6.60	6.80	6.61	6.50	6.50	6.50	6.74	6.55	6.16	5.51	5.40
深达声	5.85	5.35	5.00	5.08	5.03	5.06	5.18	5.30	5.21	5.28	5.28	5.42	5.30	5.18	4.32	4.06
深锦兴	6.08	5.57	5.40	5.46	5.31	5.41	5.59	5.60	5.58	5.58	5.58	5.79	5.70	5.56	4.82	4.47
深宝安	5.02	4.72	4.58	4.57	4.50	4.53	4.62	4.56	4.53	4.50	4.50	4.63	4.53	4.47	4.17	4.09
深物业	5.44	5.05	4.79	4.89	4.87	4.90	5.02	5.14	5.02	5.05	5.05	5.16	4.77	4.52	4.06	3.98
深南玻	6.65	6.12	5.96	6.19	6.04	6.05	6.23	6.18	6.15	6.17	6.17	6.35	6.55	6.37	5.97	5.81
深石化	4.52	4.20	4.00	4.05	4.00	4.10	4.28	4.31	4.25	4.30	4.30	4.51	4.45	4.46	4.10	4.20
深华源	8.08	7.10	6.83	7.01	6.75	7.00	7.15	7.31	7.15	7.20	7.20	7.64	7.30	7.31	6.62	5.78
深中厨	4.30	4.04	3.80	3.88	3.72	3.85	3.94	4.14	4.12	4.05	4.05	4.31	4.12	4.07	3.78	3.52
深康佳	6.35	5.89	5.56	5.70	5.70	5.72	5.88	5.91	5.90	5.95	5.95	6.14	6.21	6.30	5.61	5.29
深中华	4.70	4.38	4.13	4.20	4.17	4.40	4.51	4.46	4.48	4.45	4.45	4.57	4.41	4.30	3.85	3.73
深中冠	6.55	6.25	5.75	5.60	5.41	5.70	6.00	6.08	6.00	6.06	6.06	6.24	6.08	6.12	5.11	4.82
深深宝	4.21	3.73	3.45	3.45	3.27	3.43	3.48	3.56	3.47	3.49	3.49	3.61	3.55	3.46	3.12	3.06
深华发	3.94	3.58	3.35	3.53	3.40	3.52	3.60	3.66	3.68	3.66	3.66	3.82	3.75	3.60	3.13	3.02
深科技	5.36	4.93	4.71	4.65	4.58	4.80	4.89	4.85	4.80	4.97	4.97	5.06	4.95	4.44	4.00	3.98
深赤湾	4.07	3.68	3.59	3.62	3.56	3.65	3.81	3.71	3.76	3.76	3.76	3.91	3.78	3.68	3.40	3.29
深天地	5.14	4.85	4.42	4.40	4.37	4.35	4.46	4.73	4.64	4.70	4.70	5.05	5.09	5.04	4.52	4.40
深招港	4.91	4.50	4.05	4.15	4.05	4.15	4.43	4.45	4.45	4.48	4.48	5.26	5.43	5.55	5.45	4.91
深特力	4.90	4.53	4.34	4.40	4.20	4.28	4.40	4.55	4.46	4.53	4.53	4.84	4.62	4.45	3.81	3.70
飞亚达	9.15	8.75	8.50	8.72	8.41	8.48	9.10	9.12	9.08	9.20	9.20	9.50	9.38	9.96	9.03	8.60
深能源	3.76	3.43	3.25	3.40	3.37	3.42	3.57	3.53	3.46	3.43	3.43	3.48	3.40	3.31	3.05	2.98
深益力	4.84	4.48	4.26	4.26	4.12	4.25	4.37	4.39	4.35	4.38	4.38	4.61	4.51	4.56	4.06	4.00
深深房	3.79	3.58	3.38	3.40	3.37	3.40	3.48	3.60	3.54	3.51	3.51	3.64	3.54	3.58	3.48	3.38
莱英达	5.06	4.75	4.42	5.52	4.41	4.60	4.94	4.91	4.85	4.95	4.95	5.08	4.97	4.98	4.32	4.22
深宝恒	5.04	4.58	4.20	4.24	4.25	4.25	4.48	4.48	4.46	4.42	4.42	4.77	4.64	4.57	4.06	3.92
深桑达	4.22	3.95	3.68	3.67	3.62	3.75	3.92	3.90	3.90	3.99	3.99	4.20	4.07	3.91	3.49	3.36
深新都	3.56	3.52	3.47	3.70	3.47	4.07	4.25	4.15	4.02	4.12	4.12	4.38	4.03	3.70	4.30	4.55
深华宝	6.75	6.48	4.64	4.66	4.67	4.81	4.92	5.13	5.08	5.13	5.13	5.37	5.25	5.05	4.35	4.06
中科健	6.38	5.87	5.45	5.35	5.34	6.40	5.16	5.30	5.30	5.20	5.20	5.36	5.26	5.16	4.28	4.18
深惠中	3.73	3.32	3.15	3.11	3.01	3.20	3.31	3.42	3.38	3.41	3.41	3.53	3.41	3.27	2.94	2.87
深南电	10.20	9.70	9.03	8.16	8.13	8.10	8.45	8.65	8.80	9.05	9.05	11.98	11.40	13.28	13.00	12.80
深大通	9.80	9.32	9.18	9.15	8.90	9.00	8.80	9.30	9.10	9.02	9.02	9.23	9.28	9.00	8.18	8.00
深中集	11.74	11.30	11.15	11.10	11.05	11.35	12.56	12.33	12.39	12.63	12.63	13.22	12.80	13.32	12.70	12.62
深鸿基	8.12	7.31	6.84	6.78	6.73	6.89	7.18	6.82	6.52	6.58	6.58	7.02	6.80	6.95	6.70	6.40
深长城	18.80	17.62	16.82	17.40	17.25	17.21	17.9	17.80	17.20	17.90	17.90	18.00	18.45	19.70	18.10	18.15
深南光	9.23	8.23	7.73	7.78	7.50	7.75	8.03	8.10	8.15	8.45	8.45	9.00	9.10	9.29	8.42	8.25
深纺织	7.70	7.42	6.90	6.60	6.21	6.09	6.36	6.46	6.38	6.55	6.55	6.92	6.79	6.60	5.85	5.50
深南物	8.21	7.44	6.95	6.95	6.75	6.98	7.05	7.33	6.93	6.92	6.92	7.63	7.61	7.47	6.66	6.42
深中侨	9.05	8.28	7.80	8.18	8.00	8.15	8.50	8.35	8.38	8.70	8.70	9.10	8.88	8.52	8.28	7.94
康达尔	8.80	7.94	7.42	7.28	7.21	7.41	7.75	7.70	7.86	8.15	8.15	8.39	8.06	7.34	6.54	6.36
深万山									4.75	8.48	8.48	9.00	8.73	8.56	7.60	7.25
深天马									10.03	9.96	9.96	11.40	11.40	11.25	9.97	9.45
鄂武商	4.12	3.78	3.68	3.62	3.62	3.65	3.75	3.76	3.72	3.75	3.75	3.90	3.85	4.03	3.93	3.85
琼能源	3.55	3.28	3.16	3.17	3.14	3.18	3.22	3.25	3.19	3.19	3.19	3.21	3.15	3.00	2.59	2.53
琼海虹			3.07	3.02	2.89	3.00	3.13	3.10	3.11	3.16	3.16	3.15	3.20	3.22	2.90	2.80
琼港澳	3.92	3.65	3.41	3.39	3.39	3.48	3.70	3.50	3.38	3.32	3.32	3.42	3.26	3.07	2.72	2.65
琼珠江	6.00	5.60	5.41	5.39	5.39	5.58	6.02	5.94	5.80	5.78	5.78	5.95	5.75	5.54	4.88	4.73
川盐化	2.98	2.80	2.64	2.68	2.61	2.79	2.81	2.83	2.84	2.84	2.84	2.86	2.78	2.71	2.54	2.48
粤富华	3.56	3.26	3.04	3.06	3.04	3.10	3.18	3.22	3.17	3.17	3.17	3.23	3.18	3.18	2.70	2.64
琼民源	3.46	3.25	3.06	3.07	3.04	3.08	3.19	3.35	3.30	3.32	3.32	3.37	3.25	3.20	2.79	2.73
川天歌	3.93	3.64	3.39	3.38	3.30	4.41	3.48	3.57	3.60	3.69	3.69	3.82	3.70	3.29	3.02	2.91
川金路	4.02	3.72	3.50	3.45	3.34	3.47	3.65	3.80	3.83	3.84	3.84	3.93	3.88	3.76	3.49	3.41
辽物资	3.91	3.54	3.34	3.30	3.23	3.28	3.40	3.58	3.52	3.88	3.88	3.94	3.78	3.53	3.20	3.03
粤丽珠	4.53	4.18	3.95	4.09	4.02	4.12	4.20	4.31	4.24	4.21	4.21	4.35	4.26	4.27	3.92	3.82
渝开发	4.31	4.08	4.12	4.01	3.90	4.01	4.10	4.26	4.26	4.33	4.33	4.55	4.31	4.30	3.70	3.65
渝钛白	3.43	3.20	3.19	3.20	3.13	3.17	3.22	3.50	3.60	3.74	3.74	3.81	3.65	3.60	3.31	3.33
陕解放	6.49	5.30	5.29	5.15	4.88	5.35	5.49	5.50	5.40	5.52	5.52	5.63	5.44	6.49	5.69	5.32
甬中元	4.44	4.06	3.75	3.69	3.67	3.97	4.10	4.10	4.12	4.08	4.08	4.19	4.04	3.90	3.45	3.35
苏三山	3.33	3.12	2.98	2.95	2.98	3.05	3.12	3.21	3.17	3.19	3.19	3.26	3.10	3.01	2.70	2.64
蓉动力	5.66	4.97	3.89	3.89	3.79	4.16	4.27	4.40	4.38	4.40	4.40	4.64	4.26	4.22	3.86	3.69
武凤凰	3.80	3.45	3.20	3.12	3.14	3.31	3.70	3.66	3.62	3.75	3.75	4.13	4.04	4.02	3.72	3.65
皖美菱	6.67	6.15	5.35	5.28	5.26	5.50	6.13	6.18	6.15	6.66	6.66	6.99	6.80	6.90	6.40	6.25
白云山	4.30	4.03	3.75	3.92	3.71	3.72	3.94	3.81	3.50	3.45	3.45	3.65	3.50	3.32	2.87	2.79
穗浪奇	4.46	4.15	3.90	3.96	3.94	3.98	4.17	4.19	4.13	4.15	4.15	4.07	3.97	3.97	3.52	3.35
穗东方	5.05	4.72	4.25	4.31	4.33	4.34	4.56	4.69	4.69	4.82	4.82	5.31	5.23	5.26	5.06	5.00
宁天龙	3.95	3.62	3.47	3.47	3.41	3.63	3.70	3.85	3.79	3.82	3.82	3.92	3.75	3.58	3.28	3.11
厦海发	6.64	5.28	5.10	5.05	5.07	5.18	5.22	5.76	5.76	5.83	5.83	6.25	6.07	5.56	5.25	5.12
粤美的	5.99	5.54	5.14	5.15	5.20	5.32	5.55	5.63	5.54	5.57	5.57	5.76	5.70	5.63	4.90	4.78
桂柳工	3.39	3.17	3.10	3.07	3.07	3.12	3.17	3.20	3.15	3.13	3.13	3.16	3.04	2.86	2.68	2.60
粤美雅	5.98	5.55	5.25	5.20	5.24	5.34	5.60	5.55	5.57	5.52	5.52	5.68	5.64	5.12	4.83	4.80
连大冷	3.86	5.50	3.28	3.34	3.32	3.39	3.50	3.68	3.83	3.89	3.89	4.34	4.16	4.07	3.83	3.80
穗恒运	3.76	3.36	3.18	3.17	3.20	3.23	3.30	3.31	3.26	3.36	3.36	3.35	3.28	3.20	2.87	3.03
粤华电	4.06	3.80	3.51	3.56	3.59	3.70	3.83	3.88	3.85	3.88	3.88	4.00	3.92	3.90	3.45	3.35
万家乐	3.11	2.95	2.80	2.87	2.86	2.93	3.06	3.03	3.00	2.98	2.98	3.00	2.94	2.88	2.58	2.60
汕电力	3.88	3.62	3.38	3.49	3.46	3.51	3.60	3.60	3.56	3.50	3.50	3.55	3.45	3.39	3.09	3.04
猴王	5.01	4.45	4.36	4.37	4.18	4.26	4.35	4.47	4.37	4.42	4.42	4.61	4.42	4.32	3.57	3.62
闽闽东	4.66	3.85	3.58	3.51	3.48	3.67	3.78	4.33	4.33	4.48	4.48	4.78	4.63	4.25	4.05	3.85

续表 3—1

单位:元

券种	1.6	1.13	1.20	1.27	2.17	2.24	3.3	3.10	3.17	3.24	3.31	4.7	4.14	4.21	4.28	5.5
	收盘	收盘	收盘	收盘	收盘	收盘	收盘	收盘	收盘	收盘	收盘	收盘	收盘	收盘	收盘	收盘
津国商	3.73	3.34	3.18	3.15	3.10	3.12	3.23	3.34	3.33	3.39	3.39	3.52	3.38	3.30	3.00	2.91
云白药	5.04	4.65	4.35	4.21	4.23	4.33	4.45	4.54	4.61	4.72	4.72	4.95	4.82	4.89	4.35	4.22
粤电力	4.94	4.63	4.52	4.61	4.58	4.56	4.74	4.70	4.78	4.78	4.78	4.79	4.68	4.70	4.46	4.38
黔中天	6.25	5.69	5.13	5.07	4.93	5.22	5.29	5.40	5.33	5.50	5.50	6.10	5.89	5.78	5.27	5.35
粤照明	9.94	8.95	8.61	8.63	8.65	8.65	9.10	9.30	9.13	9.37	9.37	9.38	9.28	9.64	9.20	8.89
粤 TCL	5.81	5.30	5.08	5.10	5.05	5.26	5.68	5.63	5.65	5.63	5.63	5.70	5.59	5.38	4.95	4.87
皖皖能	4.55	4.29	4.04	4.03	4.02	4.12	4.49	4.50	4.53	4.57	4.57	4.83	4.66	4.65	4.05	4.00
豫白鸽	4.22	4.15	3.66	3.55	3.51	3.63	3.80	3.90	3.90	3.99	3.89	4.10	4.00	3.48	3.20	3.07
吉制药	3.78	2.99	2.82	2.81	2.76	2.88	3.05	3.25	2.91	2.90	2.90	2.95	2.89	2.78	2.58	2.50
吉轻工	3.42	3.00	2.93	2.82	2.89	3.17	3.10	3.20	3.17	3.15	3.15	3.20	3.09	3.01	2.72	2.62
闽福发	5.29	4.45	4.15	4.00	3.90	4.07	4.15	4.95	4.96	5.11	5.11	5.45	5.37	5.13	4.76	4.56
湘中意	3.61	3.22	3.02	3.10	3.05	3.09	3.14	3.23	3.20	3.22	3.22	3.33	3.28	3.23	2.95	2.70
湘火炬	3.09	2.92	2.78	2.84	2.81	2.92	3.01	3.12	3.11	3.07	3.07	3.08	2.96	2.88	2.67	2.58
赣江铃	3.06	2.83	2.73	2.72	2.69	2.73	2.80	2.80	2.78	2.78	2.78	2.84	2.79	2.81	2.53	2.45
苏物贸	5.01	4.54	4.17	4.10	4.02	4.13	4.40	4.48	4.56	4.63	4.63	4.95	4.77	4.15	3.91	3.77
甘长风	3.18	2.96	2.83	2.86	2.83	2.92	3.01	3.11	3.07	3.12	3.12	3.16	3.06	2.97	2.63	2.55
沙隆达	3.67	3.33	3.17	3.14	3.08	3.20	3.34	3.63	3.70	3.85	3.85	4.11	3.89	3.74	3.30	3.38
鲁石化	4.48	4.12	3.95	4.00	3.86	3.99	4.16	4.13	4.10	4.10	4.10	4.23	4.53	4.49	4.26	4.24
黔凯涤	5.09	4.66	4.42	4.20	4.18	4.45	4.75	4.79	4.70	4.76	4.76	4.97	4.77	4.55	4.14	4.06
琼南洋	4.99	4.64	4.08	4.05	3.99	4.26	4.45	4.71	4.77	4.85	4.88	4.85	4.61	4.35	3.90	3.82
银广厦	5.04	4.77	4.46	4.40	4.36	4.57	5.02	5.15	5.10	5.20	5.20	5.24	5.17	4.93	4.32	4.29
辽房天	4.98	4.57	4.26	4.20	4.09	4.43	4.53	4.65	4.65	4.78	4.78	4.96	4.75	4.70	4.27	4.18
万向潮	5.35	4.92	4.68	4.60	4.47	4.73	4.94	5.07	5.02	5.10	5.10	5.30	4.94	4.93	4.51	4.35
昆百大	3.80	3.52	3.20	3.20	3.11	3.21	3.41	3.65	3.62	3.69	3.69	3.71	3.55	3.44	3.22	3.10
陕长岭	3.74	3.53	3.34	3.35	3.35	3.35	3.50	3.61	3.62	3.65	3.65	3.78	3.86	3.81	3.54	3.41
新宏信	6.28	5.86	5.53	5.60	5.59	5.78	6.10	6.10	6.15	6.15	6.15	6.20	6.04	5.75	5.23	5.05
陕国投	6.50	6.01	5.72	5.87	5.90	5.99	6.52	6.72	6.75	6.68	6.68	6.82	6.68	6.63	6.26	6.10
陕民生	4.00	3.60	3.45	3.48	3.41	3.45	3.56	3.80	3.90	3.92	3.92	3.92	3.77	3.76	3.40	3.33
渝三峡	5.05	4.77	4.66	4.60	4.63	4.80	4.90	5.07	4.94	5.02	5.02	5.15	4.99	4.82	4.50	4.45
琼海药	5.32	4.91	4.46	4.42	4.25	4.42	4.66	4.86	4.86	5.04	5.04	5.48	5.22	4.61	4.30	4.07
琼海德	5.80	5.40	4.79	4.76	4.64	4.91	5.06	5.29	5.27	5.42	5.42	5.58	5.40	5.01	4.53	4.33
川老窖	12.21	11.80	11.30	11.35	11.41	11.60	12.86	13.29	12.85	13.19	13.19	13.45	13.04	13.85	12.96	12.93
川长钢	3.09	2.88	2.79	2.85	2.80	2.87	2.99	3.05	3.00	3.06	3.06	3.02	2.92	2.96	2.70	2.63
苏常柴	5.62	4.96	4.80	4.90	4.85	5.07	5.72	5.76	5.75	5.91	5.91	6.08	5.87	5.50	4.90	4.90
新大洲	6.19	5.73	5.19	5.13	5.17	5.28	5.50	6.14	6.16	6.25	6.25	6.68	6.53	6.14	5.58	5.30
琼金盘	9.80	9.03	8.23	8.18	7.48	7.70	7.95	8.45	8.40	8.64	8.64	9.00	8.70	8.32	7.35	7.08
粤宏远	9.75	9.10	8.55	8.35	8.10	8.30	8.75	9.35	9.08	9.16	8.16	9.21	8.93	8.50	7.52	7.33
粤甘化	10.30	9.29	8.60	8.88	8.95	9.10	10.04	11.43	11.10	11.30	11.36	12.00	11.40	11.04	9.15	9.09
青百							6.49	6.65	6.51	6.45	6.45	7.47	7.59	7.50	6.75	6.35

表 3—2　深圳证券交易所 A 股行情周报表　　单位:元

券种	5.12	5.19	5.26	6.2	6.9	6.16	6.23	6.30	7.7	7.14	7.21	7.28	8.4	8.11	8.18	8.25	9.1
	收盘	收盘	收盘	收盘	收盘	收盘	收盘	收盘	收盘	收盘	收盘	收盘	收盘	收盘	收盘	收盘	收盘
深发展	9.38	12.06	10.00	9.90	9.78	9.30	9.34	9.17	9.25	9.02	9.22	9.13	9.18	9.70	10.05	10.56	9.66
深万科	4.93	6.44	5.12	5.07	5.00	4.82	4.95	4.84	4.03	4.02	4.07	4.04	4.00	4.28	4.60	4.25	4.17
深金田	4.85	6.26	5.13	5.10	4.96	4.65	4.73	4.59	4.59	4.51	4.64	4.70	4.70	5.05	5.55	4.23	4.23
深安达	4.65	6.40	5.15	5.08	4.87	4.62	4.74	4.55	4.55	4.51	4.65	4.74	4.64	5.25	5.55	4.88	4.35
深星源	5.05	6.66	5.79	5.59	5.38	5.10	4.95	4.86	4.75	4.68	4.70	4.37	4.28	4.44	4.88	4.34	4.23
深振业	5.30	6.98	6.28	6.40	6.15	5.61	5.65	5.77	6.00	4.25	4.27	4.25	4.23	4.55	5.09	4.60	4.74
深达声	4.09	5.45	4.30	4.41	4.30	4.02	4.00	3.98	3.96	3.91	4.00	4.01	3.80	4.14	4.66	4.01	3.95
深锦兴	4.47	6.40	5.10	4.88	4.72	4.55	4.43	4.48	4.50	4.39	4.45	4.50	4.45	4.55	7.65	5.11	4.53
深宝安	4.07	5.40	4.29	4.20	4.12	3.95	3.96	3.89	3.98	4.01	3.34	3.26	3.23	3.83	4.07	3.74	3.53
深物业	3.94	5.09	4.05	4.06	3.96	3.69	3.67	3.64	3.63	3.56	3.66	3.63	3.65	3.91	4.48	3.61	3.43
深南玻	5.85	7.95	6.79	6.86	6.73	6.42	6.45	6.25	6.30	6.35	4.74	4.63	4.66	4.79	5.15	4.83	4.84
深石化	4.23	5.70	4.70	4.68	4.55	4.30	4.38	4.29	4.37	4.32	4.28	4.31	4.35	4.58	4.94	4.99	4.78
深华源	5.88	7.80	6.50	6.28	6.10	5.70	5.68	5.62	5.76	5.64	5.63	5.62	5.77	4.54	5.10	4.60	4.50
深中厨	3.60	4.72	3.94	3.94	3.76	3.41	3.41	3.47	3.68	3.54	3.63	3.57	3.50	3.61	4.15	3.68	3.46
深康佳	5.42	6.95	5.63	5.62	5.55	5.20	5.15	5.06	5.12	5.15	5.10	5.15	5.53	5.67	6.15	5.92	6.10
深中华	3.82	4.80	4.15	4.10	3.91	3.66	3.65	3.68	3.60	3.66	3.71	3.68	3.73	3.89	4.25	3.98	3.95
深中冠	4.80	6.65	5.30	5.18	5.07	4.79	4.80	4.82	4.85	4.85	4.77	4.76	4.74	4.28	4.95	4.38	4.07
深深宝	2.80	3.68	3.10	3.25	3.16	3.03	3.10	3.19	3.22	3.17	3.39	3.45	3.64	3.67	4.00	3.98	3.62
深华发	3.00	4.06	3.35	3.27	3.19	3.03	3.06	3.14	3.15	3.12	3.21	3.05	3.05	3.18	3.60	3.20	3.17
深科技	3.90	6.30	6.15	3.19	5.98	5.43	5.42	5.68	5.40	5.85	5.81	5.80	5.76	5.72	6.05	5.67	5.36
深赤湾	3.30	4.90	3.87	3.64	3.60	3.38	3.47	3.57	3.63	3.85	3.74	3.70	3.68	3.84	4.09	3.71	3.76
深天地	4.55	7.00	5.76	5.56	5.48	5.01	5.01	4.95	5.04	5.03	5.13	4.99	5.05	5.20	4.52	4.15	4.07
深招港	5.20	8.50	6.47	6.08	6.03	5.80	6.00	6.15	6.40	6.33	6.13	6.14	5.35	5.36	5.56	5.06	5.15
深特力	3.65	5.20	4.72	4.60	4.50	4.12	4.15	4.10	4.40	4.00	3.96	3.93	3.91	3.98	4.35	3.85	3.60
飞亚达	8.69	13.00	11.50	11.45	11.19	10.50	10.40	9.98	10.76	10.68	10.48	10.39	10.40	10.55	10.40	10.31	9.73
深能源	3.00	3.82	3.18	3.10	3.02	2.95	2.99	2.94	2.95	2.93	3.15	3.08	3.12	3.33	3.86	3.30	3.34
深益力	4.00	5.85	5.45	5.40	5.34	5.15	5.78	5.22	5.35	5.23	5.24	5.34	5.30	5.55	5.72	6.30	6.22
深深房	3.38	4.22	3.58	3.58	3.53	3.36	3.42	3.40	3.42	3.37	3.56	3.62	2.93	3.33	5.40	3.82	3.88
莱英达	4.23	5.95	4.65	4.76	4.64	4.32	4.49	4.40	4.41	4.40	4.35	4.35	4.34	4.40	4.80	4.34	4.19
深宝恒	3.95	5.20	4.25	4.15	4.13	3.86	3.84	3.81	3.89	3.84	3.89	4.06	3.19	3.40	4.13	3.65	3.68
深桑达	3.37	4.87	4.10	3.99	3.92	3.64	3.66	3.65	3.75	3.76	3.78	3.70	3.66	3.84	4.21	3.36	3.28
深新都	4.00	7.50	6.12	5.86	5.25	4.75	4.72	4.40	4.59	4.58	4.61	4.47	4.45	4.44	4.73	4.21	3.98
深华宝	4.06	5.79	4.70	4.59	4.39	4.14	4.08	4.08	4.19	4.08	4.11	4.09	4.06	4.20	4.44	4.10	3.75
中科健	4.00	6.18	5.10	5.15	5.10	4.71	4.72	4.76	4.90	4.79	4.75	4.73	4.68	4.69	4.98	4.67	4.18
深惠中	2.89	4.32	3.35	3.42	3.36	3.28	3.28	3.27	3.35	3.46	3.39	3.03	3.01	3.13	3.53	3.11	3.07
深南电	12.15	16.28	14.00	12.00	11.42	10.64	10.37	9.62	10.49	10.20	8.66	8.71	8.65	8.58	8.65	8.19	6.38
深大通	8.01	11.05	9.10	9.03	8.79	8.25	8.35	8.05	8.30	8.28	8.40	8.24	8.33	8.20	8.70	8.23	7.15
深中集	12.50	16.95	14.90	15.11	15.05	13.89	13.86	13.56	14.75	14.95	14.90	15.10	10.81	10.57	10.68	10.57	10.54
深鸿基	6.36	9.65	8.58	8.25	8.12	7.43	7.30	7.08	7.48	7.32	7.19	7.16	7.25	7.35	7.34	7.22	7.05
深长城	18.25	22.70	20.05	22.18	11.45	10.43	10.40	10.08	11.40	11.72	11.71	11.40	11.27	11.18	10.84	11.21	11.25
深南光	8.27	12.40	10.10	10.00	10.09	9.20	9.10	9.00	9.38	9.87	7.10	6.90	6.88	7.03	7.05	6.66	6.70
深纺织	5.65	8.68	7.25	6.95	6.78	6.38	6.30	6.18	6.44	6.50	5.73	5.70	5.64	5.59	5.78	5.48	5.29
深南物	6.46	9.62	8.90	6.25	6.13	5.76	5.73	5.58	5.86	5.72	5.64	5.54	5.54	5.46	5.63	4.91	4.34
深中侨	7.93	12.49	10.55	10.45	10.45	9.73	9.60	9.35	9.71	9.78	9.60	9.45	10.28	10.33	10.65	7.55	7.30
康达尔	6.14	9.48	7.00	7.24	7.12	6.75	7.18	7.05	7.38	7.19	6.90	6.66	6.81	6.74	7.05	6.73	6.80
深万山	7.28	11.80	8.98	8.87	8.55	7.90	7.80	7.62	7.95	7.84	7.60	7.60	7.65	7.58	7.55	7.03	6.16
深天马	9.29	14.15	11.20	11.12	10.82	10.10	10.22	9.98	10.69	11.50	10.87	10.60	10.60	10.69	9.90	9.70	9.10
鄂武商	3.89	4.94	4.08	4.03	3.92	3.80	3.87	3.84	3.86	3.83	3.89	3.88	4.22	4.16	4.30	4.14	4.09
琼能源	2.46	3.22	2.60	2.57	2.52	2.42	2.42	2.46	2.49	2.44	3.97	3.74	3.46	3.56	4.22	3.70	3.45
琼海虹	2.83	3.88	3.05	3.00	2.98	2.80	2.86	2.81	2.84	2.79	2.97	2.64	2.59	2.82	3.11	2.77	2.73
琼港澳	2.62	3.52	2.88	2.82	2.83	2.48	2.46	2.53	2.58	2.47	2.89	2.73	2.69	2.90	3.13	2.75	2.70
琼珠江	4.48	5.90	4.75	4.55	4.46	4.24	4.17	4.08	4.05	3.93	4.10	4.00	4.11	4.24	4.48	4.20	3.88
川盐化	2.48	3.25	2.65	2.59	2.59	2.44	2.46	2.51	2.50	2.44	2.69	2.58	2.57	2.88	3.17	2.67	2.50
粤富华	2.61	3.37	2.73	2.60	2.60	2.45	2.44	2.43	2.46	2.37	2.53	2.57	2.54	2.84	3.06	2.66	2.65
琼民源	2.71	3.44	2.80	2.73	2.69	2.53	2.55	2.50	2.46	2.40	2.74	2.59	2.56	2.89	3.07	2.76	2.62
川天歌	2.91	3.96	3.32	3.16	3.07	2.91	2.93	2.96	2.96	2.96	3.11	2.98	2.94	3.10	3.39	3.01	2.95
川金路	3.43	5.15	4.34	4.28	4.17	3.90	3.94	3.94	3.99	4.00	4.07	3.95	3.71	4.04	4.31	3.28	3.28
辽物资	3.07	4.19	3.40	3.22	3.11	2.98	3.32	3.11	3.48	3.55	3.49	3.48	3.42	3.47	3.66	3.17	3.17
粤丽珠	3.77	4.75	3.90	3.87	3.78	3.63	3.72	3.67	3.80	3.39	3.44	3.40	3.46	3.60	3.87	3.99	4.07
渝开发	3.57	4.98	4.46	4.28	4.10	3.97	3.88	3.88	3.94	3.83	4.02	3.85	3.83	3.90	4.14	3.66	3.55
渝钛白	3.34	4.30	5.18	3.87	3.88	3.69	3.70	3.61	3.65	3.60	3.68	3.59	3.53	3.58	4.05	3.62	3.62
陕解放	5.36	7.90	6.15	6.05	5.85	5.85	5.86	5.85	5.91	5.80	5.74	5.75	5.73	5.84	5.77	5.45	4.86
甬中元	3.20	4.85	4.45	4.18	4.08	3.88	3.85	3.89	4.03	4.00	4.06	3.94	3.90	3.87	4.06	3.73	3.65
苏三山	2.63	3.55	3.04	2.95	2.90	2.71	2.72	2.74	2.78	2.74	2.93	8.87	2.83	3.22	3.31	3.05	3.14
蓉动力	3.65	5.44	4.45	4.35	4.25	4.10	4.12	4.13	4.23	4.17	4.26	4.15	4.13	4.25	4.42	4.18	3.98
武凤凰	3.67	4.88	4.00	3.96	3.89	3.73	3.80	3.75	3.75	3.80	3.82	3.79	3.83	3.96	4.13	4.10	4.28
皖美菱	6.27	7.74	6.94	6.80	6.63	6.22	6.10	5.86	6.23	6.21	6.10	6.00	6.05	6.19	6.44	5.76	5.65
白云山	2.76	3.50	2.89	2.81	2.83	2.67	2.70	2.64	2.73	2.46	2.75	2.64	2.63	2.92	3.07	2.77	2.85
穗浪奇	3.39	4.30	3.78	3.63	3.64	3.38	3.47	3.01	3.02	3.06	3.11	3.03	3.10	3.21	3.55	3.18	3.17
穗东方	5.10	6.98	6.79	4.75	4.48	4.29	4.34	4.32	4.45	4.63	4.42	4.63	4.61	4.60	4.70	4.37	4.38
宁天龙	3.15	4.70	4.05	3.92	3.46	3.34	3.38	3.45	3.69	3.57	3.65	3.57	3.63	3.66	3.90	3.59	3.23
厦海发	5.16	7.98	6.30	6.08	6.02	5.68	5.65	5.55	5.70	5.65	5.63	5.50	5.45	5.50	5.80	5.39	4.60
粤美的	4.78	6.00	4.96	4.83	4.75	4.57	4.59	4.55	4.45	4.43	4.52	4.52	5.34	4.98	5.37	5.01	5.04
桂柳工	2.63	3.42	3.03	2.98	2.91	2.76	2.76	2.78	2.82	2.82	3.04	2.88	2.84	3.34	3.30	2.92	2.94
粤美雅	4.84	5.97	4.80	4.72	4.74	4.51	3.85	3.75	3.58	3.55	3.90	4.18	4.10	4.49	5.38	4.59	4.64
连大冷	3.18	5.10	4.10	4.02	3.84	3.60	3.79	3.75	4.15	4.48	4.32	4.30	4.29	4.35	4.37	4.12	4.12
穗恒运	2.66	3.56	2.91	2.84	2.86	2.75	3.08	3.09	3.19	3.11	3.13	3.10	3.10	3.16	3.32	3.11	3.18
粤华电	3.25	4.09	3.36	3.30	3.21	3.07	3.12	3.07	3.12	3.05	3.23	3.15	3.23	3.40	3.62	3.37	3.23
万家乐	2.56	3.28	2.72	2.61	2.55	2.42	2.33	2.31	2.30	2.21	2.55	2.49	2.31	2.94	3.20	2.71	2.88
汕电力	3.10	3.95	3.30	3.23	3.15	3.02	3.18	2.82	2.88	2.81	3.00	2.88	2.90	3.11	3.78	3.30	3.28
猴王	3.52	4.64	3.80	3.64	3.50	3.38	3.40	2.96	2.90	3.02	3.10	3.11	3.07	3.25	3.70	3.39	3.65
闽闽东	3.89	6.37	5.18	4.90	4.84	4.65	4.63	4.50	4.64	4.70	4.59	4.54	4.50	4.58	4.76	4.30	4.09

续表 3—2

单位:元

券种	5.12	5.19	5.26	6.2	6.9	6.16	6.23	6.30	7.7	7.14	7.21	7.28	8.4	8.11	8.18	8.25	9.1
	收盘	收盘	收盘	收盘	收盘	收盘	收盘	收盘	收盘	收盘	收盘	收盘	收盘	收盘	收盘	收盘	收盘
津国商	2.91	4.02	3.23	3.15	3.10	2.84	2.85	2.97	2.99	2.91	3.02	2.91	2.90	3.16	3.29	2.90	2.89
云白药	4.27	8.30	6.46	6.20	6.09	5.69	5.94	5.77	5.97	6.03	5.81	5.80	5.75	5.90	5.94	5.55	5.36
粤电力	4.35	5.25	4.41	4.43	4.45	4.48	4.76	4.57	4.58	4.53	4.57	4.65	5.55	4.67	4.80	4.73	4.77
黔中天	5.31	8.68	7.88	7.77	6.93	6.46	6.50	6.29	6.55	6.48	6.34	6.04	6.00	6.05	6.28	5.86	5.71
粤照明	8.90	12.48	10.36	10.08	9.96	9.24	9.21	8.99	9.35	9.52	9.79	8.71	8.82	8.85	9.02	8.70	8.70
粤 TCL	4.87	6.90	5.02	5.04	4.92	4.71	4.75	4.65	4.68	4.68	4.66	4.62	4.96	4.80	5.80	4.96	5.08
皖皖能	4.02	5.32	4.25	4.15	4.08	4.00	4.02	3.92	4.20	3.65	3.84	3.80	3.80	4.05	4.32	4.09	4.12
豫白鸽	3.10	4.17	3.34	3.25	3.18	3.03	3.06	3.01	3.05	2.99	3.11	3.07	2.79	3.99	5.15	3.80	3.48
吉制药	2.58	3.60	3.18	3.02	2.93	2.77	2.77	2.80	2.82	2.73	2.94	2.83	2.80	2.99	3.17	2.84	2.85
吉轻工	2.67	3.75	3.19	2.87	2.84	2.66	2.73	2.70	2.73	2.68	2.90	2.81	2.76	3.01	3.20	2.81	2.86
闽福发	4.60	8.20	6.90	6.70	6.62	6.13	6.25	6.00	6.19	6.38	6.20	6.15	6.13	6.12	6.25	4.73	4.55
湘中意	2.64	3.42	2.90	2.78	2.72	2.54	2.55	2.58	2.80	2.62	2.78	2.66	2.63	2.97	5.38	3.68	3.47
湘火炬	2.57	4.00	3.07	3.02	2.95	2.80	2.82	2.80	2.87	2.81	2.98	2.85	2.85	3.14	3.91	3.18	3.17
赣江铃	2.40	3.19	2.57	2.52	2.47	2.39	2.40	2.46	2.57	2.61	3.09	2.62	2.81	5.20	6.90	4.38	4.38
苏物贸	3.78	5.48	4.20	4.15	4.09	3.88	3.90	4.02	4.10	4.50	4.34	4.32	4.28	4.40	4.47	4.16	4.04
甘长风	2.56	3.77	3.12	3.08	3.04	2.88	2.85	2.92	2.99	2.94	3.07	2.99	2.94	3.13	3.38	2.95	3.07
沙隆达	3.63	5.18	5.15	4.83	4.64	4.35	4.47	3.99	3.74	3.77	3.64	3.62	3.60	3.82	4.25	3.82	4.14
鲁石化	4.30	5.75	4.73	4.75	4.72	4.36	4.59	2.85	2.88	2.76	3.02	2.89	2.85	3.17	3.30	3.00	3.00
黔凯涤	4.05	6.08	4.88	4.91	4.90	4.70	4.74	4.65	4.86	4.87	4.80	4.70	4.70	4.22	4.58	4.20	3.88
琼南洋	3.85	5.36	4.81	4.70	4.53	4.18	4.21	4.18	4.24	4.26	4.26	4.20	4.20	4.28	4.62	4.24	4.16
银广厦	4.30	6.88	6.69	6.38	6.39	6.05	6.40	6.13	4.33	4.22	4.38	4.28	4.19	4.26	6.65	4.80	4.93
辽房天	4.17	6.20	5.35	5.25	5.15	4.69	4.92	4.88	5.20	4.90	4.82	4.70	4.66	4.70	4.97	4.65	4.44
万向潮	4.24	7.01	5.25	5.25	5.13	4.83	4.96	4.35	4.50	4.51	4.61	4.60	4.54	4.88	5.50	6.22	6.10
昆百大	3.13	4.70	3.80	3.69	3.69	3.17	3.24	3.21	3.29	3.28	3.35	3.28	3.24	3.35	3.60	3.24	3.18
陕长岭	3.51	4.60	3.83	3.91	3.16	2.94	2.98	2.98	2.97	3.40	3.13	3.02	3.00	3.39	3.49	3.25	3.32
新宏信	5.12	7.16	5.87	5.86	5.75	5.40	5.29	5.20	5.28	5.12	5.10	5.11	5.05	5.20	5.75	5.40	5.40
陕国投	6.08	8.16	6.82	6.99	7.02	6.70	6.70	6.46	6.43	6.33	6.39	6.33	6.47	6.65	6.68	6.63	6.08
陕民生	3.34	4.53	3.68	3.62	3.59	3.38	3.38	3.35	3.40	3.29	3.39	3.31	3.26	3.41	3.58	3.33	3.39
渝三峡	4.39	6.22	5.20	5.05	4.94	4.72	4.83	4.64	4.94	4.78	4.76	4.75	4.68	4.71	5.22	4.70	4.55
琼海药	4.07	5.95	4.75	4.58	4.48	4.19	4.22	4.15	4.20	4.80	4.84	4.54	4.57	4.58	4.90	4.58	4.59
琼海德	4.38	6.25	5.18	5.10	5.07	4.77	4.80	4.70	4.78	4.83	4.73	4.71	4.81	4.03	4.22	4.07	3.60
川老窖	12.88	17.10	16.71	11.70	11.45	10.70	10.75	10.49	12.78	13.12	13.50	14.22	14.11	13.90	14.26	14.04	14.00
川长钢	2.58	3.55	2.85	2.87	2.85	2.74	2.72	2.77	2.80	2.74	3.00	2.81	2.80	2.92	3.25	2.89	2.86
苏常柴	5.25	7.82	6.28	6.16	5.96	6.76	7.90	8.04	10.10	10.70	9.25	9.34	9.14	9.52	9.82	9.35	9.13
新大洲	5.42	7.92	6.13	6.60	6.50	5.97	6.18	5.94	6.10	6.03	6.03	5.95	5.87	6.04	6.32	6.43	4.65
琼金盘	7.00	10.80	8.80	8.40	8.23	7.66	7.60	7.42	7.83	6.46	6.48	6.37	6.35	6.35	6.48	6.08	5.09
粤宏远	7.16	11.50	9.50	7.76	7.50	6.92	6.90	6.72	7.13	6.94	6.85	6.71	6.68	6.88	7.12	6.88	6.77
粤甘化	9.02	13.30	11.67	11.33	11.87	7.93	8.02	7.80	8.60	8.36	8.34	8.18	8.39	8.48	8.59	8.16	7.95
青百	6.48	12.36	9.60	9.38	9.23	8.65	8.50	8.32	8.60	8.35	8.15	7.98	7.91	7.85	7.85	7.11	6.98

表 3—3　深圳证券交易所 A 股行情周报表　　单位:元

券种	9.8	9.15	9.22	9.29	10.6	10.13	10.20	10.27	11.3	11.10	11.17	11.24	12.1	12.8	12.15	11.22	12.29
	收盘	收盘	收盘	收盘	收盘	收盘	收盘	收盘	收盘	收盘	收盘	收盘	收盘	收盘	收盘	收盘	收盘
深发展	9.65	10.10	9.88	7.88	7.75	7.40	7.40	7.55	7.48	7.38	7.17	7.26	6.90	7.00	6.68	6.60	6.43
深万科	4.16	4.17	4.03	4.02	3.99	3.75	3.71	3.93	3.86	3.67	3.82	3.78	3.65	3.71	3.66	3.60	3.49
深金田	4.20	4.19	4.14	4.07	4.04	3.95	3.96	4.05	3.99	3.97	3.98	3.94	3.85	3.91	3.93	4.12	3.90
深安达	4.32	4.32	4.91	4.67	4.61	4.32	4.16	4.48	4.38	4.43	4.50	4.52	4.20	4.39	4.21	4.18	4.05
深星源	4.22	4.19	4.05	3.98	3.88	3.69	3.65	3.91	3.94	3.85	3.75	3.72	3.52	3.62	3.43	3.39	3.20
深振业	4.60	4.76	4.60	4.51	4.44	4.29	4.22	4.41	4.32	4.30	4.23	4.24	4.00	4.09	3.96	3.92	3.80
深达声	3.90	4.01	3.88	3.86	3.81	3.65	3.66	3.79	3.73	3.70	3.72	3.68	3.49	3.55	3.44	3.39	3.20
深锦兴	4.54	5.18	5.02	4.95	4.85	4.74	4.68	4.95	5.14	5.02	5.00	4.95	4.61	4.85	4.78	4.90	4.65
深宝安	3.49	3.60	3.47	3.41	3.36	3.26	3.25	3.32	3.30	3.26	3.18	3.18	3.04	3.09	2.98	2.91	2.84
深华新								14.08	10.25	8.85	8.69	8.21	7.20	7.15	6.40	6.16	5.75
深物业	3.40	3.45	3.37	3.30	3.28	3.19	3.15	3.28	3.27	3.26	3.22	3.23	3.09	3.13	3.00	2.95	2.80
深南玻	4.89	5.08	4.85	5.07	4.96	5.14	5.10	5.34	5.03	4.89	4.85	4.90	4.50	4.60	4.34	4.23	3.94
深石化	4.90	4.00	4.38	4.52	4.18	3.85	3.79	4.40	4.11	4.18	4.03	3.99	3.85	3.89	3.70	3.65	3.60
深华源	4.50	4.51	4.36	4.38	4.30	4.15	4.08	4.24	4.20	4.18	4.09	4.15	3.88	3.88	3.70	2.68	3.39
深中厨	3.42	3.49	3.45	3.43	3.38	3.30	3.26	3.41	3.42	3.74	3.53	3.42	3.25	3.34	3.26	3.15	3.03
深康佳	6.06	6.15	6.08	6.02	5.92	5.80	5.78	5.71	5.70	5.60	5.51	5.49	5.00	5.19	5.01	5.00	4.79
深中华	3.95	4.01	3.88	3.97	3.89	3.80	3.73	3.91	3.90	3.89	3.94	3.92	3.06	3.16	3.04	2.94	2.86
深中冠	4.00	4.05	3.82	4.05	4.01	4.18	4.17	4.26	4.10	4.03	4.07	4.02	3.61	3.82	3.64	3.61	3.43
深深宝	3.75	3.90	4.09	4.08	4.00	3.90	3.73	3.89	3.89	3.71	3.97	3.77	3.66	3.87	3.93	4.15	4.05
深华发	3.14	3.17	3.24	3.10	3.06	3.08	3.01	3.13	3.10	3.12	3.10	3.09	2.90	3.00	2.92	2.81	2.68
深科技	5.40	5.49	4.88	5.20	5.15	4.85	4.85	5.17	5.23	5.11	5.09	5.04	4.70	4.78	4.53	4.65	4.27
深赤湾	3.71	3.86	3.79	3.75	3.75	3.63	3.59	4.29	3.95	4.18	4.14	4.28	3.98	4.17	4.13	4.16	4.09
深天地	4.01	4.06	3.95	3.90	3.85	3.68	3.52	4.21	4.12	4.07	3.98	3.95	3.73	3.78	3.67	3.63	3.48
深招港	5.07	5.60	5.50	5.56	5.56	5.49	5.44	6.23	5.99	6.35	6.15	6.09	5.65	5.75	5.60	5.51	5.48
深特力	3.58	3.65	3.45	3.42	3.38	3.33	3.25	3.42	3.42	3.41	3.33	3.32	3.12	3.22	3.16	3.11	2.95
飞亚达	9.76	10.00	9.70	9.40	9.35	8.80	8.60	8.98	9.00	8.78	8.70	8.49	7.80	8.15	7.91	7.93	7.29
深能源	3.28	3.51	3.38	3.35	3.33	3.22	3.22	3.48	3.45	3.39	3.33	3.38	3.20	3.21	3.06	3.01	2.91
深益力	6.15	6.30	6.00	5.86	5.75	5.74	5.70	6.60	6.65	6.59	6.68	6.35	6.03	6.38	6.30	6.19	6.15
深深房	3.78	4.18	3.93	3.84	3.78	3.65	3.63	3.78	3.83	3.74	3.68	3.59	3.38	3.50	3.28	3.11	3.00
莱英达	4.11	4.20	3.98	3.94	3.90	3.75	3.73	3.89	3.90	3.85	3.84	3.83	3.66	3.80	3.65	3.11	2.97
深宝恒	3.63	3.71	3.52	3.46	3.44	3.32	3.30	3.44	3.42	3.41	3.39	3.60	3.40	3.53	3.41	3.33	3.13
深桑达	3.21	3.50	3.34	3.44	3.43	3.34	3.30	3.67	3.70	3.66	3.56	3.56	3.32	3.41	3.30	3.22	3.07
深新都	4.05	4.22	4.10	3.26	4.18	4.05	4.01	4.20	4.30	4.16	4.05	4.28	4.05	4.30	4.06	4.05	3.67
深华宝	3.72	3.74	3.75	3.70	3.72	3.52	3.48	3.56	3.53	3.45	3.40	3.44	3.37	3.50	2.91	2.97	2.81
中科健	4.20	4.19	4.00	3.98	3.99	3.95	3.62	3.89	3.89	3.96	4.00	3.90	3.68	3.73	3.58	3.50	3.31
深惠中	3.03	3.09	3.00	3.06	3.07	3.52	3.25	3.73	3.44	3.27	3.16	3.04	3.05	3.12	2.95	2.90	2.89
深南电	6.34	6.18	5.78	6.00	5.98	5.60	5.64	6.05	5.94	5.95	5.82	5.71	5.38	5.60	5.18	5.10	4.75
深大通	6.84	6.65	6.45	6.52	6.53	5.95	5.90	6.22	6.96	7.40	7.95	7.55	7.26	7.30	6.71	6.80	6.30
深中集	10.60	11.30	11.00	10.99	10.84	10.45	10.30	12.13	13.10	13.19	13.18	12.99	11.90	12.02	11.90	11.30	11.85
深鸿基	7.25	7.13	6.87	6.72	6.62	6.40	6.25	5.15	4.87	4.70	4.50	4.28	4.11	4.18	4.04	4.03	3.77
深长城	11.10	11.25	10.83	10.65	10.42	9.80	9.06	10.50	10.71	10.59	10.56	10.39	9.70	9.81	9.46	9.20	8.68
深南光	6.64	6.78	6.47	6.40	6.26	5.80	5.70	5.99	5.88	5.76	5.83	5.75	5.32	5.40	5.15	4.97	4.70
深纺织	5.33	5.47	5.23	5.89	5.90	5.98	5.70	6.18	5.60	5.35	5.15	5.10	4.92	4.87	4.46	4.32	4.08
深南物	4.36	4.44	4.18	4.16	4.10	4.00	3.94	4.15	4.15	4.15	4.11	4.04	3.78	3.88	3.65	3.52	3.46
深中侨	7.60	7.48	7.35	7.10	7.00	6.80	6.60	3.93	6.80	6.70	6.61	6.60	6.18	6.25	5.90	5.80	5.10
康达尔	6.63	6.90	6.76	6.92	6.80	6.85	6.75	7.78	7.72	7.99	8.13	7.90	7.58	7.46	7.00	6.90	6.80
深万山	6.15	5.90	5.72	5.56	5.46	5.12	5.06	5.35	5.25	5.20	5.71	5.09	4.70	4.72	4.40	4.40	4.12
深天马	9.00	8.71	8.78	8.25	8.06	7.83	7.70	8.36	8.13	7.85	7.80	7.55	7.61	7.15	6.80	6.67	6.34
鄂武商	4.06	4.08	4.00	4.07	4.07	3.41	3.36	3.46	3.43	3.47	3.39	3.35	3.23	3.32	3.20	3.16	3.01
琼能源	3.43	3.75	3.58	3.58	3.60	3.40	3.30	3.45	3.56	3.52	3.45	3.42	3.27	3.34	3.21	3.13	2.80
琼海虹	2.70	2.70	2.84	2.70	2.67	2.95	2.90	2.91	2.87	2.79	2.71	2.70	2.58	2.63	2.49	2.42	2.32
琼港澳	2.69	2.70	2.66	2.65	2.67	2.64	2.60	2.70	2.70	2.66	2.62	2.60	2.50	2.53	2.42	2.37	2.27
琼珠江	4.10	4.15	3.30	3.19	3.16	3.07	3.03	3.14	3.14	3.06	3.06	3.00	2.90	3.00	2.91	2.83	2.65
川盐化	2.48	2.51	2.45	2.47	2.46	2.42	2.38	2.62	2.54	2.50	2.46	2.45	2.30	2.41	2.33	2.26	2.16
粤富华	2.61	2.63	2.58	2.53	2.52	2.58	2.52	2.70	2.68	2.69	2.62	2.66	2.52	2.57	2.48	2.45	2.32
琼民源	2.61	2.65	2.62	2.57	2.52	2.50	2.40	2.62	2.65	2.58	2.54	2.51	2.42	2.44	2.34	2.30	2.21
川天歌	2.97	2.97	2.93	3.00	2.96	2.80	2.77	3.15	3.04	3.02	2.90	2.88	2.72	2.77	2.64	2.60	2.48
川金路	3.33	3.41	3.33	3.57	3.48	3.37	3.30	3.55	3.44	3.49	3.41	3.39	3.14	3.20	3.07	3.02	2.91
辽物资	3.23	3.23	3.11	3.13	3.10	3.14	3.10	3.22	3.18	3.15	3.10	3.12	2.93	3.03	2.90	2.83	2.67
粤丽珠	4.00	4.11	3.92	3.91	3.83	3.80	3.70	3.81	3.82	3.75	3.72	3.72	3.48	3.56	3.46	3.41	3.48
渝开发	3.52	3.48	3.43	3.36	3.33	3.36	3.25	3.44	3.38	3.32	3.35	3.32	3.10	3.20	3.15	3.05	2.87
渝钛白	3.56	3.54	3.40	3.38	3.50	3.44	3.35	3.60	3.74	3.70	3.66	3.62	3.31	3.67	3.33	3.18	3.09
陕解放	4.97	4.99	4.90	5.01	5.01	4.95	4.76	5.64	5.39	5.24	5.14	5.07	4.79	4.94	4.68	4.59	
甬中元	3.70	3.71	3.72	3.70	3.69	3.65	3.60	3.73	3.75	3.96	3.92	3.93	3.70	3.78	3.65	3.66	3.50
苏三山	3.05	3.03	3.00	2.92	2.90	2.94	2.95	3.04	3.00	2.96	2.90	2.90	2.71	2.77	2.67	2.62	2.42
蓉动力	4.00	4.04	3.87	3.90	3.88	3.83	3.77	4.20	4.04	3.91	3.89	3.92	3.69	3.72	3.61	3.56	3.79
武凤凰	4.22	4.30	3.83	3.87	3.80	3.59	3.58	3.70	3.67	3.65	3.60	3.60	3.38	3.41	3.34	3.23	3.17
皖美菱	5.70	5.90	5.69	5.60	5.60	5.49	5.48	5.62	5.62	5.58	5.48	5.45	5.19	5.30	5.18	4.99	4.80
白云山	2.89	2.92	2.80	2.80	2.84	2.86	2.79	2.95	2.93	2.90	2.87	2.81	2.68	2.69	2.75	2.64	2.49
穗浪奇	3.18	3.16	3.07	3.08	3.04	2.98	2.94	3.06	3.04	3.00	2.98	2.99	2.88	2.97	2.83	2.79	2.71
穗东方	4.28	4.30	4.11	4.06	4.01	4.03	3.90	4.05	3.99	3.95	3.85	4.02	3.78	3.85	3.65	3.60	3.36
宁天龙	3.20	3.22	3.16	3.13	3.11	3.05	3.04	3.16	3.14	3.15	3.17	3.18	3.65	3.11	3.30	3.05	2.82
厦海发	4.55	4.56	4.29	4.22	4.20	4.00	4.00	4.30	4.20	4.14	4.11	4.46	4.10	4.53	6.00	4.55	4.12
粤美的	5.05	5.08	4.83	4.75	4.69	4.56	4.48	4.65	4.75	4.70	4.63	4.55	4.30	4.48	4.27	4.23	4.08
桂柳工	2.86	3.11	3.58	3.25	3.18	3.09	3.04	3.86	3.66	3.65	3.49	3.40	3.14	3.38	3.18	3.10	2.89
粤美雅	4.64	4.69	4.48	4.42	4.35	4.16	4.10	4.35	4.30	4.22	4.16	4.12	3.93	4.01	3.89	3.80	3.65
连大冷	4.02	4.08	3.90	4.02	4.00	3.89	3.74	3.95	3.85	3.79	3.69	3.64	3.40	3.48	3.35	3.33	3.10
穗恒运	3.13	3.20	3.13	3.07	3.04	2.99	3.02	3.17	3.18	3.10	3.03	3.03	2.83	2.92	2.81	2.75	3.31
粤华电	3.22	3.43	3.08	3.05	3.03	2.95	2.98	3.29	3.26	3.24	3.15	3.15	2.98	3.04	2.96	2.88	2.76
万家乐	2.80	2.78	2.70	2.61	2.61	2.54	2.50	2.67	2.66	2.61	2.57	2.52	2.40	2.43	2.34	2.33	2.22
汕电力	3.26	3.32	3.15	3.13	3.08	3.07	3.10	3.35	3.32	3.32	3.23	3.25	3.00	3.12	3.01	2.96	3.10
猴王	3.53	3.75	3.62	3.72	3.65	3.43	3.36	3.50	3.49	3.46	3.38	3.34	3.10	3.20	3.07	3.02	2.88
闽闽东	3.97	4.08	3.85	3.85	3.98	3.70	3.65	3.93	3.88	3.71	3.66	3.65	3.39	3.45	3.46	3.37	3.12

续表 3—3　　　　单位：元

券种	9.8	9.15	9.22	9.29	10.6	10.13	10.20	10.27	11.3	11.10	11.17	11.24	12.1	12.8	12.15	11.22	12.29
	收盘	收盘	收盘	收盘	收盘	收盘	收盘	收盘	收盘	收盘	收盘	收盘	收盘	收盘	收盘	收盘	收盘
津国商	3.03	3.00	2.92	2.90	2.85	2.84	2.82	2.93	2.91	2.88	2.89	2.85	2.71	2.80	2.71	2.64	2.55
云白药	5.36	5.42	5.18	5.08	5.04	4.90	4.82	5.03	5.21	4.06	4.08	4.14	3.77	3.92	3.76	3.72	3.56
粤电力	4.63	4.64	4.36	4.35	4.28	4.17	4.19	4.33	4.35	4.25	4.17	4.15	4.05	4.10	4.00	3.93	3.81
黔中天	5.54	5.53	5.30	5.40	5.43	4.30	4.27	4.45	4.37	4.35	4.40	4.38	4.13	4.21	4.07	3.98	3.50
粤照明	8.72	8.85	8.60	8.20	8.07	7.78	7.30	8.02	8.13	8.00	7.85	7.74	7.35	7.54	7.27	7.07	6.84
粤 TCL	4.94	5.02	4.85	4.87	4.78	4.74	4.64	4.80	4.80	4.78	4.68	4.66	4.48	4.50	4.37	4.30	4.08
皖皖能	4.37	5.03	4.92	4.63	4.60	4.54	4.40	4.57	4.60	4.43	4.43	4.30	3.96	4.07	3.85	3.80	3.50
豫白鸽	3.49	3.68	3.49	3.71	3.54	3.50	3.50	4.24	4.29	4.26	4.40	4.14	3.91	4.28	4.16	3.80	3.41
吉制药	2.87	3.03	2.93	2.95	2.89	2.94	2.91	3.03	3.05	3.00	2.88	2.87	2.75	2.78	2.66	2.64	2.50
吉轻工	2.84	2.90	2.87	2.85	2.81	2.81	2.80	2.93	2.90	2.92	2.82	2.81	2.65	2.69	2.66	2.59	2.41
闽福发	4.41	4.56	4.48	4.41	4.41	4.10	4.10	4.71	4.59	4.43	4.34	4.34	4.05	4.14	4.10	4.05	3.72
湘中意	3.48	4.07	3.67	3.56	3.52	3.31	3.26	3.51	3.55	3.51	3.38	3.24	3.10	3.17	3.11	3.06	2.75
湘火炬	3.14	3.28	3.18	3.10	3.14	2.81	2.80	2.98	2.94	2.90	2.88	2.84	2.53	2.75	2.68	2.62	2.57
赣江铃	4.45	4.56	4.28	4.18	4.38	4.11	4.05	4.23	4.63	4.28	4.15	4.10	3.60	3.70	3.39	3.28	3.00
苏物贸	3.80	3.82	3.69	3.74	3.66	3.52	3.50	3.61	3.58	3.53	3.53	3.52	3.32	3.41	3.23	3.16	3.01
甘长风	2.99	3.02	2.95	2.94	2.90	2.87	2.84	2.81	2.84	2.80	2.79	2.83	2.69	2.78	2.71	2.62	2.43
沙隆达	3.99	4.14	3.94	4.02	3.97	3.93	3.80	4.09	4.04	4.04	3.99	3.99	3.81	3.86	3.41	3.55	3.38
鲁石化	2.97	3.02	3.07	2.99	2.94	2.89	2.80	2.95	2.93	2.89	2.85	2.85	2.68	2.80	2.68	2.61	2.49
黔凯涤	3.87	3.85	3.70	3.73	3.64	3.72	3.66	3.85	3.71	3.63	3.59	3.57	3.30	3.47	3.48	3.39	3.25
琼南洋	4.17	4.38	4.28	3.58	3.45	3.27	3.26	3.56	3.45	3.40	3.45	3.40	3.20	3.32	2.96	3.65	2.91
银广厦	4.81	4.90	4.69	4.58	4.42	4.37	4.32	4.59	4.88	4.89	5.37	5.60	5.45	5.84	6.34	5.61	5.78
辽房天	4.40	4.42	4.32	4.32	4.24	3.33	3.24	3.56	3.53	3.42	3.36	3.44	3.14	3.23	3.04	2.95	2.74
万向潮	6.38	6.41	6.39	6.17	6.05	5.56	5.50	6.00	6.25	6.00	5.86	5.99	5.65	5.75	5.56	5.67	5.70
昆百大	3.19	3.24	3.10	3.09	3.04	3.11	3.10	3.30	3.14	3.06	3.00	2.96	2.76	2.86	2.70	2.65	2.62
陕长岭	3.28	3.34	3.25	3.20	3.17	3.05	3.04	3.18	3.11	3.12	3.19	3.24	3.16	3.16	3.12	3.06	3.01
新宏信	5.33	5.36	5.20	5.14	5.12	4.75	4.70	4.93	5.05	5.05	5.07	4.98	4.05	4.13	3.86	3.74	3.72
陕国投	6.01	5.95	5.69	5.56	5.50	5.23	5.10	5.32	5.32	5.23	5.17	5.14	4.75	4.94	4.74	4.52	4.43
陕民生	3.33	3.43	3.30	3.26	3.27	3.19	3.00	3.38	3.00	2.98	2.88	2.92	2.76	2.80	2.66	2.68	2.61
渝三峡	4.49	4.54	4.52	4.55	4.54	4.30	4.23	4.39	4.35	4.29	4.21	4.10	3.82	3.86	3.75	3.58	3.34
琼海药	4.80	5.39	5.08	5.01	4.90	4.80	4.58	4.70	4.64	4.55	4.72	4.48	3.84	4.18	4.00	3.89	3.65
琼海德	3.55	3.55	3.41	3.35	3.30	3.45	3.40	3.43	3.40	3.35	3.34	3.30	3.05	3.16	3.06	3.00	2.85
川老窖	14.80	16.05	16.60	16.66	16.12	15.89	15.66	22.69	22.50	22.31	23.32	23.38	21.00	15.00	14.50	14.46	14.10
川长钢	2.87	2.95	2.94	2.98	3.03	2.95	2.91	3.23	3.01	2.96	3.00	3.00	2.64	2.68	2.56	2.52	2.40
苏常柴	9.50	9.46	9.40	9.78	9.46	9.38	9.15	11.48	11.90	11.39	11.44	11.39	8.96	8.77	8.30	8.00	7.80
新大洲	4.65	4.88	4.64	4.84	4.84	4.90	4.70	4.78	4.80	4.73	4.86	4.75	4.33	4.35	4.20	4.12	3.91
琼金盘	4.99	4.98	4.66	4.50	4.52	4.34	4.30	4.91	4.87	4.72	4.63	4.45	4.30	4.41	4.29	4.20	3.89
粤宏远	3.98	6.88	6.61	6.60	6.90	6.48	5.37	7.89	7.70	7.65	7.38	7.15	6.75	6.89	7.16	6.60	6.11
粤甘化	7.99	7.83	7.49	7.60	7.58	7.30	7.22	7.56	7.54	7.35	7.20	7.10	6.57	6.72	6.50	6.34	5.88
青百	6.96	7.08	6.73	6.65	6.55	6.35	6.21	6.78	6.76	6.60	6.76	6.84	6.60	6.68	6.65	6.73	6.30
桂新力								1.00	9.80					6.69	6.26	6.10	5.55
川长征								1.00	8.96					6.30	5.67	5.65	4.84
蜀都														6.20	5.84	5.22	4.75
东水电														5.93	5.45	5.03	4.65
川长江																7.51	7.45

表4　深圳证券交易所B股行情周报表　　单位：港元

券种	1.6	1.13	1.20	1.27	2.17	2.24	3.3	3.10	3.17	3.24	3.31	4.7	4.14	4.21	4.28	5.5
	收盘	收盘	收盘	收盘	收盘	收盘	收盘	收盘	收盘	收盘	收盘	收盘	收盘	收盘	收盘	收盘
深万科	3.60	3.60	2.99	3.50	3.50	3.20	3.30	3.30	3.20	3.20	3.04	3.00	2.50	2.54	2.52	2.50
深金田	3.50	3.60	3.60	3.40	3.40	2.75	2.75	3.00	3.10	3.10	3.10	2.90	2.90	2.90	2.60	2.55
深物业	3.00	3.00	3.00	2.95	2.95	2.95	2.95	2.95	2.90	2.90	2.90	2.90	2.90	2.90	2.90	2.90
深南玻	7.60	7.49	7.49	6.50	5.00	4.80	4.75	4.70	4.62	4.52	4.49	4.54	4.50	4.60	4.46	4.44
深石化	2.50	2.50	2.50	2.50	2.50	2.50	2.50	2.25	2.35	2.35	2.06	2.10	2.10	2.10	2.10	2.10
深中厨	1.70	1.70	1.70	1.70	1.30	1.30	1.47	1.80	1.70	1.70	1.75	1.74	1.72	1.72	1.70	1.50
深康佳	3.80	3.80	4.35	4.55	3.85	3.85	3.85	3.85	4.20	4.20	3.80	3.88	3.80	3.80	3.82	3.77
深中华	3.45	3.45	3.45	3.46	3.25	3.30	3.25	3.08	3.07	3.07	3.07	3.07	3.07	3.07	2.70	2.30
深中冠	2.00	2.00	2.00	2.00	2.00	1.30	1.30	1.89	1.80	1.80	1.80	1.80	1.80	1.80	1.65	1.60
深深宝	1.20	1.30	1.11	1.21	1.06	1.20	1.30	1.40	1.32	1.32	1.36	1.41	1.45	1.30	1.25	1.25
深华发	1.35	1.35	1.31	1.31	1.30	1.15	1.30	1.47	1.50	1.50	1.45	1.48	1.48	1.45	1.45	1.40
深赤湾	3.20	3.20	3.50	3.12	3.05	3.13	3.13	3.50	3.45	3.45	3.50	3.50	3.50	3.50	3.60	3.50
深招港	4.30	4.30	3.60	4.20	4.20	4.70	4.20	4.35	4.30	4.30	4.20	4.70	4.60	4.50	4.49	4.49
深特力	2.56	2.56	2.56	2.50	1.90	1.60	1.60	1.60	1.60	1.60	1.60	1.60	1.60	1.60	1.60	1.60
飞亚达	3.31	3.30	3.30	3.48	3.30	3.30	3.35	3.55	3.50	3.50	3.50	3.50	3.01	3.20	3.15	3.15
深益力	2.50	2.50	2.50	2.50	2.50	2.50	2.50	2.20	2.25	2.25	2.25	2.15	2.00	1.91	1.75	1.55
深深房	2.50	2.50	2.50	3.39	2.27	2.00	2.00	1.99	1.98	1.98	2.05	2.30	2.20	2.20	2.11	2.10
莱英达	3.90	2.31	2.31	2.31	2.31	2.31	2.20	2.20	2.20	2.20	2.20	2.59	2.59	2.30	2.38	2.28
深南电	3.00	3.00	3.00	3.00	3.00	3.05	3.03	3.25	3.21	3.21	3.20	3.09	3.10	2.98	3.00	2.80
深中集	7.90	7.90	7.90	7.90	6.99	7.00	7.00	7.00	7.00	7.00	7.00	7.02	7.02	7.02	7.00	7.00
深本实	1.65	1.65	1.65	1.65	1.65	1.65	1.60	1.60	1.80	1.80	1.80	1.70	1.60	1.55	1.50	1.50
深纺织	3.30	3.30	3.30	3.30	1.40	1.20	1.79	1.79	1.79	1.79	1.65	1.85	1.54	1.85	1.65	1.65
闽灿坤	3.85	3.00	2.95	2.95	2.70	2.65	2.60	2.60	2.70	2.70	2.70	2.80	2.80	2.75	2.60	2.45
粤丽珠	3.70	3.70	3.60	3.58	3.70	3.70	3.40	3.40	3.40	3.40	3.40	3.40	3.40	3.40	3.41	3.41

券种	5.12	5.19	5.26	6.2	6.9	6.16	6.23	6.30	7.7	7.14	7.21	7.28	8.4	8.11	8.18	8.25	9.1
	收盘	收盘	收盘	收盘	收盘	收盘	收盘	收盘	收盘	收盘	收盘	收盘	收盘	收盘	收盘	收盘	收盘
深万科	2.60	2.60	2.70	2.70	2.49	2.49	2.68	2.70	2.72	2.72	2.72	2.72	2.73	2.83	2.80	2.80	2.80
深金田	2.55	2.55	2.65	2.65	2.70	3.00	3.00	3.00	3.00	3.00	3.00	3.00	3.05	3.36	3.40	3.45	3.48
深物业	2.90	2.50	2.50	2.50	2.50	2.50	2.50	2.50	2.50	2.50	2.50	2.50	2.50	2.50	2.51	2.15	2.15
深南玻	4.44	4.90	5.00	5.00	5.00	4.92	4.90	4.90	4.90	5.00	5.00	3.80	3.80	4.10	4.20	4.20	4.37
深石化	2.18	2.10	2.30	2.35	2.20	2.20	2.20	2.20	2.20	2.15	2.15	2.16	2.16	2.20	2.20	2.25	2.25
深中厨	1.50	1.45	1.45	1.45	1.45	1.45	1.45	1.25	1.25	1.10	1.12	1.15	1.15	1.25	1.15	1.25	1.25
深康佳	3.50	3.50	3.70	3.70	3.70	3.70	3.70	3.75	3.75	3.75	3.75	3.80	3.90	4.05	4.00	4.48	4.45
深中华	1.60	1.90	2.00	2.00	2.00	2.00	2.00	2.50	2.25	2.50	2.50	2.50	2.51	2.71	2.75	2.75	2.70
深中冠	1.60	1.60	1.62	1.62	1.62	1.62	1.62	1.62	1.62	1.62	1.62	1.62	1.42	1.44	1.44	1.44	1.44
深深宝	1.25	1.28	1.10	1.10	1.05	1.02	1.03	1.05	1.20	1.20	1.05	1.05	1.13	1.13	1.15	1.15	1.15
深华发	1.40	1.45	1.45	1.45	1.45	1.45	1.45	1.45	1.45	1.45	1.45	1.36	1.36	1.55	1.55	1.55	1.55
深赤湾	3.50	3.61	3.90	3.70	3.70	3.70	3.70	3.70	3.70	3.70	3.71	3.71	3.71	3.71	3.71	3.68	3.68
深招港	4.50	4.30	4.20	4.10	4.00	3.90	4.00	4.20	4.20	4.24	4.00	4.00	3.54	3.60	3.60	3.60	3.60
深特力	1.60	1.60	1.60	1.60	1.60	1.62	1.60	1.60	1.60	1.60	1.60	1.60	1.60	1.58	1.60	1.60	1.60
飞亚达	3.10	3.10	3.20	3.15	3.13	3.01	3.10	3.10	3.20	3.25	3.25	3.20	3.10	3.30	3.40	3.10	3.31
深益力	1.50	1.41	1.40	1.50	1.50	1.48	1.50	1.50	1.50	1.41	1.31	1.30	1.30	1.40	1.40	1.40	1.24
深深房	2.05	2.15	2.26	2.20	2.25	2.10	2.15	2.00	2.00	2.00	2.00	2.00	1.80	1.84	1.99	1.95	1.95
莱英达	1.96	1.96	2.38	2.26	2.26	2.26	2.26	2.26	2.26	2.26	2.26	2.26	2.26	2.28	2.28	2.28	2.68
深南电	2.80	2.80	2.80	2.79	2.65	2.60	2.45	2.32	2.25	2.18	2.00			2.00	2.10	2.05	1.78
深中集	7.00	7.00	6.90	6.96	7.00	7.00	6.90	7.00	7.00	7.00	7.00			5.80	6.00	6.00	6.01
深本实	1.50	1.60	1.60	1.60	1.50	1.50	1.50	1.50	1.49	1.49	1.25			1.20	1.18	1.20	1.21
深纺织	1.65	1.85	1.80	1.80	1.75	1.74	1.20	1.48	1.45	1.45	1.40	1.38	1.25	1.28	1.30	1.28	1.25
深基地														3.00	3.00	2.95	2.95
深建摩														4.90	4.96	5.03	5.03
琼珠江								2.55	2.55	2.56	2.55			2.56	2.40	2.40	2.40
闽灿坤	2.45	2.45	2.20	2.10	2.10	2.10	2.10	1.87	1.87	1.87	2.00	2.00	1.99	1.85	1.80	1.75	1.80
粤丽珠	3.42	3.42	3.70	3.70	3.70	3.41	3.41	3.41	3.41	3.41	3.30	3.30	3.30	3.40	3.40	3.40	3.00
粤电力								3.90	4.02	3.84	4.17			4.48	4.43	4.45	4.35
粤照明														5.90	5.85	5.70	5.70

券种	9.8	9.15	9.22	9.29	10.6	10.13	10.20	10.27	11.3	11.10	11.17	11.24	12.1	12.8	12.15	12.22	12.29
	收盘	收盘	收盘	收盘	收盘	收盘	收盘	收盘	收盘	收盘	收盘	收盘	收盘	收盘	收盘	收盘	收盘
深万科	2.82	2.81	2.80	2.80	3.00	3.00	2.99	2.89	2.90	2.90	2.88	2.80	2.80	2.80	2.80	2.85	2.85
深金田	3.45	3.45	3.48	3.48	3.48	3.48	3.60	3.45	3.39	3.38	3.20	2.69	2.64	2.65	2.78	2.50	2.65
深物业	2.15	2.15	2.15	1.66	1.60	1.50	2.02	1.70	1.68	1.60	1.50	1.55	1.51	1.55	1.55	1.53	1.55
深南玻	4.38	4.30	4.30	4.20	4.20	4.20	4.20	4.20	4.18	4.00	4.00	3.90	3.80	3.60	3.30	3.20	3.30
深石化	2.40	1.92	1.92	1.99	2.00	2.05	2.42	2.18	2.15	2.15	2.10	2.05	2.05	2.00	1.95	1.80	1.80
深中厨	1.25	1.28	1.08	1.08	1.05	1.05	1.99	1.45	1.45	1.45	1.40	1.30	1.20	1.28	1.17	1.16	1.16
深康佳	4.57	4.60	4.70	4.80	4.60	4.75	4.75	4.70	4.75	4.80	4.50	4.55	4.35	3.95	3.83	3.90	3.90
深中华	2.65	2.64	2.55	2.55	2.54	2.54	2.54	1.99	1.98	1.60	1.58	1.28	1.29	1.27	1.26	1.26	1.27
深中冠	1.44	1.20	1.20	1.10	1.10	1.10	2.00	1.58	1.50	1.35	1.21	1.20	1.18	1.15	1.18	1.15	1.10
深深宝	1.05	1.05	1.00	1.10	0.95	1.00	1.78	1.47	1.28	1.28	1.17	1.25	1.15	1.20	1.18	1.08	1.15
深华发	1.55	1.55	1.55	1.55	1.55	1.55	2.00	1.65	1.50	1.50	1.50	1.50	1.50	1.25	1.20	1.20	1.10
深赤湾	3.68	3.65	3.65	3.65	3.45	3.50	3.60	3.45	3.45	3.50	3.00	3.20	3.10	3.00	2.95	2.90	2.91
深招港	3.55	3.50	3.50	3.51	3.49	3.47	3.40	3.28	3.28	3.20	3.00	2.90	2.90	2.90	2.60	2.45	2.80
深特力	1.60	1.60	1.60	1.60	1.60	1.35	1.35	1.95	1.55	1.54	1.30	1.35	1.26	1.22	1.22	1.18	1.15
飞亚达	3.20	3.10	3.10	3.00	3.00	3.00	3.50	3.38	3.38	3.38	3.20	3.10	3.18	3.17	3.15	3.21	2.40
深益力	1.25	1.25	1.28	1.30	1.28	1.28	1.95	1.60	1.56	1.44	1.40	1.31	1.30	1.31	1.31	1.31	1.30
深深房	1.85	1.75	1.70	1.75	1.79	1.69	2.15	1.80	1.81	1.74	1.65	1.64	1.68	1.68	1.65	1.66	1.65
莱英达	2.68	2.28	2.28	1.90	1.85	1.85	2.50	2.00	1.88	1.80	1.70	1.70	1.45	1.68	1.45	1.45	1.43
深南电	1.80	1.62	1.70	1.60	1.60	1.69	2.28	1.90	1.81	1.80	1.68	1.70	1.68	1.64	1.72	1.60	1.68
深中集	6.50	6.59	6.60	6.39	6.40	6.40	6.31	6.20	5.95	5.95	5.90	5.50	5.90	5.70	5.80	5.80	5.70
深本实	1.20	1.20	1.20	1.20	1.18	1.22	2.23	1.70	1.85	1.67	1.57	1.55	1.46	1.40	1.40	1.35	1.39
深纺织	1.26	1.21	1.20	1.20	1.21	1.25	2.08	1.74	1.60	1.45	1.42	1.38	1.34	1.39	1.38	1.36	1.38
深基地	2.95	2.95	2.95	3.30	3.30	3.30	3.30	3.30	3.30	3.30	3.30	3.30	3.30	3.30	3.30	3.20	3.20
深建摩	5.27	5.15	5.00	4.75	4.75	4.75	4.75	4.75	4.25	4.10	3.60	3.36	3.36	3.50	3.30	3.20	3.20
深方大														1.54	1.55	1.56	1.54
深国商								1.53	1.51	1.48	1.48	1.44	1.40	1.35	1.35	1.38	1.37
琼珠江	2.30	1.99	2.50	2.50	2.50	2.50	2.40	2.00	2.20	1.98	1.60	1.93	1.62	1.50	1.45	1.51	1.51
闽灿坤	1.75	1.40	1.45	1.50	1.45	1.60	2.47	1.76	1.77	1.68	1.65	1.65	1.65	1.59	1.50	1.48	1.50
粤丽珠	3.00	3.00	3.00	2.50	2.50	3.00	3.30	3.30	2.80	2.60	2.60	2.60	2.60	2.60	2.49	2.50	2.50
粤电力	4.45	4.55	4.45	4.28	4.30	4.30	4.30	4.28	4.24	4.20	4.05	3.49	3.55	3.10	3.54	3.80	3.70
粤照明	5.65	5.72	5.65	5.65	5.65	5.65	6.00	5.65	5.64	5.64	5.63			5.40	5.25	5.20	5.20
赣江铃				1.46	1.50	1.47	1.82	1.59	1.60					1.44	1.41	1.35	1.35
苏威孚				2.90	2.80	2.90	2.90	2.88	2.50					2.50	2.48	2.48	2.48

表 5—1 STAQ 系统行情周报表

单位:元

券种	1.6	1.13	1.25	1.27	2.10	2.17	2.24	3.3	3.10	3.17	3.24	3.31	4.7	4.14	4.21	4.28	5.5
	收盘	收盘	收盘	收盘	收盘	收盘	收盘	收盘	收盘	收盘	收盘	收盘	收盘	收盘	收盘	收盘	收盘
恒通	2.02	2.00	2.02	2.38	2.05	2.06	2.08	2.10	2.07	2.08	2.09	2.00	1.96	1.95	1.12	1.05	1.25
华凯	1.20	1.19	1.19	1.20	1.19	1.22	1.23	1.21	1.20	1.23	1.28	1.18	1.23	1.22	1.19	1.17	0.96
大自然	1.36	1.35	1.35	1.35	1.40	1.31	1.43	1.36	1.30	1.20	1.24	1.28	1.23	1.40	1.06	1.01	1.03
海国实	1.16	1.18	1.16	1.20	1.14	1.17	1.18	1.20	1.15	1.17	1.18	1.18	1.14	1.20	1.48	1.49	0.97
长白	1.70	1.72	1.76	1.75	1.71	1.85	1.78	1.67	1.62	1.63	1.75	1.68	1.60	1.57	2.17	2.05	1.20
中商	2.05	2.05		2.10	2.05	2.03	2.09	2.13	2.25	2.35	2.10	2.24	2.29	2.21	1.57	1.50	1.84
海航	1.62	1.62	1.60	1.61	1.60	1.59	1.56	1.58	1.54	1.50	1.56	1.58	1.65	1.60	1.50	1.56	1.50
五星	1.45	1.46	1.45	1.50	1.45	1.52	1.50	1.63	1.54	1.50	1.52	1.65	1.63	1.66	1.89	1.90	1.49

券种	5.12	5.19	5.26	6.2	6.9	6.16	6.23	6.30	7.7	7.14	7.21	7.28	8.4	8.11	8.18	8.25	9.1
	收盘	收盘	收盘	收盘	收盘	收盘	收盘	收盘	收盘	收盘	收盘	收盘	收盘	收盘	收盘	收盘	收盘
恒通	1.30	1.58	1.49	1.49	1.55	1.39	1.40	1.55	1.38		1.15	1.24	1.30	1.24	1.27	1.35	1.28
华凯	0.90	1.18	1.01	1.00	0.96	0.94	0.95	0.90	0.99	1.00	0.91	0.93	0.92	0.91	0.93	0.92	0.91
大自然	1.01	1.37	1.20	1.19	1.28	1.39	1.19	1.21	1.16		1.14	1.16	1.00	1.03	1.02	1.02	1.02
海国实	0.94	1.13	1.01	1.00	0.98	0.95	0.93	0.96	0.98	0.93	0.94	0.91	0.90	0.93	0.90	0.90	0.88
长白	1.25	1.62	1.30	1.27	1.21	1.30	1.20	1.23	1.15	1.15	1.16	1.14	1.15	1.20	1.15	1.05	1.04
中商	1.80	2.15	1.99	1.86	1.80	1.50	1.64	1.60	1.60		0.00	1.52	1.42	1.55	1.59	1.60	1.60
海航	1.48	1.65	1.60	1.55	1.67	1.30	1.32	1.30	1.30	1.29	1.28	1.24	1.25	1.35	1.34	1.36	1.30
五星	1.45	1.60	1.49	1.50	1.54	1.59	1.76	1.36	1.65	1.64	1.66	1.56	1.55	1.55	0.00	1.55	1.51

券种	9.8	9.15	9.22	9.29	10.6	10.13	10.20	10.27	11.3	11.10	11.17	11.24	12.1	12.8	12.15	12.22	12.29
	收盘	收盘	收盘	收盘	收盘	收盘	收盘	收盘	收盘	收盘	收盘	收盘	收盘	收盘	收盘	收盘	收盘
恒通	1.25	1.25	1.24	1.25	1.25	1.26	1.35	1.30	1.30	1.29	1.30	1.30	1.29	1.25	1.30	1.28	1.30
华凯	0.90	0.90	0.92	0.90	0.88	0.84	0.85	0.85	0.84	0.84	0.83	0.85	0.85	0.85	0.81	0.70	0.65
大自然	0.82	1.00	0.95	0.92	0.85	0.90	0.95	0.85	0.98	0.92	0.93	0.93	0.96	0.95	1.02	0.97	0.97
海国实	0.82	0.82	0.82	0.82	0.83	0.82	0.81	0.80	0.76	0.74	0.74	0.76	0.77	0.75	0.83	0.74	0.74
长白	1.04	0.95	1.02	1.00	0.92	0.91	0.95	0.93	0.93	0.96	1.00	0.96	1.00	0.92	1.04	0.94	0.98
中商	1.67	1.65	1.63	1.65	1.66	1.65	1.70	1.80	1.75	1.80	1.80	1.82	1.80	1.80	1.85	1.80	1.80
海航	1.35	1.36	1.37	1.38	1.38	1.39	1.48	1.56	1.55	1.54	1.58	1.54	1.47	1.38	1.40	1.37	1.30
五星	1.48	1.36	1.35	1.45	1.45	1.45	1.50	1.39	1.42	1.42	1.58	1.58	1.42	1.38	1.58	1.41	1.46

表 5—2 NET 系统行情周报表

单位:元

券种	1.6	1.13	1.25	1.27	2.10	2.17	2.24	3.3	3.10	3.17	3.24	3.31	4.7	4.14	4.21	4.28	5.5
	收盘	收盘	收盘	收盘	收盘	收盘	收盘	收盘	收盘	收盘	收盘	收盘	收盘	收盘	收盘	收盘	收盘
中兴实业	1.18	1.11	1.12	1.10		1.12	1.10	1.06	1.08	1.05	1.06	1.07	1.06	1.05	1.02	0.93	0.92
东方实业	1.59	1.52	1.47	1.40		1.41	1.49	1.43	1.52	1.44	1.44	1.40	1.38	1.40	1.26	1.05	1.08
建北集团	0.91	0.89	0.87	0.85		0.86	0.86	0.83	0.84	0.82	0.82	0.82	0.80	0.77	0.72	0.65	0.64
广州电力	1.27	1.25	1.26	1.25		1.25	1.24	1.23	1.24	1.24	1.25	1.24	1.25	1.24	1.25	1.20	1.18
湛江供销	1.29	1.26	1.29	1.24		1.16	1.12	1.10	1.12	1.06	1.08	1.10	1.07	1.02	1.02	1.01	0.98
广东广建	0.94	0.92	0.89	0.90		0.87	0.86	0.86	0.86	0.84	0.84	0.84	0.84	0.82	1.74	0.66	0.64
南海发展	1.35	1.29	1.28	1.25		1.23	1.23	1.13	1.16	1.14	1.15	1.19	1.14	1.14	1.18	0.00	1.15

券种	5.12	5.19	5.26	6.2	6.9	6.16	6.23	6.30	7.7	7.14	7.21	7.28	8.4	8.11	8.18	8.25	9.1
	收盘	收盘	收盘	收盘	收盘	收盘	收盘	收盘	收盘	收盘	收盘	收盘	收盘	收盘	收盘	收盘	收盘
中兴实业	0.92	1.20	0.98	0.96	0.97	0.98	0.95	0.95	0.94	0.92	0.94	0.92	0.92	0.94	0.92	0.90	0.89
东方实业	1.06	1.22	1.03	1.04	0.93	0.82	0.81	0.84	0.82	0.83	0.84	0.00	0.82	0.84	0.85	0.85	0.78
建北集团	0.61	0.80	0.67	0.62	0.60	0.58	0.60	0.59	0.59	0.58	0.60	0.58	0.58	0.58	0.59	0.55	0.56
广州电力	1.20	1.25	1.15	1.15	1.11	1.10	1.13	1.12	1.11	1.13	1.12	1.10	1.08	1.08	1.09	1.08	1.08
湛江供销	0.95	1.20	1.05	1.05	1.00	0.94	0.91	0.90	0.93	0.85	0.88	0.87	0.87	0.87	0.89	0.86	0.90
广东广建	0.63	0.79	0.62	0.63	0.63	0.61	0.61	0.60	0.60	0.59	0.60	0.59	0.58	0.60	0.59	0.59	0.57
南海发展	1.15	1.40	1.09	1.05	1.08	1.00	1.00	1.00	0.99	0.98	0.99	0.98	0.98	1.00	1.01	0.97	0.94

券种	9.8	9.15	9.22	9.29	10.6	10.13	10.20	10.27	11.3	11.10	11.17	11.24	12.1	12.8	12.15	12.22	12.29
	收盘	收盘	收盘	收盘	收盘	收盘	收盘	收盘	收盘	收盘	收盘	收盘	收盘	收盘	收盘	收盘	收盘
中兴实业	0.82	0.80	0.77	0.80	0.83	0.82	0.81	0.82	0.82	0.80	0.77	0.80	0.76	0.70	0.73	0.78	
东方实业	0.78	0.78	0.78	0.80	0.85	0.82	0.85	0.86	0.82	0.78	0.82	0.80	0.79	0.70	0.74	0.76	
建北集团	0.53	0.55	0.56	0.56	0.57	0.57	0.57	0.56	0.56	0.53	0.53	0.51	0.50	0.45	0.46	0.45	
广州电力	1.11	1.11	1.08	1.06	1.09	1.12	1.11	1.10	1.12	1.15	1.12	1.10	1.09	1.09	1.06	1.08	
湛江供销	0.90	0.90	0.92	0.95	1.03	1.03	1.01	1.00	1.00	1.00	0.98	1.00	1.01	0.96	0.92	0.94	
广东广建	0.53	0.54	0.53	0.53	0.55	0.55	0.54	0.55	0.53	0.53	0.53	0.52	0.50	0.47	0.46	0.46	
南海发展	0.92	0.91	0.92	0.95	0.95	0.98	0.95	0.94	0.97	0.91	0.90	0.90	0.90	0.91	0.90	0.88	

表 6　武汉证券交易中心国债行情周报表　　单位：元

券种	1.6	1.13	1.20	1.27	2.10	2.17	2.24	3.3	3.10	3.17	3.24	3.31	4.7
	收盘	收盘	收盘	收盘	收盘	收盘	收盘	收盘	收盘	收盘	收盘	收盘	收盘
92 券(三)	137.80	140.00	139.00	139.50	138.62	140.00	144.00	148.50	146.75	146.50	147.50	148.00	149.56
92 券(五)	129.50	127.80	127.50	127.45	128.00	128.60	130.60	132.00	137.70	138.68	139.40	142.50	142.50
93 券(三)	128.40	128.80	128.35	128.50	128.75	130.00	132.35	136.70	136.20	135.66	140.80	142.60	142.50
93 券(五)	128.30	128.30	128.35	128.50	128.50	129.70	132.70	135.32	136.50	135.30	136.75	141.80	142.22
94 券(二)	108.50	108.00	107.98	107.85	108.00	108.76	109.60	110.20	110.60	111.00	111.05	110.50	110.85
95 券(三)									100.00	100.00	100.00	99.25	

券种	4.14	4.21	4.28	5.5	5.12	5.19	5.26	6.2	6.9	6.16	6.23	6.30	7.7
	收盘	收盘	收盘	收盘	收盘	收盘	收盘	收盘	收盘	收盘	收盘	收盘	收盘
92 券(三)	155.94	157.36	155.30	155.00	155.60	155.80	156.25	158.80	158.65	159.56			
92 券(五)	147.24	153.12	156.02	157.00	158.50	150.30	150.20	151.80	151.30	150.46	154.40	149.95	150.00
93 券(三)	144.74	146.18	155.30	156.55	156.00	150.00	150.05	152.20	153.30	153.80	154.30	153.40	153.70
93 券(五)	163.75	169.12	155.00	156.80	156.22	149.80	150.00	151.56	153.00	153.00	153.60	153.60	153.34
94 券(二)	168.08	170.57	112.10	111.70	111.50	111.80	112.40	113.10	115.00	114.70	115.50	115.00	115.50
95 券(三)			99.40	99.25	99.20	98.50	99.55	99.40	99.95	100.00	100.25	100.20	100.80

券种	7.14	7.21	7.28	8.4	8.11	8.18	8.25	9.1	9.8	9.15	9.22	9.29	10.6
	收盘	收盘	收盘	收盘	收盘	收盘	收盘	收盘	收盘	收盘	收盘	收盘	收盘
92 券(五)	150.00	149.42	148.20	149.88	148.90	143.50	143.60	145.00	143.40	142.20	141.75	141.68	141.32
93 券(三)	154.00	154.10	154.00	155.70	154.00	154.60	154.90	155.65	155.00	155.00			153.47
93 券(五)	154.10	154.10	155.00	156.00	156.00	156.50		156.30	154.00	152.80	152.00		152.35
94 券(二)	115.80	115.80	116.65	118.00	117.00	116.30	117.50	117.80	118.05	118.50	118.50	118.80	118.00
95 券(三)	101.40	103.10	104.00	108.00	107.00	106.00	106.10	106.90	106.61	106.30	105.80	105.60	105.56

券种	10.13	10.20	10.27	11.3	11.10	11.17	11.24	12.1	12.8	12.15	12.22	12.29
	收盘	收盘	收盘	收盘	收盘	收盘	收盘	收盘	收盘	收盘	收盘	收盘
92 券(五)	141.70	143.40	143.60	143.90	148.60	148.00	148.20	148.50		146.00	145.10	144.20
93 券(三)	155.66	155.66	159.00							162.70	162.15	162.15
93 券(五)	153.55	153.55	158.50	160.20	160.20	161.00	161.00			161.80	161.35	161.35
94 券(二)	119.26	119.70	119.90	120.10	120.05	120.00	120.60	120.41		121.05	121.09	121.15
95 券(三)	106.31	107.00	107.50	107.90	107.00	107.30	107.20	107.33		108.10	108.00	107.95

基金市场行情

表 7—1　武汉证券交易中心基金行情周报表　　　　单位:元

券种	1.6	1.13	1.20	1.27	2.10	2.17	2.24	3.3	3.10	3.17	3.24	3.31	4.7
	收盘	收盘	收盘	收盘	收盘	收盘	收盘	收盘	收盘	收盘	收盘	收盘	收盘
金信	0.97	0.97	0.95	0.96	1.00	0.99	1.00	1.00	0.99	1.00	0.98	0.97	0.99
长江	1.02	1.01	1.02	1.01	1.04	1.04	1.03	1.04	1.03	1.02	1.03	1.02	1.02
武汉	0.99	1.00	1.00	1.01	1.03	1.03	1.03	1.03	1.03	1.03	1.04	1.00	1.02
昌久	1.03	1.04	1.04	1.06	1.07	1.08	1.07	1.05	1.06	1.07	1.07	1.06	1.06
西北	1.05	1.06	1.06	1.06	1.07	1.07	1.07	1.08	1.08	1.06	1.06	1.08	1.07
中盛	1.09	1.10	1.11	1.13	1.12	1.11	1.10	1.09	0.93	0.93	0.93	0.92	0.91
盐信	1.08	1.08	1.08	1.08	1.09	1.09	1.09	1.09	1.09	1.09	1.09	0.90	0.90
珠信	1.05	1.01	0.98	1.01	1.01	1.02	1.00	1.00	0.99	1.01	1.01	1.01	1.02
通信	1.10	1.10	1.07	1.07	1.07	1.07	1.09	0.92	0.92	0.92	0.92	0.91	0.92
常信	1.09	1.09	1.09	1.10	1.10	1.10	1.12	0.94	0.94	0.95	0.95	0.95	0.94
南京	1.06	1.05	1.06	1.06	1.06		1.07	1.06	1.06	1.05	1.06	1.06	1.07

券种	4.14	4.21	4.28	5.5	5.12	5.19	5.26	6.2	6.9	6.16	6.23	6.30	7.7
	收盘	收盘	收盘	收盘	收盘	收盘	收盘	收盘	收盘	收盘	收盘	收盘	收盘
金信	0.99	0.99	0.96	0.98	0.98	0.97	0.99	0.98	0.97	0.98	1.00	1.01	1.03
长江	1.01	1.02	1.02	1.03	1.03	1.02	1.05	0.88	0.89	0.89	0.90	0.92	0.92
武汉	1.02	1.02	1.02	1.01	1.01	1.01	1.02	1.02	1.01	1.02	1.02	1.03	1.05
昌久	1.07	1.06	1.06	1.06	1.05	1.05	1.06	1.07	1.06	1.06	1.06	1.07	1.06
西北	1.10	1.05	1.05	1.05	1.05	1.02	1.02	1.03	1.02	1.02	1.00	0.85	0.85
中盛	0.90	0.92	0.90	0.91	0.90	0.93	0.91	0.91	0.91	0.91	0.92	0.95	0.93
盐信	0.90	0.92	0.91	0.90	0.90	0.92	0.93	0.90	0.90	0.90		0.91	0.93
珠信	1.00	1.03	1.02	1.02	1.02	1.10	1.13	1.10	1.07	1.06	1.10	1.10	1.10
通信	0.91	0.91	0.91	0.90	0.91	0.91	0.91	0.91	0.91	0.91		0.91	0.91
常信	0.94	0.94	0.94	0.94	0.94	0.92	0.93	0.94	0.95	0.94	0.96	0.96	0.97
南京	0.91	0.93	0.92	0.92	0.93	0.93	0.91	0.92	0.91	0.00	0.92	0.94	0.94

券种	7.14	7.21	7.28	8.4	8.11	8.18	8.25	9.1	9.8	9.15	9.22	9.29	10.6
	收盘	收盘	收盘	收盘	收盘	收盘	收盘	收盘	收盘	收盘	收盘	收盘	收盘
金信	1.04	1.06	1.86	1.06	1.09	1.08	1.09	1.11	1.12	1.13	1.11	1.13	1.14
长江	0.93	0.94	0.94	0.90	0.97	0.96	0.97	0.97	0.99	1.01	1.01	1.03	1.03
武汉	1.05	1.06	1.07	1.04	1.09	1.12	0.94	0.96	0.97	0.99	0.98	1.02	1.02
昌久	1.08	1.08	0.93	0.96	0.97	0.97	0.97	0.99	1.00	1.03	1.01	1.02	1.02
西北	0.89	0.90	0.90	0.86	0.92	0.92	0.92	0.95	0.94	0.96	0.98	0.98	0.98
中盛	0.94	0.96	0.96	0.98	1.00	0.99	1.00	1.02	1.02	1.04	1.03	1.06	1.06
盐信	0.80	0.95	0.95	0.94	0.98	0.99	0.98	1.00	1.03	1.04	1.04	1.03	1.03
珠信	1.10	1.10	1.10	1.08	1.08	1.05	1.05	1.05	1.04	1.03	1.08	1.06	1.07
通信	0.94	0.95	0.96	0.96	0.97	0.95	0.98	1.00	1.01	1.02	1.03	1.02	1.02
常信	0.99	1.00	1.00	0.99	1.02	1.02	1.03	1.04	1.05	1.05	1.06	1.06	1.06
南京	0.95	0.94	0.95	0.95	0.95	0.99	1.01	1.01	1.01	1.02	1.03	1.02	1.03

券种	10.13	10.20	10.27	11.3	11.10	11.17	11.24	12.1	12.8	12.15	12.22	12.29
	收盘	收盘	收盘	收盘	收盘	收盘	收盘	收盘	收盘	收盘	收盘	收盘
金信	1.13	1.15	1.21	1.19	1.21	1.23	1.25	1.20	1.23	1.22	1.23	1.18
长江	1.02	1.03	1.16	1.11	1.13	1.18	1.25	1.21	1.26	1.24	1.22	1.12
武汉	1.00	1.01	1.14	1.09	1.11	1.16	1.23	1.20	1.22	1.19	1.17	1.09
昌久	1.02	1.03	1.10	1.07	1.08	1.11	1.12	1.10	1.11	1.10	1.08	1.07
西北	0.98	0.98	1.06	1.02	1.04	1.06	1.09	1.02	1.05	1.04	1.05	1.05
中盛	1.05	1.08	1.16	1.10	1.20	1.15	1.17	1.14	1.16	1.14	1.14	1.11
盐信	1.04	1.04	1.14	1.07	1.13	1.17	1.21	1.14	1.19	1.18	1.15	1.13
珠信	0.94	0.96	0.99	1.00	1.02	1.07	1.05	1.02	1.03	1.01	1.01	1.00
通信	1.02	1.04	1.13	1.07	1.07	1.12	1.12	1.08	1.11	1.11	1.11	1.11
常信	1.05	1.06	1.12	1.10	1.11	1.14	1.15	1.11	1.13	1.13	1.13	1.12
南京	1.01	1.03	1.07	1.08	1.09	1.12	1.15	1.11	1.13	1.11	1.10.	1.08
建皖					1.13		1.15	1.12	1.10	1.12	1.11	1.10

表 7—2 沈阳证券交易中心基金行情周报表　　单位:元

券种	1.6	1.13	1.20	1.27	2.10	2.17	2.24	3.3	3.10	3.17	3.24	3.31	4.7
	收盘	收盘	收盘	收盘	收盘	收盘	收盘	收盘	收盘	收盘	收盘	收盘	收盘
沈阳农信	1.62	1.57	1.52	1.55	1.52	1.50	1.50	1.50	1.49	1.48	1.53	1.53	1.36
沈阳富民	1.54	1.49	1.44	1.46	1.46	1.45	1.46	1.47	1.47	1.47	1.46	1.49	1.52
沈阳通发	1.44	1.42	1.40	1.33	1.37	1.38	1.39	1.40	1.41	1.41	1.39	1.42	1.46
沈阳公众	1.45	1.42	1.39	1.39	1.40	1.38	1.38	1.39	1.38	1.41	1.43	1.43	1.46
沈阳兴沈	1.58	1.48	1.48	1.47	1.44	1.45	1.51	1.48	1.46	1.46	1.46	1.46	1.51
沈阳万利	1.50	1.46	1.42	1.44	1.42	1.42	1.42	1.43	1.43	1.42	1.42	1.43	1.50
沈阳银海	1.41	1.38	1.34	1.34	1.31	1.31	1.33	1.34	1.33	1.34	1.34	1.34	1.41
沈阳久盛	1.53	1.45	1.39	1.40	1.39	1.33	1.38	1.39	1.38	1.36	1.35	1.37	1.42

券种	4.14	4.21	4.28	5.5	5.12	5.19	5.26	6.2	6.9	6.16	6.23	6.30	7.7
	收盘	收盘	收盘	收盘	收盘	收盘	收盘	收盘	收盘	收盘	收盘	收盘	收盘
沈阳农信	1.32	1.32	1.27	1.25	1.26	1.65	1.40	1.38	1.36	1.34	1.35	1.35	1.36
沈阳富民	1.48	1.48	1.43	1.43	1.45	1.77	1.60	1.57	1.57	1.47	1.53	1.52	1.53
沈阳通发	1.42	1.43	1.39	1.39	1.40	1.72	1.49	1.49	1.49	1.45	1.48	1.48	1.50
沈阳公众	1.43	1.43	1.38	1.39	1.40	1.70	1.51	1.49	1.49	1.46	1.49	1.50	1.50
沈阳兴沈	1.45	1.47	1.43	1.42	1.43	1.76	1.55	1.52	1.52	1.52	1.50	1.50	1.52
沈阳万利	1.44	1.44	1.41	1.41	1.41	1.74	1.54	1.52	1.51	1.49	1.51	1.50	1.52
沈阳银海	1.35	1.35	1.31	1.31	1.32	1.71	1.46	1.44	1.43	1.39	1.41	1.39	1.43
沈阳久盛	1.36	1.37	1.34	1.35	1.37	1.73	1.45	1.46	1.44	1.39	1.42	1.42	1.41

券种	7.14	7.21	7.28	8.4	8.11	8.18	8.25	9.1	9.8	9.15	9.22	9.29	10.6
	收盘	收盘	收盘	收盘	收盘	收盘	收盘	收盘	收盘	收盘	收盘	收盘	收盘
沈阳农信	1.33	1.38	1.43	1.50	1.60	1.75	1.76	1.86	2.15	2.89	3.08	2.92	2.95
沈阳富民	1.50	1.56	1.56	1.56	1.64	1.75	1.76	1.89	2.16	3.03	3.15	2.98	3.05
沈阳通发	1.49	1.54	1.56	1.63	1.69	1.90	0.00	1.93	2.14	2.72	2.60	2.51	2.47
沈阳公众	1.45	1.52	1.53	1.59	1.66	1.90	1.85	2.08	2.32	2.75	2.61	2.52	2.47
沈阳兴沈	1.48	1.51	1.55	1.61	1.69	1.90	0.00	1.89	2.16	2.97	3.07	2.92	2.96
沈阳万利	1.49	1.53	1.55	1.64	1.70	1.90	1.88	2.01	2.33	2.78	2.64	2.55	2.55
沈阳银海	1.41	1.47	1.51	1.57	1.67	1.79	1.80	1.96	2.20	2.71	2.55	2.48	2.46
沈阳久盛	1.40	1.45	1.45	1.55	1.62	1.96	1.86	2.02	2.25	3.08	3.22	3.08	3.10

券种	10.13	10.20	10.27	11.3	11.10	11.17	11.24	12.1	12.8	12.15	12.22	12.29
	收盘	收盘	收盘	收盘	收盘	收盘	收盘	收盘	收盘	收盘	收盘	收盘
沈阳农信	3.91	4.10	4.67	4.38	3.88	4.38	3.64	3.24	3.67	3.46	3.72	3.16
沈阳富民	4.04	4.18	5.05	4.79	4.28	4.70	3.95	3.55	4.01	3.73	3.81	3.23
沈阳通发	3.08	3.00	3.40	3.41	3.25	3.34	2.78	2.56	2.78	2.60	2.60	2.16
沈阳公众	3.05	3.05	3.34	3.41	3.22	3.31	2.73	2.54	2.74	2.57	2.57	2.12
沈阳兴沈	3.89	4.10	4.78	4.52	4.02	4.44	3.66	3.28	3.69	3.50	3.70	3.12
沈阳万利	3.07	3.01	3.20	3.30	3.18	3.14	2.63	2.42	2.62	2.44	2.44	2.07
沈阳银海	2.90	2.93	3.10	3.23	2.97	2.96	2.53	2.49	2.67	2.62	2.58	2.09
沈阳久盛	4.00	4.16	1.79	4.88	4.07	4.50	3.65	3.35	3.70	3.49	3.64	3.11

表7—3 天津证券交易中心基金行情周报表 单位：元

券种	1.6	1.13	1.20	1.27	2.10	2.17	2.24	3.3	3.10	3.17	3.24	3.31	4.7
	收盘	收盘	收盘	收盘	收盘	收盘	收盘	收盘	收盘	收盘	收盘	收盘	收盘
开信基金	1.53	1.54	1.53	1.54	1.52	1.50	1.49	1.47	1.46	1.40	1.20	1.19	1.20
创业基金	1.24	1.25	1.24	1.25	1.26	1.25	1.24	1.23	1.23	1.21	1.21	1.19	1.01
银城基金	1.06	1.09	1.07	1.08	1.07	1.07	1.06	1.02	1.06	1.06	1.07	1.06	1.07
金星基金	1.13	1.13	1.14	1.14	1.13	1.13	1.13	1.11	1.12	1.11	0.95	0.95	0.95
赣农受益	1.05	1.06	1.06	1.06	1.07	1.06	1.05	1.05	1.04	1.06	1.07	1.06	1.05
赣中受益	1.12	1.13	1.13	1.15	1.14	1.14	1.12	0.93	0.94	0.94	0.94	0.94	0.93
苏建受益	1.12	1.11	1.12	1.12	1.12	1.14	1.12	1.13	1.14	1.14	1.13	1.14	1.15
龙江基金		1.25	1.01	1.03	1.02	1.03	1.04	1.02	1.02	1.03	1.02	1.02	1.04
海湾基金	1.33	1.40	1.41	1.42	1.39	1.39	1.30	1.37	1.37	1.36	1.37	1.36	1.13

券种	4.14	4.21	4.28	5.5	5.12	5.19	5.26	6.2	6.9	6.16	6.23	6.30	7.7
	收盘	收盘	收盘	收盘	收盘	收盘	收盘	收盘	收盘	收盘	收盘	收盘	收盘
开信基金	1.19	1.18	1.17	1.17	1.19	1.25	1.19	1.21	1.22	1.21	1.37	1.48	1.36
创业基金	1.00	1.00	0.99	0.99	0.99	1.04	0.99	1.01	1.01	1.01	1.11	1.14	1.08
银城基金	1.07	1.08	1.07	1.07	1.08	1.14	1.10	1.13	1.15	1.16	1.26	1.32	1.26
金星基金	0.93	0.94	0.93	0.93	0.93	0.95	0.92	0.94	0.94	0.94	1.01	1.03	1.02
赣农受益	1.06	1.06	1.05	1.05	1.06	1.08	1.05	1.06	1.06	1.06	1.14	1.15	1.13
赣中受益	0.94	0.93	0.91	0.91	0.92	0.93	0.92	0.92	0.94	0.95	1.02	1.03	1.01
苏建受益	1.15	1.17	1.16	0.00	1.16	1.16	1.16	1.18	1.18	1.19	1.20	1.23	1.20
龙江基金	1.04	1.03	1.03	1.04	1.05	1.07	1.05	1.06	1.08	1.09	1.19	1.25	1.16
海湾基金	1.13	1.10	1.11	1.10	1.13	1.18	1.14	1.16	1.17	1.19	1.31	1.45	1.35

券种	7.14	7.21	7.28	8.4	8.11	8.18	8.25	9.1	9.8	9.15	9.22	9.29	10.6
	收盘	收盘	收盘	收盘	收盘	收盘	收盘	收盘	收盘	收盘	收盘	收盘	收盘
开信基金	1.35	1.40	1.37	1.37	1.36	1.33	1.30	1.32	1.38	1.37	1.37	1.36	1.35
创业基金	1.06	1.10	1.00	1.08	1.07	1.04	1.02	1.04	1.00	1.08	1.08	1.06	1.07
银城基金	1.25	1.26	1.24	1.25	1.25	1.23	1.23	1.24	1.30	1.30	1.30	1.20	1.30
金星基金	1.02	1.02	1.02	1.02	1.03	1.02	1.02	1.04	1.05	1.06	1.05	1.04	1.05
赣农受益	1.14	1.11	1.11	1.12	1.11	1.10	1.12	1.11	1.14	1.00	1.00	0.99	1.00
赣中受益	1.02	1.02	1.02	1.01	1.01	1.03	1.04	1.06	1.00	1.06	1.06	1.05	1.06
苏建受益	0.00	1.23	1.05	1.06	1.07	1.09	1.08	1.10	1.12	1.09	1.11	1.09	1.10
龙江基金	1.17	1.20	1.18	1.19	1.18	1.17	1.18	1.18	1.22	1.21	1.20	1.20	1.19
海湾基金	1.36	1.42	1.40	1.37	1.36	1.33	1.32	1.33	1.37	1.38	1.36	1.35	1.34

券种	10.13	10.20	10.27	11.3	11.10	11.17	11.24	12.1	12.8	12.15	12.22	12.29
	收盘	收盘	收盘	收盘	收盘	收盘	收盘	收盘	收盘	收盘	收盘	收盘
开信基金	1.34	1.35	1.37	1.37	1.37	1.38	1.36	1.32	1.34	1.32	1.30	1.29
创业基金	1.05	1.05	1.08	1.07	1.08	1.08	1.07	1.05	1.06	1.06	1.05	1.06
银城基金	1.28	1.29	1.31	1.30	1.30	1.30	1.28	1.28	1.28	1.27	1.27	1.25
金星基金	1.04	1.04	1.06	1.08	1.07	1.08	1.06	1.06	1.07	1.07		1.06
赣农受益	0.99	0.98	1.00	1.02	1.02	1.03	1.02	1.01	1.00	1.01	1.01	1.00
赣中受益	1.06	1.06	1.09	1.10	1.09	1.10	1.10	1.08	1.11	1.10	1.10	1.07
苏建受益	1.10	1.11	1.15	1.14	1.14	1.15	1.13	1.12	1.14	1.14		1.13
龙江基金	1.18	1.19	1.21	1.20	1.21	1.22	1.21	1.20	1.22	1.21	1.21	1.20
海湾基金	1.34	1.34	1.38	1.36	1.35	1.37	1.34	1.30	1.29	1.29	1.27	1.27

其他统计资料

表 8—1　1995 年上海股市每日收市综合指数

日\月	一	二	三	四	五	六	七	八	九	十	十一	十二
1			556.96			708.67		715.40	728.00		723.39	633.81
2			560.85		579.05	716.82		699.99			721.70	
3	639.88		577.22	656.65	580.38		613.18	703.44			727.34	
4	653.81			660.66	571.20		620.64	709.88	737.89	717.79		634.92
5	646.89			649.70	574.17	691.64	636.03		739.53	724.88		637.22
6	640.76	533.72	616.30	659.06		684.13	637.76		753.75	719.96	736.15	628.43
7		532.49	632.96	673.72		716.45	666.78	718.08	753.84		729.69	631.84
8		533.75	620.81		571.51	695.93		711.18	751.08		711.61	638.78
9	626.00	553.36	605.59		578.50	702.62		717.46		706.29	711.20	
10	610.30	541.38	589.29	667.39	565.14		666.24	735.15		708.63	708.76	
11	613.13			641.08	568.06		649.19	744.99	755.44	710.89		619.25
12	602.12			644.74	584.84	698.72	648.91		763.69	704.40		629.45
13	597.84	548.84	586.23	632.76		698.94	656.31		763.18	702.98	688.70	613.80
14		548.11	588.24	640.04		689.22	652.80	776.13	758.13		688.87	614.74
15		542.84	572.60		582.04	646.85		751.48	755.93		692.20	603.89
16	588.85	538.37	579.88		578.85	646.54		767.66		701.37	682.44	
17	587.94	533.76	593.52	631.26	582.89		695.45	769.45		702.40	676.19	
18	593.64			625.52	763.51		715.47	757.43	757.40	716.83		592.14
19	571.72			631.50	855.81	638.96	690.97		736.74	702.79		592.05
20	577.24	534.96	585.45	645.20		640.65	690.30		726.14	726.29	674.74	601.04
21		541.14	591.94	635.99		651.81	693.56	739.06	731.17		678.42	597.43
22		594.63	613.70		897.42	644.47		739.85	730.01		663.32	593.30
23	553.46	589.13	611.13		750.30	650.14		729.89		723.09	658.36	
24	547.57	558.43	611.77	619.73	741.93		709.92	733.85		723.57	659.37	
25	555.77			619.84	696.84		703.58	727.58	723.34	760.41		580.03
26	553.11			601.83	727.62	653.40	691.11		728.86	731.46		572.22
27	562.59	566.27	629.36	573.30		649.93	697.72		708.46	722.36	645.03	570.40
28		549.26	626.54	579.93		647.64	695.42	725.62	711.19		652.57	556.82
29			637.15		710.59	643.92		722.08	722.43		641.59	555.29
30			630.93		711.00	630.58		715.73		722.78	641.14	
31			646.91		700.51		695.55	723.87		713.37		

表 8—2　1995 年上海股市每日成交量　　　　单位：股

日\月	一	二	三	四	五	六	七	八	九	十	十一	十二
1			40751606			90697484		319420192	203653313		303568710	92195135
2			46652760		79249926	145328945		454482856			205036420	
3	23451810		106918458	211416080	317230952		126025652	181712316			192160314	
4	42222044			152095332	48050667		90839912	257034136	286588312	122204536		41221890
5	43012359			140374114	41884514	118700237	115741460		269862475	102040124		46021281
6	48748281	29873163	203140744	186029207		93259700	204092258		381750205	232343152	247745547	64182183
7		27175556	321071070	344107881		117363731	306610860	268904395	619018020		203449895	50083220
8		26705207	291353286		191498628	214323079		356622653	305747859		255337590	145622163
9	50985191	58775092	162393955		243264083	133747530		362322070		234576026	205113402	
10	60692572	63297837	125051780	264618109	54807757		340945964	855836693		399519485	132863678	
11	36268231			354151589	34902483		224597673	905935729	421379486	413923070		113772906
12	33819599			161981256	106445541	194417362	113428914		461111792	548718463		147649311
13	42152373	43559257	71822196	143620323		118839683	158822882		342601519	392921071	168168108	143350679
14		33478153	71949547	102212595		110360701	176640246	1183522560	429930400		129028172	76643762
15		23211686	66866327		41069521	231709171		727862722	269183394		170547424	99369619
16	37365130	32218165	48940319		33258332	98291265		780019000		259195307	148332022	
17	36000132	38568739	79819681	68672977	24231181		461882916	696710888		188829921	123332216	
18	31566319			57637427	1007610134		669229085	495351893	241800289	427305445		80970087
19	41755803			70813000	1085526797	71411492	669834504		315408321	452719740		63900335
20	43580386	25310544	108432354	109239980		77950019	276321582		202767454	322121205	82851314	66590174
21		26340169	60310239	134057337		85903554	287602976	411319909	136701527		78163847	95768076
22		144003347	134616551		1207091790	106360790		243088737	107483077		91495598	69686739
23	37217717	180749228	190779626		840916131	85588623		251578641		387799466	101738766	
24	39115042	124565331	97954588	97712355	415347315		858244872	259630787		311609751	76356351	
25	37848010			61098592	315144857		467742576	220727784	121079297	804644148		70979237
26	32339176			94140980	390133926	82060699	370540165		102287183	637761809		54895227
27	55862785	99764542	171900149	190599663		138607821	224699309		260965525	357931981	85662088	80912339
28		49528572	124665691	93814490		79209416	323092527	147884935	206893718		95965503	80937269
29			103042562		150588595	79952408		256824096	192206147		73242822	82233719
30			168492949		126918296	191774018		179381787		251325412	92361605	
31			126595335		109235650		232412579	188234203		273356765		

注：成交量包括 A 股和 B 股成交量。

表 9—1 1995 年深圳股市每日收市综合指数

日\月	一	二	三	四	五	六	七	八	九	十	十一	十二
1			127.99			135.99		130.39			134.87	125.54
2			128.47		119.78	135.36		129.28			134.30	
3	139.88		131.35	135.81	118.85		121.91	130.39			135.84	
4	143.37			135.51	117.94		122.77		135.65	133.03		125.51
5	142.21			133.87	118.06	132.34	123.69		134.84	133.34		126.10
6	142.13		136.88	135.17		132.09	123.61		136.05	132.40	137.01	125.41
7			140.79	138.04		135.69	128.26	134.40	136.02		135.69	125.48
8			140.33		117.63	132.06		134.26	135.29		133.69	125.87
9	138.22		136.04		118.87	132.66		134.72		130.28	133.72	
10	134.21		133.21	138.55	115.36		128.20	135.35		129.44	133.66	
11	134.99			134.33	115.70		126.06	138.11	136.60	128.96		123.67
12	133.05			134.88	117.62	131.69	126.06		136.51	128.45		124.68
13	131.76	125.21	132.28	133.47		131.87	128.72		137.71	129.11	131.47	123.38
14		124.98	132.28	134.56		130.69	127.79	144.03	138.53		131.70	122.35
15		124.22	129.57		116.93	124.37		140.35	138.84		132.37	121.03
16	127.66	123.57	130.28		116.38	125.40		142.26		130.04	131.51	
17	127.39	123.65	132.11	133.63	117.19		131.16	144.39		130.78	131.86	
18	129.74			132.60	150.33		130.34	151.02	139.46	132.28		118.49
19	125.10			133.22	164.40	124.93	127.74		135.26	130.88		118.59
20	125.23	123.18	129.54	133.73		124.91	129.76		133.48	138.98	132.46	119.53
21		123.74	130.59	132.39		126.60	130.76	147.88	134.24		133.06	118.54
22		136.91	133.74		169.66	125.91		144.24	134.86		130.84	117.74
23	123.42	132.68	131.85		140.46	126.69		140.34		138.43	130.24	
24	124.05	126.46	133.04	128.44	140.73		131.24	140.90		138.15	130.68	
25	125.91			127.76	134.81		130.12	138.42	133.84	143.46		115.31
26	124.79			123.11	138.16	128.40	128.82		134.16	140.07		114.33
27	125.86	126.67	134.48	118.26		127.10	129.62		131.86	136.53	129.08	114.60
28		126.05	133.12	121.27		126.56	129.22	136.92	131.70		128.45	112.63
29			134.91		137.47	126.08		135.23	133.36		126.91	113.25
30			133.44		136.89	124.78		133.94		134.70	126.17	
31			135.30		134.85		128.80	135.19		134.25		

表 9—2 1995 年深圳股市每日成交量

单位：百股

日\月	一	二	三	四	五	六	七	八	九	十	十一	十二
1			252060			378009		485928			832665	31483962.04
2			262863		317014	410574		635729			1018550	
3	438570		776494	874121.6	274669		364379	534076			1619392	
4	432691			418258	282330		256261		752743	384700		37804350
5	590123			371707	222054	369597	298072		751330	291694		3143277.04
6	366770		1248842	296989		395544	466981		702469	399937	1340230	20539211.04
7			2437090	1080992		387904	804504	390066	1092736		1077152	17462527.04
8			1938580		198501	531298		2224867	618040		1111719	11978351.04
9	290708		1005109		231332	361951		1053381		401570	804413	
10	564903		775507	1223844	292164		985848	1424752		552898	936136	
11	152547			816573	192777		139116	2813093	770813	589385		366903.34
12	280960			480966	333240	313124	433271		1123025	858213		571213.58
13	305808	449099.3	481659	397334		251816	855478		1087125	534386	684667	889342.52
14		110679	389264	365156		279021	674992	3992051	1703000		623801	568559.76
15		94735	556525		131650	773354		2436535	1228305		555877	746768.83
16	939507	100605	322762		139116	525467		1855628		464188	1276507	
17	258934	85532	408965	351256	136463		1304730	424736		536493	1035458	
18	272848			294141	5247350		877646	5666586	889967	879147		610385.2
19	304434			310747	461057	315731	1117992		876976	866393		525322.24
20	327236	97881	549721	461417		315409	1492721		705528	2552488	668990	1352887.14
21		78097	300959	526891		345793	1590571	4013789	477386		722603	698932.57
22		897318	555794		6441079	362926		2004803	901927		732023	349723.63
23	404839.61	1191262	608642		4166493	465361		1646296		4419207	896455	
24	179419	579919	1064373	461387	1693564		123473	1468851		2394798	507036	
25	247765			359078	1173687		769403	956193	585165	3792289		320895.38
26	204288			480938	1534565	648481	648082		441280	2535612		346111.62
27	325475	605883	727511	2067560		628846	461088		684132	1683788	42693769	960991.38
28		240788	4759662.69	556847		346171	471774	658805	530520		4493827.08	624436.04
29			390066		596562	348539		824713	700995		53014647.08	516146.55
30			672223		470999	437407		815997		1377002	39251449.04	
31			744886.12		346378		329089	953946		1050931		

注：成交量包括 A 股和 B 股成交量。

表 10　国内基金概况统计表

地区	基金名称	发行日期	基金规模（千万）	批准机关	发起人	基金类型	上市		期限
							时间	地点	
沈阳	沈阳富民基金	92.4.20	3	沈阳人行	沈阳北方证券	封闭/契约	92.7.30	沈阳证交	无期限
	沈阳通发基金	92.5.20	5	沈阳人行	沈阳证券公司	封闭/契约	92.9.8	沈阳证交	无期限
	沈阳公众基金	92.5.20	5	沈阳人行	建行沈阳信托	封闭/契约	92.10.28	沈阳证交	无期限
	沈阳兴沈基金	92.5.20	3	沈阳人行	沈阳市信投	封闭/契约	92.10.23	沈阳证交	无期限
	沈阳万利基金	92.5.28	6	沈阳人行	工行沈阳信托	封闭/契约	92.10.30	沈阳证交	无期限
	农信受益债券	92.4.1	3	沈阳人行	农行沈阳信投	封闭/契约	92.6.29	沈阳证交	15 年
大连	利民基金	92.10.27	3	大连人行	大连证券	封闭/契约	92.10.27	大连证交	无期限
	大信受益	92.5.31	3	大连人行	大连信投	封闭/契约	92.10.27	大连证交	无期限
	农信受益	92.5.29	3	大连人行	农行大连信投	封闭/契约	92.10.27	大连证交	10 年
	建信基金	92.5.31	5	大连人行	建行大连信投	封闭/契约	92.10.27	大连证交	5 年
	工信可转	92.4	6	大连人行	工行大连信投	封闭/契约	92.10.27	大连证交	无期限
武汉	武汉基金 1	91.10.4	1	武汉人行	武汉证券公司	封闭/契约	—	武汉证交	2 年
	武汉基金 2	92.6.8	5	武汉人行	武汉证券公司	封闭/契约	93.7.28	武汉证交	5 年
	金信基金	92.10	4	汕头人行	汕头国投	封闭	93.6.22	武汉证交	
	长江基金	92.4	2	湖北人行	湖北证券公司	封闭/契约	93.7.28	武汉证交	
新疆	西北基金	93.4	10	新疆人行	新疆证券公司君安证券公司	封闭/公司	93.10	武汉证交	5 年
黑	龙江基金	92.1	8	黑龙江人行	黑龙江省证券公司	封闭/契约	94.3.30	天津证交	
天津	开信基金	92.9	28	天津人行	天津开发区信投	封闭/公司	92.12.31	天津证交	无期限
	创业基金	91.12.24	10		天津信投	封闭/公司	93.1.28	天津证交	无期限
山东	淄博乡镇企业投资基金	92.12.1	10	人总行	中农信等 5 家	封闭/公司	93.8.20	上海证交	8 年
锦州	金星受益	92.5	4	辽宁人行	锦州金星信投	封闭	93.11	天津证交	15 年
深圳	天骥基金	92.11.18	58.15	深圳人行	工行信托深圳投资基金管理公司	封闭/契约	94.3.21	深圳证交	10 年
	蓝天基金	93.4.15	37.92	深圳人行	深圳建行	封闭/公司	94.3.21	深交所	10 年
	君安受益	93.12	20	深圳人行	君安证券有限公司	封闭/契约	94.3.21	深圳证交	5 年
广东	广发 1 期	92.5.29	5	广东人行	发展银行	封闭/契约		南方证交	
	海欧基金	93.11.26	5	珠海人行	珠海国投	封闭/契约	94.3.3	南方证交	10 年
	广发 2 期	93.4.10	5	广东人行	发展银行	封闭/契约		南方证交	
	南方基金	93.4.10	20	广东人行	南方金融服务总公司	封闭/契约	94.3.3	南方证交	8 年
	广证基金	93.4.17	10	广东人行	广东证券公司	封闭/契约	94.3.3	南方证交	
	广信基金	93.4.17	10	广东人行	广东国投	封闭/契约	94.3.3	南方证交	10 年
	华信基金	93.4.25	10	广东人行	广东华侨信投	封闭/契约	94.3.3	南方证交	15 年
海南	富岛基金	92.5.21	6	海南人行	海南证券公司	封闭/契约	92.8.3	海南证交	20 年
	银通受益		8.39866	海南人行	交通银行海南分行	封闭/契约	94.3.21 94.12.26	深圳证交 南方证券	5 年
汕头	银城基金	92.10.24	7	汕头人行	工行汕头信托	封闭	93.6.15	天津证交	无期限
	银海基金	92.11	5	汕头人行	工行汕头信托	开放	93.5.24	沈阳证交	无期限
	金券基金		5	汕头人行	汕头证券公司	封闭	93.7	大连证交	无期限
重庆	三峡投资基金	92.12.11	40	重庆人行	重庆有价证券公司/交行/工行、建行信托/国投	封闭/公司	93.11	重庆证交	10 年
浙江	金信投资基金	92.5	3	金华市人行	金信投公司	封闭/契约		浙江证交	8 年
	温信投资基金	92.6.8	1	浙江人行	温州国投	封闭/契约		浙江证交	5 年
江苏	江苏受益	92.8	3	江苏人行	建行江苏信托	封闭/契约	94.1.28	天津证交	12 年
	常信基金	92.8	5	江苏人行	常州市信投	封闭/契约	94.2.18	武汉证交	12 年
	通信基金		5	江苏人行	南通市信投	封闭/契约	94.1.26	武汉证交	
	盐信基金	92.3	1.5	江苏人行	盐城市信投	封闭	93.12.28	武汉证交	10 年
	南京基金							武汉证交	
江西	久盛基金	92.5.11	2.9	江西人行	江西证券公司	封闭/契约	93.9.17	沈阳证交	无期限
	昌久基金	92.5	6	江西人行	建行江西信投	封闭	93.8.18	武汉证交	无期限
	中盛基金	92.5	3	江西人行	江西中国银行	封闭/契约	93.12.20	武汉证交	无期限
	赣农受益		3.6	江西人行	农行江西信投	封闭/契约	93.12.30	天津证交	无期限
	赣中受益		4.45	江西人行	中行江西信托咨询	封闭	93.12.30	天津证交	无期限
陕西	陕建基金		5	陕西人行	陕西建行信托投资公司	封闭	94.1.28	大连证交	无期限
珠海	珠信基金	91.8	6.93	珠海人行	珠海国投	封闭	94.1.12	武汉证交	5 年
河北	海湾基金		3.8	河北人行	秦皇岛市信投		94.4.18	天津证交	8 年

表 11—1　1995 年证券公司证券业务指标排序

公司名称	交易额	序号	公司名称	利润总额
华夏证券有限公司	4948920	1	南方证券有限公司	18123
上海财政证券公司	4308654	2	上海申银证券公司	15494
上海申银证券公司	4046379	3	华夏证券有限公司	13877
南方证券有限公司	2707400	4	国泰证券有限公司	10786
君安证券有限公司	2601927	5	上海财证证券公司	9095
海通证券有限公司	2565855	6	广东广发证券公司	5147
国泰证券有限公司	2426247	7	招银证券公司	4831
广东广发证券公司	2218884	8	福建兴业证券公司	3530
江苏证券股份有限公司	1241285	9	江苏证券股份有限公司	3228
广东证券公司	1154280	10	天津证券有限公司	1724
浙江证券有限公司	970521	11	中信证券有限公司	1557
福建兴业证券公司	899606	12	沈阳北方证券公司	1400
深圳经济特区证券公司	845845	13	云南省证券公司	1176
广西证券公司	773000	14	南京市证券公司	1070
宁波证券公司	641576	15	海通证券有限公司	1058
招银证券公司	622305	16	福建省华福证券公司	1026
中信证券有限公司	620720	17	常州证券有限公司	1008
大鹏证券有限公司	553652	18	君安证券有限公司	861
江西省证券公司	543822	19	沈阳财政证券公司	662
福建省华福证券公司	510274	20	大鹏证券有限公司	661

公司名称	营业收入	序号	公司名称	净资产
华夏证券有限公司	112254	1	南方证券有限公司	149281
国泰证券有限公司	107396	2	国泰证券有限公司	136451
君安证券有限公司	83866	3	华夏证券有限公司	120155
南方证券有限公司	70368	4	海通证券有限公司	105027
上海申银证券公司	36394	5	上海申银证券公司	89749
海通证券有限公司	33263	6	上海财政证券公司	57993
湖南证券股份有限公司	22554	7	深圳经济特区证券公司	34478
广东广发证券公司	20424	8	中信证券有限公司	30772
上海财政证券公司	20003	9	广东广发证券公司	25527
招银证券公司	19746	10	江苏证券股份有限公司	23952
宁波证券公司	15645	11	大鹏证券有限公司	23262
重庆有价证券公司	11996	12	招银证券公司	20594
福建兴业证券公司	11839	13	君安证券有限公司	19401
三峡证券有限公司	11740	14	云南省证券公司	16979
青岛万通证券公司	11734	15	福建兴业证券公司	15987
天津证券有限公司	10234	16	沈阳北方证券公司	15482
深圳经济特区证券公司	10100	17	天津证券有限公司	12778
江苏证券股份有限公司	9132	18	常州证券有限公司	12714
武汉证券公司	8740	19	福建省华福证券公司	10912
沈阳北方证券公司	7782	20	宁波证券公司	10856

表 11—2　1995 年信托投资公司证券业务指标排序

公司名称	交易额	序号	公司名称	利润总额
中国农村发展信托投资公司	2351206	1	中国经济开发信托投资公司	16920
建设银行信托投资公司	1723856	2	上海爱建信托投资公司	9755
中国经济开发信托投资公司	1236472	3	安徽省国际信托投资公司	9417
农业银行上海市信托投资公司	1061811	4	鞍山信托投资股份有限公司	5990
中国新技术创业投资公司	805985	5	中国工商银行信托投资公司	4146
中国科技国际信托投资公司	751000	6	中国科技国际信托投资公司	4010
海南港澳国际信托投资公司	667280	7	四川省信托投资公司	3632
农行浙江省信托投资公司	545192	8	潮州市信托投资公司	3531
海南赛格国际信托投资公司	501801	9	中国民族国际信托投资公司	3405
中国工商银行信托投资公司	393851	10	宁波国际信托投资公司	3030
潮州市信托投资公司	312515	11	中国农业银行信托投资公司	2758
北京京华信托投资公司	305896	12	天津北方国际信托投资公司	2758
中国建设银行北京信托投资公司	292431	13	杭州工商信托投资股份有限公司	2609
广东粤财信托投资公司	264600	14	中国工商银行成都市信托投资公司	2608
工行河北信托投资公司	233849	15	哈尔滨国际信托投资公司	2438
安徽省国际信托投资公司	220122	16	北京京华信托投资公司	1853
天津北方国际信托投资公司	211304	17	温州国际信托投资公司	1725
吉林省信托投资公司	180000	18	吉林省信托投资公司	1669
江苏省国际信托投资公司	179629	19	中国工商银行青岛市信托投资公司	1628
中国民族国际信托投资公司	172389	20	中国工商银行大连信托资公司	1268

公司名称	营业收入	序号	公司名称	净资产
中国科技国际信托投资公司	71816	1	中国经济开发信托投资公司	113477
北京京华信托投资公司	41360	2	北京京华信托投资公司	78120
中国工商银行信托投资公司	36976	3	中国对外经济贸易信托投资公司	68076
中国经济开发信托投资公司	30596	4	中国工商银行信托投资公司	49449
海南港澳国际信托投资公司	26505	5	中国农业银行信托投资公司	47298
海南赛格国际信托投资公司	25818	6	四川省信托投资公司	44545
安徽省国际信托投资公司	24482	7	安徽省国际信托投资公司	39085
上海爱建信托投资公司	22188	8	中国科技国际信托投资公司	37908
宁波国际信托投资公司	20601	9	中国建设银行北京信托投资公司	32795
中国民族国际信托投资公司	16205	10	上海爱建信托投资公司	32617
中国建设银行北京信托投资公司	15444	11	鞍山信托投资股份有限公司	30551
中国对外经济贸易信托投资公司	15246	12	中国民族国际信托投资公司	26246
鞍山信托投资股份有限公司	14298	13	海南港澳国际信托投资公司	25577
四川省信托投资公司	12257	14	宁波国际信托投资公司	24900
中国农业银行信托投资公司	11636	15	哈尔滨国际信托投资公司	23108
温州国际信托投资公司	10494	16	吉林省信托投资公司	21147
潮州市信托投资公司	10356	17	潮州市信托投资公司	18566
天津北方国际信托投资公司	8884	18	抚顺市信托投资公司	18235
中国工商银行成都市信托投资公司	8839	19	海南赛格国际信托投资公司	17955
吉林省信托投资公司	8369	20	天津北方国际信托投资公司	15567

表 12　深圳证券市场 1995 年度绩优公司

深圳证券交易所为了促进证券市场规范化管理，搞活证券市场，成立了深圳证券市场上市公司综合业绩排名活动工作小组，分别从企业经营业绩、财务状况、成长速度、行业与规模四个方面选择了 12 项指标，进行综合加权评分，各指标均取值于上市公司 1995 年年度报告，有 1 家上市公司因信息披露不规范而被剔除出排名活动。其中前 10 家上市公司被授予“深圳证券交易所 1995 年度十佳上市公司”的称号。深圳证券交易所郑重宣布：此 20 家公司为深圳证券市场 1995 年度绩优公司

1. 佛山电器照明股份有限公司
2. 泸州老窖股份有限公司
3. 深圳市长城地产股份有限公司
4. 深圳发展银行
5. 常柴股份有限公司
6. 武汉风凰股份有限公司
7. 合肥美菱股份有限公司
8. 深圳开发科技股份有限公司
9. 中国国际海运集装箱股份有限公司
10. 康佳集团股份有限公司
11. 无锡威孚股份有限公司
12. 广东美雅集团股份有限公司
13. TCL 通讯设备股份有限公司
14. 深圳北方建设摩托车股份有限公司
15. 皖能股份有限公司
16. 海南新大洲摩托车股份有限公司
17. 深圳飞亚达(集团)股份有限公司
18. 广东电力发展股份有限公司
19. 深圳赤湾石油基地股份有限公司
20. 深圳赤湾港航股份有限公司

表 13　1995 年上海证交所会员公司各类证券交易金额前 50 位排序表

单位：百万元

序号	总交易额		股　票		基　金		国债现货		国债回购		国债期货	
	公司名称	交易额	公司名称	交易额	公司名称	交易额	公司名称	交易额	公司名称	交易额	公司名称	交易额
1	中经公司	745934.49	万国证券	22660.66	万国证券	2516.17	财政证券	18019.62	建总信托	22534.65	中经公司	727512.13
2	申银证券	350308.75	申银证券	18971.71	申银证券	1524.26	申银证券	16176.12	申银证券	15868.92	申银证券	297383.59
3	国泰证券	274502.16	华夏证券	15443.54	华夏证券	1415.93	建总信托	9435.13	万国证券	11124.47	国泰证券	258717.62
4	万国证券	264699.67	国泰证券	11220.52	海通证券	958.34	万国证券	6975.89	华夏证券	10427.42	福兴银行	228301.38
5	福兴银行	232091.45	海通证券	9981.78	国泰证券	810.20	中经公司	6800.45	交行总行	10311.19	万国证券	221245.06
6	君安证券	216394.94	君安证券	7502.90	中经证券	651.83	华夏证券	5954.14	浦发银行	9246.80	君安证券	205060.90
7	海通证券	185422.06	江苏证券	6849.50	南方证券	533.98	海通证券	5277.69	宝财财证	8195.71	海通证券	164556.43
8	宁波证券	141669.02	中经公司	6112.51	中信证券	489.96	农行信托	3584.28	金华信托	6241.07	宁波证券	134588.09
9	财政证券	136539.32	建行信托	4845.03	农行信托	469.26	福兴银行	2235.71	农行信托	4707.61	哈证证券	117071.57
10	建总信托	135601.85	南方证券	4780.44	金陵南方	464.60	江苏证券	2039.34	中经公司	4511.77	财政证券	111044.26
11	华夏证券	130225.34	农行信托	4738.76	江苏证券	452.29	武汉信联	1851.25	财政证券	4400.59	建总信托	100831.78
12	哈证证券	117908.79	安徽证券	4323.17	农浙信托	434.63	金华信托	1632.34	海通证券	4374.15	港澳国投	100796.49
13	建行信托	106632.91	农浙信托	4254.16	广发证券	425.06	江西证券	1470.53	投资银行	3357.82	海汇信托	98816.00
14	港澳国投	103811.76	建皖信托	3849.68	建行信托	419.03	国泰证券	1299.22	联社信用	2843.61	建行信托	98186.77
15	江西证券	102149.95	四川证券	3842.28	国农信托	414.29	浙江证券	1270.15	上投信托	2836.34	江西证券	96622.61
16	海汇信托	101671.79	金华信托	3825.10	君安证券	391.32	武汉证券	1197.64	江苏证券	2740.72	武汉证券	96542.68
17	武汉证券	101473.86	浙江证券	3639.32	四川证券	360.07	华银公司	1061.66	工甬信托	2631.28	华夏证券	96364.40
18	广发证券	89700.25	宁波证券	3624.92	海赛信托	349.21	工总信托	1061.14	山西信托	2585.31	中银信托	86196.10
19	中银信托	88026.68	金陵南方	3583.82	浦发银行	336.06	金陵南方	1030.93	宁波证券	2406.12	贵州国投	85736.66
20	贵州国投	86587.84	广发证券	3476.18	河北证券	315.21	农苏信托	935.50	茂林信用	2399.63	广发证券	84840.94
21	中创投资	85334.69	河南证券	3217.93	深圳发展	313.30	君安证券	829.06	君安证券	2342.32	福侨信托	83611.00
22	福侨信托	84666.19	鞍山证券	3006.65	深圳证券	306.35	建行信托	824.88	国泰证券	2287.60	闽发证券	82776.11
23	闽发证券	84600.28	湖北证券	2866.85	建皖信托	292.46	宁波证券	780.17	建行信托	2230.36	中创投资	81913.95
24	金陵南方	84149.66	建浙信托	2765.32	港澳国投	287.74	上投信托	748.98	山东证券	2078.74	珠海证券	80036.04
25	珠海证券	82852.17	国农信托	2629.31	财政证券	286.54	中晋信托	681.80	南东信用	1959.84	金陵南方	78033.44
26	天津证券	77670.69	财政证券	2617.12	宁波证券	257.90	福侨信托	662.43	青岛证券	1832.70	天津证券	75474.36
27	江苏证券	76619.66	深圳证券	2579.25	建甬信托	256.22	山东国投	633.07	浙江证券	1700.67	厦门国投	68761.27
28	厦门国投	70619.10	河北证券	2540.71	金华信托	255.27	浙江国投	618.14	中创投资	1627.29	粤投深圳	65920.63
29	四川证券	68429.45	海南证券	2537.87	江西证肆	251.28	浦发银行	609.34	中科财务	1466.80	江苏证券	64509.60
30	粤投深圳	67125.55	农豫信托	2466.08	农襄信托	250.78	常州证券	558.37	上保公司	1411.15	四川证券	63759.21
31	农行信托	67052.68	工总信托	2463.54	贵州证券	250.19	山西信托	556.64	江西证券	1334.28	国农信托	62785.89
32	国农信托	66958.94	建总信托	2435.88	湖北证券	248.00	农湘信托	538.68	武汉证券	1331.05	工重信托	62197.82
33	浦发银行	63857.33	江西证券	2415.89	工总信托	237.10	河北证券	528.57	工总信托	1308.26	中山证券	59551.02
34	工重信托	62669.24	无锡证券	2364.08	建总信托	237.05	国农信托	507.39	苏州证关	1163.45	浙江证券	53899.98
35	浙江证券	60857.10	浙江国投	2306.09	河南证券	234.65	鞍山证券	495.11	工皖信托	1127.56	安徽国投	53554.83
36	中山证券	60157.99	四川信托	2293.88	中创投资	234.43	鞍山财政	490.36	华银公司	1112.24	陕西国投	53382.90
37	湖北证券	57024.82	港澳国投	2284.93	建鲁信托	232.77	建行青海	485.92	阳泉信托	1108.68	湖北证券	53334.77
38	陕西国投	54859.37	海汇信托	2240.50	安徽证券	232.54	中连信托	485.77	通海信用	1078.34	农行信托	53247.59
39	安徽国投	54442.97	浦发银行	2223.86	武汉证券	227.33	广发证券	453.89	山东国投	1071.30	浦发银行	51162.87
40	交行青岛	51047.74	武汉证券	2166.53	大连信托	223.63	交行常州	450.23	浙江国投	1063.35	交行青岛	50204.78
41	京华信托	50295.21	平保公司	2127.38	招银上证	223.20	交行重庆	424.89	农豫信托	1051.30	交行北京	49462.91
42	农湘信托	49944.48	重庆有色	2118.27	中银信托	221.57	交行总行	419.63	交行南京	1041.20	京华信托	48581.91
43	交行北京	49784.73	广东证券	2082.45	浙江证券	220.17	投资银行	404.34	武汉信联	999.04	农湘信托	47455.47
44	安徽证券	47553.68	工冀信托	2081.35	招商银行	219.78	华诚财务	365.96	珠海证券	992.12	昆明国投	44787.04
45	昆明国投	46469.19	农苏信托	2058.37	山东国投	218.04	昆明国投	361.15	乳山信用	982.40	建鄂信托	43038.58
46	建鄂信托	45427.26	中赣信托	1992.26	建桂信托	215.74	工皖信托	359.89	农湘信托	966.60	安徽证券	42678.72
47	杭州信托	42481.88	津发信托	1975.66	农武信托	214.17	建京信托	343.63	金陵南方	945.21	杭州信托	41991.48
48	中湘信托	42452.37	山东国投	1871.24	建浙信托	212.60	中行信托	340.62	爱建信托	919.90	中湘信托	41945.09
49	中信上海	42141.72	海赛信托	1807.35	津发信托	209.39	爱建信托	332.66	天津证券	912.72	中信上海	40923.17
50	苏州证券	42105.75	成都证券	1786.62	吉林信托	208.53	建晋信托	332.25	无锡证券	910.15	交行杭州	40865.37

表 14—1 1995 年深圳证交所会员营业部各类证券交易额前 50 位排序表

单位：百万元

序号	总交易额		股票		基金	
	公司名称	交易额	公司名称	交易额	公司名称	交易额
1	广西信托深部	69248.48	广东省证券公司	3535.64	广东省证券公司	1091.73
2	建行辽宁信托深部	50054.57	君安证券(三)	2946.45	湘财实验银行深部	821.81
3	北京四通财务深部	42507.57	深圳特区证券公司	2471.88	招银证券福田交易部	579.19
4	国泰证券深部	41999.70	广西证券南宁营业部	2322.50	南方证券公司	529.31
5	君安证券发展中心	37186.60	君安证券发展中心营业部	2305.76	深圳大鹏证券	486.75
6	深圳大鹏证券公司	34184.14	深圳大鹏证券	2241.23	深圳发展银行证券部	451.11
7	南方证券公司	32856.50	南方证券广州营业部	1994.60	华夏证券深圳营业部	450.16
8	湖南有色深部	28288.58	华夏证券深圳营业部	1985.58	广东广发证券(四席)	443.69
9	北京证券深部	26163.73	万国证券公司	1825.51	招银证券广州营业部	438.43
10	深圳发展国债专席	25136.22	珠海证券有限公司	1766.00	万国证券公司	408.02
11	海南汇通深圳营业部	24756.11	湖南证券交易中心	1731.31	广西证券南宁营业部	398.23
12	中国经济开发信托	23840.66	广西信托投资深圳证券部	1573.55	深圳有色证券(二)	394.59
13	宁波工行深圳证券部	23606.67	君安证券(二)	1561.59	君安证券(三)	387.05
14	君安证券(三)	23193.50	东莞证券有限公司	1523.41	广东发展深圳证券部	385.70
15	湖南证券深圳营业部	22665.52	广东国际信托投资公司	1426.79	深圳特区证券公司	365.79
16	深圳广信证券部	21262.01	广东证券顺德营业部	1376.51	武汉信托证券部	328.67
17	江苏证券交易中心	21104.61	广东证券深圳营业部(二)	1368.79	南方证券广州营业部	322.37
18	浙江国投清泰营业部	20747.71	招银证券福田交易部	1353.71	建行武汉信托汉口证券部	320.59
19	广发江门分行深部	20624.84	中南证券深圳营业部	1336.41	安徽信托深圳业务部	293.59
20	江苏证券深圳营业部	19665.29	南方证券公司	1308.14	东莞证券有限公司	289.35
21	北京建行信托深部	19434.78	深圳国际信托证券部	1288.60	南方金融服务总公司证券部	285.04
22	云南证券深部	19427.28	珠海国际信托证券部	1226.26	深圳邮电局储汇证券部	278.59
23	南宁交行深圳证券营业部	19223.49	肇庆发展银行	1193.68	湖南证券交易中心	274.01
24	湖北农行信托新世纪部	17590.11	中国经济开发信托	1166.12	福建兴业银行深部	266.99
25	建行海南信托深部	17405.66	国泰证券深圳营业部	1150.73	深圳有色财务证券部	260.74
26	中南证券深圳营业部	17115.31	湘财实验银行深部	1146.81	海南港澳证券部	252.74
27	深圳有色证券(二)	16961.59	江门证券公司	1135.27	中山证券深圳证券部	244.35
28	广东发展银行深部	16864.01	四川省证券公司	1069.37	深圳国际信托证券部	243.36
29	福建兴业银行深部	16843.62	深圳有色财务证券部	1051.68	中国民族国际信托深部	241.98
30	陕西国投深圳营业部	16625.95	光大证券	1046.81	中南证券深圳营业部	233.17
31	东莞证券深圳营业部	16613.51	深圳有色证券(二)	1044.75	广东国际信托	229.68
32	深圳有色财务证券部	16209.42	湖南证券	945.53	江苏证券交易中心	228.06
33	黑龙江证券公司	15312.88	海南汇通国际信托	888.58	国泰证券深圳营业部	221.03
34	中国平保兴华证券深部	14886.93	海南省证券公司	887.06	珠海证券有限公司	220.21
35	海南港澳信托深部	14791.18	海南港澳证券部	886.63	广东发展银行证券部	217.66
36	海南港澳证券部	14704.29	南方证券深圳分公司营业部	880.29	国泰证券广州营业部	216.25
37	山东证券深圳业务部	14693.82	平安保险蛇口证券部	846.28	江苏证券深圳营业部	216.25
38	厦门国托深圳业务部	14435.16	海南汇通深圳营业部	832.09	交行海南分行深圳证券部	213.10
39	海南国租证券部一席	14237.83	广东发展江门分行深部	819.23	山西证券深圳证券部	210.62
40	华夏证券深圳营业部	14129.26	深圳中信证券部	819.04	光大证券	210.03
41	海南汇通国际信托	13785.59	招银证券南油交易部	790.37	肇庆发展银行	209.64
42	广东发展行北京证券部	13214.97	深圳广信证券部	780.23	深圳中信证券部	205.84
43	招银证券福田交易部	12637.69	深圳特区证券国贸交易部	774.48	广东华侨信托天河东营业部	204.53
44	珠海证券深圳营业部	12115.00	深圳国投证券部(二)	770.17	广州交行	202.81
45	黑龙江国投深圳证券部	11799.44	东莞证券深圳营业部	761.54	深圳国投公司广州证券部	201.61
46	广西证券南宁营业部	11128.89	广西证券深圳营业部	758.62	华夏证券江西业务部	200.48
47	海南信托投资深圳营业部	10888.45	广东证券茂名营业处	753.60	广西信托深圳证券部	186.53
48	潮州信托深圳营业部	10807.46	中山证券深圳证券部	747.87	中国经济开发信托	186.39
49	万国证券深圳营业部	10689.42	广东发展银行东莞证券部	743.57	广东华侨信托	182.36
50	武汉农行信托深圳营业部	9524.12	重庆有价证券公司	737.93	广东证券顺德营业部	182.23

表 14—2　1995 年深圳证交所会员营业部各类证券交易额前 50 位排序表

单位：百万元

序号	国债现货		国债回购		国债期货	
	公司名称	交易额	公司名称	交易额	公司名称	交易额
1	建行信托深圳营业部	253.06	华夏证券深部	795.91	广西信托深圳证券部	67307.71
2	上海海通证券深部	241.24	中国投资银行	596.45	建行辽宁信托深圳证券部	49398.60
3	深圳中信证券部	162.45	建行信托深圳营业部	594.83	北京四通财务深圳证券部	41956.46
4	武汉城市信用联合社	128.22	平安保险福田证券部	317.68	国泰证券深圳营业部	40621.69
5	深圳深财证券业务部	66.66	苏州证券公司	273.94	君安证发展中心营业部	34817.39
6	东莞证券深圳营业部	62.74	建设银行深圳分行	264.14	深圳大鹏证券公司	31239.25
7	浙江省证券深圳营业部	50.60	浙江省证券公司深圳营业部	244.94	南方证券公司	30839.94
8	中国国际信托	47.71	工行深圳分行国债专席	234.08	湖南有色深圳证券部	27857.18
9	君安证券六席	44.80	交行深圳分行国债专席	221.53	北京证券深圳业务部	25688.66
10	上海申银证券	33.89	珠海证券有限公司	190.81	深圳发展国债专席	25133.44
11	中国光大深圳分行国债专席	31.76	湘财实验银行深圳证券部	160.62	海南汇通深圳营业部	23785.59
12	湖南证券交易中心	29.72	大鹏证券公司	141.21	宁波工行深圳证券部	23225.89
13	平安保险(福田)证券部	27.55	海南赛格国投深圳证券部	138.62	中国经济开发信托	22370.08
14	江西中行深圳证券部国债专席	27.37	广东发展深圳证券营业二部	137.03	湖南证券深圳营业部	21998.79
15	国泰证券深圳营业部	27.34	南京交行证券部	129.47	浙江国投清泰营业部	20692.81
16	新疆宏源信托	20.04	深圳赛格财务公司国债专席	127.00	江苏证券交易中心	20297.63
17	浙江农行信托四信证券部	19.99	海南省国际信托深圳证券部	121.24	深圳广信证券部	20224.27
18	江苏证券深圳营业部	18.26	杭州交行信托	109.51	广东发展江门分行深圳证券部	19699.98
19	常州证券深圳业务部	17.33	东莞证券深圳营业部	108.59	君安证券(三)	19612.03
20	农行河南信托深圳证券部	16.62	市安信财务顾问(国债专席)	98.42	江苏证券深圳营业部	19193.49
21	深圳有色证券(二)	15.91	徐州建行信托投资公司	91.90	云南证券深圳营业部	19139.26
22	工行成都信托	15.71	贵州证券深圳营业部	89.97	北京建行信托深圳证券部	19125.54
23	安徽证券交易中心	15.08	中国经济开发信托	87.18	南宁交行深圳证券部	18329.37
24	潮洲信托证券部	14.75	安徽信托深圳业务部	80.01	建行海南信托深圳恒源证券部	17028.56
25	海南国际租赁证券部(一席)	14.55	吉林信托投资公司	72.54	湖北农行信托新世纪证券部	16890.64
26	广东发展行江门分行深部	13.18	广西信托深圳证券部	72.46	陕西国投深圳营业部	15926.48
27	深圳大鹏证券公司	12.89	建行总行国债专席	69.50	福建兴业银行深圳证券部	15856.04
28	珠海证券深圳营业部	12.67	招银证券福田交易部	68.00	广东发展深圳证券部	15855.22
29	工行深圳分行滨河证券部	12.38	重庆证券交易中心	67.80	东莞证券深圳营业部	15632.87
30	交行海南分行深圳证券部	11.47	深圳国投证券部(二)	67.32	中南证券深圳营业部	15460.88
31	江西农行深圳营业部	11.15	交通银行贵阳分行	63.32	深圳有色证券(二)	15415.55
32	陕西国投深圳营业部	11.10	广东发展银行证券部	53.90	黑龙江证券公司	14893.50
33	广州白云山财务公司荔湾二部	10.80	平安保险蛇口证券部	46.40	深圳有色财务证券部	14730.29
34	海南农行信托证券部	10.35	惠州发展银行证券部	46.39	平保兴华证券深圳部	14581.39
35	建行海南信托深圳恒源证券部	10.34	平保深圳罗湖证券部	42.46	山东证券深圳业务部	14468.02
36	深圳特区证券国贸交易部	10.03	天津国投气象台路证券部	42.30	海南港澳信托深圳证券部	14131.12
37	交通银行汕头分行	9.97	江苏省证券公司	42.00	海南国际租赁证券部(一)	13882.36
38	长城证券公司	9.88	重庆国际信托深圳证券部	40.06	厦门国托深圳业务部	13764.71
39	贵州证券深圳营业部	9.60	江西中行深圳证券部国债专席	36.11	海南港澳证券部	13529.82
40	珠海证券有限公司	9.26	深圳广信证券部	35.27	广东发展北京证券营业部	12944.59
41	中国民族国际信托深圳证券部	9.18	农村发展信托深圳国债专席	34.30	海南汇通国际信托	12713.21
42	广西建设信托梧州证券部	8.88	海南省证券公司	33.40	珠海证券深圳营业部	11687.16
43	四川证券交易中心	8.80	华夏珠江证券公司	32.50	黑龙江国投深圳证券部	11278.55
44	招银证券福田交易部	8.71	平保兴华证券深圳营业部	31.64	华夏证券深圳营业部	10814.88
45	江苏省证券公司	8.24	工行浙江信托杭州证券部	29.35	海南信托深圳营业部	10564.06
46	大连证券交易中心	8.20	建行海南信托深圳恒源证券部	28.50	招银证券福田交易部	10466.51
47	浙江国际信托环城北路证券部	7.55	工行总行国债专席	27.73	潮州信托深圳营业部	10387.23
48	广东粤财荔湾证券部	7.54	深圳交行证券二部	25.09	万国证券深圳营业部	9976.52
49	宁夏工行信托西夏证券部	7.48	陕西证券公司	25.00	武汉农行信托深圳营业部	9328.53
50	华夏证券湖北宜昌部	7.03	广东发展北京证券营业部	24.99	上海海通证券深圳营业部	8723.6

表 15—1 1995 年上海证券市场股票交易报表

单位:股、元

股票简称	成交量	交易金额	股票简称	成交量	交易金额	股票简称	成交量	交易金额	股票简称	成交量	交易金额
青岛啤酒	287679607	1334356869	国嘉实业	16488514	171892537	亚通股份	40100381	581135644	第九百华	94205832	1168237130
延中实业	156189367	1380456981	新亚快餐	47478603	471355162	福州东百	259259670	1697196312	四川长虹	512682683	6376853954
真空电子	662367740	2815372141	外高桥	96411650	2413062785	大连商场	307959215	1938749341	绍兴百大	105181228	532786759
兴业房产	223790463	2481252737	原水股份	339482654	1772652742	大江股份	81306470	1087463809	上柴股份	44237323	558440585
二纺机	178801953	861872083	新锦江	71154506	1147724419	福建豪盛	235333883	1294250564	中西药业	38208536	424128780
轻工机构	95255425	592449952	飞乐音响	117198498	997950046	长春车百	172380615	751692501	工缝股份	75022117	1010459489
嘉丰股份	82382380	661769776	爱使股份	123080741	1102564529	济南轻骑	553391419	3930285690	英雄股份	39730822	463993206
联合实业	65153212	550628572	申华实业	426578871	3856549905	辽源得亨	368378826	2091935781	钢管股份	52561753	593541157
异型钢管	107864473	716562544	飞乐股份	248670849	1968018872	天津磁卡	89586606	578664967	同济科技	115201702	1855427300
一汽金杯	2821467024	915415.1790	豫园商城	69951077	1297586721	湖北华新	325727872	2037606339	重庆万里	132627758	1019586255
中纺机	81238715	423383229	浙江凤凰	160022806	776895124	福建水泥	270008488	1260428594	自仪股份	80743564	756955488
大众出租	113614968	1949156388	北京天桥	284326719	1713477875	河北威远	276002151	1242152920	四药股份	98185921	1187880026
第一铅笔	43134379	838836493	北京天龙	214866209	1238500762	成都工益	531570077	1970724318	华东电脑	34933644	379043092
永生股份	34609060	477727855	福建福联	84323254	458497623	江苏悦达	254616392	2675614993	海欣股份	27518280	396361559
胶带股份	22463889	214277121	福建耀华	257011249	2208240773	昆明机床	529297348	1973580286	中川国际	97013352	1164903860
丰华圆珠	46019005	409849175	南洋实业	45916116	489216992	济南百货	159987703	787538641	北满特钢	555944232	2003484886
第一食品	40349766	519324428	浦东强生	152885222	2571577548	安徽马钢	3111126770	7019900386	江苏春兰	138792179	2019604586
联华合纤	24604441	293472598	陆家嘴	231227057	5227813934	山西汾酒	561997193	3922642889	北京北旅	565119480	3877620685
氯碱化工	76485116	817364285	哈医药	365870349	1425736945	河南神马	527185612	3662531985	长春百货	239362402	1050458292
冰箱压缩	41583761	521495952	沪昌特钢	346305384	1216670062	东方集团	382734915	2633223916	宁波中百	146124543	1368380420
联农股份	42045181	801676167	重庆药业	93381006	731772425	河北华药	1792278150	6022561084	山东渤海	220299975	1709999421
上海金陵	77371933	1027900079	无锡太极	595892538	2228866288	鞍山一工	879117662	3514812245	王府井	93787800	665305753
嘉宝实业	74803746	810258055	浙江尖峰	526907573	2825190873	杭州解百	123270878	778141762	北人股份	275146550	1346466339
轮胎橡胶	51822424	500703443	鞍山合成	770272971	2448170917	厦门厦工	287489615	1681172258	北京城乡	165077245	945604160
复华实业	239133291	2643360439	长春华联	359827488	1261090582	鞍山信托	259336377	2137454679	南通机床	137532640	762358200
水仙电器	44294543	450674184	杭州天目	202696547	1194440276	良华实业	42478701	523183449	内蒙华电	314078750	1696815619
申达实业	87031281	632008130	四川广华	1133836857	5772557177	上海永久	41446222	307974266	哈岁宝	99503213	748461691
电器股份	237596604	1169968878	成都量具	359926859	1389690708	耀皮玻璃	60953646	812244418	杭百集团	142715832	977252816
新世界	120344811	1992335949	四川峨铁	480279628	1685505530	隧道股份	93722382	1674601538	广东星湖	149591640	1459579187
棱光实业	50829824	432043787	中华企业	79955117	1855329643	天津劝业	484310468	2358824662	通化东宝	175102065	1800964435
龙头股份	72024258	458009651	钢运股份	43416651	533917896	物贸中心	22436710	288023883	广东梅雁	184025500	1921348863
中百一店	82829100	853774650	浙江中汇	262864411	1704471312	万象集团	103493814	1590372339	青海三普	214136498	2443266301
华联商厦	46651197	484981549	四川金顶	333030192	1881965214	益民百货	55821500	794866068	厦门厦华	111665202	1429124360
双鹿电器	36494098	354151930	凤凰股份	37808668	321376748	时装股份	47404269	652758527	仪征化纤	2215084505	9298088930
海鸟电子	53132774	481393197	邮通设备	30317998	475716134	兰生股份	82437589	865096770	中山火炬	414751205	5563267487
浦东大众	123869932	2142170350	武汉长印	391145098	2028988110	友谊华侨	33510145	421156013	西藏明珠	469047510	5984640859
三爱富	57388484	469293309	南京新百	229310984	1077478548	成都商场	148557810	1033033164	渤海化工	746585602	4654274360
广电股份	360918406	2519740464	宁波华联	203642081	1015517094	哈天鹅	135156840	770457091	东方电机	197257203	2885004628
黄浦房产	126963477	1888848409	广州珠江	132448845	1113816190	甬城隍庙	183755800	1768266799	洛阳玻璃	84574208	1061200207
浦东金桥	241572211	4630458000	广州广船	657025143	2493323952	西安黄河	215861039	1010760478	中国嘉陵	109069325	2030416806
国脉通信	50518251	811001335	厦门汽车	175330081	1348077462	东方明珠	73616146	1626200044	北大车行	50780713	818510337
众城实业	68615914	951989080	厦门国泰	80633924	605420813	商业网点	43595022	648483292	武汉电缆	83190211	919187616
申能股份	374908977	1930050967	上海石化	5238530549	13621485092	凌桥股份	100973026	2012975303	四川电器	38176248	420355845
爱建股份	73287813	867235801	上海三毛	27334243	267755657	上菱电器	56752232	726007786	亚泰集团	26437340	349843606
乐山电力	141416633	882051575	青岛海尔	304718554	1705345552	界龙实业	64025677	1188941213	山东农药	98724763	715295071
望春花	97438383	1505576591	自贡东碳	148418163	1702223695	农垦商社	60894892	865902055	云南保山	60479538	485057873

表 15—2 1995 年深圳证券市场股票交易报表

单位：股、元

股票简称	成交量	交易金额	股票简称	成交量	交易金额	股票简称	成交量	交易金额
深发展	274484200	2727192900	深南物	140866500	941544100	黔中天	69200200	446645200
深万科	91172500	442846600	深中侨	61770200	592433300	粤照明	89011700	841631400
深金田	76787300	370089600	康达尔	63240200	489086900	粤 TCL	100681800	548804900
深安达	85558900	410800800	深万山	85485800	712152900	皖皖能	224884700	1013419300
深星源	296916800	1654686800	深天马	86739600	921259600	豫白鸽	416175800	1656500800
深振业	86751600	481220000	鄂武商	93735800	379424400	吉制药	246495100	767880000
深达声	59301300	268967700	琼能源	223886300	813455200	吉轻工	233463800	719382100
深锦兴	74073200	405423200	琼海虹	176381400	542993500	闽福发	160718700	895712000
深宝安	376719800	1483187300	琼港澳	188806800	565777000	湘中意	419434900	1628065300
深华新	41717100	462805900	琼珠江	100284700	457413300	湘火炬	194151500	642472700
深物业	61598500	260665700	川盐化	336735600	938580700	赣江铃	768777500	3430124400
深南玻	83358500	481661500	粤富华	222114000	642781800	苏物贸	113827600	494129000
深石化	89281200	402624900	琼民源	179437800	527693400	甘长风	111823100	349672000
深华源	67652100	413775500	川天歌	124381000	409817600	沙隆达	346978700	1486240800
深中厨	56933700	219794800	川金路	174179700	665140100	鲁石化	278641900	1028572100
深康佳	79503500	473567300	辽物资	205011600	728437500	黔凯涤	69372400	321823700
深中华	63141400	259733500	粤丽珠	121372900	495968500	琼南洋	117590800	520801900
深中冠	32697900	165793800	渝开发	45996300	192495600	银广夏	270543000	1453274600
深深宝	71653500	265640800	渝钛白	109295500	414620000	辽房天	83284900	383465600
深华发	38815400	132824500	陕解放	87882600	524239400	万向潮	106066900	618459600
深科技	78204300	445301500	甬中元	58653700	245828100	昆百大	89469800	312683400
深赤湾	100633100	409545600	苏三山	163457200	511356900	陕长岭	417493700	1441086900
深天地	54107000	269602100	蓉动力	80232600	356272600	新宏信	102631900	586783300
深招港	130422500	784416900	武凤凰	270613900	1087476700	陕国投	112373000	759306400
深特力	46978300	202506800	皖美菱	179176700	1163735500	陕民生	102791000	372055300
飞亚达	38262600	394966100	白云山	271077800	859261900	渝三峡	107310600	548396600
深能源	101553800	355195600	穗浪奇	11214400	400427300	琼海药	203672200	1005939100
深益力	95129100	566203200	穗东方	97490100	500345200	琼海德	87676100	398093300
深深房	349348300	1393854000	宁天龙	67477600	247993900	川老窖	162699400	2505760200
莱英达	46552100	221771600	厦海发	98224100	559155600	川长钢	155000100	473554000
深宝恒	92694700	372758600	粤美的	151824900	776506700	苏常柴	208670900	1692340100
深桑达	61897000	239856300	桂柳工	465167500	1578891500	新大洲	178458000	1034294100
深新都	228701300	1045207800	粤美雅	367388200	1729269000	琼金盘	131253200	987895300
深华宝	104685500	492464900	连大冷	288244300	1210540000	粤宏远	197109700	1625102800
中科健	64967200	330862500	穗恒运	164528100	527110100	粤甘化	124491500	1253617600
深惠中	151113500	544439900	粤华电	122934100	434491200	青百	133755100	1042110100
深南电	74916900	755335800	万家乐	272786900	766283700	桂新力	56170700	481902200
深大通	51678600	438403200	汕电力	118537200	414320100	川长征	47289800	374741500
深中集	94336800	1220728600	猴王	362388700	1371858900	蜀都	41247900	263037600
深鸿基	129160300	953617300	闽闽东	186205300	857720400	东北电	45444400	252742800
深长城	101763100	1364958600	津国商	98330100	317104300	川长江	21663800	165646300
深南光	77922500	679285200	云白药	79800400	449495400			
深纺织	76874700	500907300	粤电力	132356800	632268700			

财政證券服務中心營業處

西安市財政證券服務中心

總經理:段婉霞
副總經理:段建新、耿樂民
電話:029－7279635

西安市財政證券服務中心是1992年批準成立的獨立核算、自負盈虧、具有獨立法人資格的證券經營機構,注册資金1000萬元,行政隸屬于西安市財政局,現爲中國國債協會會員、西安證券業協會會員、深圳、上海證券交易所、天津證券交易中心、西安證券交易中心會員。西安市財政證券服務中心位于西安市南大街繁華地段,營業面積1200平方米,另設有特、大户室,條件優越,有專門交易席位,營業大廳内設大屏幕行情顯示、衛星行情接收,即時成交回報和先進的計算機網絡系統等先進設備、通訊。

1993年10月,根據西安市財政局決定,原西安市信托投資公司證券部與西安市信托投資公司脱鈎,人員業務、債權債務全部劃歸西安市財政證券服務中心。中心主要業務有:國家債券、企業債券的自營、代理發行、轉讓、代保管;債券抵押貼現;國債回購;深圳、上海證券交易所上市股票、債券、基金、權證的代理、自營買賣;國債現貨整手交易。主要交易方式有:櫃臺交易、電話委托、磁卡委托、機構交易等。

大宇證券株式會社
DAEWOO SECURITIES CO. LTD.

大宇證券株式會社創立于1970年,是韓國大宇集團的核心成員機構。其規模、分支機構數目、雇員人數及市場占有率均高踞韓國證券同業第一位。目前大宇證券擁有10個國家和地區設立的12家分支機構,主要有:倫敦、紐約及香港的子公司,東京、蘇黎世、上海和新加坡的代表辦事處,印度的大宇—CRB合資證券公司,匈牙利的大宇MHB銀行。精湛的人力資源和研究實力、雄厚的資本基礎以及先進的電腦系統,使大宇證券在全球大證券公司的排名中(按淨資産計)名列第22位。1992年,大宇證券獲中國人民銀行授予B股買賣及包銷許可權,可在上海及深圳兩地買賣B股及承銷B股新發行項目。

大宇證券上海辦事處于1995年2月設立。上海辦事處與漢城總部、香港子公司聯系,按行業分類,研究各個上市公司的經營狀況,進行利潤預測及投資指導。95年6月底,大宇證券參與了中國南玻集團的B股可轉換債券的發行,南玻集團在瑞士資本市場成功發行了4500萬美元的B股可轉換債券。至此,大宇證券參與承銷的股票有深圳萊英達、上海新錦江、上海鳳凰自行車、深圳深房、上海工業縫紉機、上海鋼管、上海物貿、山東華能、南方玻璃;參與分承銷的股票有青島啤酒、上海石化、東方電機;擔任聯合國際協調人的股票有深圳紡織。

大宇證券願為中國證券業的發展作出自己的貢獻。

大宇證券株式會社
漢城永登浦區汝矣島洞34－3
電話:(822)7683818
傳真:(822)7831339

大宇證券上海辦事處
上海南京西路651號廣電大廈20－EF室
電話:(8621)62678843
傳真:(8621)62679894　郵編:200041

中山證券公司

中山證券公司是經中國人民銀行總行批準設立,具有獨立法人資格的全國性證券專營機構。注册資本爲人民幣 3000 萬元。公司經營範圍爲證券業務及相關的投資業務,主要包括:承銷和代理發行有價證券,自營和代理證券買賣,開展投資基金業務,辦理有價證券的轉讓、貼現、抵押、擔保和見證業務,代理有價證券還本付息、分紅和保管業務,代客設計和印刷各種證券,接受委托辦理證券的登記和過户,提供有價證券的金融咨詢服務;同時兼營與證券業務有關的投資業務,經中國人民銀行總行批準的其它業務。公司實行董事會領導下的總經理負責制,下設:辦公室、財務部、資金計劃部、投資銀行部、深圳業務部、上海業務部、北京營業部、中山營業部。現有從業人員 171 人,其中博士、碩士 13 人、本科 51 人。高、中級以上職稱的 35 人,平均年齡 29 歲,是一支有潛力、充滿活力的隊伍。

中山證券公司自成立以來,運用靈活的經營機制和有效的管理方式,已將業務拓展到全國各地。在一級市場,公司參與了廣東省五家投資基金的發行工作;隨后又參與了中山火炬及江蘇儀征化纖的股票承銷發行工作;厦門龍舟、江蘇綜藝的上市顧問等工作。在二級市場,公司在上交所、深交所擁有獨立席位,并開通了 STAQ、NET 系統以及南方證券交易中心的交易業務。目前公司在北京、上海、深圳設有分支機構,并在廣州、武漢、天津、成都等地設立辦事處。

董事長:麥慶光,總經理:金向東

地址:廣東省中山市中山三路 47 號
電話:(0760)8325067　8322688 轉
傳真:(0760)8325057　郵編:528403

海通證券有限公司太原營業部

地址:山西省太原市半坡東街 21 號
電話:(0351)4061256　4037710
傳真:(0351)4037747　郵編:030002

營業部總經理:張向陽

海通證券有限公司太原營業部是海通證券有限公司在太原的分支機構,營業面積 1400 平方米,營業部已開通滬、深兩個市場的業務,提供磁卡自助、填單、電話委托等多項操作方式。近期,營業部完成對設備的更新,對室内外環境的裝飾。我們願以嶄新的環境、周到的服務奉獻給投資者。營業部總經理張向陽攜全體員工以誠信、高效爲宗旨,竭誠爲廣大投資者提供滿意的服務。

泉州興業證券公司

公司營業門面

營業交易大廳

大户室

泉州興業證券公司成立于1994年8月30日，爲福建興業銀行的全資附屬公司，是泉州地區最早的證券公司之一，公司位于泉州新區豐澤路信息大廈交通方便，環境優美；并爲了業務的需要擬在市中心繁華的中山路新設一個營業部。公司内部機制健全，設有交易部、電腦部、業務發展部、計財部、綜合部等五個部門，擁有寬敞的交易大廳，中户室及裝飾豪華的大户室及貴賓室，現有在職員工28人。

公司業務齊全，委托方便，在該地區最先開通自助委托及電話委托，主要業務有兩方面：一是代理滬深股票交易，代理國債及企業債券發行，交易，兑付等業務；二是企業股份制改造及兼并收購策劃，企業理財咨詢服務等投資銀行業務。

公司本着開拓進取的敬業精神，努力爲投資者及籌資者提供優質的服務，1995年各項業務均有飛速增長，取得了可喜的成績。1995年證券交易量比94年增長了1.03倍，總量名列泉州地區前茅，在優質服務的吸引下，投資者紛紛到本公司開户，1995年公司新開户占泉州地區新開户的56%；投資銀行業務也有了很大發展，公司參與并策劃豪盛配股；對本地區的大中型企業進行股份制改造，現已成爲泉州地區企業理財的顧問中心。

廈門國際信托投資公司

北京廈門國投證券營業部

營業部總經理:範豫

北京廈門國投證券營業部是廈門國際信托投資公司在北京的全資企業,也是福建省唯一進京證券商,1994年11月1日開業,目前已開通深、滬A股交易及深滬國債業務。

廈門國際信托投資公司是經中國人民銀行總行和國家外匯管理局批準成立的廈門市地方國有非銀行金融機構,是廈門經濟特區唯一的對外窗口。公司成立于1985年1月,1995年營業收入為2.57億元,年創利潤4955萬元,目前公司總資產為34.5億元,資本金6億元。

營業部外景

北京廈門國投證券營業部總經理:範豫(經濟學碩士)

地址:北京市西城西外大街135**號北展劇場東二樓**

電話:68363256 **傳真:**68321332

郵編:100044

公司總經理:鮑友德

上海國際信托投資公司

上海國際信托投資公司在地方信托投資機構中排列第一。上海國際信托投資公司是以金融為主,集信托、投資、證券、房地產開發、咨詢、招標及其他國際經貿業務為一體,擁有7家子(分)公司和若干海外機構的綜合性企業。至1995年底,上海國際信托投資公司注冊資金達15億元,資產總值233.76億元,在國務院組織的1994年中國500家最大服務企業評價中,公司榮列金融保險業第12位,信托投資業第3位,在地方性信托投資機構中排名第一。總經理鮑友德被世界銀行所屬的國際金融公司聘為業務顧問委員會成員。

公司先后5次在日本東京、英國倫敦和新加坡等國際資本市場發債籌資,通過國際金融組織、商業銀行貸款等途徑,為上海經濟建設和浦東開發籌措外資40多億美元。公司在日本債券的資信級別由A級上升為A+級。公司發行基金兩個,金龍基金運作良好,海外基金滬光國際—上海發展投資有限公司基金在香港上市。公司以現匯投資參股上海汽車工業總公司。此外海外實業投資也有新進展。房地產開發經營新上海國際系列項目公司已達10個。上投房地產公司已被評為國家城市綜合開發一級企業,列入上海市12家房地產骨干企業中。該公司招標咨詢等業務也積極開展,為南浦大橋、楊浦大橋、地鐵一號綫、內環綫二期工程、虹橋國際機場候機樓擴建等上海市重大市政建設提供優質服務。公司所屬的上海申信進出口公司,榮立全國對外貿易企業的百強之列。

地址:上海市九江路111號上投大廈
電話:021－63231111
傳真:021－63290944　63230213
郵編:200002

公司辦公大樓全景

蘭州市信托投資公司

蘭州市信托投資公司是1987年12月經中國人民銀行批準成立的非銀行金融機構，是隸屬蘭州市財政局領導。公司注册資金5183萬元，營運資金3200萬元。目前，正式在編職工67名，聘用人員250余名。下設信貸部、五泉證券業務部、隴西路證券業務部、西固中路證券業務部、上海證券業務部、深圳證券業務部等六個業務部門及辦公室、計劃財務部、信息調研部、證券發行部、稽核部、保衛部等六個職能部門。

公司業務範圍包括信托存貸款，投資業務；委托存貸款，投資業務；有價證券代理發行、兑付、自營和代理買賣，代保管；金融租賃、擔保、鑒證、經濟咨詢等業務。1992年，公司公開發行了蘭州市信托投資公司第一期投資債券5000萬元；同年5、7月份公司相繼成爲上海、深圳兩地證券交易所在甘肅的首家會員；1993年4月公司在蘭州地區首家開通了上海、深圳兩地證交所上市公司股票异地代理買賣業務；93年8月，集中托管了蘭州民百股份有限公司募集的900萬股(面值9000萬元)社會公衆股；1993年11月，成功地承銷甘肅長風寶安實業股份有限公司4190萬股社會公衆股，并推薦在深圳證券交易所挂牌交易；1994年11月成爲武漢證券交易中心在甘肅的會員，開展國債交易業務。1995年7月順利地完成了蘭州市信托投資公司第一期投資債券5000萬元的兑付工作。截止1995年底，公司累計向蘭州地區近百家企業發放各類貸款16000萬元；累計發行各類債券22637萬元，兑付38402萬元，轉讓22393萬元，代保管121823萬元；代發行國庫券17637萬元，兑付32110萬元。轉讓22393萬元，代保管121823萬元，排列甘肅首位。

地址：蘭州市武都路大衆市場7A樓3樓
電話：(0931)8433354　8488434
郵編：730030

汕頭國際信托投資公司

地址：廣東省汕頭市海濱路信托大廈
電話：(0754)8278780　8278781
傳真：8271074　電傳：454008 ITICS CN
電挂：3456　郵編：515031

法定代表人、總經理：丁錫龍

汕頭國際信托投資公司于1985年經中國人民銀行總行、國家外匯管理局批準成立，是汕頭市政府直接領導的全民所有制非銀行金融機構。公司主要業務部門：國際金融部、外匯信貸部、國内金融部、營業部、證券部、國際貿易結算部、基金券經營部、企業發展部。公司注册資本人民幣2億元。目前總資産人民幣11億元。公司是汕頭市首家非銀行金融機構的中國外匯交易中心會員，是汕頭市首家獲準成爲深圳證交所异地會員和北京證券報價中心會員、上海證交所异地會員，交易量居汕頭市同業首位，是汕頭市最早設立房地産受益基金，是中國500家最大服務企業之一。

公司經營範圍：信托、委托存貸款、投資，有價證券，金融租賃，代理財産保管與處理，代理收付，經濟擔保和信用見證，經濟咨詢；境内外外匯信托存放款、投資、外匯借款，以其自有資金進行外匯投資，外匯放款，國際貿易結算，外匯擔保，資信調查、咨詢見證業務等。

公司辦公樓

中國外匯交易中心廣州分中心

China Foreign Exchange

交易員們認真處理業務

現代化的辦公系統

中國外匯交易中心廣州分中心(以下簡稱“廣州分中心”)于1994年4月28日正式加入全國外匯交易系統聯網運作,是覆蓋廣東全省、組織辦理省內銀行間外匯買賣和調劑外匯代理買賣的唯一合法機構,為經營外匯業務的金融機構之間進行人民幣與美元、港幣、日元之間的即期買賣提供交易和清算系統,發揮市場組織和監督職能。

廣州分中心設址于廣州市廣州大道中628號,交易大廳面積為440平方米,設交易席位96個,是華南地區最大的外匯交易市場。交易大廳配置2×9米室內大型彩色電子顯示屏,實時顯示外匯交易市場行情。系統硬件采用美國優利公司的U6000/65小型機為主機,利用郵電部公共分組交換數據通訊網和衛星進行交易數據通信,實現了天地并網、數話兼容,并采用目前世界上最先進的雙機熱備份技術,系統安全可靠。

廣州分中心實行會員制,經國家外匯管理局批準經營外匯業務的金融機構申請入市通過審核報批及交易員培訓等一系列程序即成為分中心會員,可入場進行外匯自營或代理買賣業務。交易市場實行會員集中報價、計算機撮合成交、交易中心集中清算的市場運行原則。外匯資金由會員的境外帳戶行與中國外匯交易中心實行一級清算,人民幣資金則以分中心為中介實行二級清算,其中會員

Trade System Guang Zhou Branch

寬敞的交易大廳

先進的通訊設施

與分中心之間實行"T+1"清算。目前,廣州分中心已發展會員單位24家,其中國有商業銀行9家、股份制銀行2家、外資銀行11家、非銀行金融機構2家。

廣州分中心運行兩年來,始終以保障外匯市場安全運行為核心,不斷改善服務質量,提高工作效率,外匯交易規模迅速擴增。1995年共開場251場,完成交易4萬余筆,成交總量折合美元約109億元,是1994年成交總額的3.36倍;人民幣資金清算累計約1583億元,是1994年清算額的3.68倍。廣州分中心在中國外匯交易系統交易額排名已升至第二位,并獲得中國外匯交易中心頒發的"1995年外匯交易系統業務工作先進單位"稱號。

在培育一個規範、成熟、發達的中國外匯市場的征途上,廣州分中心作為中國外匯交易系統的重要組成部分,必將竭誠竭力,奮力開拓。

主任:曾寶泉
副主任:孔祥貴
地址:廣州市廣州大道中628號
電話:(020)87591005　傳真:(020)87590987
郵編:510600

四川投資基金管理公司

SICHUAN INVESTMENT-FUNDS MANAGEMENT CO.,LTD.

公司總裁：劉書

四川投資基金管理公司是由原四川光大資產管理公司更名而成，于 1994 年 6 月經中國人民銀行四川省分行批準成立的，是一家專門從事基金、資產管理及證券投資業務的專業性公司。

四川投資基金管理公司為我國基金業的發展進行了大膽的探索和創新，經營管理着我國第一支目前也是唯一的一支開放型投資基金—四川國債投資基金。根據基金信托契約規定，公司在每年的一月和七月定期向投資者開放，投資者可按當時公布的單位基金淨值認購和贖回本基金；本基金從成立之時起到 1996 年 6 月 30 日為止，基金資產規模已達 3 億元人民幣；基金年收益率達 19.09%，每單位基金淨值為 1.367 元。如長期投資能獲得更加豐厚的收益，是國內目前最具發展潛力的投資基金之一。

四川投資基金管理公司以“團結進取，發展創新”為公司企業文化精神，奉行高效、穩健、誠信的經營原則，貫徹“把鷄蛋放在不同藍子里”的投資組合。目前公司擁有一大批在金融、證券、投資及管理方面既有理論知識水平，又具有實際操作經驗的優秀人才。

四川投資基金管理公司立足于中國西部，走向世界，積極加強國際交流，嚴格遵循基金業國際慣例和國家有關法律法規，為基金業在我國的發展墊石鋪路，為創一流的基金管理公司而勤奮耕耘。

公司接待前臺

地址：中國成都市一環路西一段 130 號

電話：(028)7781677

傳真：(028)7780970

秉乘一貫作風
再創輝煌未來

珠海海鷗投資基金是經中國人民銀行廣東省分行和珠海分行批準設立的珠海經濟特區第一家投資基金,于 1993 年 11 月 26 日向社會公開發行,規模爲 5000 萬個單位。屬封閉契約型,封閉期限爲 10 年。基金發起人爲珠海市國際信托投資公司。94 年 3 月 3 日,海鷗基金在南方證券交易中心挂牌上市,同年 3 月 14 日,與上交所聯網交易。

作爲基金經理人的海鷗投資基金部,三年來,我們秉承一貫穩健、成長、信用的作風,以我們的才智和勤奮,以我們的嚴謹和敬業,掌握取勝之道,連續兩年取得了平均 20%以上的投資收益,并在基金投資組合、資産結構方面繼續保持良好配置。同時,在基金信用等級評估中獲得了較高的 AA-級。96 年 5 月,憑借我們良好的經營業績和資信水平,取得了珠信基金(武漢證券交易中心上市)的經理人資格,成爲國内少數同時管理兩家上市基金的經理人之一。

珠海海鷗投資基金

ZHUHAI HAI. OU. INVESTMENT FUND

總經理:萬健成

地址:中國珠海香洲人民西路珠信證券大廈

電話:86-756-2273518

傳真:86-756-2276963

郵編:519000

河南證券交易中心

企業精神：榮辱與共　開拓創新　服務爲本　效益至上

總經理：裴向東

中國證監會主席周道炯爲交易中心、登記公司題詞

河南證券交易中心是不以盈利爲目的的河南省唯一一家有價證券集中交易場所。中心主要辦理以下業務：提供有價證券的集中交易場所和設施；管理在中心上市證券的買賣；對進場交易員進行監管；制定中心有關證券交易的規則，并監督執行；對會員單位與中心有關的業務活動進行檢查；提供證券信息咨詢服務，經辦主管部門批準和交辦的其他業務。

河南證券交易中心先后于 1994 年 10 月和 1995 年 5 月與上交所、深交所電腦系統實現聯網開通，在交易中充分貫徹公平、公正、公開的原則，并在管理中加强服務力度，截止 1996 年 8 月底吸收會員 31 家(其中外地會員 8 家)，交易席位近 80 個，累計成交金額達到 243 億多元。其中，上海交易量 218 億元，深圳交易量 15 億元，本地交易量 10 億元。

河南證券登記公司是河南省唯一一家專業證券登記機構，是深圳證券登記公司和上海證券中央登記結算公司的正式會員。公司主要辦理以下業務：辦理投資者證券帳户登記；辦理經批準公開及未公開發行的證券登記；辦理經批準上市證券的轉讓過户登記；代理有價證券的代保管業務；代理有價證券分紅派息配股或還本付息業務；提供與證券有關的信息技術咨詢服務；辦理經主管機關批準或委托的其他業務。

河南證券登記公司自 1993 年成立以來，業務得到迅猛發展，截止 1996 年 8 月底共開立深、滬證券帳户 38 萬余户；挂失、查詢 3000 余筆；辦理資金清算總額達 127 億余元；圓滿完成了河南省向社會公開發行上市四支股票(豫白鴿、河南神馬、洛陽玻璃、鄭州百文)公衆股和內部職工股的登記、托管工作，以及新飛電器集團內部職工股的登記托管工作，爲推動河南省證券市場的健康發展和股份制改革做出了應有的貢獻。

河南證券登記公司

地址:河南省鄭州市豐產路 19 號
電話:(0371)5725588－3102
傳真:(0371)5721542　5715869
郵編:450002

河南證券交易中心理事長兼總經理:裴向東
河南證券登記公司董事長兼總經理:裴向東

年輕精干的領導班子:董(理)事長兼總經理裴向東(左)、副總經理郭永峰(右)、總經理助理李國平(中)

交易中心、登記公司辦公大樓外景

中心交易大廳

SHAN DONG
SECURITIES
EXCHANGE

山東證券交易中心

山東證券交易中心是經山東省人民政府批準設立，不以盈利為目的，為證券集中和有組織交易提供場所、設施，實行自律性管理的會員制事業法人。交易中心本着穩步發展，適時開拓的指導思想，以"一流的技術，一流的服務，一流的管理，一流的人才，一流的業績"為宗旨，在建設既符合國際規範又具有中國特色的證券市場方面進行積極的探索和大膽的實踐。山東證券交易中心殷切期望各界同仁的友好合作和大力支持。

地址：山東濟南趵突泉北路 6 號

電話：(0531)6937398　**傳真**：(0531)6937300

郵編：250011

中心總經理楊軍(左二)與領導班子研究工作

迅速崛起的
青島證券交易中心

中共山東省委常委、青島市委書記俞正聲視察交易中心

香港聯交所鄭雄健主席(中)在青島市政府張先平副市長(左一)陪同下參觀青證交,圖爲楊軍總經理(右一)介紹情况。

青島證券交易中心成立于 1993 年 3 月 18 日,作爲山東證券市場的龍頭和青島建設區域性金融中心的重點,青證交堅持規範管理方針、開拓奉獻的精神,走大聯網、大開放、大市場之路,1995 年在全國各聯網證交中心中,青證交股票、基金交易額居第 6 位,在全國計劃單列市和山東省同行業居第一位。目前,青證交已發展會員 85 家,入場交易席位達 166 個,在中心交易的主要品種有滬、深市 A 股、基金、國債回購和地方股權證,累計實現交易額 400 多億元,其中 1994 年 78 億元,1995 年 212.6 億元,1996 年上半年 114.38 億元。

青證交開拓進取,連續創下十一個第一;在全國所有交易中心中第一個實現滬、深、魯“三位一體”的發展模式,在全國率先實現與滬、深兩個證交所同時聯網;在全國第一個利用 DDN 主干網實現與上交所光纜聯網;青證交是中國證監會主席周道炯上任后第一個視察的證券交易場所;青證交在全國率先制定了地方證券業中長期發展規劃;在全國第一個實現了地方業務席位和深圳聯網業務席位合二爲一;青證交成爲全國第一個上證衛星通訊小站异地維護中心;第一批開通上交所國債回購聯網業務;在各交易中心中第一個與新加坡、日本證券業建立合作關系;在各交易中心中第一個建立起具有國際水準的 NOVELL 教育中心,在全國第一家利用計算機交易系統上網發行無紙化企業債券。

寬敞明亮的交易大廳

地址:青島市上清路 6 號櫸林園大酒店四樓附樓

電話:3864416　3869025　3864438　3869089

傳真:3866641　**郵編:**266023

浙江省證券交易中心

浙江省證券交易中心是為證券市場提供中介服務的非銀行金融機構，是非盈利性的會員制的事業法人，它經中國人民銀行浙江省分行批準和浙江省工商行政管理局注冊，于1993年7月正式成立，目前由中國人民銀行浙江省分行代管，業務上受浙江省證券委指導。

浙江省證券交易中心的宗旨是：提供公開、公平、公正、高效的交易環境和條件，為完善和發展浙江省的區域證券市場服務。其業務範圍是：1、提供證券集中交易場所、設備及交易、報價、清算、交割等服務；2、管理在本中心上市的證券買賣，辦理買賣證券的集中清算交割；3、提供證券的市場信息咨詢服務；4、經中國人民銀行或其他有關部門批準的其他業務。

浙江省證券交易中心成立以來，積極發展會員單位，現擁有會員單位53家，分布在浙江、江西兩省。1993年11月8日開業以來，先后有浙工受益、浙農受益、金信受益、溫信基金、紹信受益等5個基金和受益憑證上市交易，基金席位24個。1994年8月1日與上海證交所實現聯網交易后，先后開辦了A股股票、國債現貨、國債期貨、國債回購等交易業務，聯網席位共有73個。和深交所的聯網交易也于1994年1月26日正式開通，現已發展聯網席位8個。截止1996年6月底止，累計成交金額812億元。

浙江省證券交易中心總經理洪卉，副總經理袁放、張寶鳳。目前專設職能部門為交易管理部，具體負責有關交易中心的業務工作，其他職能分別由合署辦公的浙江省證券登記中心有關部門負責。

地址：杭州市解放路108號

電話：(0571)7030215

傳真：(0571)7030614

郵編：310009

福建證券交易中心

交易中心1995年各項工作穩步發展,
通過中心實現的證券成交額1499.34億元,爲1994年的1.3倍

福建證券交易中心是1992年12月經中國人民銀行福建省分行批準設立的不以盈利爲目的的非銀行金融機構,中心實行會員制,是兼具證券交易中心與證券登記公司功能的機構。注册及實收資本總額1000萬元。會員大會是交易中心的最高權力機構,理事會是交易中心的日常決策機構,監事會是交易中心的監督機構。中心實行理事會領導下的總經理負責制。中心設六個職能部門:登記托管部、綜合部、交易部、信息部、電腦部、財務部。

1993年7月,福建證券交易中心在全國首創與上證所電腦聯網,形成了异地同步交易的聯網模式。中心堅持服從全國統一證券市場規範要求的發展道路,各項業務工作都走在全國聯網交易中心的前列,同時確立了福建省證券交易中心、證券登記結算中心、資金清算中心的地位。本省櫃臺交易市場是在中心投資300多萬元建立的福建證券專用數據網上運行的。1996年5月,中心在全國首家開通128KDDN數據專綫,使聯網通訊手段進一步强化。

交易中心交易大廳一角

廣州
證券交易服務中心

法人代表、總經理:孫榮凱

●廣州地區唯一的地區性證券交易服務中心;

●中心是不以盈利為目的,實行自律性管理的會員制法人機構;

●中心擁有容錯功能巨大的 IBM AS/400 交易系統主機,近千平方米的交易大廳二間,可提供 400—500 個交易席位;

●中心可為您提供超一流的交易環境和優質完善的服務;

廣州證券交易服務中心于 1994 年 6 月經廣州市人民政府批準設立。中心是不以盈利為目的,實行自律性管理的會員制法人機構;中心注冊資本 5000 萬元。擁有 400 個交易席位,高度電腦化運作系統的交易撮合主機采用 IBM AS/400 超小型機,中心配備了電話專綫聯網和衛星通訊系統,形成了登記、交易、清算一體化的運作體系,中心可完全實行交易無紙化。

地址:廣州市五羊新村寺右新馬路 162 號 2 樓
電話:(020)87383380　87383663
傳真:(020)87383832
郵編:510600

先進的交易系統

西安證券交易中心

西安證券登記公司營業處

總經理:張久仲

西安證券交易中心是由陝西、西安、甘肅、青海、新疆、寧夏等省市證券公司發起創建,經陝西省人民銀行批準成立,1994 年 4 月 1 日在西安正式開業。1994 年 6 月經陝西省人民銀行批準與西安證券登記公司合并,實行統一領導與管理(西安證券登記公司于 1993 年 3 月籌建,6 月試營業,是陝西地區唯一法定的證券登記托管和結算機構,是上海證券中央登記結算公司和深圳證券登記公司的正式會員,又是中證交國債托管發行分銷的代理機構)。中心按會員制組建,實行自律管理,業務上接受中國人民銀行陝西分行的領導與監督,實行理事會領導下的總經理負責制。中心現設交易部、清算部、電腦部、登記營業部、業務策劃部、財務部、會員部、黨群工作部、辦公室。

自 1994 年 8 月以來中心先后開通了滬、深兩交易所的 A 股、國債、國債期貨、國債回購、基金、權證等六類交易品種,截至 1996 年 8 月底聯網系統交易量爲 237 億元(其中 1996 年交易量爲 165 億)。1995 年開辦了自身系統的國債回購交易,累計交易量爲 83 億元。目前中心會員已發展爲 75 家,其中本省會員 26 家,外省會員 49 家;開設各類交易席位 121 個,其中聯網系統交易席位 56 個,自身系統交易席位 65 個。總交易量累計爲 320 億元,交易規模在全國 24 個交易中心中排列第十位。登記公司截至 1996 年 8 月底共開立上海、深圳帳户 36 萬户。分銷國債 13.88 億元。

中心聯網系統實行全程雙備份,即主通道使用 DDN 光纜數字數據光纖網,備用通道使用衛星通訊網,交易系統配備高容不間斷電源和雙路供電,采取雙保險措施。

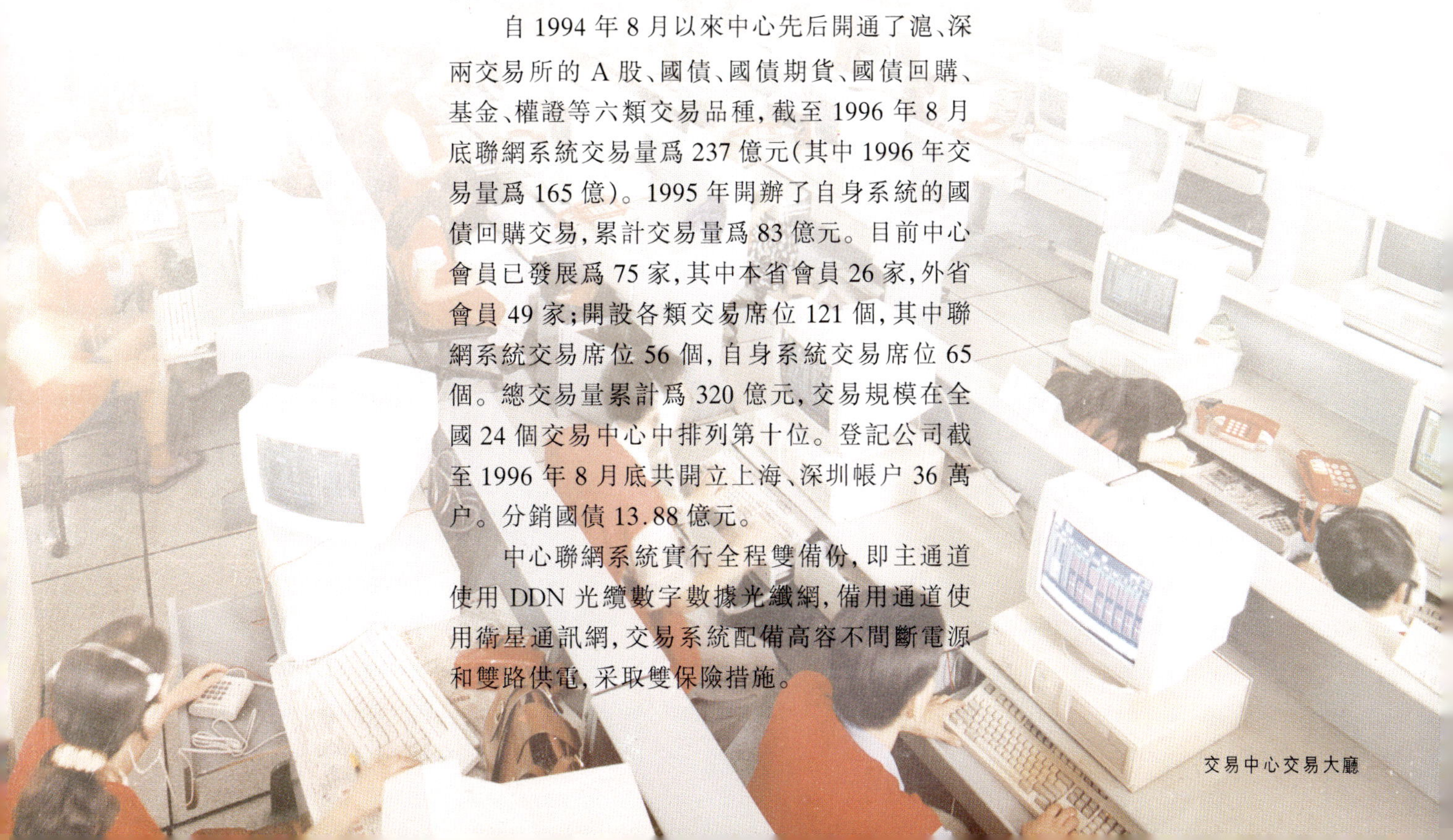

交易中心交易大廳

雲南證券登記有限公司

公司營業門面

雲南證券登記有限公司是經中國人民銀行雲南省分行批準設立,專職從事證券登記、托管、清算等業務的省内唯一法定非銀行金融機構,于1993年5月28日正式成立。公司負責證券投資者開立滬、深證券帳户和辦理查詢挂失的工作,爲雲白藥、昆百大等五家上市公司辦理了全額股份托管及上市確認,另外還爲五華大廈、光明啤酒等三家股份有限公司進行内部股托管試點,并爲其提供代理發放現金紅利及送紅股技術處理等服務,爲雲南八家券商辦理了三年的滬市資金三級清算和深市股份二級清算,代保管國債經常性余額超過億元。

目前,公司的業務已拓展爲:證券帳户開户登記,股票過户及清算;股份公司股票托管、轉托管,投資者股票挂失,查詢及資料修改;内部股分紅派息及送配股業務;投資者滬市過期紅利補領;債券托管,代保管,兑付業務;證券投資咨詢,抵押登記業務;辦理證券交易資金清算;及經中國人民銀行批準的其他業務。

公司總經理郭永生(中)、副總經理李平平(左六)、顧爲民(右七)與員工研究工作

計算機主機房

公司營業櫃臺

公司門牌

努力開拓　不斷發展

南海證券登記公司

法人代表:高小龍
地址:廣東省南海市桂城南興三路聯合交易大樓
電話:6225903　6334501　6220516(傳真)
郵編:528200
常年法律顧問:禪正律師事務所　謝文律師
顧問室電話:6325308

法人代表:高小龍

南海證券登記公司于1992年12月經省人民銀行批準成立,經過緊張的籌備工作后,并于1993年3月2日正式開業,開業后業務迅速發展。

通過幾年來的業務發展,已承接經營的業務有:辦理深圳、上海證券交易所的證券帳户卡開户;深圳證券交易所的二級清算、股份登記、托管、挂失、補辦、轉托管;南方證券交易中心的股份登記、托管;上海深圳證交所國債存管庫及國債兑付;南海市各内部股份登記及托管轉讓、分紅派息、挂失、查詢等工作。公司擁有先進的電腦設備和相當高素質的業務人才,以及高質量爲南海市股份公司及廣大股民服務。

公司業務範圍:經批準公開發行及非公開發行的證券登記;證券過户登記,代理有價證券的分紅派息,代理有價證券的保管,證券登記咨詢服務及中國人民銀行批準的其他業務。

登記大廳一角

湖南證券交易中心
湖南省證券登記公司

交易中心理事長兼總經理、公司總經理：劉治初　高級經濟師

交易大廳一角

湖南證券交易中心是1993年3月經中國人民銀行湖南省分行批準成立的非盈利性的事業法人，實行會員制管理。湖南省證券登記公司于1992年11月經中國人民銀行湖南省分行批準，并經工商局登記注册。1994年7月，交易中心與登記公司合署辦公，統一管理。

中心目前共有會員65家，席位114個，會員和席位遍及湖南各地市以及天津、江西、湖北、廣東、海南等八省市。中心(公司)先后開通了NET法人股交易、與滬、深證券交易所的電腦聯網交易、本省内部股權證的上櫃交易等交易種類，累計成交額達600多億元。爲廣大投資者開立證券帳户48萬户，先后爲中意、火炬、華天、海利、張家界、華銀等7家股份公司的股票上市進行了登記，爲湖南省證券登記公司等4家受益證券轉爲基金以及省内30多家股份公司内部職工股進行登記托管，票面值達30億元。同時，還爲46家深交所與中心聯網會員券商進行了股份清算93億多股，爲66家券商的136個上交所的交易席位進行了資金清算950多億元。中心(公司)建立了電子化網絡系統，其NOVELL網絡配置了全雙工熱備份的三級容錯系統。

登記開户營業櫃臺

地址：湖南省長沙市芙蓉北路11號
電話：4311891　**郵編**：410008
傳真：(0731)4311804

中心社辦公大樓

威海市 城市信用合作社 中心社

法定代表人、總經理:班德臣
地址:山東省威海市昆明路 16 號
電話:(0896)5230301(辦公室)　5221370(營業部)
郵編:264200

法定代表人、總經理:班德臣

威海市城市信用合作社中心社是經中國人民銀行山東省分行批準成立的非銀行金融機構。主要辦理工、商企業單位的存款業務;辦理城鄉居民的儲蓄業務;辦理各項貸款業務;辦理轉帳、結算和現金出納業務以及經市人民銀行批準辦理的其它業務。現有職工 260 人,下設 10 個科室,9 個營業部,業務覆蓋整個威海市區。在威海市委、市政府和市人民銀行的領導下,中心社把"金融服務社會、信譽贏得四方"作爲中心社人信奉的立社之本;把"客户至上,務實求新,遵紀守法,爭創一流"作爲中心社人的行爲準則。建社三年來,創造了良好的社會效益和自身效益,爲支持地方經濟的發展做出了積極的貢獻。截止 96 年 6 月,各項存款余額 11.2 億元,各項貸款余額 8.1 億元,實現利稅 10684 萬元,并被大公國際資信評估公司確定資信等級爲 AAA 級城市信用社。

總經理班德臣先生偕全體員工竭誠歡迎工商界朋友來辦理各項業務。

中心社營業部大廳

南方城市信用社

南方城市信用社于1994年5月成立以來，在廣東省人行及市聯社領導下，業務蓬勃發展，存款余額8億多元，貸款余額5億多元，深得社會各界的信賴與支持。現總部搬遷：廣州農林下路40號王府井百貨大廈9樓，并新增總部營業部。下設：一德西營業部、天河營業部、越華路營業部及多個流動金融服務點。熱情為廣大客戶提供更多、更廣泛、更優質的金融服務。

信用社營業處外景

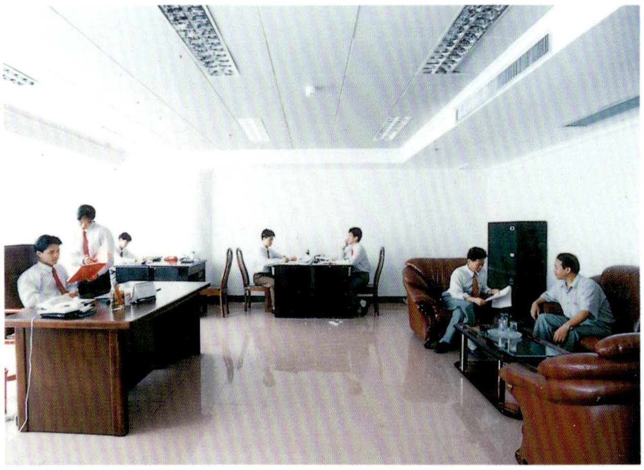
工作人員認真處理業務

營業大廳一角

屬下營業網點：

總部營業部

地址：廣州農林下路36號

電話：87613838－1051、1052　8760321

理事長、總經理:黃金橋

總部:廣州王府井百貨大廈9樓

電話:87613838－1989、1998

總經理:黃金橋

公司領導研究業務工作

公司領導商議合作與發展

天河營業部

地址:天河體育東路19號

電話:87543757　87540570

德西營業部

地址:廣州一德西路446號

電話:81905700　81886849

越華路營業部

地址:越華路116號

電話:83187949

南海市城區城市信用社

CITY CREDIT COOPERATIVE OF NANHAI CITY DISIRICT

法人代表、主任：徐景山

1993 年 12 月 3 日，經中國人民銀行批準，南海市城區城市信用合作社正式成立，全面開辦了存款、貸款、結算、代辦保險、代收代付、代理證券和經中國人民銀行批準的其它金融業務。

短短的三年時間，全社的金融業務從無到有，從小到大，穩步向前發展，“團結、進取、實干”的社風社貌和精神文明建設也取得了令人鼓舞的成就。到 1996 年 3 月底，全社單個網點的各項存款余額已超過 1.5 億元，各項貸款余額 8000 萬元，并且加入佛山市、廣州市的同城票據清算，加入了省特約聯行資金結算，16 臺電腦已為社會各界提供方便、快捷的金融服務，目前我社的依法監控和風險意識不斷得到加強，金融運行的機制日趨穩健規範。對前景和未來，我們信心百倍，將不斷努力拓寬資金渠道，增強資金實力，更好地發揮經濟發展的第一推動力的作用。

主任（法人代表）：徐景山

地址：廣東省南海市桂城南興三路聯合交易大樓

電話：6335890　6321772　6325878（傳真）

郵編：528200

營業大廳

信用社辦公大樓

信用合作社夜景

中國光大銀行烟臺支行

行長:鞠安福
地址:山東烟臺南大街 82 號
電話:0535－6262466　6269243
郵編:264000
鳳凰臺分理處
地址:山東烟臺只楚路 5 號
電話:0535－6520741　6520742

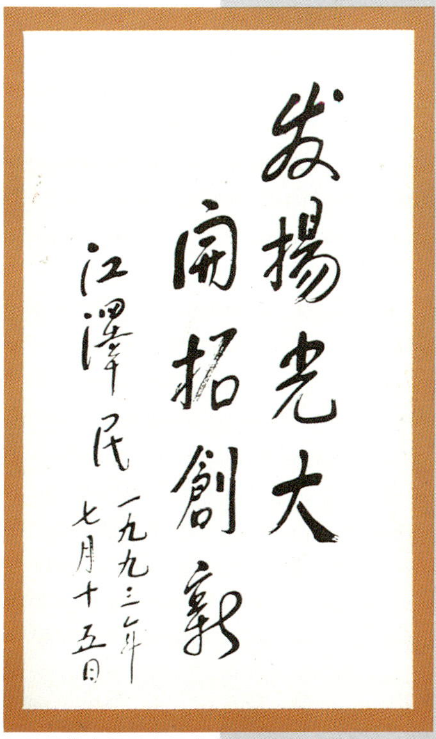

江澤民總書記爲中國光大銀行題詞

行長:鞠安福

中國光大銀行是經營國内和國際金融業務的全國性國有商業銀行。主營範圍包括本外幣的存、貸、匯、結算、融資、旅行支票、信用卡業務、外匯買賣、出口信貸、銀團貸款、擔保、見證、征信調查以及人民銀行和外管局批準的其它金融業務。兼營國内外融資租賃、發行或受托發行國内外債券、股票和經營有價證券業務。

中國光大銀行烟臺支行經省人行批準于 1993 年 12 月 29 日正式對外營業。三年多來,該行貫徹"開拓、創新、優質、高效"的服務宗旨,采用現代國際金融業的管理方式和電子聯行微機處理業務等手段,加快電算化過程,使本外幣的存、貸、匯和結算、融資等業務全面開展起來,1995 年人均創利潤 40 萬元,居烟臺地區同行之首。

鞠安福行長及全體員工向關心、支持和信賴該行的社會各界、金融同行和廣大客户表示衷心的感謝!并熱忱期望與新老客户一起密切合作,共同開創輝煌的未來!

鳳凰臺分理處外景

尖端科技 ●跨越世紀 ●優質服務 ●惠澤人間

中國農業銀行中山分行

中國農業銀行中山分行，去年在全市率先開通了 IBM ES/9000 大型計算機網絡，今年 5 月 2 日全國農業銀行電子匯兑系統正式開通。這次在全國範圍開通的電子匯兑系統覆蓋全國各省、自治區、直轄市農行 45 個分行 5096 個網點，成爲覆蓋面最廣的一個電子匯兑系統。農業銀行電子匯兑系統具有匯兑、清算、查詢、監督四大功能，它通過網絡傳遞信息，實現資金匯劃 24 小時到帳抵用，縮短資金在途時間，在農行開户的企業，一筆資金運行的速度可加快 3 倍。農行電子匯兑系統竭誠爲各界服務，除快捷、便利、安全外，對帳務的監督更加嚴密、科學和規範。歡迎社會各界到農業銀行辦理電子匯兑業務。

即將落成的中國農業銀行中山分行辦公大樓

交通銀行泰安支行

行長:呂方興

交通銀行泰安支行作爲泰安市第一家股份制商業銀行,1995年1月18日正式開業。全行在職員工210人,設有職能部室17個,下屬2個分理處,11個儲蓄所和3個儲蓄代辦所。泰安交行在經營傳統銀行業務的基礎上,陸續開辦了外匯業務、信用卡業務和保管箱業務,取得了良好的經濟效益和社會效益。截止1996年8月末,資産總額已達5.82億元,人民幣存款余額達4.43億元,貸款余額達到2.42億元,實現利潤726萬元。

泰安支行及時地調整信貸資金的投向和投量,按照“存款立行、質量興行”的指導思想,嚴格執行資産負債比例管理制度,實行了貸款第一責任人、風險度量化、貸審三級分離等制度,堅持資産安全性、流動性和盈利性相結合的原則。在總行實行信貸審批三級授權后,被授予二級權限行。同時,從行長至普通員工實行全員聘任制。

泰安交行加快電子化建設,先后投入300余萬元,裝備各類先進的電腦設備287臺(套)。所有櫃面業務處理實現了電子化。推出了一系列以客户爲核心的優質服務措施。先后推出登門收款、上門送單、延長營業時間、節假日正常營業、兑换殘破幣、兑换大小票、代客户計算利息、電話銀行、夜市銀行、全儲種通存通兑、業務咨詢等措施,堅決杜絶了壓單、壓票、無理拒付不良現象,在社會上樹立起了良好的銀行信譽。

支行辦公大樓外景

員工們認真處理業務

行長:呂方興
地址:山東省泰安市東岳大街中段
電話:(0538)8220402　郵編:271000

海口市
振東城市信用社

地址:海南省海口市人民大道 31 號振信大廈
電話:6261854　6261845

法人代表、總經理:王秉均

寬敞的營業大廳

現代化的辦公設備

海口市振東城市信用社是 1986 年經中國人民銀行海南分行批準成立的海南第一家城市集體股份制金融機構。建社近十年,經濟效益顯著,實力不斷增强。特别是 1995 年以來,振東城市信用社成爲全省首家擴股試點單位,吸收了海南農墾、寶平集團、昌信程集團等實體公司參股,使資本金猛增 13 倍,各項存款增加了 2 倍多,貸款增加 30%。

振東城市信用社實行以"人爲中心"的企業管理機制,在高資質構成的領導班子周圍,團聚、重用了一批富有開拓精神、德才兼備的各種人才。目前,振東城市信用社擁有大、中專學歷及高、中、初級職稱者已占全社職員的 70%强。同時不斷提高業務硬件裝備水平,全社各營業部、各業務部門已全面實現儲蓄業務,對公業務電腦化,開通電子聯行業務,實行通存通兑。

辦公大樓外景

中國首批"AAA"級城市信用社

淄博市公園城市信用社

法人代表、總經理:趙芳
地址:山東省淄博市張店區共青團西路 84 號
電話:(0533)2187009　2187744
傳真:(0533)2187009
電挂:6588　郵編:255020

法人代表:趙芳　總經理

淄博市張店區人民公園城市信用合作社創建于 1988 年初,現有職工 164 人,其中具有大專以上學歷的 35 人,設有公園、天齊、張北、道莊四個服務部。建社以來以"勤奮敬業、廉潔奉獻、求實創新、優質服務、高效創利"的道德準則爲主導,堅持以市場爲導向、經營靈活的方針。信用社改變傳統的服務方式,拓寬服務領域,增强服務質量,在全市城信系統率先實現了會計、儲蓄電算化。還爲企業免費提供條碼查詢服務。業務範圍已由最初辦理居民儲蓄、存貸款和銀行結算業務增加到證券交易、資金融通、代簽人行全國匯票、參加全國城市信用社聯網通匯等業務。1992 年在全市首家開辦了股票櫃臺交易業務。1994 年投資興建了高 16 層、建築面積 15000 平方米的淄博金貿廣場。

至 1995 年末,開立對公帳户 5749 個,居民儲蓄户 16948 個,存款達到 3.5 億元,累計發放貸款近 20 億元,擁有固定資産 1903 萬元,累計上交稅金 1000 萬元。通過八年的艱苦工作和不懈努力,信用社連續三年被評爲市級精神文明先進單位;1994 年被授予市級"明星企業"、省級"青年文明號"。1993 年做爲淄博市唯一一家城市信用社,被中銀全國資信評估委員會評爲首屆全國"AAA"級城市信用社。1995 年被山東省質協評爲"山東省用户滿意服務單位"。信用社法人代表、總經理:越芳同志,1995 年初被授予淄博市首批"十佳女企業家"稱號。

信用社投資興建的淄溥金貿廣場

即將交付使用的辦公營業大樓

日照市城市信用社中心社

主任:陳全然

地址:山東省日照黃海二路 13 號

電話:(0633)8339858　郵編:276826

中心社黨委書記、主任:陳全然

日照市城市信用社中心社成立于 1994 年 11 月 18 日,轄日照、石臼、莒縣、五蓮、嵐山 5 家城市信用社和 3 個營業部(處),并擁有 118 個營業機構,干部職工 798 人;是獨立核算、自負盈虧的具有法人地位的地方金融機構;負有管理與經營雙重職能;黨政關系隸屬日照市委、市政府,業務由中國人民銀行日照市分行主管。

日照市城市信用社中心社自成立以來,按照“理順關系、高點起步、規範管理、穩健經營”的指導思想,充分發扬“團結拼博、自我加壓、負重奮進、爭創一流”的城信精神,大力組織資金,優化資産質量,强化内部管理,加强精神文明建設,開展“四講一服務”活動,使各項工作開創了新局面。截止 1996 年 9 月末,全轄存款余額 101721 萬元、貸款余額 73681 萬元,比中心社成立時分别增加了 60221 萬元和 46981 萬元,增幅各爲 145%、176%;1995 年利税超千萬元,其中利潤 788 萬元。

營業大廳

東營市
城市信用合作社中心社

合作社系統年度總結表彰會

業務技術比賽現場

東營市城市信用合作社中心社是經中國人民銀行山東省分行批準成立的全國性金融機構，現有干部職工 44 人，平均年齡 25 歲，中專以上學歷占 70%，1994 年 9 月正式成立。東營市地處勝利油田腹地，中心社立足大經濟、大金融、大發展的構思，積極拓展金融服務領域，努力為黃河三角洲的騰飛鋪路架橋，1995 年底，各項存款已達 1.5 億元。

東營市城市信用合作社實行行業統一的歸口領導和管理，在穩中求升的經營管理策略指導下，致力促進城市信用社集約化發展，增強城市信用社的自我發展、自我完善、自我約束的能力，現在，東營市城市信用社中心社正以健康、科學的步伐向更高的目標邁進。

中心社開展服務宣傳活動

法人代表：王曉彥
地址：山東東營府前街 116 號
電話：(0546)8333608
郵編：257091

中國工商銀行淄博市分行

分行辦公大樓

中國工商銀行淄博市分行自1984年11月成立以來,不斷開拓進取,逐步發展成爲業務功能齊全、經營運作靈活、技術裝備先進,具有較强經濟實力的地市級銀行,1995年全國工商銀行利潤總額、人均利潤、資本利潤三項經濟指標考核中,名列全國地市行50强。截止1996年5月底,各項存款余額達68.6億元,各項貸款余額達到64.4億元,分別較建行初增加十幾倍,牡丹卡發卡26000余張,國際業務年結算量已超過2億美元。十多年來,該行本着效益優先的原則,準確把握貸款投向,集中資金支持了一大批經濟效益好大中型骨干企業的生産發展,實現巨大的社會經濟效益和自身效益,累計上交利稅8億多元,在全省名列前茅。

分行目前有9個區縣支行、28個分理處、106個儲蓄所、職工1998人,其中大中專以上占60%。

行長:劉持良

地址:山東省淄博市張店區人民東路2號

電話:(0533)2283972 **傳真**:(0533)2184549

郵編:255040

中信實業銀行濟南分行

行長:王益民

中信實業銀行濟南分行是濟南市首家全國性、綜合性、外向型國有商業銀行。現有市中辦事處和歷下辦事處兩個分支機構,從業人員123名。分行自1994年5月26日開業以來,本着“爭一流水平、創名牌銀行”的原則,認真貫徹國家金融方針政策,積極支持地方經濟建設,各項業務穩健發展。人均吸收存款和實現利潤均居當地金融系統首位。并于1996年5月份,圓滿完成了“魯北化工”股票的發行工作。

中信實業銀行濟南分行資金實力雄厚,金融信譽卓著,擁有各類優秀人才、現代化的結算工具和先進的服務手段,願與社會各界攜手并進,共創輝煌。

濟南分行

地址:山東省濟南市經七緯一路426號

電話:(0531)6916444 6919393

傳真:(0531)6929194 **郵編**:250001

市中辦

地址:山東省濟南市經二路250號

電話:(0531)7933356 7935172

傳真:(0531)7930566 **郵編**:250001

分行外景

上海城市合作銀行豫園支行

行長：戴雄武　高级經濟師

上海城市合作銀行豫園支行原為上海豫園城市信用社，始建于1986年12月，是上海首批建立的二家城市信用社之一，分别在豫園、十六鋪、南浦大橋地區設立了2個營業所和1個證券業務部。除了經辦工商企業存款、貸款、結算外，還辦理儲蓄、債券等，是上海證券交易所會員單位，辦理各上市股份公司的股票交易和各種委托。

豫園支行擁有各類專業技術職稱的人員占職工總數的60%，還有一批年富力強，懂經營，會管理的中年骨干主持着主要工作。1987年初就試行了抵押貸款，得到人民銀行總行領導的贊許；與江蘇淮陰城市信用社首創建立雙向通匯業務關系。人民銀行總行專門行文向全國進行推廣；實行全員勞動合同制的勞動制度。他們對開戶單位實行上門服務。采用先進的電腦進行結算、交易、核算和管理。

寬敞的營業大廳

地址：上海市福佑路69號
電話：63202027　63284788
郵編：200010

淄博市開發城市信用社

總經理、書記：張東升

信用社是經中國人民銀行山東省分行批準，淄博市工商行政管理局登記注册具有獨立法人地位的股份合作制中型(二)類金融機構，于1992年12月26日正式開業。主要業務範圍是辦理工商企業和個體工商户的存款、貸款、結算業務及城鄉居民的儲蓄存款業務。同時還辦理證券交易，代辦保險及中國人民銀行批準的其它金融業務。1995年通過市"AAA"級最高信譽鑒定。1995年被評爲市級文明單位。各項存款余額達1.9億元。

地址：山東淄博張店區中心路130號
電話：(0533)2174234

營業部開業典禮

實行員工站立服務

章丘市城市信用社

主任：楊來喜

信用社辦公大樓

章丘市城市信用社始建于1987年12月，建社以來，立足于"打好基礎，鞏固發展，爭創一流"的指導思想，堅持民主辦社方向，勵精圖治搞好改革，扎扎實實求發展，走出了一條開拓進取，民主管理之路。對内强化經營管理，促進了業務發展，壯大了職工隊伍。對外服務于生産和流通，壯大了資金實力，提高了社會及自身效益。在發展地方經濟和繁榮市場等方面發揮了重要作用。到1995年末，各項存款達到15077萬元，累計發放貸款6.2億元，實現利稅突破1500萬元。受到了各級領導的贊譽，得到了社會各界的支持。1990年被省人行命名爲"全省十佳"信用社，1993年被評爲全國首批AAA級信用單位。今后，全社干部職工决心扎扎實實干好城信事業，爲章丘經濟騰飛做出新的貢獻。

第十九编

政策与法规

834/916

国家政策法规

中华人民共和国注册会计师法

第一章　总　则

第一条　为了发挥注册会计师在社会经济活动中的鉴证和服务作用，加强对注册会计师的管理，维护社会公共利益和投资者的合法权益，促进社会主义市场经济的健康发展，制定本法。

第二条　注册会计师是依法取得注册会计师证书并接受委托从事审计和会计咨询、会计服务业务的执业人员。

第三条　会计师事务所是依法设立并承办注册会计师业务的机构。

注册会计师执行业务，应当加入会计师事务所。

第四条　注册会计师协会是由注册会计师组成的社会团体。中国注册会计师协会是注册会计师的全国组织，省、自治区、直辖市注册会计协会是注册会计师的地方组织。

第五条　国务院财政部门和省、自治区、直辖市人民政府财政部门，依法对注册会计师、会计师事务所和注册会计师协会进行监督、指导。

第六条　注册会计师和会计师事务所执行业务，必须遵守法律、行政法规。

注册会计师和会计师事务所依法独立、公正执行业务，受法律保护。

第二章　考试和注册

第七条　国家实行注册会计师全国统一考试制度。注册会计师全国统一考试办法，由国务院财政部门制定，由中国注册会计师协会组织实施。

第八条　具有高等专科以上学校毕业的学历、或者具有会计或者相关专业中级以上技术职称的中国公民，可以申请参加注册会计师全国统一考试；具有会计或者相关专业高级技术职称的人员，可以免予部分科目的考试。

第九条　参加注册会计师全国统一考试成绩合格，并从事审计业务工作 2 年以上的，可以向省、自治区、直辖市注册会计师协会申请注册。

除有本法第十条所列情形外，受理申请的注册会计师协会应当准予注册。

第十条　有下列情形之一的，受理申请的注册会计师协会不予注册：

（一）不具有完全民事行为能力的；

（二）因受刑事处罚，自刑罚执行完毕之日起至申请注册之日止不满 5 年的；

（三）因在财务、会计、审计、企业管理或者其他经济管理工作中犯有严重错误受行政处罚、撤职以上处分，自处罚、处分决定之日起至申请注册之日止不满 2 年的；

（四）受吊销注册会计师证书的处罚，自处罚决定之日起至申请注册之日止不满 5 年的；

（五）国务院财政部门规定的其他不予注册的情形的。

第十一条　注册会计师协会应当将准予注册的人员名单报国务院财政部门备案。国务院财政部门发现注册会计师协会的注册不符合本法规定的，应当通知有关的注册会计师协会撤销注册。

注册会计师协会依照本法第十条的规定不予注册的，应当自决定之日起 15 日内书面通知申请人。申请人有异议的，可以自收到通知之日起 15 日内向国务院财政部门或者省、自治区、直辖市人民政府财政部门申请复议。

第十二条　准予注册的申请人，由注册会计师协会发给国务院财政部门统一制定的注册会计师证书。

第十三条　已取得注册会计师证书的人员，除本法第十一条第一款规定的情形外，注册后有下列情形之一的，由准予注册的注册会计师协会撤销注册，收回注册会计师证书：

（一）完全丧失民事行为能力的；

（二）受刑事处罚的；

（三）因在财务、会计、审计、企业管理或者其他经济管理工作中犯有严重错误受行政处罚、撤职以上处分的；

（四）自行停止执行注册会计师业务满 1 年的。

被撤销注册的当事人有导议的，可以自接到撤销注册、收回注册会计师证书的通知之日起 15 日内向国务院财政部门或者省、自治区、直辖市人民政府财政部门申请复议。

依照第一款规定被撤销注册的人员可以重新申请注册，但必须符合本法第九条、第十条的规定。

第三章　业务范围和规则

第十四条　注册会计师承办下列审计业务：

（一）审查企业会计报表，出具审计报告；

（二）验证企业资本，出具验资报告；

（三）办理企业合并、分立、清算事宜中的审计业务，出具有关的报告；

（四）法律、行政法规规定的其他审计业务。

注册会计师依法执行审计业务出具的报告，具有证明效力。

第十五条　注册会计师可以承办会计咨询、会计服务业务。

第十六条　注册会计师承办业务，由其所在的会计师事务所统一受理并与委托人签订委托合同。

会计师事务所对本所注册会计师依照前款规定承办的业务，承担民事责任。

第十七条　注册会计师执行业务，可以根据需要查阅委托人的有关会计资料和文件，查看委托人的业务现场和设施，要求委托人提供其他必要的协助。

第十八条 注册会计师与委托人有利害关系的，应当回避；委托人有权要求其回避。

第十九条 注册会计师对在执行业务中知悉的商业秘密，负有保密义务。

第二十条 注册会计师执行审计业务，遇有下列情形之一的，应当拒绝出具有关报告：

（一）委托人示意其作不实或者不当证明的；

（二）委托人故意不提供有关会计资料和文件的；

（三）因委托人有其他不合理要求，致使注册会计师出具的报告不能对财务会计的重要事项作出正确表述的。

第二十一条 注册会计师执行审计业务，必须按照执业准则、规则确定的工作程序出具报告。

注册会计师执行审计业务出具报告时，不得有下列行为：

（一）明知委托人对重要事项的财务会计处理与国家有关规定相抵触，而不予指明；

（二）明知委托人的财务会计处理会直接损害报告使用人或者其他利害关系人的利益，而予以隐瞒或者作不实的报告；

（三）明知委托人的财务会计处理会导致报告使用人或者其他利害关系人产生重大误解，而不予指明；

（四）明知委托人的会计报表的重要事项有其他不实的内容，而不予指明。

对委托人有前款所列行为，注册会计师按照执业准则、规则应当知道的，适用前款规定。

第二十二条 注册会计师不得有下列行为：

（一）在执行审计业务期间，在法律、行政法规规定不得买卖被审计单位的股票、债券或者不得购买被审计单位或者个人的其他财产的期限内，买卖被审计单位的股票、债券或者购买被审计单位或者个人所拥有的其他财产。；

（二）索取、收受委托合同约定以外的酬金或者其他财物，或者利用执行业务之便，谋取其他不正当的利益；

（三）接受委托催收债款；

（四）允许他人以本人名义执行业务；

（五）同时在两个或者两个以上的会计师事务所执行业务；

（六）对其能力进行广告宣传以招揽业务；

（七）违反法律、行政法规的其他行为。

第四章　会计师事务所

第二十三条 会计师事务所可以由注册会计师合伙设立。

合伙设立的会计师事务所的债务，由合伙人按照出资比例或者协议的约定，以各自的财产承担责任。合伙人对会计师事务所的债务承担连带责任。

第二十四条 会计师事务所符合下列条件的，可以是负有限责任的法人：

（一）不少于30万元的注册资本；

（三）有一定数量的专职从业人员，其中至少有5名注册会计师；

（三）国务院财政部门规定的业务范围和其他条件。

负有限责任的会计师事务所以其全部资产对其债务承担责任。

第二十五条 设立会计师事务所，由国务院财政部门或者省、自治区、直辖市人民政府财政部门批准。

申请设立会计师事务所，申请者应当向审批机关报送下列文件：

（一）申请书；

（二）会计师事务所的名称、组织机构和业务场所；

（三）会计师事务所章程，有合伙协议的并应报送合伙协议；

（四）注册会计师名单、简历及有关证明文件；

（五）会计师事务所主要负责人、合伙人的姓名、简历及有关证明文件；

（六）负有限责任的会计师事务所的出资证明；

（七）审批机关要求的其他文件。

第二十六条 审批机关应当自收到申请文件之日起30日内决定批准或者不批准。

省、自治区、直辖市人民政府财政部门批准的会计师事务所，应当报国务院财政部门备案。国务院财政部门发现批准不当的，应当自收到备案报告之日起30日内通知原审批机关重新审查。

第二十七条 会计师事务所设立分支机构，须经分支机构所在地的省、自治区、直辖市人民政府财政部门批准。

第二十八条 会计师事务所依法纳税。

会计师事务所按照国务院财政部门的规定建立职业风险基金，办理职业保险。

第二十九条 会计师事务所受理业务，不受行政区域、行业的限制；但是，法律、行政法规另有规定的除外。

第三十条 委托人委托会计师事务所办理业务，任何单位和个人不得干预。

第三十一条 本法第十八条至第二十一条的规定，适用于会计师事务所。

第三十二条 会计师事务所不得有本法第二十二条第（一）项至第（四）项、第（六）项、第（七）项所列的行为。

第五章　注册会计师协会

第三十三条 注册会计师应当加入注册会计师协会。

第三十四条 中国注册会计师协会的章程由全国会员代表大会制定，并报国务院财政部门备案；省、自治区、直辖市注册会计师协会的章程由省、自治区、直辖市会员代表大会制定，并报省、自治区、直辖市人民政府财政部门备案。

第三十五条 中国注册会计师协会依法拟订注册会计师执业准则、规则，报国务院财政部门批准后施行。

第三十六条 注册会计师协会应当支持注册会计师依法执行业务，维护其合法权益，向有关方面反映其意见和建议。

第三十七条 注册会计师协会应当对注册会计师的任职资格和执业情况进行年度检查。

第三十八条 注册会计师协会依法取得社会团体法人资格。

第六章　法律责任

第三十九条 会计师事务所违反本法第二十条、第二十一条规定的，由省级以上人民政府财政部门给予警告，没收违法所得，可以并处违法所得1倍以上5倍以下的罚款；情节严重的，并可以由省级以上人民政府财政部门暂停其经营业务或者予以撤销。

注册会计师违反本法第二十条、第二十一条规定的，由省级以上人民政府部门给予警告；情节严重的，可以由省级以上人民政府财政部门暂停其执行业务或者吊销注册会计师证书。

会计师事务所、注册会计师违反本法第二十条、第二十一条的规定,故意出具虚假的审计报告、验资报告,构成犯罪的,依法追究刑事责任。

第四十条 对未经批准承办本法第十四条规定的注册会计师业务的单位,由省级以上人民政府财政部门责令其停止违法活动,没收违法所得,可以并处违法所得1倍以上5倍以下的罚款。

第四十一条 当事人对行政处罚决定不服的,可以在接到处罚通知之日起15日内向作出处罚决定的机关的上一级机关申请复议;当事人也可以在接到处罚决定通知之日起15日内直接向人民法院起诉。

复议机关应当在接到复议申请之日起60日内作出复议决定。当事人对复议决定不服的,可以在接到复议决定之日起15日内向人民法院起诉。复议机关逾期不作出复议决定的,当事人可以在复议期满之日起15日内向人民法院起诉。

当事人逾期不申请复议,也不向人民法院起诉,又不履行处罚决定的,作出处罚决定的机关可以申请人民法院强制执行。

第四十二条 会计师事务所违反本法规定,给委托人、其他利害关系人造成损失的,应当依法承担赔偿责任。

第七章 附 则

第四十三条 在审计事务所工作的注册审计师,经认定为具有注册会计师资格的,可以执行本法规定的业务,其资格认定和对其监督、指导、管理的办法由国务院另行规定。

第四十四条 外国人申请参加中国注册会计师全国统一考试和注册,按照互惠原则办理。外国会计师事务所在中国境内设立常驻代表机构,须报国务院财政部门批准。外国会计师事务所与中国的会计师事务所共同举办中外合作会计师事务所,须经国务院对外经济贸易主管部门或者国务院授权的部门和省级人民政府审查同意后报国务院财政部门批准。

除前款规定的情形外,外国会计师事务所需要在中国境内临时办理有关业务的,须经有关的省、自治区、直辖市人民政府财政部门批准。

第四十五条 国务院可以根据本法制定实施条例。

第四十六条 本法自1994年1月1日起施行。1986年7月3日国务院发布的《中华人民共和国注册会计师条例》同时废止。

中华人民共和国主席令第13号

一九九三年十月三十一日

中华人民共和国律师法

第一章 总 则

第一条 为了完善律师制度,保障律师依法执行业务,规范律师的行为,维护当事人的合法权益,维护法律的正确实施,发挥律师在社会主义法制建设中的积极作用,制定本法。

第二条 本法所称的律师,是指依法取得律师执业证书,为社会提供法律服务的执业人员。

第三条 律师执业必须遵守宪法和法律,恪守律师职业道德和执业纪律。

律师执业必须以事实为根据,以法律为准绳。

律师执业应当接受国家、社会和当事人的监督。

律师依法执业受法律保护。

第四条 国务院司法行政部门依照本法对律师、律师事务所和律师协会进行监督、指导。

第二章 律师执业条件

第五条 律师执业,应当取得律师资格和执业证书。

第六条 国家实行律师资格全国统一考试制度。具有高等院校法学专科以上学历或者同等专业水平,以及高等院校其他专业本科以上学历的人员,经律师资格考试合格的,由国务院司法行政部门授予律师资格。

律师资格全国统一考试办法,由国务院司法行政部门制定。

第七条 具有高等院校法学本科以上学历,从事法律研究、教学等专业工作并具有高级职称或者具有同等专业水平的人员,申请律师执业的,经国务院司法行政部门按照规定的条件考核批准,授予律师资格。

第八条 拥护中华人民共和国宪法并符合下列条件的,可以申请领取律师执业证书:

(一)具有律师资格;

(二)在律师事务所实习满一年;

(三)品行良好。

第九条 有下列情形之一的,不予颁发律师执业证书:

(一)无民事行为能力或者限制民事行为能力的;

(二)受过刑事处罚的,但过失犯罪的除外;

(三)被开除公职或者被吊销律师执业证书的。

第十条 申请领取律师执业证书的,应当提交下列文件:

(一)申请书;

(二)律师资格证明;

(三)申请人所在律师事务所出具的实习鉴定材料;

(四)申请人身份证明的复印件。

第十一条 申请领取律师执业证书的,经省、自治区、直辖市以上人民政府司法行政部门审核,符合本法规定条件的,应当自收到申请之日起三十日内颁发律师执业证书;不符合本法规定条件的,不予颁发律师执业证书,并应当自收到申请之日起三十日内书面通知申请人。

第十二条 律师应当在一个律师事务所执业,不得同时在两个以上律师事务所执业。

律师执业不受地域限制。

第十三条 国家机关的现职工作人员不得兼任执业律师。

律师担任各级人民代表大会常务委员会组成人员期间,不得执业。

第十四条 没有取得律师执业证书的人员,不得以律师名义执业,不得为牟取经济利益从事诉讼代理或者辩护业务。

第三章 律师事务所

第十五条 律师事务所是律师的执业机构。

律师事务所应当具备下列条件：

（一）有自己的名称、住所和章程；

（二）有十万元以上人民币的资产；

（三）有符合本法规定的律师。

第十六条 国家出资设立的律师事务所，依法自主开展律师业务，以该律师事务所的全部资产对其债务承担责任。

第十七条 律师可以设立合作律师事务所，以该律师事务所的全部资产对其债务承担责任。

第十八条 律师可以设立合伙律师事务所，合伙人对该律师事务所的债务承担无限责任和连带责任。

第十九条 申请设立律师事务所的，经省、自治区、直辖市以上人民政府司法行政部门审核，符合本法规定条件的，应当自收到申请之日起三十日内颁发律师事务所执业证书；不符合本法规定条件的，不予颁发律师事务所执业证书，并应当自收到申请之日起三十日内书面通知申请人。

第二十条 律师事务所可以设立分所。设立分所，须经拟设立分所所在地的省、自治区、直辖市人民政府司法行政部门按照规定的条件审核。

律师事务所对其设立的分所的债务承担责任。

第二十一条 律师事务所变更名称、住所、章程、合伙人等重大事项或者解散的，应当报原审核部门。

第二十二条 律师事务所按照章程组织律师开展业务工作，学习法律和国家政策，总结、交流工作经验。

第二十三条 律师承办业务，由律师事务所统一接受委托，与委托人签订书面委托合同，按照国家规定向当事人统一收取费用并如实入帐。

律师事务所和律师应当依法纳税。

第二十四条 律师事务所和律师不得以诋毁其他律师或者支付介绍费等不正当手段争揽业务。

第四章 执业律师的业务和权利、义务

第二十五条 律师可以从事下列业务：

（一）接受公民、法人和其他组织的聘请，担任法律顾问；

（二）接受民事案件、行政案件当事人的委托，担任代理人，参加诉讼；

（三）接受刑事案件犯罪嫌疑人的聘请，为其提供法律咨询，代理申诉、控告，申请取保候审，接受犯罪嫌疑人、被告人的委托或者人民法院的指定，担任辩护人，接受自诉案件自诉人、公诉案件被害人或者其近亲属的委托，担任代理人，参加诉讼；

（四）代理各类诉讼案件的申诉；

（五）接受当事人的委托，参加调解、仲裁活动；

（六）接受非诉讼法律事务当事人的委托，提供法律服务；

（七）解答有关法律的询问、代写诉讼文书和有关法律事务的其他文书。

第二十六条 律师担任法律顾问的，应当为聘请人就有关法律问题提供意见，草拟、审查法律文书，代理参加诉讼、调解或者仲裁活动，办理聘请人委托的其他法律事务，维护聘请人的合法权益。

第二十七条 律师担任诉讼法律事务代理人或者非诉讼法律事务代理人的，应当在受委托的权限内，维护委托人的合法权益。

第二十八条 律师担任刑事辩护人的，应当根据事实和法律，提出证明犯罪嫌疑人、被告人无罪、罪轻或者减轻、免除其刑事责任的材料和意见，维护犯罪嫌疑人、被告人的合法权益。

第二十九条 委托人可以拒绝律师为其继续辩护或者代理，也可以另行委托律师担任辩护人或者代理人。

律师接受委托后，无正当理由的，不得拒绝辩护或者代理，但委托事项违法，委托人利用律师提供的服务从事违法活动或者委托人隐瞒事实的，律师有权拒绝辩护或者代理。

第三十条 律师参加诉讼活动，依照诉讼法律的规定，可以收集、查阅与本案有关的材料，同被限制人身自由的人会见和通信，出席法庭，参与诉讼，以及享有诉讼法律规定的其他权利。

律师担任诉讼代理人或者辩护人的，其辩论或者辩护的权利应当依法保障。

第三十一条 律师承办法律事务，经有关单位或者个人同意，可以向他们调查情况。

第三十二条 律师在执业活动中的人身权利不受侵犯。

第三十三条 律师应当保守在执业活动中知悉的国家秘密和当事人的商业秘密，不得泄露当事人的隐私。

第三十四条 律师不得在同一案件中，为双方当事人担任代理人。

第三十五条 律师在执业活动中不得有下列行为：

（一）私自接受委托，私自向委托人收取费用，收受委托人的财物；

（二）利用提供法律服务的便利牟取当事人争议的权益，或者接受对方当事人的财物；

（三）违反规定会见法官、检察官、仲裁员；

（四）向法官、检察官、仲裁员以及其他有关工作人员请客送礼或者行贿，或者指使、诱导当事人行贿；

（五）提供虚假证据，隐瞒事实或者威胁、利诱他人提供虚假证据，隐瞒事实以及妨碍对方当事人合法取得证据；

（六）扰乱法庭、仲裁庭秩序，干扰诉讼、仲裁活动的正常进行。

第三十六条 曾担任法官、检察官的律师，从人民法院、人民检察院离任后两年内，不得担任诉讼代理人或者辩护人。

第五章 律师协会

第三十七条 律师协会是社会团体法人，是律师的自律性组织。

全国设立中华全国律师协会，省、自治区、直辖市设立地方律师协会，设区的市根据需要可以设立地方律师协会。

第三十八条 律师协会章程由全国会员代表大会统一制定，报国务院司法行政部门备案。

第三十九条 律师必须加入所在地的地方律师协会。加入地方律师协会的律师，同时是中华全国律师协会的会员。

律师协会会员按照律师协会章程，享有章程赋予的权利，履行章程规定的义务。

第四十条 律师协会履行下列职责：

（一）保障律师依法执业，维护律师的合法权益；

（二）总结、交流律师工作经验；

（三）组织律师业务培训；

（四）进行律师职业道德和执业纪律的教育、检查和监督；

（五）组织律师开展对外交流；

（六）调解律师执业活动中发生的纠纷；

（七）法律规定的其他职责。

律师协会按照章程对律师给予奖励或者给予处分。

第六章 法律援助

第四十一条 公民在赡养、工伤、刑事诉讼、请求国家赔偿和请求依法发给抚恤金等方面需要获得律师帮助，但是无力支付律师费用的，可以按照国家规定获得法律援助。

第四十二条 律师必须按照国家规定承担法律援助义务，尽职尽责，为受援人提供法律服务。

第四十三条 法律援助的具体办法，由国务院司法行政部门制定，报国务院批准。

第七章 法律责任

第四十四条 律师有下列行为之一的，由省、自治区、直辖市以及设区的市的人民政府司法行政部门给予警告，情节严重的，给予停止执业三月以上一年以下的处罚；有违法所得的，没收违法所得：

(一)同时在两个以上律师事务所执业的；

(二)在同一案件中为双方当事人代理的；

(三)以诋毁其他律师或者支付介绍费等不正当手段争揽业务的；

(四)接受委托后，无正当理由，拒绝辩护或者代理的；

(五)无正当理由，不按时出庭参加诉讼或者仲裁的；

(六)泄露当事人的商业秘密或者个人隐私的；

(七)私自接受委托，私自向委托人收取费用，收受委托人财物，利用提供法律服务的便利牟取当事人争议的权益，或者接受对方当事人的财物的；

(八)违反规定会见法官、检察官、仲裁员或者向法官、检察官、仲裁员以及其他有关工作人员请客送礼的；

(九)妨碍对方当事人合法取得证据的；

(十)扰乱法庭、仲裁庭秩序，干扰诉讼、仲裁活动的正常进行的；

(十一)应当给予处罚的其他行为。

第四十五条 律师有下列行为之一的，由省、自治区、直辖市人民政府司法行政部门吊销律师执业证书；构成犯罪的，依法追究刑事责任：

(一)泄露国家秘密的；

(二)向法官、检察官、仲裁员以及其他有关工作人员行贿或者指使、诱导当事人行贿的；

(三)提供虚假证据，隐瞒重要事实或者威胁、利诱他人提供虚假证据，隐瞒重要事实的。

律师因故意犯罪受刑事处罚的，应当吊销其律师执业证书。

第四十六条 冒充律师从事法律服务的，由公安机关责令停止非法执业，没收违法所得，可以并处五千元以下罚款、十五日以下拘留。

没有取得律师执业证书，为牟取经济利益从事诉讼代理或者辩护业务的，由所在地的县级以上地方人民政府司法行政部门责令停止非法执业，没收违法所得，可以并处违法所得一倍以上五倍以下罚款。

第四十七条 律师事务所有违反本法规定的行为的，由省、自治区、直辖市人民政府司法行政部门责令改正，没收违法所得，可以并处违法所得一倍以上五倍以下罚款；情节严重的，责令停业整顿或者吊销执业证书。

第四十八条 被处罚人对司法行政部门作出的行政处罚决定不服的，可以自收到决定之日起十五日内向上一级司法行政部门申请复议，对复议决定不服的，可以自收到复议决定之日起十五日内向人民法院提起诉讼；也可以直接向人民法院提起诉讼。

受到罚款处罚，不申请行政复议或者提起行政诉讼，又不履行处罚决定的，作出处罚决定的司法行政部门可以申请人民法院强制执行。

依照本法第十一条申请领取律师执业证书，或者依照本法第十九条申请设立律师事务所，申请人对不予颁发律师执业证书或者律师事务所执业证书不服的，可以依照第一款规定的程序申请复议或者提起诉讼。

第四十九条 律师违法执业或者因过错给当事人造成损失的，由其所在的律师事务所承担赔偿责任。律师事务所赔偿后，可以向有故意或者重大过失行为的律师追偿。

律师和律师事务所不得免除或者限制因违法执业或者因过错给 当事人造成损失所应当承担的民事责任。

第八章 附 则

第五十条 为军队提供法律服务的军队律师，其律师资格的取得和权利、义务及行为准则，适用本法规定。对军队律师的具体管理办法，由国务院和中央军事委员会另行制定。

第五十一条 外国律师事务所在中华人民共和国境内设立机构从事规定的法律服务活动的管理办法，由国务院制定。

第五十二条 律师收费的具体办法，由国务院司法行政部门制定，报国务院批准。

第五十三条 本法自 1997 年 1 月 1 日起施行。1980 年 8 月 26 日第五届全国人民代表大会常务委员会第十五次会议通过的《中华人民共和国律师暂行条例》同时废止。

中华人民共和国主席令第 67 号

一九九六年五月十五日

中华人民共和国拍卖法

目 录

第一章 总 则

第一条 为了规范拍卖行为，维护拍卖秩序，保护拍卖活动各方当事人的合法权益，制定本法。

第二条 本法适用于中华人民共和国境内拍卖企业进行的拍卖活动。

第三条 拍卖是指以公开竞价的形式，将特定物品或者财产权利转让给最高应价者的买卖方式。

第四条 拍卖活动应当遵守有关法律、行政法规，遵循公开、公平、公正、诚实信用的原则。

第五条 国务院负责管理拍卖业的部门对全国拍卖业实施监督管理。

省、自治区、直辖市的人民政府和设区的市的人民政府负责管理拍卖业的部门对本行政区域内的拍卖业实施监督管理。

公安机关对拍卖业按照特种行业实施治安管理。

第二章 拍卖标的

第六条 拍卖标的应当是委托人所有或者依法可以处分的物品或者财产权利。

第七条 法律、行政法规禁止买卖的物品或者财产权利，不得作为拍卖标的。

第八条 依照法律或者按照国务院规定需经审批才能转让的物品或者财产权利，在拍卖前，应当依法办理审批手续。

委托拍卖的文物，在拍卖前，应当经拍卖人住所地的文物行政管理部门依法鉴定、许可。

第九条 国家行政机关依法没收的物品，充抵税款、罚款的物品和其他物品，按照国务院规定应当委托拍卖的，由财产所在地的省、自治区、直辖市的人民政府和设区的市的人民政府指定的拍卖人进行拍卖。

拍卖由人民法院依法没收的物品，充抵罚金、罚款的物品以及无法返还的追回物品，适用前款规定。

第三章 拍卖当事人

第一节 拍卖人

第十条 拍卖人是指依照本法和《中华人民共和国公司法》设立的从事拍卖活动的企业法人。

第十一条 拍卖企业可以在设区的市设立。设立拍卖企业必须经所在地的省、自治区、直辖市人民政府负责管理拍卖业的部门审核许可，并向工商行政管理部门申请登记，领取营业执照。

第十二条 设立拍卖企业，应当具备下列条件：

（一）有一百万元人民币以上的注册资本；

（二）有自己的名称、组织机构、住所和章程；

（三）有与从事拍卖业务相适应的拍卖师和其他工作人员；

（四）有符合本法和其他有关法律规定的拍卖业务规则；

（五）有公安机关颁发的特种行业许可证；

（六）符合国务院有关拍卖业发展的规定；

（七）法律、行政法规规定的其他条件。

第十三条 拍卖企业经营文物拍卖的，应当有一千万元人民币以上的注册资本，有具有文物拍卖专业知识的人员。

第十四条 拍卖活动应当由拍卖师主持。

第十五条 拍卖师应当具备下列条件：

（一）具有高等院校专科以上学历和拍卖专业知识；

（二）在拍卖企业工作两年以上；

（三）品行良好。

被开除公职或者吊销拍卖师资格证书未满五年的，或者因故意犯罪受过刑事处罚的，不得担任拍卖师。

第十六条 拍卖师资格考核，由拍卖行业协会统一组织。经考核合格的，由拍卖行业协会发给拍卖师资格证书。

第十七条 拍卖行业协会是依法成立的社会团体法人，是拍卖业自律性组织。拍卖行业协会依照本法并根据章程，对拍卖企业和拍卖师进行监督。

第十八条 拍卖人有权要求委托人说明拍卖标的的来源和瑕疵。

拍卖人应当向竞买人说明拍卖标的的瑕疵。

第十九条 拍卖人对委托人交付拍卖的物品负有保管义务。

第二十条 拍卖人接受委托后，未经委托人同意，不得委托其他拍卖人拍卖。

第二十一条 委托人、买受人要求对其身份保密的，拍卖人应当为其保密。

第二十二条 拍卖人及其工作人员不得以竞买人的身份参与自己组织的拍卖活动，并不得委托他人代为竞买。

第二十三条 拍卖人不得在自己组织的拍卖活动中拍卖自己的物品或者财产权利。

第二十四条 拍卖成交后，拍卖人应当按照约定向委托人交付拍卖标的的价款，并按照约定将拍卖标的移交给买受人。

第二节 委托人

第二十五条 委托人是指委托拍卖人拍卖物品或者财产权利的公民、法人或者其他组织。

第二十六条 委托人可以自行办理委托拍卖手续，也可以由其代理人代为办理委托拍卖手续。

第二十七条 委托人应当向拍卖人说明拍卖标的的来源和瑕疵。

第二十八条 委托人有权确定拍卖标的的保留价并要求拍卖人保密。

拍卖国有资产，依照法律或者按照国务院规定需要评估的，应当经依法设立的评估机构评估，并根据评估结果确定拍卖标的的保留价。

第二十九条 委托人在拍卖开始前可以撤回拍卖标的。委托人撤回拍卖标的的，应当向拍卖人支付约定的费用；未作约定的，应当向拍卖人支付为拍卖支出的合理费用。

第三十条 委托人不得参与竞买，也不得委托他人代为竞买。

第三十一条 按照约定由委托人移交拍卖标的的，拍卖成交后，委托人应当将拍卖标的移交给买受人。

第三节 竞买人

第三十二条 竞买人是指参加竞购拍卖标的的公民、法人或者其他组织。

第三十三条 法律、行政法规对拍卖标的的买卖条件有规定的，竞买人应当具备规定的条件。

第三十四条 竞买人可以自行参加竞买，也可以委托其代理人参加竞买。

第三十五条 竞买人有权了解拍卖标的的瑕疵，有权查验拍卖标的和查阅有关拍卖资料。

第三十六条 竞买人一经应价，不得撤回，当其他竞买人有更高应价时，其应价即丧失约束力。

第三十七条 竞买人之间、竞买人与拍卖人之间不得恶意串通，损害他人利益。

第四节 买受人

第三十八条 买受人是指以最高应价购得拍卖标的的竞买人。

第三十九条 买受人应当按照约定支付拍卖标的的价款，未按照约定支付价款的，应当承担违约责任，或者由拍卖人征得委托人的同意，将拍卖标的再行拍卖。

拍卖标的再行拍卖的，原买受人应当支付第一次拍卖中本人及委托人应当支付的佣金。再行拍卖的价款低于原拍卖价款的，原买受人应当补足差额。

第四十条 买受人未能按照约定取得拍卖标的的，有权要求拍卖人或者委托人承担违约责任。

买受人未按照约定受领拍卖标的的，应当支付由此产生的保管费用。

第四章 拍卖程序

第一节 拍卖委托

第四十一条 委托人委托拍卖物品或者财产权利，应当提供身份证明和拍卖人要求提供的拍卖标的的所有权证明或者依法可以处分拍卖标的的证明及其他资料。

第四十二条 拍卖人应当对委托人提供的有关文件、资料进行核实。拍卖人接受委托的，应当与委托人签订书面委托拍卖合同。

第四十三条 拍卖人认为需要对拍卖标的进行鉴定的，可以进行鉴定。

鉴定结论与委托拍卖合同载明的拍卖标的状况不相符的，拍卖人有权要求变更或者解除合同。

第四十四条 委托拍卖合同应当载明以下事项：

（一）委托人、拍卖人的姓名或者名称、住所；

（二）拍卖标的的名称、规格、数量、质量；

（三）委托人提出的保留价；

（四）拍卖的时间、地点；

（五）拍卖标的交付或者转移的时间、方式；

（六）佣金及其支付的方式、期限；

（七）价款的支付方式、期限；

（八）违约责任；

（九）双方约定的其他事项。

第二节 拍卖公告与展示

第四十五条 拍卖人应当于拍卖日七日前发布拍卖公告。

第四十六条 拍卖公告应当载明下列事项：

（一）拍卖的时间、地点；

（二）拍卖标的；

（三）拍卖标的的展示时间、地点；

（四）参与竞买应当办理的手续；

（五）需要公告的其他事项。

第四十七条 拍卖公告应当通过报纸或者其他新闻媒介发布。

第四十八条 拍卖人应当在拍卖前展示拍卖标的，并提供查看拍卖标的的条件及有关资料。

拍卖标的的展示时间不得少于两日。

第三节 拍卖的实施

第四十九条 拍卖师应当于拍卖前宣布拍卖规则和注意事项。

第五十条 拍卖标的无保留价的，拍卖师应当在拍卖前予以说明。

拍卖标的有保留价的，竞买人的最高应价未达到保留价时，该应价不发生效力，拍卖师应当停止拍卖标的的拍卖。

第五十一条 竞买人的最高应价经拍卖师落槌或者以其他公开表示买定的方式确认后，拍卖成交。

第五十二条 拍卖成交后，买受人和拍卖人应当签署成交确认书。

第五十三条 拍卖人进行拍卖时，应当制作拍卖笔录。拍卖笔录应当由拍卖师、记录人签名；拍卖成交的，还应当由买受人签名。

第五十四条 拍卖人应当妥善保管有关业务经营活动的完整帐簿、拍卖笔录和其他有关资料。

前款规定的帐簿、拍卖笔录和其他有关资料的保管期限，自委托拍卖合同终止之日起计算，不得少于五年。

第五十五条 拍卖标的需要依法办理证照变更、产权过户手续的，委托人、买受人应当持拍卖人出具的成交证明和有关材料，向有关行政管理机关办理手续。

第四节 佣 金

第五十六条 委托人、买受人可以与拍卖人约定佣金的比例。

委托人、买受人与拍卖人对佣金比例未作约定，拍卖成交的，拍卖人可以向委托人、买受人各收取不超过拍卖成交价百分之五的佣金。收取佣金的比例按照同拍卖成交价成反比的原则确定。

拍卖未成交的，拍卖人可以向委托人收取约定的费用；未作约定的，可以向委托人收取为拍卖支出的合理费用。

第五十七条 拍卖本法第九条规定的物品成交的，拍卖人可以向买受人收取不超过拍卖成交价百分之五的佣金。收取佣金的比例按照同拍卖成交价成反比的原则确定。

拍卖未成交的，适用本法第五十六条第三款的规定。

第五章 法律责任

第五十八条 委托人违反本法第六条的规定，委托拍卖其没有所有权或者依法不得处分的物品或者财产权利的，应当依法承担责任。拍卖人明知委托人对拍卖的物品或者财产权利没有所有权或者依法不得处分的，应当承担连带责任。

第五十九条 国家机关违反本法第九条的规定，将应当委托财产所在地的省、自治区、直辖市的人民政府或者设区的市的人民政府指定的拍卖人拍卖的物品擅自处理的，对负有直接责任的主管人员和其他直接责任人员依法给予行政处分，给国家造成损失的，还应当承担赔偿责任。

第六十条 违反本法第十一条的规定，未经许可登记设立拍卖企业的，由工商行政管理部门予以取缔，没收违法所得，并可以处违法所得一倍以上五倍以下的罚款。

第六十一条 拍卖人、委托人违反本法第十八条经二款、第二十七条的规定，未说明拍卖标的的瑕疵，给买受人造成损害的，买受人有权向拍卖人要求赔偿；属于委托人责任的，拍卖人有权向委托人追偿。

拍卖人、委托人在拍卖前声明不能保证拍卖标的的真伪或者品质的，不承担瑕疵担保责任。

因拍卖标的存在瑕疵未声明的，请求赔偿的诉讼时效期间为一年，自当事人知道或者应当知道权利受到损害之日起计算。

因拍卖标的存在缺陷造成人身、财产损害请求赔偿的诉讼时效期间，适用《中华人民共和国产品质量法》和其他法律的有关规定。

第六十二条 拍卖人及其工作人员违反本法第二十二条的规定，参与竞买或者委托他人代为竞买的，由工商行政管理部门对拍卖人给予警告，可以处拍卖佣金一倍以上五倍以下的罚款；情节严重的，吊销营业执照。

第六十三条 违反本法第二十三条的规定，拍卖人在自己组织的拍卖活动中拍卖自己的物品或者财产权利的，由工商行政管理部门没收拍卖所得。

第六十四条 违反本法第三十条的规定，委托人参与竞买或者委托他人代为竞买的，工商行政管理部门可以对委托人处拍卖成交价百分之三十以下的罚款。

第六十五条 违反本法第三十七条的规定，竞买人之间、竞买人与拍卖人之间恶意串通，给他人造成损害的，拍卖无效，应当依法承担赔偿责任。由工商行政管理部门对参与恶意串通的竞买人处最高应价百分之十以上百分之三十以下的罚款；对参与恶意串通的拍卖人处最高应价百分之十以上百分之五十以下的罚款。

第六十六条 违反本法第四章第四节关于佣金比例的规定收取佣金的，拍卖人应当将超收部分返还委托人、买受人。物价管理部门可以对拍卖人处拍卖佣金一倍以上五倍以下的罚款。

第六章　附　则

第六十七条 外国人、外国企业和组织在中华人民共和国境内委托拍卖或者参加竞买的，适用本法。

第六十八条 本法施行前设立的拍卖企业，不具备本法规定的条件的，应当在规定的期限内达到本法规定的条件；逾期未达到本法规定的条件的，由工商行政管理部门注销登记，收缴营业执照。具体实施办法由国务院另行规定。

第六十九条 本法自 1997 年 1 月 1 日起施行。

中华人民共和国主席令第七十号

一九九六年七月五日

中华人民共和国外汇管理条例

第一章　总　则

第一条 为了加强外汇管理，保持国际收支平衡，促进国民经济健康发展，制定本条例。

第二条 国务院外汇管理部门及其分支机构（以下统称外汇管理机关），依法履行外汇管理职责，负责本条例的实施。

第三条 本条例所称外汇，是指下列以外币表示的可以用作国际清偿的支付手段和资产：

（一）外国货币，包括纸币、铸币；

（二）外币支付凭证，包括票据、银行存款凭证、邮政储蓄凭证等；

（三）外币有价证券，包括政府债券、公司债券、股票等；

（四）特别提款权、欧洲货币单位；

（五）其他外汇资产。

第四条 境内机构、个人、驻华机构、来华人员的外汇收支或者经营活动，适用本条例。

第五条 国家实行国际收支统计申报制度。凡有国际收支活动的单位和个人，必须进行国际收支统计申报。

第六条 在中华人民共和国境内，禁止外币流通，并不得以外币计价结算。

第七条 任何单位和个人都有权检举、揭发违反外汇管理的行为和活动。

第二章　经常项目外汇

第八条 境内机构的经常项目外汇收入必须调回境内，不得违反国家有关规定将外汇擅自存放在境外。

第九条 境内机构的经常项目外汇收入，应当按照国务院关于结汇、售汇及付汇管理的规定卖给外汇指定银行，或者经批准在外汇指定银行开立外汇帐户。

第十条 境内机构的经常项目用汇，应当按照国务院关于结汇、售汇及付汇管理的规定，持有效凭证和商业单据向外汇指定银行购汇支付。

第十一条 境内机构的出口收汇和进口付汇，应当按照国家关于出口收汇核销管理和进口付汇核销管理的规定办理核销手续。

第十二条 属于个人所有的外汇，可以自行持有，也可以存入银行或者卖给外汇指定银行。

个人的外汇储蓄存款，实行存款自愿、取款自由、存款有息、为储户保密的原则。

第十三条 个人因私出境用汇，在规定限额内购汇；超过规定限额的，可以向外汇管理机关申请。

个人携带外汇进出境，应当向海关办理申报手续；携带外汇出境，超过规定限额的，还应当向海关出具有效凭证。

第十四条 居住在境内的中国公民持有的外币支付凭证、外币有价证券等形式的外汇资产，未经外汇管理机关批准，不得携带或者邮寄出境。

第十五条 外国驻华外交机构、领事机构收取的以人民币支付的签证费、认证费等，需要汇出境外的，可以持有关证明材料向外汇指定银行兑付。

前款规定以外的其他驻华机构的合法人民币收入，需要汇出境外的，应当持有关证明材料向外汇管理机关申请，凭外汇管理机关的售汇通知单到外汇指定银行兑付。

第十六条 应聘在境内机构工作的外籍专家的人民币工资以及其他合法收入，除本条第二款规定的情形外，依法纳税后，可以向外汇指定银行购汇汇出或者携带出境。

应聘在外商投资企业工作的外籍人员的工资以及其他合法收入，是外汇的，依法纳税后，可以直接汇出或者携带出境；是人民币的，依法纳税后，可以持外汇管理机关规定的有效凭证向外汇指定银行购汇汇出或者携带出境。

第十七条 驻华机构和来华人员由境外汇入或者携带入境的外汇，可以自行保存，可以存入银行或者卖给外汇指定银行，也可以持有效凭证汇出或者携带出境。

第三章　资本项目外汇

第十八条 境内机构的资本项目外汇收入，除国务院另有规定外，应当调回境内。

第十九条 境内机构的资本项目外汇收入，应当按照国家有关规定在外汇指定银行开立外汇帐户；卖给外汇指定银行的，须经外汇管理机关批准。

第二十条 境内机构向境外投资，在向审批主管部门申请前，由外汇管理机关审查其外汇资金来源；经批准后，按照国务院关于境外投资外汇管理的规定办理有关资金汇出手续。

第二十一条 借用国外贷款，由国务院确定的政府部门、国务院外汇管理部门批准的金融机构和企业按照国家有关规定办理。

外商投资企业借用国外贷款，应当报外汇管理机关备案。

第二十二条 金融机构在境外发行外币债券，须经国务院外汇管理部门批准，并按照国家有关规定办理。

第二十三条 提供对外担保，只能由符合国家规定条件的金融机构和企业办理，并须经外汇管理机关批准。

第二十四条 国家对外债实行登记制度。

境内机构应当按照国务院关于外债统计监测的规定办理外债登记。

国务院外汇管理部门负责全国的外债统计与监测，并定期公布外债情况。

第二十五条 依法终止的外商投资企业，按照国家有关规定进行清算、纳税后，属于外方投资者所有的人民币，可以向外汇指定银行购汇汇出或者携带出境；属于中方投资者所有的外汇，应当全部卖给外汇指定银行。

第四章 金融机构外汇业务

第二十六条 金融机构经营外汇业务须经外汇管理机关批准，领取经营外汇业务许可证。

未经外汇管理机关批准，任何单位和个人不得经营外汇业务。经批准经营外汇业务的金融机构，经营外汇业务不得超出批准的范围。

第二十七条 经营外汇业务的金融机构应当按照国家有关规定为客户开立外汇帐户，办理有关外汇业务。

第二十八条 金融机构经营外汇业务，应当按照国家有关规定交存外汇存款准备金，遵守外汇资产负债比例管理的规定，并建立呆帐准备金。

第二十九条 外汇指定银行办理结汇业务所需的人民币资金，应当使用自有资金。

外汇指定银行的结算周转外汇，实行比例幅度管理。具体幅度由中国人民银行根据实际情况核定。

第三十条 金融机构经营外汇业务，应当接受外汇管理机关的检查、监督。

经营外汇业务的金融机构应当向外汇管理机关报送外汇资产负债表、损益表以及其他财务会计报表和资料。

第三十一条 金融机构终止经营外汇业务，应当向外汇管理机关提出申请。金融机构经批准终止经营外汇业务的，应当依法进行外汇债权、债务的清算，并缴销经营外汇业务许可证。

第五章 人民币汇率和外汇市场

第三十二条 人民币汇率实行以市场供求为基础的、单一的、有管理的浮动汇率制度。

中国人民银行根据银行间外汇市场形成的价格，公布人民币对主要外币的汇率。

第三十三条 外汇市场交易应当遵循公开、公平、公正和诚实信用的原则。

第三十四条 外汇市场交易的币种和形式由国务院外汇管理部门规定和调整。

第三十五条 外汇指定银行和经营外汇业务的其他金融机构是银行间外汇市场的交易者。

外汇指定银行和经营外汇业务的其他金融机构，应当根据中国人民银行公布的汇率和规定的浮动范围，确定对客户的外汇买卖价格，办理外汇买卖业务。

第三十六条 国务院外汇管理部门依法监督管理全国的外汇市场。

第三十七条 中国人民银行根据货币政策的要求和外汇市场的变化，依法对外汇市场进行调控。

第六章 法律责任

第三十八条 有下列逃汇行为之一的，由外汇管理机关责令限期调回外汇，强制收兑，并处逃汇金额30%以上5倍以下的罚款；构成犯罪的，依法追究刑事责任：

（一）违反国家规定，擅自将外汇存放在境外的；

（二）不按照国家规定将外汇卖给外汇指定银行的；

（三）违反国家规定将外汇汇出或者携带出境的；

（四）未经外汇管理机关批准，擅自将外币存款凭证、外币有价证券携带或者邮寄出境的；

（五）其他逃汇行为。

第三十九条 有下列非法套汇行为之一的，由外汇管理机关给予警告，强制收兑，并处非法套汇金额30%以上3倍以下的罚款；构成犯罪的，依法追究刑事责任：

（一）违反国家规定，以人民币支付或者以实物偿付应当以外汇支付的进口货款或者其他类似支出的；

（二）以人民币为他人支付在境内的费用，由对方付给外汇的；

（三）未经外汇管理机关批准，境外投资者以人民币或者境内所购物资在境内进行投资的；

（四）以虚假或者无效的凭证、合同、单据等向外汇指定银行骗购外汇的；

（五）非法套汇的其他行为。

第四十条 未经外汇管理机关批准，擅自经营外汇业务的，由外汇管理机关没收违法所得，并予以取缔；构成犯罪的，依法追究刑事责任。

经营外汇业务的金融机构擅自超出批准的范围经营外汇业务的，由外汇管理机关责令改正，有违法所得的，没收违法所得，并处违法所得1倍以上5倍以下的罚款；没有违法所得的，处10万元以上50万元以下的罚款；情节严重或者逾期不改正的，由外汇管理机关责令整顿或者吊销经营外汇业务许可证；构成犯罪的，依法追究刑事责任。

第四十一条 外汇指定银行未按照国家规定办理结汇、售汇业务的，由外汇管理机关责令改正，通报批评，没收违法所得，并处10万元以上50万元以下的罚款；情节严重的，停止其办理结汇、售汇业务。

第四十二条 经营外汇业务的金融机构违反人民币汇率管理、外汇存贷款利率管理或者外汇交易市场管理的，由外汇管理机关责令改正，通报批评，有违法所得的，没收违法所得，并处违法所得1倍以上5倍以下的罚款；没有违法所的，处10万元以上50万元以下的罚款；情节严重的，由外汇管理机关责令整顿或者吊销经营外汇业务许可证。

第四十三条 境内机构有下列违反外债管理行为之一的，由外汇管理机关给予警告，通报批评，并处10万元以上50万元以下的罚款；构成犯罪的，依法追究刑事责任：

(一)擅自办理对外借款的；

(二)违反国家有关规定，擅自在境外发行外币债券的；

(三)违反国家有关规定，擅自提供对外担保的；

(四)有违反外债管理的其他行为的。

第四十四条 境内机构有下列非法使用外汇行为之一的，由外汇管理机关责令改正，强制收兑，没收违法所得，并处违法外汇金额等值以下的罚款；构成犯罪的，依法追究刑事责任：

(一)以外币在境内计价结算的；

(二)擅自以外汇作质押的；

(三)私自改变外汇用途的；

(四)非法使用外汇的其他行为。

第四十五条 私自买卖外汇、变相买卖外汇或者倒买倒卖外汇的，由外汇管理机关给予警告，强制收兑，没收违法所得，并处违法外汇金额30%以上3倍以下罚款；构成犯罪的，依法追究刑事责任。

第四十六条 境内机构违反外汇帐户管理规定，擅自在境内、境外开立外汇帐户的，出借、串用、转让外汇帐户的，或者擅自改变外汇帐户使用范围的，由外汇管理机关责令改正，撤销外汇帐户，通报批评，并处5万元以上30万元以下的罚款。

第四十七条 境内机构违反外汇核销管理规定，伪造、涂改、出借、转让或者重复使用进出口核销单证的，或者未按规定办理核销手续的，由外汇管理机关给予警告，通报批评，没收违法所得，并处5万元以上30万元以下的罚款；构成犯罪的，依法追究刑事责任。

第四十八条 经营外汇业务的金融机构违反本条例第二十八条、第三十条规定的，由外汇管理机关责令改正，通报批评，并处5万元以上30万元以下的罚款。

第四十九条 当事人对外汇管理机关的处罚决定不服的，可以自收到处罚决定通知书之日起15日内向上一级外汇管理机关申请复议；上一级外汇管理机关应当自收到复议申请书之日起2个月内作出复议决定。当事人对复议决定仍不服的，可以依法向人民法院提起诉讼。

第五十条 境内机构违反外汇管理规定的，除依照本条例给予处罚外，对直接负责的主管人员和其他直接责任人员，应当给予纪律处分；构成犯罪的，依法追究刑事责任。

第七章 附 则

第五十一条 本条例下列用语的含义：

(一)“境内机构”是指中华人民共和国境内的企业事业单位、国家机关、社会团体、部队等，包括外商投资企业。

(二)“外汇指定银行”是指经外汇管理机关批准经营结汇和售汇业务的银行。

(三)“个人”是指中国公民和在中华人民共和国境内居住满1年的外国人。

(四)“驻华机构”是指外国驻华外交机构、领事机构、国际组织驻华代表机构、外国驻华商务机构和国外民间组织驻华业务机构等。

(五)“来华人员”是指驻华机构的常驻人员、短期入境的外国人、应聘在境内机构工作的外国人以及外国留学生等。

(六)“经常项目”是指国际收支中经常发生的交易项目，包括贸易收支、劳务收支、单方面转移等。

(七)“资本项目”是指国际收支中因资本输出和输入而产生的资产与负债的增减项目，包括直接投资、各类贷款、证券投资等。

第五十二条 保税区的外汇管理办法，由国务院外汇管理部门另行制定。

第五十三条 边境贸易和边民互市的外汇管理办法，由国务院外汇管理部门根据本条例规定的原则另行制定。

第五十四条 本条例自1996年4月1日起施行。1980年12月18日国务院发布的《中华人民共和国外汇管理暂行条例》及其配套的细则同时废止。

中华人民共和国国务院令第193号

一九九六年一月二十九日

企业国有资产产权登记管理办法

第一条 为了加强企业国有资产产权登记管理，健全国有资产基础管理制度，防止国有资产流失，制定本办法。

第二条 本办法所称企业国有资产产权登记(以下简称产权登记)，是指国有资产管理部门代表政府对占有国有资产的各类企业的资产、负债、所有者权益等产权状况进行登记，依法确认产权归属关系的行为。

第三条 国有企业、国有独资公司、持有国家股权的单位以及以其他形式占有国有资产的企业(以下统称企业)，应当依照本办法的规定办理产权登记。

第四条 企业产权归属关系不清楚或者发生产权纠纷的，可以申请暂缓办理产权登记。

企业应当在经批准的暂缓办理产权登记期限内，将产权界定清楚、产权纠纷处理完毕，并及时办理产权登记。

第五条 县级以上各级人民政府国有资产管理部门按照产权归属关系办理产权登记。

国有资产管理部门根据工作需要，可以按照产权归属关系委托政府有关部门或者机构办理产权登记。

第六条 产权登记分为占有产权登记、变动产权登记和注销产权登记。

第七条 企业应当依照本办法向国有资产管理部门办理占有产权登记。

占有产权登记的主要内容：

(一)出资人名称、住所、出资金额及法定代表人；

(二)企业名称、住所及法定代表人；

(三)企业的资产、负债及所有者权益；

(四)企业实收资本、国有资本；

(五)企业投资情况；

(六)国务院国有资产管理部门规定的其他事项。

国有资产管理部门向企业核发的国有资产产权登记表，是企业的资信证明文件。

第八条 企业发生下列变动情形之一的，应当自变动之日起30日内办理变动产权登记：

(一)企业名称、住所或者法定代表人改变的；

(二)国有资本占企业实收资本比例发生变化的；

(三)企业分立、合并或者改变经营形式的；

(四)有国务院国有资产管理部门规定的其他变动情形

的。

第九条 企业发生下列情形之一的，应当自各该情形发生之日起30日内办理注销产权登记：

（一）企业解散、被依法撤销或者被依法宣告破产的；

（二）企业转让全部产权或者企业被划转的；

（三）有国务院国有资产管理部门规定的其他情形的。

第十条 企业办理产权登记，应当按照规定填报国有资产产权登记表并提交有关文件、凭证、报表等。填报的内容或者提交的文件、凭证、报表等不符合规定的，国有资产管理部门有权要求企业补正。

第十一条 产权登记实行年度检查制度。

企业应当于每一年度终了后90日内，办理产权年度检查登记，向国有资产管理部门提交财务报告和国有资产经营年度报告书，报告下列主要内容：

（一）出资人的资金实际到位情况；

（二）企业国有资产的结构变化，包括企业对外投资情况；

（三）国有资产增减、变动情况；

（四）国务院国有资产管理部门规定的其他事项。

第十二条 国有资产产权登记表由国务院国有资产管理部门统一的制定。

任何单位和个人不得伪造、涂改、出卖或者出借国有资产产权登记表。

国有资产产权登记表遗失或者毁坏的，应当按照规定申请补领。

第十三条 国有资产管理部门应当建立健全产权登记档案制度，并定期分析和报告国有资产产权状况。

第十四条 企业违反本办法规定，有下列行为之一的，由国有资产管理部门责令改正、通报批评，可以处以10万元以下的罚款，并提请政府有关部门对企业领导人员和直接责任人员按照规定给予纪律处分：

（一）在规定期限内不办理产权登记的；

（二）隐瞒真实情况、未如实办理产权登记的；

（三）不按照规定办理产权年度检查登记的；

（四）伪造、涂改、出卖或者出借国有资产产权登记表的。

第十五条 国有资产管理部门工作人员在办理产权登记中玩忽职守、徇私舞弊、滥用职权、谋取私利，构成犯罪的，依法追究刑事责任；尚不构成犯罪的，依法给予行政处分。

第十六条 军队企业的国有资产产权登记管理办法，由中国人民解放军总后勤部会同国务院国有资产管理部门参照本办法制定。

第十七条 本办法自发布之日起施行。国家国有资产管理局、财政部、国家工商行政管理局1992年5月11日发布的《国有资产产权登记管理试行办法》同时废止。

中华人民共和国国务院令第192号

一九九六年一月二十五日

国务院关于股份有限公司境内上市外资股的规定

第一条 为了规范股份有限公司境内上市外资股的发行及交易，保护投资人的合法权益，根据《中华人民共和国公司法》（以下简称《公司法》）的有关规定，制定本规定。

第二条 经国务院证券委员会批准，股份有限公司（以下简称公司）可以发行境内上市外资股；但是，拟发行境内上市外资股的面值总额超过3000万美元的，国务院证券委员会应当报国务院批准。

前款所称公司发行境内上市外资股，包括以募集方式设立公司发行境内上市外资股和公司增加资本发行境内上市外资股。

国务院证券委员会批准发行境内上市外资股的总额应当控制在国家确定的总规模之内。

第三条 公司发行的境内上市外资股，采取记名股票形式，以人民币标明面值，以外币认购、买卖，在境内证券交易所上市交易。

发行境内上市外资股的公司向境内投资人发行的股份（以下简称内资股），采取记名股票形式。

第四条 境内上市外资股投资人限于：

（一）外国的自然人、法人和其他组织；

（二）中国香港、澳门、台湾地区的自然人、法人和其他组织；

（三）定居在国外的中国公民；

（四）国务院证券委员会规定的境内上市外资股其他投资人。

境内上市外资股投资人认购、买卖境内上市外资股，应当提供证明其投资人身份和资格的有效文件。

第五条 持有同一种类股份的境内上市外资股股东与内资股股东，依照《公司法》享有同等权利和履行同等义务。

公司可以在其公司章程中对股东行使权利和履行义务的特殊事宜，作出具体规定。

第六条 公司章程对公司及其股东、董事、监事、经理和其他高级管理人员具有约束力。

公司的董事、监事、经理和其他高级管理人员对公司负有诚信和勤勉的义务。

本条第一款、第二款所称其他高级管理人员包括公司财务负责人、董事会秘书和公司章程规定的其他人员。

第七条 国务院证券委员会及其监督管理执行机构中国证券监督管理委员会（以下简称中国证监会），依照法律、行政法规的规定，对境内上市外资股的发行、交易及相关活动实施管理和监督。

第八条 以募集方式设立公司，申请发行境内上市外资股的，应当符合下列条件：

（一）所筹资金用途符合国家产业政策；

（二）符合国家有关固定资产投资立项的规定；

（三）符合国家有关利用外资的规定；

（四）发起人认购的股本总额不少于公司拟发行股本总额的百分之三十五；

（五）发起人出资总额不少于1.5亿元人民币；

（六）拟向社会发行的股份达公司股份总数的百分之二十五以上；拟发行的股本总额 超过4亿元人民币的，其拟向社会发行股份的比例达百分之十五以上；

（七）改组设立公司的原有企业或者作为公司主要发起人的国有企业，在最近3年内没有重大违法行为；

（八）改组设立公司的原有企业或者作为公司主要发起人的国有企业，最近3年连续盈利；

（九）国务院证券委员会规定的其他条件。

第九条 公司增加资本，申请发行境内上市外资股的，除应当符合本规定第八条第（一）、（二）、（三）项的规定外，还应当符合下列条件：

（一）公司前一次发行的股份已经募足，所得资金的用途与募股时确定的用途相符，并且资金使用效益良好；

（二）公司净资产总值不低于1.5亿元人民币；

（三）公司从前一次发行股票到本次申请期间没有重大违法行为；

（四）公司最近3年连续盈利；原有企业改组或者国有企业作为主要发起人设立的公司，可以连续计算；

（五）国务院证券委员会规定的其他条件。

以发起方式设立的公司首资增加资本，申请发行境内上市外资股的，还应当符合本规定第八条第（六）项的规定。

第十条 申请发行境内上市外资股，按照下列程序办理：

（一）发起人或者公司向省、自治区、直辖市人民政府或者国务院有关企业主管部门提出申请，由省、自治区、直辖市人民政府或者国务院有关企业主管理部门向国务院证券委员会推荐；

（二）国务院证券委员会会商国务院有关部门选定可以发行境内上市外资股的公司；

（三）被选定的公司将本规定第十一条、第十二条所列文件提交中国证监会审核；

（四）经中国证监会审核符合条件的，报经国务院证券委员会批准或者依照本规定第二条第一款的规定经国务院批准后，公司方可发行境内上市外资股。

第十一条 以募集方式设立公司，申请发行境内上市外资股的，应当向中国证监会报送下列文件：

（一）申请报告；

（二）发起人姓名或者名称，发起人认购的股份数、出资种类及验资证明；

（三）发起人会议同意公开发行境内上市外资股的决议；

（四）国务院授权的部门或者省、自治区、直辖市人民政府批准设立公司的文件；

（五）省、自治区、直辖市人民政府或者国务院有关企业主管部门的推荐文件；

（六）公司登记机关颁发的《企业名称预先核准通知书》；

（七）公司章程草案；

（八）招股说明书；

（九）资金运用的可行性报告；所筹资金用于固定资产投资项目需要立项审批的，还应当提供有关部门同意固定资产投资立项的批准文件；

（十）经注册会计师及其所在事务所审计的原有企业或者作为公司主要发起人的国有企业最近3年的财务报告和有2名以上注册会计师及其所在事务所签字、盖章的审计报告；

（十一）经2名以上专业评估人员及其所在机构签字、盖章的资产评估报告；涉及国有资产的，还应当提供国有资产管理部门出具的确认文件及国有股权的批准文件；

（十二）经2名以上律师及其所在事务所就有关事项签字、盖章的法律意见书；

（十三）股票发行承销方案和承销协议；

（十四）中国证监会要求提供的其他文件。

第十二条 公司增加资本，申请发行境内上市外资股的，应当向中国证监会报送下列文件：

（一）申请报告；

（二）股东大会同意公开发行境内上市外资股的决议；

（三）国务院授权的部门或者省、自治区、直辖市人民政府同意增资发行新股的文件；

（四）省、自治区、直辖市人民政府或者国务院有关企业主管部门的推荐文件；

（五）公司登记机关颁发的公司营业执照；

（六）公司章程；

（七）招股说明书；

（八）资金运用的可行性报告；所筹资金用于固定资产投资项目需要立项审批的，还应当提供有关部门同意固定资产投资立项的批准文件；

（九）经注册会计师 及其所在事务所审计的公司最近3年的财务报告和有2名以上注册会计师及其所在事务所签字、盖章的审计报告；

（十）经2名以上律师及其所在事务所就有关事项签字、盖章的法律意见书；

（十一）股票发行承销方案和承销协议；

（十二）中国证监会要求提供的其他文件。

第十三条 公司发行境内上市外资股与发行内资股的间隔时间可以少于12个月。

第十四条 公司应当聘用符合国家规定的注册会计师及其所在事务所，对其财务报告进行审计或者复核。

第十五条 公司应当按照国家有关规定进行会计核算和编制财务报告。

公司向境内上市外资股投资人披露的财务报告，按照其他国家或者地区的会计准则进行相应调整的，应当对有关差异作出说明。

第十六条 发行境内上市外资股的公司应当依法向社会公众披露信息，并在其公司章程中对信息披露的地点、方式等事宜作出具体规定。

第十七条 发行境内上市外资股的公司的信息披露 文件，以中文制作；需要提供外文译本的，应当提供一种通用的外国语言文本。中文文本、外文文本发生歧义时，以中文文本为准。

第十八条 发行境内上市外资股，应当委托中国人民银行依法批准设立并经中国证监会认可的境内证券经营机构作为主承销商或者主承销商之一。

第十九条 发行境内上市外资股的公司，应当在具有经营外汇业务资格的境内银行开立外汇帐户。公司开立外汇帐户应当按照国家有关外汇管理的规定办理。

承销境内上市外资股的主承销商应当在承销协议约定的期限内，将所筹款项划人发行境内上市外资股的公司的外汇帐户。

第二十条 境内上市外资股股票的代理买卖业务，应当由中国人民银行依法批准设立并经中国证监会认可的证券经营机构办理。

第二十一条 境内上市外资股股东可以委托代理人代为行使其股东权利；代理人代行股东权利时，应当提供证明其代理资格的有效文件。

第二十二条 境内上市外资股的权益拥有人，可以将其股份登记在名义持有人名下。

境内上市外资股的权益拥有人应当依法披露其持股变动信息。

第二十三条 境内上市外资股的交易、保管、清算交割、过户和登记，应当遵守法律、行政法规以及国务院证券委员会的有关规定。

第二十四条 经国务院证券委员会批准，境内上市外资股或者其派生形式可以在境外流通转让。

前款所称派生形式，是指股票的认股权凭证和境外存股凭证。

第二十五条 公司向境内上市外资股股东支付股利及其他款项，以人民币计价和宣布，以外币支付。公司所筹集的外币资本金的管理和公司支付股利及其他款项所需的外币，按照国家有关外汇管理的规定办理。

公司章程规定由其他机构代为兑换外币并付给股东的，可以按照公司章程的规定办理。

第二十六条 境内上市外资股的股利和其他收益依法纳税后，可以汇出境外。

第二十七条 国务院证券委员会可以根据本规定制定实施细则。

第二十八条 本规定自发布之日起施行。中国人民银行、上海市人民政府1991年11月22日发布的《上海市人民币特种股票管理办法》，中国人民银行、深圳市人民政府1991年12月5日发布的《深圳市人民币特种股票管理暂行办法》同时废止。

中华人民共和国国务院令第189号

一九九五年十二月二十五日

股份有限公司境内上市外资股规定的实施细则

第一章 总 则

第一条 为了加强对股份有限公司境内上市外资股发行、交易及其相关活动的监督和管理，保护投资人的合法权益，根据《国务院关于股份有限公司境内上市外资股的规定》（以下简称《规定》），制定本实施细则。

第二条 境内上市外资股的发行、交易及其相关活动，应当遵守《规定》和本实施细则。

《规定》和本实施细则未作规定的，适用国家其他证券法律、法规的有关规定。

第三条 经国务院证券委员会（以下简称国务院证券委）或由国务院证券委报经国务院批准，股份有限公司（以下简称公司）可以向特定的、非特定的境内上市外资股投资人募集股份，其股票可以在境内证券交易所上市。

前款所称公司，包括已经成立的公司和经批准拟成立的公司。

第二章 发行与上市

第四条 申请首次发行境内上市外资股的公司，应当向省、自治区、直辖市人民政府或者国务院有关企业主管部门提出申请。

省、自治区、直辖市人民政府或者国务院有关企业主管部门对公司申请审查后，认为符合《规定》所列发行境内上市外资股条件的，可以向国务院证券委推荐，并向国务院证券委报送下列文件：

（一）推荐文件；

（二）公司申请文件；

（三）公司符合《规定》所列发行境内上市外资股条件的说明材料和有关文件；

（四）公司所募资金运用的可行性报告；

（五）经具有从事证券业务资格的中国注册会计师审阅的公司前一年度资产负债表、损益表；

（六）公司当年税后利润预测；

（七）尚未设立公司的，发起人对拟投入公司的资产价值估算意见；

（八）具有承销资格的证券经营机构就公司发行前景所作的分析报告；

（九）国务院证券委要求的其他文件。

第五条 国务院证券委收到本实施细则第四条规定的文件后，会商国务院有关部门选定可以发行境内上市外资股的公司，并将结果通知省、自治区、直辖市人民政府或者国务院有关企业主管部门。

第六条 被选定发行境内上市外资股的公司，应当将《规定》第十一条或第十二条所列文件报经省、自治区、直辖市人民政府或者国务院有关企业主管部门核报中国证券监督管理委员会（以下简称中国证监会）审核。

第七条 已发行境内上市外资股的公司申请再次募集境内上市外资股的（公司向现有股东配股除外），应当将《规定》第十二条所列文件报经省、自治区、直辖市人民政府或者国务院有关企业主管部门核报中国证监会审核。

第八条 如有境外会计师事务所、律师事务所、评估机构等专业机构为公司发行境内上市外资股出具有关专业文件的，公司在根据本实施细则第六条、第七条报送申请文件时，应当将该有关专业文件同时报送。

国家对前款所述机构的资格有要求的，应当符合国家有关规定。

第九条 公司依据本实施细则第六条、第七条报送的文件中，有关承销协议、招股说明书等可以是草签或者是尚未签字、盖章但经有关当事人确认的文件。

第十条 中国证监会对省、自治区、直辖市人民政府或者国务院有关企业主管部门核报的公司申请文件进行审核，经审核同意的，报国务院证券委批准；拟发行境内上市外资股的面值总额超过三千万美元的，由国务院证券委报经国务院批准。

公司在发行境内上市外资股前，应当向中国证监会报送正式签署的承销协议、招股说明书等，领取批准文件，即可发行境内上市外资股。

第十一条 《规定》和本实施细则所称招股说明书，可以是信息备忘录或者其他形式的招股说明材料。

第十二条 公司发行境内上市外资股，应当在境内按照中国有关法律、法规要求的内容、格式和披露方式披露招股说明书；其在境外向投资者提供的招股说明书，除募集行为发生地法律另有规定外，应当按照中国有关法律、法规要求的内容制作和提供。

公司在境内、外提供的招股说明书，在内容上不得相互矛盾，并不得有重大遗漏、严重误导或者虚假陈述。

第十三条 公司向现有股东配股，应当符合中国证监会发布的关于上市公司配股的有关规定。

第十四条 公司根据本实施细则第七条、第十三条报送申请文件时，应当同时报送下列文件：

（一）股东会议通知以及对通知情况的说明；

（二）公司内资股股东和外资股股东出席会议及表决情况。

第十五条 公司在发行计划确定的股份总数内发行境内上市外资股，经国务院证券委批准，可以与包销商在包销协议中约定，在包销数额之外预留不超过该次拟募集境内上市外资股数额百分之十五的股份。预留股份的发行视为该次发行的一部分。

第十六条 境内上市外资股承销期不得超过九十日。

第十七条 境内上市外资股主承销商应当于承销结束后十五日内，向中国证监会提交承销报告及前十名最大境内上市外资股股东名单和所持股份数额。承销报告应当详细说明承销过程和结果。

第十八条 境内证券经营机构因包销业务而持有境内上市外资股，应当向中国证监会报告，并应当遵守有关信息披露的规定。

第十九条 承销协议的订立、履行和争议的解决，应当适用国家法律、法规的有关规定。

第二十条 公司应当在下列文件齐备后七日内报送中国证监会备案。

（一）经二名以上具有从事证券业务资格的中国注册会计师及其所在事务所签字、盖章的关于所募资金的验资报告；

（二）公司营业执照（副本复印件）；

（三）创立大会或股东大会通过的决议和公司章程。

第二十一条 公司发行境内上市外资股，需要向境外证券主管机构申请注册或取得认可的，应当及时将有关申请文件和所取得的注册或认可文件报中国证监会备案。

第二十二条 公司发行的境内上市外资股，可以在证券交易所上市交易。

第二十三条 公司应当遵守其股票上市交易的证券交易所的业务规则。

第三章 交易、登记与结算

第二十四条 买卖境内上市外资股的投资人和境内上市外资股的经纪商，应当遵守证券交易所和证券登记结算机构的业务规则。

第二十五条 买卖境内上市外资股，应当根据证券登记结算机构的有关规定开立境内上市外资股帐户。

第二十六条 境内上市外资股投资人可以委托证券登记结算机构接受的托管机构为其办理境内上市外资股托管业务。

第二十七条 境内上市外资股的股东名册登记、股票存管、过户登记、资金结算应当由股票上市交易的证券交易所指定的证券登记结算机构进行。

境内上市外资股股东名册为证明境内上市外资股股东持有公司股份的充分证据；但是有相反证据的除外。

第二十八条 经纪商、托管机构可以依照登记结算机构的规定申请成为其境内上市外资股结算会员。

第二十九条 结算会员的境内上市外资股资金清算通过外币专门帐户进行。

第三十条 结算会员应当按照证券登记结算机构的规定缴纳风险基金等有关款项。

第四章 证券经营机构

第三十一条 证券经营机构从事境内上市外资股承销业务，应当具有中国证监会认可的境内上市外资股承销商资格。

第三十二条 境内证券经营机构从事境内上市外资股代理买卖业务，应当具有中国证监会认可的境内上市外资股经纪商资格。

第三十三条 境外证券经营机构可以与境内经纪商签订代理协议，也可以按照证券交易所规定的方式从事境内上市外资股代理买卖业务。

第五章 信息披露

第三十四条 除《规定》和本实施细则另有规定外，发行境内上市外资股的公司应当遵守国家有关法律、法规和中国证监会发布的有关公司信息披露的规定。公司还应当遵守证券交易所有关上市公司信息披露的规定。

第三十五条 公司根据《规定》第十七条需要提供外文译本时，应当保证外文文本的准确性。中文文本、外文文本发生歧义时，以中文文本为准。

第三十六条 公司在中期报告、年度报告中，除应当提供按中国会计准则编制的财务报告外，还可以提供按国际会计准则或者境外主要募集行为发生地会计准则调整的财务报告。如果按两种会计准则提供的财务报告存在重要差异，应当在财务报告中加以说明。

公司按国际会计准则或者境外主要募集行为发生地会计准则调整的年度财务报告，应当经过会计师事务所审计。

公司可以聘请符合国家规定或要求的境外会计师事务所对本条第一款所述按国际会计准则或者境外主要募集行为发生地会计准则调整的财务报告进行审阅或审计；但是在境内披露有关公司财务报告的审阅或审计报告时，应当由中国注册会计师及其所在事务所签署。

第三十七条 公司披露信息时，应当在境内外报刊上或者以其他中国证监会允许的信息披露方式向境内外投资人同时披露，披露内容原则上应当一致。

招股说明书的披露按本实施细则第十二条的规定办理。

第三十八条 任何境内上市外资股股东直接或者间接持有境内上市外资股股份达到公司普通股总股本的百分之五时，应当自该事实发生之日起三个工作日内向中国证监会、证券交易所和公司作出报告并公告，说明其持股情况和意图；并在其持有该股票的增减变化每达到该公司普通股总股本的百分之二时，作出类似的报告和公告。

境内上市外资股股东在作出前款规定的报告和公告之前及当日，不得再行直接或者间接买卖该种股票。

第六章 会计、审计

第三十九条 公司应当按照《企业会计准则》及国家其他有关财务会计法规、规定进行会计核算和编制财务报告，并根据《规定》第十四条聘请具有从事证券业务资格的中国注册会计师及其所在的境内事务所进行审计或者复核。

第四十条 公司分配股利前，应当按国家有关规定计提法定公积金和法定公益金。公司在分配股利时，所依据的税后可分配利润根据下列两个数据按孰低原则确定：

（一）经会计师事务所审计的根据中国会计准则编制的财务报表中的累计税后可分配利润数；

（二）以中国会计准则编制的、已审计的财务报表为基础，按照国际会计准则或者境外主要募集行为发生地会计准则调整的财务报表中的累计税后可分配利润数。

第四十一条 境内上市外资股股利的外汇折算率的确

定，由公司章程或者股东大会决议规定。如果公司章程或者股东大会决议未作出规定，应当按股东大会决议日后的第一个工作日的中国人民银行公布的所涉外汇兑人民币的中间价计算。

第四十二条 公司除应当聘请具有从事证券业务资格的境内会计师事务所外，还可以根据需要聘请符合国家规定的境外会计师事务所对其财务报告进行审计或审阅。

第四十三条 公司聘用、解聘或者不再续聘会计师事务所，由股东大会作出决定，并报中国证监会备案。

公司聘用会计师事务所的聘期，自公司本次股东年会结束时起到下次股东年会结束时止。

经批准拟设立的公司发行境内上市外资股时，会计师事务所的聘用决定由公司主要发起人或者改组设立公司的原有企业作出。

第四十四条 公司解聘或者不再续聘会计师事务所，应当事先通知会计师事务所，会计师事务所有权向股东大会陈述意见。

会计师事务所提出辞聘的，应当向股东大会说明公司有无不当情事。

第七章　附　则

第四十五条 境内上市外资股股东与公司之间，境内上市外资股股东与公司董事、监事、经理和其他高级管理人员之间，境内上市外资股股东与内资股股东之间发生的与公司章程规定的内容以及公司其他事务有关的争议，适用中华人民共和国法律。

第四十六条 经国务院确定的计划单列市人民政府比照适用《规定》和本实施细则关于省、自治区、直辖市人民政府的规定。

第四十七条 中国证监会可以依据本实施细则制定专项规定。

第四十八条 本实施细则于《规定》施行之日起同时施行。

国务院证券委员会

一九九六年五月三日

设立境外中国产业投资基金管理办法

第一条 为了适应对外开放和经济发展的需要，加强和完善对设立境外中国产业投资基金的管理，制定本办法。

第二条 本办法所称境外中国产业投资基金（以下简称境外投资基金），是指中国境内非银行金融机构、非金融机构以及中资控股的境外机构（以下统称中资机构）作为发起人，单独或者与境外机构共同发起设立，在中国境外注册、募集资金，主要投资于中国境内产业项目的投资基金。

本办法所称发起人，是指设立境外投资基金并对招募说明书内容的起初性、准确性和完整性承担法律责任的中资机构。

第三条 境外投资基金在中国境内的业务活动必须遵守中华人民共和国法律、行政法规的规定，不得损害中华人民共和国的社会公共利益。

境外投资基金在中国境内的正当业务活动和合法权益受中华人民共和国法律保护。

第四条 设立境外投资基金，由中国人民银行会同国务院有关部门审查批准。

中国人民银行会同国务院有关部门对境外投资基金在中国境内的业务活动进行监督管理。

第五条 中资机构作为境外投资基金的发起人，其中至少有一个发起人应当是具备下列条件的非银行金融机构：

（一）提出申请前一年年末资本金总额不少于 10 亿元人民币；

（二）资信良好，经营作风稳健，并在提出申请前三年内未受到金融监督管理机关或者司法机关的重大处罚；

（三）具有熟悉国际金融业务、基金管理业务的专业人员。

第六条 境外投资基金发起人中的中资非金融机构，应当具备下列条件：

（一）提出申请前一年年末资本金总额不少于 5 亿元人民币；

（二）经营国家产业政策支持的项目；

（三）资信良好，经营作风稳健，并在提出申请前三年内未受到有关主管机关或者司法机关的重大处罚。

第七条 中资机构设立境外投资基金，应当选择资信良好，经营作风稳健，具有投资基金设立、承销或者管理等方面的经验，且其所在地具有良好的金融管理制度的境外机构进行合作。

第八条 申请设立境外投资基金，发起人应当向中国人民银行提交下列文件、资料：

（一）设立境外投资基金的申请书；

（二）可行性研究报告；

（三）企业法人营业执照副本；

（四）发起人合作协议；

（五）最近三年的年报；

（六）境外投资基金设立、托管、上市及交易等活动所在地的有关法律、法规；

（七）有关主管部门对基金拟投资项目的审批文件副本；

（八）基金拟投资项目的评估报告；

（九）基金拟投资项目的各方合资或者合作意向书；

（十）基金招募说明书草案；

（十一）与境外投资基金的承销人、托管人、管理人等合作各方签订的合作意向书；

（十二）与境外投资基金的设立、承销、托管有关的合作各方的资信情况。

第九条 中国人民银行应当自收到申请人的全部申请文件、资料之日起 90 日内，对设立境外投资基金的申请进行审查；认为符合本办法规定的条件的，应当会同国务院有关部门批准，颁发批准文件。

第十条 拟设立的境外投资基金发行总额不得少于 5000 万美元。

第十一条 拟设立的境外投资基金应当为封闭式基金，基金凭证不可赎回，其存续期不得少于 10 年。

第十二条 中资机构应当选择具有良好的金融管理制度的国家或者地区作为拟设立境外投资基金的上市所在地。

第十三条 中资机构应当选择中方持股 25%以上的基金管理公司作为拟设立境外投资基金的管理人。

第十四条 中资机构作为发起人认购基金份额的总额不得超过基金拟发行总额的10%。

第十五条 中资机构认购基金份额，只能使用其自有资金，不得使用信贷资金。

第十六条 境内发起人认购基金份额的资金应当存入中国人民银行认可的中国境内银行，不得汇出境外。

第十七条 境外投资基金不得在中国境内募集。

第十八条 中资机构为管理拟设立的境外投资基金，可以申请设立境外投资基金管理公司。

申请设立境外投资基金管理公司，应当依照《境外金融机构管理办法》的规定，与设立境外投资基金的申请一并报经中国人民银行审查批准。

申请设立境外投资基金管理公司，应当选择具有良好的金融管理制度的国家或者地区作为该公司主要经营活动所在地。

第十九条 境外投资基金管理公司在中国境内设立代表机构的，应当依照《中国人民银行关于外资金融机构在中国设立常驻代表机构的管理办法》的规定，报经中国人民银行审查批准。

第二十条 境外投资基金资金应当主要投资于中国境内国家产业政策支持的产业项目，其数额不得低于基金总额的70%。

境外投资基金资金不得以借贷形式在中国境内运用。

境外投资基金资金不得用于购买公开发行的人民币普通股票和人民币计值的政府债券。

第二十一条 境外投资基金凭证不得在中国境内用于借贷或者债券发行的抵押或者担保。

第二十二条 境外投资基金资金调入中国境内、汇出中国境外、在中国境内银行开立帐户及进行货币兑换等，应当遵守国家有关外汇管理的规定。

第二十三条 境外投资基金和境外投资基金管理公司的境内发起人、境内出资人，应当于每年3月31日前向中国人民银行报送境外投资基金和境外投资基金管理公司上一年度的资产负债表、损益表和年度报告。

第二十四条 境外投资基金所投资项目在境外发行债券、股票，应当按照国务院的有关规定经审查批准。

第二十五条 未经批准，擅自设立境外投资基金或者境外投资基金管理公司的，由中国人民银行对其境内发起人、境内出资人处以人民币50万元以上200万元以下的罚款，责令退出所设机构，并给予负有直接责任的主管人员和其他直接责任人员纪律处分；情节严重，构成犯罪的，依法追究刑事责任。

第二十六条 违反本办法第二十三条规定，不报送有关报表，或者报送报表时弄虚作假、情节严重的，由中国人民银行责令改正，并对境内发起人、境内出资人处以人民币20万元以上50万元以下的罚款。

第二十七条 本办法施行前未经批准，已设立境外投资基金和境外投资基金管理公司的，应当在中国人民银行规定的期限内，依照本办法的规定补办审批手续；逾期不补办的，中国人民银行有权依照本办法第二十五条的规定给予处罚。

第二十八条 本办法自发布之日起施行。

中国人民银行

一九九五年九月六日

关于进一步加强借用国际商业贷款宏观管理的通知

各省、自治区、直辖市人民政府，国务院各部委、各直属机构：

借用国际商业贷款是我国利用外资的一个重要资金来源，用好国际商业贷款，对保持国民经济的持续、快速、健康发展具有重要意义。为了更好地适应改革开放和经济建设的需要，进一步提高国际商业贷款的使用效益，防止外债失控，必须切实加强对借用国际商业贷款的管理。为此，特作如下通知：

一、严格控制借用国际商业贷款的总规模

根据我国实际情况，把境内机构以商业性条件在国际金融市场筹措，并以外国货币承担契约性偿还义务的资金，统称为国际商业贷款。国际商业贷款包括：外国商业银行（机构）贷款、出口信贷，发行境外外币债券、可转股债券、大额可转让存单和中期票据等股票以外的有价证券，国际融资租赁、以现汇方式偿还的补偿贸易、项目融资、海外存款及其他形式的商业性筹融资。

（一）国家对中长期国际商业贷款实行总量控制计划管理。国家计委根据我国的外债结构、偿还能力、外资需求、配套条件以及国际金融市场情况，在征求地方和有关部门意见的基础上，负责制订中长期和年度利用外资计划，下达借用中长期国际商业贷款的总规模。各金融机构借用中长期国际商业贷款年度指标，由中国人民银行在国家计委下达的外债总规模内，根据各金融机构的资产负债状况，提出分配意见，与国家计委协商后下达。

国际商业贷款指标可跨年度使用，但不得超过下一年度3月底。

借用的国际商业贷款不得用于外汇抵押人民币贷款，不得结汇。

（二）国家对借用短期国际商业贷款实行余额管理。短期对外贷款（偿还期1年以下）只能用于金融机构头寸周转或用于企业所需的短期流动资金，不得用于固定资产投资等国家规定不允许使用的范围。中国人民银行根据我国外债结构和实际需要，确定全国短期外债余额总量，核定下达各金融机构或企业的短期国际商业贷款余额指标。各金融机构和企业应将外债余额控制在核定的限额内。否则，将根据外汇管理有关规定取消其对外借款权并予以处罚。

二、严格按国家规定审批建设项目对外借款

建设项目借用国际商业贷款，要按照国家规定的审批权限从严掌握。基本建设项目借用中长期国际商业贷款，其申请借款规模在国家规定限额以上的，由国家计委审批借款额度；技术改造项目借用中长期国际商业贷款，其申请借款规模在国家规定限额以上的，由国家经贸委会签国家计委审批借款额度。限额以下的，由地方政府或国务院有关部门在国家计委下达的国际商业贷款年度计划内审批。借用国际商业贷款的固定资产投资项目必须符合国家产业政策并纳入国家计划。凡未经审批部门批准立项，配套人民币资金不落实，能源、交通、原材料以及其他生产建设条件不具备，外资偿还能力差的项目，不得借用国际商业贷款。

根据国家计委下达的年度借用国际商业贷款计划，由国家外汇管理局负责审批对外借款的金融条件。任何地区、部门和单位擅自对外签约借款或筹资，外汇管理部门将对其进行严肃处理，不予办理外债登记，借款协议和担保合同一律无效，银行不得为其开立外汇帐户，直至取消申请借款资格。

境外投资借用国际商业贷款要从严控制，由国家计委负责审批。

三、进一步加强对对外发债窗口单位的管理

加强对对外发债窗口的管理，窗口单位数量要从严控制。国家计委、中国人民银行根据金融机构资产规模、资产负债比例、资本风险比率及经营业绩等状况，负责对发债窗口的定期审核，实行定期评审制。窗口单位名单报国务院批准后由国家计委、中国人民银行对外公布。

对外发债（包括境内建设项目以发债方式在境外从事的项目融资）必须有国家计委批准的借用国际商业贷款指标，由经中国人民银行批准的具有国际融资业务经营权且具有发债资格的金融机构办理。国家计委、中国人民银行要加强对发债窗口的审核检查，国家外汇管理局负责做好进入国际金融市场发债的协调和管理工作，保证发债工作的顺利进行。财政部代表国家对外发债，须经国务院批准，并纳入国家借用国际商业贷款计划。

地方政府不得对外举债。

为了充分利用国际金融市场有利时机，提高国际商业贷款的使用效益，降低筹资成本，在不增加外债余额、不延长还款期限的前提下，经国家计委和中国人民银行批准，允许金融机构借低还高，调整债务结构。

境内机构借用的国际商业贷款资金，必须调入境内，并用于外资计划主管部门批准借用国际商业贷款的项目；未经国家外汇管理局批准，不得存放境外。

国家鼓励由金融机构牵头，为经批准借用国际商业贷款的国内建设项目组织国际银团贷款。

四、加强债务偿还的监督管理

按期偿还债务提借用国际商业贷款单位必须承担的法律责任。为维护国家的信誉，各地区、各部门和有关单位不得以任何理由拖欠或拒付到期应付款项。国家计委和中国人民银行要加强对偿还国际商业贷款的监督管理，金融机构要做好到期债务的预报和催还工作。

五、完善外债统计监测

不论是直接从境外借入，还是通过国内金融机构转贷的国际商业贷款，都必须列入国家外汇管理局外债统计监测系统进行外债登记或转贷款登记。

六、加强国际金融市场的动态分析

国家外汇管理局要加强对借用国际商业贷款的币种、利率、期限、借款方式、国别、市场分布等情况的研究，及时向国务院报告并通报有关部门。

各地区、各部门必须严格执行本通知的各项规定，切实提高国际商业贷款的使用效益，保证对外债务按期偿还，以维护国家信誉。各级计划管理部门和外汇管理部门要加强对借用国际商业贷款的监督、检查和指导。对违反国家有关规定的，要严肃处理，并追究当事人和领导者的责任。

国务院

一九九五年九月二十七日

关于中国工商银行等四家银行与所属信托投资公司脱钩的意见

国务院原则同意《中国人民银行关于中国工商银行等四家银行与所属信托投资公司脱钩的意见》，现转发给你们，请认真贯彻落实。

银行与信托投资公司彻底脱钩，实行分业管理，是进一步深化金融体制改革，整顿金融秩序，加强廉政建设，保证国民经济健康发展的重要举措。这项工作今年上半年先由中国工商银行、中国人民建设银行在35个大中城市进行试点，待取得经验后再行推开。中国人民银行要组织检查验收，并将验收结果报国务院。各地区、各部门要积极配合银行做好脱钩工作，尽量简化有关手续，以保证这项工作的顺利进行。

为贯彻银行分业管理的原则，进一步深化金融体制改革，整顿金融秩序，加强廉政建设，保证国民经济健康发展，现就中国工商银行、中国农业银行、中国银行、中国人民建设银行（以下简称四家银行）与所属信托投资公司脱钩问题提出以下意见：

一、四家银行均应按照本意见的要求，在机构、资金、财务、业务、人事、行政等方面与所属信托投资公司彻底脱钩，不再保持隶属或挂靠关系。今年上半年，先由中国工商银行、中国人民建设银行在北京、上海、天津市和各省会城市（不含拉萨）以及各计划单列市等35个大中城市进行试点，待取得经验后再推开。

二、四家银行与所属信托投资公司脱钩要达到以下要求：银行不再保留信托投资公司（包括信托投资公司所属分支机构以及银行的信托部、证券部，下同）；银行不再经营信托投资业务；银行除承销国债和代理发行债券外，不再办理证券业务；信托投资公司名称中不再含“银行”字样；转让出去的信托投资公司的人事管理等均移交给地方或其他有关单位；不再保留信托投资公司与银行之间的行政挂靠关系。

三、四家银行与所属信托投资公司脱钩，要根据不同的出资形式，按照下列方式处理：

（一）银行独资组建的信托投资公司原则上予以撤销，并入原组建银行或改为原组建银行的支行或办事处；个别要求整体转让给其他单位的，必须经原组建银行总行同意并报中国人民银行总行批准。

（二）银行控股的信托投资公司，按以下两种方式处理：(1)公司其他股东要求撤出股份的，撤股后，即按照银行独资的信托投资公司的处理方式办理。(2)公司其他股东要求保留公司的，银行要将所持股份转让出去，一时难以转让出去的，可将股份转为组建银行总行对该信托投资公司的投资，在《中华人民共和国公司法》规定的年限内，公司要积极做好增资扩股工作，归还银行的投资；届时公司未筹足资本金而不能归还银行投资的，予以撤销。

（三）银行参股的信托投资公司，银行一律不再保留股份，必须在办理脱钩手续时将所持股份全部转让出去。

银行撤出股份后，信托投资公司与银行不再保持行政挂靠关系，公司名称中有“银行”字样的要更改名称。公司在机构、资金、财务、业务、人事、行政等方面与银行彻底脱钩。

（四）业经批准上市的四家银行控股的信托投资公司，暂时维持现状。原组建银行所持股份,经有关部门批准后,先调整为其总行对公司的投资。

(五)四家银行省级信托投资公司设在地(市)的办事处一律撤销,摘下牌子,其机构、资金、业务、人员、行政关系等一律归并原组建银行。

(六)四家银行系统内设立的信托部一律撤销。

(七)四家银行所属信托投资公司,凡撤销后改建为银行分支机构的,其证券营业机构原则上转给当地证券公司,其全部资产(国债除外)经评估后一并转让。一时难以转让出去的证券机构,暂由归属行管理,但不再接纳新客户,并积极创造条件转让。

四、在信托投资公司脱钩过程中,四家银行要切实做好有关善后工作。要认真清理核实债权债务,制定相应的管理措施,以保证债权债务的顺利交接。

(一)为保证债权债务关系的连续性,凡是撤销后归并到原组建银行的信托投资公司,原公司的债权债务和人员由原组建银行承接和安置。

(二)需整体转让的信托投资公司,其债权债务和人员均由接收单位承接和安置。

(三)需要保留的原由银行控股的信托投资公司,在股份转让过程中,银行要负责对公司债权债务进行清理,将资金、财务、业务、人事、行政关系等交接清楚。

(四)银行参股的信托投资公司,要在清理债权债务的基础上,做好股份转让交接工作。

(五)凡涉及股份、股权等权益转让的,银行要严格按照国家对国有资产管理的有关规定,聘请法定机构进行公正的评估和审计,评审结果经其总行审核批准后,方能转让。

五、四家银行与所属信托投资公司在脱钩过程中,要立即停止向所属信托投资公司注入资金,已经注入的资金要限期收回。凡信托投资公司并入原组建银行的,要立即停办各项信托业务,个别收尾项目确实难以停下来的,可由原组建银行在国家政策允许的范围内继续办完;同时,将信托投资公司会计报表的各项资产负债并入原组建银行的报表,经当地人民银行核实后上报,由中国人民银行总行调整原组建银行总行的存贷款基数和投资比例。

四家银行所属信托投资公司的各项投资业务,股权能转让出去的,一律转让出去;股权一时不能转让出去的,可按公司章程或投资协议执行,但要积极创造条件转让股权,逐步收回投资。

六、四家银行要积极稳妥地做好脱钩过程中有关信托投资公司的业务转交工作。所有撤并、转让的公司及其分支机构和证券机构,均应按《中华人民共和国经济合同法》和有关规定,做好经济合同和协议的履约衔接和债权债务、事权与义务的移交承接,确保业务工作的正常进行。

七、银行与所属信托投资公司脱钩的有关手续,按以下程序办理:

(一)信托投资公司撤销后改建为原组建银行分支机构的,按照中国人民银行发布的《金融机构管理规定》,必须向中国人民银行申请办理金融机构的终止手续和报批手续。省级信托投资公司,由原组建银行向当地人民银行省级分行提出申请,经审核后,报中国人民银行总行核准,并办理终止手续;设在地(市)的信托投资公司办事处,由原组建银行向人民银行当地分行提出申请,经审核后,报人民银行省级分行核准,并办理终止手续。信托投资公司及其分支机构撤销后,应向中国人民银行缴回《经营金融业务许可证》,持中国人民银行的通知书,向工商行政管理部门办理注销登记手续,并在中国人民银行指定的报刊上公布。经批准改为银行分支机构的,要向中国人民银行领取《金融机构营业许可证》,向工商行政管理部门领取营业执照。

(二)凡涉及股份转让、调整股权结构、更改名称、章程修订、公司法定代表人及主要负责人变更的信托投资公司,必须按照中国人民银行发布的《金融机构管理规定》、《关于向金融机构投资入股的暂行规定》向中国人民银行申报、换领《金融机构法人许可证》、《金融机构营业许可证》。

八、信托投资公司及其分支机构改建为原组建银行所属支行或办事处的,其职工由银行妥善安排;股份制公司及要转让的证券机构的职工,属于银行派出、本人要求回派出行的,派出行应安排适当工作,愿意留在公司的,人事关系划转公司;原公司招聘的合同制职工,按劳动合同妥善安置。

九、银行由于同所属信托投资公司脱钩而影响职工现有福利待遇的,应按有关规定妥善处理,具体问题商财政部等有关部门解决。

十、银行与所属信托投资公司脱钩工作,由四家银行总行负责商有关部门办理。四家银行总行要成立领导小组,组织专门班子,指定一名行领导负责此项工作,按照本意见的要求对脱钩工作制定具体脱钩方案,报中国人民银行总行批准后组织实施。

中国人民银行

一九九五年五月二十五日

关于对各种基金进行清理登记的意见

财政部、审计署、监察部《关于对各种基金进行清理登记的意见》已经国务院同意,现转发给你们,请认真贯彻执行。

为了继续深入开展反腐败斗争,进一步做好治理乱收费工作,理顺分配关系,保证新的财税体制正常运行,根据国务院的指示,现就清理登记各种基金有关问题提出以下意见:

一、各地区、各部门以各种形式向企事业单位或个人筹集建立的、具有特定用途的、目前仍在执行的各种基金(包括各种资金、附加,下同),均应清理登记。

社会团体和个人自愿捐赠建立的基金、基金会募集建立的基金以及企业、行政事业单位按照国家财务会计制度规定提取建立的专用基金,不属清理登记范围。

二、《中共中央、国务院关于坚决制止乱收费、乱罚款和各种摊派的决定》(以下简称《决定》)发布之前开征的各种基金,经各省、自治区、直辖市人民政府和国务院各部门审核,确需保留的,应报财政部备案。《决定》发布之后开征的各种基金,由各省、自治区、直辖市人民政府和国务院各部门负责组织清理登记,并将清理登记情况和初审意见于1995年8月30日前报财政部审核。

三、全国清理登记各种基金的工作由财政部、审计署、监察部负责,办公室设在财政部。各地区、各部门清理登记各种基金的工作由同级财政(财务)部门会同审计、监察部门具体负责实施。上级财政、审计、监察部门要对下级部门清理登记各种基金工作进行指导和监督检查。财政部、审计署、监察部将组织检查组到一些地区进行重点检查。

四、审计署将结合今年财政收支审计，对部分省、自治区、直辖市及计划单列市和国务院有关部门的各种基金进行重点审计。

五、对不按规定如实清理登记、隐瞒不报的基金，一经发现，审计部门要将其全部没收上缴财政。对需追究领导责任的，要移送监察机关处理。

六、清理登记各种基金是控制固定资产投资、消费基金过快增长和抑制通货膨胀的一项重要措施，是今年反腐败、治理乱收费的一项重要工作，各地区、各部门要高度重视，加强领导，及时协调，并建立举报制度，受理群众来信来访。

七、有关清理登记工作的具体事项，由财政部会同审计署、监察部另行通知。

财政部　审计署　监察部

一九九五年四月十三日

外国金融机构驻华代表机构管理办法

第一章　总　则

第一条　为加强对外国金融机构常驻中国的代表机构（以下简称“代表处”）的管理，根据《中华人民共和国外资金融机构管理条例》，制定本办法。

第二条　本办法所称外国金融机构，系指在中华人民共和国境外注册的商业银行、投资银行、商人银行、证券公司、保险公司、保险经纪人公司、保险代理人公司、保险公估行、基金管理公司、外汇经纪人公司、信用卡公司、融资性租赁公司等金融机构；本办法所称代表处，是指外国金融机构在中国境内获准设立并从事咨询、联络、市场调查等非经营性活动的派出机构。

第三条　代表处必须遵守中华人民共和国法律、法规，其合法权益受中华人民共和国法律保护。

第四条　中国人民银行是代表处的审批和业务监管机关；中国人民银行分行对本辖区的代表处进行日常监管。

第二章　申请与设立

第五条　申请设立代表处，应当具备下列条件：

（一）申请者所在国家或地区有完善的金融监督管理制度；

（二）申请者是由其所在国或地区金融监管当局批准设立的金融机构，或者是金融性行业协会成员；

（三）申请者合法经营、享有良好信誉并在过去3年内连续盈利。

第六条　申请设立代表处，申请者应当提交下列文件材料：

（一）由董事长或总经理签署的致中国人民银行行长的申请书；

（二）所在国或地区有关主管当局核发的营业执照（副本）或合法开业证明（副本）；

（三）公司章程、董事会成员或主要合伙人名单；

（四）申请前3年的年报；

（五）由所在国或地区金融监管当局出具的同意其在中国境内设立代表处的批准书，或者由所在行业协会出具的推荐信；

（六）中国人民银行要求提交的其他资料。

本条所列除第四款外，凡用外文书写的，均需附具中文译本；其中“营业执照”或“推荐信”必须经所在国认可的公证机构公证，或者经中国驻该国大使馆或领事馆认证。

第七条　在省会城市设立代表处，应当将申请材料提交中国人民银行当地省分行；在其他城市设立代表处，应当将申请材料提交中国人民银行当地市分行；申请材料经中国人民银行当地分行审核后，由该分行转报中国人民银行总行审查批准。

第八条　设立代表处的申请经初步审查同意后，由中国人民银行发给申请者正式申请表；申请者自接到正式申请表之日起2个月内应当填交正式申请表，并提交下列材料：

（一）拟任首席代表身份证明和简历；

（二）由董事长或总经理签署的委任首席代表的授权书。

本条要求提交的材料，凡用外文书写的，均需附具中文译文；规定时间内未填交正式申请表，视为自动放弃申请。

申请者自提交设立代表处申请材料之日起6个月未接到正式申请表的，即为不予受理其申请。

第九条　在中国境内已设立5个以上（含5个）分支机构或代表处的外国金融机构，可以申请设立总代表处；

总代理处的申请设立程序及管理与代表处相同。

第十条　代表处名称应当按下列顺序组成：“外国金融机构名称”“所在城市名称”和“代表处”；代表处主要负责人称“首席代表”，其他负责人称“代表”、“副代表”。总代表处名称应当按下列顺序组成：“外国金融机构名称”、“驻中国总代表处”；总代表处主要负责人称“总代表”，其他负责人称“代表”、“副代表”。

第十一条　经批准设立的代表处，由中国人民银行颁发批准证书，有效驻在期限为6年。代表处应当在批准之日起30日内，凭批准证书到国家工商行政管理局办理登记注册，到当地公安、税务部门办理居留手续和个人所得税登记手续。

第三章　监督管理

第十二条　代表处及其工作人员，不得与任何法人或自然人签订可能给代表处或所代表的机构带来收入的协议或契约，也不得从事其他经营性活动。

第十三条　首席代表不得由其总管理机构或地区总部有关部门负责人兼任，也不得在中国境内任何机构兼职；首席代表应当常驻代表处主持日常工作，离境1个月以上，应当指定专人代行其职，并报中国人民银行当地分行备案。

第十四条　代表处应当于每年2月底前向中国人民银行当地分行报送上一年度的工作报告，由中国人民银行分行转报总行；工作报告应当按中国人民银行规定的格式用中文填写。

第十五条　设立代表处的外国金融机构发生下列重大事项，代表处应当在其外国金融机构公告后的一个工作日内向中国人民银行当地分行报告，由中国人民银行当地分行转报中国人民银行总行：

（一）章程、注册资本或注册地址变更；

（二）机构重组、分立或合并或其主要负责人变动；

（三）经营发生严重损失。

第十六条 代表处有下列情况之一的，应当向中国人民银行当地分行提出申请，并由该分行转报中国人民银行批准：

（一）更换首席代表。应当提交由其外国金融机构董事长或总经理签署的申请书和授权书以及拟任首席代表的身份证明和简历。

（二）变更名称。应当提交由其外国金融机构董事长或总经理签署的申请书。

（三）代表处展期。应当在该代表处有效驻在期满前2个月提交由其外国金融机构董事长或总经理签署的申请书和由代表处首席代表签署的该代表处近3年的工作报告，经审核批准后，代表处展期6年。

第十七条 代表处有下列情况之一的，应当报中国人民银行当地分行批准或备案：

（一）更换或增减代表、副代表、外籍和港澳台工作人员。应提交由外国金融机构主管部门负责人签署的申请书，以及被任命人员的身份证明和简历，由中国人民银行当地分行批准，并由该分行报中国人民银行总行备案。

（二）变更地址。应提交由其首席代表签署的地址迁移申请书，由中国人民银行当地分行批准，并由该分行报中国人民银行总行备案。

（三）雇用中国公民担任工作人员。应提交被雇用中国公民的名单、身份证明和简历，报中国人民银行当地分行备案。

第四章 撤 销

第十八条 撤销代表处，应提前向中国人民银行提交由其外国金融机构董事长或总经理签署的申请，经批准后，向国家工商行政管理局申请注销登记，并到有关部门办理相关手续。

第十九条 代表处改变为营业性分支机构或总代表处的，原代表处自行撤销，并应向国家工商行政管理局申请注销登记。

第二十条 代表处撤销后，凡设有总代表处的，由其总代表处负责未了事宜；没有设立总代表处的，一切未了事宜由其外国金融机构承担责任。

第五章 罚 则

第二十一条 违反本办法，未经批准擅自设立代表处的，由中国人民银行予以取缔；当事人触犯刑法构成犯罪的，依法追究其刑事责任。

第二十二条 违反本办法第十三条规定，首席代表在其他机构兼职或未经备案擅自离境1个月以上的，中国人民银行有权要求其外国金融机构更换首席代表。

第二十三条 违反本办法第十四条和第十五条规定，未按期报送有关资料的，由中国人民银行责令其限期补报并写出书面检查。

第二十四条 违反本办法第二条和第十二条规定从事盈利性活动的，违反本办法第十六条和第十七条规定未经批准擅自变更有关事项的，按照《外资金融机构管理条例》及中国人民银行其他有关规定予以罚款。

第二十五条 违反本办法第二条、第十二条、第十三条、第十四条、第十五条、第十六条和第十七条规定，除按本办法及中国人民银行其他有关规定予以处罚外，中国人民银行视其情节轻重，予以警告、通报直至撤销代表处。

第二十六条 违反本办法，同时违反登记管理法规的，由中国人民银行会同国家工商行政管理局予以处罚。

第六章 附 则

第二十七条 香港、澳门和台湾地区的金融机构及在中国注册的外资金融机构在境内设立代表处，适用本办法。

第二十八条 本办法由中国人民银行负责解释。

第二十九条 本办法自发布之日起施行。中国人民银行1991年6月1日发布的《中国人民银行关于外资金融机构在中国设立常驻代表机构的管理办法》同时废止。

中国人民银行

一九九六年四月二十九日

贷款通则

目录

第一章 总 则

第一条 为了规范贷款行为，维护借贷双方的合法权益，保证信贷资产的安全，提高贷款使用的整体效益，促进社会经济的持续发展，根据《中华人民共和国中国人民银行法》、《中华人民共和国商业银行法》等有关法律规定，制定本通则。

第二条 本通则所称贷款人，系指在中国境内依法设立的经营贷款业务的中资金融机构。

本通则所称借款人，系指从经营贷款业务的中资金融机构取得贷款的法人、其他经济组织、个体工商户和自然人。

本通则中所称贷款系指贷款人对借款人提供的并按约定的利率和期限还本付息的货币资金。

本通则中的贷款币种包括人民币和外币。

第三条 贷款的发放和使用应当符合国家的法律、行政法规和中国人民银行发布的行政规章，应当遵循效益性、安全性和流动性的原则。

第四条 借款人与贷款人的借贷活动应当遵循平等、自愿、公平和诚实信用的原则。

第五条 贷款人开展贷款业务，应当遵循公平竞争、密切协作的原则，不得从事不正当竞争。

第六条 中国人民银行及其分支机构是实施《贷款通则》的监管机关。

第二章 贷款种类

第七条 自营贷款、委托贷款和特定贷款：

自营贷款，系指贷款人以合法方式筹集的资金自主发放的贷款，其风险由贷款人承担，并由贷款人收回本金和利息。

委托贷款，系指由政府部门、企事业单位及个人等委托人提供资金，由贷款人（即受托人）根据委托人确定的贷款对象、用途、金额期限、利率等代为发放、监督使用并协助收回的贷款。贷款人（受托人）只收取手续费，不承担贷款风险。

特定贷款，系指经国务院批准并对贷款可能造成的损失采取相应补救措施后责成国有独资商业银行发放的贷款。

第八条 短期贷款、中期贷款和长期贷款：

短期贷款，系指贷款期限在1年以内（含1年）的贷款。

中期贷款，系指贷款期限在1年以上（不含1年）5年以下（含5年）的贷款。

长期贷款，系指贷款期限在5年（不含5年）以上的贷款。

第九条 信用贷款、担保贷款和票据贴现：

信用贷款，系指以借款人的信誉发放的贷款。

担保贷款，系指保证贷款、抵押贷款、质押贷款。

保证贷款，系指按《中华人民共和国担保法》规定的保证方式以第三人承诺在借款人不能偿还贷款时，按约定承担一般保证责任或者连带责任而发放的贷款。

抵押贷款，系指按《中华人民共和国担保法》规定的保证方式以借款人或者第三人的财产作为抵押物发放的贷款。

质押贷款，系指按《中华人民共和国担保法》规定的质押方式以借款人或第三人的动产或权利作为质物发放的贷款。

票据贴现，系指贷款人以购买借款人未到期商业票据的方式发放的贷款。

第十条 除委托贷款以外，贷款人发放贷款，借款人应当提供提保。贷款人应当对保证人的偿还能力，抵押物、质物的权属和价值以及实现抵押权、质权的可行性进行严格审查。

经贷款审查、评估，确认借款人资信良好，确能偿还贷款的，可以不提供担保。

第三章 贷款期限和利率

第十一条 贷款期限：

贷款限期根据借款人的生产经营周期、还款能力和贷款人的资金供给能力由借贷双方共同商议后确定，并在借款合同中载明。

自营贷款期限最长一般不得超过10年，超过10年应当报中国人民银行备案。

票据贴现的贴现期限最长不得超过6个月，贴现期限为从贴现之日起到票据到期日止。

第十二条 贷款展期：

不能按期归还贷款的，借款人应当在贷款到期日之前，向贷款人申请贷款展期。是否展期由贷款人决定。申请保证贷款、抵押贷款、质押贷款展期的，还应当由保证人、抵押人、出质人出具同意的书面证明。已有约定的，按照约定执行。

短期贷款展期期限累计不得超过原贷款期限；中期贷款展期期限累计不得超过原贷款期限的一半；长期贷款展期期限累计不得超过3年。国家另有规定者除外。借款人未申请展期或申请展期未得到批准，其贷款从到期日次日起，转入逾期贷款帐户。

第十三条 贷款利率的确定：

贷款人应当按照中国人民银行规定的贷款利率的上下限，确定每笔贷款利率，并在借款合同中载明。

第十四条 贷款利息的计收：

贷款人和借款人应当按借款合同和中国人民银行有关计息规定按期计收或交付利息。

贷款的展期期限加上原期限达到新的利率期限档次时，从展期之日起，贷款利息按新的期限档次利率计收。

逾期贷款按规定计收罚息。

第十五条 贷款的贴息：

根据国家政策，为了促进某些产业和地区经济的发展，有关部门可以对贷款补贴利息。

对有关部门贴息的贷款，承办银行应当自主审查发放，并根据本通则有关规定严格管理。

第十六条 贷款停息、减息、缓息和免息：

除国务院决定外，任何单位和个人无权决定停息、减息、缓息和免息。贷款人应当依据国务院决定，按照职责权限范围具体办理停息、减息、缓息和免息。

第四章 借款人

第十七条 借款人应当是经工商行政管理机关（或主管机关）核准登记的企（事）业法人、其他经济组织、个体工商户或具有中华人民共和国国籍的具有完全民事行为能力的自然人。

借款人申请贷款，应当具备产品有市场、生产经营有效益、不挤占挪用信贷资金、恪守信用等基本条件，并且应当符合以下要求：

一、有按期还本付息的能力，原应付贷款利息和到期贷款已清偿；没有清偿的，已经做了贷款人认可的偿还计划。

二、除自然人和不需要经工商部门核准登记的事业法人外，应当经过工商部门办理年检手续。

三、已开立基本帐户或一般存款帐户。

四、除国务院规定外，有限责任公司和股份有限公司对外股本权益性投资累计额未超过其净资产总额的50%。

五、借款人的资产负债率符合贷款人的要求。

六、申请中期、长期贷款的，新建项目的企业法人所有者权益与项目所需总投资的比例不低于国家规定的投资项目的资本金比例。

第十八条 借款人的权利：

一、可以自主向主办银行或者其他银行的经办机构申请贷款并依条件取得贷款；

二、有权按合同约定提取和使用全部贷款；

三、有权拒绝借款合同以外的附加条件；

四、有权向贷款人的上级和中国人民银行反映、举报有关情况；

五、在征得贷款人同意后，有权向第三人转让债务。

第十九条 借款人的义务：

一、应当如实提供贷款人要求的资料（法律规定不能提供者除外），应当向贷款人如实提供所有开户行、帐号及存贷款余额情况，配合贷款人的调查、审查和检查；

二、应当接受贷款人对其使用信贷资金情况和有关生产经营、财务活动的监督；

三、应当按借款合同约定用途使用贷款；

四、应当按借款合用约定及时清偿贷款本息；

五、将债务全部或部分转让给第三人的，应当取得贷款人的同意；

六、有危及贷款人债权安全情况时，应当及时通知贷款人，同时采取保全措施。

第二十条 对借款人的限制：

一、不得在一个贷款人同一辖区内的两个或两个以上同级分支机构取得贷款。

二、不得向贷款人提供虚假的或者隐瞒重要事实的资产负债表、损益表等。

三、不得用贷款从事股本权益性投资，国家另有规定的除外。

四、不得用贷款在有价证券、期货等方面从事投资经营。

五、除依法取得经营房地产资格的借款人以外，不得用贷款经营房地产业务；依法取得经营房地产资格的借款人，不得用贷款从事房地产投机。

六、不得套取贷款用于借贷牟取非法收入。

七、不得违反国家外汇管理规定使用外币贷款。

八、不得采取欺诈手段骗取贷款。

第五章 贷款人

第二十一条 贷款人必须经中国人民银行批准经营贷款业务，持有中国人民银行颁发的《金融机构法人许可证》或《金融机构营业许可证》，并经工商行政管理部门核准登记。

第二十二条 贷款人的权利：

根据贷款条件和贷款程序自主审查和决定贷款，除国务院批准的特定贷款外，有权拒绝任何单位和个人强令其发放贷款或者提供担保。

一、要求借款人提供与借款有关的资料；

二、根据借款人的条件，决定贷与不贷、贷款金额、期限和利率等；

三、了解借款人的生产经营活动和财务活动；

四、依合同约定从借款人帐户上划收贷款本金和利息；

五、借款人未能履行借款合同规定义务的，贷款人有权依合同约定要求借款人提前归还贷款或停止支付借款人尚未使用的贷款；

六、在贷款将受或已受损失时，可依据合同规定，采取使贷款免受损失的措施。

第二十三条 贷款人的义务：

一、应当公布所经营的贷款种类、期限和利率，并向借款人提供咨询。

二、应当公开贷款审查的资信内容和发放贷款的条件。

三、贷款人应当审议借款人的借款申请，并及时答复贷与不贷。短期贷款答复时间不得超过 1 个月，中期、长期贷款答复时间不得超过六个月；国家另有规定者除外。

四、应当对借款人的债务、财务、生产、经营情况保密，但对依法查询者除外。

第二十四条 对贷款人的限制：

一、贷款的发放必须严格执行《中华人民共和国商业银行法》第三十九条关于资产负债比例管理的有关规定，第四十条关于不得向关系人发放信用贷款、向关系人发放担保贷款的条件不得优于其他借款人同类贷款条件的规定。

二、借款人有下列情形之一者，不得对其发放贷款：

（一）不具备本通则第四章第十七条所规定的资格和条件的；

（二）生产、经营或投资国家明文禁止的产品、项目的；

（三）违反国家外汇管理规定的；

（四）建设项目按国家规定应当报有关部门批准而未取得批准文件的；

（五）生产经营或投资项目未取得环境保护部门许可的；

（六）在实行承包、租赁、联营、合并（兼并）、合作、分立、产权有偿转让、股份制改造等体制变更过程中，未清偿原有贷款债务、落实原有贷款债务或提供相应担保的；

（七）有其他严重违法经营行为的。

三、未经中国人民银行批准，不得对自然人发放外币币种的贷款。

四、自营贷款和特定贷款，除按中国人民银行规定计收利息之外，不得收取其他任何费用；委托贷款，除按中国人民银行规定计收手续费之外，不得收取其他任何费用。

五、不得给委托人垫付资金，国家另有规定的除外。

六、严格控制信用贷款，积极推广担保贷款。

第六章 贷款程序

第二十五条 贷款申请：

借款人需要贷款，应当向主办银行或者其他银行的经办机构直接申请。

借款人应当填写包括借款金额、借款用途、偿还能力及还款方式等主要内容的《借款申请书》并提供以下资料：

一、借款人及保证人基本情况；

二、财政部门或会计（审计）事务所核准的上年度财务报告，以及申请借款前一期的财务报告；

三、原有不合理占用贷款的纠正情况；

四、抵押物、质物清单和有处分权人的同意抵押、质押的证明及保证人拟同意保证的有关证明文件；

五、项目建议书和可行性报告；

六、贷款人认为需要提供的其他有关资料。

第二十六条 对借款人的信用等级评估：

应当根据借款人的领导者素质、经济实力、资金结构、履约情况、经营效益和发展前景等因素，评定借款人的信用等级。评级可由贷款人独立进行，内部掌握，也可由有权部门批准的评估机构进行。

第二十七条 贷款调查：

贷款人受理借款人申请后，应当对借款人的信用等级以及借款的合法性、安全性、盈利性等情况进行调查，核实抵押物、质物、保证人情况，测定贷款的风险度。

第二十八条 贷款审批：

贷款人应当建立审贷分离、分级审批的贷款管理制度。审查人员应当对调查人员提供的资料进行核实、评定，复测贷款风险度，提出意见，按规定权限报批。

第二十九条 签订借款合同：

所有贷款应当由贷款人与借款人签订借款合同。借款合同应当约定借款种类，借款用途、金额、利率，借款期限，还款方式，借、贷双方的权利、义务，违约责任和双方认为需要约定的其他事项。

保证贷款应当由保证人与贷款人签订保证合同，或保证人在借款合同上载明与贷款人协商一致的保证条款，加盖保证人的法人公章，并由保证人的法定代表人或其授权代理人签署姓名。抵押贷款、质押贷款应当由抵押人、出质人与贷款人签订抵押合同、质押合同,需要办理登记的,应依法办理登记。

第三十条 贷款发放:

贷款人要按借款合同规定按期发放贷款。贷款人不按合同约定按期发放贷款的,应偿付违约金。借款人不按合同约定用款的,应偿付违约金。

第三十一条 贷后检查:

贷款发放后,贷款人应当对借款人执行借款合同情况及借款人的经营情况进行追踪调查和检查。

第三十二条 贷款归还:

借款人应当按照借款合同规定按时足额归还贷款本息。

贷款人在短期贷款到期1个星期之前、中长期贷款到期1个月之前,应当向借款人发送还本付息通知单;借款人应当及时筹备资金,按时还本付息。

贷款人对逾期的贷款要及时发出催收通知单,做好逾期贷款本息的催收工作。

贷款人对不能按借款合同约定期限归还的贷款,应当按规定加罚利息;对不能归还或者不能落实还本付息事宜的,应当督促归还或者依法起诉。

借款人提前归还贷款,应当与贷款人协商。

第七章 不良贷款监管

第三十三条 贷款人应当建立和完善贷款的质量监管制度,对不良贷款进行分类、登记、考核和催收。

第三十四条 不良贷款系指呆帐贷款、呆滞贷款、逾期贷款。

呆帐贷款,系指按财政部有关规定列为呆帐的贷款。

呆滞贷款,系指按财政部有关规定,逾期(含展期后到期)超过规定年限以上仍未归还的贷款,或虽未逾期或逾期不满规定年限但生产经营已终止、项目已停建的贷款(不含呆帐贷款)。

逾期贷款,系指借款合同约定到期(含展期后到期)未归还的贷款(不含呆滞贷款和呆帐贷款)。

第三十五条 不良贷款的登记:

不良贷款由会计、信贷部门提供数据,由稽核部门负责审核并按规定权限认定,贷款人应当按季填报不良贷款情况表。在报上级行的同时,应当报中国人民银行当地分支机构。

第三十六条 不良贷款的考核:

贷款人的呆帐贷款、呆滞贷款、逾期贷款不得超过中国人民银行规定的比例。贷款人应当对所属分支机构下达和考核呆帐贷款、呆滞贷款和逾期贷款的有关指标。

第三十七条 不良贷款的催收和呆帐贷款的冲销:

信贷部门负责不良贷款的催收,稽核部门负责对催收情况的检查。贷款人应当按照国家有关规定提取呆帐准备金,并按照呆帐冲销的条件和程序冲销呆帐贷款。

未经国务院批准,贷款人不得豁免贷款。除国务院批准外,任何单位和个人不得强令贷款人豁免贷款。

第八章 贷款管理责任制

第三十八条 贷款管理实行行长(经理、主任,下同)负责制。

贷款实行分级经营管理,各级行长应当在授权范围内对贷款的发放和收回负全部责任。行长可以授权副行长或贷款管理部门负责审批贷款,副行长或贷款管理部门负责人应当对行长负责。

第三十九条 贷款人各级机构应当建立有行长或副行长(经理、主任,下同)和有关部门负责人参加的贷款审查委员会(小组),负责贷款的审查。

第四十条 建立审贷分离制:

贷款调查评估人员负责贷款调查评估,承担调查失误和评估失准的责任;贷款审查人员负责贷款风险的审查,承担审查失误的责任;贷款发放人员负责贷款的检查和清收,承担检查失误、清收不力的责任。

第四十一条 建立贷款分级审批制:

贷款人应当根据业务量大小、管理水平和贷款风险度确定各级分支机构的审批权限,超过审批权限的贷款,应当报上级审批。各级分支机构应当根据贷款种类、借款人的信用等级和抵押物、质物、保证人等情况确定每一笔贷款的风险度。

第四十二条 建立和健全信贷工作岗位责任制:

各级贷款管理部门应将贷款管理的每一个环节的管理责任落实到部门、岗位、个人,严格划分各级信贷工作人员的职责。

第四十三条 贷款人对大额借款人建立驻厂信贷员制度。

第四十四条 建立离职审计制:

贷款管理人员在调离原工作岗位时,应当对其在任职期间和权限内所发放的贷款风险情况进行审计。

第九章 贷款债权保全和清偿的管理

第四十五条 借款人不得违反法律规定,借兼并、破产或者股份制改造等途径,逃避银行债务,侵吞信贷资金;不得借承包、租赁等途径逃避贷款人的信贷监管以及偿还贷款本息的责任。

第四十六条 贷款人有权参与处于兼并、破产或股份制改造等过程中的借款人的债务重组,应当要求借款人落实贷款还本付息事宜。

第四十七条 贷款人应当要求实行承包、租赁经营的借款人,在承包、租赁合同中明确落实原贷款债务的偿还责任。

第四十八条 贷款人对实行股份制改造的借款人,应当要求其重新签订借款合同,明确原贷款债务的清偿责任。

对实行整体股份制改造的借款人,应当明确其所欠贷款债务由改造后公司全部承担;对实行部分股份制改造的借款人,应当要求改造后的股份公司按占用借款人的资本金或资产比例承担原借款人的贷款债务。

第四十九条 贷款人对联营后组成新的企业法人的借款人,应当要求其依据所占用的资本金或资产的比例将贷款债务落实到新的企业法人。

第五十条 贷款人对合并(兼并)的借款人,应当要求其在合并(兼并)前清偿贷款债务或提供相应的担保。

借款人不清偿贷款债务或未提供相应担保,贷款人应当要求合并(兼并)企业或合并后新成立的企业承担归还原借款人的义务,并与之重新签订有关合同或协议。

第五十一条 贷款人对与外商合资(合作)的借款人,应当要求其继续承担合资(合作)前的贷款归还责任,并要求其将所得收益优先归还贷款。借款人用已作为贷款抵押、质押的财产与外商合资(合作)时必须征求贷款人同意。

第五十二条 贷款人对分立的借款人,应当要求其在分立前清偿贷款债务或提供相应的担保。

借款人不清偿贷款债务或未提供相应担保,贷款人应当要求分立后的各企业,按照分立时所占资本或资产比例或协议，对原借款人所欠贷款承担清偿责任。对设立子公司的借款人，应当要求其子公司按所得资本或资产的比例承担和偿还母公司相应的贷款债务。

第五十三条 贷款人对产权有偿转让或申请解散的借款人，应当要求其在产权转让或解散前必须落实贷款债务的清偿。

第五十四条 贷款人应当按照有关法律参与借款人破产财产的认定与债权债务的处置，对于破产借款人已设定财产抵押、质押或其他担保的贷款债权，贷款人依法享有优先受偿权；无财产担保的贷款债权按法定程序和比例受偿。

第十章 贷款管理特别规定

第五十五条 建立贷款主办行制度：

借款人应按中国人民银行的规定与其开立基本帐户的贷款人建立贷款主办行关系。

借款人发生企业分立、股份制改造、重大项目建设等涉及信贷资金使用和安全的重大经济活动，事先应当征求主办行的意见。一个借款人只能有一个贷款主办行，主办行应当随基本帐户的变更而变更。

主办行不包资金，但应当按规定有计划地对借款人提供贷款，为借款人提供必要的信息咨询、代理等金融服务。

贷款主办行制度与实施办法，由中国人民银行另行规定。

第五十六条 银团贷款应当确定一个贷款人为牵头行，并签订银团贷款协议，明确各贷款人的权利和义务，共同评审贷款项目。牵头行应当按协议确定的比例监督贷款的偿还。银团贷款管理办法由中国人民银行另行规定。

第五十七条 特定贷款管理：

国有独资商业银行应当按国务院规定发放和管理特定贷款。

特定贷款管理办法另行规定。

第五十八条 非银行金融机构贷款的种类、对象、范围、应当符合中国人民银行规定。

第五十九条 贷款人发放异地贷款，或者接受异地存款，应当报中国人民银行当地分支机构备案。

第六十条 信贷资金不得用于财政支出。

第六十一条 各级行政部门和企事业单位、供销合作社等合作经济组织、农村合作基金会和其他基金会，不得经营存贷款等金融业务。企业之间不得违反国家规定办理借贷或者变相借贷融资业务。

第十一章 罚 则

第六十二条 贷款人违反资产负债比例管理有关规定发放贷款的，应当依照《中华人民共和国商业银行法》第七十五条，由中国人民银行责令改正，处以罚款，有违法所得的没收违法所得，并且应当依照第七十六条对直接负责的主管人员和其他直接责任人员给予处罚。

第六十三条 贷款人违反规定向关系人发放信用贷款或者发放担保贷款的条件优于其他借款人同类贷款条件的，应当依照《中华人民共和国商业银行法》第七十四条处罚，并且应当依照第七十六条对有关直接责任人员给予处罚。

第六十四条 贷款人的工作人员对单位或者个人强令其发放贷款或者提供担保未予拒绝的，应当依照《中华人民共和国商业银行法》第八十五条给予纪律处分，造成损失的应当承担相应的赔偿责任。

第六十五条 贷款人的有关责任人员违反本通则有关规定，应当给予纪律处分和罚款；情节严重或屡次违反的，应当调离工作岗位，取消任职资格；造成严重经济损失或者构成其他经济犯罪的，应当依照有关法律规定追究刑事责任。

第六十六条 贷款人有下列情形之一，由中国人民银行责令改正；逾期不改正的，中国人民银行可以处以5千元以上1万元以下罚款：

一、没有公布所经营贷款的种类、期限、利率的；

二、没有公开贷款条件和发放贷款时要审查的内容的；

三、没有在规定期限内答复借款人贷款申请的。

第六十七条 贷款人有下列情形之一，由中国人民银行责令改正；有违法所得的，没收违法所得，并处以违法所得1倍以上3倍以下罚款；没有违法所得的，处以五万元以上三十万元以下罚款；构成犯罪的，依法追究刑事责任：

一、贷款人违反规定代垫委托贷款资金的；

二、未经中国人民银行批准，对自然人发放外币贷款的；

三、贷款人违反中国人民银行规定，对自营贷款或者特定贷款在计收利息之外收取其他任何费用的，或者对委托贷款在计收手续费之外收取其他任何费用的。

第六十八条 任何单位和个人强令银行发放贷款或者提供担保的，应当依照《中华人民共和国商业银行法》第八十五条，对直接负责的主管人员和其他直接责任人员或者个人给予纪律处分；造成经济损失的，承担全部或者部分赔偿责任。

第六十九条 借款人采取欺诈手段骗取贷款，构成犯罪的，应当依照《中华人民共和国商业银行法》第八十条等法律规定处以罚款并追究刑事责任。

第七十条 借款违反本通则第九章第四十五条规定，蓄意通过兼并、破产或者股份制改造等途径侵吞信贷资金的，应当依据有关法律规定承担相应部分的赔偿责任并处以罚款；造成贷款人重大经济损失的，应当依照有关法律规定追究直接责任人员的刑事责任。

借款人违反本通则第九章其他条款规定，致使贷款债务落空，由贷款人停止发放新贷款，并提前收回原发放的贷款。造成信贷资产损失的，借款人及其主管人员或其他个人，应当承担部分或全部赔偿责任。在未履行赔偿责任之前，其他任何贷款人不得对其发放贷款。

第七十一条 借款人有下列情形之一，由贷款人对其部分或全部贷款加收利息；情节特别严重的，由贷款人停止支付借款人尚未使用的贷款，并提前收回部分或全部贷款：

一、不按借款合同规定用途使用贷款的；

二、用贷款进行股本权益性投资的；

三、用贷款在有价证券、期货等方面从事投机经营的；

四、未依法取得经营房地产资格的借款人用贷款经营房地产业务的；依法取得经营房地产资格的借款人，用贷款从事房地产投机的；

五、不按借款合同规定清偿贷款本息的；

六、套取贷款相互借贷牟取非法收入的。

第七十二条 借款人有下列情形之一，由贷款人责令改正。情节特别严重或逾期不改正的，由贷款人停止支付借款人尚未使用的贷款，并提前收回部分或全部贷款：

一、向贷款人提供虚假或者隐瞒重要事实的资产负债表、损益表等资料的；

二、不如实向贷款人提供所有开户行、帐号及存贷款余额等资料的；

三、拒绝接受贷款人对其使用信贷资金情况和有关生产经营、财务活动监督的。

第七十三条 行政部门、企事业单位、股份合作经济组织、供销合作社、农村合作基金会和其他基金会擅自发放贷款的；企业之间擅自办理借贷或者变相借贷的，由中国人民银行对出借方按违规收入处以1倍以上至5倍以下罚款，并由中国人民银行予以取缔。

第七十四条 当事人对中国人民银行处罚决定不服的，可按《中华人民共和国银行行政复议办法（试行）》的规定申请复议，复议期间仍按原处罚执行。

第十二章 附 则

第七十五条 国家政策性银行、外资金融机构（含外资、中外合资、外资金融机构的分支机构等）的贷款管理办法，由中国人民银行另行制定。

第七十六条 有关外国政府贷款、出口信贷、外商贴息贷款、出口信贷项下的对外担保以及与上述贷款配套的国际商业贷款的管理办法，由中国人民银行另行制定。

第七十七条 贷款人可根据本通则制定实施细则，报中国人民银行备案。

第七十八条 本通则自实施之日起，中国人民银行和各贷款人在此以前制定的各种规定，与本通则有抵触者，以本通则为准。

第七十九条 本通则由中国人民银行负责解释。

第八十条 本通则自一九九六年八月一日起施行。

中国人民银行

一九九六年六月二十八日

信用卡业务管理办法

第一章 总 则

第一条 为适应社会主义市场经济发展的需要，规范和管理信用卡业务，促进我国信用卡业务的健康发展，制定本办法。

第二条 凡在中华人民共和国境内经办信用卡业务的商业银行及其分支机构、持卡人和受理信用卡的特约单位，必须遵守本办法的规定。

第三条 本办法所称信用卡，是指中华人民共和国境内各商业银行（含外资银行、中外合资银行，以下简称商业银行）向个人和单位发行的信用支付工具。

信用卡具有转帐结算、存取现金、消费信用等功能。

第四条 信用卡按使用对象分为单位卡和个人卡；按信誉等级分为金卡和普通卡；按币种分为人民币卡和外币卡；按载体材料分为磁条卡和智能卡（下称IC卡）。

第五条 商业银行未经中国人民银行批准不得发行信用卡。

非金融机构、非银行金融机构、境外金融机构的驻华代表机构不得经营信用卡业务。

第六条 中国人民银行负责全国信用卡业务的管理和协调工作。各发卡银行负责本系统信用卡业务的组织、管理和协调工作。

第七条 经营信用卡业务的商业银行，应根据本办法及中国人民银行颁发的其他有关规章制度，制订信用卡业务章程，并报经中国人民银行批准。

第八条 各商业银行的信用卡部为内部业务部门，不得办成实行独立核算、自成体系的法人机构。

第二章 业务规则

第九条 单位卡必须在卡面左下方的左边凸印“DWK”字样，在“DWK”字样的右边凸印持卡人姓名（拼音）。

第十条 各银行发行的磁条卡、IC卡，须执行国家技术监督局和中国人民银行颁布的有关标准，但参加国际信用卡组织并发行带有国际组织标记的信用卡除外。

第十一条 单位或个人领取信用卡，应按规定向发卡银行交存备用金。

第十二条 发卡银行可根据申请人的资信程度，要求其提供担保。担保的方式可采取保证、抵押或质押。

第十三条 信用卡备用金存款利息，按照中国人民银行规定的活期存款利率及计息办法计算。

以定期存款质押的，其定期存款按照中国人民银行规定的定期存款利率及计息办法计算。

第十四条 发卡银行吸收的信用卡备用金和以定期存款质押的存款应按规定比例向人民银行当地分支机构缴存存款准备金。

第十五条 发卡银行应建立授权审批制度。

持卡人凭信用卡办理转帐结算、支取现金时，超过规定限额的必须取得发卡银行的授权。

第十六条 单位卡持卡人不得凭信用卡在异地和其领卡城市范围内银行网点及自动柜员机上提取现金。

第十七条 允许持卡人在本办法规定的限额和期限内进行消费用途的透支，透支限额为金卡1万元、普通卡5千元。

第十八条 信用卡的透支期限最长为60天。

第十九条 信用卡透支利息，自签单日或银行记帐日起15日内按日息万分之五计算，超过15日按日息万分之十计算，超过30日或透支金额超过规定限额的，按日息万分之十五计算。透支计息不分段，按最后期限或最高透支额的最高利率档次计息。

第二十条 各发卡银行的透支业务须纳入其信贷规模进行管理。透支额转入短期贷款核算。

第二十一条 恶意透支是指持卡人以非法占有为目的，超过规定限额或规定期限，并用经发卡银行催收无效的透支行为。

第二十二条 特约单位不得以任何理由拒绝受理持卡人合法持有的、签约银行发行的有效信用卡，不得因持卡人使用信用卡而向其收取附加费用。

第二十三条 特约单位不得通过压卡、签单和退货等方式支付持卡人现金。

第二十四条 各商业银行应按如下标准向特约单位收取信用卡交易手续费：

（一）人民币信用卡，不得低于交易金额的2%；

（二）境外机构发行、在中国境内使用的信用卡，不得低于交易金额的4%。

境内银行与境外机构签订信用卡代理收单协议，其利润分配比率按境内银行与境外机构分别占特约单位所交手续费的 37.5%和 62.5%执行。

第二十五条 外币信用卡的业务规则，另行制定。

第三章 业务管理

第二十六条 商业银行开办信用卡业务须报经中国人民银行批准；其所属分、支行办理信用卡业务，须报辖区内中国人民银行分、支行备案。

第二十七条 开办信用卡业务的银行，必须具备以下条件：

(一)符合《中华人民共和国商业银行法》和中国人民银行补充规定的资产负债比例监控指标；

(二)相应的内部管理机构；

(三)合格的管理人员和技术人员；

(四)健全的管理制度和安全制度；

(五)必要的电信设备和营业场所；

(六)中国人民银行规定的其他条件；

第二十八条 申请开办信用卡业务的银行，应向中国人民银行提交下列资料：

(一)申请报告；

(二)信用卡章程及卡样；

(三)信用控制、风险管理计划及电信设备配备情况；

(四)信用卡部门主要负责人简历及有关情况；

(五)参加国际信用卡组织的有关资料；

(六)中国人民银行要求提供的其他资料。

第二十九条 信用卡章程应载明以下内容：

(一)信用卡名称、种类、发行对象；

(二)信用卡的使用范围；

(三)各项手续费收费标准；

(四)发卡银行与特约单位、持卡人三方的权利、义务和责任；

(五)中国人民银行要求的其他事项。

第三十条 商业银行发行外币信用卡、IC 卡，以及修改信用卡章程，须报经中国人民银行批准。

第三十一条 参与信用卡业务的各银行应在开办信用卡业务中逐步开展收单、机具、信息、受卡等方面的合作。

第三十二条 开办信用卡业务的各银行总行须按季向中国人民银行报送信用卡业务统计报表，其发行信用卡的分、支机构须按月向人民银行当地分、支机构报送信用卡业务统计报表。

第四章 信用卡的申请与销户

第三十三条 凡在中华人民共和国境内金融机构开立基本存款帐户的单位可申领单位卡。单位卡可申领若干张，持卡人资格由申领单位法定代表人或其委托的代理人书面指定和注销。

凡具有完全民事行为能力的公民可申领个人卡。个人卡的主卡持卡人可为其配偶及年满 18 周岁的亲属申领附属卡，附属卡最多不得超过两张，主卡持卡人有权要求注销其附属卡。

第三十四条 单位或个人申领信用卡，应按规定填制申请表，连同有关资料一并送交发卡银行。对符合条件的，发卡银行为申领人开立信用卡帐户，并发给信用卡。

第三十五条 单位卡帐户的资金一律从其基本存款帐户转帐存入，不得交存现金，不得将其他存款帐户和销货收入的款项存入单位卡帐户。

个人卡帐户的资金只限于其持有的现金存入或以其工资性款项及属于个人的其他合法收入转帐存入。严禁将单位的款项转帐存入个人卡帐户。

第三十六条 信用卡仅限于合法持卡人本人使用，持卡人不得出租或转借信用卡及其帐户。

第三十七条 持卡人还清透支本息后，属于下列情况之一的可以办理销户：

(一)信用卡有效期满 45 天后，持卡人不更换新卡的；

(二)信用卡挂失满 45 天后，没有附属卡又不更换新卡的；

(三)信誉不佳，被列入止付名单，发卡银行已收回其信用卡 45 天的；

(四)持卡人因故死亡的，发卡银行已回收其信用卡 45 天的；

(五)持卡人要求销户或担保人撤销担保，并已交回全部信用卡 45 天的；

(六)信用卡帐户两年(含)以上未发生交易的；

(七)持卡人违反其他规定，发卡银行认为应该取消资格的。

第三十八条 发卡银行办理销户，应当收回信用卡。有效卡无法收回的，应当将其止付。

销户时，单位卡帐户余额转入基本存款帐户，不得提取现金。

第三十九条 信用卡遗失或被盗，持卡人应立即持本人身份证或其他有效证明，就近向发卡银行或代办银行申请挂失，并按规定提供有关情况，办理挂失手续。

第四十条 持卡人申请挂失后，找回信用卡的，可申请撤销挂失止付。

第五章 转帐结算

第四十一条 持卡人可持信用卡在特约单位购物消费。单位卡不得用于 10 万元以上的商品交易、劳务供应款项的结算。

第四十二条 持卡人凭卡购物消费时，需将信用卡和身份证一并交特约单位经办人。IC 卡、照片卡免验身份证。

第四十三条 特约单位经办人员受理信用卡时，应审查下列内容：

(一)确为本单位可受理的信用卡；

(二)信用卡在有效期内，未列入“止付名单”；

(三)签名条上没有“样卡”或“专用卡”字样；

(四)信用卡无打洞、剪角、毁坏或涂改的痕迹；

(五)持卡人身份证或卡片上的照片与持卡人相符；

(六)卡片正面的拼音姓名与卡片背面的签名和身份证上的姓名一致。

第四十四条 特约单位受理信用卡审查无误的，应在签购单上压卡，填写实际结算金额、用途、持卡人身份证号码、特约单位名称和编号。如超过支付限额的，应向发卡银行索权并填写授权号码，交持卡人签名确认，同时核对其签名与卡片背面签名是否一致，无误后，将信用卡、身份证和第一联签购单交还给持卡人。

审查发现问题的，应及时与签约银行联系，征求处理意见。对止付的信用卡，应收回并交还发卡银行。

第四十五条 特约单位在每日营业终了，应将当日受理的信用卡签购单汇总，计算手续费和净计金额，并填写汇(总)计单和进帐单，连同签购单一并送交收单银行办理进帐。

第四十六条 持卡人要求退货的，特约单位应使用退货单压（刷）卡，并将退货单金额在当日签购单累计金额中抵减，退货单随签购单一并送交收单银行。

第四十七条 收单银行接到特约单位送交的各种单据，经审查无误后，为特约单位办理进帐，并与发卡银行清算资金。

第四十八条 发卡银行（或代理银行）收到收单银行通过同城票据交换或本系统联行划转的各种单据后，为持卡人办理付款手续。

第四十九条 持卡人在异地凭卡通过银行向收款人办理转帐时，银行应按特约单位的有关处理规定处理。

第六章 存取现金

第五十条 个人卡持卡人或其代理人交存现金，应在发卡银行或其代理银行办理。

持卡人凭信用卡在发卡银行或代理银行交存现金的，银行应在存款单上压卡，经审查并收妥现金后，将存款单回单联及信用卡交给持卡人。

持卡人委托他人在不压卡的情况下代为办理交存现金的，代理人应在信用卡存款单上填写持卡人的卡号、姓名、存款金额等内容，并将现金送交银行办理交存手续。

第五十一条 持卡人在银行支取现金时，应将信用卡和身份证一并交发卡银行或代理银行。IC卡、照片卡免验身份证。

发卡银行或代理银行压（刷）卡后，填写取现单，经审查无误，交持卡人签名确认。超过支付限额的，代理银行应向发卡银行索权，并在取现单上填写授权号码。办理付款手续后，将现金、信用卡、身份证和取现单回单联交给持卡人。

第五十二条 发卡银行（或代理银行）收到收单银行通过同城票据交换或本系统联行划转的各种单据后，为持卡人办理收、付款手续。

第七章 法律责任

第五十三条 发卡银行有下列情形之一的，由中国人民银行责令改正，并处以5万元至30万元的罚款。

（一）未经批准开办信用卡业务的；

（二）未经批准发行IC卡、外币信用卡的。

第五十四条 非金融机构、非银行金融机构、境外金融机构的驻华代表机构违反规定经营信用卡业务的，由中国人民银行依法予以取缔，并对其处以10万元至50万元的罚款。

第五十五条 发卡银行有下列情形之一的，由中国人民银行责令改正，没收非法所得，并处以5万元至10万元的罚款；情节严重或逾期不改的，可责令其营业机构停业整顿。

（一）不执行本办法规定的技术标准的；

（二）随意降低手续费标准的；

（三）不执行本办法规定的透支利率及计息办法的。

第五十六条 发卡银行违反本办法规定，不向中国人民银行报批信用卡章程、报送备案材料和业务报表的，由中国人民银行责令改正；逾其不改的，处以1万元至10万元罚款。

第五十七条 发卡银行有下列情况之一的，按照《中华人民共和国商业银行法》和现金管理的有关规定给予相应处罚：

（一）不执行规定的存款利率的；

（二）不按规定向中国人民银行缴存存款准备金的；

（三）违反规定帮助持卡人提取现金的；

第五十八条 发卡银行未按规定时间将止付名单发至特约单位造成资金损失的，由发卡银行承担经济责任。

第五十九条 发卡银行或代理银行违反本办法规定，帮助单位卡持卡人将其他存款帐户或销货收入的款项转入其信用卡帐户的，或帮助个人卡持卡人将其他款项转入其信用卡帐户的，处以5万元至10万元罚款。

第六十条 持卡人使用单位卡进行透支的，由其单位承担透支金额的偿还和支付透支利息的责任。持卡人使用个人卡附属卡发生透支的，由其主卡持卡人承担透支金额的偿还和支付透支利息的责任；主卡持卡人丧失偿还能力的，由其附属卡持卡人承担透支金额的偿还和支付透支利息的责任。

第六十一条 持卡人与特约单位出现的纠纷由双方自行解决。持卡人不得以纠纷为由拒绝偿还因使用信用卡而发生的债务。

第六十二条 持卡人必须妥善保管和正确使用其信用卡，否则，因此造成的资金损失，由其自行承担。

第六十三条 持卡人办理挂失后，被冒用造成的损失，有关责任人按照信用卡章程的规定承担责任。

第六十四条 单位卡持卡人违反本办法规定用于10万元以上商品交易、劳务供应款项结算的，对其处以5万元至10万元罚款。

第六十五条 单位卡持卡人违反本办法规定，将基本存款帐户以外帐户、销货收入的款项转入或将现金存入其信用卡帐户的，除责令其转回基本存款帐户外，对其处以5万元至10万元罚款。

个人卡持卡人违反本办法规定，将单位的款项转入其信用卡帐户的，除责令其退回外，对其处以5千元至1万元罚款。

第六十六条 持卡人违反本规定套取现金的，对其按套取现金数额的30%至50%处以罚款。

第六十七条 持卡人违反本办法规定，出租或转借信用卡及其帐户的，除责令其纠正外，对其按帐户出租、转借发生的金额处以5%但不低于1千元罚款，并没收其非法所得。

第六十八条 持卡人恶意透支的，依法追究其刑事责任。

第六十九条 特约单位受理信用卡时，应当按照规定的操作程序办理，否则因此造成的资金损失，由其自行承担。

第七十条 特约单位工作人员参与欺诈银行活动，构成犯罪的，依法追究其刑事责任。

第七十一条 银行工作人员与持卡人或特约单位串通参与欺诈活动，构成犯罪的，依法追究刑事责任。

第七十二条 伪造、盗用信用卡，使用伪造、作废的信用卡，冒领冒用、涂改信用卡骗取财物的，应依法对其处罚，并追究刑事责任。

第八章 附 则

第七十三条 信用卡业务结算凭证的格式、联次、颜色、使用办法由中国人民银行总行统一规定，各发卡银行总行负责印制。

第七十四条 各银行办理信用卡业务，根据规定分别收取年费、特约单位手续费、异地存取款手续费、异地转帐手续费、挂失手续费、卡片工本费等费用。

第七十五条 本办法由中国人民银行总行负责解释、修改。

第七十六条 本办法自1996年4月1日起实行。中国人民银行《信用卡业务管理暂行办法》（银发[1992]298号文）同时废止。

中国人民银行
一九九六年四月一日

保险代理人管理暂行规定

第一章 总 则

第一条 为规范保险代理人代理行为，促进保险事业的发展，根据《中华人民共和国保险法》，制定本规定。

第二条 保险代理人是指根据保险人的委托，向保险人收取代理手续费，并在保险人授权的范围内代为办理保险业务的单位和个人。

保险代理人根据保险人的授权代为办理保险业务的行为，由保险人承担责任。

第三条 凡按本规定注册登记的单位和个人均可在中华人民共和国境内经营保险代理业务。

第四条 本规定所指保险代理人包括专业代理人、兼业代理人和个人代理人。

第五条 保险代理人的监督管理部门是中国人民银行。

第二章 资 格

第六条 除兼业代理外，保险代理人员必须参加保险代理人资格考试并获得《保险代理人资格证书》。

第七条 年满18周岁、具有高中以上学历或同等学历的个人可报名参加保险代理人员资格考试。

有下列情形之一者，不得参加保险代理人员资格考试：

(一)曾触犯国家法律而受处罚者；

(二)曾被吊销《保险代理人资格证书》者；

(三)保险监督管理部门、保险公司和保险行业协会现职人员；

(四)中国人民银行认定其他不宜从事保险代理业务者。

第八条 保险代理人资格考试由中国人民银行或其授权的机构组织实施。

第九条 保险代理人资格考试合格者，可向中国人民银行省、自治区、直辖市、计划单列市分行或其授权的机构申请领取《保险代理人资格证书》。

第十条 《保险代理人资格证书》由中国人民银行总行统一印制。

第三章 专业代理人

第十一条 专业代理人是指专门从事保险代理业务的保险代理公司。保险代理公司的组织形式为有限责任公司。

第十二条 保险代理公司必须具备以下条件：

(一)公司最低实收货币资本金为人民币50万元；

(二)有符合规定的章程；

(三)有至少30名持有《保险代理人资格证书》的代理人员；

(四)有符合任职资格的董事长和总经理；

(五)有符合要求的营业场所。

第十三条 在保险代理公司的资本中，个人资本之和不得超过资本金总额的30%，每一个人资本不得超过资本金总额的5%。

第十四条 设立保险代理公司应经过筹建和开业两个阶段。

第十五条 申请筹建保险代理公司，应向当地中国人民银行提交下列资料(一式三份)：

(一)筹建申请报告；

(二)筹建可行性报告；

(三)筹建方案；

(四)筹建人员名单、简历及其《保险代理人资格证书》；

(五)中国人民银行要求的其他文件、资料。

第十六条 保险代理公司由中国人民银行省、自治区、直辖市、计划单列市分行负责审批，但批准其筹建前，应向中国人民银行总行备案，中国人民银行总行在收到备案文件之日起30日内未提出异议的，视同认可。

第十七条 保险代理公司的筹建期限为6个月。筹建就绪后，应向中国人民银行省、自治区、直辖市、计划单列市分行申请开业，并提交下列资料(一式三份)：

(一)开业申请报告；

(二)资本金验资证明、入帐原始凭证复印件；

(三)股东简介及其资信证明材料；

(四)拟任负责人名单、简历及其《保险代理人资格证书》；

(五)公司章程；

(六)中国人民银行要求的其他资料。

第十八条 经批准开业的保险代理公司由中国人民银行省、自治区、直辖市、计划单列市分行颁发《经营保险代理业务许可证》并在工商行政管理局注册登记，方可营业。

第十九条 保险代理公司名称中必须冠有“保险代理”字样。

第二十条 保险代理公司应将代理业务收支单独设立帐户。

第二十一条 保险公司的在职人员不得在保险代理公司兼职。

第二十二条 各级政府及各级政府职能部门、社团法人、银行、保险公司不得投资于保险代理公司。

第二十三条 保险代理公司的业务范围：

(一)代理销售保险单；

(二)代理收取保险费；

(三)保险和风险管理咨询服务；

(四)代理保险人进行损失的勘查和理赔；

(五)中国人民银行批准的其他业务。

第二十四条 保险代理公司的主要负责人(董事长、总经理)除应具有《保险代理人资格证书》外，还应符合下列条件之一：

(一)具有保险专业大专以上学历，从事保险工作5年以上；

(二)具有非保险专业大专以上学历，从事保险工作7年以上；

(三)具有高中学历，从事保险工作10年以上；

(四)从事经济工作12年以上。

第二十五条 保险代理公司自正式批准后6个月内，无正当理由未营业者，中国人民银行吊销其《经营保险代理业务许可证》。

第二十六条 保险代理公司下列变更事项须经中国人民银行省、自治区、直辖市、计划单列市分行批准：

(一)修改章程；

(二)变更资本金；

(三)变更股东；

(四)调整业务范围；

(五)变更营业场所。

保险代理公司更换董事长、总经理，须报经中国人民银行审核其任职资格。

第二十七条 颁发的《经营保险代理业务许可证》有效期为3年，持证人应在有效期满前2个月内申请换发。

第二十八条 保险代理公司未经批准不得设立分支机构。

第二十九条 保险代理公司申请歇业、破产、解散，应按其设立时的申报程序报经中国人民银行批准。

第三十条 保险代理公司被收购或兼并、破产、解散或被责令关闭，应在中国人民银行和有关部门监督下依法清算。

第三十一条 保险代理公司依法终止其业务活动，应缴回《经营保险代理业务许可证》，持中国人民银行通知书向工商行政管理局办理注销手续，并在中国人民银行指定的报纸上公告。

第四章 兼业代理人

第三十二条 兼业代理人是指受保险人委托、在从事自身业务的同时、指定专人为保险人代办保险业务的单位。

第三十三条 兼业保险代理人必须符合下列条件：

(一)具有所在单位法人授权书；

(二)有专人从事保险代理业务；

(三)有符合规定的营业场所。

第三十四条 兼业代理人代理保险业务，须由被代理的保险公司为其申请办理《经营保险代理业务许可证》。

申请办理《经营保险代理业务许可证》，应向当地中国人民银行呈报下列文件：

(一)申请报告；

(二)保险代理合同议向书；

(三)兼业代理人资信证明及有关资料；

(四)保险代理业务负责人简历及《保险代理人资格证书》。

第三十五条 兼业代理 人的业务范围：

(一)代理销售保险单；

(二)代理收取保险费。

第三十六条 兼业代理人只能代理与本行业直接相关，且能为被保险人提供便利的保险业务。

第三十七条 党政机关及其职能部门不得兼业从事保险代理业务。

第三十八条 变更保险代理合同须报当地中国人民银行备案。

第三十九条 兼业保险代理机构审批办法由中国人民银行省、自治区、直辖市、计划单列市分行另行规定。

第五章 个人代理人

第四十条 个人代理人是根据保险人委托，向保险人收取代理手续费，并在保险人授权的范围内代为办理保险业务的个人。

第四十一条 凡持有《保险代理人资格证书》者，均可申请从事保险代理业务，并由被代理的保险公司审核登记报中国人民银行当地分行备案。

第四十二条 个人代理人由被代理的保险公司颁发代理证，代理证须包括以下内容：

(一)姓名、性别、身份证号码；

(二)本人一寸免冠照片并加盖被代理保险公司钢印；

(三)被代理保险公司名称及颁发代理证日期；

(四)被代理保险公司授权范围和可代理保险险种；

(五)代理证的有效期限。

第四十三条 个人代理业务范围：

(一)代理销售保险单；

(二)代理收取保险费。

第四十四条 个人代理人不得办理企业财产保险和团体人身保险。

第四十五条 个人代理人不得同时为两家(含两家)以上保险公司代理保险业务；转为其他保险公司代理人员时，应重新办理登记手续。

第四十六条 任何个人不得兼职从事保险代理业务。

第六章 执业管理

第四十七条 保险代理人只能为经中国人民银行批准设立的保险公司代理保险业务。

第四十八条 代理人寿保险业务的保险代理人只能为一家人寿保险公司代理业务。

第四十九条 保险代理人只能为其注册登记的行政辖区内的保险公司代理保险业务。

第五十条 保险代理人在从事代理业务前应与保险人签订代理合同，明确双方的权利和义务，代理期限、手续费支付标准和方式、代理范围、代理险种、保险费交付方式和其他有关代理事项。保险代理合同应报当地中国人民银行备案。

第五十一条 保险代理人应以诚信原则，将被保险人应该知道的保险公司业务情况和保险条款的内容及其含义如实告诉被保险人。

第五十二条 保险代理人不得利用行政权力、职务或者职业便利以及其他不正当手段强迫、引诱或者限制投保人投保或转换保险人。

第五十三条 保险代理人向保险公司投保，均视为保险公司的直接业务，保险代理人不得从中提取代理手续费。

第五十四条 中国人民银行对保险代理人的经营情况、帐册、业务记录、收据进行检查时，保险代理人不得拒绝。

第五十五条 保险代理人不得签发保险单。

第七章 罚 则

第五十六条 违反本规定，未经批准擅自开办保险代理业务的，由中国人民银行予以取缔，没收其非法所得，并处以非法所得5倍以上10倍以下的罚款。构成犯罪的，依法追究刑事责任。

第五十七条 未经批准擅自设立保险代理公司的，按《全国人民代表大会常务委员会关于惩治破坏金融秩序犯罪的决定》有关规定处罚。

第五十八条 违反本规定，有下列行为之一的，由中国人民银行责令改正，并给予个人1000—5000元、单位5000—10000元罚款的处罚；情节严重的，吊销其《保险代理人资格证书》或《经营保险代理业务许可证》：

（一）申请《保险代理人资格证书》、《经营保险代理业务许可证》时申报不实的；

（二）申请设立保险代理公司时申报不实的；

（三）提供虚假帐册、报表、文件和资料的；

（四）拒绝或妨碍中国人民银行监督检查的。

第五十九条 违反本规定，有下列行为之一的，由中国人民银行责令改正，没收其非法所得，并给予个人5000—10000元、单位10000—50000元罚款的处罚；情节严重的，给予一个月以上3年以下停止业务的处罚或吊销《保险代理人资格证书》、《经营保险代理业务许可证》：

（一）为未经中国人民银行批准的保险公司代理业务；

（二）在业务经营中，超出中国人民银行核定的业务范围；

（三）为两家（含两家）以上人寿保险公司代理业务；

（四）为注册登记的行政辖区外的保险公司代理业务。

第六十条 违反本规定，有下列行为之一的，给予10000—50000元罚款的处罚；情节严重的，吊销其《保险代理人资格证书》或《经营保险代理业务许可证》；构成犯罪的，依法追究刑事责任：

（一）在保险代理业务中欺骗投保人、被保险人或受益人；

（二）串通被保险人欺骗保险公司。

第六十一条 保险代理人拖欠、挪用保险费用或保险金，中国人民银行视情节轻重给予警告、个人5000—10000元、单位10000—50000元罚款、或吊销《保险代理人资格证书》、《经营保险代理业务许可证》的处罚，构成犯罪的，依法追究刑事责任。

第六十二条 违反本规定第五十三条或向保险合同当事人索取额外报酬者，没收其非法所得，并处以非法所得5—10倍罚款；构成犯罪的，依法追究刑事责任。

第六十三条 以上处罚可以并处。

第六十四条 凡《保险代理人资格证书》、《经营保险代理业务许可证》被吊销者，保险公司不得再委托或接受其业务。

第八章 附 则

第六十五条 本规定由中国人民银行负责解释，修改亦同。

第六十六条 中国人民银行省、自治区、直辖市、计划单列市分行可根据本规定制定实施细则。

第六十七条 本规定自1996年5月1日起实施，1992年11月2日中国人民银行发布的《保险代理机构管理暂行办法》同时废止。

中国人民银行

一九九六年五月一日

证券交易所管理办法

第一章 总 则

第一条 为加强对证券交易所的管理，明确证券交易所的职权和责任，维护证券市场的正常秩序，制定本办法。

第二条 本办法适用于在中华人民共和国境内设立的证券交易所。

第三条 本办法所称证券交易所是指依本办法规定条件设立的，不以营利为目的，为证券的集中和有组织的交易提供场所、设施，履行国家有关法律、法规、规章、政策规定的职责，实行自律性管理的会员制事业法人。

第四条 证券交易所由中国证券监督管理委员会（以下简称“证监会”）监督管理。

证券交易所设立的证券登记结算机构，应当接受证监会的监督管理。

第五条 证券交易所的名称，应当标明“证券交易所”字样。其他任何单位和个人不得使用“证券交易所”的名称。

第二章 证券交易所的设立和解散

第六条 设立证券交易所，由国务院证券委员会（以下简称“证券委”）审核，报国务院批准。

第七条 申请设立证券交易所，应当向证券委提交下列文件：

（一）申请书；

（二）章程和主要业务规则草案；

（三）拟加入会员名单；

（四）理事会候选人名单及简历；

（五）场地、设备及资金情况说明；

（六）拟任用管理人员的情况说明；

（七）证券委要求提交的其他文件。

第八条 证券交易所章程应包括下列事项：

（一）设立目的；

（二）名称；

（三）主要办公及交易场所和设施所在地；

（四）职能范围；

（五）会员的资格和加入、退出程序；

（六）会员的权利和义务；

（七）对会员的纪律处分；

（八）组织机构及其职权；

（九）高级管理人员的产生、任免及其职责；

（十）资本和财务事项；

（十一）解散的条件和程序；

（十二）其他需要在章程规定的事项。

第九条 解散证券交易所，经证券委审核同意后，报国务院批准。

第三章 证券交易所的职能

第十条 证券交易所应当创造公开、公平、公正的市场环境，保证证券市场的正常运行。

第十一条 证券交易所的职能包括：

（一）提供证券交易的场所和设施；

（二）制定证券交易所的业务规则；

（三）接受上市申请、安排证券上市；

（四）组织、监督证券交易；

（五）对会员进行监管；

（六）对上市公司进行监管；

（七）设立证券登记结算机构；

（八）管理和公布市场信息；

（九）证券委许可的其他职能。

第十二条 证券交易所不得或者间接从事：

（一）以营利为目的的业务；

（二）新闻出版业；

（三）发布对证券价格进行预测的文字和资料；

（四）为他人提供担保；

（五）未经证券委批准的其他业务。

第十三条 证券交易所上市新的证券交易品种，应当报证监会批准。

第十四条 证券交易所以联网等方式为非本所上市的证券交易品种提供证券交易服务，应报证监会批准。

第十五条 证券交易所应当在其职能范围内制定和修改业务规则。证券交易所制定和修改业务规则，由证券交易所理事会通过，报证监会批准。

证券交易所的业务规则包括上市规则、交易规则、会员管理规则及其他与证券交易活动有关的规则。

第四章 证券交易所的组织

第十六条 证券交易所设会员大会、理事会和专门委员会。

第十七条 会员大会为证券交易所的最高权力机构。会员大会有以下职权：

（一）制定和修改证券交易所章程；

（二）选举和罢免会员理事；

（三）审议和通过理事会、总经理的工作报告；

（四）审议和通过证券交易所的财务预算、决算报告；

（五）决定证券交易所的其他重大事项。

章程的制定和修改经会员大会通过后，报证券委批准。

第十八条 会员大会由理事会召集，每年召开一次。有下列情形之一的，应当召开临时会员大会：

（一）理事人数不足本办法规定的最低人数；

（二）占会员总数三分之一以上的会员请求；

（三）理事会认为必要。

第十九条 会员大会有三分之二以上会员出席，其决议须经出席会议的过半数以上会员表决通过后方为有效。

会员大会结束后十日内，证券交易所应当将大会全部文件及有关情况报证监会备案。

第二十条 理事会是证券交易所的决策机构，每届任期三年。理事会的职责是：

（一）执行会员大会的决议；

（二）制定、修改证券交易所的业务规则；

（三）聘任总经理和副总经理；

（四）审定总经理提出的工作计划；

（五）审定总经理提出的财务预算、决算方案；

（六）审定对会员的接纳；

（七）审定对会员的处分；

（八）根据需要决定专门委员会的设置；

（九）会员大会授予的其他职责。

第二十一条 证券交易所理事会由七至十三人组成，其中会员理事人数不少于理事会成员总数的三分一，不超过理事会成员总数的二分之一。

会员理事由会员大会选举产生。非会员理事由证监会委派。

理事连续任职不得超过两届。

理事会会议在至少每季度召开一次。会议须有三分之二以上理事出席，其决议应当经出席会议的三分之二以上理事表决同意方为有效。理事会决议应当在会议结束后两个工作日内报证监会备案。

第二十二条 理事会设理事长一人，副理事长一至二人。理事长、副理事长由证监会提名，商证券交易所所在地人民政府后，由理事会选举产生。总经理应当是理事会成员。

第二十三条 理事长负责召集和主持理事会会议。理事长因故临时不能履行职责时，由理事长指定的副理事长代其履行职能。

理事长担任会员大会期间的会议主席。

理事长不得兼任证券交易所总经理。

第二十四条 证券交易所设总经理一人，副总经理一至三人。总经理、副总经理由证监会提名，商证券交易所所在地人民政府后，由理事会聘任。总经理、副总经理不得由国家公务员兼任。

第二十五条 总经理、副总经理任期三年。总经理连续任职不得超过两届。总经理在理事会领导下负责证券交易所的日常管理工作，为证券交易所的法定代表人。总经理因故临时不能履行职责时，由总经理指定的副总经理代其履行职责。

第二十六条 理事会设监察委员会，每届任期三年。监察委员会主席由理事长兼任。监察委员会对理事会负责，行使下列职权：

（一）监察证券交易所高级管理人员和其他工作人员遵守国家有关法律、法规、规章、政策和证券交易所章程、业务规则的情况；

（二）监察高级管理人员执行会员大会、理事会决议的情况；

（三）监察证券交易所的财务情况；

（四）证券交易所章程规定的其他职权。

第二十七条 根据需要，理事会可以下设其他专门委员会。

各专门委员会的职责、任期和人员组成等事项，应当在证券交易所章程中作出具体规定。

各专门委员会的经费应当纳入证券交易所的预算。

第二十八条 有下列情形之一的，不得招聘为证券交易所从业人员，不得担任证券交易所高级管理人员：

（一）犯有贪污、贿赂、侵占财产、挪用财产罪或者破坏社会经济秩序罪，或者因犯罪被剥夺政治权利；

（二）因违法、违纪行为被解除职务的证券经营机构或者其他金融机构的从业人员，自被解除职务之日起未逾五年；

（三）因违法行为被撤消资格的律师、注册会计师、或者法定资产评估机构、验资机构的专业人员，自被撤消资格之日起未逾五年；

（四）担任因违法行为被吊销营业执照的公司、企业的法定代表人、并对该公司、企业被吊销营业执照负有个人责任的，自被吊销营业执照之日起未逾五年；

（五）担任因经营管理不善而破产的公司、企业的董事、厂长或者经理、并对该公司、企业的破产负有个人责任的，自破产之日起未逾五年。

（六）被开除的国家机关工作人员，自被开除之日起未逾五年；

（七）国家有关法律、法规、规章、政策规定的其他情况。

第二十九条 证券交易所高级管理人员的产生、聘任有不正当情况，或者前述人员在任期内违反国家有关法律、法规、规章、政策和证券交易所章程、业务规则的行为，或者由于其他原因，不适宜继续担任其所担任的职务时，证监会有权解除有关人员的职务，并任命新的人选，如上述人员为证券交易所的正副理事长、正副总经理，由证监会提出意见，报证券交易所所在地人民政府后任免。

第五章　证券交易所对证券交易活动的监管

第三十条　证券交易所应当制定具体的交易规则，其内容包括：

（一）交易证券的种类和期限；

（二）证券交易方式和操作程序；

（三）证券交易中的禁止行为；

（四）清算交割事项；

（五）交易纠纷的解决；

（六）上市证券的暂停、恢复与取消交易；

（七）证券交易所的开市、收市、休市及异常情况的处理；

（八）交易手续费及其他有关费用的收取方式和标准；

（九）对违反交易规则行为的处理规定；

（十）证券交易所证券交易信息的提供和管理；

（十一）其他需要在交易规则中规定的事项。

第三十一条　证券交易所应当公布即时行情，并按日制作证券行情表，记载下列事项，以适当方式公布：

（一）上市证券的名称；

（二）开市、最高、最低及收市价格；

（三）与前一交易日收市价比较后的涨跌情况；

（四）成交量、值的分计及合计；

（五）股价指数及其涨跌情况；

（六）证监会要求公开的其他事项。

第三十二条　证券交易所应当就其市场内的成交情况编制日报表、周报表、月报表和年报表，并及时向社会公布。

第三十三条　证券交易所应当在业务规则中对证券交易合同的生效和废止条件作出详细规定，并维护在本证券交易所达成的证券合同的有效性。

第三十四条　证券交易所应保证投资者有平等机会获取证券市场的交易行情和其他公开披露的信息，并有平等的交易机会。

第三十五条　证券交易所有权依照有关规定，暂停或者恢复上市证券的交易，暂停交易的时间超过一个交易日时，应当报证监会备案；暂停交易的时间超过五个交易日时，应当事先报证监会批准。

证监会有权要求证券交易所暂停或者恢复上市证券的交易。

第三十六条　证券交易所应当建立市场准入制度。并根据证券法规的规定或者证监会的要求，限制或者禁止特定证券投资者的证券交易行为。

除上述情况外，证券交易所不得限制或者禁止证券投资者的证券买卖行为。

第三十七条　证券交易所及其会员应当妥善保存证券交易中产生的委托资料、交易记录、清算文件等，并制定相应的查询和保密管理措施。

证券交易所应当根据需要制定上述文件的保存期，并报证监会批准。重要文件的保存期应当不少于二十年。

第三十八条　证券交易所应当保证其业务规则得到切实执行，对违反业务规则的行为要及时处理。

对国家有关法律、法规、规章、政策中规定的有关证券交易的违法、违规行为，证券交易所负有发现、制止和上报的责任，并有权在职责范围内予以查处。

第三十九条　证券交易所应当建立符合证券市场监督管理和实时监控的计算机系统，并设立负责证券市场监管工作的专门机构。

证监会可以要求证券交易所之间建立以市场监管为目的的信息交换制度和联合监管制度，共同监管跨市场的不正当交易行为，控制市场风险。

第六章　证券交易所对会员监管

第四十条　证券交易所应当制定具体的会员管理规则。其内容包括：

（一）取得会员资格的条件和程序；

（二）席位管理办法；

（三）与证券交易和清算业务有关的会员内部监督、风险控制、电脑系统的标准及维护等方面的要求；

（四）会员的业务报告制度；

（五）会员所派出市代表在交易场所内的行为规范；

（六）会员及其出市代表违法、违规行为的处罚；

（七）其他需要在会员管理规则中规定的事项。

第四十一条　证券交易所接纳的会员应当是有权部门批准设立并具有法人地位的境内证券经营机构。

第四十二条　证券交易所接纳或者开除会员应当在决定后的五个工作日内向证监会备案；决定接纳或者开除正式会员以外的其他会员应当在履行有关手续五个工作日之前报证监会备案。

第四十三条　证券交易所必须限定交易席位的数量。证券交易所设立普通席位以外的席位应当报证监会批准。证券交易所调整普通席位和普通席位以外的其他席位的数量，应当事先报证监会批准。

第四十四条　证券交易所应当对会员取得的交易席位实施严格管理。会员转让席位必须按照证券交易所的有关管理规定由交易所审批。严禁会员将席位全部或者部分以出租或者承包等形式交由其他机构和个人使用。

第四十五条　证券交易所应当根据国家关于证券经营机构证券自营业务管理的规定和证券交易所业务规划，对会员的证券自营业务实施下列监管：

（一）要求会员的自营买卖业务必须使用专门的股票帐户和资金帐户，并采取技术手段严格管理；

（二）检查开设自营帐户的会员是否具备规定的自营资格；

（三）要求会员按月编制库存证券报表，并于次月 5 日前报送证券交易所；

（四）对自营业务规定具体的风险控制措施，并报证监会备案；

（五）每年 6 月 30 日和 12 月 31 日过后的 30 日内向证监会报送各家会员截止该日的证券自营业务情况；

（六）其他监管事项。

第四十六条　证券交易所应当在业务规划中对会员代理客户买卖证券业务做出详细规定，并实施下列监管：

（一）制定会员与客户所应签订的代理协议的格式并检查其内容的合法性；

（二）规定接受客户委托的程序和责任，并定期抽查执行客户委托的情况；

（三）要求会员每月过后 5 日内就其交易业务和客户投诉等情况提交报告，报告格式和内容由证券交易所报证监会批准后颁布。

第四十七条　证券交易所每年应当对会员的财务状况、内部风险控制制度以及遵守国家有关法规和证券交易所业务规则等情况进行抽样或者全面检查，并将检查结果上报证监会。

第四十八条 证券交易所有权要求会员提供业务的报表、帐册、交易记录及其他文件、资料。

第四十九条 证券交易所会员应当接受证券交易所的监督管理，并主动报告有关问题。

第五十条 证券交易所可以根据证券交易所章程和业务规则对会员的违规行为进行制裁。

第七章 证券交易所对上市公司的监管

第五十一条 证券交易所应当根据有关法律、行政法规的规定制定具体的上市规则。其中内容包括：

（一）证券上市的条件、申请和批准程序以及上市协议的内容及格式；

（二）上市公告书的内容及格式；

（三）上市推荐人的资格、责任、义务；

（四）上市费用及其他有关费用的收取方式和标准；

（五）对违反上市规则行为的处理规定；

（六）其他需要在上市规则中规定的事项。

第五十二条 证券交易所应当与上市公司订立上市协议，确定相互间的权利义务关系。上市协议的内容与格式应当符合国家有关法律、法规、规章、政策的规定，并报证监会备案。

交易所与任何上市公司所签上市协议的内容与格式均应一致；确需与某些上市公司签署特殊条款时，报证监会批准。

上市协议应当包括下列内容：

（一）上市费用的项目和数额；

（二）证券交易所为公司证券发行、上市所提供的技术服务；

（三）要求公司指定专人负责证券事务；

（四）上市公司定期报告、临时报告的报告程序及回复交易所质询的具体规定；

（五）股票停牌事宜；

（六）协议双方违反上市协议的处理；

（七）促裁条款；

（八）证券交易所认为需要在上市协议中明确的其他内容。

第五十三条 证券交易所应当建立上市推荐人制度、保证上市公司符合上市要求，并在上市后由上市推荐人指导上市公司履行相关义务。

证券交易所应当监督上市推荐人切实履行业务规则中规定的相关职责。上市推荐人不按规定履行职责的，证券交易所有权根据业务规则的规定对上市推荐人予以处分。

第五十四条 证券交易所应当根据证监会统一制定的格式和证券交易所有关业务规则，复核上市公司的配股说明书、上市公告书等与募集资金及证券上市直接相关的公开说明文件，并监督上市公司按时公布。证券交易所可以要求上市公司或者上市推荐人就上述文件做出补充说明并予以公布。

第五十五条 证券交易所应当督促上市公司按照规定的报告期限和证监会统一制定的格式，编制并公布年度报告、中期报告，并在其公布后进行检查，发现问题应当根据有关规定及时处理。证券交易所应当在报告期结束后二十个工作日内，将检查情况报告证监会。

第五十六条 证券交易所应当审核上市公司编制临时报告。临时报告的内容涉及《公司法》、国家证券法规以及公司章程中规定需要履行审批程序的事项，或者涉及应当报证券委、证监会批准的事项，证券交易所应当在确认其已履行规定的审批手续后，方可准予其公布。

第五十七条 出现以下情况之一的，证券交易所应当暂停上市公司的股票交易，并要求上市公司立即公布有关信息：

（一）该公司股票交易发生异常波动；

（二）有投资者发出收购该公司的公开要约；

（三）上市公司依据上市协议提出停牌申请；

（四）证监会依法作出暂停股票交易的决定时；

（五）证券交易所认为必要时。

第五十八条 证券交易所应当设立上市公司股东持股情况的档案资料，并根据国家有关法律、法规、规章、政策对股东持股数量及其买卖行为限制规定，对上市公司股东在交易过程中的持股变动情况进行即时统计和监督。上市公司股东因持股数量变动而产生信息披露义务的，证券交易所应当在其履行信息披露之前，限制其继续交易该股票，督促其及时履行信息披露义务，并立即向证监会报告。

第五十九条 证券交易所应当采取必要的技术措施，将上市公司尚未上市流通股份与其已上市流通股份区别开来，未经证券委批准，不得准许尚未上市流通股份进入交易系统。

第六十条 证券交易所应当采取必要的措施，保证上市公司董事、监事、经理不得卖出本人持有的本公司股票。

第六十一条 上市公司应当建立上市公司信息统计系统，并按照交易所的要求及时报送、公布有关统计资料。

第六十二条 证券交易所对上市公司未按规定履行信息披露义务的行为，可以按照上市协议的规定予以处理，并可以就其违反证券法规的行为提出处罚意见，报证监会予以处罚。

第六十三条 证券交易所应当比照本章的有关规定，对其他上市证券的发行人进行监管。

第八章 证券登记结算机构

第六十四条 证券交易所应当设立一个证券登记结算机构，为证券的发行和在证券交易所的证券交易活动提供集中的登记、存管、结算与交收服务。

第六十五条 证券登记结算机构注册资本应当不低于一亿元人民币。

第六十六条 证券登记结算机构应当为证券市场提供安全、公平、高效的服务，并接受证券交易所对其业务活动的监督。

第六十七条 证券登记结算机构的业务范围和职能包括：

（一）股权登记；

（二）证券持有人名册登记和证券帐户的设立；

（三）记名证券的存管和过户；

（四）证券交易所的所有上市品种交易后的结算与交收；

（五）代理证券的还本付息或者权益分派及其他代理人服务；

（六）实物证券的保管；

（七）与上述业务有关的咨询、培训等服务；

（八）证监会批准的其他业务。

第六十八条 证券登记结算机构应当在其职能范围内制定和修改章程和业务规则，报证监会批准后生效。

证券登记结算机构的总经理、副总经理应当经证监会进行资格确认。

第六十九条 证券登记结算机构应当建立为证券交易所

的上市证券交易提供集中的登记、存管、结算和交收服务的系统(以下简称结算系统),有必备的电脑、通讯设备,有完整的数据安全保护和数据备份措施,确保证券登记、存管、结算交收资料和电脑、通讯系统的安全。

第七十条 证券登记结算机构可以通过签订协议的方式委托其他证券登记结算代理上市证券的部分登记、存管、结算和交收服务。

第七十一条 证券登记结算机构应当与证券交易所签订业务协议,并报证监会备案。

第七十二条 证券交易所的会员为参加证券交易所交易市场的交易而缴存的清算头寸、清算交割准备金,应当由证券登记结算机构专项存储。证券登记结算机构应当在业务规则中明确上述资金的用途及收取标准,并对上述资金严格管理,不挪作他用。

证券登记结算机构应当设立结算系统风险保证基金,并建立一套完整的风险管理系统,保证证券交易与结算交收的连续性安全性。结算系统风险保证金的构成和使用原则应当在证券登记结算机构的业务规则中做出明确规定。

第七十三条 证券登记结算机构应当依据与证券发行人签订的服务合同,定期或者不定期地向证券发行人提供证券持有人名册及其他有关资料。有无纸化发行和交易的条件下,证券登记结算机构提供的证券持有人名册是证明证券持有人权益的有效凭证。证券登记结算机构应当确保证券持有人名册的合法性、真实性和完整性。任何机构和个人不得伪造、篡改、损毁证券持有人名册及其他相关资料。

第七十四条 证券登记结算机构有权拒绝任何单位或者个人查询证券持有人名册及其相关资料,但下列情况除外:

(一)证券持有人本人或者委托经公证的受托人查询;

(二)依本办法第七十三条向证券发行人提供证券持有人名册及其他有关资料;

(三)证监会及其授权部分、人民法院、人民检察院及其他国家机关依照法律、法规的规定和程序进行的查询和取证。

第七十五条 证券登记结算机构应当按照证监会的规定,建立和健全本机构的业务、财务和安全防范等内部管理制度和工作程序,并报证监会备案。

证券登记结算机构应当妥善保存证券登记、存管、结算和交收业务中形成的原始凭证,根据需要制定保存期,并报证监会批准。重要文件的保存期应当不少于二十年。会计凭证和报表按财政部门的规定办理。

第七十六条 证券登记结算机构管理人员及工作人员的任职条件比照本办法第三十八条的规定执行。

第七十七条 证券登记结算机构申请歇业、解散,在根据法定程序办理手续的同时,应当报证监会备案。

第九章 管理与监督

第七十八条 证券交易所不得以任何方式转让其依照本办法取得的设立及业务许可。

第七十九条 证券交易所、证券登记结算机构的高级管理人员对其任职机构负有诚实信用的义务。

证券交易所、证券登记结算机构的总经理离任时,交易所理事会应当聘请地方审计局或者具有从事证券相关业务资格的会计师事务所进行总经理离任审计。交易所聘请的审计机构应当报证监会认可。

第八十条 证券交易所、证券登记结算机构的总经理、副总经理不得在任何营利性组织、团体和机构中兼职。证券交易所的非会员理事及其他工作人员不得以任何形式在证券交易所会员公司兼职。

第八十一条 证券交易所、证券登记结算机构的高级管理人员及其他工作人员不得以任何方式泄漏或者利用内幕信息,不得以任何方式从证券交易所的会员、上市公司获得利益。

第八十二条 证券交易所、证券登记结算机构的高级管理人员及其他工作人员在履行职责时,遇到本人或者其亲属等有利害关系情形的,应当回避。具体回避事项由其章程、业务规则规定。

第八十三条 证券交易所、证券登记结算机构收取的各种资金和费用应当严格按照规定用途使用,并制定专项管理规则进行管理,不得挪作他用。

证券交易所的收支结余不得分配给会员。

上述各种费用的收取标准及收取方式应当报收费主管部门备案。

第八十四条 证券交易所、证券登记结算机构应当履行下列报告义务:

(一)每一财政年度终了后三个月内向证监会提交经具有证券从业资格的会计师事务所审计的财务报告,同时抄送证券交易所所在地人民政府。

(二)每一季度结束后十五日内,每一年度结束后三十日内,就业务情况、国家有关法律、法规、规章、政策的执行情况等向证监会提交季度、年度工作报告,同时抄送证券交易所所在地人民政府。

(三)国家其他有关法律、法规、规章、政策及本办法其他条款中规定的报告事项;

(四)证监会要求的其他报告事项。

第八十五条 遇有重大事项,证券交易所应当随时向证监会报告,必要时报证券交易所所在地人民政府备案。

前款所称重大事项包括:

(一)发现证券登记结算机构、证券交易所会员、上市公司、证券投资者和证券交易所工作人员存在或者可能存在严重违反国家有关法律、法规、规章、政策的行为;

(二)发现证券市场中存在产生严重违反国家有关法律、法规、规章、政策的行为的潜在风险;

(三)发现证券市场中出现国家有关法律、法规、规章、政策、未作明确规定,但会对证券市场产生重大影响的事项;

(四)证券交易所因不可抗力导致停市,或者为维护证券交易正常秩序采取技术性停市措施;

(五)执行国家有关法律、法规、规章、政策过程中,需由证券交易所做出重大决策的事项;

(六)证券交易所认为需要报告的其他事项;

(七)证监会规定的其他事项。

第八十六条 证券交易所、证券登记结算机构应当根据证监会的要求,向证监会及证券交易所所在地人民政府提供证券市场信息、业务文件和其他有关的数据、资料。

第八十七条 证监会有权要求证券交易所提供会员和上市公司的有关资料。

第八十八条 证监会有权要求证券交易所和证券登记结算机构对其章程和业务规则进行修改。

第八十九条 证监会有权派员监督检查证券交易所和证券登记结算机构的业务、财务状况,或者调查其他有关事项。上述检查人员在执行检查任务时应当出示合法证明文件。

第九十条 证券交易所、证券登记结算机构涉及诉讼,上述机构的高级管理人员因履行职责涉及诉讼或者依照国家有关法律、法规、规章应当受到解除职务的处分时，证券交易所应当及时向证监会报告。

第十章　罚　则

第九十一条　证券交易所违反本办法第十二条的规定，从事与其职能无关的业务的，由证监会限期改正；构成犯罪的，由司法机关贪污追究刑事责任。

第九十二条　证券交易所违反本办法第十三条和第十四条规定的，由证监会责令停止该交易品种的交易，并对交易所有关负责人给予纪律处分。

第九十三条　证券交易所违反本办法规定，在监管工作中不履行职责，或者不履行本办法规定的有关报告义务，由证监会责令限期改正，并给予通报批评。

后果严重，影响证券交易活动正常开展的，证监会有权责令证券交易所限期停业整顿，并报证券委备案。

第九十四条　证券登记结算机构违反本办法规定，证监会可以责令证券交易所按证券交易所与证券登记结算机构签订的业务协议对证券登记结算机构进行处罚，或者由证监会按照国家有关规定进行处罚。

第九十五条　证券交易所存在下列情况时，由证监会对有关高级管理人员视情节轻重分别给予警告、记过、记大过、撤职等行政处分，并责令证券交易所对有关的业务部门负责人给予纪律处分；造成严重后果的，由证监会按本办法第二十九条的规定处理；构成犯罪的，由司法机关依法追究有关责任人员的刑事责任：

（一）对国家有关法律、法规、规章、政策和证券委、证监会颁布的制度、办法、规定不传达、不执行；

（二）对工作不负责任，管理混乱，致使有关业务制度和操作规程不健全、不落实；

（三）对证监会的监督检查工作不接受、不配合；对工作中发现的重大隐患、漏洞不重视、不报告、不及时解决；

（四）对在证券交易所内发生的违规行为未能及时采取有效措施予以制止或者查处不力。

第九十六条　证券交易所的任何工作人员有责任拒绝执行任何人员向其下达的违反国家有关法律、法规、规章、政策和证券交易所有关规定的工作任务，并有责任向其更高一级领导和证监会报告具体情况。没有拒绝执行上述工作任务，或者虽拒绝执行但没有报告的，要承担相应责任。

第九十七条　证券交易所会员、上市公司违反国家有关法律、法规、规章、政策和证券交易所章程、业务规则的规定，并且证券交易所没有履行规定的监督管理责任的，证监会有权按照本办法的有关规定，追究证券交易所和证券交易所有关高级管理人员和直接责任人的责任。

第九十八条　证券交易所应当在其职责范围内，及时向证监会报告其会员、上市公司及其他人员违反国家有关法律、法规、规章、政策的情况；国家有关法律、法规、规章授权由证券交易所处罚，或者按照证交易所章程、业务规则、上市协议等证券交易所可以处罚的，证券交易所有权按有关规定予以处罚，并报证监会备案；国家有关法律、法规、规章规定由证监会处罚的，证券交易所可以向证监会提出处罚建议。

证监会可以要求证券交易所对其会员、上市公司进行处罚。

第九十九条　证券交易所、证券交易所会员、上市公司违反本办法规定，直接责任人和直接责任人有直接利益关系者因此而形成的非法获利或者避损，由证监会予以没收并处以相当于非法获利或者避损金额一至三倍的罚款。

第十一章　附　则

第一百条　本办法下列用语的含义：

（一）“上市”是指证券发行人经批准后将其证券在证券交易所挂牌交易。

（二）“上市公告书”是指上市公司按照国家有关法律、法规、规章、政策和证券交易所业务规则的要求，于其证券上市前，就其公司及证券上市的有关事宜，通过指定的报刊向社会公众公布的信息披露文件。

（三）“上市费用”是指上市证券的发行人按照证券交易所的业务规则，就其证券上市向证券交易所交纳的费用。

（四）“上市推荐人”是指由证券交易所认可的、协助证券发行人申请其证券上市的证券交易所正式会员。

（五）“席位费”是指证券交易所会员按照证券交易所章程、业务规则向证券交易所交纳的交易席位使用费。

（六）“证券交易所高级管理人员”是指证券交易所的理事、总经理、副总经理和专门委员会委员。

（七）“证券登记结算机构”是指由证券交易所设立的，不以营利为目的，为证券的发行和在证券交易所的证券交易活动提供集中的登记、存管、结算与交收服务的证券中介服务机构。

本办法未作定义的用语的含义，依照国家其他有关法律、法规、规章、政策中的定义确定。

第一百零一条　本办法由证券委负责解释。

第一百零二条　本办法自发布之日起施行。一九九三年七月七日证券委发布的《证券交易所管理暂行办法》同时废止。

国务院证券委员会

一九九六年八月二十一日

证券经营机构股票承销业务管理办法

第一章　总　则

第一条　为规范证券经营机构股票承销业务活动，贯彻稳健经营原则，保护投资者的合法权益，根据国家有关法律和法规制定本办法。

第二条　证券经营机构应当依照本办法从事股票承销业务及其相关业务活动。

第三条　中国证券监督管理委员会（以下简称证监会）负责本办法的监督执行。

证券交易所应当配合证监会对作为其会员的证券经营机构的股票承销业务进行监管。

第四条　本办法所称证券经营机构，指依法设立的可经营证券业务、具有法人资格的证券公司和信托投资公司。

本办法所称证券专营机构，指前款所称的证券公司；证券兼营机构，指前款所称的信托投资公司。

第五条 本办法所称股票承销业务，指证券经营机构依照协议包销或代销发行人发行的股票以及证监会核准的其他具有股票性质、功能的证券的行为。

第二章 承销资格

第六条 证券经营机构从事股票承销业务，应当取得证监会颁发的《经营股票承销业务资格证书》(以下简称“资格证书”)。

第七条 证券经营机构申请从事股票承销业务，应当同时具备下列条件：

(一)证券专营机构具有不低于人民币2000万元的净资产，证券兼营机构具有不低于人民币2000万元的证券营运资金。

(二)证券专营机构具有不低于人民币1000万元的净资本，证券兼营机构具有不低于人民币1000万元的净证券营运资金。

本办法所称净资本的计算公式为：

净资本＝净资产－(固定资产净值＋长期投资)×30％－无形及递延资产－提取的损失准备金－证监会认定的其他长期性或高风险资产。

本办法所称净证券营运资金是指证券兼营机构专门用于证券业务的具有高流动性的资金。

(三)三分之二以上的高级管理人员和主要业务人员获得证监会颁发的《证券从业人员资格证书》。在未取得《证券从业人员资格证书》前，应当具备下列条件：

1、高级管理人员具备必要的证券、金融、法律等有关知识，近二年内没有严重违法违规行为，其中三分之二以上具有三年以上证券业务或五年以上金融业务工作经历；

2、主要业务人员熟悉有关的业务规则及业务操作程序，近二年内没有严重违法违规行为，其中三分之二以上具有二年以上证券业务或三年以上金融业务的工作经历。

(四)证券经营机构在近一年内无严重的违法违规行为或在近二年内未受到本办法规定的取消股票承销业务资格的处罚。

(五)证券经营机构成立并且正式开业已超过半年；证券兼营机构的证券业务与其他业务分开经营、分帐管理。

(六)具有完善的内部风险管理与财务管理制度，财务状况符合本办法第三十一条、三十二条规定的风险管理要求。

(七)具有能够保障正常营业的场所和设备。

(八)证监会要求的其他条件。

第八条 证券经营机构从事股票承销业务过程中担任主承销商的，除应当具备第七条规定的条件外，还应当具备下列条件：

(一)证券专营机构具有不低于人民币5000万元的净资产和不低于人民币2000万元的净资本，证券兼营机构具有不低于人民币5000万元的证券营运资金和不低于人民币2000万元的净证券营运资金。

(二)取得证券承销业务资格的专业人员或符合前条第(三)项条件的主要承销业务人员至少6名，并且应当有一定的会计、法律知识的专业人员。

(三)参与过三只以上股票承销或具有三年以上证券承销业绩。

(四)在最近半年内没有出现作为发行人首次公开发行股票的主承销商而在规定的承销期内售出股票不足本次公开发行总数20％的记录。

牵头组织承销团的证券经营机构或独家承销某一只股票的证券经营机构为主承销商。

第九条 符合前述条件的证券经营机构申请取得资格证书，须向证监会报送下列文件：

(一)由证监会统一印制的《经营股票承销业务资格申请表》；

(二)机构批设机关颁发的《经营金融业务许可证(副本)》；

(三)工商行政管理部门颁发的《企业法人营业执照(副本)》；

(四)由机构批设机关核准的公司章程；

(五)内部风险与财务管理制度情况说明；

(六)由具有从事证券业务资格的会计师事务所出具的净资产或净证券营运资金验资证明；

(七)由具有从事证券相关业务资格的会计师事务所审计的上年末资产负债表、损益表和财务状况变动表；

(八)法定代表人、主要负责人及主要业务人员的《证券业从业资格证书》或简历、专业证书等；

(九)最近一年股票承销业务或最近三年证券承销业务情况的说明材料；

(十)证监会要求的其他文件。

第十条 证监会自收到完整申请资料后的30个工作日内根据本办法对申请文件进行审查。经审查符合条件的，由证监会颁发资格证书；经审查不符合条件的，不予颁发资格证书，且半年内不受理其重新申请。

第十一条 资格证书自证监会签发之日起一年内有效，一年后自动失效。

第十二条 已取得资格证书的证券经营机构如需要保持其股票承销业务资格，应在资格证书失效前的三个月内，向证监会提出申请并报送第九条第(七)、(八)、(九)项和证监会要求的其他有关材料，经证监会审核通过后换发资格证书。

第十三条 未取得资格证书或资格证书失效的机构，不得从事股票承销业务，但作为分销商并以代销方式从事股票承销的除外。

未取得主承销商资格的证券经营机构不得担任发行公司的发行辅导人和上市推荐人。

第三章 承销的实施

第十四条 证券经营机构承销股票，可以包销方式或代销方式进行，并与发行人签定承销协议。

第十五条 证券经营机构持有企业7％以上的股份，或是其前五名股东之一，不得成为该企业的主承销商或副主承销商。

第十六条 证券经营机构以包销方式承销股票须在承销协议所规定的承销期结束后，按发行价认购未售出的股票。

证券经营机构以代销方式承销股票，在承销协议所规定的承销期结束后，应将未售出的股票全部退还给发行企业或包销商。

第十七条 证券经营机构承销拟公开发行或配售股票的面值总额超过人民币三千万元或预期销售总金额超过人民币五千万元的，应当按照《股票发行与交易管理暂行条例》第二十二条的规定组织承销团。

承销团有三家或三家以上的承销商的，可设一家副主承销商，协助主承销商组织承销活动；承销团中除主承销商、副主承销商以外的证券经营机构为分销商。

组织承销团的承销商应当签订承销团协议，承销团协议应载明下列事项：

（一）当事人的名称、住所及法定代表人的姓名；

（二）承销股票的种类、数量、金额及发行价格；

（三）包销的具体方式、包销过程中剩余股票的认购方法，或代销过程中剩余股票的退还方法；

（四）承销份额；

（五）承销组织工作的分工；

（六）承销期及起止日期；

（七）承销付款的日期及方式；

（八）承销缴款的程序和日期；

（九）承销费用的计算、支付方式和日期；

（十）违约责任；

（十一）证监会要求的其他事项。

第十八条　证券经营机构作为主承销商从事股票承销业务，应当于申报股票发行审查材料的三天之内向证监会报送承销商备案材料。向证监会备案的材料包括承销说明书、承销商承销资格证书复印件、承销协议、承销团协议。

承销说明书应包括以下内容：

（一）承销商和发行人名称；

（二）承销方式；

（三）承销股票的种类、数量、金额及发行价格；

（四）承销团各成员的承销份额；

（五）承销期及起止日期；

（六）承销费用及计算、支付方式；

（七）承销团各成员的对外投资情况及持有发行人的股份的情况；

（八）证监会所要求的其他事项。

第十九条　证监会依据国家有关法规和本办法，可对证券经营机构担任某只股票发行的承销商提出否决意见；对自收到完整的备案材料的十五个工作日内未提出否决意见的，视为得到认可。

第二十条　证券经营机构在承销过程中，公告的信息不得与经证监会所审定的内容有任何不同。

第二十一条　股票发行价格或配股价格由承销商与发行企业共同商定。承销商不得迎合或鼓动发行企业以不合理的高溢价发行股票。

第二十二条　包销商收取的包销佣金为包销股票总金额的1.5～3%；代销佣金为实际售出股票总金额的0.5～1.5%。

第二十三条　主承销商应当在每次承销结束后十五个工作日内向证监会上报承销工作报告。承销工作报告应详细说明承销协议、承销团协议和承销方案的执行情况，承销费用决算情况，并提供发行人前十名最大股东的名册及持股量、持股比例。

第二十四条　证券经营机构以包销方式承销股票，不得为取得股票而以下列行为故意使股票在承销期结束时有剩余：

（一）故意囤积或截留；

（二）缩短承销期；

（三）减少销售网点；

（四）限制认购申请表发放数量；

（五）证监会认定的其他行为。

第二十五条　证券经营机构依第十六条第一款所得股票除按国家关于金融机构投资的有关规定可以持有的外，自该股票上市之日起，应当将该股票逐步卖出，并不得买入，直到符合国家关于公司对外投资比例及证券经营机构证券自营业务管理规定的要求。

第二十六条　证券经营机构在承销过程中，不得以提供透支、回扣或证监会认定的其他不正当手段诱使他人认购股票。

第二十七条　证券经营机构不得进行虚假承销。

前款所称虚假承销是指证券经营机构名义上是承销团成员，实际上并没有从事承销股票的活动和承担承销股票应尽的责任。

第二十八条　证券经营机构从事股票承销业务不得透露未依法披露的招股说明书、公告前的发行方案以及承销过程中有关认购数量、预计中签率等非公开信息。

第二十九条　证券经营机构不得以下列不正当竞争手段招揽承销业务：

（一）不当许诺；

（二）底毁同行；

（三）借助行政干预；

（四）证监会认定的其他不正当竞争手段。

第三十条　证券经营机构在承销过程中和在承销结束后股票上市前，不得以任何身份参与所承销股票及其认购证的私下交易，并不得为这些交易提供任何便利。

第四章　风险控制

第三十一条　证券专营机构负债总额与净资产之比不超过10，证券兼营机构从事证券业务发生的负债总额与证券营运资金之比不超过10。

第三十二条　证券经营机构从事股票承销业务，其流动性资产占净资产或证券营运资金的比例不得低于50%。

第三十三条　证券经营机构以包销方式承销股票其每资包销总金额应当符合以下要求：

（一）上年末净资产为一亿元以下（不含本数，下同）的证券经营机构，包销金额不得超过5000万元。

（二）上年末净资产为一亿元以上（含本数，下同）、五亿元以下的证券经营机构，作为承销团中主承销商的，包销金额不得超过7500万元。

（三）上年末净资产为五亿元以上的证券经营机构，作为承销团中主承销商的，包销金额不得超过一亿元。

第三十四条　证券经营机构不得同时承销四只或四只以上的股票。

前款所称同时，是指与不同企业签订的承销协议规定的承销时间相互重合或交叉。

第三十五条　证券经营机构从事股票承销业务，应当保持风险意识，贯彻稳健经营原则，制定和执行风险管理制度，严格监督和约束内部各职部门和下属机构，加强内部风险控制。当发现风险超过本办法有关条款的要求时，应立即向证监会报告并提出调整办法。

第五章　监督检查

第三十六条　证监会对证券经营机构从事股票承销业务情况可进行定期或不定期的检查，并可要求证券经营机构报送其股票承销及相关业务资料。

第三十七条　证监会和由证监会授予部分监管职责的地方证券监管部门对从事股票承销业务过程中涉嫌违反本办法

和国家有关法规的证券经营机构，可进行调查，并可要求提供、复制或封存有关业务文件、资料、帐册、报表、凭证和其他必要的材料。

对证监会的检查和调查，证券经营机构不得以任何理由拒绝或拖延提供有关材料，或提供不真实、不准确、不完整的材料。在调查过程中，证券经营机构的主要负责人和直接相关人员不得以任何理由逃避调查。证监会还可要求证券经营机构有关人员在指定时间和地点提供有关证据。

第三十八条　证监会可聘任具有从事证券相关业务资格的会计师事务所等专业性中介机构，依据本规定有关条款并在证监会要求的事项内对证券经营机构从事股票承销业务情况进行稽核。

证券经营机构对前款所称稽核，应视同为证监会的检查并予以配合。

第三十九条　具有股票承销业务资格的证券经营机构，应当于每年 1 月 15 日前向证监会报送上年承销情况的报告。

第四十条　承销业务原始凭证以及有关业务文件、资料、帐册、报表和其他必要的材料应当至少妥善保存七年。

第六章　罚　则

第四十一条　证券经营机构有下列行为的，单处或并处警告、没收非法所得、三万元以上三十万元以下的罚款：

(一)未取得资格证书或在资格证书失效后从事或变相从事承销业务；

(二)不按规定标准收取佣金。

第四十二条　证券经营机构违反本办法第三十一、三十二条规定，又不作及时调整的，处以警告，并限期纠正；在限期内仍达不到规定要求的，处以暂停股票承销业务资格半年至一年的处罚。

第四十三条　证券经营机构有下列行为之一的，视情节轻重单处或并处警告、五万元以上一百万元以下罚款、暂停股票承销业务资格半年至一年的处罚：

(一)不接受、不配合证监会的检查、稽核；

(二)不按规定上报承销工作报告、承销备案材料和年度承销情况报告；

(三)从事虚假承销；

(四)透露非公开信息；

(五)以不正当竞争手段招揽承销业务；

(六)在承销过程中和在承销结束后股票上市前，参与所承销股票及其认购证的私下交易，或为这种私下交易提供便利。

第四十四条　证券经营机构有下列行为之一的，视情节轻重，单处或并处警告、没收非法所得、二十万元以上一百万元以下罚款、取消其股票承销业务资格，并在两年内不受理承销业务资格申请：

(一)以欺骗或其他不正当手段获得股票承销业务资格；

(二)在以包销方式承销股票时，通过故意囤积或截留、缩短承销期、减少承销网点等方式使股票在承销期结束时剩余；

(三)通过投资、回扣或其他不正当手段诱使他人认购股票；

(四)其他违反本办法从事股票承销业务的行为。

第四十五条　证券经营机构涉嫌严重违法违规或严重亏损，在被国家有关部门调查期间，可以暂停其股票承销业务资格，暂停时间最多不超过半年，并根据有关部门的调查结论，作相应处理。

第七章　附　则

第四十六条　境内及境外证券经营机构从事外资股承销业务管理规定另行制定。

第四十七条　本办法由证监会负责解释。

第四十八条　本办法自发布之日起生效，证监会 1993 年 6 月 24 日颁布的《关于在股票发生工作中强化证券承销机构和专业性中介机构作用的通知》同时废止。

国务院证券委员会

一九九六年六月十七日

关于禁止股票发行中不当行为的通知

各证券经营机构：

近一时期，广大证券经营机构积极开展企业股票承销和上市辅导业务，有力地推动了企业的股份制改造和股票发行工作的开展。但是，某些证券经营机构在开展代理发行业务、争取承销项目的过程中，存在着一些不正当竞争的行为。这些不当行为损害了市场秩序，有碍于我国证券市场的健康发展。为进一步做好股票发行工作，制止股票发行过程中的不当竞争，现就有关问题通知如下：

一、证券经营机构在股票承销过程中应当加强自律，强化内部管理，特别是要加强对公司内部有关人员的遵规守法教育，严格要求他们在业务活动中依法行事，公平竞争。

二、证券经营机构在争取承销项目的过程中，不得有以下行为：

1. 迎合或鼓动企业以不合理的高溢价发行股票；
2. 贬损同行；
3. 向企业允诺在其股票上市后维持其股票价格；
4. 利用行政干预；
5. 给有关当事人回扣；
6. 违反规定降低承销费用或免费承销；
7. 其它不当竞争行为。

三、中国证券监督管理委员会(以下简称证监会)对有不当行为的证券经营机构将暂停受理其股票承销业务资格申请。

四、发行股票的企业也应按照上述规定的精神加强自律，规范发行行为，不得在发行过程中提出不合理的高溢价要求。对上述不当行为负有责任的发行股票企业，证监会将暂停受理其发行申请。

中国证券监督管理委员会

一九九六年二月六日

关于进一步加强期货市场监管工作的请示

国务院批转国务院证券委员会、中国证券监督管理委员会《关于进一步加强期货市场监管工作的请示》。全文如下：

按照国务院的部署，国务院证券委员会和中国证券监督管理委员会（以下简称证监会）加强了对期货市场的规范整顿工作。经过两年多的努力，我国期货市场盲目发展的势头得到了一定的遏制，市场行为逐步规范，监管能力进一步加强，试点工作步入正轨。但是，目前期货市场仍存在一些不容忽视的问题，最为突出的是少数大户凭借资金实力，联手操纵市场，牟取暴利；少数人挪用公款进行期货投机，损公肥私，或利用银行贷款、拆入资金以及变相集资进行炒作；个别客户在交易中蓄意违规，甚至进行金融犯罪活动。这些行为不仅干扰了企业从事套期保值等合法的经营活动，而且严重破坏了期货市场的正常秩序，妨碍了期货市场的健康发展。为进一步遏制过度投机活动，加强对期货市场的监管工作，现提出以下意见：

一、国有或者国有资产占控股地位的企业、事业单位（以下简称国有企事业单位）只能从事与其生产、经营有关商品期货品种的套期保值交易，不得进行投机交易，更不允许进行恶性炒作。国有企事业单位从事套期保值交易应当向期货交易所或期货经纪机构出具主管部门或者董事会的批准文件。对未能出示批准文件的，期货交易所不得接受其为会员，期货经纪机构不得接受其为客户。对违反上述规定的期货交易所和期货经纪机构，证监会将根据情节轻重对其作出责令改正、罚款、停业整顿、取消试点交易所资格或取消期货经纪业务资格的处罚，并追究主要负责人的责任。国有企事业单位未经主管部门或董事会批准，擅自进行期货交易或者因从事期货投机交易发生亏损的，要追究主要负责人的责任。

二、各类金融机构一律不得从事商品期货的自营和代理业务。凡从事商品期货自营业务的金融机构，从 1996 年 3 月 4 日起 40 个交易日内，要将已持有头寸全部平仓；凡从事商品期货代理业务的金融机构，从 1996 年 3 月 4 日起，不得接受新客户，并在 40 个交易日内通过平仓或者将客户头寸转移到其他期货经纪机构的方式了结所有代理业务。各期货交易所对已成为会员的金融机构，要监督其在规定的时间内了结所有期货自营和代理业务，并在清理债权债务后，取消其会员资格。期货经纪机构对于已成为客户的金融机构，要监督其在规定时间内平仓，并在清理债权债务后取消其客户帐号。

任何金融机构不得出具期货交易资金保函。严禁用银行贷款或拆入资金进行期货交易。各级金融机构要加强监管，防止信贷资金流入期货市场。

三、期货经纪公司一律不得从事期货自营业务。凡从事自营业务的期货经纪公司，从 1996 年 3 月 4 日起 40 个交易日内，要将已持有自营头寸全部平仓。对违反规定继续从事自营业务的期货经纪公司，证监会根据情节轻重对其作出责令改正、罚款、停业整顿、取消期货经纪资格的处罚，并追究主要负责人的责任。

四、为了加大对期货市场的监管力度，有效地防止和查处操纵市场行为，证监会可以按程序对期货交易所、期货经纪机构和客户在商业银行和其他金融机构开立的帐户进行查询。

五、各期货交易所要结合各自的具体情况建立“市场禁止进入制度”。对于操纵市场或者进行期货欺诈造成严重后果的机构和个人，一经查实，要宣布其为“市场禁入者”，并报证监会，由证监会通报各交易所；除平仓指令外，各期货交易所和期货经纪机构要立即停止接受其新的交易指令；对触犯刑律的，移交司法机关追究刑事责任。对受到证监会通报的“市场禁入者”，各期货交易所和期货经纪机构 3 年内不得为其办理期货交易开户手续。对违反规定接受“市场禁入者”的期货交易所和期货经纪机构，证监会将对其作出责令改正、没收非法所得、罚款、停业整顿、取消试点交易所资格或取消期货经纪业务资格的处罚，并追究主要负责人的责任。

六、为了充分发挥期货市场套期保值和发现价格的功能，避免大量资金恶炒小品种，使期货市场摆脱品种越来越小、投机越来越盛的恶性循环，在适当时机选择一些在国际上比较成熟、最具套期保值功能的大宗商品品种，在少数规范化程度较高的期货交易所上市交易，在严格监管的条件下进行试点。

国务院证券委员会

中国证券监督管理委员会

关于一九九六年全国证券期货工作安排意见

根据国务院证券委员会第 6 次会议精神，1996 年证券、期货工作要认真贯彻落实《中华人民共和国国民经济和社会发展“九五”计划和 2010 年远景目标钢要》提出的各项任务，积极推进经济体制和经济增长方式的转变，促进国民经济持续、快速、健康发展和社会全面进步。证券工作必须从中国的国情出发，积极稳妥地发展债券和股票融资。今年证券市场工作的指导思想是：紧紧围绕实现“两个根本性”转变，认真贯彻法制、监管、自律、规范的方针，加大监管力度，规范市场行为、积极稳妥地发展债券和股票融资，进一步完善和发展证券市场，更好地为社会主义市场经济服务。期货监管工作要继续贯彻落实《国务院批转证券委、证监会关于进一步加强期货市场监管工作请示的通知》（国发[1996]10 号），加强管理，努力提高期货市场规范化水平。今年期货市场监管工作的指导思想是：采取有力措施，继续清理整顿期货市场，强化监管力度，进一步遏制过度投机，坚决打击各种非法境外期货交易和外汇按金交易，维护市场正常交易秩序，规范市场行为，保持期货市场的稳定。

今年证券、期货工作的具体安排是：

一、加快立法进度，强化执法工作

（一）国务院证券委员会（以下简称证券委）、中国证券监督管理委员会（以下简称证监会）要积极配合有关方面，继续做好《证券法》（草案）的修改工作，加快制订单项行政法规，为证券期货市场法制化、规范化创造条件。证券委和证监会要认真行使国务院赋予的监管职能，加强对有关证券、期货法规执行情况的监督检查；对证监会发布的规范性文件，各有关单位要认真执行。

（二）有条件的地方证券、期货监管部门要建立稽查机构，充实稽查人员，完善执法手段，采取有效措施，切实加强执法工作。各证券、期货交易所也要进一步健全稽查制度，充分发挥一线监管作用。对各类大案要案，一经发现，要及时报告，依法严肃处理。

二、改进新股发行管理办法，做好新股发行上市工作

1995 年下达的股票发行计划，还有一部分未发行上市，今年要继续做好有关工作。今年下半年，将根据宏观经济发展情况，编制新股发行计划。针对目前新股发行中存在的问题，今后下达新股发行计划，改为“总量控制，限报家数”的管理办法，即由国家计委、证券委共同制定股票发行总规模，证监会在确定的总规模内，根据市场情况向各地区、各部门下达发行企业个数，并对企业进行审核。

三、加强证券交易所的管理，清理证券交易中心

（一）加强对证券交易所管理，发挥其一线监管作用。证监会要督促证券交易所健全内部管理机制，发挥会员大会、理事会对重大事项的决策作用，逐步形成内部制衡机制，并会同有关部门加强对与证券交易有关的清算业务和登记公司的监管；证券交易所要加强对会员、上市公司和市场的监管，发挥一线监管作用。

（二）配合中国人民银行对证券交易中心进行清理整顿。按照《国务院关于批转国务院证券委员会 1995 年证券期货工作安排意见的通知》（国发[1995]22 号）规定，证监会要积极配合中国人民银行，抓紧清理整顿证券交易中心。经清理保留的证券交易中心，逐步移交证监会统一监督管理。

前一时期，一些证券经营机构和证券交易中心违反有关规定，借用证券回购名义变相拆借资金，严重地干扰了正常金融秩序。各地证券、期货监管部门要认真贯彻落实《国务院批转中国人民银行关于进一步做好证券回购债务清偿工作请示的通知》（国发[1996]20 号），主动配合中国人民银行抓紧进行清理，做好善后工作。

四、继续做好对地方证券、期货监管部门的授权工作

证监会要继续做好对具备条件的地方证券、期货监管部门授予部分监管职能的工作。已经获得授权的地方监管部门要按照以下要求，在授权范围内切实做好监管工作。

（一）地方监管部门要维护国家对证券、期货市场的集中统一管理，并按照授权范围，切实履行监管职责，对超出授权范围的事项，要及时请示证监会；

（二）地方监管部门履行监管职责时要依照法律、法规和证券委、证监会发布的规章或规范性文件进行，不得自行制定与国家有关规定相冲突的规定和办法。确需制定工作程序性办法的，应事先报经证监会同意，并在发布的同时报证监会备案；

（三）地方监管部门不得干预被监管对象的正常业务活动，不得主办或协办有关证券、期货类报刊。

五、加大监管力度，进一步规范期货市场

（一）继续加强期货交易所的建设。各期货交易所要结合实际，总结经验教训，找出薄弱环节，进一步完善规章制度和管理规则。今年要完成各期货交易所会员制改造工作，建立全体会员共担风险、共同监督的约束机制。目前，对已设置的异地同步期货交易点中存在的问题，要尽快制定办法加以解决。各期货交易所要切实履行职责，加强监管。今后任何交易所由于管理不当出现问题，都要严肃处理，并追究该交易所及其负责人的责任。

（二）进一步加强对期货经纪机构的监管。暂停审批新的期货经纪公司，进一步提高现有公司的规范化管理水平，尽快完成对期货兼营机构和期货经纪公司分支机构的资格审核工作。对已取得期货经纪业务许可证的主营或兼营机构，证监会将建立年检制度，实施严格的监督管理。对严重违规的，要从严处理直至吊销期货经纪业务许可证。

根据国发[1996]10 号文件的规定，金融机构不得从事商品期货交易活动。目前有些金融机构仍在收购、参股或控股期货经纪公司的做法不利于稳定金融秩序，也不利于期货市场的正常发展，应当予以制止，对这类期货经纪公司和期货兼营机构，证监会不予核发期货经纪业务许可证。

（三）采取切实措施，把扰乱期货市场的机构和个人坚决清除出期货市场。证监会要尽快制订《关于对操纵期货市场行为认定和处罚的规定》，对少数凭借资金实力联手操纵市场的机构和个人，一经查实，除按照有关法规进行经济处罚外，证监会要通报各交易所和经纪机构，不得再接纳其从事期货交易。

（四）坚决打击并取缔各种非法期货交易活动。在对期货经纪公司分支机构和期货兼营机构审批工作结束后，凡未取得证监会颁发的期货经纪业务许可证的单位，要立即停止期货经纪业务。地方监管部门要组织力量严厉查处各种非法期货交易活动，维护正常的交易秩序。对违反规定，继续非法从事境外期货业务和外汇按金交易的，各地监管部门要配合外汇管理、工商行政管理和公安等部门予以坚决打击。要坚决取缔各种名目的变相期货交易所。

六、促进上市公司规范发展

上市公司质量是证券市场能否健康发展的关键，各有关单位要十分重视，加强这方面工作。

（一）建立上市公司动态监管系统，强化上市公司的信息披露，明确证监会和交易所在信息披露监管工作上的分工。证券交易所负责督促上市公司依法及时、准确、完整地披露信息；发现违规行为要依法查处，并及时报告证监会，以保护投资者的合法权益。证监会要建立对上市公司的定期抽查制度，强化对上市公司的监管力度。从今年开始，证监会将组织力量，对上市公司进行抽查，抽查的重点内容是财务报告的真实性、募集资金使用情况和公司规范运作的情况。

（二）积极帮助上市公司完善章程，健全法人治理结构。要帮助和督促上市公司按照《中华人民共和国公司法》完善公司章程，充分发挥股东大会权力机构的作用，建立健全经理对董事会负责、董事会（监事会）对股东大会负责的制衡机制。证监会和交易所还要抓好对上市公司有关负责人员的培训工作。

七、加强对证券经营机构以及与证券业务有关的中介机构的管理，积极稳妥地开展证券投资基金业务

（一）加强对证券经营机构的管理。证监会要根据有关规定对证券经营机构的承销和自营业务进行系统监管，将自营业务、经纪业务严格分开，降低经营风险，保护投资者利益。要定期检查证券经营机构执行各项法规的情况，对不符合条件、违法违规者给予相应处罚，直至吊销其证券业务许可证。根据分业管理的要求，创造条件，逐步由证监会对证券经营机构实行统一的审批和监管。

对与证券业有关的会计师事务所、资产评估机构、律师事务所等中介机构和信息咨询机构从事证券业务的，要加强监管，对违反国家有关规定的，证监会有权暂停、取消其从事证券业务资格。

（二）开展证券投资基金业务有利于大中型企业发行股票，增加股市资金供应。要尽快出台《证券投资基金管理办法》,按照该办法设立的证券投资基金,由中国人民银行和证监会共同审批,共同管理。今后逐步由证监会对投资基金实行统一审批和监管。

八、进一步做好境外上市工作,扩大B股试点范围

(一)进一步做好境外上市工作。近期选择一些国有大中型企业作为第四批境外上市预选企业。在继续做好以香港资本市场为重点的境外上市工作的同时,要稳妥地开辟新的国际资本市场,并抓紧与有关国家签署证券监管合作备忘录。要认真总结境外上市经验,加强对境外上市公司的监管,严格督促企业按照有关要求使用资金,提高企业经营管理水平。

(二)加强对企业境外间接上市的管理。这项工作必须经过严格审批,各地不得自行其是,未经证券委批准,任何企业不得擅自到境外间接上市。

(三)总结发行B股的经验教训,扩大试点范围。各地要按照《国务院关于股份有限公司境内上市外资股的规定》(国务院令第189号)及证券委关于推荐B股预选企业的通知,认真做好筛选工作,选择一些效益好、规模大、有发展前景的企业发行B股并不断完善B股市场。

九、加强债券市场的监管,做好可转换债券的试点工作

要加强对国债及企业债券上市、交易和清算活动的监管。证券交易所要尽快制定企业债券上市交易规则。企业债券经证券交易所审核、证监会批准后方可上市,并做好信息披露工作。发行企业债券要经过信用评级。

为开辟新的融资渠道,积极稳妥地做好可转换债券的试点工作,证监会要尽快制定试点办法,明确规定统一的审批程序,防止一哄而起。

十、完成证券市场“九五”时期发展规划和2010年远景目标的制定工作

八届全国人大第四次会议正式通过了《中华人民共和国国民经济和社会发展“九五”计划和2010年远景目标纲要》,提出了“积极稳妥地发展债券和股票融资,进一步完善和发展证券市场”的要求。为适应建立社会主义市场经济体制和国民经济发展的新形势,要抓紧制定证券市场“九五”时期发展规划,在不断规范的基础上,使证券市场在规模和质量上达到一个新的水平。

十一、加强证券、期货监管部门的队伍建设

首先要加强各级证券、期货监管部门的领导班子建设。要努力学习邓小平同志建设有中国特色的社会主义理论,要讲政治,加强民主集中制和勤政廉政建设。其次要改进工作作风,加强调查研究,对涉及证券、期货市场的重大政策性问题,要组织力量,会同有关部门做好调研工作。三是要根据工作需要进行必要的干部交流。四是各地监管部门要加强机构内部建设,在地方政府领导下,带好队伍,做好监管工作。五是必须重视培养和造就一批具有专家水平的监管人才。六是要对从业人员进行严格的资格考试和认定,提高整个行业人员的技能素质,适应市场发展的需要。

进一步加强对证券、期货工作新闻报道和宣传的管理。有关新闻单位特别是证监会指定报刊,在新闻报道中,要正确宣传党和国家有关证券、期货工作的方针政策,加强正面宣传和引导;在披露上市公司信息时,要做到真实、准确、完整、充分,促进证券、期货市场健康发展。

国务院证券委员会

一九九六年八月

中期报告的内容与格式

(一)根据《中华人民共和国公司法》(以下简称《公司法》)、《股票发行与交易管理暂行条例》(以下简称《股票条例》)和《公开发行股票公司信息披露实施细则》(以下简称《信息细则》)制订本准则。

(二)凡根据《公司法》、《股票条例》在中华人民共和国境内公开发行股票的股份有限公司应当按照本准则的规定编制中期报告。

(三)本准则规定的中斯报告的内容与格式包括:

1.中期报告正文。

(1)财务报告;

(2)经营情况的回顾与展望;

(3)重大事件的说明;

(4)发行在外股票的变动和股权结构的变化;

(5)股东大会简介。

2.备查文件。

(四)公司对本准则列举的各项内容应当进行披露。但是本准则某些具体要求对公司确实不适用的,公司可根据实际情况做出适当修改,同时予以说明。公司还可根据其自身的实际情况,增加其他内容。

已在境内和境外两个以上证券市场(含两个,下同)发行了股票和挂牌上市的公司,在编制境内和境外的中期报告时,应尽量做到内容一致。如果境外证券市场所要求的中期报告的内容与本准则有不同之处,在可行的情况下,应遵守报告内容从多不从少,报告编报时间从短不从长,报告要求从严不从宽的原则办理。如果境内、外中期报告内容有较大差异且无法遵守上述原则的,应将境外中期报告的文本列为备查文件。

已发行境内上市外资股、境外上市外资股及其派生证券的公司,除受境外证券监管部门管辖,有特定要求者之外,应按照本准则的要求编制中期报告,并提供外文译文。公司应努力保证译文的准确性,并在外文本上注明:“本报告分别以中、英文(或日、法文等)两种语言编制,在对两种文本的理解发生歧义时,以中文文本为准。”

(五)公司全体董事必须保证中期报告所提供的信息的真实、准确、完整和公正,并就其保证承担连带责任。

(六)公司应当在每个会计年度的前六个月结束后六十日内(相当于两个连续的月份)编制完成中期报告。报告完成后,公司应立即将中期报告各十份报送中国证券监督管理委员会(以下简称“证监会”)、地方证券管理部门和其股票挂牌交易的证券交易所备案,并将报告刊登在至少一种由证监会指定的全国性报刊上。

已在境内和境外两个以上证券市场发行了股票和挂牌上市的公司,应在同一时间对境内、外市场公布中期报告。如果境内、外市场对编制中期报告的期限要求不同,应以较短的期限为准。

(七)报送证监会、地方证券管理部门和交易所的中期报告所用的纸张应有良好的质量,幅面应为209×295毫米(相当于标准的A4纸规格)。

(八)本准则由证监会负责解释,自公布之日起实施,证监会1994年6月23日发布的《中期报告的内容与格式(试行)》同时废止。

一、中期报告正文

(一)财务报告

1.财务报表

公司在中期报告中提供的财务报表,至少应包括资产负债表和损益表。中期报告中的财务报表可以是简化的财务报表,也可以是完整的财务报表。

简化的资产负债表至少应包括下列各项:

(1)流动资产

(2)长期投资

(3)固定资产净值

(4)在建工程

(5)无形资产及递延资产

(6)其他长期资产

(7)资产总计

(8)流动负债

(9)长期负债

(10)少数股东权益

(11)股东权益

简化的损益表至少应包括下列各项:

(1)主营业务收入

(2)主营业务利润

(3)其他业务利润

(4)投资收益

(5)营业外收支净额

(6)利润总额

(7)所得税

(8)净利润

应提供的其它财务指标包括(但不限于)下列各项:

(1)每股收益

(2)净资产收益率

(3)每股净资产

如果净资产收益率低于同期银行存款利率,应说明原因。

资产负债表的报告日为公司本会计年度前六个月的最后一天和上个会计年度的最后一天。损益表的报告期间为本会计年度前六个月和去年的相同期间。

财务报表的编制应符合财政部、中国证券监督管理委员会颁布的有关准则、制度和规定。对同一内容的规定若有变化,应以最新颁布的为准。

若公司持有其他企业50%(不含50%)以上权益的,公司应与其控股的企业编制合并报表。对应纳入合并范围而未进行合并报表处理的报控股企业应明确列示,并说明原因。

上年度会计师事务所出具保留意见或无保留意见但有解释性说明审计报告的,应在本报告期内对相关事宜进行说明。

2.财务报表附注

如果在报告期间内有下列情况(但不限于此)发生的,应通过财务报表注释加以说明:

(1)与最近一期年度报告相比,会计政策或方法发生了变化;

(2)报告主体由于合并、分立等原因而发生了变化;

(3)生产经营环境以及宏观政策、法规发生了重大变化,因而已经、正在或将要对公司的财务状况和经营成果产生重要影响;

(4)资产负债表中资产类及负债类项目与上一会计年度末资产负债表对应各项目相比、损益表各项目与上年同期损益表相同项目相比,发生异常变化以及资产负债表股东权益类项目发生的变化。

财务报表的附注可参照《年度报告的内容与格式》准则中《财务报表附注指引(试行)》的要求,简要编制。

财务报表附注也应符合本准则"中期报告正文"第(一)节第1条所列的各项准则、制度和规定。

本节提供的财务报告,除特别情况外,无须经会计师事务所审计。凡未经审计的中期财务报告,应在表头下面注明"未经审计"字样。同时,公司全体董事必须确保该中期财务报告中所采用的会计政策与最近一期年度财务报告中所采用的会计政策相互一致,除非已在中期财务报告注释内加以说明。

如果中期财务报告已经具有从事证券业务资格的会计师事务所审计,公司必须如实报告该会计师事务所的审计意见。

公司在中期报告的其他章节所披露的同期财务会计资料以及在其他公开披露文件中包含的同期财务会计资料,应与本节的财务报告一致。

(二)经营情况的回顾与展望

1.上半年经营情况的回顾

本条由公司的董事长或总经理较简要地介绍公司在报告期内的经营情况,包括(但不限于)公司在报告期内取得的成绩与进展。如果实际经营结果与原经营计划目标存在重大差异,应对差异产生的原因进行分析与说明。

2.下半年计划

本条主要叙述公司为了完成或超额完成年度经营计划,针对上半年生产经营过程中存在的问题准备采取的措施和对策;公司按照年度生产经营计划将要在下半年继续施行的项目安排;公司针对宏观经济环境的变化和国家有关政策的要求所要着重进行的工作。

(三)重大事件的说明

本节须列示根据《股票条例》第六十条及《信息细则》第四章、第五章的规定,公司在报告期内发生的须予披露的重大事件,如在报告期内已发布了重大事件公告,此处可将重大事件的主要内容及披露 情况简要叙述。

公司在本报告中须特别注意披露涉及公司的重大诉讼、仲裁事项,已披露过的但未结诉讼案件的进程及影响也须进行披露。如报告期内无重大诉讼、仲裁事项,应明确陈述"本报告期内公司无重大诉讼、仲裁事项"。

此处所指的重大诉讼、仲裁事项是:以公司的名义或公司董事、监事和高级管理人员因其在本公司任职而以个人名义作为诉讼、仲裁当事人且对公司的财务状况、经营成果、声誉、业务活动和未来前景等可能产生较大影响的法律诉讼、仲裁事务。

如果公司确知存在与公司有关的重大诉讼、仲裁的可能,也应对此加以说明。

(四)发行在外股票的变动和股权结构的变化

本节介绍公司在报告期末股票与股东的情况及其在报告期内的变动情况,包括(但不限于)下列各项:

1.报告期内发行新股票(包括送、配股)及股票的派生种类、拆细或合股、可转换债券转换情况,以及发行在外的股票的其它变化情况。

2.股权结构情况:应参照证监发字[1994]202号附件《年度报告中股份结构的披露格式》进行披露。

3.主要股东持股情况:要求将持有本公司5%以上股份的股东的名称、报告期内股份增减变动情况、期末持有量如实填写。若持股5%以上的股东少于10人,则应列出至少10名最大股东的持股情况。

以上列出的股东情况中对代表国家持有股份的股东、境外或外籍股东应予以注明。

(五)股东大会简介

本节应披露召开股东大会(包括年度股东大会和临时股东大会)的情况,例如:

1.召开股东大会的地址、时间;

2.到会股东的情况;

3.董事会提交股东大会讨论和作出表决的事项以及会议通过的决议。

如果股东大会对年度预分方案进行了修改,应进行披露。

如果股东大会对公司章程进行了修改,应介绍修改情况。

如果报告期内没有召开股东大会,则应明确陈述:“本报告期内公司没有召开年度股东大会或临时股东大会”。未召开年度股东大会的,应说明原因。

二、备查文件

备查文件为公司在披露中期报告后在公司办公地点备置的有关文件。在证监会、交易所要求提供时和股东依据法规或公司章程要求查阅时,公司应及时提供。在中期报告中应明确说明备查文件是否齐备、完整,备查文件包括下列文件:

(一)载有董事长、总经理亲笔签名的中期报告原本;

(二)报告期内发行新股时的《招股说明书》(或《配股说明书》)、《上市公告书》;

(三)在其它证券市场公布的中期报告文本。

中国证券监督管理委员会

一九九六年七月十三日

关于一九九六年上市公司配股工作的通知

为加强证券市场管理,规范上市公司的股票发行行为,保护投资者利益,促进证券市场健康发展,现对1996年上市公司向股东配售发行股票(即配股)的有关问题通知如下:

一、上市公司向股东配股必须符合下列基本条件:

1.公司章程符合《公司法》的规定;

2.配股募集资金的用途必须符合国家产业政策的规定;

3.前一次发行的股份已经募足,并间隔一年以上。间隔时间是指从公司前一次募足股份后的工商注册登记日或变更登记日,至本次配股说明书的公布日,其间隔不少于12个月;

4.公司在最近三年内净资产税后利润率每年都在10%以上,属于能源、原材料、基础设施类的公司可以略低,但不低于9%;

5.公司在最近三年内财务会计文件无虚假记载或重大遗漏;

6.本次配股募集资金后,公司预测的净资产税后利润率应达到同期银行个人定期存款利率;

7.配售的股票限于普通股,配售的对象为股权登记日登记在册的本公司全体普通股股东;

8.公司一次配股发行股份总数,不得超过该公司前一次发行并募足股份后其普通股股份总数的30%,公司将本次配股募集资金用于国家重点建设项目和技改项目的,在发起人承诺足额认购其可配股份的情况下,可不受30%比例的限制。

二、上市公司有下列情形的,其配股的申请不予批准:

1.不按有关法律、法规的规定履行信息披露义务的;

2.近三年有重大违法行为,特别是有以违反国家现行规定的方式和范围发行或变相发行股票的行为、有证券欺诈等行为的;

3.前一次发行股票所募集的资金用途与《招股说明书》、《配股说明书》不相符,而且又未经法定程序批准的;

4.股东大会的召集、召开方式、表决方式和决议内容不符合《公司法》及有关规定的;

5.申报材料存在虚假陈述的;

6.公司所确定的配股价格低于该公司配股前每股净资产的;

7.公司上市不足一年的。

三、公司的配股申请因本通知第二条第2、3、5款的原因被中国证券监督管理委员会(以下简称“证监会”)拒绝批准后,一年以内不得再次提出配股申请。

四、在国务院做出新的规定前,国家拥有的股份和法人持有的未流通股股份及其配股权和红股出让后,受让者由此增加的股份暂不上市流通。

五、上市公司配股的申请和信息披露应按下列规定办理具体事宜:

1.上市公司向股东配股,应当召开股东大会就下列事项进行逐项表决:

(1)股东配股比例和本次配售股份的总额;

(2)配股价格浮动的幅度;

(3)本次募集资金的用途;

(4)关于本次配股决议的有效期限;

(5)授权董事会办理的与本次配股有关的其他事项。

公司董事会应当保证全体股东有充分行使表决权的机会。

2.公司董事会在制定和实施配股方案过程中,应当保证所有普通股股东均受到公平的对待;应当保证股东同时享有受让或不受让他人所转让的配股权的权利。公司董事会不得将一部分股东的配股权向其他股东强行摊派。

3.上市公司向证监会报送的申报材料的格式应当按本通知附件的要求制作。

4.上市公司应当在自签署配股说明书的日期(在向证监会报送材料之前)起,到配股缴款结束之日止,六个月内完成本次配股的全部工作。上市公司在收到证监会批准其配股的审核意见书后,与证券交易所协商确定有关的具体操作事项。证券交易所应当在收到公司配股文件后二个工作日内给予书面答复,并按照本通知的要求,办理有关业务活动。

5.上市公司向股东配股,应当按照下列要求披露有关信息:

(1)董事会有关本次配股的方案表决通过后,应当在二个工作日内通知证券交易所,同时公布召开股东大会的通知;其内容应当包括董事会决议和配股方案的具体事项,并载明“该项决议尚须经股东大会表决后,报××省(自治区、市)证管办(证监会)出具意见,并报中国证券监督管理委员会审核”字样;召开股东大会的通知应当提前三十天公布。

(2)配股方案经股东大会表决通过后,应当在二个工作日内公布股东大会决议，公告中应当载明“该方案须报××省（自治区、市）证管办（证监会）出具意见，并报中国证券监督管理委员会审核”字样。如果股东大会对董事会的配股方案有修改的，还应公布修改后的方案。

(3)上市公司接到证监会出具的配股审核意见书后，应当在二个工作日内以公司董事会公告的形式公布配股申请获批准的消息，证券交易所应在公司确定的股权登记日前至少十个工作日安排公司公布配股说明书。配股说明书应按照《公开发行股票公司信息披露的内容与格式准则第四号》的规定编制；配股说明书刊登后，上市公司应当就该说明书至少再刊登一次提示性公告。公布的配股说明书内容应当与报送证监会审核的该说明书内容一致；确有必要修改的，应当在公布前取得证监会的书面认可。

(4)配股说明书公布后，上市公司应当在七个工作日内将经证券交易所确认的配股说明书文本一式二份报证监会备案。

(5)上市公司应当在配股缴款结束后二十个工作日内完成新增股份的登记工作，聘请有从事证券业务资格的会计师事务所出具验资报告，编制公司股份变动报告，并将上述两个报告报送证监会和证券交易所备案。股份变动报告的内容与格式应按照《公开发行股票公司信息披露的内容与格式准则第五号》的规定编制并予以公布。

6. 在上市公司配股缴款结束后，有关登记机构应当将未被认购的股份及时在计划配股总数中扣除，不予登记。

7. 证券交易所在收到上市公司有关配股的股份变动报告和验资报告前，不得安排该次配售的股票上市交易。各证券交易所应当于每月十日前将上月实施配股的公司的有关情况书面报告证监会。

8 负责配股承销工作的证券经营机构在承销期结束后，应在十五个工作日内向证监会提交承销情况的书面报告。

9. 上市公司应当聘请有从事证券业务资格的律师事务所就本次配股出具法律意见书，其内容与格式应当符合证监发字[1994]162 号文件《关于发布〈公开发行股票公司信息披露的内容与格式准则第六号〉通知》附件二规定的《上市公司配股法律意见书的内容与格式(试行)》的要求。

六、在上市公司配股说明书公布之前，参与配股说明书的起草、申报和审查的有关人员均属内幕人员，必须严格遵守国务院证券委颁布的《禁止证券欺诈行为暂行办法》的有关规定，对有关内幕信息严格保密。上述人员包括证监会、证券交易所、地方有关部门、上市公司和参与本次配股的证券经营机构、中介机构等单位的有关人员。

七、发行 A 股的公司申请配股必须遵守本通知的规定，发行 B 股或 H 股的公司，原则上应遵守本通知的规定，国家另有规定的，从其规定。

八、本通知自发布之日起执行。上市公司配股申请在 1995 年底前已经证监会审核通过的，仍按原证监发字[1994]131、161 号文件要求办理有关事项。

中国证券监督管理委员会

一九九六年一月二十四日

上市公司配股申报材料的标准格式（试行）

上市公司向中国证券监督管理委员会(以下简称“证监会”)报送配股申报材料，应按下列标准制作：

一、配股复审材料的纸张、封面及份数

(一)纸张

应采用幅面为 209×295 规格的纸张(相当于 A4 纸张规格)

(二)封面

1. 标有“上市公司配股申报材料”字样；

2. 申请配股的上市公司名称；

3. 申报日期。

(三)份数

需向证监会报送申报材料 10 份，其中至少一份为原件。

二、配股申报材料的目录

第一章　省、自治区、直辖市及计划单列市证管办(证监会)对配股申请出具的意见及附件

1—1 省、自治区、直辖市及计划单列市证管办(证监会)对配股申请出具的意见　……页码

1—2 配股申请报告　……页码

第二章　有关本次配股的股东大会文件及附件

2—1 召开本次股东大会的通知(公告复印件)　……页码

2—2 本次股东大会的基本情况(发行境内上市外资股或境外上市外资股的公司还应报送股东大会对配股方案表决时，外资股股东的出席情况和其表决情况，以及配股价格与股东大会前一个交易日的内资股与外资股的市场价格对比资料)　……页码

2—3 本次股东大会的决议　……页码

2—4 本次股东大会的决议公告(公告复印件)　……页码

2—5 最近一次公司股份变动报告(公告复印件)　……页码

2—6 董事会决议及会议记录(复印件)　……页码

2—7 关于股东转让配股权事项的补充说明　……页码

2—8 关于部分股东以非现金方式配股的补充说明　……页码

2—9 资产评估机构对非现金方式配股所用资产的评估报告　……页码

2—10 国有资产管理部门的有关文件　……页码

注：2—8、2—9、2—10 为有该项内容时必备

第三章　前次发行股票(或配股)以来的有关资料

3—1 前次募集资金使用情况说明　……页码

3—2 变更登记后的企业法人营业执照(复印件)　……页码

3—3 一年来信息披露 情况简介　……页码

第四章　有关本次募集资金运用的文件

4—1 本次配股所筹资金运用的可行性报告　……页码

4—2 政府有关部门同意固定资产投资立项的批文　……页码

注：4—2 为参考文件

第五章　配股说明书

(提示：

1. 配股说明书按上市公司信息披露的内容与格式准则第四号《配股说明书的内容与格式》(试行)进行编制，其中涉及的文件应为原件或其复印件。

2.配股说明书目录中各项的页码应与其实际页码相符。

3.配股说明书中须与证券交易所协商确定的日期、数据在报送证监会时可暂时空缺。)

附件:

1.本公司(或发起人)最近三个年度已经审计的财务报告(如在下半年申报,应附上当年经有从事证券业务资格的会计师事务所审计的中期财务报告)

2.前次发行股票(或配股)时的《招股说明书》(或《配股说明书》)

3.公司章程

4.法律意见书

5.律师事务所从事证券业务的资格证书

6.律师从事证券业务的资格证书

7.配股承销协议书(草稿)

此外,承销机构应当根据证监机字[1993]45号文的要求按时报送相应的材料

提示:

1.每一页的页码必须与目录中的页码相符。

2.页码标注的举例说明。例如:第四章4—1节的页码标注应为:4—1—1,4—1—2,4—1—3,……,4—1—n。

中国证券监督管理委员会

一九九六年一月二十四日

关于授权地方证券、期货监管部门行使部分监管职责的决定

为了加强对证券、期货市场的监督管理,及时查处违法违规行为,促进证券、期货市场的健康发展,根据《国务院关于批转国务院证券委1995年证券期货工作安排意见的通知》(国发[1995]22号)的精神和我国证券、期货市场发展的实际情况,中国证券监督管理委员会(以下简称中国证监会)决定分期分批授权省、自治区、直辖市、计划单列市和部分省会城市证券、期货监管部门(以下简称地方监管部门)对证券、期货市场行使部分监管职责。具体监管职责范围和权限如下:

一、负责对设立在本行政区域内的证券经营机构、证券经营机构的分支机构、证券登记公司、期货经纪公司、期货经纪公司的分支机构、从事期货经纪业务的非期货经纪公司会员、证券或者期货咨询机构的业务活动进行日常监管。

上述机构应当接受地方监管部门的日常监管,地方监管部门应当维护上述机构的正常业务活动。

二、负责查处设立在本行政区域内的证券经营机构、证券经营机构的分支机构、证券登记公司、期货经纪公司、期货经纪公司的分支机构、从事期货经纪业务的非期货经纪公司会员、证券或者期货咨询机构以及前述机构的从业人员,证券、期货市场投资者(以下统称为被监管者)的有关证券、期货违法、违规行为。

三、负责处理本行政区域内的有关证券、期货的信访投诉和举报,调解证券、期货纠纷和争议;涉及重大案情的,应当立即向中国证监会报告。

四、负责督促本行政区域内的上市公司依照国家有关法律、法规和公司章程的规定完善公司组织机构,规范公司股东大会,协调政府有关部门与上市公司的关系。

五、地方监管部门查处违法、违规行为,需要对被监管者进行调查时,可以采取下列措施:

(一)询问当事单位或者个人,要求其提供与被调查事件有关的文件、证明材料和其他资料;

(二)检查当事单位或者个人与案件有关的交易记录、结算记录、登记过户记录、财务会计资料及其他相关文件和资料;

(三)向与被调查事件有关的单位或者个人了解情况。

被调查当事单位或者个人、与被调查事件有关的单位或者个人应当如实提供有关情况和资料;调查人员进行调查时应当出示合法证件,并对调查中所知悉的情况和取得的资料严格保守秘密。

调查时需要取得交易所及其所属登记结算机构的交易资料、股东资料的,除交易所及其所属登记结算机构认为可以提供的外,应当由行使调查权的地方监管部门报中国证监会决定。

六、经过调查,证据充分、事实情楚的,地方监管部门应当依据国家有关法律、法规对违法、违规当事单位或者个人进行处罚,并报中国证监会备案。

七、被调查事件属于下列情况之一的,地方监管部门应当及时报告中国证监会,由中国证监会直接查处或者由中国证监会指定的地方监管部门查处:

(一)被调查事件所涉及金额在300万元(含,下同)以上的;

(二)需处以20万元以上罚款的;

(三)情节严重,需要限制、暂停业务资格或者撤销业务许可的;

(四)两个或者两个以上地方监管部门对被调查事件管辖权有争议的;

(五)在全国造成重大影响的其他案件。

中国证监会认为不适合由地方监管部门查处的案件,由中国证监会直接查处。

八、被授权的省会城市地方监管部门不负责本通知涉及的期货监管工作。

九、地方监管部门应当按照中国证监会的要求报告有关证券、期货市场执法情况的信息和统计资料。

十、被处罚单位或者个人不服地方监管部门的处罚,可以向中国证监会申诉;中国证监会对地方监管部门不符合法律、法规、规章的处理决定,有权予以变更或者撤销。

被授权的地方监管部门应当按照本通知的要求认真履行监管职责,建立健全各项监管工作制度,完善内部组织机构,严格执行国家关于证券、期货市场的法律、法规和政策,坚决查处证券、期货市场中的违法违规行为,不断提高工作人员的思想水平和业务能力,廉洁自律,杜绝一切腐败现象,使监管工作上一个新台阶。

被授权的地方监管部门执行本决定中遇到什么问题和有什么建议,请及时报中国证监会。

中国证券监督管理委员会

一九九六年三月二十一日

关于对操纵期货市场行为认定和处罚的规定

一、操纵期货市场行为是指交易所会员或客户为了获取不正当利益，故意违反国家有关期货交易规定，违背期货市场公开、公平、公正的原则和大户报告制度，单独或者合谋使用不正当手段，严重扭曲期货市场价格，扰乱市场秩序的下列各种行为：

1.交易所会员或客户为了规避交易所持仓限量规定，利用其他会员席位或者其他客户名义建仓，其建仓总量超过交易所对该会员或客户规定的持仓限量的；

2.若干交易所会员或客户之间通过集中资金，由一个客户或者会员统一下达交易指令且情节严重的；

3.交易所会员用若干客户的资金为一个客户或自己进行交易且情节严重的；

4.交易所会员为客户提供资金，并强制客户按照自己的意志和要求进行交易的；

5.交易所会员间利用移仓、对敲等手段，故意制造市场假象，虽未超过持仓限量，但已严重影响市场秩序，企图或实际影响期货价格或者市场持仓量的；

6.交易所会员或客户蓄意串通，按照事先约定的方式或价格进行交易或互为买卖，制造市场假象，企图或实际严重影响期货价格或者市场持仓量的；

7.交易所会员接受多个客户的全权委托，并实际统一进行交易，严重影响期货市场价格的；

8.客户假借他人名称或用虚假的名称，多方开立帐户和下达交易指令，实际超过持仓限量或严重影响期货市场价格的；

9.交易所会员故意阻止、延误或改变客户某一方向的交易指令，或擅自下达交易指令或诱导、强制客户按照自己的意志进行交易，且情节严重的；

10.交易所会员或客户超越自身经营范围或实际要求，控制大量交易所指定仓库标准仓单，企图或实际严重影响期货市场价格的；

11.交易所会员或客户在实物交割环节上蓄意违规，企图或实际严重影响交割结算的正常进行的；

12.交易所会员或客户在现货市场上超越自身经营范围或实际需求，囤积居奇，企图或实际严重影响期货市场价格的。

二、对有操纵市场嫌疑的交易所会员和客户，各交易所有义务配合政府监管部门进行调查；对经调查证明确有操纵市场行为者，可根据情节轻重，单处或者并处警告、没收非法所得、罚款、暂停、中止直至取消资格、宣布其为“市场禁止进入者”。对触犯刑律的，移交司法部门追究刑事责任。

三、对不配合政府监管部门调查、隐瞒事实真相、拒不提供有关资料或提供假证的交易所、交易所会员和客户。政府监管部门依据有关规定对其进行处罚。

四、各交易所要结合本规定制定具体办法，认真贯彻执行。

中国证监会
一九九六年五月六日

关于审核非期货经纪公司会员从事期货经纪业务的通知

各省、自治区、直辖市及计划单列市人民政府期货监管部门、工商行政管理局、各期货交易所：

为了规范期货经纪业务，保护广大投资者利益。保证期货市场试点工作正常进行，中国证监会和国家工商行政管理局将对各期货交易所的非期货经纪公司会员从事期货经纪业务的资格进行审核，现将有关事项通知如下：

一、非期货经纪公司会员申请从事期货经纪业务，必须符合下列条件：

1、注册资本金不得低于人民币3000万元。

2、从事期货(不含期货代理，下同)业务一年以上，无严重违规行为。

3、由所在期货交易所推荐。

4、在公司内部设立期货经纪业务部，开设专门帐户，与公司财务分开。有完善的组织机构、期货交易规则和从业人员管理规则。

5、有固定的经营场所、能提供合格的交易、结算、通讯、信息服务和录音设施。

6、持有证监会或其授权机构颁发的《期货从业人员资格证书》的从业人员不得低于10名。

二、非期货经纪公司会员申请从事期货经纪业务的审核程序为：

1、非期货经纪公司会员向期货交易所提出从事该交易所期货经纪业务的申请。

2、期货交易所根据第一条所列条件和会员申请，填写中国证监会统一制定的《期货交易所推荐意见表》(附件一)，并提出推荐意见，报会员单位所在省、自治区、直辖市或计划单列市期货监管部门(以下简称地方期货监管部门)并抄报证监会。期货交易所推荐的从事期货经纪业务的非期货经纪公司会员，不得超过1995年4月15日非期货经纪公司会员总数的50%。

3、非期货经纪公司会员将申报材料报送地方期货监管部门进行初审。初审通过后，由地方期货监管部门统一将初审意见及申报材料一起上报中国证监会进行复审。

4、中国证监会复审后，将分别向交易所、地方期货监管部门通知复审结果。

5、获准从事期货经纪业务的非期货经纪公司会员，持中国证监会的批复文件和《期货经纪业务许可证》，到该公司登记机关申请办理变更经营范围的登记手续。

三、非期货经纪公司会员申请从事期货经纪业务，应根据第二条规定的程序，向地方期货监管部门申报下列材料(一式二份)：

1、填写中国证监会制作的《会员经纪业务申请登记表》(附件二)。

2、期货交易所填定的《推荐意见表》。

3、公司《企业法人营业执照》复印件。

4、最近一年来从事期货业务的情况报告。

5、主管部门和公司董事会出具的同意从事期货经纪业务的文件。

6、经法定验资机构审计的非期货经纪公司会员最近两年的财务报告。

7、期货营业部门主要负责人(副经理以上)简历、资格证书和无犯罪记录证明(由户口所在地公安、街道或上级主管单位人事部门出具)。

8、经营场地的所有权或使用权证明和租用国内外通讯设施合同。

9、期货业务部门的交易规则、从业人员管理规则、风险说明书和客户委托合同书样本。

四、获准从事期货经纪业务的非期货经纪公司会员，只能从事其具有经纪会员资格的国内期货交易所的期货经纪业务。非期货经纪公司会员不得从事期货交易所的二级代理业务，不得以任何名义设立从事期货经纪业务的分支机构。

五、各地期货监管部门和期货交易所接到本通知后，请按通知要求，对非期货经纪公司会员申请期货经纪业务进行审核。各交易所的《推荐意见表》须在1995年12月15日前，报会员单位所在地地方期货监管部门并抄报中国证监会，申请期货经纪业务的非期货经纪公司会员，须在1995年12月31日前，将申报材料报地方期货监管部门。各地期货监管部门应在1996年2月28日前，将审核意见和申报材料报中国证监会。

六、未获期货交易所推荐的非期货经纪公司会员，须在1995年12月31日前停止期货经纪业务。经审核未获通过的非期货经纪公司会员，应在接到通知后30日内停止期货经纪业务。违反者，中国证监会和国家工商行政管理局将根据有关规定对其进行处罚。

中国证券监督管理委员会
国家工商行政管理局
一九九五年十月二十七日

关于审核期货经纪公司设立期货营业部的通知

各省、自治区、直辖市及计划单列市人民政府期货监管部门、工商行政管理局：

目前，一些期货经纪公司和期货兼营机构以“营业部”、“办事处”、“分公司”等名义，在各地设立了一些分支机构，在未经批准的情况下，擅自接受客户委托，从事期货经纪业务，且管理混乱、风险控制不严，有的甚至承包给个人。这些问题给我国期货市场带来了不良影响。为了进一步规范期货市场的经纪行为，保护广大投资者利益，根据国办发[1994]69号文件精神，特作如下通知：

一、期货经纪公司设立期货营业部，须经中国证监会审核批准。

期货经纪公司设立的期货营业部，属《公司法》第十三条第一款规定的分公司，不具有企业法人资格，其民事责任由期货经纪公司承担。经中国证监会审核批准的期货营业部，可以按照中国证监会核准的期货业务范围，从事国内期货经纪、期货咨询服务和期货培训的部分或者全部业务，但不得从事期货自营业务。

二、期货经纪公司设立期货营业部，必须具备下列条件：

1、持有中国证监会颁发的《期货经纪业务许可证》及国家工商行政管理局颁发的《企业法人营业执照》。

2、上一年度为盈利企业。

3、注册资本金在人民币1000万元以上，同时是4家以上期货交易所会员的，可申请设立一个期货营业部；注册资本金在人民币2000万元以上，同时是8家以上期货交易所会员的，可申请设立两个期货营业部；注册资本金在人民币3000万元以上，同时是12家以上期货交易所会员，可申请设立三个期货营业部。一家期货经纪公司最多只能设立三个期货营业部。

4、期货营业部具有专用通讯设施和设备。

5、期货营业部持有《期货从业人员资格证书》的从业人员不得少于10名。

三、期货经纪公司设立期货营业部的审核程序为：

1、公司将申报材料报送期货营业部拟设立地的省、自治区、直辖市或计划单列市期货监管部门(以下简称地方期货监管部门)进行初审。初审通过后，由地方期货监管部门将初审意见及审核材料一并上报中国证监会进行复审。

2、中国证监会复审后，分别向国家工商行政管理局和地方期货监管部门通知复审结果。

3、期货经纪公司持中国证监会的批复文件和《期货经纪业务许可证》，到国家工商行政管理局申请办理营业登记。

四、期货经纪公司设立期货营业部，需向地方期货监管部门申报下列材料(一式二份)：

1、填写中国证监会制作的《期货经纪公司营业部登记表》(附件一)。

2、《期货经纪业务许可证》和《企业法人营业执照》复印件。

3、期货营业部管理人员(副经理以上)简历及资格证书复印件和无犯罪记录证明(由户口所在地公安、街道或上级主管单位人事部门出具)。

4、国内期货交易所会员证明。

5、期货营业部经营场地所有权或使用权证明、租用通讯设施合同。

6、期货经纪公司上一年度经法定验资机构审计的财务报告。

五、经审核批准的期货营业部的名称：一律用“××期货经纪有限(责任)公司××营业部”字样，不得使用其他名称。

六、本通知下发前已设立的期货经纪公司分支机构，一律按本通告的规定予以规范。凡不符合本通知规定的，须在1995年12月31日前，停止期货经纪业务，并办理注销登记。违反者，中国证监会和国家工商行政管理局将根据有关规定对其进行处罚。

七、期货兼营机构不得设立从事期货经纪业务的分支机构。期货兼营机构已设立的从事期货经纪业务的分支机构，须在1995年12月31日前停止期货经纪业务，并办理注销登记。违反者，中国证监会和国家工商行政管理局将根据有关规定对其进行处罚。

八、请各地期货监管部门接到本通知后，按通知要求组织审核。申请设立期货营业部的期货经纪公司，须在1995年12

月 31 日前，将申报材料报送地方期货监管部门。地方期货监管部门应在 1996 年 3 月 31 日前，将审核意见和材料报中国证监会。

中国证券监督管理委员会

国家工商行政管理局

一九九五年十一月二十七日

会计师事务所、注册会计师从事证券相关业务许可证管理暂行办法

第一条 根据《中华人民共和国注册会计师法》及有关证券法律、法规的规定，为保障投资者的合法权益，保护社会公众的基本利益，维护证券市场的规范发展，充分发挥注册会计师在证券市场中的作用，特制定本办法。

第二条 财政部和中国证券监督管理委员会（以下简称"中国证监会"）对从事证券相关业务的会计师事务所（以下简称"事务所"）、注册会计师实行许可证管理制度。

本办法所称证券相关业务，是指对公开发行和交易股票的企业、证券经营机构和证券交易场所进行的会计报表审计、净资产验证及其他相关的咨询服务等。

第三条 注册会计师申请从事证券相关业务许可证时，应填写《注册会计师从事证券相关业务许可证申请表》一式三份，由其所在的事务所集中申报，其申报程序见本办法第八条的规定。申请从事证券相关业务许可证的注册会计师应符合下列条件：

1. 取得执业注册会计师资格，并在事务所专职执业三年以上（含三年）；

2. 年龄不超过 60 岁（含高级职称者）；

3. 具有良好的职业道德记录，并由当地省级注册会计师协会出具近三年的年检合格证明；

4. 取得证券相关业务资格考试成绩合格证书。

注册会计师执行证券相关业务资格考试办法由财政部注册会计师考试委员会另行制定。

第四条 注册会计师取得证券相关业务资格考试成绩合格证书，仅表明该注册会计师具有申报从事证券相关业务许可证的资格，未经批准不得签署从事证券业务的相关报告。

本文生效前已取得"从事证券相关业务许可证"的注册会计师，可不再参加考试，但必须参加中国注册会计师协会组织的"证券相关业务资格培训班"，并且应获得每年证券相关业务许可证年检合格证明。

第五条 事务所申报从事证券相关业务许可证时必须符合下列条件：

1. 依法成立三年以上（含三年），内部机构和管理制度比较健全；

2. 专职从业人员不少于 60 人，其中职龄以内业务人员应占 60%以上，有 8 名以上（含 8 名）经考试取得证券相关业务资格成绩合格证书的注册会计师；

3. 具有良好的职业道德记录和声誉，没有发生过严重的工作失误和违反职业道德的行为，没有发生过重大违法违规行为；

4. 注册资本不少于 200 万元，风险基金不少于 100 万元。

第六条 凡申请从事证券相关业务许可证的事务所须向财政部和中国证监会提交下列资料：

1.《会计师事务所从事证券相关业务许可证申请表》；

2. 至少 8 名注册会计师的证券相关业务资格成绩合格证书的复印件及注册会计师填写的《注册会计师从事证券相关业务许可证申请表》；

3.《会计师事务所其他专业从业人员、其他专家和技术人员情况呈报表》；

4. 近三年的年度会计报表，并说明风险基金的计提及使用情况；

5. 地方注册会计师协会出具的该事务所最近三年的年检合格证明；

6. 事务所认为应该申报或财政部和中国证监会认为需要提供的其他资料。

所有的申报材料要求用 A4 型复印纸。

第七条 经批准已取得从事证券相关业务许可证的事务所，如果其从事证券业务的注册会计师发生变化，应及时上报调整。

1. 已取得从事证券相关业务许可证的注册会计师具有下列情形之一时，应由事务所及时向当地省级财政厅（局）报告，并由财政厅（局）审核后，上报财政部、中国证监会取消其从事证券相关业务许可证。

（1）因故离开原申报许可证的事务所；

（2）年龄超过 65 岁（含高级职称者）；

（3）因健康等原因不能胜任此项工作；

（4）违反《中华人民共和国注册会计师法》以及国家其他相关法律、行政法规的规定，被取消注册会计师资格的；

（5）事务所认为其能力不足胜任该项工作的；

（6）财政部、中国证监会认为应予取消的其他原因。

2. 事务所取得从事证券相关业务许可证的注册会计师不足 8 名时，应申请补充符合本办法第三条要求的注册会计师，由事务所按规定程序上报。凡不符合规定条件者，财政部、中国证监会不受理其调整补充申请。

3. 从事证券相关业务的注册会计师转所时，其许可证视以下不同情况分别处理。

经批准具有从事证券相关业务许可证的注册会计师（指已取得证券相关业务资格考试成绩合格证书者），从原事务所转入另一家具有许可证的事务所时，若要继续保留从事证券相关业务许可证，除应按规定要求办理转所手续外，还应由转入所按本办法第八条的申报程序申报。

具有下列情形之一时，应由原申报事务所收回该注册会计师从事证券相关业务许可证，并交中国注册会计师协会。

（1）转入未取得从事证券相关业务许可证的事务所时；

（2）该文生效前取得"从事证券相关业务许可证"的注册会计师（未取得证券相关业务资格考试成绩合格证书者），其资格仅在原申报事务所有效。当该注册会计师转所（包括转入已取得"从事证券相关业务许可证"的会计师事务所）时，其"从事证券相关业务许可证"资格同时失效。再次申报时需按本办法第三条办理；

(3)转所时年龄已超过60岁。

第八条 事务所申报从事证券相关业务许可证时,应于每年6月向所在省、自治区、直辖市财政厅(局)提出书面申请,并提交本办法第六条所列资料一式三份。经主管财政厅(局)审核后于每年7月31日之前报财政部,财政部会同中国证监会进行审核。经审核符合条件者,财政部会同中国证监会联合颁发从事证券相关业务许可证,并予以公告;经审核不符合规定要求,不予批准者,财政部或证监会应当向申请人说明原因。

财政部和中国证监会在收到申请材料60天内未提出意见者,视为不予批准。

第九条 取得从事证券相关业务许可证的事务所在从事证券相关业务时,必须严格遵守国家有关证券法规,做到独立、客观、公正,严格执行财政部、中国注册会计师协会制定发布的《中国注册会计师独立审计准则》及相关规则,严格遵守中国注册会计师协会颁布的有关培训制度及职业道德守则。

取得从事证券相关业务许可证的事务所,应于每年7月31日之前,向财政部和中国证监会报送上一年度从事证券审计业务的情况、专业人员的培训情况以及人员变动情况等资料。

第十条 公开发行与交易股票的企业、证券经营机构和证券交易场所,有权自行选择取得从事证券相关业务许可证的事务所和注册会计师为其提供服务,任何政府机关、部门不得干预。但上市公司在通过股东大会同意变更事务所时,后任事务所应将变更情况向中国注册会计师协会书面简要汇报。

未经批准,没有取得从事证券相关业务许可证的事务所和注册会计师以及其他机构和人员不得从事本办法所指的证券相关业务。

公开发行与交易股票的企业、证券经营机构和证券交易场所聘请没有取得从事证券相关业务许可证的事务所出具的审计报告、验资报告等,一律无效。

第十一条 来我国协助境内企业到境外发行股票和股票上市交易的境外会计公司和境外注册会计师,需向财政部、中国证监会提交该会计公司及注册会计师的基本情况,经财政部、中国证监会审核认可后方可接受客户委托,并由财政部归口管理。已获认可的境外会计公司及其境外注册会计师,应严格遵守我国的有关法律、法规,遵守财政部、中国证监会《关于中外合作会计师事务所、境外会计师事务所执行中国企业在境外上市审计业务若干问题的规定的通知》的有关规定。

已获认可的境外会计公司每年需向财政部、中国证监会重新申报资格。

第十二条 财政部、中国证监会每年对取得从事证券相关业务许可证的事务所进行抽查,对于存在下列问题,达不到规定要求的事务所、注册会计师,财政部、中国证监会可以暂停或吊销其从事证券相关业务许可证:

1.已取得从事证券相关业务许可证的事务所在出现达不到本办法第五条各项要求时;

本文生效前已取得"从事证券相关业务许可证"的事务所,应于97年12月31日之前达到本办法第五条的各项要求,届时达不到要求时;

2.不遵守《中国注册会计师独立审计准则》时;

3.在发生严重违背职业道德的行为时;

4.在不按时报送本办法第九条第二款所要求提供的资料时;

5.未按要求完成专业培训时;

6.事务所申请取消从事证券相关业务许可证时;

7.事务所及其专业人员在从事证券相关业务时出现重大疏漏、严重误导、欺诈舞弊以及违反证券法规的行为时,中国证监会可建议财政部暂停或吊销其从事证券业务许可证,并予以公告。

第十三条 期货交易所应比照本办法第十条的规定办理年度审计工作。

第十四条 经省级以上注册会计师协会认可,审计师事务所亦按上述要求办理(注:注册审计师不行)。

第十五条 本规定自发布之日起生效。原财政部、国家体改委于1992年9月印发的《注册会计师执行股份制试点企业有关业务的暂行规定》,财政部、中国证券监督管理委员会于1993年2月以(93)财办字"关于从事证券业务的会计师事务所、注册会计师资格确认的规定"以及1994年8月以(94)财会协字第94号《"关于从事证券业务的会计师事务所、注册会计师资格确认的规定"的补充规定》同时废止。

第十六条 本规定由财政部会同中国证监会负责解释。

财政部　中国证券监督管理委员会

一九九六年四月二十九日

会计师事务所财务管理若干问题的暂行规定

一、为了加强会计师事务所财务管理工作,促进注册会计师事业的发展,根据《企业财务通则》和分行业的企业财务制度,结合事务所经营特点和管理要求,制定本规定。

二、本规定适于中华人民共和国境内依法设立的负有限责任的会计师事务所(以下简称事务所)及其所属独立核算的分支机构。合伙所参照执行。

三、事务所实行独立核算,自负盈亏。事务所应当建立健全财务管理制度,如实反映财务状况和经营成果,依法纳税,并接受主管财政机关和注册会计师协会的检查监督。

四、事务所的所有者权益包括实收资本、资本公积、事业发展基金、公益金、未分配利润。事业发展基金用于弥补亏损或转增资本等注册会计师事业发展方面,不得挪作他用。

五、事务所的负债分为流动负债和长期负债。

流动负债包括短期借款、应付帐款、应付工资、应付福利费、未交税金、其他应付款、预提费用等。

长期负债包括长期借款、职业风险基金等。

事务所应当按时偿还各项负债,如发生因债权人特殊原因确实无法支付的应付款项,转作其他收入处理。

六、事务所流动资产包括现金、各种存款、短期投资、应收票据、应收帐款、其他应收款、存货、待摊费用等。事务所的存货包括物料用品和库存帐册等。存货按实际成本核算;物料用品在领用后,可以一次计入业务支出,用量较大的,可以采用待摊的办法,但摊销期不得超过12个月。

事务所可于年度终了,按照年末应收帐款余额不超过5‰计提坏帐准备,计入其他支出。

事务所非流动资产包括长期投资、固定资产、在建工程、递延资产等。

七、事务所根据实际情况,按规定制定固定资产目录。

事务所固定资产应计提折旧。折旧方法采用直线法(平均年限法),折旧率参照旅游、饮食服务企业。固定资产的净残值率,按照固定资产原值的3%确定。

事务所按照规定提取固定资产折旧,计入业务支出。

事务所发生的固定资产修理费用,计入当期业务支出。修理费用发生不均衡、数额较大的,可以采用待摊的办法,但摊销期不得超过12个月。

固定资产有偿转让或者清理报废的变价净收入与其帐面净值的差额,计入其他收入或其他支出。

事务所应当于年终决算前对固定资产进行一次盘点清查,发生盘盈或盘亏的固定资产净值计入其他收入或其他支出。

八、事务所递延资产包括开办费等摊销期限在一年以上的待摊费用。

开办费是指事务所在筹建期间发生的费用,包括筹建期间人员工资、办公费、培训费、差旅费、印刷费、注册登记费以及不计入固定资产购建成本的汇兑损益、利息等支出。

开办费自事务所开业之次月起分期摊入其他业务支出,摊销期一般不短于5年。

九、事务所通过认购债券等方式向其他单位投资(包括长期投资和短期投资)必须按照国家有关证券法规的规定执行。

事务所对外投资取得的收益,计入其他收入。

十、事务所的支出包括业务支出和其他支出。

业务支出是指事务所开展业务所必须的各种费用开支,包括工资、福利费、工会经费、办公费、差旅费、修理费、租赁费、折旧费、物料用品费、职工教育经费、业务招待费、会费、营业税及附加、其他税金、职工待业保险费、劳动保险费、职业风险基金、存货盘亏处理等。

1.工资是指在编人员和长期聘用人员的工资、奖金、各种补贴和津贴、见习期临时待遇、在编进修学习人员工资、临时聘用人员的劳务报酬。

2.福利费按事务所职工工资总额的14%提取,用于在编人员和长期聘用人员的医药费、因工负伤和职工生活困难补助费等。

3.工会经费是指按事务所职工工资总额的2%提取拨交给工会的经费。

4.办公费是指用于办公用文具、印刷、邮电、水电等费用。

5.差旅费是指事务所工作人员因公出差费用。

6.修理费是指固定资产的日常修理费和大修理费用。

7.租赁费是指租入固定资产的租金(不包括融资租赁费)。

8.折旧费是指按规定计提的固定资产折旧费。

9.物料用品费是指因消耗使用各种材料和低值易耗品而计入业务支出的费用。

10.职工教育经费是指事务所为职工岗前培训、在职培训、后续教育而支付的费用,按照工资总额的1.5%计提。

11.业务招待费是指事务所为正常业务往来的需要而支付的费用,参照其他行业的标准,节约使用,据实列支。

12.会费是指按照《中国注册会计师协会章程》和有关规定提取,分别上缴中国注册会计师协会和省级注册会计师协会的团体会员会费。个人会员费由注册会计师个人支付,不得列入本项目。

13.营业税及附加是指事务所按规定应缴纳的营业税及教育费附加、城乡维护建设税。

14.其他税金是指事务所按规定应缴纳的房产税、车船使用税、土地使用税和印花税等。

15.职业风险基金按业务收入的10%计提,作为因不可避免的工作失误而依法进行赔偿的准备金。

16.职工待业保险费是指按国家规定缴纳的待业保险金。

17.劳动保险费是指按国家规定缴纳的职工退休统筹金、支付退休人员的医疗费、6个月以上病假人员工资、退职金、丧葬费、抚恤金等。

18.存货盘亏处理是指事务所存货发生正常盘亏损失的处理。盘盈冲减业务支出。

除以上开支项目以外的业务费用,如开办费摊销、财产保险费等作为其他业务支出。

其他支出是指业务支出以外的开支,包括财务费用、坏帐损失、罚款支出、捐赠支出、固定资产盘亏和处理固定资产净损失、非常损失等。

十一、事务所的收入包括业务收入、附营业务收入和其他收入。

业务收入是指事务所接受委托对外提供审计、会计咨询和会计服务业务所取得的收入,包括审计收入、验资收入、咨询服务收入、资产评估收入、培训收入和其他业务收入。

附营业务收入是指事务所经销库存帐证、表册等会计用品所取得的净收入。

其他收入是指事务所投资净收益、固定资产盘盈和处理固定资产净收益及其他收益。

事务所的一切收入都必须按规定入帐,各项业务收费标准,应严格按照有关规定执行。

事务所的各项收入应于业务已经完成、款项已经收到或者取得了收取款项的凭据时,确认收入的实现;跨年度项目可根据完成进度法或完成合同法合理确认收入。

十二、事务所的利润是一定时期的收入减去支出后的净额,在按照国家规定作相应调整后,依法缴纳所得税。

事务所发生的年度亏损,可以用下一年度的税前利润等弥补;下一年度利润不足弥补的,可以在5年内延续弥补;5年内不足弥补的,应当用税后利润弥补。

事务所缴纳所得税后的利润,首先用于弥补事务所以前年度亏损;其次按照税后利润扣除前项后的50%提取事业发展基金,剩余部分作为事务所公益金和应付投资者利润。事务所的各项税收减免转作事业发展基金。

十三、事务所应按规定向主管注册会计师协会提供财务报告。事务所报送的年度财务报告包括资产负债表、资产负债表补充资料、利润表以及财务情况说明书。年度财务报告于年度终了后一个月内连同其他事务所中国注册会计师的审计报告一并报送主管注册会计师协会。省级注册会计师协会于三月底前将汇总报表(包括资产负债表、利润表、利润表补充资料)报送中国注册会计师协会。

十四、本规定由财政部负责解释和修订。

各事务所根据本规定结合事务所的具体情况,制定本所的财务管理办法,并报主管注册会计师协会备案。

十五、本规定自1995年1月1日起执行。

财政部

一九九四年十二月二日

批发市场管理办法

第一章 总 则

第一条 为完善商品批发市场体系，规范批发市场交易行为，使批发市场的建设和管理纳入法制化、规范化轨道，保护交易当事人的正当经营和合法权益，制定本办法。

第二条 本办法所称"批发市场"，是指为买卖双方提供经常性的、公开的、规范的进行商品批发交易，并具有信息、结算、运输等配套服务功能的场所。

第三条 本办法中"中心批发市场"是指经国内贸易部批准或确认，在商品主要产地、销地或集散地中心城市设立的，具有辐射周围地区乃至全国的批发交易场所。

第四条 本办法中的"地方批发市场"是指经所在地省、自治区、直辖市和计划单列市商品流通主管部门或省级人民政府指定的部门批准，在国内贸易部备案设立的批发交易场所。

第五条 经批准或确认设立的批发市场必须使用"批发市场"名称。中心批发市场名称需冠以：所在地（省、市）名称，标明交易商品类别和"中心批发市场"字样；地方批发市场名称需冠以：所在城市名称，标明交易商品类别和"批发市场"字样。未经批准或确认的市场不得使用"批发市场"字样。

第六条 批发市场是社会公益性的非营利事业法人或公司法人。批发市场实行管理委员会监督管理下的理事会（董事会）负责制。

第七条 批发市场以服务为宗旨，遵循公开交易、平等竞争、自由议价的交易原则。

第八条 批发市场必须遵守和执行国家法律和宏观调控政策。

第二章 设 立

第九条 中心批发市场必须经国内贸易部批准方可设立；地方批发市场须经省级（含计划单列市）商品流通主管部门或省级人民政府指定的部门批准方可设立。

第十条 国内贸易部根据国家的经济发展状况制定批发市场建设规划。批发市场建设规划包括：

（一）市场建设的总体思路和方针原则；

（二）市场的布局、规模和种类；

（三）市场建设的目标；

（四）市场管理与指导；

（五）其他有关市场建设的必要事项。

省、自治区、直辖市和计划单列市商品流通主管部门应根据国内贸易部批发市场建设规划制定本地区市场建设规划，报国内贸易部备案。

第十一条 建立批发市场必须具备以下条件：

（一）交易商品的主要产地、销地中心城市或商品集散中心，交通方便，通讯发达；

（二）有进行批发交易的场所和基本配套设施；

（三）符合国家和地方市场建设规划。

第十二条 批发市场可由政府部门筹资组建，也可按《中华人民共和国公司法》（以下简称《公司法》）的有关规定由企业出资或合作组建。

第十三条 建立中心批发市场由发起单位提出申请，报国内贸易部批准。

地方批发市场由发起单位提出申请，报所在地省、自治区、直辖市、计划单列市商品流通主管部门或省级人民政府指定的部门批准，并报国内贸易部备案。国内贸易部在接到备案报告一个月内，以书面形式明确答复同意或不同意。同意的，方可依法办理开业等事宜。

第十四条 申请设立中心批发市场需经省级（包括计划单列市）人民政府认可。

第十五条 本办法第十三条所称"发起单位"是指：

（一）政府部门筹资建立的批发市场为参与筹资的有关政府部门和企事业单位根据共同意向设立的筹备办公室（组）。

（二）按《公司法》规定以公司形式组建的批发市场为国内贸易部或省、自治区、直辖市和计划单列市商品流通主管部门或省级人民政府指定的部门同意的一个以上的企事业单位。

第十六条 申报开办批发市场须提交下列材料：

（一）发起单位的申请报告；

（二）建立批发市场的可行性报告；

（三）建设计划和实施措施；

（四）章程、交易规则、内部管理规章草案。

第十七条 批发市场可行性报告包含 以下内容：

（一）拟进行批发交易的商品种类和名称；

（二）市场所在地区该种类商品的生产能力、消费量和流通量，及同类市场的数量及规模；

（三）市场交易量、交易金额和对周围地区及全国辐射能力预测；

（四）所在地交通、通讯和流通设施情况；

（五）市场的面积、设施、主要服务功能；

（六）专职管理人员情况；

（七）批发市场的筹建方案和近、远期建设目标；

（八）建设资金数额和筹集方案，投资筹建单位所签订的筹建合同；

（九）投资的直接、间接效益预测；

（十）项目的优势、不足及相应的对策措施；

（十一）其它需要说明的事项。

第十八条 章程、交易规则中应对下列内容做出规定：

（一）市场的地点及规模；

（二）交易品种；

（三）招商方式、组织结构和领导机构、管理机构组成方案；

（四）交易方式和结算方法；

（五）从事批发业务人员的有关事项；

（六）从事市场管理人员的有关事项；

（七）设施使用费用；

（八）交易时间；

（九）代理规则和手续费标准；

（十）日常经费来源及使用原则；

（十一）章程、交易规则所包含的其他要求的内容。

第十九条 国内贸易部在接到建立中心批发市场申请和上述文件的3个月内进行审定核实，并明确签复；地方批发市场由省、自治区、直辖市和计划单列市商品流通主管部门或省级人民政府指定部门参照中心批发市场的方式进行审批。

第二十条 对批准建立的中心批发市场和经国内贸易部同意备案的地方批发市场，由国内贸易部统一及时予以公告。

第三章 监督管理机构

第二十一条 批发市场设立管理委员会。中心批发市场管理委员会由国内贸易部、发起单位上级主管部门、所在地政府有关部门的代表和专家组成。管理委员会设主任一人、副主任若干人，分别由国内贸易部、所在地省级（包括计划单列市）人民政府、生产主管部门派员出任。

第二十二条 管理委员会是批发市场的监督管理机构，主要职责是：

（一）批准市场管理规定、章程、交易商管理规则、交易规则、工作人员守则等有关规章制度；

（二）批准交易品种、交易方式（不含中远期合同竞价交易）；

（三）协调处理批发市场筹建和运行中涉及的有关政策问题和部门、地区之间的关系；

（四）审批理事会（董事会）的报告；

（五）对批发市场交易活动进行监督、指导；

（六）审议批准批发市场的其它重大事项。

第二十三条 管理委员会每年至少召开一次会议，会议须有三分之二以上成员出席，其决议须经由半数以上成员通过方为有效。

第二十四条 地方批发市场管理委员会参照中心批发市场管理委员会的模式设立。

第四章 权力机构

第二十五条 政府部门筹资建立的中心批发市场设理事会。理事会是批发市场的权力机构。

理事会由不少于5人的奇数组成，其中参与筹资的政府部门推选的理事不多于理事成员的2/3，其余由交易商选举的代表出任；理事会选举产生理事长1名、副理事长若干名，任期2年，可以连选连任。理事长是批发市场的法人代表。

（一）理事会对筹资政府部门和交易商负责，行使以下职权：

1.制定、修订批发市场有关规章制度；

2.决定经营方针和投资方案；

3.决定批发市场的招商和交易方式（不含中远期合同竞价交易）；

4.批准交易商进场交易；

5.批准交易商开展代理批发业务；

6.决定批发市场的合并、分立、解散和清算等；

7.决定批发市场内部机构设置；

8.聘任或解聘高级管理人员；

9.制定批发市场年度预、决算方案。

（二）批发市场设总经理（或总裁），总经理（总裁）由理事会聘任。总经理（总裁）对理事会负责，行使以下职权：

1.组织实施批发市场经营方针和投资方案；

2.拟定批发市场内部管理机构设置方案；

3.拟订批发市场具体管理制度；

4.负责批发市场日常工作；

5.批发市场章程和理事会授予的其他职权。

总经理（总裁）列席理事会会议。

第二十六条 中心批发市场根据需要设立交易、信息、结算、交割、开发、监察等职能部门。

第二十七条 按《公司法》设立的中心批发市场设董事会。董事会是批发市场的权力机构，董事会等组织机构产生、职权按《公司法》的有关规定执行。

第二十八条 地方批发市场工作机构由当地政府根据当地实际情况设立，也可参照中心批发市场模式设立。

第五章 交易商

第二十九条 本办法所称“交易商”，是指具有商品批发交易能力，可进入批发市场进行交易的批发企业、经纪商和经批准的生产企业和用户。

第三十条 交易商必须具备下列条件：

（一）具有独立的法人资格；

（二）拥有开展规定商品批发业务所必需的最低注册资金和相应的经营设施；

（三）经纪商要有经营批发业务的许可；

（四）有良好的商业信誉，无违法记录；

（五）批发市场章程规定的其他必备条件。

第三十一条 凡具备上述条件的批发企业、经纪商和大的生产企业和用户均可向市场提出申请，经理事会（董事会）批准，方可进场交易。

第三十二条 交易商平等地享有批发市场章程赋予的权利，履行章程规定的义务。

第三十三条 交易商必须委派具有资格证书的交易员进场交易。批发市场交易专业人员资格认定由国内贸易部负责。其培训、考核事项可委托全国性行业组织或其他有关部门具体承办。培训合格者将发给从业资格证书，未取得资格证书的人员不得参加交易。

第三十四条 交易员根据授权全权负责所代表交易商在市场内的交易，所签订的合同具有法律效力。交易员只能接受本单位的指令，不得接受其他交易商或客户的指令。

第三十五条 经理事会（董事会）批准，企业法人交易商有权接受客户的委托，进行代理批发业务。

第三十六条 企业法人交易商变更法人代表时，在变更后1个月内向批发市场备案。变更或增加交易员须提前15天向批发市场备案，原交易员在了结各项手续后方可退出。

第六章 交 易

第三十七条 交易商按照诚实、守信、公平、公正的原则在批发市场内进行交易。

第三十八条 交易方式根据不同商品的特性采取协商买卖、竞价买卖和拍卖。

第三十九条 批发市场内的交易经市场确认后具有法律效力，买卖双方必须严格履约。批发市场有保证交易双方履约的权力和义务。

第四十条 即期现货成交按双方商定的时间、地点、品种、数量、质量等条件和交货方式由买卖双方负责，批发市场负责监督。

第四十一条 严格控制批发市场进行中远期合同竞价交易。批发市场进行中远期合同竞价交易或由即期现货交易转为中远期合同竞价交易，必须经国内贸易部批准。

第四十二条 改变或增加中远期合同竞价交易品种必须报国内贸易部批准。

第四十三条 中远期合同竞价交易具体管理办法由国内贸易部另行制定。

第四十四条 有条件的批发市场要主动争取铁路、交通部门的支持。

第四十五条 批发市场交易品种必须符合国家认可的质量标准。

第四十六条 批发市场可根据国内贸易部、生产主管部门或地方政府的要求，承办全国或省、市范围的商品交易会。

第四十七条 批发市场内的交易禁止下列行为：

（一）蓄意串通，制造虚假供求和价格；

（二）故意捏造或散布虚假的、容易使人误解的信息；

（三）以操纵市场为目的，连续抬价或压价买入或卖出同一种商品；

（四）以其他直接或间接方式，操纵或扰乱交易；

（五）未经批准进行中远期合同竞价交易；

（六）未经批准开展代理批发业务；

（七）从事代理批发业务收受章程规定的手续费以外的报酬。

第七章 代理批发

第四十八条 交易商进行代理批发业务必须遵守代理规则和有关细则。

第四十九条 批发市场对交易商负责，代理者对被代理者负责。

第五十条 代理者可向被代理者收取手续费。

第五十一条 批发市场有权对代理业务进行检查监督，保护被代理者的利益。

第五十二条 被代理者可以自由选择代理者，代理条件由代理双方本着公正、合理的原则协商确定并签订代理协议。

第八章 价 格

第五十三条 除国家另有规定外，批发市场交易价格允许随行就市，法定报价货币为人民币。

第五十四条 批发市场应根据国家有关法律制定价格管理规则。

第五十五条 批发市场成交的价格、数量等信息由批发市场专门机构统一汇总。

第五十六条 建立批发市场行情报告制度。中心批发市场在每天交易结束后，要将成交品种、产地、数量、价格等行情报国内贸易部，统一向全国发布。地方批发市场在每天交易结束后，要将成交品种、产地、数量、价格等行情报省级（包括计划单列市）商品流通主管部门或省级人民政府指定的部门，统一组织发布；各地商品流通主管部门要定期将上述行情报国内贸易部。

第九章 结 算

第五十七条 有条件的批发市场对场内成交的商品实行统一结算。

第五十八条 以竞价方式交易的批发市场可实行保证金制度。条件成熟后要建立全国统一的结算机构。

第五十九条 批发市场有权追偿并处罚违约方造成的经济损失。

第十章 监督管理

第六十条 批发市场必须积极、严谨、高效地为交易商服务，凡因市场工作人员失职、渎职造成损失的，由市场予以赔偿。

第六十一条 批发市场的工作人员必须主持公道、清正廉洁，不得参与场内的交易活动。对于循私舞弊、违法乱纪者，按工作人员守则的有关条款予以处罚。情节严重者，按照干部、职工管理权限和有法律、法规由有关部门处理。

第六十二条 批发市场有权监督交易商的交易行为；有权按有关规定、章程和细则对违章、违纪行为进行处罚。

第六十三条 交易者不严格履行商品批发合同所规定各项条款产生的纠纷，首先由买卖双方协商解决，双方不能达成一致意见时，由批发市场依法予以调解。

第六十四条 批发市场通过下列工作行使监督、处罚的职责：

（一）听取交易商申诉；

（二）受理对交易商不正当行为的指控；

（三）调查交易商交易、财务状况，检查帐册、文件和原始记录；

（四）以书面形式通知交易商停止或纠正不正当行为。

第六十五条 对交易商和交易员的违规行为，按市场有关规定予以警告、取消交易商及交易员资格处罚。情节严重、触犯刑律的行为依法由司法机关审理。

第六十六条 批发市场对交易商和交易员资格实行年审制度，并向国内贸易部备案。

第六十七条 当批发市场交易中出现不正当行为或不正常价格时，国内贸易部或各地商品流通主管部门可对批发市场交易进行监督指导。并有权要求批发市场或交易商提供业务报告或资料，进行检查。

第十一章 附 则

第六十八条 各省、自治区、直辖市和计划单列市商品流通主管部门可根据本办法制定地方批发市场管理办法。

第六十九条 本办法由国内贸易部负责解释。

第七十条 本办法自发布之日起施行。

国内贸易部

一九九四年十二月十五日

经纪人管理办法

第一章 总 则

第一条 为确立经纪人的法律地位，保障经纪活动当事人的合法权益，规范经纪行为，促进经纪业的健康发展，根据有关法律、行政法规、制定本办法。

第二条 本办法所称经纪人，是指依照本办法的规定，在经济活动中，以收取佣金为目的，为促成他人交易而从事居间、行纪或者代理等经纪业务的公民、法人或其他经济组织。

第三条 经纪人从事经纪活动，应当遵守国家法律、法规，遵循平等、自愿、公平和诚实信用的原则。

第四条 经纪人的合法权益受国家法律保护，任何单位和个人不得侵犯。

第五条 各级工商行政管理机关负责对经纪人进行监督管理。其主要职责是：

(一)经纪资格的认定；

(二)经纪人的登记注册；

(三)依照有关法律、法规和本办法的规定，对经纪活动进行监督管理，保护合法经营、查处违法经营；

(四)指导经纪人自律组织的工作；

(五)国家赋予的其它职责。

第二章 资格认定

第六条 具备下列条件的人员，经工商行政管理机关考核批准，取得经纪资格证书后，方可申请从事经纪活动：

(一)具有完全民事行为能力；

(二)具有从事经纪活动所需要的知识和技能；

(三)有固定的住所；

(四)掌握国家有关的法律、法规和政策；

(五)申请经纪资格之前连续三年以上没有犯罪和经济违法行为。

第七条 从事金融、保险、证券、期货和国家有专项规定的其他特殊行业经纪业务的，还应当具备相应的专业经纪资格证书。

符合本办法第六条规定条件，已取得经纪资格证书的人员，经专门考核合格，取得专业经纪资格，由工商行政管理机关会同有关部门发给专业经纪资格证书。

第三章 经纪组织

第八条 经纪人事务所由具有经纪资格证书的人员合伙设立。

经纪人事务所应当符合下列条件：

(一)有固定的业务场所；

(二)有一定的资金；

(三)由二名以上具有经纪资格证书的人员作为合伙人发起成立；

(四)兼营特殊行业经纪业务的，应当具有二名以上取得相应专业经纪资格证书的专职人员；

(五)专门从事某种特殊行业经纪业务的，应当具有四名以上取得相应专业资格证书的专职人员；

(六)合伙人之间订有书面合伙协议；

(七)法律、法规规定的其他条件。

经纪人事务所由合伙人按照出资比例或者协议约定，以各自的财产承担责任。合伙人对经纪人事务所的债务承担连带责任。

第九条 经纪公司是负有限责任的企业法人。

设立经纪公司应当符合下列条件：

(一)具有相应的组织机构和固定的业务场所；

(二)注册资金在十万以上；

(三)有与其经营规模相适应的一定数量的专职人员，其中取得经纪资格证书的不得少于五人；

(四)兼营特殊行业经纪业务的，应当具有二名以上取得相应专业经纪资格证书的专职人员；

(五)专门从事某种特殊行业经纪业务的，应当具有四名以上取得相应专业经纪资格证书的专职员；

(六)《公司法》及有关法规规定的其他条件。

第十条 具有经纪资格证书的非经纪行业现职人员，经所在单位同意，可以在经纪人事务所或者经纪公司兼职从事经纪活动。

第十一条 符合下列条件的人员，可以申请领取个体工商户《营业执照》，成为个体经纪人。

(一)有固定的业务场所；

(二)有一定的资金；

(三)取得经纪资格证书；

(四)有一定的从业经验；

(五)符合《城乡个体工商户管理暂行条例》的其它规定。

个体经纪人以自己的名义从事经纪活动，并以个人全部财产承担无限责任。

第十二条 除经纪人事务所、经纪公司、个体经纪人外，其他经纪组织从事经纪活动，需经所在地工商行政管理机关核准，并办理登记注册。

第十三条 符合本办法第八条、第九条、第十一条、第十二条规定条件的经纪人事务所、经纪公司、个体经纪人和兼营经纪业务的经济组织，应当向所在地工商行政管理机关申请登记注册或变更登记。工商行政管理机关应当在受理登记注册或者变更登记之日起 30 日内，作出核准登记注册或者不予核准登记注册的决定。

第四章 经纪活动

第十四条 经纪人依法进行经纪活动，受国家法律保护，任何单位和个人不得非法干预。

凡国家允许进入市场流通的商品和服务项目，经纪人均可进行经纪活动；凡国家限制自由买卖的商品和服务，经纪人应当遵守国家有关规定在核准的经营范围内进行经纪活动；凡国家禁止流通的商品和服务，经纪人不得进行经纪活动。

第十五条 经纪人从事经纪活动所得佣金是合法收入。

经纪人完成经纪活动后有权按照合同约定收取佣金。经纪人收取的佣金不得违反国家法律、法规和政策。

第十六条 经纪人承办经纪业务，除即时清结者外，应当根据业务性质与委托人签订书面居间合同、行纪合同或者委托合同，并载明主要事项。

第十七条 经纪人在经纪活动中，应当遵守以下规则：

(一)提供客观、公正、准确、高效的服务；

(二)将定约机会和交易情况如实、及时报告当事人各方；

(三)妥善保管当事人交付的样品、保证金、预付款等财物；

(四)按照约定为当事人保守商业秘密；

(五)记录经纪业务成交情况，并保存三年以上；

(六)收取当事人佣金应当开具发票，并依法缴纳税收和行政管理费；

(七)法律、法规规定的其他行为规则。

第十八条 经纪人不得从事下列行为：

(一)超越其核准的经纪业务范围；

(二)隐瞒与经纪活动有关的重要事项；

(三)签订虚假合同；

(四)采取胁迫、欺诈、贿赂和恶意串通等手段，促成交易；

(五)伪造、涂改、买卖各种商业交易文件和凭证；

(六)向当事人索取佣金以外的酬劳；

(七)参与国家明确规定的违禁物品、专控商品及其他不允许经纪人从事经纪业务的经纪活动；

(八)兼职经纪人接受与所在单位有竞争关系的当事人委托，促成交易；

(九)法律、法规禁止的其他行为。

第五章 法律责任

第十九条 经纪人违反法律、法规及本办法规定,给当事人造成经济损失的,应当承担赔偿责任。

第二十条 经纪人与委托人发生争议,可以协商解决,也可以依照双方约定或者事后达成的仲裁协议向仲裁机构申请仲裁。未作约定,事后又未达成仲裁协议的,可以向人民法院起诉。

第二十一条 各级工商行政管理机关均有权依据法律、法规及本办法,对其管辖的经纪人进行监督检查。经纪人应当接受检查,提供检查所需要的文件、帐册、报表及其他有关资料。

第二十二条 对于违反工商行政管理登记管理法规的行为,由经纪主管机关按照有关法规进行处理。

第二十三条 对于违反本办法第十七条规定的行为,法律、法规已有规定的,按有关规定处理;法律法规没有规定的,由工商行政管理机关根据情节处以警告、没收违法所得、二万元以下罚款等处罚,并可吊销直接责任人员的经纪资格证书。

第二十四条 对于违反本办法第十八条规定,从事违法经纪活动的,法律、法规已有规定的,按有关规定处理;法律、法规没有规定的,由工商行政管理机关根据情节处以警告、没收违法所得、五万元以下罚款、责令停业整顿、吊销营业执照等处罚,并可吊销直接责任人员的经纪资格证书。其中,责令停业整顿、吊销营业执照的处罚,只能由颁发营业执照的工商行政管理机关作出。

对于触犯刑律构成犯罪的,应当及时移送司法机关追究有关当事人的刑事责任。

第六章 附 则

第二十五条 各省、自治区、直辖市工商行政管理机关可以依据本办法,制定实施办法。

第二十六条 本办法由国家工商行政管理局解释。

第二十七条 本办法自发布之日起施行。

国家工商行政管理局

一九九五年十月二十六日

中国委托公证人(香港)管理办法

第一章 总 则

第一条 为进一步建立健全委托公证人(香港)(以下简称委托公证人)制度,加强对委托公证人的管理,提高委托公证的质量,维护当事人合法权益,促进内地与香港经济、社会的稳定发展,制定本办法。

第二条 委托公证人由司法部考试合格后委托。委托公证人的委托期为3年,特殊情况可适当变更委托期限;委托期满,本人提出申请,经司法部考核合格,可连续委托。

第三条 委托公证人的业务范围是证明发生在香港地区的法律行为、有法律意义的事件和文书;证明的使用范围在内地。

第四条 委托公证人出具的到内地使用的公证文书,须经中国法律服务(香港)有限公司(以下简称公司)加章转递,确认使用。公司应定期(7月15日前报上半年,元月15日前报上年度)将加章转递情况报司法部。

第五条 委托公证人必须按照司法部规定的委托业务范围和文书格式出具公证文书。

第六条 委托公证人未经注册的,不得行使委托公证人职权,对其签署的公证文书公司不予转递。

第七条 委托公证人接受当事人委托后,应亲自办理委托公证事项。特殊情况下,需要内地公证机构或其他机构协助办理的,应征得当事人的同意。委托费用由委托公证人支付,或由委托公证人与当事人协商支付。

第二章 委托条件及程序

第八条 具备下列条件的香港执业律师,可向司法部申请为委托公证人:

(一)拥护中华人民共和国政府,支持内地的改革开放和经济建设;

(二)拥护《中华人民共和国香港特别行政区基本法》,对香港的稳定和繁荣发展有贡献的;

(三)在香港从事律师业务10年以上;

(四)职业道德良好,未有因不名誉或违反职业道德受惩处之记载;

(五)遵守内地法律、法规和办证规则;

(六)能用中文书写公证文书,能用普通话进行业务活动。

申请委托人的年龄一般不起过65周岁。

第九条 具备本办法第八条规定条件的香港律师申请担任委托公证人,由本人向司法部提出书面申请;向公司申领并据实填写申请委托公证人登记表。交由公司将申请书、登记表、学历、经历等证件的影印件和有关部门的意见一并报送司法部。

第十条 司法部接到有关申请后,参考有关部门和中国委托公证人协会(简称协会)的意见,对申请人资格进行审查。对符合申请条件的,应告知其参加司法部举办的法律知识和公证业务以及有关业务技能的短期培训并参加司法部组织的考试。

考试合格者,由司法部颁发委托书并予以首次注册。

第三章 注册条件及程序

第十一条 委托公证人在委托期内,应每年向司法部申请年度注册。

第十二条 委托公证人符合下列条件的准予年度注册:

(一)在上一年度无违纪和判工行为;

(二)职业道德良好,无违背司法部委托公证人要求及协会章程的行为;

(三)能按要求办理委托事宜。

第十三条 委托公证人注册程序:

(一)委托公证人向协会提出注册申请;

(二)填写协会发给的注册申请表格,连同本人上年度办证情况及司法部规定需报的材料递交协会;

(三)协会理事会对公证人的注册申请签注意见后,由协会将上述所有材料转交公司,公司就公证人所办公证加章转递情况签注意见,连同有关部门意见一并报司法部;

（四）司法部根据委托公证人的注册申请及有关材料，并参考有关部门意见，作出同意注册或不同意注册的书面决定。同意注册的，司法部通知公司和协会，由协会代办注册手续。

第十四条 委托公证人在受到第十五条第二项处分期间应暂缓注册。

第四章 法律责任

第十五条 委托公证人有违反法律、规章、本管理办法和职业纪律的行为分别给予以下处分，并由被投诉人承担调查费用及经济损失：

（一）警告；

（二）中止委托；

（三）取消委托。

第十六条 委托公证人有下列行为之一的，予以警告处分：

（一）发往内地使用的公证文书未及时到公司办理加章转递的；

（二）不按司法部要求出具公证书，经提示未及时改正的。

第十七条 委托公证人有下列行为之一的，根据不同情节，予以中止委托公证 3 至 12 个月的处分：

（一）发往内地使用的公证书，不经加章转递的；

（二）被投诉而不积极配合调查或经查实造成不良后果的；

（三）有判工行为，但经提示及时改正的；

（四）对协会理事会决议无正当理由不予执行的。

第十八条 委托公证人有下列行为之一的，取消委托：

（一）发往内地使用的公证文书不经加章转递，受警告或中止委托处分后仍不改正的；

（二）不按司法部的要求出具公证书，经书面提示仍不改正的；

（三）被投诉经查实，并造成严重后果的；

（四）有判工行为经提示不及时改正的；

（五）曾受中止委托处分，再犯又受中止处分的；

（六）公证人在申请登记表及其他申请文书中作虚假陈述的；

（七）其他丧失第八条规定条件者。

第十九条 委托公证人接受委托 1 年内不办理委托业务或不申请年度注册的，经协会书面提示仍不改变，视为自动中止委托。自动中止委托期限为 6 个月，到期经协会再次书面提示不申请恢复委托，视为自动放弃委托。申请恢复委托者，应说明理由并加倍补交注册费和协会的提示通知费。

第二十条 司法部设立中国委托公证人纪律监督委员会（以下简称委员会），受理当事人对委托公证人的投诉，直接或委托有关单位进行调查。委员会应将调查结果及时向司法部报告并提出处理意见。遇有特殊情况，可以延期。

第五章 中国委托公证人协会

第二十一条 协会由司法部委托的公证人依法组成，是司法部对委托公证人进行管理的咨询性机构，依照司法部的委托承办与委托公证人有关的具体事项。

第二十二条 协会的职责是：

（一）对会员进行职业道德教育和纪律教育；

（二）组织会员与内地公证组织间的业务交流；

（三）维护会员的合法权利；

（四）受中国委托公证人纪律监督委员会委托调查会员在办理委托公证中的违纪行为；

（五）受司法部委托办理委托公证人注册具体事宜。

第六章 附 则

第二十三条 本办法由司法部负责解释。

第二十四条 本办法自公布之日起生效。

司法部
一九九五年二月二十二日

中华人民共和国计算机信息网络国际联网管理暂行规定

第一条 为了加强对计算机信息网络国际联网的管理，保障国际计算机信息交流的健康发展，制定本规定。

第二条 中华人民共和国境内的计算机信息网络进行国际联网，应当依照本规定办理。

第三条 本规定下列用语的含义是：（一）计算机信息网络国际联网（以下简称国际联网），是指中华人民共和国境内的计算机信息网络为实现信息的国际交流，同外国的计算机信息网络相联接。（二）互联网络，是指直接进行国际联网的计算机信息网络；互联单位，是指负责互联网络运行的单位。（三）接入网络，是指通过接入互联网络进行国际联网的计算机信息网络；接入单位，是指负责接入网络运行的单位。

第四条 国家对国际联网实行统筹规划、统一标准、分级管理、促进发展的原则。

第五条 国务院经济信息化领导小组（以下简称领导小组），负责协调、解决有关国际联网工作中的重大问题。

领导小组办公室按照本规定制定具体管理办法，明确国际出入口信道提供单位、互联单位、接入单位和用户的权利、义务和责任，并负责对国际联网工作的检查监督。

第六条 计算机信息网络直接进行国际联网，必须使用邮电部国家公用电信网提供的国际出入口信道。

任何单位和个人不得自行建立或者使用其他信道进行国际联网。

第七条 已经建立的互联网络，根据国务院有关规定调整后，分别由邮电部、电子工业部、国家教育委员会和中国科学院管理。

新建互联网络，必须报经国务院批准。

第八条 接入网络必须通过互联网络进行国际联网。

拟建立接入网络的单位，应当报经互联单位的主管部门或者主管单位审批；办理审批手续时，应当提供其计算机信息网络的性质、应用范围和所需主机地址等资料。

第九条 接入单位必须具备下列条件：（一）是依法设立的企业法人或者事业法人；（二）具有相应的计算机信息网络、装备以及相应的技术人员和管理人员；（三）具有健全的安全保密管理制度和技术保护措施；（四）符合法律和国务院规定的其他条件。

第十条 个人、法人和其他组织（以下统称用户）使用的计算机或者计算机信息网络，需要进行国际联网的，必须通过接入网络进行国际联网。

前款规定的计算机或者计算机信息网络，需要接入网络的，应当征得接入单位的同意，并办理登记手续。

第十一条　国际出入口信道提供单位、互联单位和接入单位，应当建立相应的网络管理中心，依照法律和国家有关规定加强对本单位及其用户的管理，做好网络信息安全管理工作，确保为用户提供良好、安全的服务。

第十二条　互联单位与接入单位，应当负责本单位及其用户有关国际联网的技术培训和管理教育工作。

第十三条　从事国际联网业务的单位和个人，应当遵守国家有关法律、行政法规，严格执行安全保密制度，不得利用国际联网从事危害国家安全、泄露国家秘密等违法犯罪活动，不得制作、查阅、复制和传播妨碍社会治安的信息和淫秽色情等信息。

第十四条　违反本规定第六条、第八条和第十条规定的，由公安机关或者公安机关根据国际出入口信道提供单位、互联单位、接入单位的意见，给予警告、通报批评、责令停止联网，可以并处1.5万元以下的罚款。

第十五条　违反本规定，同时触犯其他有关法律、行政法规的，依照有关法律、行政法规的规定予以处罚；构成犯罪的，依法追究刑事责任。

第十六条　与台湾、香港、澳门地区的计算机信息网络的联网，参照本规定执行。

第十七条　本规定自发布之日起施行。

一九九六年二月六日

计算机信息网络国际联网出入口信道管理办法

第一条　为加强对计算机信息网络国际联网出入口的管理，根据《中华人民共和国计算机信息网络国际联网管理暂行规定》，制定本办法。

第二条　我国境内的计算机信息网络直接进行国际联网，必须使用邮电部国家公用电信网提供的国际出入口信道。

任何单位和个人不得自行建立或者使用其它信道（含卫星信道）进行国际联网。

第三条　邮电部责成中国邮电电信总局（以下简称电信总局）设置计算机信息网络国际联网出入口局（以下简称国际出入口局）及其网络管理中心，并负责国际联网出入口信道的提供和管理。

第四条　直接进行国际联网的计算机信息网络运行单位（以下简称为互联单位），应向邮电部申请办理使用国际出入口信道手续。

互联单位在办理手续时，应提供有效批准文件及有关网络规模，应用范围、接入单位、所需信道等相关资料。

互联单位在办理手续后，应将前款事项变更情况，每半年向邮电部申报一次。

第五条　邮电部对互联单位的申请进行审核，对符合规定条件的，由电信总局在30日内提供所需的国际出入口信道。

未经邮电部批准，任何单位不得为计算机信息网络国际联网提供出入口信息。

第六条　电信总局应加强国际出入口局和出入口信道的管理，向互联单位提供优质可靠的服务。

第七条　互联单位使用专用国际信道，按照现行国际出租电路标准收费；对教育、科研部门内部使用的国际信道资费实行优惠。

第八条　国际出入口局对国家有关部门依法实施的信息安全检查和采取的相应措施，应予以配合。

第九条　违反本办法第二条规定的，提请公安机关依据《中华人民共和国计算机信息网络国际联网管理暂行规定》给予处罚。

第十条　违反本办法第五条第二款规定的，由邮电部责令其停止提供信道，并建议其主管部门给相关责任人及其负责人以行政处分。

第十一条　本办法自发布之日起施行。

邮电部

一九九六年四月九日

中国公用计算机互联网国际联网管理办法

第一条　为加强对中国公用计算机互联网国际联网的管理，促进国际信息交流的健康发展，根据《中华人民共和国计算机信息网络国际联网管理暂行规定》，制定本办法。

第二条　中国公用计算机互联网（即Chinanet，以下简称中国公用互联网），是指由中国邮电电信总局（以下简称电信总局）负责建设、运营和管理，面向公众提供计算机国际联网服务，并承担普遍服务义务的互联网络。

第三条　中国公用互联网根据需要分级建立网络管理中心、信息服务中心。

第四条　接入中国公用互联网的接入单位应具备下列条件：

（一）依法设立的企业、事业单位或机关、团体；

（二）具有由计算机主机和在线信息终端组成的局域网络及相应的联网装备；

（三）具有相应的技术人员和管理人员；

（四）具有健全的安全保密管理制度和技术保护措施；

（五）符合国家法律、法规和邮电部规定的其他条件。

第五条　要求接入中国公用互联网的接入单位，应经其主管部门或主管单位的审核同意，到电信总局办理接入手续。办理接入手续时，接入单位应报送接入网络的系统构成、应用范围、联网主机数量、域名地址及终端用户数据等资料。接入运行后，上述事项发生变更时，应及时向电信总局申报。

第六条　个人、法人和其他组织（以下统称用户）的计算机和其他通信终端进行国际联网，必须通过接入网络进行。用户可以通过专线或通过公用电信交换网进入接入网络。

第七条　电信总局作为中国公用互联网的互联单位，负责互联网内接入单位和用户的联网管理，并为其提供性能良好、安全可靠的服务。

第八条 接入单位负责对其接入网内用户的管理，并按规定与用户签订协议，明确双方的权利、义务和责任。

第九条 接入单位和用户应遵守国家法律、法规，加强信息安全教育，严格执行国家保密制度，并对所提供的信息内容负责。

第十条 任何组织或个人，不得利用计算机国际联网从事危害国家安全、泄露国家秘密等犯罪活动；不得利用计算机国际联网查阅、复制、制造和传播危害国家安全、妨碍社会治安和淫秽色情的信息；发现上述违法犯罪行为和有害信息，应及时向有关主管机关报告。

第十一条 任何组织或个人，不得利用计算机国际联网从事危害他人信息系统和网络安全、侵犯他人合法权益的活动。

第十二条 互联单位、接入单位和用户对国家有关部门依法进行国际联网信息安全的监督检查，应予配合，并提供必要的资料和条件。

第十三条 凡利用国际互联网络信息资源，在国内经营计算机信息服务的，按放开经营电信业务的有关规定审批。

第十四条 接入单位和用户违反本办法第五条、第六条规定，未经批准，擅自接入中国公用互联网进行国际联网的，由电信总局停止接入服务；情节严重的，提请公安机关依法予以处罚。

第十五条 违反本办法第九条和第十条、第十一条规定的，由邮电部或邮电管理局给予警告、撤销批准文件并通知公用电信企业停止其联网接续的处罚。情节严重的，由公安机关依法予以处罚；构成犯罪的，提请由司法机关依法追究刑事责任。

第十六条 违反第十三条规定的，由邮电部或邮电管理局按有关规定予以处罚。

第十七条 本办法自发布之日起施行。

邮电部

一九九六年四月九日

外国通讯社及其所属信息机构在中国境内发布经济信息的管理办法

第一章 总 则

第一条 为了维护国家主权，保护国内经济信息用户的合法权益，促进我国经济信息事业的健康发展，根据国务院办公厅《关于授权新华通讯社对外国通讯社及其所属信息机构在中国境内发布经济信息实行归口管理的通知》(以下简称《管理通知》)，制定本办法。

第二条 外国通讯社及其所属信息机构，包括其合资、独资公司或委托代理公司，在中国境内发布经济信息由新华通讯社归口管理。新华通讯社涉外信息管理中心具体承办归口管理工作。

第二章 外国通讯社及其所属信息机构在中国境内发布经济信息的审批

第三条 外国通讯社及其所属信息机构在中国境内发布经济信息必须经新华通讯社审批。申请审批需向新华通讯社涉外信息管理中心提交书面申请。

书面申请，需提供下列材料：

1、外国通讯社及其所属信息机构合法存在的证明文件；

2、播发经济信息的种类及内容简介；

3、传播手段及技术服务说明材料；

4、各种经济信息的收费标准及收费方法；

5、在中国境内开办的经营经济信息公司、合资公司、办事处或委托技术服务公司、代理公司的有关情况。

第四条 已在中国境内发布经济信息的外国通讯社及其所属信息机构，需向新华社涉外信息管理中心补办书面申请，补办申请材料除本办法第三条规定材料外，还需向新华通讯社涉外信息管理中心提供其在中国境内的经济信息用户名称、法定住所及双方签订的合同副本。

第五条 新华通讯社涉外信息管理中心，自收到外国通讯社及其所属信息机构全部申请材料之日起，二十天内对申请作出答复。

本办法第三条、第四条所述材料，凡涉及商业机密，新华通讯社涉外信息管理中心应当负责予以保密。

第六条 经新华通讯社批准，允许在中国境内发布经济信息的外国通讯社及其所属信息机构，其发布的信息种类、传播手段、收费标准、收费方法、技术服务方式等内容，需经新华通讯社涉外信息管理中心审核认定。

上述内容如需变更，必须向新华通讯社涉外信息管理中心提交变更书面申请，如调整收费标准，由新华通讯社核报国家计委审批。新华通讯社涉外信息管理中心自收到申请材料之日起，十日内给予答复。

第七条 未经新华通讯社审批的外国通讯社及其所属信息机构，不准在中国境内发布经济信息。

第八条 新华通讯社涉外信息管理中心对外国通讯社及其所属信息机构所发布的各类经济信息进行同步审视，外国通讯社及其所属信息机构需无偿提供接收其经济信息的设备(和相应的技术服务)及在中国境内发布的各类经济信息。

第九条 经批准在中国境内发布经济信息的外国通讯社及其所属信息机构，需向新华通讯社缴纳监管费。监管费缴纳办法另定。

第三章 中国境内用户使用外国通讯社及其所属信息机构经济信息的审批

第十条 中国境内用户使用外国通讯社及其所属信息机构经济信息，必须经新华通讯社审批。自《管理通知》发布之日起，需要使用外国通讯社及其所属信息机构经济信息的单位，必须向新华通讯社涉外信息管理中心申请办理登记手续。凡已订购外国通讯社及其所属信息机构经济信息的用户，必须向新华通讯社涉外信息管理中心申请补办登记手续。

需要使用外国通讯社及其所属机构经济信息的单位应提出书面申请，并提供下列材料：

1、法人和非法人的证明文件(复印件)；

2、申请单位的简要介绍材料；

3、订购经济信息种类；

4、经济信息使用情况及范围；

5、接收经济信息的方式。

第十一条 已订购外国通讯社及其所属信息机构经济信息的用户，在补办登记手续时需提供与外国通讯社及其所属信息机构签订的合同文本(复印件)和法人、非法人的证明文件(复印件)以及法定住所。

第十二条 新华通讯社涉外信息管理中心应当自收到申请材料之日起，十天内对用户所提出的申请作出答复。

任何单位未经新华通讯社涉外信息管理中心登记审核，均不得订购外国通讯社及其所属信息机构的经济信息。

第十三条 经批准订购外国通讯社及其所属信息机构经济信息的用户，原则上为最终用户，对所抄收经济信息的使用范围，必须按新华通讯社涉外信息管理中心审核认定的合同执行。

第十四条 中国境内用户向新华通讯社涉外信息管理中心办理登记手续，不缴纳监管费用。

第四章　技术服务

第十五条 涉外信息实行归口管理后，用户原接收信息的设备及方式不变，其技术服务及设备安装仍由外国通讯社及其所属信息机构负责。

第五章　合同管理

第十六条 外国通讯社及其所属信息机构与中国境内的用户必须签订经济合同。合同的内容必须遵守《中华人民共和国涉外经济合同法》及相关法律、法规的规定。

第十七条 外国通讯社及其所属信息机构与中国境内用户签订的合同，需报新华通讯社涉外信息管理中心审批、备案，方可执行。

外国通讯社及其所属信息机构在《管理通知》颁布前与用户已签订合同的，按照本管理办法第四条有关规定，补办审批、备案手续。

第十八条 外国通讯社及其所属信息机构与中国境内的用户签订经济合同，必须向新华通讯社涉外信息管理中心提交合同正本。

合同除应具备主要条款外，还必须包括下列内容：

1、信息种类；

2、信息的收费标准及总额；

3、提供信息服务的期限；

4、传播、接收信息的方式与技术服务。

第十九条 新华通讯社涉外信息管理中心为此类经济合同的批准机关。当事人双方如变更或解除原合同，其变更需报批准机关批准，其解除应报批准机关备案。对中国境内用户的合同管理，依照本管理办法第十条、第十一条和第十三条的有关规定执行。

第六章　监督管理

第二十条 新华通讯社涉外信息管理中心在同步审视外国通讯社及其所属信息机构所发布的各类信息中，如发现有《管理通知》第四项所列的内容，新华通讯社将会同有关部门对外国通讯社及其所属信息机构依法处理。

对违反本管理办法第三条、第四条、第六条、第七条、第八条、第九条规定的外国通讯社及其所属信息机构，新华通讯社视情节轻重采取取消其在中国境内的部分、全部经济信息发布业务、直到撤消其在中国境内发布经济信息资格等措施。

第二十一条 对违反本办法第十条、第十一条、第十二条第二款、第十三条规定的中国境内用户，新华通讯社视情节轻重采取不予登记、停止其接收外国通讯社及其所属信息机构的经济信息、直至撤消登记等措施。

第七章　附　则

第二十二条 台湾、香港、澳门地区的通讯社及其所属信息机构在我境内发布经济信息，参照本管理办法执行。

其它信息机构在向中国境内发布的经济信息中若转发外国通讯社及其所属信息机构提供的经济信息，参照本管理办法执行。

第二十三条 新华通讯社涉外信息管理中心根据全国各地的具体情况，设立新华通讯社涉外信息管理中心办事机构，为用户办理登记、审核手续。

第二十四条 本办法由新华通讯社负责解释。

第二十五条 本办法自发布之日起施行。

新华通讯社涉外信息管理中心

一九九六年四月十六日

关于在股份有限公司设立中加强改制工作的通知

国务院有关部、委、局，各省、自治区、直辖市、计划单列市体改委(办)：

1992年以来，我国股份制试点工作有了长足进展，在企业改革和国民经济发展中发挥了重要作用。其中股份有限公司(以下简称公司)试点总的看发展是健康的。但是在公司设立和营运中，仍然存在行政干预较多，内部管理制度不健全，运作不规范，转制不明显等问题。为确保公司改制质量，切实转换经营机制，实现规范化管理和运作，依据《中华人民共和国公司法》(以下简称《公司法》)及其相关法规、规章，现将加强改制工作的有关问题通知如下，请遵照执行。

一、改制目标

公司改制应达到的目标是：建立完善的公司法人治理结构，股东会、董事会、监事会、经理层职责明确，制度健全；建立完善的财务、会计制度和内部审计制度；依照法律、法规及公司章程运营，实行科学管理；自主决定人事管理办法，劳动用工办法，工资、奖金和福利分配办法；董事、监事、经理及其他高级管理人员认真履行诚信义务，切实承担起对投资者的责任；资产组织合理，产权界定清楚，参加社会保险；与政府部门在行政上脱钩，不再具有行政隶属关系。

二、改制内容

改制工作包括如下主要内容：

1、组建企业改制工作领导小组。其职责是领导和协调改制工作，拟订改制工作计划，协调内部和外部关系。为保证工作领导小组的权威性和专业性，该小组应由拟担任公司主要领导的人员作为负责人，并吸收相关专业人员参加。

2、进行人员培训。对拟担任公司董事、监事、经理及其他高级管理职务的人员，进行专业知识培训。培训的主要内容是股份经济、证券市场、公司法、证券法规的基础知识，股份制改组的业务知识等。

3、拟订公司改制总体方案草案。内容主要包括：根据企业资产进入公司与否的方案，决定投入公司的资产；明确筹资规模和用途；设计公司运营体系和管理机构。方案草案拟定后，聘请有关的管理人员和专家对方案草案进行论证、修订。

4、进行清产核资。组建清产核资小组，开展清产核资工作，提出清产核资报告。

5、聘请中介机构，开展资产评估、出资验证、财务审计、业绩预测、法律认证等工作。

6、拟订公司重组报告。内容包括：公司资产折股、股权设置、股权结构、股权管理、机构设置的方案；企业分立或合并的方案；原企业与公司的关系及相关问题处理的方案；债权债务处理的方案；非经营性资产剥离及管理的方案；离退休人员、富余人员处置的方案；公司重组实施计划；募集资金投向的可行性研究报告。

地方改制企业的公司重组报告报省级人民政府或省级人民政府指定的部门审定。中央改制企业的公司重组报告通过其主管部门，报国家体改委审定。公司重组报告经省级人民政府或国家体改委同意后，由企业组织实施。

7、进行资产和债权债务处置工作。按照审定的公司重组报告，办理投入公司资产的移转手续和债权债务的转接手续。

8、向有关政府部门申请签发企业改建意见和公司设立意见，办理资产评估确认、投资立项批准等事宜。

9、起草公司法人治理结构工作规则，公司运作管理办法等文件。

10、与政府相关部门及社会保险机构协商议定公司员工医疗、失业和养老保险等办法。

11、起草公司改制工作总结报告。

三、文件准备

1、申请设立公司应报送的必备文件：

公司设立申请书，股票发行额度批准书，企业名称预先核准通知书，发起人会议决议和发起人协议书，公司章程草案，资金运作可行性报告，资产评估报告书，国有资产评估确认书，土地使用权评估报告书，国有土地使用权评估确认书，发起人货币出资验资证明，原主管部门企业改建意见书，行业管理部门同意公司没立意见书，固定资产投资立项批准书，三年财务审计及未来一年业绩预测报告，中外合资企业改建公司的意见书，重大问题处置、公司设立和进行社会募集的法律意见书，公司改制工作总结报告。

2、申请设立公司应报送的附属文件：

原企业清产核资报告，原企业非经营性资产剥离方案的批准文件，原企业债权债务处置方案，公司改制总体方案及公司重组报告，国有股权折股及管理方案，公司生产经营管理办法，物资采购及产品销售办法，资产处置及固定资产投资办法，聘请管理人员及招用员工办法，工资、奖金及其他福利分配办法，财务管理及财务监督办法，员工与公司签订的合同草案，公司辖属分公司、子公司的管理办法，股东会议规则，董事会工作细则，监事会工作细则，公司下属管理机构工作规则，公司公积金、公益金及其他提留基金的管理办法，公司员工医疗、失业、养老保险办法、董事、监事、经理及其他高级管理人员任职资格考察报告，诚信义务守则，公司生产经营目标和发展规划。

四、审批要求

企业完成改制，并符合《公司法》有关股份有限公司条件和本通知审批要求，方可审批设立。地方改制企业向省级人民政府申请批准设立公司；中央改制企业和国务院直接抓的试点企业向国家体改委申请批准设立公司。省级人民政府、国家体改委在审批公司设立时，按以下几个方面对企业改制工作进行审查：

1、本通知文件准备一节中所列第一类、第二类文件完备并符合国家有关规定。

2、资产产权关系已界定清楚，政府部门对公司的管理职责明确，出资者的权利、义务及依法承担的有限责任已落实，公司具有自主经营、自负盈亏的能力。

3、资产处理方式和方法符合国家有关规定。公司下属管理机构职责明确，公司与子公司、分公司的关系及各自的经营管理权限和经济责任落实。

4、公司的发展规划和生产经营目标符合国家产业政策要求，已对非经营性资产进行了合理的剥离，公司不再承担不应由公司承担的社会管理和社会服务职能。

5、董事、监事、经理、财务主管及其他高级管理人员或拟担任上述职务的人员经培训并考核合格。

6、拟设立公司的股东会、董事会、监事会的组织方案、会议规则和工作细则符合法律要求，具有操作性和可行性。

7、公司用人、用工制度符合“能上能下”、“能进能出”的原则，工资、奖金及其他福利分配办法符合国家财务、会计及劳动管理的规定，医疗、失业和养老保险等方案切实可行。

8、已按照新的财务、会计制度建立了财务核算体系和财务管理制度。

五、适用范围

本通知适用于原有企业改制为募集方式设立的股份有限公司。以发起方式设立的股份有限公司和公司已设立但首次向社会公众募集股份的股份有限公司，根据具体情况，参照执行。

国家经济体制改革委员会

一九九五年九月十五日

关于做好原有股份有限公司规范工作的通知

各省、自治区、直辖市及计划单列市人民政府，国务院有关部门：

为认真贯彻执行《国务院关于原有有限责任公司和股份有限公司依照〈中华人民共和国公司法〉进行规范的通知》（以下简称国务院17号文），国家经贸委、国家体改委、国家国有资产管理局等有关部门于8月16日召开会议，对原有公司的规范工作做了总体安排，要求有关部门按原公司审批职责的分工，对原有公司进行规范。会议明确，原有股份有限公司的规范工作由国家体改委组织实施。现将有关事项通知如下：

一、规范的目的

以建立产权清晰、权责明确、政企分开、管理科学的现代企业制度为目标，按照《中华人民共和国公司法》(以下简称《公司法》)，公司以其全部财产依法自主经营、自负盈亏，独立行使民事权利，承担民事责任；公司建立规范的组织管理制度，切实承担资产保值、增值的责任，建立符合社会主义市场经济要求的运行机制。出资者依法享有权益，对公司承担有限责任。

二、规范的基本要求

(一)理顺政府部门对公司的管理关系

公司与政府部门在行政上脱钩，不再具有隶属关系。凡国家公务员担任或兼任董事、监事、经理及其他高级管理职务的，一律依法清退。公司不向政府行政部门上缴任何形式的管理费，政府行政部门不得以行政手段任免公司董事、监事、经理及其他高级管理人员。政府相关部门负责对公司按规定发放文件，办理出国人员政审、职工晋升技术职称等事宜。

(二)完善公司股权管理制度

公司应制定股权管理细则，明确股权管理的机构、人员及职责、股权登记及变更的办法、股东名册的管理办法、保障股东行使权利和履行义务的措施等。公司股票或股权证按有关规定实行托管的，应继续托管，并严格执行托管办法。

凡有国有资产入股的公司，其产权界定、资产评估、折股、股权设置、资产处置、国有股持股单位等须符合国家有关规定，不符合的要到省级以上国有资产管理部门重新办理上述内容的确认手续。

任何自然人不得替代国家股或国有法人股持股单位充当股东。国家股或国有法人股持股单位委派的股东代表要按照法律规定的程序出席股东会，依法行使权利。国家股或国有法人股持有单位要建立严格的管理办法和考核制度，保证国有资产安全、增值。

(三)理顺公司法人治理结构

公司建立完善的法人治理结构。公司董事、董事会、董事长、监事、监事会、监事会召集人及经理产生程序、任职条件、任期和议事规则，应符合《公司法》的规定，不符合的要坚决纠正。股东会、董事会、经理层应按公司章程建立工作细则，并分别建立会议记录制度。实行母子公司体制的公司，应明确界定母公司与子公司、分公司及其他分支机构的关系及各自的经营权限和经济责任。公司董事和由股东代表出任的监事由股东大会选举产生。公司经理由董事会按公司章程实行聘任。根据工作需要，符合任职条件的党组织负责人可以通过法定程序进入董事会或监事会，与公司的董事、监事、经理人员交叉任职。

(四)强化公司股本金管理

公司注册资金必须是公司的实收股本金。公司的注册资本不允许撤回，注册资本登记不实的，要核清公司实收股本金后，进行注册资本变更登记。公司注册资本必须符合《公司法》及国家有关法规及部门规章规定的最低限额标准，达不到法定最低限额的，不得以股份有限公司形式存续。公司应以上年末资产负债表为准重新验资，抽逃的资金应在规范期限内予以补足。对于公司已注册登记，但原批准的股本总额未募集到位的，未募足的部分不准许再募。自批准公司之日起，因未募足股本金而在四个月内公司未成立的，原批准文件作废，公司不得再办理筹建事宜。

(五)分离公司办社会的职能

由公司自办的中小学校、医院等公益型机机构及相应资产必须剥离，剥离后的机构及资产交由政府管理。公司剥离非经营性资产，应制定资产剥离方案，经充分论证、测算和协商并报经政府有关部门同意后实施。剥离出的国有资产，应明确管理主体。从原公司剥离的服务性机构，可与公司订立服务协议，有偿为公司提供服务。

(六)完善公司财务核算体系和财务管理制度

公司的财务会计制度应符合《公司法》、《企业财务通则》和《企业会计准则》的规定，不符合的要限期完善。要建立公开、公正的财务监督制度，建立健全内部审计制度。公司要制定向股东或社会定期公布企业财务状况的实施办法，在每一会计年度终了时，制作财务会计报告，并依法进行审查验证。

(七)完善公司用人、劳动工资的管理办法

公司要建立“能上能下”的用人制度和“能进能出”的用工制度，建立与经济效益、劳动生产率相联系的员工工资、奖金分配制度；公司按国家有关规定办理员工的养老、失业保险；员工的医疗保险按其所在地方的规定办理。

(八)修订公司章程

按照《公司法》要求，重新修订公司章程。公司章程修改及应载明的事项必须符合《公司法》的有关规定，不符合的要进行修订。公司章程必须明确股东的权利、义务，修订后的章程，应报公司审批机关批准。

(九)重新确定公司类型

按照《股份有限公司规范意见》设立的定向募集公司，在股东人数、股份发行范围等方面均不尽相同，根据它们的不同情况，采取如下办法进行处置。

第一、符合《公司法》有关股份有限公司设立条件的定向募集公司，经规范后依法确认为股份有限公司。

第二、股东人数和注册资本均达不到《公司法》规定的股份有限公司条件，但符合有限责任公司条件的定向募集公司，可转为有限责任公司。

第三、既不符合《公司法》有关股份有限公司的规定，也不符合有限责任公司条件的定向募集公司，应依法予以撤消。

三、规范工作的安排

(一)省级人民政府应授权原有股份有限公司的审批部门，牵头做好本地区原有股份有限公司的规范工作。省级人民政府授权的部门应组建专门工作班子，由本部门一位领导负责，建立工作责任制，认真抓好此项工作。

(二)今年年底前，对原有股份有限公司进行统计、调查摸底，编制《原有股份有限公司情况统计表》，搞清原有股份有限公司的基本情况和存在的主要问题，并报国家体改委生产司、国家国有资产管理局企业司备案。原有股份有限公司需对股本金到位情况、股权设置与管理、公司法人治理结构、企业内部改革、企业经济效益和收益分配、企业与外部的关系进行自查，找出规范工作要解决的主要问题。

(三)根据《公司法》及配套法规、国务院 17 号文和本通知，由公司董事会制定规范工作的实施方案和工作计划，并组织实施。在此基础上，实事求是地写出自评报告，连同公司设立的原批准文件、资产评估报告、国有资产管理部门出具的国有股权审核确认意见、规范工作中重新制作的验资报告和修订后的公司章程草案，报公司审批部门审核或审批。符合规范要求的，公司审批部门签署同意公司重新注册登记的意见。经国务院证券管理部门批准上市的原有股份有限公司，可直接向公司登记机关申请重新登记，重新登记后，按本通知进行规范。

（四）公司编写自评报告，内容包括：

第一、公司的基本情况，包括公司的名称、地址、法定代表人、设立时间、发起人、股本结构、股权设置、持股单位、资金投向、经营范围、公司章程、公司法人治理结构及管理制度等。

第二、公司存在的主要问题，采取的解决措施和取得的成效。

（五）加强规范工作的组织领导和信息沟通，省级人民政府授权部门要随时掌握规范工作情况和进度，严格按照国家法律、法规和有关政策办理。本地区规范工作结束后，写出总结报告报国家体改委。

国家经济体制改革委员会

国家国有资产管理局

一九九五年九月二十日

国际收支统计申报办法

第一条 为完善国际收支统计，根据《中华人民共和国统计法》，制定本办法。

第二条 国际收支统计申报范围为中国居民与非中国居民之间发生的一切经济交易。

第三条 本办法所称中国居民，是指：

（一）在中国境内居留1年以上的自然人，外国及香港、澳门、台湾地区在境内的留学生、就医人员、外国驻华使馆领馆外籍工作人员及其家属除外；

（二）中国短期出国人员（在境外居留时间不满1年）、在境外留学人员、就医人员及中国驻外使馆领馆工作人员及其家属；

（三）在中国境内依法成立的企业事业法人（含外商投资企业及外资金融机构）及境外法人的驻华机构（不含国际组织驻华机构、外国驻华使馆领馆）；

（四）中国国家机关（含中国驻外使馆领馆）、团体、部队。

第四条 本办法适用于中国境内所有地区，包括在中国境内设立的保税区和保税仓库等。

第五条 国家外汇管理局按照《中华人民共和国统计法》规定的程序，负责组织实施国际收支统计申报，并进行监督、检查；统计、汇总并公布国际收支状况和国际投资状况；制定、修改本办法的实施细则；制发国际收支统计申报单及报表。政府有关部门应当协助国际收支统计申报工作。

第六条 国际收支统计申报实行交易主体申报的原则，采取间接申报与直接申报、逐笔申报与定期申报相结合的办法。

第七条 中国居民应当及时、准确、全面地申报其国际收支。

第八条 中国居民通过境内金融机构与非中国居民进行交易的，应当通过该金融机构向国家外汇管理局或其分支局申报交易内容。

第九条 中国境内的证券交易商以及证券登记机构进行自营或者代理客户进行对外证券交易的，应当向国家外汇管理局或其分支局申报其自营和代理客户的对外交易及相应的收支和分红派息情况。

第十条 中国境内的交易商以期货、期权等方式进行自营或者代理客户进行对外交易的，应当向国家外汇管理局或其分支局申报其自营和代理客户的对外交易及相应的收支情况。

第十一条 中国境内各类金融机构应当直接向国家外汇管理局或其分支局申报其自营对外业务情况，包括其对外资产负债及其变动情况，相应的利润、利息收支情况，以及对外金融服务收支和其他收支情况；并履行与中国居民通过其进行国际收支统计申报活动有关的义务。

第十二条 在中国境外开立帐户的中国非金融机构，应当直接向国家外汇管理局或其分支局申报其通过境外帐户与非中国居民发生的交易及帐户余额。

第十三条 中国境内的外商投资企业、在境外有直接投资的企业及其他有对外资产或者负债的非金融机构，必须直接向国家外汇管理局或其分支局申报其对外资产负债及其变动情况和相应的利润、股息、利息收支的情况。

第十四条 国家外汇管理局或其分支局可以就国际收支情况进行抽样调查或者普查。

第十五条 国家外汇管理局或其分支局有权对中国居民申报的内容进行检查、核对，申报人及有关机构和个人应当提供检查、核对所需的资料和便利。

第十六条 国家外汇管理及其份支局应当对申报者申报的具体数据严格保密，只将其用于国际收支统计。除法律另有规定外，国际收支统计人员不得以任何形式向任何机构和个人提供申报者申报的具体数据。

第十七条 中国居民违反本办法的，国家外汇管理局或其分支局可以根据情节给予警告、通报批评或者罚款。

第十八条 各类金融机构违反本办法的，国家外汇管理局或其分支局可以根据情节给予警告、通报批评、罚款或者吊销经营外汇业务许可证。

第十九条 国际收支统计人员违反本办法第十六条规定的，由国家外汇管理局或其分支局依法给予行政处分。

第二十条 国家外汇管理局根据本办法制定《国际收支统计申报办法实施细则》。

第二十一条 本办法自一九九六年一月一日起施行。

中国人民银行

一九九五年九月十四日

国际收支统计申报办法实施细则

第一条 为贯彻执行《国际收支统计申报办法》，特制定本细则。

第二条 中国居民通过境内金融机构向境外的支出款项,按照如下办法申报:

一、付款人对外付款时,须按照《对外付款申报单》(分对公、对私两种)的格式和要求填报申报单一式三联,一并交银行营业员。

二、付款银行在收到《对外付款申报单》时,须履行如下责任:

(一)对付款人所交的申报单进行检查,对不符合填报要求或填报内容与付款内容不符的申报单,应退给付款人重填。

(二)经检查核对无误后,在申报单上加盖营业员私章,将其中第一联转送外汇管理局,第二联妥善收存(付款银行须保留原始申报单二十四个月)。第三联退申报人备查(申报人须保留原始申报单二十四个月),然后方可为其办理对外付款手续。

(三)付款银行须于其本工作日业务结束后,将关于本工作日发生的对外支付的信息和申报信息通过计算机系统逐笔传送至同级外汇管理局。

三、外汇管理局须对付款人申报的信息和其对外付款信息进行检查和核对,发现问题,应及时通知有关银行。银行须按外汇管理局的要求责令付款人补充或修改其申报信息,并于修改当日将补充或修改的申报信息逐笔传送至同级外汇管理局。

第三条 中国居民通过境内金融机构从境外获得的收入款项,按照如下办法进行申报:

一、收款行在向解付行拨付涉外收入款项的同时须将有关收入款项的信息逐笔通知解付行。该信息应能满足填报《涉外收入统计表》的要求。

二、(一)解付银行须于收到涉外收入款并贷记收款人帐户当日,按照《涉外收入统计表》的格式和要求,将收入款项的情况,通过计算机系统逐笔传送至同级外汇管理局。同时,向收款人发出入帐通知书。

(二)收款人须于收到涉外收入款项之日(以其解付银行入帐通知书的日期戳记为准)起25个工作日内,按照《涉外收入申报单》(分对公、对私两种)的格式和要求逐笔填报申报单一式三联,申报其从境外获得的收入情况,并将申报单交其解付银行。解付银行在收款人报送的《涉外收入申报单》加盖营业员私章后,将其中第一联交外汇管理局,第二联妥善收存(银行须保留原始申报单二十四个月),第三联退申报人备查(申报人须保留申报单二十四个月)。

三、未在申报期内按规定进行申报的,除仍须申报本笔涉外收入款项外,其在申报期到期之日起三个月内收到的从境外收入的款项,须按如下规定进行申报:

(一)解付银行须于收到涉外收入款项当日向收款人发出收款通知书和《涉外收入申报单》,并按照《涉外收入统计表》的格式和要求,将收入款项的情况,通过计算机系统逐笔传送至同级外汇管理局。

(二)收款人须依据交易内容和收款通知书,按照《涉外收入申报单》(分对公、对私两种)的格式和要求,逐笔填报申报单一式三联,并将申报单交其解付银行。

(三)解付银行在收款人报送的《涉外收入申报单》加盖营业员私章后,将其中第一联转送至外汇管理局,第二联妥善收存(银行须保留原始申报单二十四个月),第三联退申报人备查(申报人须保留原始申报单二十四个月),然后方可为其办理解付手续。

四、解付银行须于其柜台业务结束后第二个工作日内,将关于本工作日发生的涉外收入款项的信息和申报信息通过计算机系统逐笔传送至同级外汇管理局。

五、外汇管理局须对收款人申报的信息和其涉外收入款项的信息进行检查和核对,发现问题,应及时通知有关银行。银行须按外汇管理局的要求责令收款人补充或修改其申报信息,并于修改当日将经补充或修改的申报信息逐笔传送至同级外汇管理局。

第四条 对于通过境内邮政机构对外支付的款项和从境外收入的款项分别比照本细则第二条和第三条的规定进行申报。

第五条 中国境内以任何形式办理外币兑换人民币以及人民币兑换外币业务的兑换机构须按照《汇兑业务申报表》的格式和要求向外汇管理局申报其经办的汇兑业务情况。

第六条 中国境内外商投资企业以及有对境外直接投资的企业,须按照《直接投资统计申报表》的要求直接向外汇管理局申报其投资者权益、直接投资者与直接投资企业间的债权债务状况以及分红派息情况。

第七条 涉外证券投资须按照以下规定进行申报:

一、中国境内的证券登记机构以及通过境内证券交易所进行自营或代理客户进行对外证券交易的证券交易商,均须通过证券交易所按照《证券投资申报表》的要求向外汇管理局申报其自营以及其代理客户的对外证券交易及相应的收支情况。

二、中国境内的各类证券登记机构,须按照《证券投资申报表》的要求,通过境内证券交易所向外汇管理局申报其客户对非居民的分红派息情况。

三、中国境内的证券交易所须向外汇管理局传送境内证券登记机构及证券交易商申报的信息。

四、中国境内进行自营或者代理境内客户进行对外离岸证券交易的证券交易商,须按照《离岸证券投资申报表》的要求直接向外汇管理局申报其自营及其代理客户的离岸证券交易和相应的收支和分红派息情况。

第八条 对外期货、期权等交易须按照以下规定进行申报:

一、中国境内通过境内交易所(交易中心)以期货、期权等方式进行自营或代理客户进行对外交易的交易商,须按照《期货、期权交易申报表》的要求通过交易所(交易中心)向外汇管理局申报其自营以及其代理客户的交易以及相应的收支情况。

二、中国境内的交易所(交易中心)须向外汇管理局传送交易商申报的信息。

三、中国境内不通过境内交易所(交易中心)以期货、期权等方式进行自营或代理境内客户进行对外交易的交易商,须按照《离岸期货、期权交易申报表》的要求向外汇管理局申报其自营及其代理客户的交易以及相应的收支情况。

第九条 中国境内直接从事各类国际金融业务的金融机构,须按照《金融机构对外资产负债申报表》的要求向外汇管理局直接申报其对外资产负债状况及其变动情况,以及相应的利息、服务费、中介费收支情况。

第十条 凡在境外开有帐户的我国非金融单位均须按照《境外帐户收支申报表》的格式和要求向外汇管理局直接申报其境外帐户的帐户余额及其变动情况,申报人须向外汇管理局提供相应的银行对帐单。

第十一条 国家外汇管理局的分、支局均须按照申报单或申报表的要求向国家外汇管理局通过计算机系统传送国际收支统计申报信息。

第十二条 中国各级工商行政管理机关应向外汇管理局提供有关国际收支统计申报的工商企业登记信息。

第十三条 国家外汇管理局可以根据《国际收支统计申报办法》修改、补充或重新制定国际收支申报表格及其申报要求;中国居民须按照要求进行申报。

第十四条 对于违反《国际收支统计申报办法》及本细则的行为,按照以下规定进行处罚:

一、对于逾期未履行申报或申报信息传送义务的,外汇管理局可对其处以警告处罚,并向其发出警告通告书。

二、对于收到外汇管理局发出的警告通知书后仍未按照外汇管理局要求履行申报或申报信息传送义务的,外汇管理局可根据《国际收支统计申报办法》的规定对其处以罚款处罚,并向其发出罚款通知书。

三、对于收到外汇管理局发出的罚款通知书后拒不交纳罚款的或交纳罚款后仍未按照要求履行申报或申报信息传送义务的,外汇管理局可对其处以通报批评处罚,并向其发出通报批评通知书;外汇管理局可将通报批评通知书向社会公布。

四、对于收到通报批评通知书后仍未按要求履行申报或申报信息传送义务的金融机构,外汇管理局可吊销其经营外汇业务许可证,并向其发出相应的处罚通知书。

五、对于造成国际收支统计申报信息遗失的申报信息传送者,外汇管理局可视情节轻重对其处以警告、罚款、通报批评的处罚,并向其发出相应的处罚通告书。

六、对于误报、谎报、瞒报其国际收支交易的,外汇管理局可视情节轻重对其处以罚款、通报批评、吊销其经营外汇业务许可证的处罚,并向其发出相应的处罚通知书。

七、对于阻挠、妨碍或破坏外汇管理局国际收支统计人员对国际收支申报信息进行检查、审核的,外汇管理局可视情节轻重对其处以罚款、通报批评、吊销其经营外汇业务许可证处罚,并向其发出相应的处罚通知书。

八、对于违反本细则第二条第二款、第三条第一、二、三款之规定,或拒不配合执行外汇管理局国际收支统计处罚决定的金融机构,外汇管理局可视情节轻重对其处以罚款、通报批评、吊销其经营外汇业务许可证的处罚,并向其发出相应的处罚通知书。

九、罚款金额为所涉及国际收支交易金额的1—5%,但最高罚款金额不超过50万元人民币。

第十五条 对外汇管理局做出的处罚发生争议时,按以下规定办理。

一、对外汇管理局的处罚决定不服的,可在接到处罚通知之日起十五个工作日内向上一级外汇管理局申请复议。

二、接受复议的外汇管理局应在接到复议申请之日二个月内做出复议决定。当事人对复议决定不服的,可在接到复议决定之日起十五个工作日内向人民法院起诉。外汇管理局逾期不做复议决定的,当事人可在复议期满后向人民法院起诉。

三、复议、诉讼期间应执行外汇管理局的处罚决定。

四、当事人逾期不申请复议也不向人民法院起诉、又不履行处罚决定的,外汇管理局可申请人民法院强制执行。

第十六条 对外汇管理局违反保密规定泄漏国际收支统计具体申报信息的,有关单位和个人可提请责任者所在外汇管理局或者上一级外汇管理局进行处理。

第十七条 对于违反《国际收支统计申报办法》和本细则规定的行为由外汇管理局具体负责查处。

第十八条 外汇管理局国际收支统计工作人员对中国居民的国际收支统计申报行为进行调查、检查和审核时,须持《国际收支申报核查证》;中国居民须为之提供便利。

第十九条 国家外汇管理局负责设计、监制、修改和颁发《国际收支申报核查证》。

第二十条 本细则由国家外汇管理局负责解释。

第二十一条 本细则自一九九六年一月一日起施行。

国家外汇管理局

一九九六年一月一日

结汇、售汇及付汇管理规定

第一章 总 则

第一条 为规范结汇、售汇及付汇行为,实现人民币在经常项目下可兑换,特制定本规定。

第二条 经营外汇业务的银行应当按照本规定和中国人民银行、国家外汇管理局批准的业务范围办理结汇、售汇、开立外汇帐户及对外支付业务。

第三条 境内机构外汇收入,除国家另有规定外应当及时调回境内。

第四条 境内机构、居民个人、驻华机构及来华人员应当按照本规定办理结汇、购汇、开立外汇帐户及对外支付。

第五条 境内机构和居民个人通过经营外汇业务的银行办理对外收支时,应当按照《国际收支统计申报办法》及有关规定办理国际收支统计申报。

第二章 经常项目下的结汇、售汇与付汇

第六条 除本规定第七条、第八条、第十条限定的范围和数量外,境内机构取得的下列外汇应当结汇:

(一)出口或者先支后收转口货物及其他交易行为收入的外汇。其中用跟单信用证/保函和跟单托收方式结算的贸易出口外汇可以凭有效商业单据结汇,用汇款方式结算的贸易出口外汇持出口收汇核销单结汇;

(二)境外贷款项下国际招标中标收入的外汇;

(三)海关监管下境内经营免税商品收入的外汇;

(四)交通运输(包括各种运输方式)及港口(含空港)、邮电(不包托国际汇兑款)、广告、咨询、展览、寄售、维修等行业及各类代理业务提供商品或者服务收入的外汇;

(五)行政、司法机关收入的各项外汇规费、罚没款等;

(六)土地使用权、著作权、商标权、专利权、非专利技术、商誉等无形资产转让收入的外汇,但上述无形资产属于个人所有的,可不结汇;

(七)境外投资企业汇回的外汇利润、对外经援项下收回的外汇和境外资产的外汇收入;

(八)对外索赔收入的外汇、退回的外汇保证金等;

(九)出租房地产和其他外汇资产收入的外汇;

(十)保险机构受理外汇保险所得外汇收入;

(十一)取得《经营外汇业务许可证》的金融机构经营外汇业务的净收入;

（十二）国外捐赠、资助及援助收入的外汇；

（十三）国家外汇管理局规定的其他应当结汇的外汇。

第七条 境内机构（不含外商投资企业）的下列外汇，可以向国家外汇管理局及其分支局（以下简称“外汇局”）申请，在经营外汇业务的银行开立外汇帐户，按照规定办理结汇：

（一）经营境外承包工程、向境外提供劳务、技术合作及其他服务业务的公司，在上述业务项目进行过程中收到的业务往来外汇；

（二）从事代理对外或者境外业务的机构代收代付的外汇；

（三）暂收待付或者暂收待结项下的外汇，包括境外汇入的投标保证金、履约保证金、先收后支的转口贸易收汇、邮电部门办理国际汇兑业务的外汇汇兑款、一类旅行社收取的国外旅游机构预付的外汇、铁路部门办理境外保价运输业务收取的外汇、海关收取的外汇保证金、抵押金等；

（四）保险机构受理外汇保险、需向境外分保以及尚未结算的保费。

上述各项外汇的净收入，应当按照规定的时间全部卖给外汇指定银行。

第八条 捐赠、资助及援助合同规定用于境外支付的外汇，经外汇局批准后方可保留。

第九条 下列范围的外汇，可以保留：

（一）外国驻华使领馆、国际组织及其他境外法人驻华机构的外汇；

（二）居民个人及来华人员的外汇。

第十条 外商投资企业经常项目下外汇收入可在外汇局核定的最高金额以内保留外汇，超出部分应当卖给外汇指定银行，或者通过外汇调剂中心卖出。

第十一条 超过等值1万美元的现钞结汇，结汇人应当向外汇指定银行提供真实的身份证明和外汇来源证明，外汇指定银行予以结汇登记后报外汇局备案。

第十二条 本规定第七、八、九、十条允许开立外汇帐户的境内机构和居民个人、驻华机构及来华人员，应当按照外汇帐户管理的有关规定，到经营外汇业务的银行办理开户手续。

第十三条 境内机构下列贸易及非贸易经营性对外支付用汇，持与支付方式相应的有效商业单据和所列有效凭证从其外汇帐户中支付或者到外汇指定银行兑付：

（一）用跟单信用证/保函方式结算的贸易进口，如需在开证时购汇，持进口合同、进口付汇核销单、开证申请书；如需在付汇时购汇，还应当提供信用证结算方式要求的有效商业单据。核销时必须凭正本进口货物报关单办理；

（二）用跟单托收方式结算的贸易进口，持进口合用、进口付汇核销单、进口付汇通知书及跟单托收结算方式要求的有效商业单据。核销时必须凭正本进口货物报关单办理；

（三）用汇款方式结算的贸易进口，持进口合同、进口付汇核销单、发票、正本进口货物报关单、正本运输单据，若提单上的“提货人”和报关单上的“经营单位”与进口合同中列明的买方名称不一致，还应当提供两者间的代理协议；

（四）进口项下不超过合同总金额的百分之十五或者虽超过百分之十五但未超过等值10万美元的预付货款，持进口合同、进口付汇核销单；

上述（一）至（四）项下进口，实行进口配额管理或者特定产品进口管理的货物，还应当提供有关部门签发的许可证或者进口证明；进口实行自动登记制的货物，还应当提供填好的登记表格。

（五）进口项下的运输费、保险费，持进口合同、正本运输费收据和保险费收据；

（六）出口项下不超过合同总金额百分之二的暗佣（暗扣）和百分之五的明佣（明扣）或者虽超过上述比例但未超过等值1万美元的佣金，持出口合同或者佣金协议、结汇水单或者收帐通知；出口项下的运输费、保险费，持出口合同、正本运输费收据和保险费收据；

（七）进口项下的尾款，持进口合同、进口付汇核销单、验货合格证明；

（八）进出口项下的资料费、技术费、信息费等从属费用，持进口合同或者出口合同、进口付汇核销单或者出口收汇核销单、发票或者收费单据及进口或者出口单位负责人签字的说明书；

（九）从保税区购买商品以及购买国外入境展览展品的用汇，持（一）至（八）项规定的有效凭证和有效商业单据；

（十）专利权、著作权、商标、计算机软件等无形资产的进口，持进口合同或者协议；

（十一）出口项下对外退赔外汇，持结汇水单或者收帐通知、索赔协议、理赔证明和已冲减出口收汇核销的证明；

（十二）境外承包工程所需的投标保证金持投标文件，履约保证金及垫付工程款项持合同。

第十四条 境内机构下列贸易及非贸易经营性对外支付，经营外汇业务的银行凭用户提供的支付清单先从其外汇帐户中支付或者兑付，事后核查：

（一）经国务院批准的免税品公司按照规定范围经营免税商品的进口支付；

（二）民航、海运、铁道部门（机构）支付境外国际联运费、设备维修费、站场港口使用费、燃料供应费、保险费、非融资性租赁费及其他服务费用；

（三）民航、海运、铁道部门（机构）支付国际营运人员伙食、津贴补助；

（四）邮电部门支付国际邮政、电信业务费用。

第十五条 境内机构下列对外支付用汇，由外汇局审核其真实性后，从其外汇帐户中支付或者到外汇指定银行兑付：

（一）超过本规定第十三条（四）规定比例和金额的预付货款；

（二）超过本规定第十三条（六）规定比例和金额的佣金；

（三）转口贸易项下先支后收的对外支付；

（四）偿还外债利息；

（五）超过等值1美元的现钞提取。

第十六条 境内机构偿还境内中资金融机构外汇贷款利息，持《外汇（转）贷款登记证》、借贷合同及债权人的付息通知单，从其外汇帐户中支付或者到外汇指定银行兑付。

第十七条 财政预算内的机关、事业单位和社会团体的非贸易非经营性用汇，按照《非贸易非经营性外汇财务管理暂行规定》办理。

第十八条 财政预算外的境内机构下列非经营性用汇，持所列有效凭证从其外汇帐户中支付或者到外汇指定银行兑付：

（一）在境外举办展览、招商、培训及拍摄影视片等用汇，持合同、境外机构的支付通知书及主管部门批准文件；

（二）对外宣传费、对外援助费、对外捐赠外汇、国际组织会费、参加国际会议的注册费、报名费，持主管部门的批准文件及有关函件；

（三）在境外设立代表处或者办事机构的开办费和年度预

算经费，持主管部门批准设立该机构的批准文件和经费预算书；

（四）国家教委国外考试协调机构支付境外的考试费，持对外合同和国外考试机构的帐单或者结算通知书；

（五）在境外办理商标、版权注册、申请专利和法律、咨询服务等所需费用，持合同和发票；

（六）因公出国费用，持国家授权部门出国任务批件。

上述（一）至（六）项以外的非经营性用汇，由外汇局审核其真实性以后，从其外汇帐户中支付或者到外汇指定银行兑付。

第十九条 居民个人的因私用汇，按照《境内居民因私兑换外汇办法》和《境内居民外汇存款汇出境外的规定》办理。

第二十条 居民个人移居出境后，下列合法人民币收益，持本人身份证明和所列有效凭证到外汇局授权的外汇指定银行兑付：

（一）人民币存款利息，持人民币存款利息清单；

（二）房产出租收入的租金，持房产租赁合同和房产出租管理部门的证明；

（三）其他资产的收益，持有关的证明材料和收益清单。

第二十一条 外商投资企业外方投资者依法纳税后的利润、红利的汇出，持董事会利润分配决议书，从其外汇帐户中支付或者到外汇指定银行兑付。

外商投资企业中外籍、华侨、港澳台职工依法纳税后的人民币工资及其他正当收益，持证明材料到外汇指定银行兑付。

第二十二条 按照规定应当以外币支付的股息，依法纳税后持董事会利润分配决议书从其外汇帐户中支付或者到外汇指定银行兑付。

第二十三条 驻华机构及来华人员的合法人民币收入，需汇出境外时，持证明材料和收费清单到外汇局授权的外汇指定银行兑付。

第二十四条 驻华机构及来华人员从境外携入或者在境内购买的自用物品、设备、用具等，出售后所得人民币款项，需汇出境外时，持工商登记证或者本人身份证明和出售凭证到外汇局授权的外汇指定银行兑付。

第二十五条 临时来华的外国人、华侨、港澳台同胞出境时未用完的人民币，可以凭本人护照、原兑换水单（有效期为6个月）兑回外汇，携出境外。

第三章　资本项目下的结汇、售汇与付汇

第二十六条 境内机构资本项目下的外汇应当在经营外汇业务的银行开立外汇帐户。

第二十七条 境内机构下列范围内的外汇，未经外汇局批准，不得结汇：

（一）境外法人或自然人作为投资汇入的外汇；

（二）境外借款及发行外币债券、股票取得的外汇；

（三）经国家外汇管理局批准的其他资本项目下外汇收入。

除出口押汇外的国内外汇贷款和中资企业借入的国际商业贷款不得结汇。

第二十八条 境内机构向境外出售房地产及其他资产收入的外汇，除本规定第十条限定的数额外应当卖给外汇指定银行。

第二十九条 境内机构偿还境内中资金融机构外汇贷款本金，持《外汇（转）贷款登记证》、借贷合同及债权机构的还本通知单，从其外汇帐户中支付或者到外汇指定银行兑付。

第三十条 境内机构资本项目下的下列用汇，持所列有效凭证向外汇局申请，凭外汇局的核准件从其外汇帐户中支付或者到外汇指定银行兑付：

（一）偿还外债本金，持《外债登记证》、借贷合同及债权机构还本通知单；

（二）对外担保履约用汇，持担保合同、外汇局核发的《外汇担保登记证》及境外机构支付通知；

（三）境外投资资金的汇出，持国家主管部门的批准文件和投资合同；

（四）外商投资企业的中方投资者经批准需以外汇投入的注册资金，持国家主管部门的批准文件和合同。

第三十一条 外商投资企业的外汇资本金的增加、转让或者以其他方式处置，持董事会决议，经外汇局核准后，从其外汇帐户中支付或者持外汇局核发的售汇通知单到外汇指定银行兑付；

投资性外商投资企业外汇资本金在境内投资及外方所得利润在境内增资或者再投资，持外汇局核准件办理。

第四章　结汇、售汇及付汇的监管

第三十二条 外商投资企业可以在外汇指定银行办理结汇和售汇，也可以在外汇调剂中心买卖外汇，其他境内机构，居民个人、驻华机构及来华人员只能在外汇指定银行办理结汇和售汇。

第三十三条 从外汇帐户中对外支付时，经营外汇业务的银行应当根据规定的外汇帐户收支范围及本规定第二、三章相应的规定进行审核，办理支付。

第三十四条 外汇指定银行办理售汇和付汇后，应当在相应的有效凭证和有效商业单据上签章后留存备查。

第三十五条 外汇指定银行应当根据中国人民银行每日公布的人民币汇率中间价和规定的买卖差价幅度，确定对客户的外汇买卖价格，办理结汇和售汇业务。

第三十六条 从外汇帐户中支付或者购汇支付，应当在有关结算方式或者合同规定的日期办理，不得提前对外付款；除用于还本付息的外汇和信用证/保函保证金外，不得提前购汇。

第三十七条 为使有远期支付合同或者偿债协议的用汇单位避免汇率风险，外汇指定银行可以按照有关规定为其办理人民币与外币的远期买卖及其他保值业务。

第三十八条 易货贸易项下进口，未经外汇局批准，不得购汇或者从外汇帐户支付。

第三十九条 经营外汇业务的银行应当按照规定向外汇局报送结汇、售汇及付汇情况报表。

外汇指定银行应当建立结售汇内部监管制度，遇有结售汇异常情况，应当及时向国家外汇管理局当地分支局报告。

第四十条 境内机构应当在其注册地选择经营外汇业务的银行开立外汇帐户、按照本规定办理结汇、购汇、付汇业务。境内机构在异地和境外开立外汇帐户，应当向外汇局申请。

外商投资企业经常项下的外汇收入，经批准可以在注册地选择经营外汇业务的银行开立外汇结算帐户。

第四十一条 经营外汇业务的银行和有结汇、购汇、付汇业务的境内机构，应当无条件接受外汇局的监督、检查，并出示、提供有关材料。对违反本规定的，外汇局可对其处以警告、没收违法所得、罚款的处罚；对违反本规定，情节严重的经营外汇业务的银行，外汇局可对其处以暂停结售汇业务的处罚。

第五章　附　则

第四十二条　本规定由国家外汇管理局负责解释。

第四十三条　本规定自1996年7月1日起施行。1994年3月26日发布的《结汇、售汇及付汇管理暂行规定》同时废止。其他规定与本规定相抵触的,以本规定为准。

中国人民银行

一九九六年六月二十日

境内居民外汇存款汇出境外的规定

第一条　为便利境内居民外汇存款汇出境外,特制定本规定。

第二条　本规定所称外汇户,系指由境外或港、澳、台地区汇入外汇转存款;本规定所称外钞户,系指境内居民持有的外币现钞存款。

第三条　境内居民外汇户存款,存款人可以汇出境外。

第四条　境内居民外钞户存款可以按照下列规定汇出境外:

1、对持有批准双程出入境或单程出境签证护照离境的个人,允许汇出或携出;

2、购买药品、仪器、书刊者凭信件或者发票汇出外汇。自费留学的报名费、学费、生活费可以凭学校通知汇出外汇。

3、如存款人在境外的直系亲属发生特殊情况(重病、死亡、意外灾难)可以凭境外公证部门的有效证明,或者我驻外使、领馆的证明,或者病人所在地(单位)的申请报告或者医院出具的处方汇出外汇。

第五条　外钞户汇出汇款在二千美元以内的,由存款银行按照上述规定审核,二千美元以上,五千美元以下的需经国家外汇管理局当地分局审核,五千美元以上的报国家外汇管理局审核。

第六条　本规定自1996年7月1日起施行。以前规定与本规定相抵触的,以本规定为准。

国家外汇管理局

一九九六年五月十三日

境内居民因私兑换外汇办法

第一条　为便利境内居民因私用汇,根据《中华人民共和国外汇管理条例》第十三条规定,特制定本办法。

第二条　本办法所称境内居民(以下简称"居民")系指居住在中华人民共和国境内的中国人和在中华人民共和国境内定居的外国人(包括无国籍人)。

第三条　本办法所称银行,系指由国家外汇管理局授权的中资外汇指定银行。

第四条　银行对居民因私兑换外汇应当根据国家外汇管理局规定的兑换标准,按兑换当天的银行挂牌汇率兑换外汇。

第五条　居民申请兑换外汇必须向银行提交下列有关文件:

(一)居民因私出境,探亲、会亲(含出境旅游)兑换外汇除向银行提交本人工作单位(无工作单位的由户口所在地街道办事处或乡以上人民政府)的证明文件外,还必须提交下列有关文件:

1、已办妥前往国家有效入境签证的护照和出境证明;自费留学人员还需提供录取通知书;

2、前往港澳通行证或往来港澳通行证;

3、定居在中国境内的外国人提供注有"侨"字的外国人居留证和注有返回签证的护照或外国人出入境证;

4、出境定居者同时还须出示前往国家(或地区)居住证;

5、出境朝觐人员须提供省级宗教事务管理局的文件。

凡属通过旅行社组团出境旅游的居民(其护照附页备注栏内盖有"仅限一次旅游出入境有效"的蓝色条章)由旅行社集体办理兑换外汇手续。凡自行出境旅游的居民可向银行直接办理兑换外汇手续。

(二)居民因特殊需要申请兑换外汇必须向银行提供下列文件:

1、居民自费出境参加国际学术会议、作学术报告、被聘任教等,如邀请方不负担旅途零用费,应提供邀请函、电,工作单位证明及出境文件;

2、居民缴纳国际学术团体组织的会员费,须提供有关学术组织的证明文件汇出外汇;

3、居民个人从境外邮购少量药品、医疗器具等特殊用汇,须凭县或市级医院证明附医生处方和本人工作单位证明,无工作单位的凭街道办事处或乡以上人民政府开具的证明;

4、居民出境定居后,如因生病或其他事故的用汇,凭境外定居当地医院及公证部门的有效证明,或我驻外使、领馆证明;

5、境内居民遇有本办法未列入的经常项目下的其它个人用汇,凭本人工作单位(无工作单位的由所在地街道办事处或乡以上人民政府)出具有关文件和有关证明,超出标准部分需经外汇管理部门审核。

(三)申请人提供的文件必须是真实的。

第六条　居民因私兑换外汇标准:

(一)出境探亲、会亲(含出境旅游)兑换外汇标准:

1、去香港、澳门地区可兑换500美元的等值外汇;

2、去香港、澳门地区以外的国家或者地区(含台湾)可兑换1000美元等值外汇。

(二)境内居民出境定居兑换外汇标准:

1、离休金、退休金、离职金、退职金、抚恤金可全部兑换外汇,其中离职金不足兑换1000美元的,可一次性兑换1000美元等值外汇;

2、在境外定居后,其离休金、退休金、退职金、抚恤金每半年合并后,可凭境外定居证明和有效的生存证明全部兑换外汇;

3、无工资收入的境内居民可一次性兑换1000美元等值外汇;

4、未满十四岁的儿童，每人可按上述标准的一半兑换外汇。

(三)自费朝觐人员和自费留学人员出境时可一次性兑换1000美元等值外汇。

(四)其他需要兑换外汇标准：

1、境内居民自费出境参加国际学术会议，作学术报告，被聘任教等，如邀请方不负担旅途零用费，按出境探亲标准兑换外汇；

2、境内居民缴纳国际学术团体组织的会员费按其学术团体规定标准兑换外汇汇出；

3、境内居民从境外邮购药品、医疗用具等特殊用汇，可兑换500美元(含500美元)以内的等值外汇；

4、境内居民出境定居后，如因生病或其他事故，其境内亲属最高可兑换500美元等值外汇汇出；

5、遇有本办法未列入的其他用汇，金额在300美元以内的(含300美元)，由银行兑付。

(五)居民用汇超过上述标准的，可向当地外汇管理部门提出申请。

第七条 对违反本办法者，国家外汇管理部门将按照《中华人民共和国外汇管理条例》及有关规定进行处罚。

第八条 本办法由国家外汇管理局负责解释。

第九条 本办法自1996年7月1日起施行，以前规定与本办法相抵触的，以本办法为准。

国家外汇管理局

一九九六年五月十三日

经营外汇业务的中资银行海外分支机构境外融资管理规定

为加强对外融资的管理，规范经营外汇业务的中资银行海外分支机构境外融资，特制定本规定。

第一条 本规定所称经营外汇业务的中资银行海外分支机构(以下简称中资银行海外分行)系指我国经营外汇业务的中资银行在中国境外、港澳地区，依照当地法律设立的非独立法人性质的分支机构。

第二条 对中资银行海外分行境外融资实行其总行负责制下的总量控制，风险分级管理的办法。

第三条 各总行应加强对其海外分行境外融资的管理。总行应根据其海外分行的营运资金、资产负债比例及当年业务量等项指标，确定每个海外分行的境外融资总量，并于每年2月底之前报国家外汇管理局备案。

各中资银行海外分行第1年境外融资余额不得超过其营运资金的40%，以后每年余额增加不得超过上年度余额的30%。

第四条 各中资银行海外分行在总行确定的境外融资余额内，以自身名义在境外发行商业票据(CP)、大额存单(CD)、中长期债券等有价证券或一次性筹借金额在5000万美元以上(含5000万美元)的商业贷款，须事先经其总行向国家外汇管理局申请审核批准。其它方式的境外融资，按其总行的管理规定办理，事后由总行报国家外汇管理局备案。

总行不得授权其海外分行以总行名义在境外融资。

第五条 中资银行海外分行在境外所筹资金只能用于海外业务发展，未经国家外汇管理局批准，不得调入境内使用。

第六条 总行应每半年一次以书面形式向国家外汇管理局报告其分支机构境外融资情况。

第七条 以上规定同时适用于经营外汇业务的中资银行离岸业务中的对外筹资管理。

第八条 本规定由国家外汇管理局负责解释。

第九条 本规定自发布之日起施行。

国家外汇管理局

一九九六年四月十六日

附　香港上市公司的规则及程序

前　言

本指南之目的为概述有关一间公司(不论在香港或其它地方注册成立)将其股份在香港联合交易所有限公司(联交所)挂牌上市时会遇到较为重要的事项，及于上市后一间上市公司其董事与主要股东必须履行的法定持续性责任。讨论关于中国企业在香港上市所应注意的事项。

上市的利与弊 一间有意上市的公司，其股东及董事必须考虑到公司上市的利与弊。有利方面：公司现有股东可将投资套现及增加其投资的流动性，董事或股东为公司借贷提供的担保可以解除，提高公司产品或服务的知名度及其声誉，公司现有股东可将承担公司的风险分摊而仍能维持其对公司的控制权，藉优先认股计划吸引及保留高级行政人员，公司可获在资本市场上筹集资金的方便，公司可以发行股份作为购买其它生意或资产的代价。

有弊方面：高层管理人员必须付出充份时间及资源步署上市事宜，遵守有关法律及管制守则，尤其特为上市公司，其董事及主要股东而制定关于《须予公布的交易》的规定，实践投资者对业绩及股息派发等的期望，公众对上市公司及其管理阶层的监察，若不维持公司大多数控股权，则公司有被收购的可能。

长远而言，上市的利因素对大部份公司来说都是胜过弊因素的。上市的地位能提高一间公司的形象及其股东与雇员的士气，并能增加与它交易的人士(如银行，顾客及供应商)对它的信心。

最初上市的方式 在联交所最初上市采用的方式视乎公司是否须要筹集资金及现有和预期的股东组合。主要的上市方法为：公开发售—即公司发售新股以供公众藉此认购为公司集资，或现股东公开向公众售股套现，或此两形式并用。配售或选择性销售—由一间或多间受委托的商人银行或经纪行将新股或现有股份配售或销售给经挑选的投资者，藉此为公司集资或为现有股东套现。介绍方式—公司现有股份以介绍形式在联交所上市而不牵涉为公司集资或为现有股东套现。

这方法只适用于已有广泛股东基础的公司，并多为已在认可的海外交易所上市的公司采用。

另一上市方法是购入一间上市公司的空壳，然后注入有关的业务及资产。或以反收购形式进行。反收购的做法就是由上市公司以发行新股方式收购寻求上市的业务及资产，使该等业务及资产的原有人取得该上市公司控制性股权。以这种方法上市，该扩大后的公司，一般都被联交所以新上市申请处理，故须准备上市文件。将业务及资产注入现有的上市公司亦须获得其现有股东的批准。

必须符合的条件 在联交所上市必须符合以下的主要条件：公司及其业务必须为联交所认为适合上市，必须具备不少过三年由基本上同一管理阶层负责的业绩，由申报会计师所申报的最后一期财政期间必须在上市文件日期前之六个月内终结，联交所必须满意公司的业务及其股份能吸引足够公众兴趣，公司在上市时的预计市值必须不少过五千万港元，一般而言，至少25%将会上市的股份必须为公众人士所持有（若公司的预计市值超过四十亿港元，则低过这百份率亦会被接纳）。联交所保留接纳或拒绝上市申请的绝对权力，故即使申请人符合有关条件也不一定获批准上市。

申请上市的主要步骤 从初步决定申请上市至获联交所批准所须时间视乎申请个案而有相当差异。一般简单的个案通常都可在四至六个月内完成所有手续。主要步骤为：初步研究及评估——通常参与商讨的为公司会计师，有意当保驾人者及其他专业顾问；申报会计师草拟报告——这是一份详述公司以往业绩及目前经济状况的报告；公司重组——主要目的是令公司的业务及资产在适当的集团结构下运作（例如：避免私人业务及公司业务之间的利益冲突）；草拟招股书（即售股章程）的准备——所有有关人士皆必须参与多次草拟工作会议；向联交所上市科呈交招股书的草稿及所须资料，并回应其评语及疑问；呈交招股书草稿给公司注册署审批及将终稿登记；将物业、设备及机器估值；草拟其他有关文件如公司新组织章程细则、优先认股计划条款、认股权证条款、董事服务协议及董事与主要股东权益的公布等；商计及草拟包销协议；查证招股书内容的正确性及完整性；将公司介绍给证券分析家、经纪及基金经理认识；联交所上市委员会 开会审批及正式批准上市；印刷及派发上市文件；接受公众认购；股份开始在联交所挂牌交易。

一九九三年证券上市规则的主要修订

一、市值 申请上市公司的最低市值规定为港币一亿元（即是股价与股数相乘的结果）。自一九九二年大部份申请上市的公司均能达到最低的一亿港元市值规定。这个最新修订反映现时的市场需要，应该不会对现时新的申请者构成困难。上市公司的股票市值在公众手上最低限度要维持港币五千万。一贯在公众手上的持股量为25%。假如上市公司只想维持这个最低公众持股百分比，则其所有股票的市值不能低于港币二亿元。对于一间上市公司而言，如果其市值低于二亿港元，公众的持股百分比便会高于25%。此项修订可能会打击小规模公司的上市计划。以上修订对在一九九三年八月一日或之后的申请生效。

二、非执行董事的责任 新修订强制规定，所有上市公司须至少拥有两名独立的非执行董事。非执行董事的好处是他们能向董事会提供他们的专家意见，协助董事会能更有效领导公司及维持公司在财务上的完整性。非执行董事须要完成信用范围的责任，这些责任的标准最低限度要依随香港的法例。在执行责任期间非执行董事要（1）忠诚及以公司的利益为上。（2）一定采取恰当的行动。（3）为发行股票的公司之资产运用负责。（4）避免真正和潜在利益与责任上的冲突。（5）详细披露他们与发行股票的公司的合约权益。（6）尽责及小心履行其职务，其小心程度要符合其学养及经验。每位的非执行董事一定要向香港联合交易所证明其操守、独立性和经验是以有效地完成其职责。在评估非执行董事的独立性时，联交所会考虑下列事项：（1）所持股票不及发行股本的百分之一通常不影响其独立性，如果这些股票是馈赠或经由有关连人士在财政上支持而购入，此举均表示该名非执行董事的独立性有问题。（2）非执行董事不能在过去或现在拥有与发行股票公司或其附属公司的任何财政上或其它的商业利益，因为此举可能影响其独立判断。但是出任此等公司的董事或顾问均可被接受而不认为妨碍其独立性。（3）除却出任顾问之外，非执行董事不能在过去或现在与股票发行公司之有联系人士产生任何关系。上市公司定要确保其董事（包括非执行董事）对该公司是否履行联交所的上市规则负上全责。新修订亦引入《最佳操守守则》作为上市公司董事会的操守指引。

董事的证券活动 每一名董事须要披露他是否有投资认股权证及他们在这方面的权益。

禁制发行认股权及公开招股 新修订指明在上市后的十二个月内，除非新上市公司的独立股东在股东大会同意（在股东大会上控股股东被禁制投票），否则此等公司不能发行认股权或公开招股。“控股股东”是指个人或集体的持股量超过35%的投票权或是可以控制董事会的结构。

新股上市后对控股股东出售股份的限制 新修订指明新股上市公司的控股股东在上市后六个月内不能出售其股份，在上述的六个月以后六个月内控股股东亦不能出售其股份而令他失去其控股股东的地位。

上市后的重大变动 在新股上市的十二个月内，上市公司不能进行收购、出售或其他的交易以致令该公司在招股书内所载的主要业务发生重大的改变。特殊情况下联交所可以批准此等行动但它们必须获得独立股东在股东大会上通过而控股股东是禁制参与这些投票行动。

上市费用的支付 相当于上市费用30%的不获发还的定金要在呈交预订表格时支付（不少于上市科申请上市聆听日期之前的三十五天）。在上市科聆听日期后便要支付其余的70%的上市费用，支付日期要在印制招股书之前。

董事的定义 董事的定义伸展至包括在过去十二个月内出任上市公司或其附属公司的董事

衍生认股权证 新修订规定发行公司要清楚描述其认股权证俾以能清楚知道是否在交收之期可向发行公司提供现金约定买卖权。新修订亦列出联交所在这方面的政策，规定发行者要即时通知认股权证的持有人在收到通知后，在行使其约定买卖权其交收是否会以现金或股票交易。再者，发行者或担保人亦须要清楚明显在上市文件内列出其 regulatory status or unregulated status。联交所明确制订方针以限制有关股票的数量藉此发行衍生认股权证。同时亦限制股票是否可组成一蓝子认股权证的资格。基于潜在的利益冲突，衍生认股权证的发行者亦可管制有关的上市公司，控股股东或有影响力的管理阶层所发行的认股权证均被认为不适合上市。

中国公司在香港上市的有关规则的修订

一、引言 香港联合交易所有限公司（本交易所）为使在中华人民共和国注册成立的公司可在本交易所作主要上市

(该等修订)而对证券上市规则(《上市规则》)作了修订。申请将股本证券在本交易所作主要上市的中国公司将须符合上市规则内关于香港公司作主要上市的现行标准。因此,中国申请人如欲取得上市资格,将需提交在大体上同一管理阶层下最少三年的充分营业纪录;刊发完备的售股章程,其中包括由获认可的独立会计师根据香港核数及会计标准(国际会计标准亦可接受)编制的会计师报告;然后与本交易所签署上市协议,载有与现行海外发行人的规定形式大体相同的规定,包括一般的披露责任以使市场保持消息灵通;并须保持足够数量的香港上市证券由公众人士持有,以确保该等证券有公开市场。

由于中国发行人是在中国注册成立,故须受适用的中国法律及规则管制,并须遵守国家经济体制改革委员会颁布的《股份有限公司规范意见》的规定,该规范意见以一份附件及说明函件作为补充。此外,亦规定中国发行人的公司章程细则内载列若干必备条款。该等条款与规范意见及其补充规定及说明函件一并构成与香港公司法相类的规定,对中国发行人具有约束力。中国发行人须根据公司条例第十一部注册为海外公司。因此,该发行人须设立股东名册,并须受公司条例中有关海外公司的条文所规限。在中国发行人于本交易所上市期间,必须遵守香港一切适用法律及守则。

二、该等修订的整体作用 该等修订的主要作用为:容许一种新设立的人民币特种外资股份(H股)在香港作主要上市,根据中国法律,该等股份只限非中国投资者拥有及转让,并将在香港发行予公众人士及在本交易所进行交易;容许在香港上市的中国公司发行以人民币为面额的股份(A股),该等股份将与H股享有同等权益,并只限中国法人或公司拥有及转让。该等A股将在上海或深圳证券交易所上市、交易及受到监管;及向中国发行人实施与对在香港作主要上市的现有发行人实施者相类的监管标准,并为中国上市公司的投资者制订保障股东的标准,该等标准不会低于香港投资者现时享有的保障。

三、在香港及中国的交易所上市 预期中国发行人在香港推出H股作主要上市之时,极有可能在香港招股及上市过程之前、之后或同时也在上海或深圳推出A股作主要上市。然而,已草拟的修订是容许在中国公司只发行H股在本交易所上市,而不发行A股。大部分此等公司可在香港并无任何重要的管理人员或业务。不过,该等修订将使本交易所能够监管此等公司,以确保其香港上市证券的市场公平而有秩序,而上海、深圳及国家有关机构将监管中国市场的证券买卖。为确保跨越中港的监管有效实施,本交易所已与证券及期货事务监察委员会、中国证券监督管理委员会、上海证券交易所及深圳证券交易所签订一项五方的监管合作备忘录(《监管备忘录》)。监管备忘录的签署各方将会就各自的市场监管进行合作,而中国各方尤须确保上市的中国企业遵守上市规则及适用的香港法例及规例。申请上市时,中国发行人亦须呈交一份关于其是否在中国已正式注册成立的法律意见。本交易所保留可要求中国发行人呈交其他法律意见的权利,以确证该发行人已遵行适用于有关其上市的中国法律,及提供中国有关机构的批准证明(如需要)予本交易所。中国发行人亦须呈交由国家工商行政管理机关发出经核证的中国发行人营业执照副本。

四、上市规则的主要修订 随附的上市规则修订主要如下:

(1)公司章程细则。中国发行人的公司章程细则须加入广泛而详尽的新规定,就中国公司、其董事及股东之间订立的合约,须加入香港公司法对股东提供的若干基本保障,包括股东权利、董事的受托义务、公司管理事项及财务披露。此外,亦已增订多项附加保障。例如,在A股股东及H股股东的权益出现差异的情况下,规定H股股东需进行独立类别投票,及依据仲裁解决纷争的机制。

(2)会计标准。中国发行人可依循中国会计规则及规定,但在本交易所上市期间,彼等必须在会计师报告及年度帐目中采用香港或国际会计标准。因此,中国发行人的财务报表可在同一报告内包括两组数字(中国及香港或国际标准)。当出现此情况时,必须载有一份显示两组数字之间的重大差异(如有)的注明。

(3)最低公众持股量。若中国发行人已发行A股,则①所有H股必须由公众人士持有,除非本交易所另行批准;②公众人士持有的H股总持股量须最少为已发行股本总额的10%;及③公众人士持有的H股及A股总和须最少为中国发行人已发行股本总额的25%。有关公众持股量的条件,可确保任何需要H股作独立类别投票的事项,将由独立的H股股东决定,而非由控股股东及其联系人等支配。第二项条件预期中国发行人将在中国市场发行A股,因此公众持有的H股只须为已发行股本总额的10%。第三项条件则确保中国发行人将维持其公众公司的身份,而且已发行股本总额不超过75%将由控股股东持有。在本交易所上市的H股,市值最少需达五千万港元。根据本交易所一九九二年上市规则检讨,此项规定与新建议的香港新发行人的最低市值一致。

(4)竞争业务中的控股股东。"控股股东"是指持有中国发行人的普通股超过30%(或按照适用的中国法律规定较低的数额)的人士。如控股股东为中国的政府机关,则该申请人必须令本交易所满意该申请人不仅符合第8.10条规则的精神,而且就上市规则第十四章而言,其控股机关或联系人等(包括自然人及法人)亦不应被视为关连人士。(本交易所可要求另加适当的书面解释、保证及承诺如适合)。

(5)管理阶层的存在。根据第8.12条规则,有关在香港须有管理阶层的规定将适用,除非本交易所酌情另行批准。在行使该酌情权时,本交易所将考虑是否设有令人满意的通讯安排。

(6)独立董事的委任。必须委任最少两名独立的非执行董事。

(7)保驾人及授权代表。中国公司最少须自上市日起聘用保驾人或本交易所认可的其他专业顾问至少三年。保驾人的职责为协助该等公司继续遵守上市规则。此外,如中国发行人有意在中国任何一间证券交易所将A股上市,则保驾人须向本交易所提交一份声明,根据其意见申明各董事均了解A股和H股在权利和义务上的异同,并列出其达致该意见的基础,及说明关于各董事建议如何协调及履行其对所有有关交易所的责任。

(8)申请程序及规定。中国发行人必须遵照新订附录十三D部的规定提呈公司章程细则,并签署载于附录七第一部的上市协议及附录五的声明及承诺表格(H及I表格)。此外,中国发行人必须提呈其经核证的营业执照副本及关于其是否在中国已正式注册成立的法律意见(如上文所述)。

(9)上市文件。中国发行人的所有上市文件将须符合公司条例有关售股章程的适用规定。上市规则附录一(《上市文件的内容》)经已扩充,要求进一步的资料说明发行人关于发行A股的计划、发行人在提出任何上市申请前的法律架构、适用的税率，以及关于发行人是否有足够的外汇，以外币派发股息予H股股东的声明。

（10）董事及监事的声明及承诺。供董事用的表格B经已修订，各董事须承诺遵守中国发行人的公司章程细则及香港不时生效的一切适用证券法例、规例及守则、以及上市规则。中国发行人可自行决定设立监事会，监督各董事及高级管理人员的工作表现。由于监事有权查阅公司的帐目和记录，及对董事提出诉讼，彼等亦须签署另一份声明及承诺表格。

（11）上市协议。中国公司将须使用按现有供海外发行人签署的上市协议格式改成的新上市协议。

五、风险 各项文件，包括规范意见及其附加的补充规定及说明函件、须载入中国发行人公司章程细则的必备条款及上市规则的其他修订，应可共同提供如同投资者于香港其他公司所享有的相同程度股东保障。本交易所自当在监管备忘录各方的合作下，继续密切监察一切发展。然而，投资者将需自行评估投资于中国企业的股本证券所涉及的新兴市场风险，为此，有意在本交易所上市的中国公司，将须在售股章程内载入一项声明，明确指出该等风险。

（Grant Thornton International 提供）

附　美国上市公司的规则及程序

在美国集资程序之省览

对于非美国的商业机构而言，美国的资本市场可以称之为提供及筹集资本的代名词及理想来源。基于下列原因，在美国集资可以是很吸引，例如，比较集资者所属国家，在美国集资更能即时运用所筹集的资金。在美国，公司的估值比较集资者所属国家为高。为外国投资者及创办人提供较大的资金调配。可以提高公司的产品及服务在美国及其它市场的声誉及知名度。一般而言，在美国透过公开招股的形式去筹集资金需要三至六个月的时间，公司的重组及其它公司及财务问题需要事前的安排。参与过程的主要人士包括：公司方面，主席、主要财务人员及顾问小组均会积极参与，其他人员的参与要看需要而定。包销商，公开招股的方式是公司把股票卖予包销商，再由后者出售予公众人士，而不是由公司直接把股票售予公众。招股过程可能多过一名包销商，他们负责安排公开招股，但股票发行可以是透过多至三十间的证券公司。律师，一般而言，公司及包销商在其所属国及美国均具备律师。会计师，公司的独立会计师在协助其公开招股的过程中担任重要角色，他们要积极参与制订招股文件内的财务报表及对其它财务事项提供意见。聘用一间在所属国家及美国均有名望的会计师行是很重要。这会计师行对美国证券交易管理委员会的做法和要求一定要有认识和丰富经验。这包括调节集资公司所属地的会计原则以符合美国公认的会计原则。

在谈过参与公开招股过程的主要人士后，以下胪列各项步骤：首先是有关人士的会议，与会者均是上述主要参与人士的代表。他们讨论重要事项，例如交易的数额，基本买家的情况，有关招股的管制及其它事项。之后公司及其顾问团便会开始筹备招股文件。依据美国证券法案1933，主要的招股文件是登记表及招股书，它们用作记载所要公开发售的证券。招股文件记载公司的有关资料，如其业务情况，其董事和高级职员，其业绩，与有关连机构的来往交易，其集资的用途以及与公司和交易有关的一切风险。经审核的财务报表要以美国公认的会计原则重新编制或注释如何调节以符合美国公认的会计原则。在公开招股的筹备初期，会举行会议藉此公司的高职人员向包销商、顾问等解释招股事项及回答他们所提出的问题。这些会议多数维持一整天，这包括参观公司的主要设施。举行这些会议的主要目的在于：向工作小组灌输公司的资料及协助提供披露公司业务及营运，及在美国的证券法例，它们被视为重要的步骤以协助保护外界董事，包销商，及其它非美国的人士或公司避免一切由证券法例所引致的责任。在此等工作会议之后，工作小组集中精神在招股登记表上。工作小组会修订由公司及顾问所草拟的招股文件俾以作出足够的披露以符合推销将要上市的证券，但另一方面又要避免触及法律上的责任。当招股文件进入后期整理阶段，开会内容主要涉及有关承印商的设备。呈交招股文件后，证券交易委员会通常需要最少三十天去审阅，在这段时间内包销商及公司高职人员会举行一连串的“演习”会议其间公司高职人员介绍公司营运及回答集团投资者的问题，同时间公司会把招股书初稿给予潜在投资者，藉此提供有关公司的资料。当证券交易委员会（证委会）审阅完招股登记表后，他们会作出各项建议，这些建议主要是改善或进一步增加某些资料的披露以提供更多资料给予投资者。公司会就证委会的建议作出适当的修订。当证委会正式批阅通过招股文件，公开招股程序便开始。此际公司及其包销商完成他们的协议书，包销商向公司买入其股票，然后再售予给新投资者。权益的转移及向公司返交卖股所得大概要一周后才能完成。在招股过程中，公司及其顾问（包括会计师）的整体合作很重要。整体合作会加速招股过程及有效保证招股成功。

外国公司在美国申请上市的基本要求

纽约股票交易所 （1）符合上市要求的数据标准，这些数据标准应被视为指引，不应当作为硬性的数字方程式。外国公司的标进：最低限度在国际间发行二百五十万股，而其中市值具有一亿美元之股票定为公众所持有，公众持有股票者一定要有不少于五千股东而每位股东的持股量不少于一百股。这此股东不包括董事、高级职员及其直属或其他大股东其持股量为百分之十或以上。公司在国际间的净有形资产至少达至一亿美元。最近的三年内公司除税前的收入定要达至一亿美元。一般而言纽约股票交易所通常给予有投票权的普通股上市优惠。要符合上市条件，优先股定要具有一些最低限度的投票权。

（2）申请上市。纽约股票交易所愿意在公司正式呈交上市申请之前提供有关上市的意见。他们所订的上市条件已注明在他们印制的《公司手册》内。初次上市申请定要呈交某些指定的资料，如公司历史、股本结构、物业及商业运作，连同下列财务资料：最近五年综合收益报表（无需经审核）。最近两年综合收益及留存收益表以及财务状况变动表（需要审核）。最近两年综合资产负债表（需经审核）。现年度任何中期综合收益表、财务状况变动表及综合资产负债表（此等经由主要会计主任证明或由独立会计师审核）。如预期有重大的财务上的改组，例如财务重组、收购及资本重组等等，示范性的综合资产负债表。

美国股票交易所 (1)符合上市要求的数据标准,这些数据标准应被视作指引,不应当作为硬性的数字方程式。外国公司标准:最低限度在国际间发行一百万股,而其中市值具二千万美元之股票为公众持有,公众人士要不少于二千人,每人至少持有一百股。公司之净有形资产要达到最少二千五百万美元。最近的三年内公司要赚取除税前的收益达至三千万美元,而每年至少要有七百五十万美元的收益。如外国公司发行不记名的股票,美国股票交易所会协助它们寻求有关之指引。

(2)初次申请上市。美国股票交易所愿意在公司提交上市申请之前提供有关上市的意见。他们的上市条件已注明在他们印制之《公司指引》内。初次申请上市需要提交公司某些特定资料,例如公司历史背景、资本、物业及商业运作以及下列财务资料:最近五年综合收益报表及这段时间中所需之中期汇报(这些报表无需经审核)。在申请上市前的最近一年之综合资产负债表(需经审核)。最近二年的综合收益及留存收益表,现金流转表(需经审核)。如果申请上市的日期和最近的会计年结相距超过九十天,这段时间(即最近的会计年结至申请上市)需要另一个中期财务报表,去年相同时期的数字也要注明作比较之用。(需要由公司的主要会计主任证明或独立会计师审核)。 (Grant Thorntin International 提供)

地方政策法规

海南经济特区股份有限公司监督管理规定

第一条 为了保护投资者的合法权益和社会公共利益，加强对股份有限公司的监督管理，遵循国家有关法律、行政法规的原则，结合海南经济特区实际，制定本规定。

第二条 本规定适用于在海南经济特区内依法设立的股份有限公司(以下简称公司)。

第三条 省证券管理部门(以下称为公司监督机关)根据省人民政府的授权，依法对公司实施监督管理。工商、税务、审计等部门，在各自的职责范围内，依法行使对公司的监督管理职权。

第四条 公司监管机关的职责是：

(一)贯彻执行有关公司的法律、法规、规章；

(二)对在海南经济特区内公司的设立和公司股份的发行进行审核或审批；

(三)依法监督公司的活动，查处或协助查处违法行为；

(四)审批或审核公司股票的场外交易或上市交易；

(五)受理股东的投诉；

(六)行使省人民政府授予的其他职权。

第五条 公司从事经营活动，必须遵守法律、法规，接受政府和社会公众的监督。

第六条 公司监管机关应建立举报制度。公司股东、职工有权向公司监管机关举报公司董事会、经理及其他管理人员的违法行为。

第七条 公司依法公开披露信息的形式包括公开说明书、说明书、定期报告等。

公开说明书，是指公司在募集股份、发行股票、股票上市交易以及处理其他非常重大事项时向社会公开披露的专门文件。它包括招股说明书，上市公告书，重大事件公开说明书，重大交易公开说明书等。

说明书是指发起设立的公司、没有个人股的非上市公司，参照公开说明书的编制准则和方式制定但限于一定范围公开披露的说明文件。

定期报告是指公司的中期报告和年度报告。

公开披露的信息用中文表述。公司发行B股或H股公开披露的信息，还应并用英文表述。英文表述本与中文表述具有同等效力。

英译文本的字义和词义与中文本有差异时，以中文本为准。

第八条 公开说明书编制的准则是，公司的股份发行、股票上市以及经营过程中所发行的重大事项必须充分公开，以便投资者能对公司的财务状况、管理状况、业务发展、未来前景和股东权益有全面、清晰的了解与评价。内容陈述必须真实、准确、清楚、全面，不得有任何含糊、虚假或遗漏，不得有任何误导、欺诈。

第九条 公司募集股份、公开发行股票，应编制并公布招股说明书。

招股说明书应载明下列事项：

(一)国务院发布的《股票发行与交易管理暂行条例》(以下简称《管理条例》)第十五条、第十六条规定的事项；

(二)公司监管机关要求载明的其他事项。

公司由企业改建设立的，应载明被改建企业的名称、住所和该企业的3年的资产负债、盈利状况。

公司为增加注册资本发行股份的，还应载明公司董事、监事和经理名单及其简历。

第十条 公司编制并公布的上市公告书，除应包括招股说明书的主要内容外，还应载明《管理条例》第三十四条所列事项，并应符合中国证监会和其股票挂牌交易的证券交易所的有关要求。

第十一条 公司发生重大事件时，应编制并公布重大事件公开说明书或说明书。

重大事件是指对公司的经营和发展以及对公司股东权益或股票价格产生重大影响的事件，包括《管理条例》第六十条第二款所列的各种情况。

重大事件公开说明书或说明书应在公布后7日内报公司监管机关备案。

第十二条 公司在发生无法预测的重大事件后一个工作日内，应向公司监管机关报告。

第十三条 公司重大交易分为：非常重大交易、重要交易、关联法人和关联人士交易。

第十四条 非常重大交易，是指下列交易：

(一)公司或其附属企业收购或变卖的资产占公司原有总资产的25%以上；

(二)公司或其附属企业收购或变卖的资产之预测纯利润占公司原同期预测纯利润的25%以上；

(三)有关收购将使公司控股人发生变更。

前款所称附属企业是指公司的分公司、子公司或公司持股51%以上的企业。

第十五条 重要交易是指第十四条所列性质的交易，但各项所列的相对数字为10%以上。

第十六条 关联法人交易，是指公司或其附属企业与公司的关联法人间的经济合作和贸易往来等交易。

关联法人是指对公司有实质性持股关系或控制关系的法人。

实质性持股关系包括下列情形：

(一)持有公司股份20%以上的；

(二)持有公司股份不足20%，但为公司的最大股东的；

(三)对持有公司股份50%以上的企业法人控股的；

(四)与公司同被第三公司持有50%以上的股份的；

(五)其他构成实质性持股关系的。

控制关系包括下列情形：

（一）公司的重大债权人或债务人；

（二）公司生产或经营的基本要素与其相互依赖的；

（三）其法定代表人与公司的法定代表人为同一人，或者能够对公司实行控制或者对公司的决策施加实质性影响的。

第十七条 关联人士交易，是指公司或其附属企业与公司的董事、监事、高级管理人员及其近亲属间的交易或与本条所列人员控股的公司间的交易。

第十八条 上市公司在非常重大交易正式签约前，应向其股票上市的证券交易所通报有关情况。

第十九条 非常重大交易合同的订立、变更或解除，应由董事会作出决议，经股东大会批准，报公司监管机关备案。

重要交易、关联法人交易和关联人士交易的合同订立、变更或解除，应经董事会三分之二以上的董事同意作出决议，并报公司监管机关备案。

第二十条 与非常重大交易有直接利害关系的股东或股东代表在股东大会作关于非常重大交易的决议时，不得有投票表决权，但该股东或股东代表所持的股份数计入该次股东大会的出席股东代表所持股份的总数。

与重大交易有直接利害关系的董事在董事会作出关于重大交易的决议时，不得有投票表决权，也不计入全体董事人数。

与公司重大交易有直接利害关系的董事、股东或其代表，应在决定该交易的会议开始前说明其利害关系的性质和程度。

第二十一条 公司应在重大交易的合同订立、变更或解除后15日内，编制交易的公开说明书或说明书，并按本规定公开披露。

交易的公开说明书或说明书应包括下列内容：

（一）交易目的；

（二）交易日期及交易各方面的概况；

（三）交易的一般性质；

（四）有关交易的资产情况及营业状况；

（五）交易金额及支付方式；

（六）交易所获得的利益，如属收购资产的，则必须附该项收购所能产生的溢利预测，如属变卖资产的，则必须说明变卖资产所得的收益及用途。

第二十二条 公开披露的文件，内容涉及财务会计、资产评估等事务的，应按规定由会计师事务所、审计师事务所和资产评估机构等机构审核验证，并出具意见。为其出具肯定意见的机构，必须保证其审核验证的文件的内容没有虚假、误导性陈述和重大遗漏，并且对此承担相应的法律责任。

第二十三条 公司股份发行的承销商必须对公司招股说明书的内容进行调查、核实，并对其内容的准确性、完整性承担相应的法律责任。

第二十四条 公开说明书或说明书从公布之日起生效，公司必须遵守其条文规定，履行职责，不得随意变更。如需要变更，必须另行公布公开说明书说明理由。否则，公司应承担变更引起的法律责任。

第二十五条 公司的中期报告应于每一会计年度的上半年结束之日起60日内披露，年度报告应于每一会计年度结束后的120日内披露。

中期报告必须经公司董事会批准、监事会签阅。年度报告必须由股东大会批准。年度报告的正本应由公司法定代表人签字并由公司盖章，在正式披露后7日内报公司监管机关备案。

第二十六条 上市公司必须公开披露的信息，应在中国证监会指定的全国性报刊披露。

非上市公司必须公开披露的信息，可在公司监管机关指定的报刊上披露，也可在中国证监会指定的全国性报刊上披露。

第二十七条 公司董事长不担任公司法定代表人的，可以由公司章程规定经理担任公司法定代表人。公司法定代表人的姓名、住所应依法进行登记，并按规定予以披露。

第二十八条 公司下列变更为重大变更：

（一）公司章程的变更；

（二）董事、监事和经理的变更；

（三）持有公司股份10%以上的股东变更；

（四）公司名称或经营范围的变更；

（五）注册资本、注册地址的变更；

（六）组织机构的撤并；

（七）分支机构、合营或合作企业的设立、撤并或破产。

第二十九条 公司各项重大变更应在做出决议之日起15日内，报公司监管机关备案。涉及登记事项变更的，应依法办理变更登记。需要公告的，应按规定进行公告。

第三十条 对于违反本规定的公司，公司监管机关有权进行调查或会同省有关部门进行调查。被调查公司有义务向执行调查任务的调查人员，提供有关业务和财务报告、资料。

第三十一条 公司监管机关的调查人员执行调查任务时，应出示公司监管机关调查通知书和本人的工作证。

调查通知书应载明调查人员姓名、调查事由、调查内容、调查期限、调查通知书签发日期等事项，并加盖公司监管机关印章。

公司监管机关的调查，不得影响公司的正常经营活动，并应保守公司的商业秘密。

第三十二条 公司违反本规定不依法公开披露信息的，由公司监管机关责令限期改正，并处以1万元以上5万元以下罚款；公司公开披露的信息中，有虚假、欺诈、误导性陈述或重大遗漏的，处以1万元以上10万元以下罚款。

公司监管机关依照前款规定对公司处罚的，还可根据具体情况，对公司有关责任人处以1千元以上2万元以下罚款。构成犯罪的，依法追究刑事责任。

第三十三条 公司发起人、股东未交付货币、实物或者未转移财产权，虚假出资，或者在公司成立后又抽逃出资的，由公司登记机关责令改正，可并处以虚假出资金额或者抽逃出资金额5%以上10%以下的罚款。构成犯罪的，依法追究刑事责任。

第三十四条 公司董事、监事、经理利用职权收受贿赂、其他非法收入或者侵占公司财产、挪用公司资金或者将公司资金借贷给他人的，没收违法所得，责令退还公司财产、资金，由公司给予处分，将借贷所得收入归公司所有。构成犯罪的，依法追究刑事责任。

第三十五条 当事人对行政处罚决定不服的，可依法申请复议；对复议决定仍不服的，可向人民法院提起诉讼；当事人也可直接向人民法院提起诉讼。

第三十六条 违反本规定的，除依照本规定给予处罚外，负有民事责任的，还应依法承担民事责任。

第三十七条 公司监管机关的工作人员滥用职权干扰公司正常经营活动或者借监管之名谋取私利的，由监察机关依照有关规定给予行政处分。构成犯罪的，依法追究刑事责任。

第三十八条 公司违反有关公司登记、税务和审计管理有关规定的，由公司登记机关、税务机关、审计机关依照有关规定处罚。

第三十九条 本规定具体应用中的问题由省人民政府负责解释。

第四十条 本规定自公布之日起施行。

海南省人民代表大会常务委员会

一九九五年九月二十二日

上海证券交易所指定交易制度试行办法

为促进上海证券市场的发展，完善市场交易制度和运作体系，特制定本办法。

一、上海证券交易所(以下简称本所)实行可选择性指定交易制度，依据自愿选择的原则，市场参与者可自主决定是否选择指定交易方式。

二、指定交易是指投资者与某一证券经营机构签订协议后，指定该机构为自己买卖证券的唯一交易点。投资者按本办法规定完成指定交易的登记手续后，即可通过指定的证券经营机构进行委托、交易、结算、查询及享有其他市场服务。

三、办理指定交易的登记确认程序为：

1、投资者向证券经营机构提出申请，经证券经营机构同意后，双方签署"指定交易协议书"；

2、证券经营机构按协议通过其场内交易员向本所电脑主机申报证券帐户的指定交易指令；

3、交易所电脑主机接受申报当日收市后，由本所发出指定交易确认回报(附确认编号)，该证券帐户的指定交易自下一个营业日生效。

四、凡已选择指定交易的投资者，有权撤销指定交易或变更指定的证券经营机构。

投资者撤销指定交易的程序为：

1、向其原指定的证券经营机构填交"指定交易撤销申请表"；

2、由证券经营机构通过其场内交易员向本所电脑主机申报撤销指定交易的指令；

3、交易所电脑主机接收撤销申报指令当日收市后，由本所发出确认回报，该证券帐户的指定交易即失效。

投资者变更指定交易须先办理撤销手续，然后重新办理指定交易的登记手续。

五、投资者已办妥选择指定交易的，若遇证券帐户遗失需挂失、补办或证券的非交易过户等，均须经原指定交易的证券经营机构出具其确无交易交收等违约责任的证明书后，证券登记结算公司方予办理相关手续。

六、证券经营机构在为投资者办理指定交易业务中须遵照积极引导、客户自愿的原则，同时有权审核及决定是否受理投资者办理指定交易登记的申请。

七、证券经营机构应为指定交易客户建立完整的交易数据库，并提供指定交易客户的交易查询服务。

八、证券经营机构应办理指定交易客户的自动领取股票现金红利业务。凡上市公司通过本所市场系统派发现金红利的，各证券经营机构在收到本所划拨的现金红利资金后，须根据其营业点受理的指定交易证券帐户，相应将现金红利资金记入各投资者的资金帐户。

九、证券经营机构须为指定交易客户按季或按月提供对帐服务，对帐服务必须包括证券帐户及资金帐户的期初余额、期末余额、本期发生额等项内容。对帐服务的方式自定。

十、证券经营机构可为指定交易客户办理配股业务。凡开办此项业务的，均须与客户签订"代理客户办理配股协议书"。

十一、证券经营机构对指定交易客户提供有关服务项目，须严格为客户保密，维护投资者的合法权益。

不得泄漏指定交易客户的交易数据和其他资料。

不得擅自动用指定交易的证券帐户和资金帐户；

严禁擅自"指定"投资者的证券帐户或撤销客户的指定交易；

不得在办理为客户领取现金红利业务中拖延划拨及占用客户的现金红利资金；

不得以任何理由拖延或拒绝办理投资者申请撤销或变更指定交易(除非因其未履行交易交收责任等违约情况)。

十二、本所可为证券经营机构办理证券经营柜台交易席位联通指定及证券经营机构全部交易席位联通指定。各证券经营机构办理证券经营柜台或全部交易席位联通指定的，须向本所提出申请，并办妥相关手续，否则，本所电脑主机将自动认定为席位指定的申报指令。

十三、本所将定期根据各指定交易点的指定交易证券帐户，传送相应的交易资料及变更指定交易后建库所须的历史资料，以保证各证券经营机构建立完整的客户交易资料数据库。

十四、本所将根据各证券经营机构指定交易证券帐户，自动将股票现金红利资金划入各证券经营机构的银行帐户。

十五、对违犯本办法十一条有关规定的，本所将根据章程及有关规定给予处罚。

十六、本办法如有未尽事项将及时修改补充。

十七、本办法由上海证券交易所负责解释。

十八、本办法自一九九六年五月一日起试行。

上海证券交易所

一九九六年三月二十九日

上海证券交易所交易员管理细则(暂行)

第一章 总 则

第一条 为加强对交易员的管理，规范交易员的行为，保障正常的交易秩序，根据国家有关法律法规、《上海证券交易所章程》及有关业务规则，特制定本细则。

第二条 本细则所称交易员，是指取得本所交易员资格证书，由其公司委派进场进行交易业务的证券从业人员。

第三条 本细则所称交易场所，包括本所交易大厅和与本所联网的交易大厅。

第四条 本细则所称会员，是指取得本所会员资格的证券经营机构。

第五条 本细则所涉其他专门用语，除作特别说明外，与本所有关业务规则中的同一专门用语相同。

第六条 对交易员的管理，除国家法律法规和本所另有规定外，适用本细则。

与本所联网的交易大厅，参照本细则实施对交易员的管理。

第二章 交易员资格

第七条 除法律法规规定外，具备下列条件之一的申请人可由会员选送向本所申请交易员资格：

(一)大学毕业，已成为证券经营机构工作者；

(二)大专毕业，从事证券或其他金融业务工作一年以上者。

第八条 会员选送的申请人员，必须接受本所的交易员资格培训。在参加培训时需提供下列材料：

(一)申请表(本所统一印制)；

(二)身份证明；

(三)学历证明；

(四)会员开具的介绍信；

(五)本所要求的其他材料。

第九条 会员选送的申请人员在参加本所规定的培训并考试合格后，方能取得由本所统一颁发的交易员资格证书。

第十条 已获得交易员资格者，仍须接受本所规定的年检和不定期参加本所举办的培训审核考试。对已不符合规定要求及考试不合格者，本所有权撤销其交易员资格。

第三章 交易员注册和注销

第十一条 交易员在进入交易场所履行职务前，必须凭本所颁发的资格证书向本所办理注册登记。

第十二条 交易员注册登记须向本所提供下列材料：

(一)申请注册表(本所统一印制)；

(二)身份证明；

(三)本所颁发的交易资格证书；

(四)会员开具的介绍信；

(五)本所要求的其他材料。

本所受理所有材料并经审核无误后，方予办理注册登记，并发给其交易场所出入证。

第十三条 会员拥有的每一席位限定注册登记两名交易员。如拥有三个或三个以上席位时，可在注册登记的交易员中指定一人为场内代表，并向本所报备。

第十四条 会员如须将已注册登记在某一席位上的交易员更换至其他席位，须由会员开具介绍信，重新办理注册登记，并更换其出入证。

第十五条 已注册登记交易员离开原会员，原会员须自该交易员离开之日起五个工作日内，持有关证明文件及应退还的出入证等，到本所办理交易员注销手续。

未按规定办理者，由本所执行注销手续，并有权给予停止重新办理注册手续的处理。

第十六条 已办理注销的交易员，如需再行进入交易场所履行职务，须根据本细则第十二条的规定重新办理注册手续。

第四章 交易员入场

第十七条 经注册登记的交易员进入本所交易场所时，须持本所发放的出入证，并按规定着装，佩戴统一标志。

第十八条 交易员必须严格遵守国家法律法规及本所的规定，自觉配合市场监理人员维护正常的市场秩序。

第十九条 交易员必须自觉维护交易场所的整洁、卫生和安全，爱护场内设备，不得在场内吸烟、饮食或进行其他违规活动。未经本所批准，交易员不得擅带外人进入交易场所。

第二十条 交易员在履行职务时必须严格遵循公正、公平的交易原则，忠实执行委托指令，在交易中不得弄虚作假和人为操纵市场价格。

第二十一条 交易员不得利用职务之便为自己或擅自为他人买卖证券。不得利用职务之便获取并向他人泄露尚未公开的证券市场信息。

第五章 交易员的流动

第二十二条 交易员离开所在的会员，应提前以书面形式向其会员报告。未按规定执行者，本所有权对其予以处理。

第二十三条 会员同意交易员离职后，应自同意之日起五个工作日内，将交易员的离职原因及其他有关资料以书面形式向本所报告，并向本所办理交易员注销手续。

第二十四条 具有下列行为之一者，会员不得再将其录用为交易员：

(一)采取虚假、欺骗或者其他不正当手段取得交易员资格的；

(二)严重违反本所有关规定，受到本所相应纪律处分的；

(三)触犯刑法，受到司法机关刑事处罚的；

(四)违反法律法规以及本所规定的其他情况。

第二十五条 会员在录用原为其他会员的交易员后五个工作日内，须以书面形式向本所报备。

第二十六条 本所将建立交易员档案数据库，会员在履行必要手续后可进行查询。

第六章 罚 则

第二十七条 交易员违反本所规定及本细则，由本所视其情节轻重，分别予以下列处罚：

(一)口头警告；

(二)书面通报；

(三)罚款；

(四)暂停执行职务；

(五)取消交易员资格。

第二十八条 交易员发生下列情况之一时，将予以口头警告：

(一)未按规定着装或佩戴统一标志；

(二)进入交易场所未出示出入证或未经许可擅自进入交易场所和交易席位；

(三)在交易场所内饮食、嬉戏和进行其他娱乐活动；

(四)未经许可，擅自动用他人席位上的电脑、电话及相关设备；

(五)违反规定在电脑四周堆放物品；

(六)未经批准擅自带人进入交易场所和进行参观活动；

(七)其他违反本所及本细则的一般行为。

第二十九条 交易员发生下列情况之一时，将予以书面通报：

(一)受到三次口头警告处分；

(二)发生本细则第二十八条规定的行为，情节较为严重；

(三)采取虚假、欺骗和其他不正当手段取得交易员资格；

（四）在交易席位上动用席位电脑玩电子游戏等；

（五）其他违反本所及本细则情节较为严重的行为。

第三十条 交易员发生下列情况之一时，将暂停其执行职务：

（一）受到二次书面通报处分；

（二）发生本细则第二十八条规定的行为，情节严重；

（三）在交易场所内打架斗殴；

（四）违反公平、公正原则，不忠实执行委托指令，在交易中弄虚作假和人为操纵市场价格，情节一般的；

（五）利用职务之便为自己或擅自为他人买卖证券或利用职务之便获取并向他人泄露尚未公布的证券市场信息；

（六）其他违反本所及本细则规定情节严重的行为。

第三十一条 交易员发生下列情况之一时，将取消其交易员资格：

（一）受到二次暂停执行职务处分；

（二）采取虚假、欺骗和其他不正当手段取得交易员资格，情节较为严重；

（三）发生本细则第二十八条规定情节特别严重的行为；

（四）发生本细则第三十条第三款规定的行为，情节严重的；

（五）发生本细则第三十条第四款、第五款规定的行为，情节较为严重的；

（六）利用职务之便为自己买卖证券或进行非法证券交易活动；

（七）触犯刑法，受到刑事处分的；

（八）其他违反法律法规、本所规定和本细则情节特别严重的行为。

第三十二条 交易员违反本细则的规定，本所可视其违规性质或情节，给予一定数额的罚款。罚款与其他处罚可以单处或并处。

第三十三条 单处罚款的最低金额为人民币二十元，最高金额为人民币五千元。

口头警告并处罚款的，罚款最低金额为人民币二十元，最高金额为人民币二百元。书面通报并处罚款的，罚款最低金额为人民币一百元，最高金额为人民币一千元。暂停执行职务并处罚款的，罚款最低金额为人民币二百元，最高金额为人民币二千元。取消交易员资格并处罚款的，罚款最低金额为人民币五百元，最高金额为人民币五千元。

第三十四条 交易员对本所的处罚决定不服，可由其通过会员向本所理事会提出申诉，要求复议。

第七章 附 则

第三十五条 本细则未尽事宜，除按法律法规和本所有关规定执行外，本所将作修改补充。

第三十六条 本细则的解释权属本所理事会。

第三十七条 本细则自颁布之日起施行，修改时亦同。

第三十八条 本所原颁发的《交易守则》自本细则施行起同时废止。

上海证券交易所

一九九五年十一月二十八日

关于B股上市公司设立董事会秘书的暂行规定

为进一步规范在上海证券交易所上市的B股公司（以下简称“公司”）的行为，提高董事会的工作效率，保护投资人的合法权益，现就公司设立董事会秘书的有关事项规定如下：

一、公司应根据本规定设立公司董事秘书、董事会秘书为公司高级管理人员。法律、法规关于公司高级管理人员的规定，适用于董事会秘书。

二、董事会秘书的条件：

1、具有金融、证券、财务、会计、法律或工商管理等专业的大专以上学历；

2、具有必备的行业和相关工作经验；熟悉公司经营情况。

三、董事会秘书的职权：

1、依法准备和递交证券部门要求董事会、股东大会出具的报告和文件；

2、依法负责公司信息披露事务；

3、协助董事会在行使职权时切实遵守国家法律、法规、证管部门的有关规定和公司章程；为董事会决策提供意见或建议；

4、负责筹备董事会会议和股东大会，保管会议文件和记录；

5、负责管理和保存公司从中央登记结算公司取得的股东名册，确保符合资格的机构或个人及时得到公司有关记录和文件；

6、负责处理公司与股东之间的相关事务及股东访问公司的日常接待工作；

7、负责筹备公司的境内外推介宣传活动；

8、负责处理与公司、证管部门、上海证券交易所、各中介机构及其它相关机构的有关事宜；

9、董事会授予的其它职权。

四、董事会秘书人选经公司推荐，由公司董事会任免。董事会任免董事会秘书后，必须通过公共媒介向社会公众披露，并报中国证券监督管理委员会、上海市证券管理办公室和上海证券交易所。

五、《中华人民共和国公司法》第五十七条第一款规定情形之一的人员和国家公务员，不得担任董事会秘书。公司聘请的会计师事务所的会计师不得兼任董事会秘书。当董事会秘书由公司董事兼任时，如某一行为应当由董事及董事会秘书分别作出，则该兼任董事及董事会秘书的人不得以双重身份作出。

六、董事会的决议违反法律、法规、规章或者公司章程，致使公司遭受严重损失的，除依照《公司法》第一百一十八条第三款规定由参与决策的董事对公司负责赔偿责任外，董事会秘书也应承担相应责任，除非董事会秘书能够提供证据证明自己已经努力履行了本暂行规定第三条的职责。

七、董事会秘书未按国家有关法律、法规、规章及公司章程办事，上海市证券管理办公室和上海证券交易所有权建议董事会免去其职务。

八、本规定自公布之日起实施。

上海市证券管理办公室

上海证券交易所

一九九六年三月二十一日

上海证券交易所上市公司董事会秘书管理办法(试行)

第一章 总 则

第一条 为规范上市公司的行为,保护投资人的合法权益,促进证券市场持续、稳定、健康发展,特制定本办法。

第二条 凡股票获准在上海证券交易所(以下简称"本所")上市的股份有限公司(以下简称"公司")应根据本办法聘任董事会秘书。

第三条 董事会秘书为公司的高级管理人员。

法律、法规及公司章程对公司高级管理人员的有关规定,适用于董事会秘书。

第二章 任职条件

第四条 董事会秘书的任职者,应具有大学专科(含专科)以上毕业文凭,从事金融、工商管理、股权事务等工作三年以上,业经本所组织的专业培训并考核合格,一般年龄不超过45岁。

第五条 董事会秘书应熟悉公司经营情况和行业知识,掌握履行其职责所应具备的专业知识,具有良好的个人品质和职业道德,具有较强的公关能力和处事能力。

第六条 董事会秘书原则上由专职人员担任,亦可由公司董事兼任。但如某一行为应由董事及董事会秘书分别作出时,则兼任董事会秘书的董事应以董事会秘书的身份作出。

第七条 董事会秘书不得由有《中华人民共和国公司法》第五十七条规定情形之一的自然人担任。

第八条 公司聘任会计师事务所的会计师、律师事务所的律师、国家公务员及其他中介机构的人员不得兼任董事会秘书。

第三章 职权范围

第九条 董事会秘书根据法律、法规、公司章程的有关规定,履行下列职权:

(一)依法准备和及时递交中国证监会、地方证券管理部门、政府有关部门及本所要求董事会、股东大会出具的报告和文件;

(二)依法负责公司信息披露事务,并保证公司有关信息及时、真实、完整、规范地进行披露;

(三)筹备董事会会议和股东大会,负责会议的记录工作,并负责保管会议文件和记录;

(四)为董事会决策提供意见或建议,协助董事会在行使职权时切实遵守国家法律、法规、公司章程及本所有关规章制度,在董事会作出违反有关规定的决议时,应及时提出异议,并有权如实向中国证监会、地方证券管理部门及本所反映情况。

(五)负责管理和保存公司股东名册资料,保管董事会印章,确保符合资格的投资人及时得到公司披露的资料;

(六)负责公司咨询服务,协调处理公司与股东之间的相关事务和股东日常接待及信访工作;

(七)负责筹备公司境内外推介宣传活动;

(八)负责办理公司与董事、中国证监会、地方证券管理部门、本所、各中介机构之间的有关事宜;

(九)董事会授予的其他职权。

第四章 任免程序

第十条 董事会秘书由公司董事会聘任。

董事会聘任董事会秘书,应向股东大会报告,并通过公共传播媒介向社会公众披露,同时报中国证监会、地方证券管理部门和本所备案。

第十一条 董事会聘任董事会秘书后,应向中国证监会、地方证券管理部门及本所备案的资料包括:

(一)董事会秘书的品德、工作能力及表现等;

(二)董事会秘书的履历、学历证明(复印件)、相关工作经历;

(三)董事会秘书取得的由本所颁发的董事会秘书培训合格证书;

(四)董事会出具的董事会秘书聘任书;

(五)董事会秘书的通讯方式,包括办公电话、住宅电话、移动电话、传真、通信地址、邮政编码等;

(六)公司董事会聘任的董事会秘书合格替任人名单及通讯方式。

第十二条 董事会秘书在任职期间出现下列情形之一时,公司董事会应终止对其聘任;

(一)在执行职务时因个人行为造成重大错误或失误,给公司和投资人造成重大损失;

(二)在执行职务时违反法律、法规、公司章程及本所规章制度,造成严重后果或恶劣影响;

(三)本所认为不具备继续出任董事会秘书条件。

第十三条 公司董事会解聘董事会秘书,应立即以书面形式通知中国证监会、地方证券管理部门和本所,并向下届股东大会报告;同时通过公共传播媒介向社会公众说明被解聘的董事会秘书终止聘任的原因。

第十四条 公司董事会终止聘任前任董事会秘书的同时,须按本办法第十一条所要求提供的资料和必须履行的手续,重新聘任董事会秘书。

第十五条 被解聘的董事会秘书离任前,应接受公司监事会的离任审查,并将有关档案材料,尚未了结的事务、遗留问题在公司监事会的监督下,完整地移交给新任董事会秘书,并有向中国证监会、地方证券管理部门、本所反映申诉个人意见的权力。

第五章 法律责任

第十六条 如董事会的决议违反法律、法规或公司章程,致使公司遭受严重损失时,除依照《公司法》一百一十八条第(三)款的规定由参与决策的董事对公司负赔偿责任外,董事会秘书也应承担相应责任;除非董事会秘书能够提供证据证明自己已经履行了本办法第九条第(四)款的职责。

第十七条 董事会秘书出现本办法第十二条规定情形之一时,本所可采取以下处罚措施:

(一)向公司董事会通报并建议免除其任职资格;

(二)情节严重者,不得从事本所其他上市公司董事会秘书的工作,并通过公共传播媒介向社会公众披露;

（三）向公司董事会或中国证监会、地方证券管理部门提出处罚意见。

第十八条 董事会秘书对所受处罚不服，可在接到处罚决定通知之日起十五日内向中国证监会、地方证券管理部门或指定机构提出申诉。

第六章 附 则

第十九条 本办法如有未尽事宜，本所及时修改补充。

第二十条 本办法由本所负责解释。

第二十一条 本办法自公布之日起施行。

上海证券交易所

一九九六年八月九日

福建省国有资产产权交易管理暂行规定

第一章 总 则

第一条 为了培育和发展我省国有资产产权交易市场，推动国有资产产权合理流动，防止国有资产流失，保证产权交易依法、有序地进行，根据国家法律、法规，制定本规定。

第二条 本规定所称国有资产产权是指国家作为所有者依法取得或通过出资及其收益取得的财产权益。

第三条 本规定所称国有资产产权交易，是指有偿出让或者受让国有资产及其产权的行为。

第四条 国有资产产权交易可以是占有、使用国有资产单位的整体产权，也可以是其部分产权。可以是有形资产，也可以是无形资产。

整体产权交易的标的是占有、使用国有资产单位（包括企业和行政事业单位，下同）的全部国有资产产权；部分产权交易的标的是占有、使用国有资产单位一定比例的国有资产产权。

第五条 国有资产产权交易应遵循以下原则：

（1）优化配置国有资产，巩固和壮大国有经济；

（2）自愿、平等、等价有偿；

（3）公开、公平、公正。

第六条 省国有资产管理局按政府职能分工负责培育和发展全省国有资产产权交易市场，并实施行政管理、监督职能。

第二章 产权交易的出让和受让

第七条 国有资产产权交易主体是指依法参加国有资产产权交易的出让方和受让方。

第八条 国有资产产权的出让方必须是政府授权的投资机构或政府授权部门，以及对占有、使用国有资产单位直接拥有出资权的国有企业、行政事业单位。占有、使用国有资产的企业、行政事业单位，其本身不得成为产权转让的主体。

第九条 政府授权投资机构指政府授权的投资公司、控股公司、国有资产经营公司及企业集团公司。

第十条 国有资产产权的受让方必须是具有民事权利能力和民事行为能力的法人、自然人或者其他组织，可以是国内的法人、自然人或者其他组织，也可以是外国及香港、澳门、台湾等地区的法人、自然人或者其他组织。

第十一条 涉及国家安全、国防、尖端技术的企业，具有战略意义的稀有金属开采企业，由国家赋予专卖权的以及国家禁止出让的行业、企业，其产权不得出让。

国家产业政策重点发展的能源、交通，通讯等垄断性较强的行业，以及其他关系国计民生的重要行业和国家支持发展的骨干企业，可以有选择地出让部分产权，但国家必须保持控股地位。

第十二条 出让国有资产产权必须履行下列审批程序：

（一）出让省属国有企业产权，占有、使用国有资产单位属于小型企业的，由政府授权投资机构或者省政府授权部门报省国有资产管理局会同省财政厅批准；属于中型企业的，由政府授权投资机构或者省政府授权部门报省国有资产管理局会同省财政厅审核后，报省政府批准。

（二）出让地（市）县属小型国有企业产权，由地（市）人民政府批准，报省国有资产管理局备案，其中有省级单位投资的，要事先征得省政府授权部门或投资机构同意，并报省国有资产管理局会同省财政厅批准。出让地（市）县属中型国有企业产权由地（市）政府提出意见，经省国有资产管理局会同省财政厅、经济综合等部门审核后，报省政府批准。

（三）出让地方大型或成批国有企业的产权，一律由省国有资产管理局会同省财政厅、经济综合等有关部门提出意见，经省政府审核后报国务院批准。

第三章 产权交易机构

第十三条 产权交易机构是依法设立的为产权交易提供相关服务的法人组织。可从事国有资产交易活动和非国有资产产权交易活动。

第十四条 产权交易机构的职责是：

（一）为产权交易提供合法场所；

（二）接受产权交易双方的委托，撮合产权交易双方成交；

（三）对产权交易的合法性、真实性进行审查；

（四）为产权交易双方提供信息咨询等有关的中介服务；

（五）维护产权交易双方的合法权益。

第十五条 根据宏观调控和行业发展的需要，有计划地培育和发展产权交易机构。设立产权交易机构应具备以下条件：

（一）有与其经营范围相适应的并能独立支配的财产或资金，最低法定资本不得少于200万元；

（二）有与从事产权交易业务相适应的固定场所和设施；

（三）有一定数量能胜任工作的工程、经济、会计等专业技术人员和管理人员，最少10人以上；

（四）有完善的交易规则和相关的规章制度，并能进行规范的运作；

（五）能独立承担民事责任。

第十六条 省国有资产管理局为产权交易机构的行政主管部门，负责对有资格从事国有资产产权交易活动的产权交易机构核发资格证书。

第十七条 地市设立产权交易机构，由设立单位提出申请，经地、市国有资产管理部门、体改委审核并报省国有资产管理局、省体改委批准后，向地、市工商行政管理局办理注册登记。省直部门设立产权交易机构，由设立单位直接报省国有资产管理局、省体改委批准后，向省工商行政管理局办理注册登记。

第十八条 产权交易机构，可以向交易双方收取一定比例服务费用或者佣金。收费标准由省物委、省财政厅核定。

第四章 产权交易方式和程序

第十九条 国有资产产权交易可以选择以下交易方式：

(一)协议转让

(二)兼并

(三)竞价拍卖

协议转让可以事先委托产权交易机构促其成交；也可让受双方事先协议，经产权交易机构审核后办理正式成交手续。

第二十条 国有资产产权交易，应履行以下程序：

(一)由交易双方分别向产权交易机构提出申请。

(二)产权交易机构按照本规则对交易的出让方或者受让方提供的文件进行审查后，由出让方或受让方填写产权交易机构设计的有关登记表，然后，按双方各自的意愿进行撮合或挂牌公布。

(三)国有资产产权交易经过产权交易机构撮合或者买卖双方对交易达成意向协议后，必须按照《国有资产评估管理办法》(国务院令第 91 号)的规定，对包括土地使用权在内的企业资产认真进行评估。评估工作须委托经国有资产管理部门批准取得资格的机构承担并依法进行，不受行政干预，评估价值要经同级国有资产管理部门确认，并据此作为出让产权的底价。允许成交价在底价基础上有一定幅度的浮动，成交价低于同级国有资产管理部门确认价的，按现行规定报批。

(四)成交价及其他交易条件确定后，须在产权交易机构的主持下，由交易双方按国家有关规定，签订产权转让合同。合同经双方法定代表人签字、盖章并经产权交易机构签署意见后生效。

第二十一条 产权转让合同生效后，应办理产权交接手续，由交易双方、产权交易机构或者政府委派的机构，共同进行产权交接工作，据实填写《交接清单》，会签后交有关单位存档。

产权交接手续一般应在合同生效后三个月内办理完毕。

第二十二条 产权交接手续办理完毕后，有关部门应给予办理产权登记及工商、税务、土地、房产户籍等变更手续。

第五章 产权交易的中止、终止和无效

第二十三条 国有资产产权交易出现下列情形之一时应中止：

(一)交易期间第三方对产权出让方出让的产权有争议尚未裁决的；

(二)因不可抗力或意外事故，致使交易活动暂时不能进行的；

(三)其他依法中止交易的事由。

第二十四条 国有资产产权交易出现下列情况之一时应终止：

(一)国有资产管理部门或者人民法院确认出让方无权出让，并发出终止交易书面通知的；

(二)出让方与受让方未正式签订产权转让合同之前，出让方有正当理由撤回申请的；

(三)因不可抗力或意外事故，产权自然灭失的；

(四)其他依法终止交易的事由。

第二十五条 国有资产产权交易出现下列情况之一时无效：

(一)出让方、受让方不具备本规定的相应资格；

(二)出让方、受让方恶意串通，采取欺诈、胁迫等手段压低或抬高底价成交的；

(三)违反法律、法规或本规定的。

第六章 产权出让净收入的收取和使用

第二十六条 产权出让净收入是指产权转让收入扣除清理债务和企业职工安置费用以及支付交易费用后的净余额。

第二十七条 产权出让方为政府授权的投资机构提出申请的，以及对占有、使用国有资产单位直接拥有出资权的，其产权出让净收入由该机构或单位收取，按国家有关财务规定处理。但对占有、使用国有资产单位提出申请的，经拥有出资权的机构同意出让产权的，其出让产权后的净收入由占有、使用国有资产单位收取，并按国家有关财务规定处理。国有资产管理部门有权对其使用情况进行监督。

第二十八条 产权的出让方为政府授权部门的，产权出让净收入，由同级国有资产管理部门收取，纳入本级人民政府国有资产经营预算，专项用于支持国有资产产业结构调整、技术改造或者补充需要扶持的国有企业资本金。

第七章 法律责任

第二十九条 国有资产产权交易，必须在依法设立的产权交易机构进行。严禁场外交易。一切未经产权交易机构进行的产权交易属非法行为，不具有法律效力，后果严重的，提请有关部门追究直接责任人员和单位主管人员的行政责任和法律责任。

第三十条 在国有资产产权交易期间，占有、使用国有资产单位有关人员玩忽职守，或私分公物、滥发奖金，造成国有资产流失的，国有资产管理部门除追还公物和奖金外，视情节轻重分别给予罚款、通报批评等处罚。后果严重的，提请有关部门追究直接责任人员和单位主管人员的行政责任和法律责任。

第三十一条 产权交易双方有恶意串通、弄虚作假，以各种名目侵占国有资产造成国有资产损失等违法行为的，国有资产管理部门和工商行政管理机关依各自职责分别给予处罚。后果严重的，提请有关部门追究直接责任人员和单位主管人员的行政责任和法律责任。

第三十二条 产权交易机构有弄虚作假，或玩忽职守，损害交易双方合法权益，造成国有资产损失等违法行为的，国有资产管理部门和工商行政管理机关依各自职责给予警告、罚款、停业整顿、吊销资格证书和营业执照等处罚，情节严重触犯刑律的，提请司法机关处理。

第三十三条 批准产权交易的政府有关部门如违反国家有关规定，超越权限，擅自批准产权交易，或在审批中以权谋私造成国有资产损失的，按干部管理权限，追究其直接责任人员和单位主管人员的行政责任和法律责任。

第八章 附 则

第三十四条 本规定由福建省国有资产管理局负责解释。

第三十五条 本规定发布之前设立的产权交易机构，应

按本规定重新办理审批手续。

第三十六条 本规定自发布之日起施行。

第三十七条 本规定的实施细则另行规定。

福建省人民政府
一九九六年四月十二日

关于深圳证券市场管理机构职责的规定

为了进一步理顺深圳证券市场管理体制，根据中共深圳市委、深圳市人民政府《关于改革深圳证券管理体制进一步加强我市证券市场宏观管理的通知》（深发[1993]1号）及国务院证券委关于《证券交易所管理暂行办法》等有关文件精神，现将深圳市证券管理办公室（以下简称证管办）、深圳证券交易所（以下简称深交所）、深圳证券结算公司（以下简称结算公司）的主要职责具体规定如下：

一、证管办是深圳证券市场的管理、监督部门，是我市证券主管机关，对市委、市政府负责，并接受国家证券主管机关中国证监会（以下简称证监会）的指导。证管办作为深圳市证券管理委员会（以下简称市证券委）的办事机构，其主要职责为：

（一）负责市证券委的日常工作，就有关市场重要问题提出意见或建议。提请证券委主任、副主任批准，不定期组织召开证券委会议，讨论决定证券市场重大事项。

（二）根据国家有关证券市场管理的法律、规章，草拟或修订我市有关证券市场的法规草案和有关规定。制定市场发展规划，对市场重大问题进行调查研究，提出对策措施，并组织实施。

（三）根据产业政策和国家下达的股票发行计划，对深圳市申请股票发行的公司进行审查，并提出审查意见上报市证券委批准。

（四）监管深圳市上市公司，并依据有关法规对深圳市上市公司的收购与兼并、分红派息、增资扩股等进行审核。

（五）监管深交所和结算公司。

（六）对证券商及资产评估、会计、审计、律师事务所等社会中介机构从事有关证券业务实行资格审查和监管。

（七）归口管理深圳证券业协会。

（八）监管深圳证券业培训业务。

（九）受理证券市场的举报、投诉，对重大违纪事件进行调查并提出处理意见。批转有关涉及证券市场违规违法投诉案件交深交所、结算公司、证券业协会及证券商处理。

（十）负责深交所、结算公司、证券商高层管理人员出国赴港的初审工作。

（十一）协助证监会对深交所及其高级管理人员违规违法行为进行查处。

（十二）受理本地上市公司及会员对深交所处罚不服的仲裁申请，做出裁定，并向市政府和证监会报告。

（十三）审核深交所制订和修改的业务规则、章程和监察委员会规则。

（十四）审核批准深交所会员自营资格。

（十五）同市物价局联合审批深交所、结算公司的各项费用的收取、调整方案。

（十六）审核由深交所提交的结算公司的业务规则及其他有关资料。

二、深交所是不以盈利为目的、实行自律管理的会员制事业法人，是证券市场的组织者和执行部门，按有关规定确定的范围负有一定管理职责，归口证管办管理，受证监会和市委、市政府领导与监督。其主要职责为：

（一）负责提供证券集中交易的场所设施，组织证券市场的正常交易。

（二）制定和修改证券市场运作的具体业务规则，并组织实施。

（三）组织落实国家和我市颁发的有关证券法律、法规、政策，制定相应的实施细则。

（四）审核批准股票、债券、基金和其它衍生品种的上市申请。

（五）审核批准内部股、转配股的上市申请。

（六）依据国家和我市证券主管部门的批文，受理法人股上市申请。

（七）审核批准上市推荐人资格并对其进行管理。

（八）审核批准证券商会籍申请，并报证管办备案。

（九）聘任上市委员会委员并报证管办备案。

（十）依法对上市公司和会员进行日常监管。

（十一）负责对证券交易市场进行日常监管，对违反交易所业务规则行为的当事人依照有关规定进行处理并报证管办备案，对重大事件和重要情况提出意见报请主管机关处理。

（十二）对证监会、证管办及其他部门批转的涉及证券市场违规违法投诉案件进行调查处理，并报告结果。

（十三）及时向证券主管部门提供会员、上市公司和证券市场交易情况等有关资料。

（十四）接受证券主管部门对有关业务、财务状况的检查。

（十五）深交所及会员涉及诉讼，以及这些单位的高级管理人员因履行职责涉及诉讼，或依照证券法规应受到解除职务的处分时，应及时向证管办报告。

（十六）协助证券主管部门处理股民与证券商之间的纠纷。

（十七）处理会员之间的争议和其他重大纠纷。

（十八）提出收取上市费用、交易手续费的意见，报证券与价格主管部门批准后实施。

（十九）决定上市证券的暂停、恢复与取消交易，并报主管部门备案。

（二十）对异常情况，根据规定决定休市，并及时向主管部门报告。

（二十一）定期培训出市代表和清算员，负责对其考核，审定其资格。

（二十二）统一管理证券市场信息资源，负责证券市场信息的发布，提供证券市场信息服务。

（二十三）审核、批准境外特许证券商进场交易。

（二十四）监管深交所讯息服务中心以及与深交所联网的地方证券交易中心。

（二十五）组织对证券市场交易新品种和新方式的研究、开发，按规定报经证券主管部门批准后组织实施。

（二十六）根据市场发展要求对有关技术进行改进、变更，其实施方案报证管办备案。

（二十七）管理证券结算公司。

(二十八)国家证券管理部门许可或委托的其他业务。

三、结算公司是证券中介服务机构,是深交所的全资附属机构。其主要职责为:

(一)办理证券的发行登记、存管和过户业务。

(二)为投资者设立证券帐户。

(三)对上市证券及上市证券非流通股实行托管。

(四)为股东证券帐户挂失、股份的挂失提供服务。

(五)为股东的资料查询更改以及公检法、纪检监察机关查询及股份冻结提供服务。

(六)为股份的赠予、继承及抵押过户提供服务。

(七)签发证券登记证明书。

(八)负责编制证券名称、编码、建立股份帐户。

(九)办理证券同城转托管业务和异地转托管业务。

(十)办理上市公司国有股、法人股股权协议转让过户登记。

(十一)办理上市公司高级管理人员股份变更。

(十二)办理内部职工股上市交易过程中的股份登记。

(十三)办理上市证券法人股抵押登记业务。

(十四)办理会员间证券交易的股份和资金结算交收业务。

(十五)提供权益分派等代理人服务。

(十六)代理有价证券实物券的保管箱服务。

(十七)办理内部股份公司的股份登记过户及分红派息业务。

(十八)提供证券结算业务咨询。

(十九)对有关资料进行统计,及时为上市公司、深交所会员及证券主管部门提供有关资料信息服务。

(二十)制定有关业务规则,经批准后组织实施,对违规行为予以处罚。

(二十一)结算公司的年度财务、业务报告、市场信息资料、研究报告在报送深交所的同时抄报证管办。

(二十二)办理证券主管部门许可或委托的其他业务。

深圳市证券管理办公室

上市公司董事会秘书管理暂行办法

第一章　总　则

第一条　为规范上市公司的行为,保护投资人合法权益,促进证券市场健康发展,特制定本办法。

第二条　所有其股本证券获准在深圳证券交易所(以下简称“本所”)上市的股份有限公司(以下简称“公司”)必须依照本办法设立董事会秘书。

第三条　董事会秘书为公司的高级管理人员,对董事会负责。法律、法规及公司章程对公司高级管理人员的有关规定,适用于董事会秘书。

第二章　任职资格

第四条　董事会秘书应由具有大学专科以上毕业文凭,从事秘书、管理、股权事务等工作三年以上、年龄不低于25周岁的自然人担任。

第五条　董事会秘书应掌握(或经培训后掌握)有关财务、税收、法律、金融、企业管理等方面专业知识具有良好的个人品质,严格遵守有关法律、法规及职业操守,能够忠诚地履行职责,并具有良好的沟通技巧和灵活的处事能力。

第六条　董事会秘书可由公司董事兼任,但如某一行为应由董事及董事会秘书分别作出时,则该兼任公司董事会秘书的人士不得以双重身份作出。

第七条　有《中华人民共和国公司法》第57条规定情形之一的人士不能担任董事会秘书。

公司聘任的会计师事务所的会计师和律师事务所的律师不得兼任董事会秘书。

第三章　职责范围

第八条　董事会秘书应履行下列职责:

(一)依法准备和递交国家有关部门所要求董事会、股东大会出具的报告和文件;

(二)筹备董事会会议和股东大会,并负责会议的记录工作,保管会议文件和记录;

(三)依法负责公司有关信息披露事宜,并保证公司信息披露的及时性、合法性、真实性、完整性;

(四)协助董事会行使职权时切实遵守国家有关法律、法规、公司章程及本所有关规章制度,在董事会决议违反法律、法规、公司章程及本所有关规定时,应及时提出异议,避免给公司或投资人带来损失;

(五)为公司重大决策提供法律援助、咨询服务和决策建议;

(六)筹备公司境内外推介的宣传活动;

(七)办理公司与董事、证券管理部门、证券交易所、各中介机构及投资人之间的有关事宜;

(八)保管股东名册和董事会印章;

(九)董事会授权的其它事务。

第四章　任免程序

第九条　董事会秘书由公司董事会推荐,经过本所组织的专业培训和资格考核合格后,由董事会任命,通过公共传播媒介向社会公众披露,并报中国证监会、地方证券管理机构和本所备案。

第十条　公司董事会聘任秘书应同时向证券主管机关及本所提交以下材料:

(一)公司董事会推荐书。内容包括被推荐人的职务、工作表现及个人品德等;

(二)被推荐人的个人简历、学历证明(复印件);

(三)被推荐人取得的由本所颁发的董事会秘书培训考试合格证书;

(四)公司董事会的聘任书;

(五)董事会秘书与证券主管机关及交易所的联络办法,包括办公电话、住宅电话以及传真电话;

(六)经董事会委任的董事会秘书合格替任人名单及与该替任人的联络办法。

第十一条　董事会秘书在执行职务时,出现下列情形之一,本所有权建议公司董事会终止该秘书的聘任:

(一)在执行职务时出现重大错误或疏漏,给公司和投资人造成重大损失；

（二）出现违反有关公司法规、证券法规及本所有关规定的行为，给公司和投资者造成重大损失；

（三）其它本所认为不应继续出任公司秘书的情形。

第十二条 公司解聘原任秘书应立即以书面形式通知证券主管机关和本所，被解聘的秘书与公司董事会应分别以书面形式说明终止委任的原因。

第十三条 公司董事会终止前任秘书的职务，须同时按本规定第十条所要求提供的材料和必须履行的手续，重新委任新的董事会秘书。

第十四条 被解聘的董事会秘书离任前，应接受离任审查，并将有关档案材料、正在办理的事务及其他遗留问题全部移交。

第五章 法律责任

第十五条 董事会的决议违反法律、法规或公司章程，致使公司遭受损失的，除依照《公司法》第一百一十八条第（三）款规定由参与决策的董事对公司负赔偿责任外，董事会秘书也应承担相应的赔偿责任；但能够证明自己对所表决事项提出过异议的，可免除责任。

第十六条 董事会秘书有本规定第十一条规定情形之一的，本所可采取以下处罚措施：

（一）取消其任职资格，并建议公司董事会免去其职务；

（二）情节严重者，取消其今后从事本所上市公司董事会秘书的资格，并通过传媒向社会公告；

（三）向公司董事会或国家有关部门提出处罚意见书。

第十七条 董事会秘书对所受处罚不服的，可在接到处罚决定通知之日起十五日内向中国证监会或该会指定的机构提出申诉。

第六章 附 则

第十八条 本办法由本所负责解释，自1997年7月1日起实施。

深圳证券交易所

一九九六年五月十日

中國工商銀行
太原信托投資股份有限公司證券營業部

總經理:張書鋒

營業部于 1993 年 5 月 28 日經人民銀行山西省分行批準成立,同年 8 月 26 日正式對外營業。地處太原市中心。營業面積 1200 平方米,設有特户、中户、大户室及散户大廳,截止 96 年 8 月末開户股民達 6200 户,交易額達 9 億元。

營業部業務以代理各類證券買賣爲主。93 年、96 年先后參與山西汾酒、山西焦化股票的發行,發行數量名列前茅,被評爲省先進單位。營業部開業以來,在全省率先使用電腦自動化交易,電話委托等先進的服務手段;在咨詢服務方面,成功地舉辦了《證券時報》以及各種形式的股市投資知識宣傳活動,得到了廣大股民的高度贊譽。營業部擁有上海證券交易所兩個席位,交易快捷,電腦設備先進、安全。

營業部員工實行聘用制,現有職工 22 名,大專以上文化程度占 53%,用人機制靈活,員工敬業精神較强。

營業部地址:山西省太原市解放路 66 號
電話:4043330　　**郵編:**030002

中國農業銀行日照市東港區支行

辦公樓遠景

中國農業銀行日照市東港區支行現有 270 余名干部、職工,轄屬 16 處營業所(辦事處)、8 個科室、7 個直屬單位和千余處營業網點,是金融系統中功能全、網點多、資金實力雄厚的龍頭企業。近年來。支行在各級黨政和上級行的正確領導下,本着"内强素質、外樹形象、注重實效、全面提高"的宗旨,在鞏固存、貸、結算等傳統業務的基礎上,開辦儲蓄通存通兑、全國聯行電子匯兑、POS 聯網、電話銀行、汽車銀行、證券咨詢、國際業務、金穗信用卡等業務,所轄營業網點全部實現了微機多用户作業,并即將實現全區城鄉聯網。截至 1996 年 8 月底,各項存款余額達 47424 萬元,比年初淨增 5260 萬元;1996 年累計發放貸款 52029 萬元,7 月末余額達 59852 萬元,比年初淨增 6048 萬元。企業連年被區委、區政府評爲精神文明建設先進單位和行業作風建設先進單位,最近又被中國農業銀行總行授予"全國各項存款先進單位"稱號,是日照市金融系統中唯一獲此殊榮的單位。

值此市區行儲蓄聯網通存通兑業務開辦和區行營業樓裝修竣工之際,全行干部、職工願以新的面貌、新的風姿與各位新老客户攜手共進,再創輝煌,爲振興東港、發展日照做出更新更大的貢獻!

行長:孫金魯
地址:山東省日照市海曲中路 65 號
電話:8222628　8221515

鞍山金鋼信

法人代表:白繼唐

鞍山金鋼信托投資公司始建于1987年,是由中國工商銀行總行、省行、市行和鞍山鋼鐵公司共同投資的全民股份制非銀行金融機構,是金融與產業相結合的經濟實體,注冊資本為1億元人民幣,行政隸屬中國工商銀行遼寧省分行。

主要業務範圍:人民幣信托存款,委托存款;信托、委托貸款;投資、證券交易;有價證券代理發行與轉讓;人民幣擔保與見證。

公司自成立至1995年底籌措資金71.8億元,到目前,公司資產總額達到9億元,有力地支持了鞍山地區和鞍鋼的生產發展。近兩年在金融信托業務中既保留和發展了銀行的傳統業務,又積極開展投資、證券業務,94年以來陸續開辟了沈陽、鞍山、天津、上海、武漢、南京6個證券交易部,既活躍了金融市場,又取得了較好的經濟效益。近期被國務院研究中心《管理世界》評價組織列為《首次中國500家最大服務企業排序》中金融保險業的第64位。為促進市場經濟的繁榮和發展,鞍托將繼續發揮其應有的作用。

地址:遼寧省鞍山市鐵東區前進路4號

證券交易廳

股票中户室

托投資公司

外設機構:	
城區分公司	電話:2242641
科源計算機有限公司	電話:2231374
沈陽證券營業部	電話:024－2831062
上海證券營業部	電話:021－62171406
天津證券營業部	電話:022－3306639
海南金安投資發展公司	電話:0898－5887102

內設機構:	
辦公室	電話:2242625
科技處	電話:2242603
計劃投資處	電話:2242607
稽核處	電話:2242610
信托貸款處	電話:2242609
會計處	電話:2242605
證券部	電話:2242613
證券營業部	電話:2242620
行政保衛處	電話:2242629

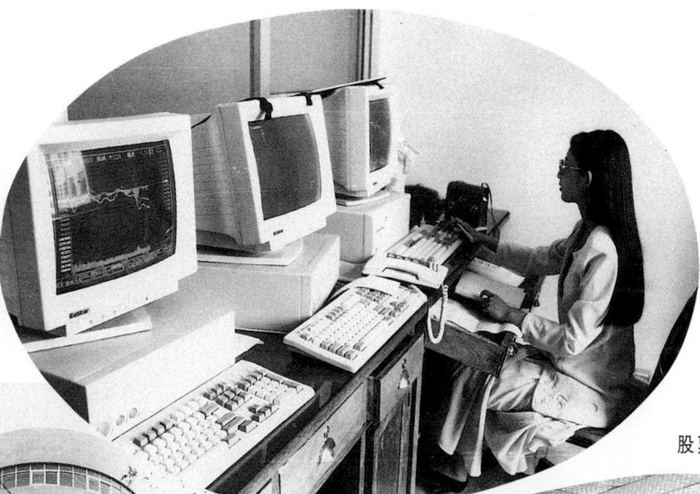

股票報價室

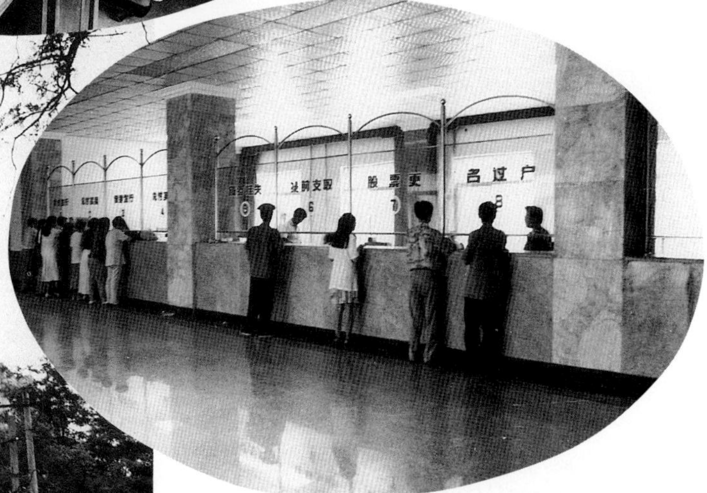

股票交易大廳

公司辦公大樓

蘇州商品交易所

理事長唐志新(中)、總裁顏羽(右二)召開所領導工作會議

寬敞的交易大廳

蘇州商品交易所是經中國證監會批準的首批國家試點期貨交易所，屬非盈利性的會員制事業法人單位，交易所實行理事會領導下的總裁負責制，會員大會是交易所的權力機構，理事會是會員大會的執行機構。交易所自從 1991 年 6 月成立以來，管理比較規範，在全國率先采用逐日盯市盈利結算制，選用了先進的動態保證金監控體系，進一步完善了漲跌停板、大戶報告、持倉限額、結算基金、風險基金等風險管理制度，對會員單位代理業務實行編碼管理，以防止大戶操縱市場和會員單位大面積違約風險。

1995 年蘇交所積極開發設計新品種期貨合約，先后推出了膠合板和紅小豆期貨合約上市，成交活躍，全年共成交期貨合約 17687.8032 萬手，成交金額為 15015.96 億元，日平均成交金額 60.3 億元。居全國各大交易所前列。1995 年先后兩次對計算機交易設備進行了升級換代，配置了美國容錯機較新型的 CONTINUE125 大型機工作主機，它具有與 1200 臺工作站聯網交易，每秒撮合 560 筆合約成交的能力。即時價格行情信息進入了中國通信廣播衛星公司、德勵財經、路透社等十余家衛星信息傳播網。至 1995 年年底，交易所共有會員 255 家，其中期貨經紀公司會員已達 121 家，分布于全國 23 個省、市、自治區。會員結構漸趨合理。

交易所辦公區一角

交易所門牌

地址：江蘇省蘇州市三香路 128 號
電話：(0512)8278159
郵編：215004

中國華通物産集團公

總經理:吴艾寧

中國華通物産企業集團是經國務院經濟貿易辦公室批準成立的我國第一家全國性的物資流通産業集團,核心企業是中國華通物産集團公司,所屬全資一級企業6家、全資二級公司35家、控股公司6家、關聯公司10家,成員分布在全國各主要城市。集團總資産約60億元,倉庫面積約2000萬平方米,并擁有運輸、倉儲物流加工的配套設施,1995年實現銷售額190多億元。

中國華通物産集團公司對外代表集團,是既經營管理屬下企業資産,又直接從事業務活動的混合控股公司。它具有規劃、流通、投資、融資、信息、監控調節、組織開發、交易中介、服務、宏觀調控等十大功能。

中國華通物産集團公司上海期貨交易部(以下簡稱"上交部")是在集團公司領導下獨立核算的經營單位,中國華通物産集團公司是全國十家交易所的全權會員,華通集團公司上交部于1993年5月開業。

上交部奉行"客户至上、公正第一"的宗旨,竭誠滿足客户的需要,制定了正規化的業務管理系統和服務制度,上交部從93年開業就采用了計算機的結算系統,配備了先進的工作站系統,使結算達到了快速、準確,并建立完善的風險控制流程。在交易系統上,上交部配備了英國路透社的圖表行情終端,有綫數據廣播網和國内衛星數據傳輸網等先進的信息傳輸設備。上交部還配備了内部集團電話及電話自動錄音系統,在交易環節上達到了速度快、可靠性高及可查性好的完善服務。上交部還擁有經驗豐富的市場分析人員,能以文字和圖表數據方式爲客户快速、準確提供國内外政治經濟等方面的宏觀信息及市場交易動態方面的微觀信息。還定期舉辦期貨交易知識、交易技巧的培訓,有國内外專家講習。

上交部1995年在上海金屬交易所交易量名列第三位,在上海糧油交易所、上海商品交易所交易量也在前列,1995年總交易量爲600億元。

上交部熱烈歡迎廣大投資者前來參與期貨交易,爲共同完善中國的期貨交易市場而努力。

司上海期貨交易部

地址:上海中山北路 2550 號 1501－1508 室　　電話:62571549　62570000－1502　　傳真:62571282

期貨營業處一角

先進的交易系統

舒適的辦公環境

廣東
廣信期貨經紀
有限公司

法人代表:徐耀煒　總經理

廣東廣信期貨經紀有限公司是廣東國際信托投資公司屬下的全資獨立核算企業,成立于1993年4月,是北京商品交易所、上海商品交易所、鄭州商品交易所、蘇州商品交易所、廣東聯合交易所的全權會員,代理品種齊全,下單跑道直接通暢,成交回報快捷準確。公司擁有近1000平方米的經營場地和多間寬敞舒適的大户室,場内近百臺路透系統報價機及技術分析機提供即時行情和盤中、盤后技術分析數據。公司管理人員知識化、專業化,均爲國家持牌經紀人,其中還擁有美國NFA持牌證及出市代表資格證,從業人員95%爲大專以上學歷者。

廣信期貨以高素質、高技術、高效率、專業化、規範化、全方位的服務爲廣大客户提供優良的投資環境,廣信崇尚廣交朋友,誠招四方財,竭誠歡迎二級代理商及八方的朋友攜手合作,共求發展。

總經理:徐耀煒
副總經理:何平
地址:廣州市環市中路301－303號怡東大廈11樓
電話:(020)83500733　傳真:(020)83500732
郵編:510091

公司接待前臺

先進的辦公設施

雲南省濱海期貨經紀有限公司

中國證監會主席周道炯視察濱海期貨公司

濱海期貨經紀有限公司是經雲南省人民政府批準、中國證監會審核、國家工商行政管理局登記注册的雲南省首家期貨經紀公司。公司現有100余名職工,其中大專學歷以上的占80%。公司培訓部是雲南省證券監督管理辦公室和雲南省工商行政管理局培訓經紀人的全省唯一定點單位。公司注册資金3216萬元人民幣。

公司作爲國内多家期貨交易所的全權會員,可代理客户從事國内農副産品、能源化工、金屬建材和國債共五大類數十個品種的期貨交易。公司堅持只做代理,不做自營。公司交易場所逾800平方米,租用了英國路透社、中國廣播衛星通信公司兩套信息咨詢系統,還擁有國内領先的結算、信息處理和行情分析計算機軟件系統。公司下設九個職能部門、三個駐省外分支機構。公司截止1996年7月,成交金額已突破300億元人民幣。濱海公司以出色的服務、良好的信譽、嚴謹的管理赢得了省内外廣大客户的一致好評,成爲西南地區最大的一家規範化的期貨經紀公司。

公司法人代表、董事長兼總經理:白旭東
地址:雲南省昆明市東風西路41號

寬敞明亮的交易大廳

工作人員正在接收處理信息

上海恒銀期貨經紀有限公司

公司門牌

公司主要負責人研究問題

公司交易大廳一角

上海恒銀期貨經紀有限公司是經中國證監會批準，國家工商管理局注册登記的期貨經紀公司，主要從事國内各類商品期貨代理，國際、國内期貨咨詢。目前已是上海、海南、鄭州等各大交易所的會員，并在金屬、糧油、建材等合約的交易中享有很高的威望。公司資本雄厚，信譽佳。公司依靠先進的管理方式，嚴謹的結算系統、嚴格的風險控制措施，以高起點、高標準，嶄新的形象面對客户。

上海恒銀期貨經紀有限公司位于交通便利的上海新客站中亞飯店。擁有近千平方米全新裝修的交易場所，合理安排大户、散户交易區域，給每位客户以舒適的交易環境，公司擁有先進的衛星通訊信息系統，確保即時行情的連貫，使客户迅速下單和獲悉成交回報。公司具有各交易品種行情資料動態和静態分析系統，擁有一批在國内期貨市場久經磨煉的專業管理人員，對期貨市場的運行管理充分了解，具有廣泛的市場聯系，能及時掌握影響市場的各種因素，有效控制風險。

上海恒銀期貨經紀有限公司遵循"優先客户，注重信譽，講究效率"的宗旨，以"公平，公開，公正"的原則，積極爲客户開拓投資渠道，使客户獲得套期保值，投機獲利的機遇和更佳的投資服務。

海南海證期貨經紀有限公司

FUTURES

法人代表:汪學習

現代化的辦公設施

海南海證期貨經紀有限公司是由海南省證券公司等金融機構創辦的并經中國證監會批準、在國家工商管理局注冊登記的規範化專業期貨經紀公司,獲得海南中商所、北商所、上交所、蘇交所、鄭商所等交易所全權會員席位。公司已能代理客戶進行橡膠、咖啡、綠豆、膠合板、秈米等所有熱門品種的交易。

公司營業面積達500平方米,交易大廳裝修舒適豪華,硬件設備一流,設有50多臺電腦終端,十幾部外綫電話,還有多個中戶室、大戶室。公司擁有50多名訓練有素經紀人,能及時為客戶提供代理交易、信息咨詢、期貨行情分析等方面的服務。每天出版《海證期市快訊》。公司擁有世華、新華社兩套期貨即時行情接收系統。配有新華威自動交易櫃臺系統,客戶可通過自助終端進入盤房自動委托交易系統完成交易委托。客戶還可以通過自助終端了解成交狀況、資金余額、風險管理等。

豪華舒適的大户室

公司交易廳

法人代表:汪學習
地址:海口市龍昆北路龍珠大廈11樓
電話:6795433　6782644
傳真:6782755

上海中金期貨經紀有限公司

公司副總經理：衛艷宇

公司領導研究業務工作

上海中金期貨經紀有限公司是中國有色金屬材料總公司屬下的全資子公司，于 1992 年 12 月 28 日注册成立，是首批經國家工商行政管理局重新核準登記的專業期貨經紀公司，注册資金 2000 萬元人民幣。公司下設有交易業務部、財務結算部、信息拓展部、綜合管理部、總經理辦公室、蘇州交易部、北京交易部、鄭州交易部等 8 個部。

上海中金期貨經紀有限公司是管理經營着中國有色金屬總公司及中金公司自身在全國各大期貨交易所的業務，擁有包括金屬、糧油、建材及國債等多種商品的十幾個交易席位。公司以"嚴格管理、規範經營、一流服務、公正合理"爲方針，嚴格遵守國家政策、法規及有關交易所的規定，形成了一整套的業務、財務、信息及客户管理制度并全部電腦化，交易額日益增大。1993－94 年公司以上海金屬交易所的銅、鋁業務爲主，其它各交易所品種爲輔，交易額 1993 年 367 億元，1994 年 900 億元；最高日成交額 20 億元，客户盈利超億元，各項指標位于同行業之前列。

中金公司目前有員工數十人，平均年齡 25 歲，90％以上職員具有大學以上學位。總部設在上海物資貿易中心大廈内，在北京、蘇州、鄭州、武漢設有辦事處。公司裝有路透社服務終端、國内各大交易所行情接收系統、顯示終端 30 多個，并且顯示、查詢、管理一體化、網絡化、電腦自動化。

現代化的辦公設備

法定代表人：李智誠

地址：上海市中山北路 2550 號 18 樓 B 座

電話：62577718　62578034

傳真：62577717　62577292

郵編：200063

遠東交易大廳

遠東期貨經紀有限公司

上海地址:上海市西藏南路 1407 號 3 樓、5 樓
電話:021－63121042
傳真:021－63121041
郵編:200011
北京地址:北京朝陽區亞運村匯賓大廈 A 座 306 室
電話:010－64926254
傳真:010－64927244
郵編:100101
海口地址:海口市大同路 36 號華能大廈 14 層
電話:0898－6766748
傳真:0898－6766732
郵編:570002

公司總裁:趙艾

公司領導參加歡迎酒會

遠東期貨經紀有限公司(以下簡稱"遠東期貨公司")于 1993 年 4 月在海南省經濟特區注册成立,原名海南遠東國際期貨經紀有限公司。1994 年 9 月經國家工商局和國家證監會批準,改爲現名并遷上海浦東新區注册。遠東期貨公司始終以堅持規範經營爲最高原則,在同行和客户中享有"公平、公正、公開"的良好信譽。遠東期貨公司總部設在上海市,在北京市和海口市分設 2 個營業部,在鄭州市設 1 個代表處。公司員工編制 75 人,擁有訓練有素的經紀人隊伍近 300 人。

董事會　董事長:劉振元(上海市原副市長、上海科技投資股份有限公司董事長),常務董事:孟曉蘇(中國房地産開發集團總裁)、歐陽忠謀(中國電子信息産業集團總裁、中國電子進出口總公司董事長),董事:張存道(中國汽車工業進出口總公司原總經理)、翟齊(中國石化物資裝備公司總經理)、張虹海(北京國際信托投資公司常務副總經理)、孫永森(杭州鋼鐵集團董事長)、徐錦人(中國建設銀行海南信托投資公司總經理),副董事長:趙艾(遠東期貨經紀有限公司總裁)

監事會　監事:侯固(中國人民解放軍軍事法院原院長、現最高人民法院法律咨詢委員會委員)

經營班子　總裁:趙艾,副總裁:李勝軍、周黎明

蘇州中辰期貨經紀有限公司

中辰期貨——您忠誠的投資伙伴

公司辦公區

蘇州中辰期貨經紀有限公司成立于 1993 年 4 月,系國內最早設立的大型專業公司之一,注册資本 1000 萬元人民幣,性質爲全民所有制企業。

公司以"客户第一、信譽第一、效率第一、規範第一"爲企業宗旨,以"誠信、謙和、嚴實、奮進"爲企業精神,代理客户在蘇州商品交易所、北京商品交易所、上海金屬交易所、上海建材交易所、上海糧油交易所、鄭州商品交易所、天津聯合交易所、沈陽商品交易所、海南中商交易所等國內主要交易所進行交易及其結算、實物交割,并向客户提供有關商品金融市場行情信息以及分析報告,提供帳户資金管理等全方位服務。公司專營代理,不做自營,1995 年成交總金額 420 億。始終以客户盈利爲企業生存的基礎,努力通過通暢、公正的服務,謀求與客户共同發展,目前已開通蘇州商品、北京商品、上海糧油、海南中商四家交易所的遠程交易系統。

公司以開拓國內期貨交易代理爲已任,嚴格按國際規範操作管理,努力培育一批具有良好敬業精神及從業道德,技術分析理論功底深厚、操盤實踐經驗豐富的期貨投資管理經理和交易顧問。

公司總部:蘇州市景德路 110 號 4 樓
電話:(0512)5248943
胥城營業部:蘇州市三香路 120 號南廳
電話:(0512)8270714
北京營業部:北京亞運村江園公寓 Q 座 304 室
電話:(010)64992866
上海營業部:上海市宜山路 407 上防飯店 3308 房
電話:(021)64389530

交易大廳一角

濟南華易期貨經紀有限公司

JINAN HUA YI FUTURES SERVICES CO., LTD.

公司總經理:胡澤輝

公司辦公會議

濟南華易期貨經紀有限公司是經中國證監會批準、國家工商行政管理局登記注冊的于1993年3月批準成立。公司注冊資金1000萬元人民幣,注冊經營範圍為主營國內商品期貨代理,兼營期貨咨詢,期貨業務培訓。目前,可代理國內各大交易所的國債、各類金屬、農產品、建材、能源、化工等期貨、現貨交易。公司擁有員工70余人,其中經紀人50人,內務管理20余人,平均年齡28歲,90%的職員學歷在大專以上。公司下設業務部、交易部、結算部、市場分析部、財務部、客戶服務部、公關部、人事部等職能部門。

業務部建立了一套完整的業務管理制度,完善了期貨交易風險控制及管理規範交易行為。交易部主要負責期貨操作的接單、審核、報單、確認。結算部采用完備的計算機系統對客戶的資金進行帳戶管理、保證金管理,并進行每日清算。市場分析部負責收集并向客戶提供交易信息、價格行情、走勢分析、市場預測、對交易進行合理導向。

公司衛星通訊設備,可以同步獲取關于政治、經濟的最新消息與動態以及國內主要交易所的交易信息;擁有最完善的計算機軟硬件系統,公司經營面積800平方米。公司始終貫穿"處處為客戶着想"。公司每月舉辦兩次期貨投資講習會,不定期舉辦經紀人培訓班,截止目前,共培訓客戶10000人次,培訓出3000名期貨專業人才。94年4月底,公司還邀請香港期貨專家來濟舉辦了大型講座。

濟南華易期貨經紀有限公司衷心地歡迎您的加入!

交易廳一角

總經理:胡澤輝,法人代表:李國成

地址:濟南市經二路356號

電話:7920589　傳真:7932822

廣東粵海期貨經紀有限公司

公司董事長：鄧北生

廣東粵海期貨經紀有限公司是于 1996 年 1 月經中國證監會批準、在國家工商行政管理局登記注册的專業性期貨經紀公司。注册資金 1000 萬元人民幣，公司董事長鄧北生。粵海期貨公司由粵海集團内部合資組建，公司實行董事會領導下的總經理負責制。根據期貨交易代理業務的專業性，設置以下管理機構：市場部，負責開發客戶市場，招聘、管理、培訓經紀人。交易部，傳達客戶指令、進行每日結算、控制交易風險。研究發展部，分析市場行情、收集財經信息、提供可行性報告。財務部，負責資金結算、控制資金調度。公關行政部，負責日常文秘、行政、管理員工人事，協調内部關系。

粵海期貨公司目前已獲得上海金屬交易所、深圳有色金屬聯合交易所、海南中商交易所、廣東聯交所等的全權交易席位，并且在各交易所所在地設有辦事機構。公司奉行"公平交易、信譽第一、客戶至上、服務為本"的宗旨，為客戶代理國内商品期貨業務。公司制訂了嚴格的期貨代理規則、資金管理體系和風險控制系統，確保客戶的權益得到最可靠的保證。

粵海期貨公司配備有國内外各大交易所的即時行情傳送網絡，擁有先進的電腦網絡咨詢、分析、交易、結算系統，并擁有頂尖的專業人才，及時收集、翻譯、整理國内外期貨市場價格信息，為客戶提供真實、詳盡的行情資訊服務。

公司交易廳一角

地址：廣州市環市東路 472 號粵海大廈 17 樓

電話：(020)87779688－1730、1723

傳真：(020)87767938

郵編：510075

董事長兼總經理:駱敏剛
副總經理:譚丹松、陳汝祥
財務總監:張劍虹
地址:廣東省南海市桂城南海大道財聯大廈 A 副樓三樓
電話:(0757)6222212(20 綫)
傳真:(0757)6222052　郵編:528200

海通遠程同步交易中心

南海市
海通期貨經紀有限公司

董事長兼總經理:駱敏剛

南海市海通期貨經紀有限公司是在南海市政府的支持下,于 1993 年 12 月 29 日正式成立的具有法人資格的有限責任公司。1993 年 2 月 13 日經國家工商行政管理局核準登記注册,注册資本 1000 萬元人民幣。公司經營範圍爲:國内商品期貨代理和期貨咨詢。公司目前是上海金屬交易所、上海商品交易所、上海糧油商品交易所、深圳金屬聯合交易所、蘇州商品交易所、廣東聯合期貨交易所的全權會員。1996 年 5 月 28 日,公司開通了海通异地遠程同步交易中心,客户可在中心内通過聯網設備直接下單。目前中心已開通了上海金屬交易所、深圳金屬聯合交易所、蘇州商品交易所、上海商品交易所、上海糧油商品交易所的同步交易。海通公司下設市場部、交易部、結算部、交割部、研究發展部、財務部、電腦信息部、行政部、上海營業部。

海通公司可代理客户在擁有席位的交易所直接入場交易,也可按照客户的要求通過其他方式在有關交易所從事代理業務。公司秉承"公平、公正、公開"的交易原則,信守服務第一、客户至上的宗旨。建立了一套完備的客户交易管理制度和職工内部管理制度。通過近三年的艱苦努力,海通公司已在期貨行業樹立了良好的信譽,取得了較好的經濟效益和社會效益。

公司總經理駱敏剛(左三)、副總經理譚丹松(左二)、 陳汝祥(左五)等領導與上海金屬交易所理事長周曉紅(左四)合影

海南農墾金環物資實業總公司期貨部

總經理：林億

海南省領導視察公司期貨部

寬敞明亮的交易廳

海南農墾金環物資實業總公司期貨部，成立于1993年6月，是海南農墾最大的物資流通企業之一——海南農墾金環物資實業總公司期貨全權管理部門，主要代理海南中商期貨交易所天然橡膠，期貨咨詢及代理交易。為開展高效的代理業務。我部制定了全面規範的交易代理制度，設立了專門的財務帳戶，配備準確快捷的結算系統。我部現在海南中商所擁有三個交易席位；交易盤房600平方米、信息顯示屏50臺、霸才技術分析系統一套。優良的環境，精良的設備為客戶提供了滿意的交易條件。通過長期的期貨交易實踐，取得了豐富的管理經驗，具有期貨從業的良好信譽，同時，依靠強大的經濟實力和廣泛的客戶來源，我部在海南中商所的交易量節節上升，已成為該所最大的交易商。

期貨部將在總經理林億的領導下，本着“開拓進取、規範發展”的原則，繼續完善內部管理，改善交易環境，為海南農墾期貨事業的發展，貢獻更大的力量。

法人代表、總經理：林億
地址：海南省海口市海秀路64號
電話：6774438　6708773

上海良茂期貨經紀有限公司

公司總經理:張培源

公司辦公樓外景

上海良茂期貨經紀有限公司成立于1993年6月,是獲國家工商行政管理總局核準注册、中國證監會頒發《期貨經紀業務許可證》的上海首家大型期貨經紀公司。擁有上海糧油商品交易所、上海商品交易所、北京商品交易所、海南中商交易所、鄭州商品交易所、蘇州商品交易所、天津商品交易所、廣州聯合交易所等的交易席位。

公司的代理特點是:一屏九盤、綜合代理。在良茂總部及各分部能從一個電腦屏幕上閲覽全國九大交易所的即時行情,且可任意將熱門品種集中排列,這爲分盤交易、跨市套利提供了方便。一個客户只需一個帳號、一筆資金便可進行多個交易所的交易。信息便捷,可通過電腦隨時調閲國内最新宏觀經濟信息、各期市動態、綜評等信息,并可同屏進行技術參數齊全的動、静態分析。套期、套利手段諳熟。良茂公司源于榮獲"中國500家最大服務企業及行業評價排列"的上海市糧油貿易公司。良茂公司注重自律,嚴格實行規範化管理,從開户、交易、結算、交割至保證金等項管理嚴密有序。

地址:上海南蘇州路1421號
電話:2566913　2550027轉各部

雲南商交期貨經紀有限公司

公司董事成員

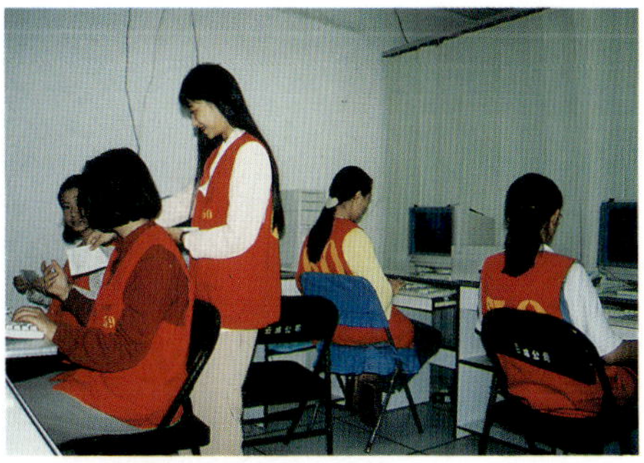

工作人員認真處理業務

公司辦公區

公司是雲南省一家規模大、實力强、知名度高、獲得中國證監會批準的專業期貨經紀公司,由原雲南商品交易所發起組建。公司開通了美聯社、中期未來等多家通訊信息系統和海南中商等交易所的异地下單雙向衛星系統。公司内設交易部、財務結算部、信息技術部、辦公室等機構。公司遵循"公開、公平、公正"的原則,嚴格實施風險控制,以規範的交易和優質的服務,爲廣大客户提供一個安全可靠的投資場所。

竭誠爲每一位客户服務,幫助客户實現投資理想是雲南商交期貨經紀有限公司的願望!

地址:雲南省昆明市翠湖西路1號
電話:(0871)5336772　5318904
傳真:(0871)5310628
郵編:650031

天津金谷期貨經紀有限公司

法人代表:宋勝利

天津金谷期貨經紀有限公司經證監會審查批準,在國家工商總局注册登記,注册資金1000萬元人民幣,具有獨立的法人資格,公司實行總經理負責制。總經理爲公司法定代表人。公司設有研發部、交易部、運作部、結算部、財務部、綜合部、現貨部等七個職能部門。

金谷公司視信譽爲公司的生命。恪守公開、公正、公平和誠實的原則,維護客户權益,竭誠爲客户服務。公司內部有嚴格的規章制度,進行全面自律性管理。保證行情報告準時,嚴禁誤導客户過量或盲目下單。公司專營代理,不做自營,保證客户的投資權益。手續費合理,在同行中收費較低。目前金谷公司擁有鄭州商品交易所、上海糧油商品交易所、蘇州商品交易所、天津聯合交易所等多個席位,金谷公司擁有一流的衛星通訊和信息傳遞系統,90部電腦終端,保證正常交易結算和信息暢通。爲客户提供多種期貨交易信息咨詢、市場信息、行情分析、《期貨信息周刊》等。

地址:天津市解放北路34號　**郵編**:300041
電話:(022)3322538　**傳真**:(022)3322534

汕頭億峰期貨經紀有限公司

公司法人代表:李智

公司門牌

交易大廳

億峰公司作爲專業從事期貨經紀的會員單位,擁有全國各大交易所的全權會員資格,擁有第一流的現代化硬件設施。上海營業部營業面積達1500平方米,采用路透、霸才、建功等多套衛星接收系統,提供幾乎所有國內交易所報價信息以及國外部分相關品種的報價信息。直接在交易廳放置圖表分析機供客户隨時分析,公司擁有數套完整的技術分析軟件,并有多位國內期貨界權威人士加盟,咨詢力量雄厚,交易大廳裝備一流,環境舒適宜人。爲進一步擴展業務,公司目前已在上海、深圳籌組設立了營業部。

億峰公司全體員工衷心感謝各級領導和各界朋友的支持,并隨時準備爲您做最有效的服務。

總公司地址:汕頭經濟特區華山路金龍苑西區二樓
電話:(0754)8368368

上海營業部:延安西路1599號怡翔大樓二樓
電話:(021)62108299
深圳營業部:深圳振華路華廈證券大廈五樓
電話:(0755)3201807

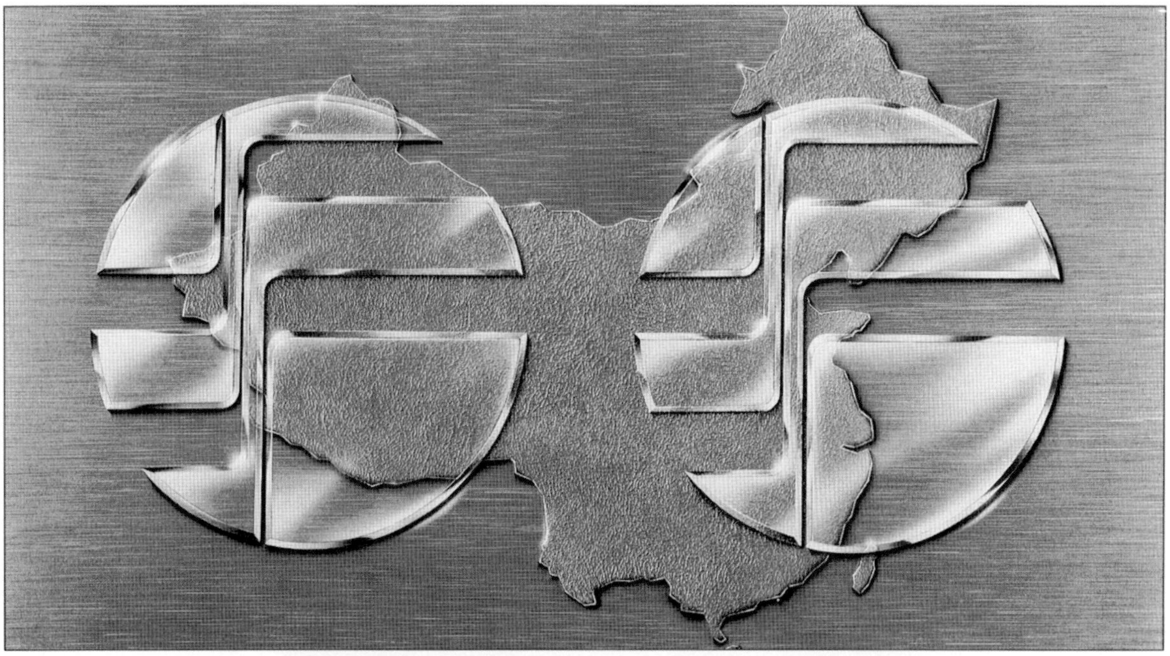

山西證券登記有限公司

法定代表人:岳予晉

山西證券登記有限公司于1994年8月16日經中國人民銀行山西省分行批準籌建,是深圳證券登記有限公司、上海證券中央登記結算公司在山西地區唯一的結算會員,并與中央國債登記結算有限公司建立了業務代理關系。全權代理本地區的相關業務。主管機關是中國人民銀行山西省分行。公司由5家非銀行金融機構共同出資組建。總股本300萬元人民幣。公司設置營業部、業務部、財務清算部、電腦部、綜合部等,公司設備精良,采用美國整套原版NOVELL3、三級容錯網絡軟件。服務器采用美國COMPAQ486雙機服務器、工作站爲宏基386微機。建立了以雙機爲主體的登記子系統、查詢子系統、挂失子系統、補領紅利子系統、結算子系統的網絡體系。

公司業務範圍:經批準公開發行或非公開發行證券的開户、登記、托管;上市及未上市記名證券的轉讓登記、查詢、挂失;代理有價證券的分紅派息或還本付息;有價證券的集中代保管;代理國債發行、兑付;與證券有關的咨詢業務;開辦上海證交所資金三級清算業務;主管機關批準的其他業務。

公司經營業績:公司立足于服務的基礎上,積極開拓相關業務。截止1996年7月31日,公司各項業務發展較快(1)開立證券帳户:個人户滬市47352户,深市13691户。法人户滬市46户,深市3户。(2)挂失262筆,查詢213筆,補領紅利1327筆,計26.33萬元。(3)資金三級清算累計金額38億元。(4)國債代保管總筆數58筆,累計發生額6億元。(5)代理國債發行2300萬元,代理國債兑付8250萬元。(6)深市股份清算(過户)133630693股。

法定代表人:岳予晉

地址:太原市桃園北路19號

電話:(0351)4081453

傳真:(0351)4070475

郵編:030002

交易中心辦公樓外景

天津證券交易中心
天津證券登記公司

總經理:胡麗雲

地址:天津市解放北路 29 號

電話:3395698　**傳真:**3328059

郵編:300041

天津證券交易中心經天津市政府和中國人民銀行天津分行批準于 1992 年 8 月 28 日開業。天津證券交易中心實行會員制,中心實行理事會領導下的總經理負責制,中心下設 8 個職能部門,現有工作人員 60 余人。交易中心交易系統采取自動撮合成交,自動過户,實行中央清算、凈額交收,全部交易實現了無紙化運作。目前,在中心上市交易的基金共有 9 只,其中天津 2 只,外地 7 只,總市值達 9 億多元,1994 年度平均分紅率爲 20.33%,最高的達 26%,1995 年度平均分紅率爲 17.63%,最高的達 20%,在全國基金中處于較高水平。幾年來,交易中心堅持公開、公平、公正、高效原則,努力發展各項業務。截止 1995 年末,天津證券交易中心有會員 415 家,其中本地會員 42 家,占 10%;外地會員 373 家,占 90%,遍布全國 28 個省市自治區;各地證券商在天津設立證券營業部達 90 多家;上市交易品種 74 個;已與黑龍江省哈爾濱市、遼寧省沈陽市、河北省秦皇島市、廣東省汕頭市、江西省南昌市、江蘇省南京市等地聯網交易;成交金額逐年擴大,1995 年達到 1746.2 億元;上市證券市價總值已達 20.3 億元,已初步形成區域性的、具有相當規模和影響力的證券交易場所。對國債回購款項中心采取多項措施,成立了清欠領導小組,組織專門人員進行清欠。

天津證券登記公司是天津證券交易中心于 1993 年 8 月建立的全資附屬的公司,辦理證券登記、開户、托管、過户、分紅派息、查詢與挂失等項業務,代理上交所、深交所在天津地區的證券帳户開立,爲上交所在天津的會員進行三級資金清算。公司已開立本市、上海和深圳證券帳户 33.8 萬户,辦理天津定向募集個人股櫃臺交易帳户 25.5 萬户,累計分紅派息 900 萬元。

交易中心交易大廳

交易中心電腦機房

證券登記公司營業大廳

位于青島商業中心中山路31號的公司辦公樓

青島金友
期貨經紀有限責任公司

公司董事長:劉文川

青島金友期貨經紀有限責任公司是由青島市金屬材料總公司、青島嶗山金屬材料總公司和青島高科技工業園物資實業總公司等幾家物資企業共同組建的專營期貨代理業務的股份制企業,并經中國證監會批準設立并頒發營業許可證,國家工商局登記注册成立。青島市金屬材料總公司是金友期貨公司的控股公司。于1992年最早參與了國内期貨交易,是上海金屬交易所和天津聯合交易所的首批會員,擁有一支素質良好的期貨專業隊伍。金友期貨公司成立后,注重規範發展,業務範圍已擴大到國内各期貨交易所。

金友期貨公司硬件設施先進,采用了多套較爲著名的實時行情報價系統和數條有綫、無綫信息接收處理系統,跑道通暢、信息靈敏,同時還有各種盤中、盤后技術分析軟件和財務軟件,爲客户進行行情分析和資金管理提供最佳服務。金友期貨公司下設業務部、資訊部、財務部和綜合部,并在上海和天津等地設有業務機構。

金友期貨公司視信譽和服務爲生命,本着客户至上的宗旨和公開、公平、公正的原則,專做代理,不做自營,爲廣大客户提供交易、交割、結算、咨詢、信息和培訓等全方位服務。金友期貨公司竭誠歡迎您的到來,金友期貨公司將是您最可信賴的投資伙伴。

董事長:劉文川　　總經理:周蘭章
電話:(0532)2896357　**傳真:**(0532)2896348

第二十编

中国企事业单位选介

942/962

中国企事业单位选介

工商股份制企业

深圳市先科实业投资股份有限公司

深圳市先科实业投资股份有限公司是1994年初由深圳市先科企业集团、香港中银集团投资有限公司、深圳经济特区发展财务公司等11家实力雄厚的境内外企业发起，经深圳市人民政府批准设立的大型规范化股份制高科技投资企业。公司注册资本1.08亿元人民币，总投资1.62亿元人民币，总资产近2亿元人民币。公司现有职工500多人，全资、控股、参股企业十余家。

先科投资公司致力于发展我国的高科技事业，遵循以高科技产业投资为基础，以房地产、金融业发展为龙头，以证券、商贸、旅游、文化等第三产业为投资重点，多元化、集团化、国际化发展的经营方针。公司荟集经营管理之精英，瞄准特区经济之热点，着力进行规范化、高层次的企业塑造，形成了适应市场需求并极具潜力的业务运作系统。

先科投资公司将按照公司制定的巩固深圳、发展内地、开拓海外的发展战略方针，以第二次创业的姿态投入即将到来的新一轮经济高潮之中。

董事长：叶华明　**总经理**：李剑铭

地址：深圳市人民南天安国际大厦A座903－908室

电话：2299247　2299685　2299686(传真)

邮编：518001

上海港机股份有限公司

上海港机股份有限公司是由上海港口机械制造厂(简称上海港机厂)独家发起，以其主要生产性资产投入，并通过向社会公开募集股份的方式设立的股份有限公司，于1996年8月12日成立。公司占地面积6.9万平方米，在册员工2045人。公司股本总额11960万股，其中由上海港机厂投入公司的净资产按65%折成的7960万股国有法人持股，社会公众持股4000万股(其中公司职工持股400万股)。

公司隶属于交通行业，主要生产门座式起重机、散货装卸机械、港口工程船(含浮式工程起重机)、集装箱装卸机械和桥式起重机械等六大系列产品。同时兼营各类机械设备、关键部件、工程辅料、仪器及技术软件进口、机械维修安装、技术服务和咨询、船舶、车辆运输和房地产开发。公司多种产品获得国家、交通部和上海市优质产品奖，先后被评为全国质量效益型先进企业和被评为交通部质量管理奖单位。产品主要用于沿海各大港口和内河主要港口，以及冶金、电力、轻工等行业的专用码头，国内市场占有率达70%；同时产品已出口到加拿大、日本、新加坡、泰国、印度尼西亚和香港等10余个国家和地区。

公司多年来一直保持着较好的销售收入和良好的盈利能力。1995年销售收入4.6亿元，利润总额3807万元，创汇3068万美元。1996年1—6月，公司主营业务收入206458244.47元，利润总额16536211.31元，净利润13715146.21元。

法定代表人、董事长：潘钟林

副董事长：叶萍珍

总经理：乐竞辉

地址：上海市浦东新区浦东南路3500号

电话：(021)58395139(总机)　58392564

传真：(021)58398836　**邮编**：200125

上海亚通股份有限公司

上海亚通股份有限公司是全国第一家向社会公开发行股票的水路车客运股份制企业。1993年7月28日，公司获准向社会公开发行股票1800万股，其中社会法人股800万股，社会个人股1000万股，国家股3125.84万股。1995年下半年公司经上海证管办和中国证监会批准，向全体股东配股，并对1995年利润进行分配，以每10股送2股红股。配股送股募集后的总股本为8426.6112万股。资产总额为2亿多元。公司将募集到的资金，主要用于发展崇明对外的水路交通运输，改善崇明岛的投资环境。

公司是在原上海崇明县轮船公司的基础上改制股份制企业的。崇明县轮船公司的前身是崇明县南门港务站，创立于五十年代。上海市崇明县轮船公司于1987年正式成立，从此结束了申崇航线上没有车客渡船的历史。公司一年上一个新台阶，1994年实现营收3848万元，利润1250万元，1995年实现营收6568万元，利润1821万元。特别是公司改制以来，建造了2艘全垫升气垫船，2艘700客位的客轮，3艘车客渡轮，实现了快速、舒适、安全的交通网络。公司总部位于南门港，现有职工660人，其中包括退休工人45人。公司改制后的管理部门设置为7部1室，即安全部、综合管理部、财务部、生产经营部、人事部、技术设备部和投资发展部等7个部及总经理办公室。公司下属南门客运站、堡镇客运站、石洞口轮站、浏河轮站及5个子公司和参股公司。公司拥有17艘船舶，其中：1艘侧壁式气垫船，9艘车客渡轮，2艘700客位的客轮和2艘小客轮，1994年9月公司开辟了申崇全垫升气垫船高速客运航线，投运了2艘我国最大的全垫升气垫船，1995年下半年购置了化工品运输船一艘。

公司连续两届被评为市级文明单位和花园单位，涌现出了全国劳模1名，市劳模1名，部级文明单位2个，市级先进单位3个。

杭州解放路百货商店股份有限公司

杭州解放路百货商店股份有限公司的前身始建于1918年的商品陈列馆。1949年成为杭州最早建立的国营零售企业。1992年改制为股份有限公司。1994年1月发展成为上市公司,1996年6月30日公司以良好的经营业绩和发展前景被选入首批上海30家指数样本股,7月份公司正式组建杭州解百集团,成为跨行业、多领域、全方位发展的商业集团企业。

公司以百货零售为主业,同时兼营批发、服务、制造等行业。公司主体为解百商店,现有营业面积1.8万平方米,员工2万余人,主营业务范围包括百货、针织品、纺织品、日用杂货、工艺美术品、装饰材料、食品、五金交电等。公司下属广告公司、装璜公司等全资子公司和义乌商贸有限公司、临安钱王商厦、新利商用机器有限公司、凯俪时装有限公司等控股子公司,并通过参股形式对外投资,拓展加工、修理、旅游、高新技术、证券和外贸等市场领域。

1995年公司主营业务收入达8.96亿元,利润总额达6637.63万元,是目前浙江省历史最久、规模最大的"中华老字号"商业零售企业,也是全国十大百货商店贸易联合会成员单位之一,经济效益保持全省同行之首。

地址:浙江省杭州市解放路211号

电话:(0571)7016888(总机)　**传真**:(0571)7068081

邮编:310001　**电挂**:4102

广州市浪奇实业股份有限公司

公司是国内生产洗涤用品的大型骨干企业,占地面积13万平方米,生产以"浪奇"为总商标的"高富力"、"天丽"、"万丽"三大系列50多种优质液体洗涤剂、皂类以及工业清洗剂、精甘油和磺酸等产品。1995年销售总额6.3亿元,全员劳动生产率年人均16.6万元,实现利润5556万元,被评为全国轻工优秀企业、中国工业企业综合评价最优500家之一、中国日化行业十强企业之一及广州海关A级企业等。

作为广州市股份制试点企业首批上市公司之一,浪奇公司以国家有关的法律、法规为准绳,明确股东大会、董事会、总经理和高级管理人员的权责,理顺相互间的关系,并且严格按照上市公司信息披露的各项规定办事,使公司能够正常运作和健康发展。公司还按照"高效、精干"的原则,精简机构,将职能科室由37个缩减为11个。目前,公司882名员工中,具有各类专业技术职称的有200多人,博士、硕士及各类大中专毕业生占职工人数的28%。

公司从意大利引进了具有国际先进水平的香皂生产关键设备,从美国引进了三氧化硫磺化设备,从英国引进了液洗自动灌装设备,拥有年产香皂2.5万吨、液体洗涤剂4万吨的生产能力。通过与美国著名的P&G公司联手合作,提高了市场竞争力,1995年洗衣粉产量达13.7万吨,居全国同行前列。公司设立了专门研究洗涤用品的研究所,使老产品升级换代,使科研成果以最快速度转化为生产力。浪奇公司高品质洗涤用品还出口到北美、西欧、非洲、中东、港澳和东南亚地区。

公司还在广州、湛江等地设立了数个生产纸箱、塑料瓶、塑料袋和其他洗涤用品、化工原料贸易的合资联营企业,使公司在产业多元化的道路上迈出了可喜的步伐。浪奇公司正沿着以工业为主体,兼营商业、进出口贸易、运输业、金融业和投资等业务的多元化、集团化的改革之路向前发展。

法人代表:陈光松

地址:广州市黄埔大道东128号

电话:82305694　**邮编**:510660

深圳国际房地产咨询股份有限公司

公司成立于1988年,是全国第一家房地产交易代理、评估与咨询机构,公司先后获得深圳市物业估价资格、国有资产评估资格、国家A级土地估价机构资格,是广东省首家和深圳市唯一的A级评估机构,也是深圳市唯一同时具备以上三个评估资格的评估机构。

公司主要经营资产评估、土地估价、物业估价、专项评估、专项咨询、可行性分析、招标投标、编制标底、工程预结算、工程策划、工程代理、投资代理、土地转让代理、房屋租售、拍卖、销售宣传策划。八年来公司业务量一直居全国同行之首,先后为3000余家中外客户进行了房地产估价和资产评估,代理了万余宗物业交易,提供专题咨询报告、研究报告、投资分析报告、建设咨询报告和工程预决算报告百余份。多年来,公司在编辑《深圳房地产年鉴》等房地产专业书刊,为政府和社会提供房地产信息、市场调查、专题研究和投资分析等工作的过程中,收集和积累了大量的房地产资料,同时也培养了一批经验丰富、技术过硬的房地产专业人才。公司先后被国家有关部门推选为中国房地产评估委员会理事单位、中国土地估价师协会理事单位、中国房地产协会中介专业委员会副主任单位、中华之最中的全国第一家房地产交易代理评估机构。

法人代表:桂强芳

地址:深圳市人民南路房地产大厦12楼D座、10楼A座

电话:(0755)2332967　2325814　2325175

传真:(0755)2327574　**电挂**:6680

邮编:518001

上海申华实业股份有限公司

上海申华实业股份有限公司原名上海申华电工联合公司,自1986年开始进行股份制试点工作以来,以"资本来自于民间、产业服务于社会、效益回报股东"为企业经营理念,积极发挥股份制企业的机制优势和资本优势,在股份制企业的资本经营、产业经营、科学管理以及建立现代企业制度等方面进行了积极有效的探索,取得了可喜的成绩。目前,公司已连续多年保持高速增长的发展势头,利润连年大幅度上升。1994年税后利润3238万元,比1993年增长了100.6%,比1991年增长了331.1%,又一次实现了创利翻番的高速增长。

作为公众型上市公司,公司最大的特点是:产权清晰、政企分开;公司7020万股份全部流通,真正实现了同股同权、同股同价、同股同利;公司无行政主管部门,具有完全独立自主的经营权;公司充分尊重股东的权益,形成了以股东大会为最高权力机构、董事会为最高经营决策机构、总经理为执行机构的较为完善的公司治理结构。

公司拥有12家子公司(全资、控股),实行集团管理模式,形成了集团多元化、子公司专业化的经营格局。公司现以公共客运、房地产物业、酒店旅游为支柱产业;今后三年内,将形成以申华金融大厦(位于南京东路外滩金融区内)的物业出租经营及物业管理为主体,以客运服务业为基础,以酒店旅游、房地产、商贸广告业为支柱的产业经营体系;二十一世纪初,争

取实现资本投资型、国际型、集团化、具有现代企业特征、信誉卓著的上市公司这一战略目标。

四川长虹电器股份有限公司

四川长虹电器股份有限公司是由国营长虹机器厂独家发起并控股的上市公司，通过了 ISO9000 质量认证，实现了管理、资源的整体优化。至 1995 年末，公司员工 6790 人，各类专业技术人员 1958 人，其中高级专业技术人员 240 人，中级专业技术人员 773 人，初级专业技术人员 726 人。公司注册资本 15 亿元，总资产 67.52 亿元，净资产 17.5 亿元，固定资产 9.91 亿元。公司拥有两个产品开发设计研究所，一个工艺技术研究所，一个模具开发加工中心，一个环境试验中心，一个培训中心，一个长虹技术中心，由前端到售后服务的质保体系和 26 个生产厂。目前，公司拥有生产线 40 余条(其中电视机生产线 17 条)，形成了单班年产 50 万部机载雷达、400 万台彩电、3000 万件电子器件、50 万平方米单面印制板、600 万只行输出和一定规模的卫星接收机、VCD 影碟机、电子显示屏、全自动插件机、空调器、汽车电器等十大类系列产品的生产能力。

长虹公司几大经济指标连续七年保持全国同行业前三名地位，彩电产销量连续七年居全国同行业首位。公司被第 50 届世界统计大会授予"中国最大彩电基地"，长虹彩电独家荣获"中国彩电大王"殊荣。公司龙头产品"长虹"电视囊括了国家权威机构对电视机颁发的所有荣誉，连续三年获全国畅销国产商品"金桥奖"、"全国用户满意产品"等称号，荣列中国名牌。1995 年长虹公司又上新台阶，生产电视机 326 万台，实现工业总产值、销售收入、利润总额分别为 92 亿元、80.16 亿元、16.10 亿元，分别比 1994 年增长 34.6%、59.4%、59.8%，形成了遍及全国的销售和售后服务网。

公司以人为本，把"产业报国、振兴民族工业"作为企业理念，把创世界名牌和完善四川长虹电子集团公司作为发展战略，从运行机制、产品质量、技术开发、售后服务等全方位按国际标准向世界名牌挺进。

地址：四川省绵阳市跃进路 4 号

西安市解放百货股份有限公司

西安市解放百货股份有限公司组建于 1986 年 12 月，为陕西省首家股份制试点企业，也是西北地区第一家公开发行股票、第一家上市公司。其前身是西安市解放百货商场，始建于 1956 年，为陕西省十大百货商场之一。在公司发展的历史上，多次荣获省、市优秀企业称号，是国内享有一定知名度的老字号企业。1984 年率先在公司内部尝试股份制改造，1993 年在股份制改造的基础上，结合引进外资和旧城改造，拆除了原商场，在旧址上兴建占地 1.5 万平方米，总建筑面积 11 万平方米的现代化商城。先期建成的一期工程—开元商城购物中心，装璜豪华、设施先进，总建筑面积 3 万平方米，营业面积 2 万平方米，经营品种达 5 万余种。预计年销售 6 亿元左右，实现利税 4000 万元以上。

公司已发展成为以商品零售批发为主，兼有房地产开发、金融证券、股权投资等多元化经营的大型股份制企业。同时具有 1800 人的高素质员工队伍，其中具有各类专业技术职称的达 241 人。自 1986 年以来，连续 9 年盈利，年利润总额由改组成立的 100 多万元人民币，逐步提高到 1000 多万元人民币；公司净资产由改组成立时的 192.30 万元人民币，壮大到 1.4 亿元人民币。不久将全部建成的西安开元商城，预计年营业收入 10 亿元人民币以上，经营利润 8000 万元人民币。届时，公司将成为集商业、房地产业、物业租赁、娱乐业、饮食服务业等多元化经营为一体的外向型企业集团。

在公司新的发展时期，全体员工将以团结、奉献、求实、创新的企业精神，全力抓好公司的经营和管理，不断提高经济效益。必将给公司全体股东创造出更大财富。

董事长、总经理：王科

地址：陕西省西安东大街解放市场 6 号

电话：7218083　7216614　**传真**：7217705

电挂：1381　**邮编**：721001

徐州工程机械股份有限公司

徐州工程机械股份有限公司是徐州工程机械集团有限公司的控股子公司，是国内最大的生产各种筑路机械、铲运机械和商品混凝土成套机械的生产企业。公司从事的工程机械行业被列为江苏省的支柱产业，公司生产的工程机械产品被列为江苏省标志工程。徐州工程机械集团公司是全国 500 家最大规模工业企业(1994 年列 132 位)、中国机械工业 100 强企业(1994 年列 22 位)。集团公司于 1995 年经国家经贸委、江苏省人民政府批准改组为国有独资的徐州工程机械集团有限公司。同时徐工集团也被列为江苏省重点发展的十大企业集团之一。

公司现有职工 4484 人，其中专业技术人员 867 人，占地面积 40 万平方米，主要设备 1305 台，1995 年年末总资产为 10.62 亿元(其中固定资产原值 2.49 亿元)，股东权益 3.38 亿元。公司主要产品为振动压路机、沥青摊铺机、轮式装载机、混凝土机械四大类 100 多个品种。1995 年筑路机械的市场占有率为 51.7%，连续十年产销量国内列同行业第一；铲运机械的市场占有率为 8.7%，为国内同行业四强之一；成套商品混凝土机械市场占有率全国第一。公司在全国共有 26 个销售办事处，下辖 48 个销售点，外销方面则通过集团公司进出口公司的 10 个海外办事处。

公司引进了瑞典戴纳帕克公司、德国利勃海尔和普斯曼斯特公司和日本川琦重工的制造技术。自行研究开发的新产品有 4 项获国家级奖，13 项获部、省级奖。公司依托集团公司技术中心，能独立自主地研究、开发新产品和新技术。集团公司技术中心是国家第一批国家认定的企业技术中心之一。

公司经营范围主营：各种压路机、装载机、混凝土机械、摊铺机的制造、销售。兼营：工程机械备品配件及其它产品的制造、加工、销售；工程机械的维修服务。1995 年公司主营业务收入 7.93 亿元，利润总额 3711 万元，税后利润 3154 万元，每股盈利 0.329 元。公司总股本 11994.66 万股，其中发起人股 4714.24 万股，法人股 3689.4 万股，内部职工股 591.02 万股，公众股 3000 万股，其中公开发行 2400 万股，公司股票于 96 年 8 月 28 日在深交所挂牌上市。

地址：江苏省徐州市苏堤北路 5 号

电话：0516－5756044

南通机床股份有限公司(集团)

南通机床股份有限公司(集团)于 1988 年 12 月经江苏省南通市人民政府批准，由南通机床公司更名成立。集团核心层为南通机床股份有限公司,现由南通机床厂、第三机床厂、第四机床厂、机床锻造厂、机床铸造厂、机床配件厂、热处理齿轮厂、铸造模具厂等八家非法人企业组成。公司是以股份制为模式,以出口名牌系列铣床为龙头的外向型股份制企业集团。公司前身南通机床厂是机械部大型重点骨干企业,1986年,被国务院机电出口办公室批准为国家首批三家机床出口基地企业之一,1987年,国家对外经济贸易部批准企业有自营进出口经营权;1988年,被机械部评为国家二级企业;1986—1990年,连续五年综合经济效益在全国同行业重点骨干企业中名列第一。

公司主要产品有摇臂万能铣床、仿型铣床、数显铣床、数控铣床、立式铣床、立式加工中心、卧式加工中心等9个系列50多种产品。公司主导产品X6325系列摇臂万能铣床是国家机电产品出口和替代进口的拳头产品,6个型号的产品获省优、部优。公司产品行销北美、南美、东南亚、中东等30多个国家和地区,机床出口量占总产量的70%以上,占全国同类产品出口量的40%以上。在国内市场,公司主导产品X6325摇臂万能铣床具有一定的垄断性。1989年,公司向社会发行人民币普通股股票165.55万股;1994年再次向社会增资发行人民币普通股股票2000万股,同年5月20日,公司股票在上交所挂牌交易。公司负责信息披露事务人员为:公司董事、副总会计师兼证券办主任王祥生、公司董事会秘书兼证券办副主任单兵。

董事长:柴逸永,**总经理**:钱汉清

地址:江苏省南通市任港路23号

电话:0513—5516141 **传真**:0513—5512271

邮编:226006 **电挂**:2750 **电传**:3621 NTMTW CN

海南海药实业股份有限公司

海南海药实业股份有限公司是海口市制药厂经股份制改组设立的上市公司,是以医药工业为主体,生产经营医药、化工、化妆品、保健食品、饮料、医疗健康器材、机械设备、旅游业、房地产业的综合性企业。公司总资产8.7亿元人民币,注册资本为1.5亿元人民币。公司所辖实业有海口市制药厂、设备工程安装公司、海药房地产公司、海口市华华新特药健康器材公司、海南多多旅游公司。全公司员工1200人,高级职称31人,中级职称100人。

海药实业的主体海口市制药厂,连续6年产值、税利、资产翻6番,进入国家制药工业百强,全国医药行业先进企业,成为海南制药工业的龙头。海口市制药厂(新厂)座落在海口市秀英区的海药工业园内,占地183亩,按国际GMP标准设计的4万平方米的巨型厂房,为粉针、水针、胶囊、软胶囊、颗粒剂、实验车间等6个生产净化车间,拥有生产线和制药专用设备500多台(套),80%以上为80—90年代进口的先进设备,同时配有从生产现场到管理部门的计算机管理、电视监控。生产的药品有90年代抗癌新药特素(紫杉醇注射液)、活性VD3、头孢西丁、头孢曲松钠、托米伦、红宝太圣胶囊、肠胃康冲剂等主要产品。

法人代表、董事长兼总经理韩宇东是具有开拓精神和多年企业经营经验的优秀企业家,是全国有突出贡献的中青年专家,全国劳动模范,全国政协委员。

海南国际海运股份有限公司

公司是由海南省轮船公司规范化改造的大中型股份制企业,主营:国际、国内海上货物运输、车客渡运输、集装箱运输;兼营:国际、国内船代、货代、房地产开发等业务。目前拥有9000吨至2万吨级散货船5艘,总运力达81815吨。船舶航行于西班牙、比利时、荷兰、法国、澳大利亚及东南亚等20多个国家和地区的50多个港口。公司在亚洲、欧洲、澳洲等地建立了90多个代理网点,并在香港和广州设立了分支机构。

在经营远洋运输的同时,不断拓展业务范围,先后创立了海南海翔国际船舶代理公司、海南海翔房地产开发总公司、中邦船务(香港)有限公司、广州货运部等4家直属企业。经上级有关部门批准,近期,公司拟成立海南长华船务公司,开通海口至广西防城陆岛滚装船运输航线,尽快开通海口至水东陆岛运输滚装船航线。

董事长:潘正明 **总裁**:郑育泉

地址:海口市海秀大道67号铨宝大厦12楼

电话:(0898)6796198 6795059 **传真**:6796968

电传:490238 HNIMC CN **邮编**:570206

电挂:HNIMC

海南兴业聚酯股份有限公司

海南兴业聚酯股份有限公司是1992年8月8日经海南省股份制试点领导小组批准改组的股份制企业,发起股东单位有海南省纺织工业总公司,海南国际(海外)投资有限公司,中国银行海口信托咨询公司,中国交通银行海南分行等5家法人企业。公司总股本为14340万元人民币。

公司的化纤基地在海口市港澳工业区,占地235亩,一期工程是海南八五重点建设工程项目,总投资10亿元人民币,成功地引进了具有国际先进技术的美国康泰斯—杜邦公司聚酯切片成套设备和技术。年产6万吨聚酯切片于1995年正式投产;年产2万吨直接纺今年全面动工,明年底建成试车投产。一期工程全部建成投产后销售收入达11.52亿元人民币,年利税2亿元人民币。二期年产14万吨聚酯切片和6万吨溶体直接纺涤纶短纤工程,已列入国家计委大中型基建项目,计划基建投资15亿元人民币,1997年动工,1999年建成投产。二期建成投产后销售收入可达27.6亿元人民币,年利税达5亿元人民币。一、二期全部建成投产后年产聚酯切片20万吨,涤纶细旦长丝2万吨,涤纶短纤6万吨,年销售总收入达39.12亿元人民币,利税达7亿元人民币。

海南机场股份有限公司

海南机场股份有限公司创立于1993年7月1日,是在海南凤凰机场总公司的基础上联合三亚市城乡建设土地开发总公司等8家公司共同组建的海南省首家承担国家重大基础设施建设的大型股份制企业。公司拥有两大国际机场,直属10个全资子公司。总股本10亿股,注册资金10亿元人民币。公司主要承担三亚凤凰国际机场、海口美兰国际机场以及全省其它民用机场的建设、经营和管理。

三亚凤凰国际机场位于中国最南端的城市—三亚市。机场占地面积7200亩,总投资14.78亿元人民币,主跑道长3400米,宽60米。飞行区按国际4E标准规划,可起降波音747—400大型客机。首期客流量150万人次/年,终期1000万人次/年,机场已于1994年7月1日正式通航。目前已开辟国内外航线17条,每周航班68个。公司的第二个大型项目—海口美兰国际机场位于海南省海口市东南方美兰镇,机场占

地面积13平方公里，设3条跑道。候机楼由加拿大B+H设计事务所设计，首期8.6万平方米，终期50万平方米。第一期投资23亿元人民币，1995年开工，1998年投入运营。

海南省政府为支持和补偿海口美兰机场的建设，已将海口老机场3000亩土地有偿出让给美兰国际机场规划、开发，该项目规划设计方案已由法国建筑与城市设计国际公司(SCAU)作出，已获准通过。目前招商引资工作已全面展开。为统一全省机场管理，经国家民航总局和海南省政府决定现海口机场交海南机场股份有限公司管理，该机场为全国10大机场之一，1995年客流量为310万人次，居全国第8位。

总裁：陈建威

地址：海南省海口市海府路亚希大厦9楼

电话：(0898)5357503　5357383

传真：5357382　**邮编**：570203

广深铁路股份有限公司

公司是由广州铁路(集团)公司作为唯一发起人以发起方式设立的股份有限公司，于1996年3月6日在深圳注册登记成立，于1996年4月1日由国家体改委批准改制为社会募集公司，1996年4月9日由国家证券委批准在境外发行H股。公司于1996年5月在境外发行H股和美国存托股份，于1996年5月14日分别在香港联合交易所和纽约证券交易所挂牌上市。公司总股本433555万股，其中由广州铁路(集团)公司持有的内资股290425万股，约占67%，外资股H股143130万股，约占33%。公司董事长、法人代表：葛闻安，总经理：邹伯兴。

公司经营广州至深圳以及广州至香港九龙(与九广铁路公司联营)的铁路客、货运输及其相关业务。1995年运送旅客2420万人次，运送货物2820万吨，完成营业额23.32亿元人民币，实现利润12.50亿元人民币。按照国际会计准则，经境外安达信会计师事务所审计，1995年末公司总资产57.36亿元人民币，净资产26.45亿元人民币，净资产收益率约47%。

经纬纺织机械股份有限公司

经纬纺织机械股份有限公司是由中国纺织机械工业总公司的全资子企业经纬纺织机械厂改组、于1995年8月15日成立、注册于山西省太原高新技术产业开发区的高新技术企业。并被国家对外贸易经济合作部批准为外商投资股份有限公司。公司于1996年1月在香港发行18080万股H股，并于2月2日在香港联合交易所挂牌上市。公司股本总额为40080万股，其中国有股22000万股；H股18080万股。另外公司已获得2300万股A股的发行额度，并将在国内上市。

公司是中国最大的纺织机械制造企业，生产系列广泛的纺织机械产品，主要分为三大类别：天然纤维纺织机械、化学纤维纺织机械及纺织机械配件与专件。公司截止1996年3月31日，资产总额为人民币933403.5千元，股东权益(净资产)为人民币567081.2千元。1995年全年备考营业额为人民币717191千元，税后利润为人民币68755千元。

1995年公司列中国500家最优工业企业综合评价第226位，列中国500家最大工业企业机械制造行业第61位。公司还获得了中国企业形象认定委员会颁发的“中国企业最佳形象AAA级”称号。同时，在同行业中公司销售收入、利润总额及税后利润等三项指标均排列第一位。

深圳高速公路股份有限公司

深圳高速公路股份有限公司是国内第一批公路项目境外发行股票试点企业，是深圳市第一家赴海外上市企业；该公司由深圳市高速公路开发公司为主发起设立，专门从事深圳市范围内高速公路的投资建设和经营管理的香港上市企业。

主要经营梅观高速公路、机荷高速公路，广深一级公路深圳段、惠深一级公路深圳段。梅观高速公路是由深圳梅林经观澜进入东莞，全长19.3公里，于1995年5月通车并开始收费。机荷高速公路是深圳市内环线，由深圳黄田机场至龙岗荷坳，全长46公里，于1995年5月开工建设，预计东段可于1997年底建成收费。广深公路深圳段连接深圳市区和东莞市，全长31.7公里，双向六车道，是在原有的四车道基础上拓宽改造而成，于1990年开始收费。惠深公路深圳段全长35.5公里，双向六车道，是在原有两车道公路的基础上拓宽改造而成，于1990年开始收费。

上市筹措的资金用于加快建设和发展深圳市的干线公路网系统，改善深圳市公路交通运输状况，促进我市和华南地区经济的发展，并为香港回归后保持长期繁荣和深港经济全面接轨提供良好的基础条件。

四川通威(集团)有限公司

中国最大的鱼饲料生产企业

通威牌系列鱼饲料全国销量第一

中国饲料工业前十强

中国500家最大私营企业第二位

四川通威(集团)有限公司总部位于四川省成都市，通威集团目前在海内外拥有四川通威饲料有限公司、四川重庆通威饲料有限公司、四川涪陵通威饲料有限公司、山东淄博通威饲料有限公司、湖北沙市通威饲料有限公司、通威(美国)有限公司等十余个分支机构和子公司，经营范围涉及：饲料及饲料添加剂、浓缩料生产、销售、电子元件器件、汽车制造、产品进出口贸易等。形成了以饲料工业为基础产业、年产各类饲料100万吨以上跨行业、集团化、国际化经济的格局，已成为中国最大的鱼用饲料供应基地及重要的畜禽饲料生产企业。

通威集团将经济使命、社会使命和文化使命视为历史所赋予的神圣职责，以“追求卓越、奉献社会”为宗旨，奉行“诚、信、正、一”的经营理念，依靠科技，坚持“以人为本，以质量为基础，以市场为中心”的经营原则，从无到有、从小到大取得了巨大的成功。公司业务范围：生产销售饲料、浓缩饲料及饲料添加剂、汽车零配件、激光视盘制作、音像制品的拍摄、录制、出版；批发零售电子计算机、五金交电、办公用品、日用百货、服装、化工产品；淡水动物养殖销售、动物营养及养殖技术咨询服务，电子元器件制造，食品加工销售、餐饮娱乐，农业开发、农业机械交通运输。通威集团开发的“通威”牌鱼、畜、禽系列饲料产品和“渠道金属网箱式流水养鱼”技术先后多次荣获国家级新产品新技术金奖及全国星火科技精品金奖。“通威”牌系列饲料除四川外还通过各省市通威分(子)公司(办事处)销往滇、黔、鄂、湘、琼、鲁、桂等我国大部分地区，深受用户欢迎。集团人均产值和人均利税在全国同行业中名列前茅，跻身全国饲料工业行业百强企业前十强，被国家工商行政管理局、中国企业评价协会确认为中国500家最大私营企业第二位。集团创始人，现任董事长兼总裁刘汉元先生被评为“全国杰出青年企业家”。

通威集团在不断取得良好经济效益的同时，还积极参与和支持各项社会公益事业。先后出资200余万元，为“希望工程”的顺利实施和国家教育事业的发展起到了良好的促进作用。通威集团正以迅猛发展之势屹立于中国民族工业和世界饲料工业之林！

地址：成都高新技术开发区国际展览贸易中心10层

电话：(028)5186368(总机)

传真：(028)5186367　**邮编**：610041

上海万盛投资咨询公司

上海万盛投资咨询公司是我国第一家由专业证券公司独资设立的证券投资咨询公司，成立于1994年初，注册资本200万元。经营范围：公司经注册批准的主要经营范围有证券、房地产等投资咨询、投资代理和中介

业务简介：

1. 投资咨询：为国内外机构、个人投资股票、基金、债券等提供及时的信息和分析，或设计操作方案，制订投资策略，面向社会，招收会员。截止1996年中，《万盛财经》会员达百余家，遍布全国各主要省市地区，全国影响一流。

2. 投资顾问：为投资者推荐上市公司，为上市公司、证券经营机构开展市场调研和方案设计，为股份公司形象设计，为企业提供财务咨询，帮助制订投资计划；代理开展企业产权交易业务，为上市公司策划收购或兼并、控股、参股。

3. 代理业务：盘活企业存量资金、用活用好流动资金，开展法人股转让及各种有价证券的受让等业务，为证券(股票、国债)发行提供方案设计或帮助发行，提供融资中介等。

1996年上半年，公司成功地完成青岛海尔电冰箱股份有限公司的95年配股方案推动工作，及为吉林化工集团公司8亿元企业债券发行两项业务。多年来，公司在专业从事证券投资咨询等中介服务中，与上市公司和证券市场各界投资群体、传媒、管理层保持着良好的关系。现有产品《万盛财经》和《万盛财经咨询系统(软件)》是上海市首批规范开展证券咨询并获《业务许可》的中介机构。

法人代表：孙小丹　**总经理**：赵海林

地址：上海市吴淞路357—367号

电话：(021)63575253　63259286

传真：(021)63259284　**邮编**：200080

上海财税咨询服务公司

上海财税咨询服务公司成立于1988年4月，由六部二室及十一个分公司组成，现有从业人员311人，其中具有会计系列、经济系列高中级专业技术职称的占68%，技术力量雄厚，是目前上海规模最大的财政、税收专业咨询公司。经有关部门批准，公司具有一般资产评估、上市股份制企业资产评估资格；具有建筑工程结算贰级审价资格以及税务代理资格。公司以服务为宗旨，以社会效益为前提，奉行独立、公正、信用的原则。

近八年来，公司共受聘担任6105户次国有大中型企业和外商投资企业的常年财税法律顾问，承接资产评估341项，接受中外企业各种单项咨询如项目论证、清理债务、疏导资金、财务审计、财税政策咨询等共3676项，还承办各项税务代理、开展各种财务、会计、税务培训，以及配合《财务通则》、《会计准则》贯彻实施和新税制出台，广泛开展咨询辅导等方面做了大量工作。1994年被上海市科技咨询协会评为上海市第二届十佳咨询机构之一。1995年又被市科委评为市首批信誉咨询企业。

法定代表人：余德祥

地址：上海市北京东路205号7楼

电话：(021)63213816　**传真**：(021)63213816

邮编：200002

上海外商投资咨询公司

上海外商投资咨询公司是上海市外商投资企业协会所属的中介机构，为中外客商提供投资咨询和经济贸易等方面的服务。主要服务内容：代理申报设立中外合资、中外合作或外资企业项目，提供从申报项目建议书到领取营业执照等一条龙服务。为境外企业和外省市外商投资企业在沪开设代表处提供代理申报服务。为中外客商开展经济贸易提供咨询、代理服务。

公司竭诚为外商服务，曾为美国、日本、法国、英国、新加坡、加拿大及港、澳、台等国家和地区的客户提供代理咨询服务。

总经理：曹志坚

地址：上海虹桥开发区娄山关路55号新虹桥大厦804室

电话：0086—021—62752713　62199545

传真：0086—021—62751423　**邮编**：200335

上海华园投资咨询有限公司

上海华园投资咨询有限公司创立于1994年10月，是由宁波华园实业(集团)公司等发起组建的有限责任公司，公司坐落于上海物资贸易中心大厦(上海金属交易所)9楼A座，主营期货和证券的投资咨询，经济信息的开发；咨询与服务工作。公司资本雄厚，主要产品《华园咨询》问世以来，准确的分析、深邃的见解为公司赢得了良好的市场声誉。公司现有员工30余人，拥有第一流的软、硬件设施和一批年富力强，经验丰富的操盘专家与优秀的市场分析师，并且在全国各大主要商品交易所建立了联络站，还与业内资深机构、人士建立了广泛而密切的联系。

公司设置了三个主要业务部门：投资部：负责市场投资研究，资金运用及投向，寻求最佳投资组合，获取资金的最佳投资回报比。咨询部：负责对各市场的追踪及价格采集，背景资料的分析整理，各交易品种的行情评述，走势分析，提供专题研究报告及交易策略报告。市场部：负责公司的发展策划，形象塑造，业务拓展，市场调查，对外联络及信息站，信息员的管理。

公司宗旨是：以咨询业为龙头，以服务市场为己任，力求达到咨询的规模化、集团化、产业化，集一流人才，创一流效益，高效、快捷、全面、客观、准确。

上海聚英科技发展有限公司

上海聚英科技发展有限公司下属有上海聚英科技第一分公司和上海聚英科技自动化设备厂，主要以科研、系统工程、软件开发(家用软件、工商行政软件)为特色。公司以“让我们

更完美”为宗旨，着力于开拓计算机的应用领域，有效地提高企业对市场需求的响应能力和生产率。股票、国债已经成为当代都市人的重要投资方向。公司软件部为响应市政府有关活跃金融市场，振兴上海股市的决定，全力推出股票静态分析系统—《股市黑马》。该软件基于 WINDOWS 或 WIN95 平台，是一套完全 WINDOWS 风格的软件，该软件会令您觉得不但编程技术和投资经验十分丰富，而且技术分析和帐目管理也非常优秀。该软件的最大优点就是：操作简单，尤其是在线帮助十分全面，一般只要上机十几分种就能用各种不同的方法来寻找股市中的黑马了！以下是其主要功能介绍：

用户管理：自由的设置或更换密码；自由的输入或更改一个甚至几个资金帐号；选择要分析的股票作为自选股；选择自己所需的技术指标。

帐目管理：成交明细一目了然；资金进出清清楚楚；盈亏状况成竹在胸。

股票管理：可以让您自由的设置或更改股票的各种板快属性。

行情浏览：可以让您以日期或股票为索引浏览当天或某一指定日的股市行情。

排行金榜：可以让您以成交金额、成交量、涨跌幅、板快属性来全面的分析一日、一周、一月的股市震荡变化。

技术分析：精选十种技术指标；可以自由转换股票的日 K 线、周 K 线、月 K 线。

总经理：廖锋

地址：上海四平路 2164 号(甲)蓝天写字楼 406—408 室

电话：65108026　65101229—153

传真：65108026　**邮编**：200433

中国惠普有限公司上海分公司

中国惠普有限公司(Chins Hewlett—Packard Co.，Ltd. 简称 CHP)是中美电子领域第一家高技术合资经营企业，于 1985 年 6 月 20 日在北京成立，总部设在北京，上海、广州、成都、西安和沈阳设有分公司。

1986 年，中国惠普在上海建立了它最早，也是国内最大的一个分支机构，十年来 CHP 上海分公司立足上海，面向整个华东及中原地区，致力服务于医疗卫生、邮电通讯、航空航天、科研教育、环保测试、金融证券和机电工业等领域，同时将越来越多的微机及打印机推向了家庭，为众多的用户提供了高技术产品。CHP 上海分公司具有研究开发、市场拓展、产品销售和技术支持服务等部门，包括电子测量仪器部、计算机系统部、信息产品事业部、医疗仪器部、化学分析仪器部、用户支持部、仪器和计算机产品维修部以及最近成立的作为全球 HP 计算机研究开发基地之一的“上海计算机研究开发中心”。

1995 年 6 月，惠普公司董事长、总裁兼总执行长路. 普莱特访问北京期间宣布了在中国进行第二轮投资的计划，仅不到一年的时间里就在上海建立了三家工厂：惠普上海分析仪器公司、惠普计算机产品(上海)公司及中国惠普上海金桥计算机工厂。它们分别生产惠普公司的化学分析仪器、打印机和微机产品。这三家工厂的投资达 3800 万美元。充分显示了惠普公司将以上海作为生产制造基地的意愿。中国惠普上海分公司将以更加坚定的步伐与各界携手迈向未来，共创恢宏历史！

上海复旦金仕达计算机有限公司

上海复旦金仕达计算机有限公司是一家背靠复旦大学，以高新技术为主导的专业从事计算机系统集成和软件开发的高科技企业，金仕达最大的优势在于专业技术人才优势。公司现有技术开发人员 21 人，其中博士 2 名，硕士 12 名，学士 7 名，全部毕业于复旦、交大等名牌大学，在校期间都曾主力承担过七五、八五国家重点项目，以及欧共体网络互连国际合作项目。

金仕达致力于多个行业(银行、证券、期货、港口、商业、医院、图书馆档案、房地产)的管理信息系统和智能大楼系统、工业控制系统、家用多媒体软件等系统的集成和软件开发工作。在证券金融行业管理信息系统开发方面，推出了包括结算、财务、行情、风险控制乃至异地交易中心等全系列产品。公司于 1993 年推出的《如意期货交易管理系统》包括客户、财务、业务、动态风险、委托、报单等子系统，覆盖期货经纪公司业务管理各部门，功能强大，性能稳定，是期货经纪公司管理的最佳助手。到目前为止，该系统已被上海金属交易所、上海粮油交易所、上海商品交易所、苏州商品交易所和天津联合交易所指定(或推荐)为会员单位专业软件，并在全国 18 家交易所两百多家会员单位中推广使用。《中国财星资讯系统》是公司 1995 年下半年推出又一软件新产品，集行情、成交回报和消息的发送、接收、分析于一体，技术水平达到了国内先进水平，现已成为上海金属交易所、上海商品交易所专用行情发送、接收系统，已拥有用户达 500 多家。《如意期货异地交易管理系统》Sybase 数据库，Sun 工作站平台，完成实时下单与多个交易所同步通讯、成交回报、风险监控、业务清算、财务管理等全套异地交易中心管理功能。目前该系统能同时完成与上海金属、上海商品、上海粮油、海南中商等多个交易所的连通，并已在南海海通、深圳宏昌、广州华易、北京华通、重庆国际等多个经纪公司使用。《如意证券自动交易系统》也已在数十家证券营业部推广使用。另外，在不到三个月的时间里，完成了上海航运交易所撮合系统；陆续完成了宝钢多个大型自动控制和信息管理系统；与美国著名的家用多媒体本地化公司合资成立了“上海金仕达多媒体有限公司”。金仕达提供全天候产品维修服务。

总经理：乔志刚

地址：上海国顺路 670 号复旦大学管理楼 1 楼

电话(传真)：(021)65495869　65495482

邮编：200433

浙江理财电算会计公司

浙江理财电算会计公司是在浙江省财政厅、浙江省财政学会、浙江省中青年理论研究会的支持下，于 1994 年 1 月由浙江财政经学院创办的培训开发和推广会计电算化软件的专业公司。公司协助财税部门搞好电算会计技术培训。公司以财经学院财政系、信息系和会计系为依托，拥有一批优秀的计算机软件开发人员和会计专家，拥有先进的机房，是浙江省财政厅指定会计电算化上岗证培训点。公司是财政部科研所安易电脑会计公司浙江省总代理，并在杭州、金华、温州、绍兴、宁波等地设有二级代理。

公司业务范围：1、会计电算软件的开发和推广。同时根据用户的要求，开发与之配套的其它财务管理软件。2、代理用户选购微机及其它设备，并负责安装和调试。3、培训电算会计人员。4、提供会计电算顾问、维护在内的配套服务。5、承接从选购微机、网络设计及安装到培训在内的系列服务。

公司在1994年销售推广安易财务软件30多套，1995年内推广90多套，成为浙江省财务软件用户最多的公司，并以其优质的服务享有良好声誉。公司在1994年内培训会计电算化上岗人员5000多名，1995年完成了1500多名人员的培训。公司在杭州市中心投资兴建一个设备一流的大型机房。公司自1995年下半年开始开发第三代会计电算化软件，现已完成各个模快的制作，并已进入测试阶段，争取在1996年通过省级评审。

总经理：马国贤教授

公司总部地址：杭州文一路94号

电话：8836049　8076124—310

传真：8836049　**邮编**：310012

销售及培训部地址：杭州天目山路21号

电话：5116636　**邮编**：310007

海南亚泰星集团有限公司

海南亚泰星集团有限公司成立于1994年，注册资金为3000万人民币，拥有下属全资、合资公司8家。公司被国家工商总局、中国企业评价协会评为1995年全国500家最大私营企业之一。

公司主要从事金融、房地产开发、印刷业、贸易、旅游等及承领土建、装修装饰工程和道路、土石方工程。金融方面主要投资股份制金融机构和有价证券业务。房地产方面有待售现房9000多平方米（自建）；待建工程有位于琼山市府城红城湖畔的楼高26层的亚泰星国际大厦；陵水县新村港码头的“观港宾馆”；位于海口市龙昆南路旁的楼高19层的龙南大厦；拥有城镇商品用地200多亩。印刷业有与马来西亚商合资的海口亚银印务有限公司。贸易方面有科工贸一体化的“电动自行车”产品开发和配套、产品生产和销售。公司经营宗旨为立足海南，面向全国，积极向东南亚发展，努力进军欧美市场。公司本着“重视质量，信守合同”的原则，竭诚为各界朋友服务。

董事长（法人代表：）吕烈灼

地址：海南省琼山市板桥路隆基大厦B座16层

电话：(0898)5883343　5884045

传真：(0898)5884045　5888301

邮编：571100

海口市市政建设工程公司

海口市市政建设工程公司成立于1959年，是全民所有制二级市政工程施工企业，现有职工750人，各类专业技术人员共有64人，其中高、中级职称的专业技术人员有18人。公司下有5个工程施工处，1个机械队，1个市政工程服务公司，1个京海水泥制品厂。公司施工机械设备齐全，技术力量雄厚，是海口市城市建设的骨干队伍。企业法人代表、总经理：黄福海（高级工程师）。

公司主要承接道路、桥涵、堤坝、给排水、路灯等公共设施工程的施工及水泥制品的生产，兼营工业与民用建筑工程。公司成立迄今，海口市大多数市政工程均为公司所建。公司下属的京海水泥制品厂，生产各种规格的上下水管，其中三阶段法生产的预应力管有D600—D1200×5000MM五种，用悬棍和离心法生产的普通管有D300—D1200×2000MM八种，还生产D200—D400×1000MM承插口挤压管，率先引进生产彩色步道砖技术和生产线，取得了较好的社会效益和经济效益。

公司历来坚持社会效益至上，信誉第一的经营宗旨，工程造价合理，坚守合同，质量取信于民、立足本市，面向全省，竭诚服务。

中介机构

中汇会计师事务所

事务所是国家外汇管理总局筹建，并挂靠在该局。于1992年经财政部和人事部批准成立，1993年在国家工商行政管理局登记注册并获得国家国有资产管理局授与的评估资格。它是具有独立法人资格的全国性财务、会计、评估、税务和咨询业务的专业机构。该事务所拥有一批精通外汇会计、熟悉外汇管理和金融财政税务法规，具有数十年丰富经验的高级会计和经济专家，并聘有高级工程技术人员。事务所总部下设职能部门有审计部、评估部、咨询服务部、培训部和办公室，此外在全国沿海和内陆主要城市设有分支办事机构18处。

事务所经营下列业务：审查会计帐目、会计报告和其他财务资料，出具查帐报告；验证企业的投入资本，出具验资报告书；代办企业解散、破产的估算事项；代办调解经济纠纷，协助鉴别经济案件证据；承担可行性研究；办理资产评估，出具资产评估报告书；设计财务会计制度，并指导制度的实施和代理帐务；担任企业聘任常年会计顾问；代办纳税申报；代办申请注册登记，参加项目谈判。协助拟订合同、章程和其它经济文件；培训财务会计人员；承担国家外汇金融财务检查和社会有关部门、企业委办的事项。

法人代表：汪昕

地址：北京海淀区大慧寺路八号

电话：(010)62182814　**邮编**：100081

中祥会计师事务所

事务所是经中华人民共和国财政部、商业部、人事部批准于1991年成立，经国家工商行政管理局登记具有法人资格的全民所有制事业单位。实行董事会领导下的主任会计师负责制。现有中、高级职称的中国注册会计师26人，下设国内、涉外业务部、资产评估部、咨询服务部、代理记帐部、行政办公联络部等机构，从业人员60人。事务所法人代表陈立人，主任会计师王树村、李必富、刘传兴、顾心一。

事务所主要业务包括：会计审计、咨询顾问、资产评估、验证资本、代理记帐、项目可行性研究、培训财会人员、办理企业合并、分立、清算、离任等审计业务。

地址:北京市西城区三里河二区南一巷 11 号楼 302 室

电话:68517267　68572911

邮编:100045　**电挂**:0271

中企会计师事务所

中企会计师事务所是由国家工商行政管理局直属的中国工商企业咨询服务中心组建,经财政部、中国注册会计师协会于 1994 年批准设立,在国家工商行政管理局登记注册,独立从事注册会计师业务,具有法人资格。现设有验资部、审计部、合作资产项目评估部、财务会计咨询部、综合事业部及宣武办事处、海淀办事处、东城办事处。本所是依法独立承办业务的社会中介机构,拥有一批经验丰富具有专长的注册会计师、高级会计师、高级工程师和经济技术管理人员。

事务所业务包括:验证企业资本;审计帐目、会计财务咨询服务;代理建帐记帐,代办申报纳税,办理企业合并、解散、破产清算;参与项目谈判,投资分析、经济论证、可行性研究报告;设计各行业财务会计制度;担任常年财务会计顾问和各种会计特定查证。

本所对于承办的各项业务,将严格遵守中华人民共和国法律条文的规定,恪守独立、客观、公正的原则,遵守国际会计准则及惯例,为国内外广大客户提供优质、高效、便捷的服务。

法定代表人:张经

主任会计师:汪风林

地址:北京市西城区展览馆路甲一号(建工学院内)

电话:68338057　**传真**:68353472

邮编:100044

上海光华会计师事务所

上海光华会计师事务所于 1990 年 6 月经上海市财政局批准成立;并经市对外经济贸易委员会批准同意从事涉外业务;经国家国有资产管理局批准承办资产评估业务;获得上海市建设委员会核发的工程结算审价资质证书。现有专职人员 32 人,其中:注册会计师 22 人;具有高级职称资格的 10 人,中级职称 20 人,一般工作人员 2 人。另有特约咨询员 108 人,其中:高级职称 10 人,中级职称 72 人,初级职称 26 人。根据业务发展需要,现设有 5 部 1 室。

迄今为止,有 135 个企事业单位聘请我所担任常年会计顾问。几年来承办的主要业务是:审计、验证资本、工程决算审价、资产评估和外商投资项目的经济见证,以及会计咨询业务。为企业提供财务会计方面服务包括:作可行性研究报告并对其经济部分的见证;对投入注册资本的验证;为企业设计财务会计制度并进行辅导;接受委托担任企业的常年会计顾问;对企业年终会计报表的检查验证。自 1991 年以来承办各类评估业务 62 项,其中有外滩置换公司交办的外滩 17 号桂林大楼的资产评估。于 1994 年 7 月,由上海市建设委员会和上海市房管局、土地局、规划局共同筹划,并经专家组与有关领导同志的比较,选定我所为上海房地产业最佳伙伴单位被列入影视片《投资上海房地产》,对外商投资上海房地产提供方便。

地址:上海市江西中路 246 号 809 室

电话:63239782　63292289　63239555

传真:63239782　**邮编**:200002

上海申华会计师事务所

事务所是经上海市财政局批准,具有法人资格的会计中介机构,恪守公正、客观、实事求是的原则,竭诚为广大企业单位服务。

事务所接受企业和机关、事业、社会团体以及其他具有法人资格的单位和个人委托办理审计、会计、咨询代理等各项业务:

一、审计业务:审计企业会计报表、出具审计报告;验证企业资本、出具验资报告;办理企业合并、分立、清算事宜中的审计业务,出具有关报告;法律、行政法规规定的其他审计业务。

二、会计咨询、会计服务业务:设计建立帐簿、健全财务会计制度;提供财务、会计、税务事项咨询;担任常年会计、税务顾问;培训财会人员和其他有关人员。

三、代理业务:代拟合同、章程和其他经济文件;代办申请税务登记,代理纳税申报和其他税务事宜。

地址:上海市青浦县青浦镇城中西路 80 号东辅楼

电话:9722626　9728864　**邮编**:201700

上海沪北会计师事务所

沪北会计师事务所是经上海市财政局批准成立,具有法人资格。业务范围:审查会计帐目;验证企业的投入资本;会计决算审计;厂长(经理)离任审计;参与办理企业的解散、破产的清算事项;受理承办各单位的资产评估工作;从事外商投资项目和经济见证工作;承办会计咨询业务,设计财务会计制度;担任常年会计顾问;代理纳税申报;参与项目可行性研究;培训财务、会计和经济管理人员。

注册地址:上海友谊支路 71 号

业务总部:上海政旦东路 4 号

电　　话:56126267　65481493　56604518　58792922

传　　真:65339230

邮　　编:200433

浙江会计师事务所

浙江会计师事务所是浙江省创立最早的一家会计中介机构,成立 12 年来,奋发图强,艰苦创业,从起初的七八个人,十来家客户,发展到现在 120 多名从业人员,400 余家固定客户;业务对象遍及海内外,业务范围涵括审计、资产评估、税务代理、财会电脑、管理咨询、会计服务等领域;并先后经国家有关部门批准,成为全国首批具有从事证券业务资格的会计师事务所之一和评估机构之一。

一是大力进行人才开发。先后选派 6 批中青年业务骨干共 24 人到香港、新加坡实习;有 8 人去高校深造,正在攻读硕士学位的有 4 人;组织 400 余人次参加各种培训班和后续教育;与两所高校联合办学,派遣 4 位专家兼任客座教授。现在,全所拥有高级专业职称和硕士以上学位的 33 人,注册会计师 59 人。

二是狠抓执业质量。在执业中始终奉行"以质量求信誉,以信誉求发展"的方针,制订了《会计报表审计操作规范》《验资操作规范》等五个规章。对出具的业务报告,建立三级审核制度。为统一执业要求设置了由高级专家组成的"执业技术委员会”。1994 年，中国证监会、中注协来浙检查工作，对事务所的质量控制制度和执业质量给予较好评价。

三是严守职业道德。在职业道德上有一系列的思想教育和行政管理制度。1994 年上交所副总监强纪英在接见《上海证券报》记者时说：“1993 年年报审计中的一大突破，就是浙江会计师事务所在对凤凰公司查帐中，首次出具‘有条件肯定’的查验说明，反映了注册会计师实事求是的良好职业道德”。1995 年 8 月，中国证监会发言人在总结上市公司 94 年报审核情况时认为“浙江会计师事务所在处理恪守职业道德与增加业务量的关系上，坚持把职业道德放在首位。促进了上市公司在财务报告编制工作中努力做到真实、完整、规范地反映公司经营业绩。”

四是事务所积极鼓励员工开展学术研究，总结实践经验。近 27 万字的《注册会计师探索与实践》一书，是这个所近几年理论学术研究的成果，其中不少文章，分别获得中国会计学会、《中国财经报》、省会计学会的一、二、三等奖。还创办了《执业会计师之友》，两年来已出 36 期、280 万字。近年来又与台湾敬业会计师事务所、香港何锡麟会计师行、永道国际会计师公司等建立了良好的合作关系。成立了全国首家“浙台港会计咨询公司”，创出了与境外、国际交流接轨之路。

法人代表：陈如洪

地址：杭州市体育场路 185 号

电话：5178252　**邮编**：310006

湖北万信会计师事务所

湖北万信会计师事务所隶属湖北省财政厅，归口湖北省注册会计师协会领导，是湖北省最有影响的会计师事务所之一。由注册会计师、注册审计师、注册评估师、税务师、会计师以及电子机械、土木建筑、计算机、金融、法律等专业工程技术人员组成，从业人员达 50 人。内设审计部、审计二部、资产评估部、基建审计部、税务代理部、标准咨询部、信息服务部、办公室。下属汉口、鄂南、三峡、十堰等办事处负责地区性客户业务。事务所经财政部、中国证监会、国家国有资产管理局批准，是湖北第一家具有从事证券业务双重资格的会计师事务所。经湖北省审计局批准，具有从事基建财务审计资格。

事务所崇尚“万家信赖尊为本，万事之本在于信”的准则，坚持客观、公正、独立、效率的原则，接受各企事业单位和其它具有法人资格的单位和个人委托的会计报表审计、基本建设项目预、决算审计、验证资本、税务代理、资产评估、财产清算、会计咨询服务、培训财会人员、担任会计顾问，以及其它各项会计、审计、评估业务。

万信所竭诚为国内外客户提供优质服务。

地址：武汉市武昌中北路 8 号

电话：(027)7828357　**邮编**：430071

武汉华中会计师事务所

机构设置：资产评估部、财务审计部、资金验证部、咨询培训部。

联系人：薛洪君，胡腊生

地址：武汉市江岸区惠济路 26 号

电话：(027)2412215　**邮编**：430010

大连光华会计师事务所

大连光华会计师事务所于 1988 年 4 月经辽宁省财政厅批准，大连市工商行政管理局登记注册成立，依法独立承办注册会计师业务的法人单位。1996 年 4 月经财政部，中国证监会批准确认，取得了从事证券业务的财务审计资格。

事务所依居《中华人民共和国注册会计师法》及其他有关法律、法规和条例规定，接受委托，办理事务所业务范围内的各项业务。坚持独立、客观、公正的原则，对所承办的各项业务信守合同、重视质量、讲求效率并为客户保守秘密。

事务所共有 30 位中国注册会计师，从事证券业业务的注册会计师有 8 名，其中多数是著名会计学教授、副教授及会计专家，具有丰富的财会工作经验及理论修养。通过高水平高效率的服务，本所已赢得了国内外客户的信赖。

法人代表、主任会计师：邓延芳

地址：大连沙河口区连山街 123 号

电话：(0411)4691006　4675257　4681728

电传：(0411)4681728　**邮编**：116023

上海新闵审计师事务所

事务所成立于 1987 年，是独立核算的全民所有制的事业单位。固定工作人员 47 人，具有高、中级技术职称人员 24 人，是上海市实力较强的社会中介服务机构之一。

事务所承办国家机关、企事业单位、外商投资企业和个人委托的业务项目有：(1)财务收支、经济效益和经济责任的查证、评价；(2)司法鉴证；(3)企业年度会计报表鉴证；(4)注册资本的验证和年检；(5)基建工程的预决算查证和监理；(6)代理企业纳税申报；(7)资产评估和投资项目可行性研究报告(经济部分)见证；(8)会计制度设计与建帐、建制；(9)会计、审计、经济管理咨询和业务培训；(10)企业变更、歇业清理的查证；(11)企业破产清理查证；(12)担任常年审计、会计、经济管理顾问。1994 年承办业务项目 2350 项，1995 年承办业务项目 3079 项。

事务所曾荣获全国百强审计师事务所的称号，荣获上海市审计系统先进表扬集体称号(94 年 6 月)；荣获闵行区 93 年度先进集体称号；获得国家审计署颁发的中央企业审计资格证书；获得市建委颁发的二级审价资质证书。在 1994 年已设立 8 个办事处基础上，1995 年经市审计局批准又设立了浦东和漕河泾分所，及陈行、塘湾和曹行办事处。并承办多项外省市项目，在江浙一带有了影响。1995 年承办了一批起点高、上档次的项目，如浦东新区陆家嘴金融贸易区 D1—D4、D3—D5 两地块的地价评估项目；对区府实事项目鲁陈路、北吴路、朱塘路的修筑工程审计项目；对上海南方商城的基建审价项目等。从 1994 年起承办对星级企业(村)和超百万年利润审计鉴证的项目，为区府考核、评选提供有力依据。

所长：罗金生

地址：上海市闵行区莘松路 255 号四楼

电话：64923859　64881390

传真：64923859　**邮编**：201100

广东宏建审计师事务所

事务所于 1995 年 12 月经政府管理部门批准成立，直属广东省审计厅，并经广东省工商行政管理局登记注册，具有法人资格。本所坚持独立、客观、公正、实事求是的原则，以质量第一、客户信誉第一为宗旨，具有高级会计师、审计师、中国注册会计师、专业工程师、专业评估师等素质优秀人才，依法维护国家和客户的合法权益，获得广大客户的信赖。

业务范围：1.财务收支、经济效益、经济责任、基建工程预决算的查证事项。2.经济案件的鉴证、财务建帐建制、资产评估、清理债权债务。3.注册资本的验证和年检，参与办理企业转制解散、破产清算事宜。4.担任审计、会计、税务、经济管理、咨询顾问。5.培训审计、财务、会计和其他经济管理人员。

法定代表人：陈丽冰（审计师、中国注册会计师、广东省资产评估师）

副所长：符业财（审计师）

地址：广州天河区广和路176号

电话：(020)87597060转1688、1689

邮编：510620

河南省金融审计师事务所

河南省金融审计师事务所是由中国人民银行河南省分行组建，于1994年10月经河南省审计厅批准成立，1994年12月在河南省工商行政管理局注册登记，具有法人资格。依法独立承办会计、审计咨询、验资，审计查证服务，实行有偿服务，自收自支，独立核算，依法纳税的社会中介机构。接受中国人民银行河南分行、河南省审计厅、河南省注册会计师协会的领导、管理和监督。

事务所现有注册会计师35人，其中经中国人民银行总行专业技术职务评审委员会评审的高级会计师13人、高级经济师18人，技术力量雄厚，是中国人民银行第一批向全国金融机构推荐的会计（审计）事务所之一。欢迎各金融机构委托事务所进行资本金和营运资金的验证、股东资格的审查、年度财务报告的审计、年检等有关业务的审计工作。事务所将提供一流的服务。

地址：河南省郑州市金水区丰产路19号

电话：(0371)5710452　5710449

传真：(0371)5710453　**邮编**：450002

海南大州会计师事务所

海南大州会计师事务所、西安大明会计师事务所分别经海南省财税厅、陕西省财政厅批准，财政部备案，并在当地工商局注册的事业单位。该所恪守独立、客观、公正的原则，奉行质量第一、服务至上的宗旨，服务于省内外及与境内有关联的国际业务，赢得了社会各阶层人士朋友的好评。

事务所受托承办法定业务：(1)审计会计报表；(2)验证企业资本；(3)办理企业合并、分立、拍卖、破产清算事宜中的审计业务；(4)承办资产评估；(5)为经济案件提供技术鉴定；(6)提供经济咨询，并出具(1)—(6)项业务相关报告；(7)承办纳税代理，代办会计业务，担任财务顾问，培训会计人员。

法人代表：郭英

地址：海南省万宁市人民路财税局一楼（大州所）

电话：(0898)2221320　**邮编**：571500

联系人：贾毓鹏

地址：陕西省西安市西木头市77号（大明所）

电话：(029)7256542　7256548　**邮编**：710002

联系人：巩宝生

广西梧州市审计师事务所

事务所成立于1988年1月5日，经广西区审计局批准。系全民所有制事业单位，自主经营，依法纳税，自收自支，独立核算。所内设审计查证部、资产评估部、咨询服务部、办公室和验资部等职能机构，有高、中级职称人员23人，其中注册师16人，员工36人。

依法承办：审查会计帐目、会计报表和其它财务会计资料。出具审计查证报告书；验证企业的投入资本数额，出具验资报告书；办理企业合并、分立、解散、破产清算事项的审计业务，出具有关的报告；资产评估、股份制企业的审计查证，出具评估或审计报告；基建工程预、决算的验证等；设计财务会计制度，担任会计、审计顾问，提供会计、财务、税务和经济咨询服务；代理纳税申报、企业申请注册登记，拟订合同、章程和其它经济文件；计算机会计系统设计、人员培训等业务；法律、行政法规规定的其它审计业务。

所长：何先涛（中国注册审计师）

总审计师：黎荫聪（高级审计师、中国注册审计师）

地址：广西梧州市九坊路38号（三楼）

电话：(0774)2826720　2834364

泸州会计师事务所

泸州会计师事务所是四川省从事证券业务五所之一，是川南片区唯一具有从事证券业务资格的会计师事务所。建所八年来，经历了从小到大的艰辛创业旅程，现今全所专职人员119人，其中执业注册会计师37人（包括中国证监会批准从事证券业务的注册会计师12人），助理46人，文秘后勤36人。自有新建泸州会计师大楼办公用房8400平方米，交通小车4辆，电脑微机28台，注册资本200万元。

事务所按现有执业资格，承办全国各类公司、企事业和经济团体的审计、验资、资产评估、债券评估、投资评估、工程造价咨询审计、会计教学、培训、代理记帐、税务代理以及各类会计咨询服务业务。欢迎合作，携手共进。

地址：四川省泸州市江阳中路46号

电话：(0830)2293693　**邮编**：646000

松江审计师事务所

事务所于1988年3月经上海市审计局批准，并经松江工商行政管理局核准登记，独立承办审计查（鉴）证和咨询服务的社会中介机构，依法独立执行审计业务，可接受国家机关、企业（包括外商投资企业、私营企业等）、事业单位、个体工商户和个人委托，承办下列审计业务：审查企业会计报表，出具审计报告；验证企业资本，出具验资报告；验证建设工程项目预算，从事竣工决算审计和财务监理；办理企业合并、分立、清算事宜中的审计业务；代理企业纳税申报；代为设计财务会计制度；代为进行财务会计处理工作；进行资产评估和投资项目可行性研究；其他有关的审计咨询、审计服务等业务和政府、主管部门委托的专项审计。

事务所建立八年来共接受社会各界委托承办各类审计查（验）证21036项，受聘担任企业常年顾问132户，直接为委托单位增收节支 5273.41 万元。坚持质量第一、信誉第一、服务第一的宗旨，赢得了委托方的信赖和社会的好评，1989 年至 1992 年连续被评为上海市社会审计先进集体。

事务所设有审计查证部、外资部、基建部、咨询部、指导部、验证部和办公室。拥有从事多年社会审计工作的各类高中级专业技术职称的工程师、会计师、审计师、经济师 28 名，其中中国注册审计师（会计师）20 名。并具有建设工程结算一级审价资质，能为社会各界提供优质服务。

所长、法人代表：李国娟　中国注册审计师

地址：松江县松江镇乐都路 218 号云间大厦 17 层

电话：57716770　57823830　57716967

山东诸城审计师事务所

诸城市审计师事务所成立于 1988 年 8 月，1992 年 11 月取得国有资产评估资格，1994 年取得国有企业查证资格。现有员工 21 人，其中：注册会计师 13 人，中级以上职称 16 人；下设查证部、基建审计部、评估部、验资部和办公室。1996 年 5 月被山东省社会审计协会评为全省社会审计先进单位，连续三年被潍坊市国有资产管理局评为全市好的评估机构。

主要开展以下业务：国有企业查证；城、乡集体企业查证；资产评估；基建工程审计；注册资本验证；经济案件鉴定；外资企业年度查证和担任审计会计顾问。

所长：宋明华

地址：山东省诸城市密州路 7 号甲

电话：(0536)6212335

广州东方律师事务所

广州东方律师事务所是经市编委、广东省司法厅批准成立的一间综合性律师事务所，奉行忠于法律、实事求是、重质量、讲信誉、便民服务的宗旨，严格遵守律师的职业道德，全面地开展律师业务，设有综合法律、民事经济、知识产权、房产商务等 4 个法律事务部。业务范围以金融、投资、房地产、公司、知识产权、建筑、海商等经济领域的法律服务为重点，同时涵盖经济、民事、刑事诉讼等领域。

事务所自开业以业，同国内许多城市的律师事务所、法律团体和国外及港、澳、台的法律服务机构有广泛和密切的联系。广州东方律师事务所凭其良好的基础、雄厚的综合实力，极具潜质的发展格局，获得同行业和社会各界的一致公认和好评。

主任：郑锋

地址：广州市连新路 19 号三楼

电话：(020)83363343　83350707－2229

建纬律师事务所

建纬律师事务所（原名建设律师事务所）经上海市司法局批准，于 1992 年 12 月成立，是中国境内首家以建筑工程和房地产及城市建设法律服务为主的专业律师事务所，内设土地房产部、工程房产部、金融房产部和办公室。建所三年来，全所已成功地承办了房地产、建设方面的各类案件近 700 件，其中包括中建一局四公司巨额工程款纠纷案、上海太子公寓包销案、上海歌舞剧院招标纠纷案、绿杨村酒家工程款纠纷案等等大案。事务所实行律师主办、协办制度和过错责任有限赔偿制度，并就律师过错责任赔偿投保美国友邦保险公司的"律师专业责任保险"。已与香港、澳大利亚、加拿大、美国等建筑工程和房地产专业的多家律师事务所以及司法部特批的台湾康诚咨询顾问有限公司建立有紧密的合作关系。

事务所主要提供的法律服务包括：代理土地出让、转让，房产开发、交易，建设工程承包等专业合同洽谈、签约等各类非诉讼法律事务；代理土地使用权、房产所有权、以及房产经营开发中联建参建以及工程承包合同等城市建设专业合同纠纷的仲裁或诉讼；代理土地、房产、市政、公用、规划、建设、建材、环保、环卫、园林等建设行政案件的仲裁或诉讼；承办有关房地产和城市建设的各类合同的专业评估、咨询、见证及提供专业法律培训；承办有关房地产和城市建设的涉外法律事务及其它涉外经济贸易法律事务；担任有关房地产和城市建设的企、事业单位及其它国家机关、企事业单位、社会团体和个人的常年法律顾问；承办有关房地产和城市建设专业的普通民、刑案件。

建纬律师事务所的服务宗旨是：超前、务实；至诚、优质。

建纬所的合伙律师有：朱树英、魏康寿、杨月凤、严锡祥、殷之杰、张伟清、赵萍。

地址：上海市徐汇区建国西路 425 号

电话：(021)64150101　64150066　64150077　64150099

传真：(021)64150202　**邮编**：200031

上海市四方律师事务所

上海市四方律师事务所成立于 1983 年 6 月，是综合性律师事务所。该所总部设在上海闵行经济技术开发区，在徐汇、闸北、奉贤等区县设有分支机构。全所共有专职律师 11 人，兼职和特邀律师 14 人，担任 300 余家企事业单位的常年法律顾问，每年接受委托的案件约 500 余件。

主要业务范围：办理各类涉外法律事务，海事、海商法律事务；参与各种项目的谈判，草拟法律文书，对合同章程进行见证；承办协助企业催付债款、工商登记、商标注册、各种招标、开标的见证；担任刑、民事案件的代理人或辩护人；解答法律咨询、担任法律顾问等。

主任：姚丹文

地址：上海市新闵路 528 号

电话：64356945　64355213

传真：64358899　**邮编**：200240

广州市国际经济贸易律师事务所

广州市国际经济贸易律师事务所于 1985 年 9 月经广东省、广州市司法行政机关批准成立，1995 年 5 月 20 日取得司法部、中国证监会批准确认的从事证券法律业务的资格。有多名律师具有从事证券法律业务的资格。事务所是以涉外法律业务为主，全面承办国内律师业务的大型律师事务所。多年来，秉持最佳的职业道德和专业知识，竭诚为国内外法人、个人提供法律服务。与国内各地律师及香港、新加坡、美国等地律师有密切的协作关系。

事务所立旨以事实为根据，法律为准绳，认真负责为委托人排忧解难，依法仗义执言，有一套研究法律、讨论疑难案的工作制度，尽力维护委托人的合法权益，具备良好的工作作风和职业道德。而且收费合理，按司法、财政、物价部门核准的律

师业务收费标准收费。

主任:赵晓飞

地址:广州市仓边路 32 号

电话:83358637　83358639　83323763

传真:83351988　**邮编**:510030

地址:广州市花园酒店东楼 810 室

电话:83338999—810

中坚律师事务所

事务所创建于 1980 年,现有专、兼职律师 34 名,其中高级律师 2 名,中级律师 7 名,设有涉外事务部、海事海商部(主任金爱娟)、刑事部、行政部(主任姜周森)、经济部(主任叶连友)、法律顾问部、金融证券部(主任姜周健)、民事部、房地产部(主任阚建钢)等 6 个部和 1 个分所(主任周庆春),是温州市等级结构层次最高、综合办案实力最强的律师事务所之一。自 1989 年实行"自收自支"体制改革以来,社会效益与经济效益显著提高,七年中,共办结各类案件 5000 余件,受聘担任常年法律顾问 180 多家;为主发起与国内 80 多个大中城市及日本、香港、台湾等律师机构建立业务协作关系;94 年以来事务所已为新世纪股份有限公司、浙江艳棱股份有限公司、温州顺生股份有限公司的股份制改组出具了法律意见书。拥有 3 名律师获司法部和中国证监会批准从事证券律师业务资格,事务所也成为温州市首批有从事证券律师业务资格的中介机构。购置了办公楼、轿车、摩托车、电脑打字机、复印机、传真机、手机、传呼机和电话,办公条件大为改观;由于成绩突出,浙江省司法厅先后三次授予本所全省司法行政系统先进集体称号,并深得社会各界的信赖。

主任:赵坚

副主任:叶国光、金爱娟

地址:浙江省温州市环城东路中山大楼 7 楼

电话:8341323(主任室)　8341303(涉外部)　8341261(刑事部)　8341254(民事部)　8341789(经济部、法顾部)　8224948(分所)

传真:8341323

湛江市第二律师事务所

湛江市第二律师事务所是一家综合性国办律师工作机构,前身为湛江市法律顾问处,成立于 1980 年 3 月,1985 年改为现名,现有律师 12 人,大都受过高等法律教育,有丰富的社会阅历和较强的律师工作能力,办案认真,廉洁奉公,注重社会效益,深受社会各界好评。现受聘担任中国人民解放军第 4804 工厂,广东三星企业(集团)股份有限公司等数十家国家、省、市大中型企业的常年法律顾问。

业务范围:(1)受聘担任政府部门、企事业单位、社会团体及其它经济组织和个人的常年法律顾问;(2)承办各类民事、经济、行政和刑事诉讼案件;(3)受理非诉讼事件、提供法律帮助或代理参加调解、仲裁活动;(4)参加国内涉外经济合同的草拟、审查、谈判、签订业务;(5)为三资企业设立的立项、报批、工商登记、开业等提供一整套法律服务;(6)代理代办知识产权、股权、土地使用权转让事务;(7)代理商品代购代销事务;(8)为国内大、中型企业的内部改革、股份制改造以及企业的承包、租赁、兼并、破产等提供专项法律服务;(9)接办金融、房地产法律事务;(10)承办律师见证。

主任:谭润林　高级(一级)律师

地址:广东省湛江市霞山区青岛路 29 号

电话:2282717　**邮编**:524006

手机:9088415　**BP 机**:98323705

中宇资产评估事务所

中宇资产评估事务所是由国家国有资产管理局批准,并在国家工商行政管理部门注册登记,具有独立法人资格的全民所有制企业。事务所具有专业门类齐全、工作手段先进的技术经济优势,拥有一大批熟悉各类专业的高级工程技术、经济分析、会计财务人才,可为客户提供高质量、高效率、高水平的资产评估、项目可行性研究、工程咨询、人才培训等服务。事务所设办公室、资产评估一部、资产评估二部。

业务范围:接受企业承包、联营、转让、兼并、租赁和抵押中的资产评估;接受中外合资、现代企业改制中的资产评估;接受破产清算中债权债务清理及资产评估;接受国内外客户部分资产或整体资产评估、单项资产评估,包括房地产、机器设备、流动资产及无形资产的评估;项目可行性研究中的资产评估和财务评价;资产评估计算机软件的开发;接受委托人提出的投资项目、经营项目可行性研究报告的编制、审查或评价;代办工程概算、预算和决算的编制或审查业务;与资产评估相关的工程咨询服务。

法人代表、所长:段丽群

地址:北京市西城区安德路 67 号

电话:62019922—8348　**传真**:62015776

邮编:100011

北京市中正评估公司

北京市中正评估公司是经国有资产管理部门批准注册的专业资产评估机构,已获得证券业资产评估资格。主要经营范围是对企业股份制改造、股份制企业上市、企业公司化改造、中外合资、合作,企业兼并、联营、收购、出售,资产拍卖、转让、企业重组、破产、抵押贷款、经济法律纠纷中所涉及的资产进行价值评估。评估资产的范围包括房地产评估、机器设备评估、流动资产评估、无形资产及企业整体评估。

北京市中正评估公司是我国最早从事资产评估工作的机构之一,承接和参与了近百个项目的评估,评估总资产达 450 亿元之多。其中 1992 年参与金杯 A 股上市评估、1993 年参与长岭 A 股上市评估、1994 年参与庆铃 H 股上市评估、1995 年承接了北亚上市评估;1992 至 1995 年共承接和参与内部股份制改造评估十几家,涉及十几个行业,其中较大的有光大银行股改评估,评估值为几百亿元;共承接中外合资评估三十余家,其中较大的有江西铜业公司合资评估,评估值为几十亿元。在此期间还承接过抵押担保、法律纠纷、单项无形资产等几十项评估。

北京市中正评估公司愿为各界客户提供优质的服务

公司负责人:薛勇

地址:北京友谊宾馆颐园 62641 室

电话:68498888—62641

传真:68498091　**邮编**:100873

北京嘉诚资产评估有限公司

北京嘉诚资产评估有限公司成立于 1993 年 9 月,是经国家国有资产管理局批准，具有正式资产评估资格的专业评估机构。公司业务范围：对各种类型的固定资产、流动资产、无形资产及其他资产进行评估；对各种形式的产权变动提供资产评估服务；进行相关人员培训、国际交流和信息服务及相关咨询业务。

公司自成立起，就把“创一流的业务水平和管理水平”作为公司发展的战略目标。公司现有人员中，50%以上具有硕士以上学历，形成了以经济、财会、机械、电子、建筑等领域的高级专业人才为主的业务队伍，能承接各种类型的资产评估项目。公司还拥有一支具有高级职称的兼职人员队伍，可随时组成各种不同的项目小组。公司成功地推出了我国首批无形资产单项评估结果，从而引起了社会的广泛重视，在国内掀起了关于无形资产问题讨论的高潮，到目前为止，公司已经评估了近100项无形资产，总结出了一整套无形资产评估理论与方法，推动了我国无形资产评估事业的发展。

公司从业以来，已完成了一百多项资产评估项目，评估总值达100亿元，其中包括长城饭店、全聚德、香港一洲集团、海南省航空公司、武汉国际信托投资公司、南京华飞彩色显示系统有限公司、衡阳中药实业股份有限公司、中建科产业有限公司、陕西证券公司、唐山冀东制药厂、康赛集团有限公司、深圳博大天然产物有限公司、海口椰岛股份有限公司等大型企业的资产评估。获得了国内、外客户的普遍好评，并曾多次被国家国有资产管理局指定和推荐参加一些重大项目的评估。

董事长：张小莉　**总经理**：刘洪

地址：北京市东城区和平里东街民旺乙19号写字楼7层

电话：64276021　64235522—2708、2717、2738

传真：64275974　**邮编**：100013

北京中昌明资产评估事务所

北京中昌明资产评估事务所是经国家国有资产管理局批准，持有国家国有资产管理局颁发的资产评估资格证书的专业评估机构，为中国资产评估协会会员。事务所拥有一支具有丰富理论和实践经验的专业技术人员队伍，由财会、经济、土木建筑、公用工程、机械工程、计算机应用等教授、注册资产评估师、注册会计师、注册审计师、高级经济师、高级工程师等组成，近年来完成了多项资产评估业务，特别是对重型矿山机构、农业工程机械、石化通用机械、机床工具、电机电器、轴承液压基础件、仪器仪表等机械行业企业的评估工作具有一定权威性。在资产评估工作中遵循独立、科学、客观、公正的方针，讲质量、重信誉，严格为客户保密，维护委托人的合法权益。

事务所的业务范围有：企业兼并、租赁、合资、转让、抵押等业务中的资产评估；无形资产评估；资产评估业务培训及科学研究工作；为其他资产评估机构提供机电产品价格资料和价格变动趋势信息，机械工业各行业的资金利润水平分析及行业发展规划信息。

所长：高常荫

地址：北京市海淀区首体南路2号

电话：(010)68318585　**传真**：68318586

邮编：100044

茂名市资产评估事务所

事务所是于1994年经茂名市政府批准成立的专业资产评估机构，具有资产评估正式资格和独立法人资格，依法独立承办跨地区、行业的综合性资产评估业务。接受委托承办包括企业股份制改造、合资、合作、拍卖、兼并、联营、清算等各类整体和单项资产评估业务。资产评估范围包括：固定资产、流动资产、专项资产、无形资产等。

事务所是由具有高、中级职称的专业技术人员组成，包括高级会计师、建筑工程师、机械设备工程师、经济师等各类专家，在资产评估中能坚持公正、客观、科学的原则，牢固树立“客户至上”的经营信念，以开拓的精神和优质的服务在社会各界树立了良好的形象。

法人代表：李清微

地址：广东省茂名市人民南路竹园直一巷5号大院

电话：(0668)2292904　**邮编**：525000

金融证券机构

广州证券公司

公司于1988年3月经中国人民银行批准设立，是广州市唯一的专业证券公司。公司拥有深交所、上交所、NET、STAQ及南方证券交易中心的会员资格及深交所B股承销经纪和上市推荐人资格。

公司曾成功担任了3家上市公司股票的主承销和上市推荐人及9只股票和基金的分销商；累计代理120家企业发行企业债券20多亿元，是广东省最大的债券承销商；二级市场业务发展迅速，1996年上半年累计成交达60亿元；公司于1994年3月取得深交所B股经纪资格，同年7月在广州开通B股代理买卖，并成功分销了“方大建材”等6只B股共2000万股，是深交所最大的国内经纪商之一。

法人代表、总经理：劳建光

地址：广州市环市中北较场路金鹰酒店6楼南厅

电话：(020)83541097　**邮编**：510050

云南省证券公司

公司是中国人民银行批准于1988年成立，公司以股东大会为最高权力机构，实行总经理负责制，总部在昆明，公司设立办公室、投资银行部、资金部、财务部、行政部、保卫部等职能部门。控股公司有云南融通公司、云南富达租赁有限公司、昆明驰创电脑科技有限公司等多家公司。

公司业务范围包括：代理发行有价证券业务；自营、代理证券买卖业务；代理证券还本付息和红利的支付；接受委托代收证券本息和红利；接受委托办理证券登记和过户；证券贴现和抵押贷款；接受委托代保管、登记有价证券；证券投资咨询。公司成为全国证券交易报价系统、上海、深圳证券交易所及中国证券交易系统有限公司(NET系统)券商。做为主承销商，成功地完成云白药、昆百大股票发行上市工作；做为副主承销商，完成了保山水泥、云维股份的发行上市工作。

在全国证券形势较严峻的1994年，公司创利润499.9万元；1995年实现利润1176.11万元。在1995年，全国券商排行榜中，荣登利润总额第十三名和净增资产第十四名。截止1996年5月1日，公司总资产已达7亿元。公司总经理陆海莺女士先后担任中国证券业协会理事及经费管理委员会委员，深圳证券交易所理事，并被收入《中国500家优秀企业名家》史册。

总经理(法定代表人)：陆海莺

地址：昆明市青年路13号

电话：3149158　**传真**：3165456

电话：650021

河南省证券公司

河南省证券公司1991年8月14日经中国人民银行总行批准创立，是河南省唯一一家具有经营人民币和外币证券业务资格的省级证券经营机构。公司经营理念：追求卓越、争创一流。公司作为主承销商之一，先后承担了豫白鸽、河南神马、洛阳玻璃等企业A股的上市策划工作，成功承销其股票并推荐上市。1992年4月和5月，公司分别加盟深圳、上海证券交易所，成为深、沪证交所的第一批和第二批异地会员。随后，公司还分别加盟武汉、天津和河南证券交易中心。公司在上海、深圳及省内开设有16家营业部，股票交易和证券承销位居河南省同行业之首，业绩显著。随着现代企业制度的确立，公司将在证券业竞争挑战中寻找发展机遇，珍视每一位投资者的信赖，使河南证券成为中国证券业的真正中坚力量。

董事长(法定代表人)：胡燕

董事：姚希昆　鞠永胜　孙景芝　鲁智礼

监事长：夏新中，**监事**：禹庆福　丁海潮

总经理：胡燕(兼)，**副总经理**：姚希昆　金五一

地址：郑州市纬五路16号

电话：(0371)5990358　**传真**：(0371)5990358

邮编：450003

里昂证券有限公司

里昂证券有限公司是里昂集团进行股票经纪及研究，公司融资、股票衍生配售和直接投资等业务的专业性机构，1987年里昂证券在香港创办了合营公司，现已形成了众多分公司，里昂证券致力于发展亚洲证券市场，业务现在涵盖中国(深圳、上海)，香港、新加坡、印度尼西亚、台湾、韩国等地，目前里昂证券雇员约500名，在香港、新加坡、伦敦、纽约、日内瓦、东京等世界主要证券市场设有全面销售处，为1200百多家从事亚太市场投资的机构投资者提供服务，并赢得良好的信誉，在中国证券市场方面，里昂证券在深圳、上海证券交易所占有多个席位，1995年里昂证券在深、沪两地二级市场交易额排行榜中名列前茅，并分销有多只“B”股、“H”股，另外，里昂证券被众多国际金融杂志评为亚洲区三大证券调研机构之一，对中国的研究屡获殊荣，其中定期出版的介绍中国证券市场的专刊“中国透视”，为境外投资者了解和参与中国证券市场提供了准确、及时的信息，受到境内外投资者和同行的一致好评，里昂证券将继续活跃于亚洲市场，为其更加繁荣作出努力。

苏州财政证券公司

苏州财政证券公司成立于1993年5月18日，公司有营业部3个，即新市路营业部、乐桥营业部、旧学前营业部。主要业务为国债的发行、兑付、转让和股票委托买卖、国债期货，并出资500万美元，是苏州新加坡工业园区苏州财团的第一大股东。自公司成立以来，共发行国债7.6亿元，国债期货25亿，股票25亿。

法定代表人：沈剑华

地址：苏州市新市路4号

电话：(0512)5200881　5200882

传真：5200885　**邮编**：215007

江西省证券公司上海业务部

江西省证券公司上海业务部是上海证券交易所发起会员之一。于1990年12月19日与上交所同日开业。公司五年来累计交易总额达900余亿元，所创税利总额已是资本金的2.8倍。公司以规范经营、热忱服务、精心操作为宗旨，受到广大客户的赞许，曾在1994年上海证券行业优质文明服务评选活动中荣获优秀文明证券企业称号，1994、1995二年连续得到上海市虹口区人民政府的表扬奖励、并获1995年度江西省驻沪先进企业称号。

公司现在上海市陕西南路122号，经营沪、深两证交所所有上市证券的买卖委托业务。公司全体同仁将一如既往，愿与广大的证券投资者一起，为繁荣中国证券市场作出应有的贡献。

巴克莱德胜证券有限公司上海代表处

巴克莱德胜证券有限公司上海代表处成立于1994年8月，系巴克莱德胜投资银行—BZW在上海设立的代表机构。BZW与巴克莱商业银行同属于巴克莱集团，集团净资产超过160亿美元。BZW是全球最大投资银行之一，它提供全方位的投资银行服务并在全球主要金融中心拥有庞大业务网络。作为全球股票一级市场前十名主承销商及亚太地区股票一级市场前五名的主承销商，BZW向客户提供完善的财务金融服务。巴克莱德胜证券有限公司拥有上海证券交易所B种股票的特别席位。BZW的业务范围包括：公司上市、国营企业民营化、股票债券和金融衍生产品的发行、承销、交易、出口信贷、项目融资等。

巴克莱集团在中国开展业务已有14年的历史，近两年在中国资本市场的经验包括：上海冰箱压缩机和上海柴油机B股发行的境外主办承销商；1亿美元伦敦上市的广东基金主办承销商及上市推荐人；镇海石化，昆明机床，天津渤海化工和庆铃汽车H股上市分销商；上海中纺机瑞士法郎转换公司债承销商；二千五百万美元中国基金之经理人。另外，BZW曾为中信集团规划并执行总值达103亿港元的融资方案，用以收购20%香港电讯公司股权。在该项目中，BZW主办承销6.7亿股的香港电讯公司认购权证的发行。BZW担任中国航空

公司的财务顾问，协助其收购港龙航空公司35.86%股权（价值19亿港元），使其成为港龙航空公司的第一大股东。BZW还为中国航空公司融资19亿港元并为其出售总值达13亿港元3%的国泰航空公司的股权。

首席代表：罗申

地址：上海市南京西路1376号上海商城西座530室

电话：(021)62198279　**传真**：(021)62798239

邮编：200040

深圳国投证券有限公司广州营业部

深圳国投证券有限公司广州营业部（原名深圳国际信托投资公司广州证券营业部）于1993年11月8日开张营业，是广州市首家异地券商。本部经营范围是：有价证券的承销；有价证券的代理买卖及自营买卖；有价证券的登记过户；代理还本付息；证券投资咨询及经人民银行批准的其它业务。本部是深圳证券交易所、上海证券交易所、南方证券交易中心的正式会员，已开通深圳、上海证券交易所和南方证券交易中心的交易业务。

本部拥有宽敞的营业大厅、电话委托户大厅、大户室以及专户室；配备了先进的电脑设备，为投资者提供了：广州地区规模最大的电话委托系统、触摸屏系统、多功能超级工作站系统和最完整的深圳、上海交易所和南方证券交易中心的多种即时行情揭示和技术分析系统及回报查询系统，保证了股民及时查询及买卖。本部还拥有一支高素质的员工队伍，主持日常工作的副总经理解民为在职博士生，另有硕士5人，学士6人，其余员工全部获大专学历。本部在信息服务方面也做了大量工作。每日向广州电视台《财经快讯》提供深圳股市行情；每星期二、四定期向珠江股市台《股市第一线》介绍市况、盘口、走势预测和投资建议；专户咨询室每日出版一期证券分析报告，每日收市后由专业人员为股民解盘。目前，本部的交易额已稳居广州五十多家券商的前三名。

副总经理：解民

地址：广州市东风中路335号

电话：(020)83382046　83382061

传真：(020)83348204　**邮编**：510045

中国建设银行海南省信托投资公司

中国建设银行海南省信托投资公司创立于1986年，注册资本1000万元人民币。由于得到建行系统和社会各界的支持帮助，本公司成立以来发展很快。到了1992年公司资本扩充为1.84亿元人民币。目前，公司资产规模22亿元。

本公司下设12个子公司，除经营传统的人民币信托存贷款、委托存贷款和银行结算业务外，还开设了股票、债券、有价证券的发行和代理以及租赁、典当等业务。积极向房地产、贸易、旅游等行业拓展。初步形成了以传统业务为依托，以证券业务为重点，金融与实业并举的发展格局。

目前，公司正加强重点业务的经营。已在上海、深圳、海口等地开设证券营业部，在北京、武汉等大中城市设立了办事处。形成了一个布局合理、规模适中、优势互补的证券经营体系。各证券营业部以先进稳定的设备、快捷可靠的信息、优良周到的服务、舒适优雅的投资环境吸引着众多投资者。在激烈的证券市场竞争中占有重要的位置。

总经理：徐锦人

地址：海南省海口市南宝路恒源大厦

电话：(0898)6765628　6700274

传真：(0898)6765928　**邮编**：570206

工行青海省信托投资股份有限公司

公司经中国人民银行批准于1988年正式成立，发起人有工商银行青海省分行、工商银行西宁市支行、青海省发展生产资金管理局、青海昆仑房地产开发公司。公司成立八年来，先后开办了国债券、企业债券、股票发行、买卖、兑付、转让业务，累计交易额达91165.30万元，总资产余额9000万元。

公司于1991年加入中国证券业协会，1994年初被上海、深圳两个交易所吸收为会员单位。1994年6月被中国证监会批准为青海三普药业股份有限公司股票发行副主承销商，1994年12月被中国证监会批准为青海百货股份有限公司股票上市推荐人。公司在上海中山北一路189号设有上海证券营业部、在深圳设有证券代表处。公司西宁证券营业部于1994年7月28日试营业，配备有先进水平的三级容错计算机网络、自动委托系统、电话委托系统、大屏幕即时显示系统、深圳卫星双向系统和安全防范监控系统，并在上海证交所设有4个交易席位，深圳交易所设有1个交易席位，跑道畅通，可为股民提供安全、迅速、准确的交易手段和场所。目前在西宁市、海东、海西设立有17个证券交易代办机构，常年办理债券的发行、兑付和交易业务。

中国工商银行青海省信托投资股份有限公司热忱欢迎各界同仁光临指导，欢迎广大投资者到我公司办理各种业务。

法人代表：陈燕鸣

地址：青海西宁五岔路口（省工行大楼侧裙楼）

电话：6145917　6152319

广东国际信托投资公司深圳公司证券业务部

广东国际信托投资公司深圳公司证券业务部于1990年6月经人民银行深圳经济特区分行批准正式成立，并于同年8月1日正式开业，为深圳证券交易所最早的会员之一。

主营业务有：1.承销有价证券；2.代理股票买卖；3.代理和自营债券（含国库券）；4.有价证券的代保管及见证业务；5.承销和代理买卖B股业务；6.代理还本付息、红利；7.证券咨询业务；8.股票自营。

1994年5月，广东国际信托投资公司深圳公司上海证券业务部开业，上海证券业务部地处享有“金融一条街”美誉的陆家浜路繁华地带。交易量稳步增长，效益蒸蒸日上，一直名列深圳证券网点总成交量排行榜前十位；在深交所会员中，B股成交量位居前列。广信证券部先后参与了若干大中型企业的股份制改革，股权证和股票的发行承销、登记托管及上市推荐工作。曾涉及的企业主要有：珠海特区富华集团股份有限公司的配股业务；深圳市房地产集团股份有限公司的股票发行分销业务；广东广建集团股份有限公司的股票在NET系统上市推荐业务；深圳市艺丰股份有限公司的股份制改造；沙南思达科技（集团）股份有限公司的承销业务；安徽古井贡酒股份有限公司B股的承销业务等。

证券部总经理：谢森

地址：深圳市罗湖区人民南路国商东座2楼

电话:(0755)2208057　2256567
传真:(0755)2256542　**邮编**:518016

中国银行江西信托咨询公司

中国银行江西信托咨询公司成立于1984年9月,作为中国银行的全资附属企业,是一家办理人民币业务和外币业务的全功能非银行金融机构,注册资本金人民币2.5亿元。公司本部现有人员56人,其中大专以上学历的人数39人,中级以上职称的25人。截止1995年底公司各项贷款余额达12.90亿元,本外币资产总额达19.79亿元。公司本部下设投资信贷部、租赁部、咨询业务部、证券业务管理部、计划财务部、稽核部等业务部门,在江西省各地市均设有办事处和证券代理处,并在国内外控股组建了多家实业公司。

公司于1990年底设立了南昌证券交易营业部。其后,公司先后成为上海、深圳证交所、天津、武汉证交中心的会员单位,并在沪、深、津、汉等地设立了证券交易营业部和证券业务代表处。到目前为止,公司各证券机构共有从业人员110余人,拥有各交易场所席位13个。公司还是两个上市基金的发起人和管理人。1995年公司所属证券经营机构共完成A股交易额21.08亿元,B股交易额37万美元,基金交易额1.72亿元,国债现券交易额1.38亿元,国债期货交易额264亿元,商品期货交易额5.36亿元,代理发行和兑付各种债券近2亿元。1996年截至8月底,共完成交易额44.23亿元,几年来公司还积极推进了国有大中型企业股份制改造,参与省内多家上市公司的股票发行工作。

总经理:陈豪刚
地址:江西省南昌市广场东路125号
电话:(0791)6224174　**邮编**:330002

中国农业银行江苏省信托投资公司上海证券业务部

中国农业银行江苏省信托投资公司上海证券业务部是中国农业银行江苏省信托投资公司全资附属机构,经中国人民银行上海分行批准,经营证券代理、自营及兼营其他许可的金融业务。自1993年底开业以来,各项业务迅猛发展,盈利每年呈高速增长。业务部具有设备先进、跑道畅通、行情传输快捷、信息传递及时等优越的硬件条件;同时还拥有一支训练有素,服务热情,精诚团结、追求卓越、深受广大客户信赖的员工队伍。本部特别鼓励投资者投资国债,大幅度降低了国债交易的收费标准。苏农上证是您理想的证券投资场所,业务部全体员工热诚欢迎广大朋友光临,共谋致富之路。

经理:吴佩朝
地址:上海市黄兴路1700号
电话:65486545　65486472
邮编:200433

武汉国际租赁公司

武汉国际租赁公司是经中国人民银行总行及国家外汇管理总局批准成立的非银行金融机构。注册资本为5600万人民币,实收资本人民币3000万元,美元750万元。公司内设金融部、国际业务部、资金管理部、项目租赁部、财务部、审计部、进出口部、中南证券部、法律顾问室、办公室等部门。公司现有员工近200名,绝大部分员工具有大学本科以上文化水平。

公司的业务主要涉及金融及外汇业务。其中金融部的业务是开展以融资为主的一系列经营活动。国际业务部是公司外汇业务经营管理部门,其主要任务是通过运作公司的外汇资金来源和运用达到安全流动及盈利的目标,主要负责外汇借款、外汇抵押贷款、境外融资、外汇买卖调剂、外汇担保等。项目租赁部主要是以融物形式进行融资,如以国际融资租赁这一快捷的利用外资形式为客户服务。公司与武汉市证券公司联合设立以我公司为主经营的中南证券部是经中国人民银行武汉市分行批准成立的独立的法人经济实体,于1992年11月及93年6月相继取得深圳、上海两地证交所的异地会员资格,并分别在深、沪设立了证券营业部。中南证券部是证券交易自动报价系统(STAQ系统)、中国证券交易系统有限公司(NET系统)的甲类会员,以及国内多家证券交易中心、期货交易所的会员。

公司近年来经营业绩良好,1992—95年公司已完成利润5200万元,公司资产总规模已达10.98亿元,资本利润率31%。1995年度经湖北省外汇管理局批准公司取得了400万美元的外债规模,在此基础上,公司已同包括荷兰商业银行在内的多家外资银行建立了业务联系,并达成了有关合作意向。

公司在大力发展金融、证券、外贸业务的同时,积极以合资、联营、收购、兼并、投资咨询等方式发展投资业务,并进一步扩大融资规模,开辟新的融资渠道并优化投资结构。我们决习以实业为支柱,以“求实、开拓、团结、贡献”的公司精神,和国内外金融界、工商企业界朋友携手共进,不断追求卓越。

地址:湖北省武汉市解放大道1264号
电话:2839103　**传真**:2824766
邮编:430010

重庆证券登记有限责任公司

重庆证券登记有限责任公司于1992年9月经重庆市人民政府和中国人民银行重庆市分行批准成立。1992年9月28日正式营业。公司设总经理室、办公室、业务部、市场发展部、电脑工程部、财务清算部和登记营业柜台,全公司职工为35人,其中具备高、中级专业技术职称及大专以上文化程度的有18人,公司注册资本金1000万元,拥有1800平方米营业大厅,公司与重庆证券交易中心是“两块牌子,一套班子”,重庆证交中心拥有会员35家,其中省内会员13家,异地会员22家,已实现与深圳证券交易所和上海证券交易所的卫星通讯联网交易。

在公司发展的近三年间,经营业绩显著。公司从最初办理“渝开发”、“渝钛白”、“西南药业”股票的登记托管到建成先进的NOVELL多服务器系统,为投资者提供全方位的股份登记、托管、清算、分红派息等服务,业务范围涵盖重庆地区并辐射周边地区。

开展的业务方面:为投资者提供股东代码卡开立、股份登记、股份托管和转托管、股份清算、股份查询、挂失和分红派息管理等服务,通过X.25网与重庆及周边地区证券商实现了广域网联结,已与深交所卫星联网。并为上交所、深交所建立了国债代保管库。公司为重庆地区上交所会员券商提供资金三级清算服务。

1996年1—4月沪股资金清算量共计33亿。公司完成了重庆市11家公司法人股的登记托管及过户工作，并与NET系统建立了业务联系，并在1994年底配合中国证券交易系统有限公司完成了重庆地区城市信用社认购国家开发银行政策性金融债券的登记、托管工作，并开展了该项债券的抵押业务。

公司对重庆市6家内部股份公司进行规范化的登记管理，为股东开立了股东帐户，发放了股权证，并提供了分红派息服务。同时，为重庆证券交易中心挂牌交易的投资基金提供开户、清算和分红派息业务。

总经理：张引

地址：重庆市中区新华路429号6楼

电话：3832897　3845370

徐州市证券登记有限公司

公司成立于1993年10月，经徐州市体改委、人民银行批准由徐州市4家单位参股设立的股份制证券服务机构，注册资本88万元。公司设有业务部、电脑部、财务部、总经理办公室4个部门，公司员工平均年龄26岁，均具有大专以上学历。公司设备精良，引进美国原版NOVELL网络软件，采用原装美国金奖COMPAQ486、586微机系统，业务处理全电脑化。经人民银行批准，公司业务范围：上市和非上市证券的转让登记，代理有价证券的保管，代理有价证券的还本付息或分红派息，股份托管，证券交易的开户与资金清算，与证券有关的咨询服务，与上述业务有关的附带业务，中国人民银行批准的其它业务。

公司作为上海证券中央登记结算公司、深圳证券登记结算有限公司会员单位，办理深圳、上海证券交易所证券交易帐户数达5万多人，代发现金红利金额10万余元，办理上海证券资金清算轧差净额20.4亿元，代保管国库券4亿元，完成4家定向募集股份公司股权登记工作，登记股份9000万股，股东人数达26000多人。公司作为徐州工程机械股份有限公司的股份登记机构，参与徐工股份发行的整个过程，向深圳证券登记公司提供的股份托管数据一次性获得确认，使徐工股份如期于8月28日在深交所上市。

公司本着为证券市场的健康发展提供准确、高效的服务、为政府和证券主管机关提供管理服务的宗旨，为主管机关及时提供准确信息，在证券法规允许的范围内，使无法到深沪证交所上市的股份公司的股权流动得以实现；扩大资金清算地域范围，逐步成为淮海地区的证券交易资金清算中心。

法人代表：刘秀全

地址：江苏省徐州市建国西路7号

电话：0516－5697904　5604034

传真：0516－5697094

上海浦东发展银行信托证券部

总经理：黄建强

地址：上海市巨鹿路758号

电话：(021)62485151转接各部

传真：(021)62791776　**邮编**：200040

上海浦东发展银行信托证券部自93年6月成立并开展证券交易业务以来，取得令同行瞩目的成就，1994年度被上海证交所评为十佳券商之一。

上海浦东发展银行信托证券部总经理室下设11个部：综合部、计财部、信托一部、信托二部、发行部、产权基金部、市场部、静安证券营业部、杨浦证券营业部、南汇证券营业部、石化证券营业部。办理信托存款、信托贷款、委托贷款、信托投资、委托投资、金融租赁、信用鉴证、代理业务、咨询。代理证券A、B股发行、办理公司普通债券、可转换债券、短期融资券的承销、投资资金业务、产权交易、自营和代理各类股票、债券买卖业务、承办外汇证券发行和交易业务、办理证券代保管业务、从事证券交易所规定的经纪业务。

下属的证券营业部由最初的一家发展到四家。证券交易额在上海证券交易所500多家会员单位排行榜中稳步攀升，1995年，证券交易总量已达638.57亿元，名列第33位。

(一)静安证券营业部拥有上海最大的营业大厅和先进的设施，日交易额和年交易量不断上升，已名列上交所前茅。

地址：巨鹿路758号　　邮编：200040

电话：62485151(总机)　传真：62791820

(二)杨浦证券营业部以灵活快捷的系列服务为投资者带来了极大的方便。

地址：许昌路1296号　　邮编：200092

电话：65373118(总机)　传真：65373101

(三)南汇证券营业部是目前在南汇县营业面积最大、服务设施最好的证券营业部。

地址：南江惠南镇南门大街109号　　邮编：201300

电话：58027070　　传真：58027070

(四)金山石化证券营业部是位于上海石化股份有限公司所在地金山卫的营业网点，以先进的设施、交易跑道通畅等特点为石化地区的投资者服务。

地址：石化地区纬一路28号甲　　邮编：200540

电话：57941828　　传真：57945050

中国农业银行昌江县支行

昌江县支行于1979年10月从中国人民银行昌汇县支行分设出来，现下设15个股(室)、2个营业部、6个储蓄所、9个营业所，在职干部职工有163人。至1995年底止，全行各项存款余额达10323万元；各项贷款余额25638万元。全行6个储蓄所已实现了同城及全省农行系统储蓄通存通兑，一个营业部实现了全国农行电子汇兑，支行通讯联络、交通工具、办公设施基本达到了现代化水平。

支行根据自然环境和实际情况，信贷资金主要向三个方面倾斜：一是向高效农业倾斜，兴办热作基地，种植芒果、甘蔗、剑麻等；二是向渔业倾斜，新造中型渔船、网具等，改变渔业结构，渔船向中深海发展；三是向粮油生产倾斜，大力推广水稻新品种，满足农民生产资料所需资金。另外，还支持兴办十月田青坎麻包纺织厂、企业供销公司化肥厂等乡镇企业。

期货经营机构

上海海洋期货经纪有限公司

上海海洋期货经纪有限公司是经中国证券监督管理委员会批准，国家工商行政管理局登记注册的专业期货经纪公司。公司注册资本为1000万元人民币，是实行独立核算，自负盈亏，具有法人资格的有限责任公司。公司的最大股东—上海海洋石油服务总公司是一个具有十多年为海洋、陆上石油开采服务历史的专业公司，注册资本为1亿元人民币。

上海海洋期货经纪有限公司是上海商品交易所、海南中商期货交易所、上海粮油商品交易所、苏州商品交易所、天津联合期货交易所的会员单位。公司设有交易部、结算部、财务部、信息开发部、总经理办公室、泉州营业部。公司紧紧抓住规范化管理，初步形成了一套有序的客户交易管理制度和职工内部管理制度，公司有一批训练有素的期货专业人才和先进的通讯设施，业务迅速发展，取得了较好的经济效益。

公司宗旨：立足上海，服务全国，为进一步发展社会主义经济，繁荣中国期货市场服务。公司热忱欢迎社会各界人士惠顾光临，我们将竭诚为广大投资者提供优质高效的服务。

地址：上海市漕宝路38号华夏宾馆1019房

电话：64720582　64752166

传真：64720582　**邮编**：200233

河南中期期货经纪有限公司

河南中期期货经纪有限公司是经中国证监会批准，在国家工商行政管理局登记注册的具有独立法人资格的专业期货经纪公司。现有100余名期货专业人员，公司下设交易部、远程交易中心、信息部、结算部、企管部、集团客户服务部、财务部、综合部等部门。

河南中期公司已是海南中商期货交易所、北京商品交易所、中国郑州商品交易所、大连商品交易所、广东联合期货交易所、苏州商品交易所、上海粮油商品交易所的会员，拥有中国郑州商品交易所6个全会员席位和建材厅6个席位，公司通过路透社、中广卫、世华、霸才行情报价系统和TA、建功等盘后分析系统，准确及时地把全国各交易所的期货行情信息传递给客户并为客户提供15个交易所的下单渠道。河南中期坚持专营代理，不做自营的原则，代理品种有：绿豆、大豆、玉米、红小豆、籼米、豆粕、啤酒大麦、咖啡、天然橡胶、棕榈油、铝、铜、胶合板等品种。

河南中期公司在期货经纪公司管理方面积累了丰富的经验，形成了从开户、交易、结算一整套风险控制。公司月代理交易量达数百亿元。

河南中期期货经纪有限公司

地址：河南省郑州市纬五路38号物华大酒店4楼

电话：(0371)5976110　**邮编**：450003

传真：(0371)5976056

河南中期远程交易中心

地址：河南省花园路19号天丰大厦9层

电话：(0371)5995420　**邮编**：450003

传真：(0371)5995454

广州保税区正达期货经纪有限公司

公司是经中国证券监督管理委员会批准，于1995年1月在国家工商管理局注册成立的专业期货公司。全公司实行专业化电脑管理和运作，配备先进的通讯和报价系统，开业以来。坚持“信誉至上，客户第一”的宗旨，执业中恪守公平、公正、公开的原则，在社会上树立了良好的信誉。公司还拥有一批年青的高素质期货专业人员，随时为客户分析市场和预测走势，本着全心全意的精神竭诚为广大投资者提供更优质、高效、准确、方便、快捷的服务。

公司主要从事国内商品期货代理业务，兼营期货信息咨询服务和期货业务培训。

法人代表：董兆良，**总经理**：阴文启

地址：广州市环市东路329号粤新大酒店五楼

电话：(020)83585888　**传真**：(020)83590525

邮编：510095

浙江金迪期货经纪有限公司

浙江金迪期货经纪有限公司是由浙江金华金信集团公司控股的有限责任公司，经中国证监会批准、国家工商行政管理局登记注册成立，是浙江省内规范化、信誉高的大型期货经纪公司之一。公司注册资本为人民币2000万元。公司拥有中国郑州商品交易所、上海商品交易所、上海粮油商品交易所、深圳有色金属期货联合交易所、海南中商期货交易所、广东联合期货交易所、天津联合期货交易所、苏州商品交易所等国内八大定点交易所的全权会员资格，拥有13个交易席位，可以为客户直接代理上述交易所所有上市品种的标准期货合约交易，向客户提供开户、交易、结算、信息、咨询、培训等全方位服务。

公司现有营业面积2200多平方米，配备了先进的路透、期货通、北京世华等行情显示、动态分析系统和中国广播卫星通讯公司卫星接收系统，拥有先进的接报单、风险监控、逐日结算等软件系统，已建立起一套行之有效的监管、运作和风险管理的机制和规章制度。公司下设交易运作中心、结算交割中心、信息咨询中心、计划财务部、发展研究部、总裁办公室等职能部门和金华业务部、杭州营业部、上海营业部等业务部门。公司现有员工120名，85%以上的员工具有大专以上学历，其中硕士研究生学历以上有11名。

公司依照国际标准实施规范化管理，严格执行国家法规及有关政策，为客户进行套期保值、规避风险、投资获利提供快捷、高效的渠道和优质的服务，在浙江期货界享有良好的信誉和较高的知名度。客户遍及上海、浙江、深圳8个城市。

董事长：马强　**总裁**：顾尧根

●**地址**：上海市长乐路1219号长鑫大厦2楼

电话：(021)64711488－1203　**传真**：64716300

邮编:200031
●**地址**:杭州市体育场路 71 号
电话:(0571)5282460 **传真**:5282461
邮编:310004

●**地址**:金华市八一北路 19 号
电话:(0579)2328745 **传真**:2328747
邮编:321000

行政事业单位

海南大学经济学院

海南大学经济学院创建于 1988 年,前身为海南大学社会科学系。经济学院现有 4 个系:国际贸易系、国际金融系、会计系、企业管理系,并设专业外语教研室与经济理论教研室。经济学院编制 72 人,现有教工 49 人,其中专职教师 37 人,教授 3 人,付教授 8 人,讲师 21 人,助教 5 人,聘任教师 6 人。

国际贸易专业(系)是海南大学重点专业,主要培养从事国际贸易实务和管理工作专门人才。国际金融专业(系)主要培养能在金融机构、有关涉外部门从事国际金融业务、经营管理工作专门人才。会计专业(系)主要培养能从事会计、审计工作专门人才。企业管理专业(系)主要培养能在各类企业从事经营管理工作专门人才。学院另设有院办公室、学生工作办公室、成人教育办公室、资料室、电脑室。

海南大学经济学院现有 26 个教学班(普教 19 个,成教 7 个),普教生 910 人,成教生 517 人,并办有电算会计自考试点班 350 人,1993 年开始,经济学院与南京大学、华中理工大学联合招收硕士研究生及硕士研究生班,效果良好。

经济学院现有中国社会主义经济思想研究中心、市场经济研究所、海南中达会计师事务所、科技经济开发中心、亚太研究所等经济实体和研究机构。出版有《中国社会主义经济思想史简编》(1987 年)、《中国社会主义思想大事记》《1989 年》、《中国社会主义经济思想史研究》(1991 年)、《中国社会主义经济思想研究丛书》、《社会主义市场经济导论》、《资本主义市场经济研究》、《市场经济学纲要》。

上海市商业经济研究中心
上海市商业信息中心

上海市商业经济研究中心、上海市商业信息中心系上海市商业委员会所属事业单位。其主要任务:一是承担上海商业改革、开放和建设、发展中的对策研究。近三年共完成各类重大课题 30 多项,参与重大课题《迈向 21 世纪的上海》中有关分课题和专题研究,并接受企业委托进行发展战略、经营决策和企业形象设计等咨询研究。二是采集、加工、处理、发布商业信息,已经建立起市内外商业信息计算机远程通讯网络,与市内 12 个区商委、300 多家大中型企业,与市外北京、天津、广州等 18 个大城市商委、300 多家大中型商场,以及国家计委、国家信息中心、国内贸易部联网。定期编发《全国商情》、《上海财贸信息》、《商业中心城市市场信息》、《上海市亿元专业商场重点商品销售调查资料》、《上海主副食品市场信息》等刊物和资料,拥有市内外企业会员 3000 多家。并对上海市 70 家年销售超亿元商场开展重要商品的市场调查,每月编发 20 辑市场调查报告,为工商企业生产、经营活动发挥信息引导作用,为政府宏观决策提供信息服务。与此同时,还联合主编向国内外发行的《上海商业》月刊,并与新闻单位在传播市场信息方面有着广泛的合作。

上海市商业经济研究中心、上海市商业信息中心设有计算机主机房和内容丰富的信息资料库。一批训练有素的人才,一个纵横畅通的行政和企业的信息网络系统,一套现代化的运行设备,构成了整体优势,已成为上海市商业市场信息的收集、传播中心和商业经济领域的决策咨询机构,在社会上具有较高的知名度。

主任:陈中浩
总部地址:上海市石门一路 251 弄 4 号
电话:62155345 转各部 62170234
传真:62672591 **邮编**:200041
分部地址:上海市四川中路 220 号 327—331 室
电话:63238254 63237808
传真:63214934 **邮编**:200002

海口市第一职业中学

海口市第一职业中学是 1983 年由海口六中改制、1991 年国家教委确认的海南省重点职业高级中学。学校占有面积 29.2 亩。学校现开设五个专业、24 个教学班,学生 980 人。(1)中专商业企业财班 2 个(与海南供销学校联办)学生 99 人;(2)职高家电班 4 个,学生 137 人;(3)财会统计班 9 个,学生 406 人;(4)计算机应用班 2 个,学生 65 人;(5)旅游服务班 7 个,学生 279 人。

校级领导机构:设有校长兼党支部书记一人,副校长二人,校级领导均受过师范教育,有丰富的管理经验,高级技术职称。中层机构设有教务、德育、职教、总务四个处。现有教师 110 人,职员工 21 人,其中文化课教师 54 人,专业课教师 52 人,实习指导老师 13 人,具有大学本科学历 38 人,专科学历 75 人。具有中学高级职称 18 人,中级职称 49 人。学校教学设备充实、办学经费基本保证,毕业生就业推荐率不断提高。

校长:林俊澜
地址:海口市大同路 30 号
电话:6772247

海口市外事交流中心

海口市外事交流中心是海口市人民政府外事侨务办公室直属的事业单位,具有独立法人资格,实行自主经营,自负盈亏的企业化管理。中心在承担市政府有关职能部门指定的外事服务工作和其他涉外工作的同时,为社会各界提供政府职责范围以外的各种涉外事项的有偿服务。中心下设国际合作交流部、旅业部(含海口友好旅行社)、项目开发部,创办了海南海外招商实业发展公司。

中心的业务范围包括:(1)为社会各界提供英、法、日、俄、朝等语种的翻译服务;(2)为因公出国人员代办护照、签证及安排行程;(3)为国内因公出国/境旅行、留学、研修、劳务、合法移民提供系列服务;(4)开展国际经贸、科技、文教等方面的交流;(5)办理各企事业人员因公、因私赴国外考察(主要是美国),办理各地工商企业在美设立分支机构经理级以上雇员和家属赴美签证即L1签证和L2签证,为海南工商界招商引资、协助安排项目洽谈;(6)为外商在琼投资提供所需的咨询、调研以及代办有关手续等方面的服务;(7)为来琼考察、观光、访问、举办国际会议/展览的团体/个人、外商驻琼机构提供办公、翻译、商务、食宿、交通、导游等系列服务;(8)开办外事、涉外人员业务培训班和翻译人员口、笔译训练班;(9)为涉外经济活动提供有关政策的咨询服务;(10)兴办、管理各种外向型经济实体。

中心负责人:李桂海

地址:海口市龙昆北路19号市政府大楼103室

邮编:570145

地址:海口市大同路一横街1号1幢6楼

邮编:570102

电话:(0898)6784740　6780112

传真:(0898)6797769　6784740

海南省澄迈县财政税务局

1995年全县财政总收入为7817万元,完成年度预算7588万元的103%,比上年增收919万元,增长13.3%。全县财政总支出为10858万元,完成年度预算11000万元的98.7%,比上年增支572万元,增长5.6%。

1996年地方财政收入预算为6518万元(不含上交中央两税任务1750万元),比1995年收入完成数5929万元,增收589万元,增长9.9%;1996年县财政支出预算为11500万元,比1995年支出完成数10858万元,增支642万元,增长5.9%。1996年财政工作的主要任务:全面建立乡镇国库,促进乡镇财政发展,深化征管改革,规范征管工作,加强税收检查,促进税收增长,适应调整税负,努力增加收入,严格以法治税,强化税收征管,合理调整支出结构,严格控制财政支出,继续清理"小金库"和行政事业性收费,加强对罚没收入的管理,清理整顿财政周转金,规范管理财政信用。

局长:王俊藩

地址:海南省澄迈县金江镇

电话:7622604

海南省昌江黎族自治县税务局

昌江黎族自治县税务局,内设直属股、室、队10个,基层税务所11个,税务站5个,负责管理全县税务工作。

解放前,该县仅有一些零星的家庭手工业作坊,商业甚微,农业又十分落后。据1949年统计,农业总产值仅270.51万元。解放后,五十年代初(1950年5月起),县人民政府扶持和发展生产,全县私营工商业户214户,摊贩业户300户,社会经济仍然以农业为主,税源成份来自私营经济,随着生产关系的改变,工农业生产的不断发展,税源主要有货物(产品)税、营业税、屠宰税等。国营经济成为税收的主要税源。1965年全县工商税收上升为1868227元。主要以水泥、电力、生铁、原木、酒、水产品、商业零售等为大宗税源。党的三中全会以后,特别是海南建省创办经济特区,本县乡镇经济成份不断出现,国有企业147户,集体企业89户、私营企业和个体工商业户1055户、中外合资企业3户,但以公有制为基础的国有企业始终占居主导地位。税源年年不断增加,主要是铁矿石、糖、水泥、商业零售。80年代中是历史以来税收收入最高的时期,1986年,税收收入总计6710.49万元。进入90年代,税收收入税源逐年增长。90年完成工商税收1410.1万元,91年1731.8万元,92年2422.9万元,93年3816万元。

局长:刘长辉

地址:昌江县石碌镇人民北路

电话:622623　622530

邮编:572700

海南省昌江县工商行政管理局

昌江县工商行政管理局于1963年正式成立,并从商业局里接管了私营商业的小商贩。对个体工商业进行了全面登记和发证工作,恢复了一批个体工商户、开放了农村集市贸易,为了建立健全工商行政管理机构,在工商业户比较集中的有集市习惯的石碌镇、叉河、昌化、新港和南罗等地设立了两个管理所,石碌和昌化所,并对这些地区范围内的集市贸易和商品交易活动进行管理。十年动乱期间工商市管工作开始放任自流、后来又限制过严、管理过死、在村集市贸易受到严重的破坏。特别是党的十一届三中全会以后,工商行政管理部门出现了新的局面,机构人员增加了。商标广告管理、经济合同管理工作开展。个体经济被扶持发展,支持劳动致富的工作越来越落实,随着社会市场经济的发展,工商行政管理机构建制也得到了不断的调整,补充和完善,目前局下属设立11个工商行政管理所、负责监督管理区交易活动。

到1995年底,已在本县工商行政管理局核准登记注册的城乡、个体工商户有4090户,私营企业28户、全县国营、私营、集体、股份企业户数728户,由本局自筹资金或财政拨款或银行贷款兴建并实施监督管理的市场共16个,占地面积17660.14平方米,营业面积10994.33平方米。

上海良華期貨經紀有限責任公司

董事長:施建侯
總經理:朱森林

上海良華"良友大厦"

公司是經國家工商局頒發營業執照、中國證監會核發期貨經營許可證的專業期貨經紀公司,已成爲國内多家交易所全權會員單位。公司從事期貨代理業務,依法經營,遵循誠實信用和公開、公正、公平的原則爲客户提供客觀、準確、及時高效的服務。公司堅持規範操作,建立健全了整套交易規則、内部管理制度和崗位責任制及必要的考核制度,樹立了良好的企業信譽和形象。公司設立了交易部、市場部、財務結算部、綜合部、靜安、蘇州、浦東、上商、天津、廣東業務部。公司通過社會招聘、專業培訓和業務實踐培養了一支素質較高的經紀人及管理人員隊伍,其中大專以上的達86%,經紀人全部通過了期貨培訓考核。經紀人重視基本面及技術分析,代理業務業績良好;出市代表操作熟練,差錯率在萬分之五以下。

公司不斷更新和完善交易設施,擁有世華衛星傳輸系統2套、中廣衛衛星傳輸系統1套、圖文電視2套、NOVELL網絡4套,服務器5臺,工作臺46臺、顯示器60臺,并購置和使用建功軟件3套、贏家軟件1套,錢龍軟件1套。客户的資金結算和資金管理全部實行電腦化,一筆資金可任選交易所。期貨營業面積達1500平方米。

"良華期貨、期貨良友"將助你步入成功之路。

地址:上海南蘇州路1405號
電話:(021)62569812
傳真:(021)62583408
郵編:200041

青島市雙飛龍期貨經紀有限公司

地址：山東省青島市人民會堂2－1室。
電話：2878663　2878673　傳真：2878773

公司交易廳一角

青島市雙飛龍期貨經紀有限公司于1992年在青島市工商行政管理局注册，1993年4月18日正式營業，注册資金1068萬元，是山東省首家從事國内期貨代理業務的專業經紀公司。目前是山東半島業務量最大的期貨經紀公司，1995年經中國證券監督管理委員會核準，首批領取了國家工商行政管理局頒發的營業執照。公司施行總經理監督下的責任有限管理體制。公司下設業務部、市場開發部、資訊技術部、顧問部、總經理辦公室、財務部、結算部、异地出市代表處，并在北京設立了分支機構。

公司成立以來，實行規範化管理和風險控制，本着"重在規範，穩步發展"的原則，把"客户至尊、爲客户提供最優良的服務"作爲公司的最高管理目標。目前公司已開展了北京商品交易所、鄭州商品交易所、上海商品交易所、上海金屬交易所、廣州聯合交易所、蘇州商品交易所、大連商品交易所和海南中商交易所的代理業務，商品種類涉及上述交易所的所有品種，另外還將陸續開通其它幾家試點交易所的代理業務。公司擁有最新的建功"金融家"期貨行情即時報價網絡系統、中國廣播衛星公司的備用報價系統、獨立開發的盤后分析系統，極大地降低客户的投資成本，爲客户提供了良好的投資環境。

湛江市湛財期貨經紀有限公司

湛江市湛財期貨經紀有限公司經中國證監會批準并在國家工商行政管理局注册登記，于1995年12月28日正式挂牌營業，公司注册資金1000萬人民幣。

湛江市湛財期貨經紀有限公司是湛江市目前唯一合法的期貨經紀公司，公司現擁有廣東聯合期貨交易所、海南中商期貨交易所的會員席位，并正在選擇其它交易所準備擴大席位，目前代理國内主要交易所20多種商品期貨合約的交易。公司開業以來，嚴格遵守國家法律、法規以及國際通用的期貨交易法令和規則，進行全面自律、規範的管理。爲客户提供市場分析、結算、交割、信息咨詢服務。爲國内期貨業培訓期貨人才，提高市場風險意識等。公司經營場地560多平方米，環境優雅，爲客户提供舒適良好的投資環境，公司機構設總經理辦公室、市場發展部、交易部、電腦信息部、財務結算部。擁有一批素質較高、經驗豐富的經紀人隊伍，能直接爲客户提供精心周到的服務。公司租用中廣衛的衛星通訊系統以聯網實時方式同步獲得國内主要交易所的期貨行情，以及電話數據分組交换系統即時顯示期貨行情，公司裝有完備的信息終端和先進的通訊設備，采用霸才國際金融財經即時系統和中廣衛最先進的資訊系統和行情分析系統。公司用電話數據分組交换系統與海南中商期貨交易所聯網，實現异地報價和同步交易，硬件系統采用當今先進的NOVELL網絡系統，可以通過工作站隨意操作，爲客户提供方便、快捷可靠的交易場所。

公司遵循"公開、公平、公正、誠實高效、服務優質"的原則規範操作，竭誠爲廣大投資者提供優質的服務。

法人代表、執行董事兼總經理：蔡日升
地址：廣東湛江市赤坎康順路46號
電話：(0759)3367017
傳真：(0759)3341009　郵編：524043

上海徐匯區房地產交易管理所 房產評估所

根據上海市人民政府有關規定，經徐匯區人民政府批準分别于1988年1月和1990年12月成立上海市徐匯區房地產交易管理所和徐匯區房產評估所。兩所均為獨立核算、自收自支的全民所有制事業單位，隸屬于徐匯區房地產管理局。

業務範圍

●負責本區域範圍的房產買賣管理，組織買賣交易和辦理買賣案件審批。

●負責辦理本區域内的内銷商品房過户鑒證手續。

●接受委托、協助介紹房屋買賣對象、洽談價格、草擬買賣契約。

●負責辦理本區域内的房產評估員注册登記。

●對本區域的房產評估機構和人員進行業務指導。

●受理各類房產評估的委托業務，開展房產評估咨詢工作。

所長：葛昌仁

公正　合理

科學　廉政

優質　高效

地址：上海烏魯木齊南路310號
電話：64314962　郵編：200031

學校辦公大樓外景

上海金融高等專科學校

學校黨委書記與校長在商討工作

上海金融高等專科學校是由中國人民銀行總行和上海市人民政府雙重領導，以人民銀行總行領導為主的一所培養金融系統操作管理應用型人才的全日制高等專科學校，是1987年12月1日在全國重點中專上海銀行學校基礎上建立的，是中國人民銀行領導的唯一的一所在滬的高等學校。

學校具有良好的教學環境和現代化的教學設施。校內建築面積約23000平方米，圖書館藏書以金融和經濟類圖書為主，擁有中外圖書150000冊，中外期刊、報紙700余種。還設有語音實驗室、中英文打字機室、電化教學室、計算機實習操作室、錄音錄相設備、閉路電視系統、模擬銀行、室內健身房、運動場等現代化教學設備。上海金專設有金融系、國際金融保險系、基礎部、馬列部、高教研究室等教學和研究部門。此外下屬有寧波金隆實業有限公司等。

上海金專現有教職工256人，其中：干部190人，黨員83人，有教授、副教授職稱近30人，中級職稱近60人。上海金專每年在全國高等學校入學考試中招收新生300人左右，目前在校生約1000人，生源主要來自華東六省一市、北京市以及西北、西南8個省區。學制三年。上海金專畢業生主要去向為中國人民銀行、各大專業銀行、商業銀行、保險公司等中外金融機構的基層和管理部門。學校黨委書記張萬全分管黨辦、組織、紀檢、宣傳、工會；校長張義和抓總，分管團委、人事、財務；副校長周瑾溪分管教學、科研、招生、畢業分配工作和圖書館；副校長鄭沈芳分管統戰、校辦、總務、成教、保衛、和協助校長管理人事、財務工作。1994年3月中宣部、國家教委、團中央授予上海金專社會實踐活動先進單位稱號。

地址：上海民星路465號

電話：65565465　**傳真：**65561880

郵編：200433

海南省中醫院

院長:華良才　　院領導研究工作計劃

海南省中醫院始建于1954年,是一所集中藥醫療、教學、科研為一體的全民所有制的省級綜合性中醫院。尤其是以國家特殊津貼一檔專家,省優秀專家華良才教授主持醫院工作以來,醫院在各方面都取得了較快的發展。該院現有職工527人,病床360張,衛生技術人員424人,其中主任醫師10人,副主任醫師30人,主治醫師和碩士研究生123人。醫院設有6個門診部,9個大病區、8個醫療科室、2個醫療研究所。醫院十分注重突出中醫特色,發揮中醫藥的優勢,在內科、男科、骨傷科、針灸科、西醫外科等醫療領域醫療技術達到了省級先進水平。

醫院實行專家門診制度,并在病區設置了星級賓館式的特診病區。醫院提出了"科技富院"的方針,大力推行科研質量標準化管理。該院先后被評為全國衛生系統先進集體,"全省環境優美十佳醫院"。

地址:海口市和平北路
電話:(0898)6222705
郵編:570203

海南和邦國際石油化工有限公司

海南和邦國際石油化工有限公司是于1993年1月21日經中國對外經濟貿易部、海南省政府批準設立的大型外商獨資企業,注册資本3億美元,經營期限70年。

公司確定并在實施的前期總投資概算爲16億美元。其中包括年加工原油600萬噸的綜合煉油廠;年吞吐能力3047萬噸的國際中轉港碼頭;總容量240萬立方米的原油和成品油儲運基地;裝機容量爲45萬千瓦的自備熱電廠;總庫容量4000萬立方米的自用水庫;日供水20萬噸的水廠及具有綜合服務功能的行政生活區。目前,前期工程正在進展之中。后期工程是以45萬噸乙烯爲龍頭的石油化工項目,主要産品是化纖、塑料和基本化工原料等,生産乙烯的原料由600萬噸煉油廠擴大煉油能力后提供。工程全部建成后,連同金牌開發區一起,將在海南省臨高縣馬裊地區形成一個占地40平方公里的大型石油化工城。和邦石化也將建成一個集石油煉制與産品銷售、化工原料生産及其深加工、輕工紡織、原油儲存和中轉、發電、海洋和陸上運輸、港口裝卸等多行業于一體的綜合性企業集團。

地址:海南省海口市白龍南路51號和邦大廈
電話:(0898)5338500
傳真:(0898)5341409
郵編:570203

海口市财政局

1995年，在海口市委、市政府的正確領導下，在各有關部門的大力支持和配合下，海口市財政局全體干部職工堅持以鄧小平建設有中國特色的社會主義理論爲指針，認真貫徹黨的四中、五中全會精神，繼續深化財税各項改革，完善分税和財政管理體制，嚴格執行適度從緊的財政政策，着力調整經濟結構，促使全市財政經濟朝着健康平穩的方向發展。

1995年海口市財政總收入達14.2億元，財政支出完成7億元，實現財政收支平衡，保證滿足全市經濟建設和社會各項事業發展的需要。全市預算外資金納入財政管理，初步建立起綜合財政管理體系；完成市區分税制財政管理體制，提高各級財政聚財、生財、理財的積極性；國有資産進一步加强，資産浪費和流失的現象得到制止；機關工作作風不斷改善，干部隊伍的素質進一步提高，爲完成各項財政工作任務創造良好的條件。

1996年是"九五"計劃的第一年，爲了保證"九五"財政工作計劃開好頭，起好步，海口市財政局開始確立了今后工作的總體思路：挖掘經濟增長點，拓展財源建設，使財政工作由于聚財爲主向生財、聚財、理財并重轉變；注重調整經濟結構，由重收入總量向總量和質量并重轉變；加强支出管理，優化支出結構，由重點壓縮支出規模向重點提高資金使用效益轉變；加强對預算外資金和各專項基金的管理，由預算内管理爲主向預算内、外并重的綜合財政管理轉變；强化國有資産管理，管好國有資産收益，使財政收入由税收爲主向税收和國有資産收益并重轉變。

局長：高榮瑞

地址：海南省海口市沿江一西路2號

財政辦公大樓

温州市

局長：陳洪源

温州市財政局于 1949 年 10 月成立，1994 年温州市財税局一分爲三：温州市財政局、温州市國家稅務局、温州市地方稅務局三個局。下轄 23 個處、室，10 個分局，1 個稽查支隊，21 個稅務所；并管理温州市財稅職工中等專業學校，浙江財經學院温州市成人教育分院和温州市會計師事務所，温州市會計學會，温州市財政、稅務學會，温州市財稅咨詢事務所，温州市財務開發公司，温州市財稅服務公司。同時，對 10 個縣（市、區）局進行業務指導。此外，温州市國有資產管理局已經批準，正在籌建之中。局機關共有干部職工 567 人，其中大專以上文化 243 人，有高、中級職稱的 132 人。

温州市財政局、國稅局、地稅局，目前的職能範圍有：負責全市的財政收支預算安排、調整，各行政企事業單位的財政財務監督管理；各項財政信貸資金的投放、管理；財政執法、檢查；預算外資金管理；國有資產的管理；稅收的征收管理；稅收政策的制訂、宣傳、咨詢；減免稅審批；稅收計劃及統計；稅收執法、檢查。

改革開放以來，温州市財稅部門爲了提高財政宏觀調控能力，先后進行了一系列的改革：調整國家與企業利潤分配關系，采取措施增強國有企業活力；制訂優惠政策，支持農業經濟發展；支持城鎮事業市

辦公大樓外景

温州辦稅服務廳

財 政 局

場建設發育；改革預算管理體制，實行“分稅制”財政體制，并建立鄉（鎮）一級財政，建立國有資產管理體系，加強產權管理；對行政事業單位實行預算包干和以收抵支制度，對自收自支的事業單位，實行企業化管理；多主籌集社會財力，加快城市基礎設施建設和舊城改造的進行。在會計管理制度改革方面，實行會計證制度；改革國債推銷辦法，建立市場機制，僅1996年前9個月，全市辦理國債業務總量（含發行、兑付、轉讓）達9.5億。在稅制改革方面，促進了多稅種的復合稅制發展，建立了中央稅收和地方稅收征管體系，建立了“辦稅服務廳”。在個體稅收征管方面，走出了一條具有溫州地方特色的稅收征管新路子，引起了全國同行的關注。

溫州經濟綜合實力增強。1995年市財政總收入達到26.5億元，比1985年翻了兩番多。1996年全市財政收入可望突破30億元。每年籌集社會財力4—5個億，用于城市基礎設施的建設，先后建成了2個萬噸級碼頭，架設了4座公路大橋，全省最長、跨度最大的斜拉橋—甌江二橋正在緊張建設中，建成了溫州機場，建成了裝機容量25萬千瓦的溫州電廠一期工程；正在籌資建造裝機容量60萬千瓦的二期工程；金溫鐵路開工。

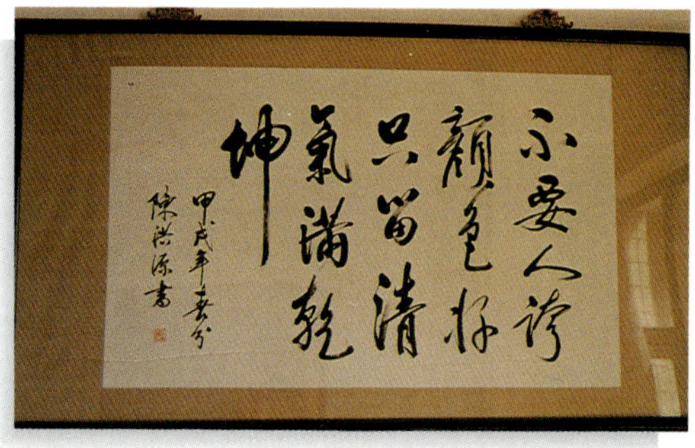

局長陳洪源倡導的敬業精神

辦稅櫃臺一角

地址：浙江省溫州市鹿城路后巷49號

國債營業櫃臺

寬敞的辦稅服務大廳一角

海南省
文昌市
國家稅務局

局長:林師授

局領導召開工作會議

1994年9月實行稅務機構分設后,文昌市國稅局現有干部職工182人,成立兩個直屬分局:清瀾分局和稅務稽查分局,局機關設有辦公室、人事教育股、監察室、計財股、企業評稅股、個體評稅股、稅收票證股、國稅檢察室。下轄25個基層國稅所、2個稅務站。去年以來,局黨組書記、局長林師授同志帶領一班人團結一致,在海南省國稅局和文昌市委、市政府的正確領導下,進一步統一思想認識,扎扎實實貫徹新稅制,堅持面向基層、面向征管的指導思想,采取一系列有力措施,切實强化稅收征管,積極組織中央庫稅收收入,爲文昌市財政收入突破億元大關做出積極的貢獻,開創了國稅工作的新局面。1995年市國稅局共組織各項中央庫收入1825.7萬元,比94年增收208萬元。完成省局下達的確保數1800萬元的101.4%。

辦公大樓

萬寧市工商行政管理局

局長:葉東雄

萬寧市工商行政管理局是行政執法和經濟監督管理部門,近年來,認真貫徹黨的十四屆五中全會精神,不斷轉變觀念,深化改革,加快市場體系的培育和建立,促進經濟建設的快速發展。截止 1995 年,全縣建起永久性集貿市場 19 座,面積 78667.6 平方米,總投資額 3303.511 萬元;核準登記的各類企業 1456 家;個體工商户發展到 5126 家,從業人員 8767 人。

今年以來,工商局以貫徹"五法"爲工作重點,以公平交易執法年爲動力,加大市場監管力度,多次采取突擊行動,圍剿假冒僞劣商品,搗毁制假窩點 8 個,查獲假冒僞劣商品 49 種 127856 件,取締無照經營 35 家,查處各種違章違法案件 12 起。從而大大地淨化了城鄉市場環境,穩定了市場秩序,促進大特區經濟的健康發展。

工商局加强市場監督和管理

局辦公大樓

萬寧市地方税務局

局長：何君才

局領導研究工作計劃

征税大廳一角

萬寧市地方税務局内設五股一室、二十個基層税務所、一個征税大廳和稽查大隊，負責全縣轄區内的地方税收的征收管理。1995 年該局以組織收入爲中心，以征管改革和加强隊伍建設爲保證，面向基層，面向征管，嚴格以法治税，保證各項税收任務超額完成。全年工商税收收入 6700.8 萬元，比上年增收 1333.6 萬元，增長 24.8%。目前，該局在萬城鎮建立辦税大廳，與銀行等部門聯網，集税務登記、票證發售、納税申報、税款入庫等爲一體，實行一條龍工作和服務，從多方位進行納税監控，極大地提高了工作效率。

地址：海南省萬寧市萬城鎮人民街
電話：2222093　郵編：571500

局辦公大樓

海南省物價局

局長:許澤飛

局領導召開工作會議

1995 年海南省物價局以抑制通貨膨脹、控制物價過快上漲爲中心環節,積極主動地貫徹執行宏觀調控的各項措施,加大依法行政力度,强化物價監管工作,在建立健全價格調控機制、整頓市場價格秩序等方面做了大量工作,取得較好的成績,全省零售物價指數上升 11.3%,實現了省政府年初提出的物價漲幅明顯低于上年、低于全國平均水平的"兩低"目標,這對國民經濟持續、快速、健康發展,保持社會穩定,爲"九五"計劃和 2010 年遠景目標綱要的實施創造了良好的開端。

福州市地方稅務局

福建省地方稅務局副局長、福州市地方稅務局局長:李康振

福州市地方稅務局是福州市主管地方稅收工作的職能部門,下屬 15 個征收單位、151 個稅務所(分局),實行在機構設置、人員編制、干部管理、經費開支等方面由省地方稅務局垂直領導的管理體制,負責福州地區地方各稅、費的征收工作,年征收總額近 20 億元,是福州市財政收入的主要征收單位。

福州市地方稅務局具體負責下列各稅(費)的征收和管理:(1)營業稅;(2)個人所得稅;(3)土地增值稅;(4)城市維護建設稅;(5)車船使用稅;(6)房産稅;(7)屠宰稅;(8)資源稅;(9)城鎮土地使用稅;(10)固定資産投資方向調節稅;(11)地方企業所得稅;(12)印花稅;(13)地方稅的滯、補、罰收入;(14)教育費附加;(15)省、市政府委托代征的有關稅、費,如已開征的社會事業發展費、基礎設施附加費、以工建農資金、防洪工程維護費、城市副食品價格調節基金等。

海口市計劃局

局長:吴毓俊

海口市計劃局是海口市政府管理全市國民經濟和社會發展的綜合部門。在貫徹執行黨和國家有關國民經濟與社會發展的各項方針政策中,緊緊圍繞"抓住機遇,深化改革,擴大開放,促進發展,保持穩定"的工作大局,解放思想,轉變職能,開拓進取,取得了顯著的成绩。

一年來,海口市計劃局認真組織對全市經濟社會發展形勢的分析和預測,编制《海口市"九五"計劃和2010年遠景目標綱要》,轉變工作職能,增强服務意識,提高工作效率;積極做好建設項目的立項、儲備和申報工作,認真抓好海口市地方財力建設資金的管理,提高基本建設投資效益;認真搞好海口市宏觀經濟的預測、監督和分析研究,爲領導决策和社會各界提供經濟信息管理服務;加强領導班子和隊伍建設,强化政治理論學習和業務技能培訓,不斷增强領導班子的凝聚力和干部的向心力,提高隊伍的政治思想素質和業務技術素質。

局長:吴毓俊
地址:海口市龍昆北路19號市政府辦公大樓三樓
電話:6784110　傳真:6716440

瓊海市國家稅務局

局長:張傳仁

瓊海市國家稅務局現有人員146人,主要負責全市4336户國營、集體、涉外企業和個體工商業户的中央級庫稅收征收管理工作。内設機構有稽查分局、股、室、工會和基層所、站38個單位。

1995年,該局進一步貫徹國務院關于分稅制財政管理體制改革精神,建立健全各項稅收征管制度和内部管理制度;加大征管力度,保證稅款及時足額入庫;加强隊伍建設和廉政建設;開展廣泛的稅收宣傳。當年,提前超額完成年稅收任務,比1994年增長22%。被評爲全省國稅系統"稅收宣傳月"活動先進單位,榮獲市一級行政司法機關執法責任制、工作目標管理第一名。

開展稅收宣傳月活動

海口市教育局

局黨組書記、局長:吴清桂

投資 4000 萬元新建的海口實驗中學,辦學僅三年受到社會各界的廣泛關注。圖爲省、市領導視察新落成的學校體育館

海口旅游職業學校被評爲國家首批重點職業學校,是海南省唯一一所進入國家級重點學校。圖爲教學綜合大樓

海口市第二十七小學是全國德育先進學校。圖爲學校開展一日"小海軍"活動深受學校小紅領巾攝影團小記者關注

海口旅游職業學校培養的學生由于思想、專業技能素質較高受到用人單位的歡迎。圖爲專業課教師在指導學生

海口市第九小學十分注重開辟學生第二課堂。圖爲學校少先隊參觀駐軍軍事設施

海口市
新華區教育局

海口市新華區教育局成立于1992年1月，轄管初級中學3所、完全小學17所、初級小學1所。1996年在校小學生10380人，在校初中生2335人。96年全區學齡兒童入學率爲99.9%，鞏固率爲99.9%。

1994年，新華區根據省政府的“普九”規劃，認真組織實施。海口市委、市政府、新華區委、區政府高度重視此項工作，逐步加大教育投入，近年來共撥款3500萬元，改造了10所中小學，新建教學樓面積3萬余平方米，大大改善了我區中小學校的辦學條件。1994年10月，省政府“兩基”評估驗收工作團，確認爲“基本達標”單位，1995年1月18日，國家教委公布了全國首批554個“兩基”達標單位，新華區榜上有名。爲了迎接省教育廳的“普及實驗教學”評估驗收，采取“上級撥一點，學校籌一點，群衆捐一點”的辦法，共籌集經費135萬元，安裝了2套教學閉路電視，11套語音室設備，添置了140多臺投影機，54臺386電腦以及400套實驗桌凳等，這些教學儀器的充分使用，將大大改變我區教學手段陳舊的現狀，對我區教學質量的提高，將起到不可估量的作用。

局長：林先導
地址：海口市義興街178號
電話：6222235

局長林先導（中）與局領導研究工作

海口市秀英區教育局

局長：馮文仙

近幾年來，秀英區認真貫徹《中國教育改革和發展綱要》和《中華人民共和國義務教育法》，取得了令人矚目的成績。

一、教學環境得到充分改善。秀英區擴建了學校6所，創辦中學2所，復辦中學1所，解決了該區適齡兒童上學難的問題。

二、教學質量顯著提高。近幾年來，該區有100多名小學畢業生分別考上了海南中學、華僑中學、國興中學等省市重點中學。許多學校在優秀率、升學率等方面都排在全市的前列。該區教育局獲先進區光榮稱號，市33小學獲先進集體光榮稱號，蔡品同志獲先進個人稱號。

秀英區教育工作所取得的成績，得到了國家教委副主任柳斌、海南省委副書記陳玉益、省委常委、宣傳部長劉學斌、羅素蘭副市長等領導同志的充分肯定。《中國教育報》、《海南日報》、海南電視臺等新聞媒介相繼作了報道。

上海市房地產管理學院

院長:喻曉榮

上海市房地產管理學院成立于 1992 年 7 月 9 日,直屬上海市房地產管理局。1994 年 4 月 28 日,市房地局對教育體制進行了改革,將原市房地局直屬的"上海市房產管理局干部學校"、"上海市房地產管理學校"、"上海市房地產成人中等專業學校"和"上海市房地產管理學院"合并在一起。學院現占地面積 7.5 畝,其中校舍近 8000 平方米,教室 20 間,計算機 62 臺,圖書 3 萬册,刊物 110 種。專職教師 79 人,其中高級職稱 7 人,中級職稱 43 人。兼職老師 21 人,其中高級職稱 10 人,中級職稱 7 人。

學院以"高效、創新、求實"爲宗旨,爲社會培養房地產高層次、高學歷人才爲主要教學目標,重視教材建設,組織并編寫了《房地產綜合開發》、《物業管理》、《房地產市場》、《房地產金融》等教材。學院已開設了學歷層次的房地產經營管理全日制本科班、全日制大專班、成人大專班、研究生課程進修班。開設了房地產評估人員班、房地產經紀人員班、物業管理經理人員班、房地產開發項目經理班、房地產專業英語班、房地產營銷班等。1996 年學院征地 102 畝作爲新的教育基地,將建造 35000 平方米的校舍。

學院大門一景

學院發展規劃

院長、法人代表:喻曉榮

總部地址:上海市龍華西路 323 號

電話:64864035

郵編:200232

辦學地址:上海市浦東乳山一村甲 1 號

電話:58774162

郵編:200120

海南瓊海師範學校

校長:高榮泰

圖書館電腦查閱系統

海南瓊海師範學校1921年誕生于萬泉河畔、紅色娘子軍的故鄉海南省瓊海市,是一所三年制中等師範學校。主要設普師專業,加設初中語文、數學師資培訓班和英語、音樂、美術專業班。現有教學班27個,其中普師23人,音樂班4個,學生1216人。教職工122人,其中高級講師12人,講師25人。瓊師校園面積125畝,建設面積2.2萬平方米。有教學樓2幢、藝術館、圖書館、食堂大樓各1幢,學生宿舍樓8幢,教師套間樓10幢。

瓊師教學設備完善,實現了電視教學網絡和計算機管理網絡的互聯,進行多媒體教學;實現了校長辦公、教務管理、財產財務管理、圖書管理、多媒體教學管理和行政辦公管理等現代化學校管理信息網絡系統。圖書館藏書5.5萬冊,藝術館鋼琴40部,建有藝術長廊500米,長城文化長廊150米,還建有金水橋、泰岱仙橋、師志亭、綿綉園、藝術園、熱作園等諸多景點。

瓊師校行政管理設教務科、學生科、總務科和學校辦公室、教育科學研究室。瓊師1989年以來,年年被評為省師範教育先進單位,1990－1995年,分別被評為省精神文明建設、愛國衛生工作、中師校園文化建設先進單位。1991年被評為全國先進師範學校,受到國家教委的嘉獎。

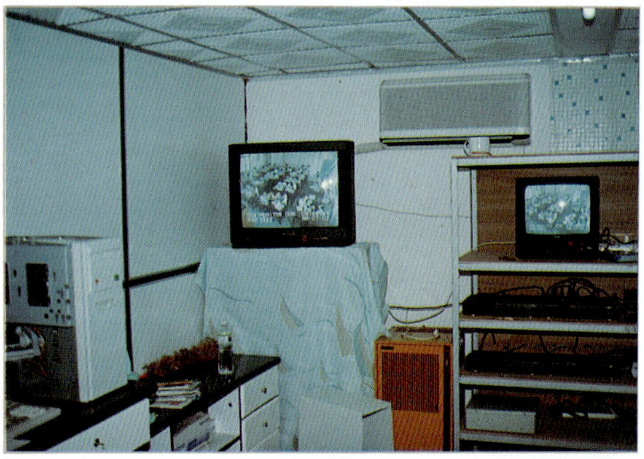

電腦監控室

讀書亭

中國名校

海口市第九小學

國家教委副主任柳斌視察學校并題詞

校長：韓玉玲　特級教師　中國十大女杰、
全國僑界十杰、全國先進工作者、全國教育系統勞動模範

學生在電腦室上課

海口市第九小學創辦于1945年，是海口市一所規模較大的重點小學。學校現有31個教學班，2000多名學生，教職工108人。學校環境優美，教學設施齊全，設備先進。教學大樓每間教室均配有電視機、收録機、投影機和投影幕布。綜合樓設有雙向閉路電視監控室、閉路電視發射室，電腦室、語音室、圖書室、音樂室、體育室、少年之家等，有一座兩層高的體育館。

自1992年開始，學校以電化教育作爲教學改革的突破口，經中央電教館審批實驗的全國教育科學"八五"規劃國家教委級重點研究課題《電化教育促進中小學教育優化》的子課題《運用電教手段優化小學生中年級應用題教學》1995年8月通過專家組鑒定認可，且課題實驗成果正在推廣。學校還注重對青年教師的鍛煉培養，近幾年先后有二十多人次獲得國家、省、市級調教大奬。學校倡導"遠志博學、團結創優"的校風，"踏實嚴謹、創新進取"的教風，"勤學善思、尊師守紀"的學風，學校多次被評爲省、市級先進單位，逐步形成自己的辦學特色。

學校管樂隊在表演

教學樓全貌

瓊山中學

校長:林漢棟

學校校門

瓊山中學原名瓊山縣立中學,系由民國初年瓊山縣立第一高等小學發展而成。1978年瓊山中學被定為瓊山縣重點中學,師資得到充實,教學大樓、圖書館、科學館、藝術館、辦公樓相繼落成。特别是1986年后,學校的教學設施、設備得到極大的改善,實行電化教學、量化管理、教職工崗位責任制,大膽探索教學管理改革,教學質量逐年提高,每年都有三百余名高中畢業生進入各高、中等院校。現在校園面積有78畝,擁有教學班37個,學生2421人,教職員工217人。1991年學校被評為全國衛生先進學校和體育工作先進學校,海南省精神文明建設先進單位和衛生先進單位。

瓊山中學堅持教書育人,注重學生的思想品德教育,先后培養出許多優秀人才。其中被周恩來總理贊譽為海南人民的一面旗幟的馮白駒將軍、多次打破女子舉重世界紀錄、第十一屆亞運全第一枚金牌獲得者一邢芬等就是該校的學生。

地址:海南省瓊山市府城文莊路

學校藝術館大樓

先進教學設備

廣州市公物拍賣行

公物處理實行公開拍賣
公開、公平、公正、誠實信用

公物拍賣現場

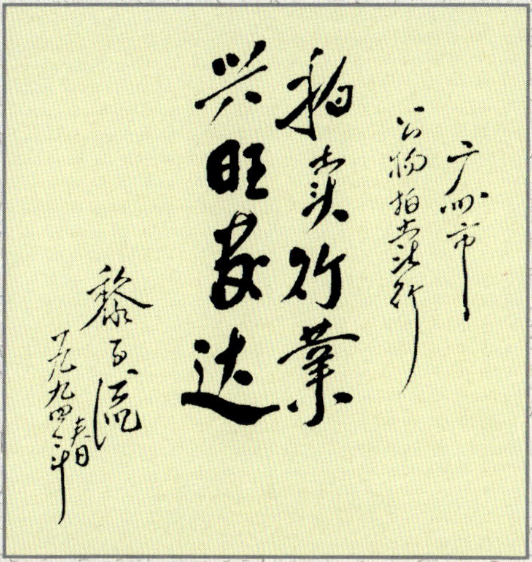

黎子流題詞

為貫徹國務院辦公廳關于公物處理"必須委托當地政府指定的拍賣行通過拍賣的方式拍賣"的通知精神，經廣州市人民政府批準，成立廣州市公物拍賣行。

廣州市公物拍賣行是隸屬廣州市財政局的事業單位，是廣東省人民政府指定經營罰沒車輛的拍賣機構，同時受政府委托，負責承辦公物拍賣、處理等業務。拍賣範圍包括：罰沒、緝私、追繳的物品；應變賣的物品、抵押品；強制處理的物品；運輸部門無法交付貨主的物品；單位公共物品；破產企業的財產(含有形、無形資產)；個人合法產業、物品，以及除國家禁止買賣外的其他物品。

拍賣行為企事業、行政單位和社會各界人士提供優質、高效的服務，恪守公開、公平、公正、誠實信用的原則，為委托人和競買人帶來理想的效益。

法人代表、總經理：毛家昌

副總經理：周順發、譚直峰

地址：廣州市東川路 80 號

電話：83813610　87774639

郵編：510100

海口市城建檔案館

館長:陳得勝
地址:海口市解放西路 17 號之一
電話:6224848　6225959　6225353

2000 年實現現代化管理

**為適應海口市向國際性、現代化城市發展的要求,
城建檔案館爭取 2000 年實現城市資料的現代化、自動化管理。**

檔案館工作人員實地了解海口市變遷資料

檔案館獲先進集體稱號

萬寧市司法局

局長:王華民

辦公大樓

萬寧市司法局于 1981 年 6 月 19 日成立,全局現有干部 35 人,內設機構 4 個:辦公室、法制宣傳股、基層工作股、紀檢監察股。下設機構 20 個:萬寧市公證處、萬寧市律師事務所和 18 個鄉鎮法律服務所。近幾年來,我局司法行政工作充分發揮職能作用,積極開展各項業務活動。公證處共辦理各種公證業務 5237 起,其中涉外公證 2217 起,國內公證 3020 起。主要種類有出生、死亡、學歷、經歷、聲明、委托、親屬關系、婚姻狀況、收養子女、遺產繼承、經濟合同公證等;律師事務所共辦理刑事辯護案件 492 件,其中免刑 12 件,作無罪判决 3 件,改變罪名定性 20 件,從輕判處 122 件,民事代理 278 件,民事代書 219 件。受聘擔任市政府、經濟、企業部門等 48 家常年法律顧問。